陕西师范大学一流学科建设基金资助

陕西师范大学西北历史环境与经济社会发展研究院学术文库

历史地理学的传承与开拓

Inheritance and Innovation of Chinese Historical Geography

朱士光◎著

中国社会科学出版社

图书在版编目（CIP）数据

历史地理学的传承与开拓／朱士光著．—北京：中国社会
科学出版社，2018.3
ISBN 978 - 7 - 5203 - 2204 - 1

Ⅰ.①历…　Ⅱ.①朱…　Ⅲ.①历史地理学—中国—文集
Ⅳ.①K928.6 - 53

中国版本图书馆 CIP 数据核字（2018）第 051893 号

出 版 人	赵剑英
责任编辑	张　林
特约编辑	文一鸥
责任校对	周晓东
责任印制	戴　宽

出　　版	中国社会科学出版社
社　　址	北京鼓楼西大街甲 158 号
邮　　编	100720
网　　址	http://www.csspw.cn
发 行 部	010 - 84083685
门 市 部	010 - 84029450
经　　销	新华书店及其他书店

印刷装订	北京君升印刷有限公司
版　　次	2018 年 3 月第 1 版
印　　次	2018 年 3 月第 1 次印刷

开　　本	710 × 1000　1/16
印　　张	39
字　　数	607 千字
定　　价	168.00 元

凡购买中国社会科学出版社图书，如有质量问题请与本社营销中心联系调换
电话:010 - 84083683

目　　录

一　学术传统传承之阐释

二　学科理论探索之创获

三　历史自然地理

四　历史文化地理

五　历史区域地理

六　历史流域地理

七　历史城市地理

八　中国古都学

自　序

　　这是我结集出版的第三本个人学术论文集。前两本中，第一本是《黄土高原地区环境变迁及其治理》（黄河水利出版社 1999 年版），第二本是《中国古都学的研究历程》（中国社会科学出版社 2008 年版）。从前两本所收的各篇论文看，尽管都是遵循历史地理学的理论撰写而成，但毕竟都是限于某一区域或某一领域的。而这本论文集确是我自半个多世纪前在先师侯仁之院士引领下进入历史地理学这一新兴学科后，从我先后撰写的 200 多篇相关论文中选出的涉及历史地理学多个方面的论文编定。其中既有历史地理学学术传统传承之阐释与学科理论探索之创获方面的论文，也有历史自然地理、历史文化地理、历史区域地理、历史流域地理、历史城市地理与中国古都学等方面的论文；可以说较为完整全面地体现了我 55 年来持之以恒地从事历史地理学之学习、研究所作的努力与取得的成果。有的论文凝聚了有关学科理论的新知，有的篇章则是对某些研究内容的独见；此外，还包含了一些对当前开展的生态环境保护与治理、文化遗产保护与文化资源开发等项工作的建言献策，践行历史地理学"有用于世"之治学理念。

　　前已述及我是在半个多世纪前，即 1962 年秋在中山大学康乐园中读到仁之先生发表在《北京大学学报》（自然科学版）1962 年第 1 期上的《历史地理学刍议》后，深受其理论思想的启迪而对历史地理学产生了深挚的热爱之情，并于次年春毅然决定报考仁之师的研究生，被录取后于当年 9 月进入燕园攻读历史地理学的。自那以来 55 年间，尽管一度因某些原因离开了历史地理学专业岗位，但我一直初心不改，坚持从事历史地理学的学习与研究。正如仁之师 1998 年 11 月 8 日在得知我第一本论文集《黄土高原地区环境变迁及其治理》即将出版，我写信向他求序，他在回函中写道："您离开北大之后虽然有相当长的一段时间不能直接从事历史地理的研究，但是您并没有放弃努力，这是最难能可贵的。"（见该书"代序"）同时他在回函中还写道："最幸运的是随着改革开放新时期的到来，您又终于回到了历史地理的研究领域中来"，接着他又深情地写道："更希望您能继续努力，为现代历史地理学的新发展，作出自己应有的新贡献。"也正是在仁之师先期的教导与之后的一再鼓励下，我才如在一篇自述治学经历与体验，并向年轻学子作介绍所写材料之题目那样，做到了"术有专攻终生以之，学以致用家国情怀"。正因为这样，能够编辑出版收集我在历史地理学多个分支领域所作探索与开拓取得的这批成果之论文集，自是我多年期盼的一件要事。现得以如愿结集出版，内心深为高兴！并希望借之感恩师辈，回报学界同仁；倘能因之有助于推动当代历史地理学的进一步发展，并能对历史地理学如同考古学已于 2011 年晋升为国家一级学科那样在不久的将来能晋升为国家一级学科尽点绵薄之力，则更是衷心所愿！

编辑这本论文集已如前述是我近来的一件要事，但因在 2017 年夏初获准学校一流学科建设基金资助并启动编辑工作后，同时又面临多项必须克期完成的工作（本论文集之"后记"中会具体述及），未能集中精力尽快完成，所以待基本编完之时已距需交付中国社会科学出版社的日期迫近，实不便再请知己的学界朋友在短时间内赐写序言，只好自行写这一"自序"，借之剖陈编辑这本论文集的初衷与期望，以便读者诸君有所知悉，能同声相应，同气相求。

2017 年 12 月 15 日

一　学术传统传承之阐释

继承发扬禹贡学会精神,进一步
推进历史地理学科发展

——为纪念顾颉刚先生诞生 110 周年而作

今天我能被邀请参加由中国社会科学院召开的纪念顾颉刚先生诞生 110 周年学术座谈会,除深感荣幸之外,也深知这主要还是因为我工作的单位——陕西师范大学历史地理研究所是我国目前少数几个专门从事历史地理学教学与研究工作的实体性机构之一。多年来,通过我们研究所前所长、老一辈历史地理学家史念海先生带领一批中青年学者的共同努力,研究所在西北地区历史环境变迁、中国历史农业地理、中国古都与历史城市地理等几个历史地理学研究领域做了较多的工作,取得了一定的成绩。正因为这样,2000 年,我们学校以历史地理学科为依托,组建了西北历史环境与经济社会发展研究中心,并于该年 9 月被教育部批准为全国高校 106 个人文社会科学重点研究基地之一;紧接着,于 2002 年年初,我们历史地理学科又被教育部批准为全国重点学科之一,而且是陕西省新被教育部批准的 65 个国家级重点学科中唯一的一个文科重点学科。我之所以要向大家汇报这一情况,主要是要说明,我们学科点之所以能取得这一成绩,是与顾颉刚先生的学术思想有着密切的关系的。众所周知,我们研究所的前所长史念海先生,就是顾颉刚先生 20 世纪 30 年代的及门弟子,曾亲炙顾先生的教诲,还曾在顾先生指导下撰写并联名出版了《中国疆域沿革史》这一历史地理学重要著作。后在顾先生的不断提携下才顺利地走上历史地理学治学道路,并于 60 年代初在陕西师范大学建立了历史地理研究室,又于"文革"后建立了历史地理研究所,创办了国内首家公开出版发行的历史地理学学术刊物——《中国历史地理论丛》。除史念海先生外,我们学校历史地理学科的专业研究人员,一部分是顾先生的再传弟子,即是史念海先生与顾先生另一位著名的弟子——侯仁之院士的学生；还有一部分更年轻的则是顾先生再传弟子的弟子。由此可见我们学科点的老中青研究人员都是从顾先生处承袭了历史地理学的一些最基本的治学理念，才取得上述进展与成绩。

说及顾颉刚先生的学术思想，因为顾先生不仅对我国现代历史地理学有开创之功，而且还在中国古代史、历史文献学和民俗学等多个领域均卓有建树，因而必然丰富深邃，同时在不同学术领域也各具特点。笔者囿于学识与学力，仅从历史地理学角度，深切感到顾先生之学术思想与治学品格有以下三点堪作我们后学者的楷模。

一是炽烈的爱国情怀。这在顾先生与谭其骧先生为《禹贡》半月刊合写的"发刊词"以及顾先生与史念海先生合撰的《中国疆域沿革史》一书之绪论中均有痛切的直陈。充分表明顾先生创办禹贡学会与《禹贡》半月刊的一个直接动因就是为了揭穿我们的东邻蓄意侵略我们，在历史地理的学术层面上所制造的伪证，激发民众反抗帝国主义压迫的民族意识。而顾先生承应撰写《中国疆域沿革史》一书，也是因作者"处于今世，深感外侮之凌逼，国力之衰弱，不惟汉、唐盛业难期再现，即先民遗土亦岌岌莫保，衷心忡忡，无任忧惧"，因而"思欲检讨历代疆域之盈亏，使知先民扩土之不易，虽一寸山河，亦不当轻轻付诸敌人，爰有是书之作"。真可谓爱国保土激情充溢于字里行间。由此可见顾先生并非是一位为学术而治学的学者，而是一个满怀爱国激情的学者，而这正是推动他在多个学术领域取得卓越成绩与重大影响的一个重要原因。

二是严谨的治学态度。顾先生一生治学严谨已为世所公认。他与谭其骧先生合写的《禹贡》半月刊"发刊词"，可以说从头至尾通篇体现出这一精神。而且这一精神除倡导踏实苦干，长年累月进行钻研，取得切实的研究结果外，还包括不迷信权威，敢于纠正自己一时的错误，以及利用更为进步的科学方法进行学术研究等内容。对严谨治学的精神，顾先生既力倡也实行。这在他丰硕的著述中可以看到；尤其是他对同行学者的不同见解与对他所作的批评也从不避讳的胸襟，更为令人敬佩。

三是开拓的学术眼光。顾先生于1938年3月18日致谭其骧先生信中曾自认他在做学问上是"偏于开风气"，即善于大胆假设，敢于发表自己的观点的。他的挚友钱穆先生在评论他们两人治学的异同时，也肯定地说："兄之所长在于多开途辙，发人神智，……故兄能推倒，能开拓。"

（钱穆致顾颉刚信，1940 年 7 月 2 日）揆诸治学实践，顾先生在中国古史领域多所稽疑考辨，发起组织民俗学会并编印《民俗》周刊，创建禹贡学会并创办《禹贡》半月刊，等等，均表现出顾先生在学术研究上所特具之开拓眼光与魄力。

当前我国为全面建成小康社会，正大力推行科教兴国战略，而且近来政府已明确宣布将像重视与支持自然科学研究事业那样重视与支持人文社会科学研究事业。值此难逢的历史发展机遇，历史地理学也当与人文社会科学其他学科一样，在原已取得的成绩的基础上，力求取得新的更大的发展。我们陕西师范大学历史地理学科的专业研究人员，决定进一步继承与发扬顾颉刚先生前述爱国、严谨、开拓、创新的治学思想，为推进西部大开发的宏伟事业，为历史地理学科的发展，作出新的贡献。具体而言就是要依托教育部批准建立的人文社会科学重点研究基地——西北历史环境与经济社会发展研究中心，发挥我校历史地理学科已被批准为国家级重点学科的优势，联络校内外历史地理学者与相关学科的专家，在 5—10 年内推出一批学术精品力作。即：

——西北历史环境与经济社会发展研究丛书；

——多卷本中国历史农业地理与中国历史农业地图集；

——多卷本中国古都与历史城市地理研究丛书。

此外，还要进一步办好《中国历史地理论丛》刊物，培养高水平的历史地理学专业人才，大力拓展国内外学术合作与交流，做好为地方经济建设与文化建设咨询服务工作。

总之，在新的世纪，在我国发展的新时期里，我们有责任，也有条件与力量，继续推动顾颉刚先生等前辈学者创建的现代历史地理学开拓发展，使这门有用于世的学科与时俱进。这是对我们所崇敬的顾颉刚先生最好的纪念！

2003 年 4 月 2 日晨于西安

（原文刊载于《中国历史地理论丛》2003 年第 4 辑，2003 年 12 月；后又收入中国社会科学院历史研究所、中山大学历史系合编：《顾颉刚先生诞辰 110 周年论文集》，中华书局 2004 年版）

恭贺吾师仁之先生百岁喜寿诞辰，
学习吾师仁之先生三大治学风范

  2011 年即将到来的 12 月 6 日是吾师侯仁之先生百岁喜寿诞辰。作为他的一名"文革"前的入门弟子心中自是不胜欣喜！回忆起近半个世纪来受到仁之先生在治学与为人方面的亲炙浸润，常常心潮澎湃，思绪激荡！尽管仁之师八十寿辰前我曾撰一长文《师教琐记——为恭祝我师侯仁之教授八十华诞而作》（载于史念海先生主编《中国历史地理论丛》1990 年第 4 辑"恭贺侯仁之教授八十华诞专号"上），详叙了 1962 年春我在中山大学读到仁之师那篇被公认为是我国现代历史地理学基本理论奠基之作的论文《历史地理学刍议》，大受启迪与激励，决心投师侯门，从事历史地理学研究，并于翌年报考侯师的研究生，竟如愿以偿得以进入燕园，之后在历史地理学的理论学习与科研实践诸多方面得到侯师耳提面命、言传身教的悉心教导以及"文革"后在他多方帮助下专业归队，来到他的挚友史念海先生领导的陕西师范大学历史地理研究所工作等种种难忘情节；在侯师九十寿辰前撰一联，上联为"史学眼光地学视野奠定学科理论基础"，下联为"仁者胸襟智者识见倡扬一代学术风范"，请著名的书法家、陕西师大曹伯庸教授以楷体书就进献给侯师；2010 年 12 月 5 日在北京大学为侯师百岁寿辰举行庆祝会，会前我曾撰七律一首（姑且不计较用词遣字是否符合韵律平仄，认定为七律诗吧）。全诗如下（所附注释置于全文后）：

恭贺吾师仁之先生百岁诞辰

吾师长寿逾百年,[①] 神态飘逸人中仙。
治学根本重实践,[②] 理论创建着先鞭。[③]
城市溯源自环境,[④] 沙漠演变非史前。[⑤]
培植弟子弃旧途,传承学脉开新篇。

该诗撰成后我也请陕西师大青年书法家微末(本名沈兰荣)以草体书就,由尹钧科学弟装裱后送于祝寿会场。

此外,我还先后撰写了《开拓统万城研究新领域的一次考察——记侯仁之教授 1964 年夏率历史地理考察小组对毛乌素沙漠和统万城遗址的

---

① 吾师侯仁之先生,诞生于 1911 年 12 月 6 日,即将满 99 周岁(因本诗作于 2010 年 11 月 12 日),按通例习俗可称百岁。"逾百年"者含祝愿之意也!

② 仁之先生早在 20 世纪五六十年代就倡导"跳出小书斋,走向大自然";并身体力行,先在北京城郊,后又奔向大西北沙漠地区进行科学考察。充分表明他治学既注重史籍文献考证,又重视野外实地考察。而他治学的根本目的是在推进学科发展,为国家建设与社会发展服务。

③ 仁之先生在 1962 年 3 月出版的《北京大学学报》(自然科学版)第 8 卷第 1 期上发表了《历史地理学刍议》一文,强调指出历史地理学研究的人类生活的地理环境在人类历史时期是经常变化的,而其变化又主要是在人为活动影响下发生的。历史地理学不仅要复原历史时期之地理环境,更重要的是探寻其发展演变的规律。这一理论观点,开创了历史地理学界研讨学科理论的先河,奠定了历史地理学基本理论——"人地关系"理论的坚实基础。

④ 仁之先生在 1950 年 7 月出版的《新建设》杂志第 2 卷第 11 期上发表了题为《中国沿革地理课程商榷》的论文。该文在主张将当时我国大学里开设的"沿革地理"课程改为"历史地理"课程的同时,还以北京城为例,阐明了研究城市产生形成,必须从复原城市形成时之地理环境入手,从中探明这座城市之所以在当地兴建的地理环境上的条件与原因,并以之作为起点来揭示这座城市发展特点与变迁规律。这一见解不仅为历史地理学的一个分支学科——历史城市地理学指明了研究的科学途径,还进一步丰富了历史地理学之"人地关系"理论。

⑤ 仁之先生自 1958 年出席在呼和浩特市举行的"西北六省区治沙会议"后,从 1960 年起先后多次赴宁夏河东沙区、内蒙古西部乌兰布和沙漠、内蒙古鄂尔多斯高原与陕西榆林地区毛乌素沙地进行考察,撰写发表了多篇论文。从历史地理学"人地关系"理论出发,不仅阐明我国沙漠在人类历史时期由于受到人为不当活动影响加剧了沙漠化之规模与范围,还论证了我国北部贺兰山以东地区一些沙漠实际上是在人类历史时期主要因为人为不当活动,再加上自然因素自身变化而形成的。也就说明了我国沙漠不全是在史前地质时期形成的。他的沙漠考察实践活动与这一理论观点不仅开创了历史地理学一个新的分支学科——沙漠历史地理学,而且还给沙漠学研究与治理工作注入了新的理论思想。

考察》（载《中国历史地理论丛》专辑《走向世界的沙漠古都——统万城》，2003 年 6 月）、《倡扬学术民主的一个范例——记侯仁之院士坦承对城川古城定名有误之感人事迹》（载吴传钧、施雅风主编《中国地理学90 年发展回忆录》，学苑出版社 1999 年版）等文，以倡扬仁之师深邃的治学理念与崇高的学术风范。然而面对就要来临的 2011 年 12 月 6 日这一喜庆日子，我感到过去所写的尚只是对侯师治学与为人的事迹陈述（当然仅为一部分），现在还需要在以往陈述的事实基础上，再作更深层次的剖析。基于这一认识，经我多年对仁之师治学实践与理念亲身感受的深入思考，拟从他具有的开创的精神、开阔的视野、开放的胸襟三方面加以阐释。

首先是开创的精神。仁之师在学术研究上的开创精神在他毕生治学实践中时时处处都有体现，其中贡献最大、影响最广的当在历史地理学理论建设上。这当中又以下述两篇论文作用最为显著。

其一是 1950 年 7 月发表于《新建设》杂志第 2 卷第 11 期上的《中国沿革地理课程商榷》一文。这是仁之师于 1949 年夏初在英国利物浦大学获博士学位后 9 月底回到北京不到一年时间发表的一篇文章。文章针对我国古老的沿革地理学在 1934 年 2 月由顾颉刚、谭其骧先生倡导成立禹贡学会后所取得的多方面重大进展的实际情况，吸纳了西方英、美等国历史地理学家，特别是他的导师达比教授有关这门新兴的历史地理学的理论与研究方法，还结合他在利物浦大学撰写的博士学位论文《北平的历史地理》的心得体会，郑重地提出："旧日大学里被称作'沿革地理'的这门课程应该尽早改为'历史地理'。"正是在此文的推动以及他身体力行的带动下，我国一些高校纷纷将原开设的沿革地理课改为了历史地理课，或新开设历史地理课。自此，历史地理学也就在我国这一东方沃土上扎下根基苗壮成长起来。

其二是 1962 年 3 月发表于《北京大学学报》（自然科学版）第 8 卷第 1 期上的《历史地理学刍议》一文。该文深刻地论述了历史地理学研究的对象、任务与学科构成体系以及研究方法；特别强调要着重结合人类历史时期人为活动与地理环境变迁的相互作用进行研究。这实际上已明确宣示历史地理学的基本理论为"人地关系"理论。

综上所述可以看到，仁之师的《中国沿革地理课程商榷》一文促成了我国历史地理学的正式建立；而《历史地理学刍议》一文，则奠定了历史地理学之学科理论基础，并由此推动了我国历史地理学全面蓬勃的发展。所以这两篇论文在我国历史地理学发展史上具有里程碑式的意义与作用。

当然在上述两篇里程碑式的论文之后，仁之师在历史地理学学科理论建设上还有不少新的建树。诸如1978年在庆祝北京大学建校80周年的"五四科学讨论会"地理学分会上作的题为《历史地理学的理论与实践》一文中阐述的历史地理学研究对象之"历史时期"要扩展到人类活动对地理环境开始产生日益显著影响时，就是地质史上的"中全新世"或考古学分期上的新石器时期中期；《北京大学学报》（哲学社会科学版）1993年第4期上发表的《历史地理学研究中的认识问题》一文中倡导的历史自然地理与历史人文地理相互结合开展统一的综合的研究等，无不映射出仁之师开创性的思想火花。它们对历史地理学之理论建设与研究实践均发挥了重大的积极作用。

继之是开阔的视野。仁之师于1932年秋参加北平燕京大学特别考试，因成绩优异获四年奖学金得以到历史系学习。后因参加了禹贡学会，本科毕业后留校作顾颉刚教授硕士研究生，并兼任顾颉刚先生所任历史系主任助理，协助顾先生开设古迹古物调查实习课，常到北平郊区进行现场调查，又曾赴坝上张家口与黄河河套地区进行考察，这就使他的专业领域超出史学范围。抗日战争胜利后仁之师赴英国留学，师从利物浦大学地理系著名历史地理学家达比教授攻读博士学位，实际上已跨入地理学领域。1949年9月回国后，先曾应梁思成先生之邀至清华大学建筑系讲授城镇地理基础课，后至院系调整后的北京大学出任地质地理系主任。在领导该系所设的自然地理学、经济地理学、地貌学、古生物学、地质构造学、岩石矿物学6个专业开展教学、科研工作中使他的学术视野更加开阔。自1960年夏起连续几年赴西北沙漠地区进行考察研究后，为探寻沙漠中的遗迹与文物，借之研究一些沙漠在人类历史时期形成、演变之历程，仁之师又主动邀请考古学家参加工作，取得了超乎预期的效果。因而他在之后写的《历史地理学的研究与文物考古工作》一文中（该文收入仁之师论文集《历史地理学的理论与实践》，上海人民出版社1979年版）曾深有感触地写道："作为一个历史地理工作者，我深切感受到，在探讨现代地理环境的演化过程中，如果没有文物考古工作者参与协作，许多关键性的问题就很难圆满解决。"同样，仁之师为了全面推动历史地理学的发展，充分完成历史地理学肩负的研究任务，也十分强调历史地理学工作者与地质学工作者，特别是其中的第四纪地质学工作者协力合作。正是因为仁之师具有如此开阔的学术视野，将历史学与地理学、地质学（二者可合称为"地学"）以及考古学（以前我国教育部颁行的学科目录将之归属到历史学，2011年始成一门独立的学科）集纳于一体，所以方能在历史地理学之理论建设以及他具体进行过的历史城市地理、历史沙漠地理等分支学科研究中取得创新的成果，他由此也进一步认识到这正是推进历史地理学进一步发展的必由之路。所以他不仅自己具体践行，而且也将之传授给学生。例如，我于1963年秋进入燕园后，他一方面亲自给我讲授历史地理学理论课与中国疆域沿革史等专业基础课；另一方面安排我到北京大学考古学专业、地质学专业着重学习考古学与第四纪地质学课程，我从中亦受益良多。所以"文革"后我来到陕西师范大学历史地理研究所工作后，在协助史念海先生培养研究生以及我后来独立培养研究生时，也遵奉这一理念。对大学本科学历史学的学生，让他们加学地理学方面的课程；而对大学本科学地理学的学生，则让他们加学历史学方面的课程，以促使青年学者能充分适应历史地理学之学科发展的需要，胜任有关科研工作，成为出色的历史地理学工作者。

再者是开放的胸襟。仁之师一贯将学术成果视为社会之公器，不将之当作为个人争名逐利之私有财富。正因为他有着这种崇高的思想境界，就使他在从事学术研究时既十分严谨认真一丝不苟，又能虚心听取批评问难，以使其研究成果能为人类增添知识宝藏，为社会发展作出切实的贡献。所以他的学术论著一旦推出问世，都能以开放的心态面对学术界与社会的商榷、评论，并服膺真知灼见，择善而从。其中最令人敬仰的例子就是他在"文革"中发表于《文物》1973年第1期《从红柳河上的古城废墟看毛乌素沙漠的变迁》一文中，坦然承认他刊载于《地理》月刊1965年第1期上的《历史地理学在沙漠考察中的任务》一文将位于今内蒙古自治区鄂尔多斯市鄂托克前旗东南端城川镇的"城川古城"定名为唐代的旧宥州城"是错误的"，并采纳了我于1965年夏再次前往城川地区进行历史地理综合考察与研究后所得结论，即前述"城川古城"当为"唐代元和十五年（820）以后的新宥州城"。应该予以特别说明的是，我的这一见解当时并未公开发表，也没有向仁之师正面提出；而是1965年暑假当我遵奉仁之师的安排只身一人在城川地区进行了近一个月的气候、地貌、河湖、植被、土壤与城川古城及其附近地区古代遗址、遗物（如古代钱币等）考察，工作已近尾声时，突接系里电报通知，命我立即结束工作返回学校；当我数日后回到学校后一位系领导告诉我，因我父亲的所谓政治历史问题，学校认为我不能继续研究生学习，要我参加当年本科毕业生分配，尽快离开学校。鉴于当时的政治环境我只能服从。于是在赶写出考察报告《对城川地区湖泊古今变迁的初步探讨》后，将该报告连同在城川地区采集的一箱拟做孢粉分析的土样送呈仁之师，不久即匆匆离开燕园前来西安工作。之后因是在陕西省水利厅属下的水土保持局任职，远离了历史地理学学术领域，所以对上述情况从未对人道之。不曾想到，过了将近八年，仁之师在1971年10月从江西省鄱阳湖滨之鲤鱼洲北京大学农场回到燕园，1972年应约于"文革"爆发后写的第一篇学术论文中即将仅仅他知我知的城川古城定名事在论文中原原委委和盘托出，没有丝毫遮掩躲闪辩白解释，其真诚坦然之情跃然纸上，既在意料之外，也在情理之中，令我肃然起敬！这在当时神州大地上人妖颠倒，黑白混淆，科学民主精神被横扫殆尽，野蛮愚昧言行充斥于世的时代氛围中是多么的难能可贵！该期《文物》印出发行后不久，我即在1973年春夏之交收到仁之师邮寄给我的一本。当我读到仁之师论文中那条详叙城川古城定名经过情节的注释时，内心所感受到的震撼真是难以名状！当然我从中也深深感悟到，敢于追求真理的人是多么的伟大！自那以后我也下定决心，一定以仁之师为楷模，终身学习笃行他这种精神；并在1982年1月专业归队调入陕西师范大学历史地理研究所后，给自己确立了在学术研究中"不怕有人提出不同见解进行争鸣、不怕有人指出错误进行批评、不怕改正自己的错误"的"三不怕"的准则。

当然，面对学界的辩难与批评，仁之师对一些似是而非的学术观点，在认真听取后仍然坚持自己见解的同时，也注重从不同的意见中确立新的突破口，进行更为深入的研究。例如，对于毛乌素沙地形成与演变问题，面对有学者认为该沙地史前时期即已存在的不同观点，他毫不为之所动，只是更为坚定了朝着既定研究方向继续加强工作的信心。可惜的是这方面工作因"文革"的爆发而被迫中断了十几年。

　　以上所述仁之师在学术研究中遵循的开创的精神、开阔的视野、开放的胸襟三大治学原则，是他自青年时代求学燕园起，直至耄耋之年时，始终坚持不渝的。这也就使他成为我国历史地理学界一株永葆青春的不老松，始终充满激情与活力，每项成果都闪耀出创见与新知。现在我们在敬贺他的百岁诞辰，衷心祝贺他长寿更长寿之际，我们作弟子的，以致他的后辈学人，还当认真学习他那三大治学风范，以使我们个人终身受益，也使我国整个历史地理学术园地繁花似锦，长盛不衰！

2011 年 8 月 23 日

　　（原文刊载于北京大学历史地理研究中心编《走进侯仁之——恭贺侯仁之先生百岁寿辰》，学苑出版社 2011 年版）

深切缅怀先师侯仁之先生学术功绩

——为纪念仁之先生仙逝而作

先师侯仁之先生于 2013 年 10 月 22 日下午 2 时 50 分以 102 岁高龄在北京友谊医院安详地辞世。当晚尹钧科学弟（与我均为"文革"前考为仁之师的研究生，比我晚两年入学）电话告知后，在悲痛之余，想得更多的还是追思仁之师之学术贡献与学术风范以及如何传承创新他的学术事业与学术思想。在决定稍后之 26 日与我曾任职的陕西师范大学西北历史环境与经济社会发展研究院副院长张萍教授一道赴北京大学参加仁之师祭奠活动后，即拟就并书写好一副挽联：

倾心为创建历史地理学科理论奠基，功垂后世！
竭力对保护世界文化自然遗产倡言，利泽当代！

10 月 26 日下午我与作为陕西师大西北环发院代表的张萍教授赶赴北京大学设于百年纪念堂的仁之先生灵堂进行祭奠时，又应接待人员之请，题写了挽词：

先生仙逝，遗教长存。
学生当更发愤，努力传承创新！

之后，12 月 6 日，即仁之师诞辰日，在北京大学举办的侯仁之先生追思会上，我在发言中继深情追思了仁之师引导我进入历史地理学学科门墙，又指导我深入堂奥，促使我将从事历史地理学科研究作为终生安身立命事业后，庄重地表示，当前我们唯有牢记仁之师遗教，努力完成仁之师遗愿，不断推动他参与创建的历史地理学科发展，才是对他最好的纪念！

纵观仁之师自 1932 年夏考入燕京大学历史系就读，接受洪业教授与顾颉刚教授等名师指导，开始从事学术研究始，至他辞世之约近 80 年的学术生涯（除去"文革"中他遭受批判及下放到江西省鄱阳湖滨鲤鱼洲农场劳动几年），在他的富于创新性学术活动中，曾在多个学术领域取得丰硕的成果与卓越的成就，就我管见所及，最主要的学术贡献集中在三个方面。具体而言就是前述我之挽联中提及的为历史地理学学科理论奠基与开创历史地理学之历史城市地理、历史沙漠地理两个分支学科以及为中国参与世界申遗活动倡言，并推进历史文化遗产保护这门新兴事业发展。本文仅就这三方面的学术功绩依次陈述于后。

一 首倡建立历史地理学科，
并为其理论奠基

前已述及仁之师 1932 年夏顺利通过燕京大学特别考试，进入历史系学习。不久因上了顾颉刚先生的"中国疆域沿革史"课程，又于 1934 年春参加了顾颉刚先生与谭其骧先生发起建立的禹贡学会，因而学习的旨趣就朝历史学与地理学相结合的方面发展。之后，他在导师洪业教授指导下撰写出本科学士学位论文《靳辅治河始末》与硕士学位论文《〈天下郡国利病书〉山东之部》，均充分显示了仁之师治学的这一取向。以致到抗日战争胜利后洪业先生力促并举荐他到英国利物浦大学投师地理学名家 P. M. 罗士培教授。但当 1946 年夏季仁之师乘海轮历经两个月航行到达利物浦大学时，罗士培教授已经退休，且在"二战"结束后不久即来到我国上海，参与中英两国文化交流事务。于是改投接替罗士培教授担任利物浦大学地理系主任的 H. C. 达比教授，成了达比教授的博士研究生。而达比教授恰好是西方历史地理学开创者之一。在达比教授关于历史地理学理论观点指导下，仁之师撰写出博士学位论文 *An Historical Geography of Peiping*。该论文正如它的中文版译者之一邓辉教授在外语教学与研究出版社于 2013 年 11 月出版的《北平历史地理》之"译后记"中所评论的："是中国学者按照现代历史地理学的学科规范，独立完成的第一部系统的城市历史地理研究专著."当然我们也当指出,早在 20 世纪 30 年代前期,仁之师选修了顾颉刚先生"中国疆域沿革史"一课,之后不久又参加了顾先生与谭其骧先生创办的禹贡学会,也为他日后走上历史地理学研治之路打下了牢固的基础。但也如历史地理学界同仁所公认的,禹贡学会编辑出版的学术刊物——《禹贡》半月刊,其英文名称曾使用 The Chinese Historical Geography ("中国历史地理")一名,实际上当时学界主要研究内容还是囿于沿革地理范围内。直到仁之师 1949 年夏《北平历史地理》论文通过答辩,获博士学位,并于当年 9 月底回到北京,紧接着于 1950 年 7 月在《新建设》杂志第 2 卷第 11 期发表《"中国沿革地理"课程商榷》一文,在该文中,仁之师既肯定了作为一门传统课程的"中国沿革地理"之学术内涵与价值,也指出了随着社会与学术的发展,在大学中仅讲授中国沿革地理课程的局限性,因而明确提出应将旧日大学里被称作"沿革地理"的这门课程尽早改为"历史地理",将之作为大学里历史系与地理系学生都应学习的必要课程。之后在 1952 年大陆高校院校调整中,仁之师被任命为新的北京大学副教务长,兼任地质地理系主任,不久,他又在北京大学地质地理系率先招收历史地理专业研究生。随之我国大陆一些高校陆续将原开设的中国沿革地理课程改为中国历史地理课程,作为现代学科之一的中国历史地理学才正式建立。因而可以说,中国历史地理学是由顾颉刚、谭其骧与侯仁之、史念海等几位前贤共同努力创建起来的,而它正式建立的标志性事件则是仁之师《"中国沿革地理"课程商榷》一文。而该文的撰写正是仁之师既继承了我国传统舆地学与古典地理学精髓,又接受了西方新兴历史地理学理念之洗礼,在中国历史地理学学术思想上升华后促成的。

在中国历史地理学创建之发展历程中,另一个标志性事件就是仁之师继 1959 年执笔撰写出《十年来中国的历史地理学》(原题为《历史地理学》,载《十年来的中国科学·地理学》,科学出版社 1959 年版)之后,于 1962 年春撰成并发表于《北京大学学报》(自然科学版)第 8 卷第 1 期上《历史地理学刍议》一文。该文在前两文基础上,深刻地论述了历史地理学研究的对象、任务与学科构成体系以及主要的研究方法。更为重要的是,文中明确地论述道:

　　人类的生活环境，经常在变化中，而不是一成不变的。属于自然的景观如此，属于人为的景观更不例外。

　　而在这一发展演变的过程中，人的缔造经营，占了最重要的地位，如果不是因为人的活动而引起的周围地理的变化，在这几千年的历史时期中那是非常微小的。

　　历史地理学的主要工作，不仅要"复原"过去时代的地理环境，而且还须寻找其发展演变的规律，阐明当前地理环境的形成和特点。

　　上述理论观点的核心则是仁之师特别强调的，要着重研究人类历史时期人为活动与地理环境变迁相互作用之关系，亦即要具体而又深刻地揭示人地关系规律，以之洞悉我们周围之地理环境的昨天与今天，预测并规划它的明天。这实际上已明确宣示历史地理学的基本理论即为人地关系理论。这一理论，之后不仅是历史地理学的基本理论，也成为整个地理科学的重要理论之一。

　　综上所述可以看到，仁之师的《"中国沿革地理"课程商榷》一文促成了我国现代学科意义上的历史地理学的正式建立；而《历史地理学刍议》一文，则为历史地理学之学科理论奠定了基础。

二　开创历史城市地理学与历史沙漠地理学，成就卓著

　　中国历史地理学在发展历程中，学科体系逐渐完满。迄今已形成历史地理学理论、历史自然地理、历史人文地理、历史地理文献、历史地图五大分支。历史自然地理与历史人文地理之下又各自分别衍生出若干二级分支学科，如历史自然地理之下的历史气候地理、历史地貌学、历史水文地理、历史植被地理、历史动物地理、历史土壤地理、历史沙漠地理等；又如历史人文地理之下的历史政区地理（即沿革地理）、历史民族地理、历史人口地理、历史军事地理、历史经济地理（其下又包括历史农业地理、历史工矿地理、历史商贸地理、历史交通地理）、历史城镇地理（其下又包括历史城市地理、历史村镇地理）、历史文化地理。在上述历史地理学五大分支中，仁之师在历史地理学理论上的创获，本文第

一部分已作论述；在历史地理文献与历史地图两方面也有建树，前者如在 1959 年即主编并由科学出版社出版了《中国古代地理名著选读》第一辑；后者则有由他担任主编的《北京历史地图集》第一、二集，先后于1988 年、1997 年由北京出版社出版，为我国城市与区域历史地图集的编绘开了先河。此外，仁之师还开创了历史人文地理方面之历史城市地理与历史自然地理方面之历史沙漠地理两个分支学科，且均取得丰硕成果。

在历史城市地理方面仁之师研究最深，影响最大的当数对北京这座古都的研究。而对北京进行研究的情愫最初始于 1931 年夏末仁之师从山东德州博文中学转学至河北通县（今北京市通州区）潞河中学读高中，当在北平（今北京）火车站出站后，一眼望见黄昏中的前门城楼，立即感到一种历史的震撼，自此就与这座古城结下了不解之缘。1932 年秋考入燕京大学后，他更是深深地爱上了燕园，爱上了北京。之后，通过对北平城内与郊区古物古迹的不断的实地调查，对北平这座古城认识日深，以致到 1946 年夏负笈远赴英国利物浦大学攻读历史地理学博士学位时，竟以"北平历史地理"为题撰写学位论文。该论文正如前已述及的，是我国第一部系统的历史城市地理专著，自然该论文也成为我国历史城市地理之开山之作。1949 年秋仁之师回国后，继续以该论文为开端，直至终老持之以恒地对北京城多个方面的问题进行深入研究。不仅陆续发表出版了多篇（部）论著，还对北京城之文物古迹保护以致规划建设提出了一系列的具体建议，其中不少为政府采纳，因而留下了仁之师睿智的学术思想的印记。如今之北京城不少古遗址古建筑得以保存下来，并继续发挥它们历史文化标识作用与城市生态功能，完全有赖于仁之师锲而不舍的研究与积极主动的建言献策。仁之师被京城人士与学界同仁赞誉为"北京的守望者""认识三千岁的北京"引路人，均足当此誉。

在历史城市地理方面，仁之师除对北京城进行了终生以之的精深研究外，还曾对邯郸、承德、淄博、芜湖以致境外的美国首都华盛顿进行了开拓性研究。可以说成果丰硕，蔚为大观。还需特别指出的是，仁之师在对北京以及邯郸、承德、淄博、芜湖、华盛顿进行研究与撰述时，均以他之历史地理学基本理论，从探明这座城市最初聚落形成时之地理环境入手。在之后论述城市之发展演变历程时，也都紧密结合地理环境变化，特别是河湖水系变化进行综合评析。这既彰显了历史城市地理学研究的特点，划清了与城市史学之界限；也突出了历史城市地理学研究对当前城市规划与建设工作的鉴戒启示作用。

在开创历史沙漠地理研究工作方面，最初的发端是 1958 年夏秋之际仁之先生受邀出席了在呼和浩特市举行的"西北六省区治沙会议"。嗣后中国科学院竺可桢副院长发出了"向沙漠进军"的号召，仁之师受到感召，力排沙漠地区历史文献不多，历史地理学在沙漠研究工作中无从着手和难有作为的偏见，坚持认为历史地理学作为一门研究人类历史时期环境变迁的新兴学科，参加沙漠研究，可为探明人类历史时期沙漠的扩展变化起到其他学科不可替代的作用。因而不仅是应该的，而且是必要的；当然这对推动历史地理学的发展也是毋庸置疑的。于是自 1960 年至"文化大革命"前，连续赴宁夏河东沙区、内蒙古乌兰布和沙漠、内蒙古伊克昭盟（今鄂尔多斯市）与陕西榆林地区间之毛乌素沙地考察；"文革"后恢复工作，又赴内蒙古西部与甘肃河西走廊沙漠区域如敦煌等地之沙漠进行考察。并都撰写了学术论文与研究报告。仁之师在对上述沙漠进行考察研究时，不仅发掘了一批有价值的历史文献，还与考古学者合作，通过沙漠中的人类活动遗迹阐明了人类历史时期这些沙漠之变化轨迹，论据坚实，论述可信，使历史地理学在沙漠考察研究中居于不可或缺举足轻重的地位。由于他率领一批历史地理学者在我国沙漠地区开展了广泛而又深入的工作，使我国北方地区沙漠之总体形成变化历程被明确揭示出来：贺兰山以西的沙漠，虽在地质时期即已形成，但在进入人类历史时期后在自然因素与人为活动共同作用下，又有不同程度地蔓延扩展；而贺兰山以东的沙漠与沙地，则大多是在人类历史时期，主要因人为不当活动造成，且在形成之后还不断有新的进退变化。上述结论已为我国沙漠学界所信服接受。也正因如此，所以"文革"后仁之师即被推选为新建立的中国地理学会沙漠专业委员会主任委员。仁之师的这些研究成果无疑不论对沙漠学，还是对历史地理学的发展都具有积极的意义，同时对沙漠的防治工作也同样具有积极的意义。

三 建言我国参加《保护世界文化和自然遗产公约》,利及当代功泽深远

联合国教育、科学及文化组织（以下简称"联合国教科文组织"）早在 1972 年 10 月 17 日至 11 月 21 日于法国首都巴黎举行的第十七届会议上就讨论了有关保护全世界文化和自然遗产的问题，并于 11 月 16 日通过了《保护世界文化和自然遗产公约》（通常简称"世界遗产公约"）；后又于 1976 年 11 月在肯尼亚首都内罗毕举行了第一届公约成员国大会，成立了世界遗产委员会，还建立了世界遗产基金。但当时我国正处于"文革"动乱的后期，对于这项其目的在通过国际合作更积极有效地保护对全人类具有重大价值的文化和自然遗产的重要工作，国内文化与科技界有关人士竟未予闻问，政府有关部门也未予置理。但到 1984 年 1 月至 9 月，仁之师偕师母应邀赴美国康奈尔大学讲学期间，从一些外国同行专家言谈中才得知这一讯息后，凭着他的睿识卓见，立即认定这是一件对中国，也是对世界均具重大意义的重要工作。当年回国不久，即以全国政协委员身份积极促进这项工作，并起草了一份提案，于次年 4 月举行的全国政协第六届第三次会议上，获得阳含熙委员（中国科学院人与生物圈国家委员会）、郑孝燮委员（当时任职于国家城乡建设环境保护部）、罗哲文委员（国家文物局）的赞同支持，遂联署签名后正式提交，并获通过。在该提案中，仁之师深情地写道：

> 我国为文明古国，地大物博，在上述的文化遗产或自然遗产中所拥有的具有世界性重大价值的、而且是应该积极予以保存和保护的对象历历可数，其中为举世所公认并已得到国际友人主动赞助进行维修和保护的，如万里长城和卧龙熊猫自然保护区，即分别属于上述的文化遗产和自然遗产两大类别之中。但是我国迄今尚未参加《世界文化和自然遗产保护公约》，因此，也不能享受由签约国所应该享受的一切权益，更无助于推动这项有益于全人类的国际文化合作事业。

鉴于上述理由，仁之师在提案中明确地建议道：

　　现在我国实行开放政策，除去注意引进有利于我国四化建设物质文明的各项技术、设备和资金外，也应该积极参加并推动既有益于我国，也有益于世界人民精神文明的国际文化科学事业。因此，建议我国尽早参加《世界文化和自然遗产保护公约》，并准备争取参加世界遗产委员会。

　　我国政府很快采纳了仁之师起草并领衔提出的这一提案，并于当年12月12日我国成为"世界遗产公约"缔约国，并自1987年起，开始进行世界文化与自然遗产申报工作，1999年10月29日我国当选为世界遗产委员会成员。2013年6月，我国大陆共有21批45项涉及26个省、市、自治区与澳门特区的65处文化与自然遗产被批准列入《世界遗产名录》。同时在2012年9月，我国政府又遴选出45个项目，涉及29个省、市、自治区与特区的114处文化与自然遗产被列入《中国世界文化遗产预备名单》（此据陕西省文化遗产研究院保护规划所白海峰所长提供资料统计得出）。可以说，迄今我国除上海市与海南省外，其余之省、市、自治区与特区均已有项目列入《世界遗产名录》，或已确定了一批项目积极申请列入《世界遗产项目》。可见这项工作涉及面之广与影响程度之深，也可见这项工作普遍受到各地各级政府有关部门的重视与广大群众的热情支持和参与。近三十年来之工作实践业已证实，这项工作对推动我国各地对一大批文化与自然遗产之保护工作，对推动这些遗产所在地之文化建设与旅游事业，对推动我国与世界各国之文化交流，都发挥了积极的作用。当我们回顾这项工作近三十年来之发展历程与所取得的进展而备感欣喜之时，不得不由衷赞佩仁之师当年之远见卓识，也不得不感谢他对我国申遗工作的首倡之功！因而人们怀着钦敬感恩心情赞誉他为"中国申遗第一人"，是实至名归，堪当此誉！

　　由上所论仁之师之三大学术功绩充分表明仁之师在创建中国历史地理学与推动它不断发展以及发挥这门学科经世致用作用上作出了重大贡献，值得我们弟子门人与后学晚辈深切缅怀！当前中国历史地理学发展形势很好，学术队伍日益壮大，新人辈出，多个分支学科成果也十分丰硕。但如何推动它继续发展，仍然是摆在我国历史地理学界同仁面前一项严峻的任务。为此我们更当发愤努力，传承发扬仁之师以及我国历史地理学领域顾颉刚、谭其骧与史念海等先贤的优良学术风范，以开拓的精神、开阔的视野、开放的胸襟，团结互济，共同努力，尽快将历史地理学建设成为一门兼具文科与理科功能的一级学科，更充分发挥其既在自然科学领域，又在人文社会科学领域的积极作用。显然，这才是对仁之师等先辈学者的最好的纪念！

2014 年 1 月 12 日初稿

2 月 21 日改定

（原文刊载于卞晋平主编《仁者之德·侯仁之纪念文集》，中国文史出版社 2017 年版）

深切缅怀史念海先生三大学术功绩

——为纪念史念海先生百岁诞辰而作

2012 年 6 月 24 日，是我们尊崇的史念海先生百岁诞辰纪念日。虽然史先生辞世迄今已逾十年，然而他作为中国现代历史地理学创建者之一，毕生从事历史地理学研究，在学术领域所取得的重大成就却一直受到国内外学术界广泛称颂！本文谨就亲身经历与体验，对他在改革开放以来创建陕西师范大学历史地理研究所、创办《中国历史地理论丛》学术刊物、创立中国古都学会这三项工作之学术功绩作简要陈述，以表对史念海先生百岁诞辰之纪念。

其一，创立陕西师范大学历史地理研究所，使之成为国内历史地理学学术重镇之一。

史念海先生抗日战争前在北平辅仁大学历史系学习时，就曾受教于当时禹贡学派创始人顾颉刚先生与谭其骧先生门下，还曾与顾颉刚先生合著出版了《中国疆域沿革史》一书。1954 年 11 月由西北大学调至陕西师范大学历史系任教授与系主任后更为注重历史地理学的教学与研究工作。先在系里成立了历史地理研究室，1963 年出版了他的《河山集》第一辑。"文革"结束后不久，史先生于 1978 年升任副校长。20 世纪 80 年代初，他在自谦陕西师大历史地理学科在国内是"小国寡民"的同时，毅然在历史系外另行创建了历史地理研究所，于 1983 年不再任副校长，专任历史地理研究所与唐史研究所所长。在此前后，他克服了人手少、经费紧张以及校领导支持乏力等种种困难，先后承办了 1976 年 12 月《中国自然地理·历史自然地理》一书之审稿会、1979 年 6 月中国地理学会历史地理专业委员会首届学术研讨会，举办了 1981 年 10 月中国历史地理专题学术讨论会、1987 年 8 月西安国际历史地理学术讨论会。在当时，一个大学的研究所，能在不长的时间里频繁地连续多次举办全国性甚至国际性学术研讨会，的确不多见，充分显示了当时史念海先生旺盛的学术生命力。此外，他还带领所里很少的几名研究人员，联络校外相关学科学者，承担了《中国历史地图集》两个图组的编绘工作。至 90 年代，又组织研究所内外研究人员编绘出版了《西安历史地图集》。与此同时，除在 80 年代中支持所里研究人员参加中国科学院组织的黄土高原综合科学考察研究工作外，又在 90 年代带领所里研究人员与日本筑波大学、学习院大学的学者合作开展了"中国黄土高原的都城与生态环境变迁"研究。上述研究工作均有成果结集出版，且在国内外产生了积极影响。与科研工作相应的是，自历史地理研究所成立后，1982 年就被教育部批准开始招收历史地理学硕士研究生；1985 年，历史地理学作为陕西师范大学最早被国家批准的三个博士学位点之一，史念海先生开始招收博士研究生。这之后一批批获得历史地理学硕士学位或博士学位的年轻学子，有的留校，有的走向其他高校或研究机构。其中相当一部分已成为我国历史地理学科的后起之秀与学术骨干。此两端自然更为强固了陕西师范大学历史地理学作为国内该学科学术重镇之地位。我国著名历史地理学家，继侯仁之先生之后出任中国地理学会历史地理专业委员会主任的陈桥驿先生据之就曾明确说道：陕西师范大学历史地理研究所与北京大学历史地理研究中心、复旦大学历史地理研究所同为我国历史地理学研究重镇，彼此组合恰成三足鼎立之势。也正因为有史念海先生创建的历史地理研究所在前期打下了坚固的基础，所以在 21 世纪初，以历史地理研究所为核心组建的陕西师范大学西北历史环境与经济社会发展研究中心才颇为顺利地被教育部批准为一百所国家人文社会科学重点研究基地之一；也才于 2002 年历史地理学科被教育部批准为国家级重点学科。这不仅是当时陕西师范大学唯一的一个国家级重点学科，也是当年陕西省被批准的 65 个国家级重点学科中唯一的一个人文社会科学学科。所以，现在我们纪念史念海先生百岁诞辰，就当进一步巩固强化历史地理研究所这一学术重镇，在原有之科研、教学工作基础上，趁着历史地理学在历史学科中地位进一步提升，在国家经济建设与文化建设中的作用进一步彰显的形势下，不断推动它继续前进，取得更多更大的发展！

其二，创办《中国历史地理论丛》，迄今仍是我国唯一的一个公开出版发行的历史地理学学术刊物。

1981 年我国历史地理学界在改革开放形势催生下，先后出版了两种历史地理学论文集刊，即由史念海先生主编的《中国历史地理论丛》第一辑与由中国地理学会历史地理专业委员会主编（编辑部设在复旦大学中国历史地理研究所）的《历史地理》创刊号分别由陕西人民出版社、上海人民出版社出版发行。这之后《历史地理》几乎是每年一本由上海人民出版社印行，并持续至今；而《中国历史地理论丛》，却因一些具体原因，1982—1984 年间未遑续出，至 1985 年出版了第二辑，第三辑也是过了两年至 1988 年 5 月才出版。也就是在第三辑的文稿已编就，因未筹集足资金没能付印的 1986 年，史念海先生抓住了陕西师范大学与西北大学合办中国历史地理研究所的机遇，确定了要出版定期刊物，以"揭载所内暨国内外研治这门学科的同行所取得的成果"（史念海："前言"，载《中国历史地理论丛》1987 年第 1 辑）。经过努力，1987 年《中国历史地理论丛》改为定期的季刊出版，当年出了两辑。事实上这两辑是在没有办好期刊登记证的情况下出版的。当年史先生还曾令我去找陕西省邮局发行科的负责人，希望通过邮局对外发行；也因没办好期刊登记证而未果，只好由《中国历史地理论丛》编辑部自办发行订阅工作。后又经过多方努力，1988 年上半年办成了陕西省内部报刊统一刊号，继而又办成了国内统一刊号，自当年第 2 辑起在国内外公开发行，但仍由编辑部自办发行订阅工作。1990 年年中更办成了国外期刊代号，自 1990 年第 3 辑起国外发行工作由中国国际图书贸易公司办理。2001 年，为与国内外期刊版式接轨，刊物由原 32 开本，改为小 16 开本；2005 年又改为现之大 16 开本。就这样，由史念海先生 20 多年前创办的，经过初期的惨淡经营与不懈努力，一步步坚持走了下来，到现在《中国历史地理论丛》终于成为当前中国历史地理学界唯一定期出版的刊物与全国中文核心期刊。迄今已总共编辑出版了 102 辑，发表了历史地理学之各类论文一千七八百篇。不仅对促进陕西师范大学历史地理研究所同仁之学术研究发挥了重要作用，对推动国内乃至国外历史地理学的发展也发挥了积极作用。现在我们缅怀史念海先生这一学术功绩，还当在新的形势下，像《历史研究》等一批同类学术期刊那样，进一步发挥编委的作用，充分吸收学者与读者的意见，不断创新编辑与组稿方式，将《中国历史地理论丛》办得更具特色与影响力。

其三，创建中国古都学会，有力推动了中国古都学这门新兴学科的形成与发展。

创建中国古都学会是史念海先生改革开放初期办成的又一件大事。关于创建经过，史先生曾对我述及最初发端于1982年由中国地方志协会在太原召开的一次会议上。当时北京、南京、西安、洛阳、开封、杭州等几个古都城市的到会专家为了做好古都所在城市地方志撰写工作，找到了受邀到会的史先生。商谈中形成了成立中国古都学会的共识，并请史先生主其事；当初还议定学会挂靠于中国地方志指导小组。当时的中国地方志指导小组副组长梁寒冰先生听了史先生的这一建议后当即表示支持。后在具体筹备过程中，史先生为开展工作方便，在征得陕西师范大学领导同意后，在至国家民政部办理登记手续时，就将学会挂靠在陕西师范大学，由教育部归口管理。于是很快在1983年9月19日在古都西安南郊陕西师范大学举行了中国古都学会成立大会暨第一次学术讨论会。在大会上史先生被公推为会长，我国现代历史地理学另两位创建者——复旦大学谭其骧先生与北京大学侯仁之先生被推举为名誉会长。自1983年之后，在史先生具体领导下，加上学会各位副会长、理事与广大会员的协同努力，在史先生前后三届共16年担任会长期间，继1983年9月西安首次会议之后，几乎每年一次，相继于1984年11月在南京、1985年10月在洛阳、1986年11月在杭州、1987年11月在开封、1988年10月在安阳、1989年10月在江陵、1990年11月在北京、1991年9月在银川、1992年9月在大同、1993年8月再在西安、1994年10月又在安阳、1995年11月在偃师、1997年10月在曲阜、1998年10月在新郑举行了14次全国性学术研讨会（其中仅1989年10月江陵会议与1991年9月银川会议，史先生因身体不适未能与会），每次会后均编辑并公开出版了论文集，即《中国古都研究》第1—15辑（其中第5辑、第6辑两辑合编为一册）。而且一批古都所在城市还成立了地方性的古都学会，它们同时又是中国古都学会的团体会员，最多时一度曾达到30余个。就这样，通过中国古都学会1983年秋成立以来所开展的上述一系列活动，有力地推动了对我国众多古都多方面多层次的研究。史先生更是率先力行，撰写了多篇论文，特别是一批有关中国古都学理论方面的论文，如1985年10

月于洛阳举行的中国古都学会第三届学术年会上宣讲的《中国古都学刍议》（载《中国古都研究》第 3 辑，浙江人民出版社 1987 年版）与之后撰写的《中国古都形成的因素》《中国古都概说》等文（详见史先生之论文集《中国古都和文化》，中华书局 1998 年版），更是具体地推动了中国古都学的形成与发展。此外，他在力推安阳作为中国"大古都"之一，与西安、洛阳、北京、南京、开封、杭州合称"中国七大古都"以及力倡古都学研究应当为世所用，为当前之城市规划、建设服务方面所作的努力，也对中国古都学的发展产生了积极的影响。正是因为 30 年前史念海先生带领一批学界同仁创建了中国古都学会这一全国性的民间学术团体，并在其前期 16 年的活动中在学术研讨与为世所用方面都取得了显著进展；所以当 1999 年学会再次换届时，因为年龄与健康原因，史先生不再出任学会会长一职，我因之前长期担任学会副秘书长，参加了学会组织的历次学术研讨会与多方面会务工作，因而在 1999 年 10 月 28 日至 30 日在山东省莒县举行的中国古都学会第十六届年会暨莒文化研讨会上，继史先生之后被选为中国古都学会新一任会长，后又于 2004 年 11 月 1 日至 5 日在郑州市举行的郑州商都 3600 年学术研讨会暨中国古都学会 2004 年年会上再次被选为学会会长，直至 2010 年 9 月 19 日至 22 日在大同市举行的"古都大同城市文化建设学术研讨会暨中国古都学会 2010 年年会与第六届理事会换届选举大会"上，笔者不再担任会长，被推选为名誉会长。在我连任两届会长 11 年间，也追随史先生之前规，在众位副会长与学会理事、会员的大力协同下，几乎也是每年一次，先后于 2000 年 11 月在徐州、2001 年 7 月在赤峰、2002 年 6 月在成都、2003 年 8 月在太原、2004 年 11 月在郑州、2005 年 12 月在杭州、2007 年 6 月在广州、2008 年 10 月在邯郸、2009 年 9 月在临淄以及 2010 年 9 月在大同举行了 10 次全国性学术研讨会；与此同时还先后在鹤壁、新密、新郑、临汾、长子、淮安、南京、靖边等地举行或合办了 12 次专题性学术研讨会，进一步推动了中国古都学的发展，也继续推动了中国"大古都"研究，还更为增强了古都学术研究为当前经济社会发展与文化建设服务的功能。当然，在回顾中国古都学会建立近 30 年来后一段工作之进展与成绩时，我们也当深切缅怀史念海先生当年带头创建中国古都学会这一学术功绩。

　　当前在我发国经济建设取得长足发展，正大力推进文化建设的形势下，古都学研究有其特有的地位与作用。因而今后中国古都学研究还会有更为广阔的前景。所以在缅怀史念海先生 30 年前创建中国古都学会之历史功绩时，自必十分期盼，也深为相信，中国古都学会在新任会长，也是史念海先生高足萧正洪教授领导下，在各位副会长、理事及广大会员的共同努力下，将会取得新的更大进展。使史念海先生创建的中国古都学这门新兴学科得以长葆学术青春。

2012 年 2 月 7 日

（原文刊载于陕西师范大学西北历史环境与经济社会发展研究院编《史念海先生百年诞辰纪念册·河山之恋》，2012 年）

桩桩往事见真情

——追忆史念海先生几件令我永生感念不忘的往事

我所尊崇的史念海先生 2012 年即将迎来他百岁寿辰，为表示对他由衷钦敬与追慕学习之情，我曾应约为陕西师范大学史念海先生百年诞辰纪念活动筹备组计划编印的《河山之恋——史念海先生百年诞辰纪念册》撰写了一文，着重论述了史先生在他毕生从事的历史地理学领域，于改革开放以来的 20 多年中倾力创建陕西师范大学历史地理研究所、创办《中国历史地理论丛》、创立中国古都学会这三项工作之学术功绩。文章写完后，仍感意犹未尽。因而再作此文，追忆几件史念海先生在学术与政治上对我之帮助、教诲的往事，以倾诉对史先生绵绵不尽的感念。

史先生大力帮助我专业归队

我虽是 1965 年 8 月，因以现代中国科学与民主精神策源地而闻名的北京大学搞社会主义教育运动，我被校方以家父所谓的"政治历史问题"为由（家父本系起义军人，曾编入中国人民解放军西南军区后勤学校学习，1958 年被定为"历史反革命分子"，1981 年被宣布平反改正）中止了研究生学习，与当年北京大学地质地理系自然地理专业毕业班同学分配来陕西工作，就职于陕西省水土保持局；但来后不久就频频下乡蹲点跑面，而且次年神州大地就上演了"文化大革命"的闹剧，一闹就长达十年，所以尽管在北大随侯仁之师学习历史地理学时就知晓陕西师范大学史念海先生也是我国历史地理学界名家，但始终未能拜见。初次见到史先生，那已是在 1976 年 12 月"文革"闹剧收场后不久，在西安举行的《中国自然地理·历史自然地理》一书审稿会上。我虽未参与该书撰写工作，因仁之师的建议，也被邀与会。史先生作为该书三位负责人之一（另两位为谭其骧先生与陈桥驿先生）及会议承办者，会议期间十分繁忙；加之会上还有驻陕西师大工宣队师傅参与领导，不时要向他们汇报请示，开会所在的小寨饭店在会议正进行间，又以另要接待更重要会议为由限期离开，不得已又改至西安市止园饭店继续开会。在这样情势下，就很难专门与史先生交谈请益。只是有一天晚上，史先生与谭先生、侯先生、陈先生等抽暇聚谈时，我正好在侧，听他们几位长者谈到郦道元的《水经注》，在盛赞之余又都表达了很想效仿郦氏成例，对我国江河再进行一次深入普遍考察的愿想，我亦为之心动。后因遵照侯师指示请武汉大学石泉先生联系调去工作事，与史先生也未多联系。在武汉大学同意我调去工作，而为陕西省水土保持局领导班子不予批准受阻后，1979 年 6 月侯师再次来西安，主持中国地理学会历史地理专业委员会首次学术研讨会期间，就转请史先生将我调至陕师大工作，在西安就地解决。会议圆满结束，史先生送侯师至火车站，我也一道前往送行。在软席包厢里侯师再次请史先生设法帮助，史先生也慨然允诺。并说道一定将我调至他身边工作，与他一道重点开展黄土高原地区历史地理研究。还说他当年 2 月参加国家科委、农林部、国家林业总局、水电部在西安联合召开的"黄土高原水土保持、农林牧发展科研工作讨论会"，见到我向大会提交的《历史时期陕北黄土高原农牧业发展概况及其对自然环境影响初探》一文，受到会议的肯定，他也认为写得很好，希望我今后继续在这一方面努力，这使我深受鼓舞。就在这年秋季的一天，已 67 岁高龄的史先生还骑着自行车从陕师大到城里西一路陕西省水土保持局找到我。他本想直接找局领导面谈。经与我商讨，感到不如通过省领导更有把握。于是在这之后，就给当时的陕西省委书记马文瑞同志写信，马书记批转给省人事厅办理。经过 1 年多，到 1981 年年中，省人事厅给省水土保持局下调令，省水土保持局压至当年年底才通知我办理调动手续，1982 年 1 月总算如愿以偿到陕西师范大学历史系报到任教，实现了专业归队的夙愿。在揆违长达 16 年半之后，重新走上我孜孜以求的从事历史地理学学术研究的道路。现在每当我回顾后半生学术研究上取得的一些成绩时，都不禁要由衷地感念史先生对我之深情眷顾。

史先生热诚敦促我从事古都学研究

1982 年年初调来陕西师大工作后，史念海先生即要我一方面承担一部分本科生教学任务，另一方面要参与科研工作。为此，我即紧张投入备课工作，就分配给我讲授的中国历史农业地理课程先期撰写出讲义，随即开始讲课。同时又按照史先生的要求，参与了当年启动的《中国历史地图集》编绘工作。尽管当时有同行学者说那是一项旷日持久短期很难见成果，对自己晋升职称作用不大的工作，但面对当时历史地理学界这项重大学术工程，我认为作为一名重又归队的专业工作人员，理应投身其中，加强学术上的锻炼，作出应有的贡献。很快分配我与陈桥驿先生合作进行中国历史植被图组的编绘工作，我也就开始在陈先生指导下广泛收集史料与孢粉分析资料，投入了这项工作。这样工作就较繁忙，加之又是新到高校工作，原在政府机关熟悉了的那套工作方法已不适用，要从头做起，工作上压力就更大。所以当 1982 年史先生在太原参加中国地方志协会召开的一次会议上，受与会的北京、南京、洛阳、开封、杭州、西安等古都城市的专家推戴，回校后积极筹备组建中国古都学会，并于 1983 年 9 月在西安举行中国古都学会成立大会暨第一次学术讨论会时，我实在是无暇与闻。当然也是一门心思只想在黄土高原地区历史地理研究上多所致力，心无旁骛使然。但在 9 月 19 日会期临近前，史先生鉴于将有十余座古都城市的领导与专家 70 多人到会，当时陕西师大用于举行大型会议的宾馆会场设施不足，一些领导、专家住在城内的人民大厦，给会务工作增加了难度；尽管陕西师大历史地理所周景濂老师以及史先生招收的首批硕士研究生费省、辛德勇、郭声波均参加了会务工作，仍感人手不够。于是史先生找到我，要我也参加这次会议。并且明确说道，我不仅要参加这次会务工作，会后还要长期从事古都学术研究。他见我面露难色，就说道："你的老师仁之先生研究古都北京成果卓著，你也当向他学习，参加古都研究。"经史先生这么一说，我当即表示同意。随后几天，就参加到会议活动中。会议期间到会的北京大学历史地理研究所的唐晓峰学弟与他在北大考古专业读书时的同学郭旃还到我当时住的陕西师大西区平房 10 排 2 号家中小坐了一会儿，他们也鼓励我今后多注重古都研究。由此我就与古都学研究结下了不解之缘。尽管这之后史先生还推荐我参加了中国科学院黄土高原综合科学考察队组织的黄土高原地区综合科学考察，然而自 1984 年起我即跟随史先生参加了中国古都学会组织的历次学术研讨会，且每次赴会都撰写了有关古都方面的论文。1988 年史先生又提名我为学会副秘书长，在史先生指导下，协助副会长兼秘书长曹尔琴教授做了一些会务工作。1999 年，更因史先生超过民政部规定的全国性学术团体主要负责人最高年龄过多，经当年在山东莒县举行的"中国古都学会第十六届年会暨莒文化研讨会"上到会代表选举，我也继史先生之后出任了中国古都学会会长。直至 2010 年 9 月在山西大同市举行的"古都大同城市文化建设学术研讨会暨中国古都学会 2010 年年会与第六届理事会换届选举大会"上，因已连任两届长达 11 年会长，我也退任下来，另被选为名誉会长；大会选出史先生的高足萧正洪教授出任新一届会长。在我担任两届会长的 11 年间，我一直以史先生为楷模，在各位副会长以及学会理事、会员的大力支持下，也几乎每年一次先后举行了 10 次全国性学术研讨会，另还举行了 12 次全国性专题性研讨会，每次会议我都撰写了论文。2009 年 3 月还在中国社会科学出版社结集出版了一本论文集《中国古都学的研究历程》。今后几年还拟撰写一本中国古都学专著（已列入国家"十二五"重点图书出版规划）。在回顾这方面的学术研究历程时，可以清楚地看出我之所以在近 30 年中能在中国古都学研究上做出一些成绩，完全是受赐于 1983 年秋史先生对我的热诚敦促。

史先生亲切引导我参加了中国民主促进会

我自 1965 年被迫离开北大以后，在当时那种政治环境下，从未考虑加入政治党派问题，因为自感那是不可能的。到"文革"后的 1982 年，我先于年初调入陕西师大工作，到 6 月北大给我补发了研究生毕业证书，这更坚定了我尽力补上 17 年脱离历史地理学专业领域的损失，决定专心治学，以能有所作为的信念。然而到 1985 年年初，经史念海先生一番恳切的引导，又改变了我前述思想观念，使我的人生轨迹有所调整。那是 1985 年 2 月农历乙丑年春节前夕，我到史先生家给他拜年。史先生在节日祥和气氛中从容对我谈及他参加的民主党派——中国民主促进会情况，讲了一些会里老一辈领导人叶圣陶、雷洁琼等的学问品德，后又谈到他当初参加民进组织的有趣经历。那是 1953 年他还在西北大学历史系任教授与系主任时，一天突然接到学校党委办公室电话通知，要他于次日上午参加"民促会"的一个座谈会。"民促会"实际是当时中国民主促进会的简称，现已改称为"民进"，他当时误以为是关于"民族"问题的学术会议，于是按时前往参加。到后方知是中国民主促进会召开的一个会议，会议主持人在会议开会后不久就宣布当时到会的都是民主促进会的成员，就这样史先生成为民进在陕西省境内的首批成员（这之后他因在学术上成就卓著，在社会上影响日隆，所以改革开放后被选为民进陕西省委员会主任委员与中央常务委员会委员，还因此出任过第三届全国人大代表与第五、六、七届全国政协委员以及陕西省政协常委、西安市政协副主席）。接着他笑对我言："我知你迄今尚未参加任何党派，想动员你参加我所在的民进。"紧跟着还说明，参加民进不影响参加共产党，他就是 1979 年在参加民进多年后参加共产党的。见我仍沉思未语又进一步说道，参加民进后是会花费一些时间与精力用于社会活动的；但另一方面会增多一些了解社会现实的渠道，也增多一些向有关方面反映社情民意的渠道。听到此，我深感史先生讲得情真意切，心已为之所动。史先生对此已有所察觉，随即说："你可慢慢考虑，不必现在就表态。"辞别史先生回家后，即将史先生动员我参加民进的话，对我妻子田慧真作了转述。她听后说，按我们家情况参加中国国民党革命委员会更合适一些。但现史先生既已提出，参加民进也很好。对参加后要花费一些时间与精力参加社会活动事，她表示会尽力支持。之后我又经过一段时间考虑，于新学期开学后向史先生表示愿意参加民进组织。经史先生与陕师大另一名老民进会员申秀生先生介绍，当年 3 月我被民进陕西省委员会接纳为会员。之后担任过一段时间民进陕西师大支部委员与主任委员，又因此出任过政协西安市第八届（1987—1992 年）委员会委员与陕西省第七届（1992—1997 年）委员，还曾连续两届被选为西安市人民代表大会第十一届（1992—1997 年）、第十二届（1997—2002 年）代表与常务委员会委员。从中我也的确加深了对社会与地方两会（政协、人大）运作情况的了解，丰富了人生阅历。我在这近 30 年中在从事历史地理学教学与研究的同时，还增添了不少社会历练，这也是要深切感念史念海先生的。

2012 年 2 月 9 日

（原文刊载于张世英主编：《想念史念海》，新世界出版社 2012 年版）

风范垂后世,学脉有传人

——沉痛悼念石泉先生

今年"五一"长假最后一天的清晨,侯甬坚教授给我打来电话,沉痛告知他的硕士导师,也是我最为尊敬的同行前辈师长,武汉大学资深教授石泉先生已于 3 天前,即 5 月 4 日深夜 11 时辞世。武汉大学定于 5 月 10 日上午举行追悼会。他将于当天下午赴汉,问我去不去。我当时尽管手头工作正多,有好几部学生的博士学位论文需阅读,仍明确表示一定去!并很快买到 8 日赴武昌的火车票,做好行前的必要安排。自那时起,我即沉浸在悲痛之中,稍有余暇,脑海中就像俗话说的"过电影"那样,一幕一幕地闪现出与石泉先生 30 余年交往中的一些难忘的情景以及他给予我的诸多深刻印象……

我与石泉先生的初次会面是在"文化大革命"后期的 1974 年盛夏。当时水利电力部长江流域规划办公室在武汉市汉口长江饭店举行关于长江流域水利史的会议,我供职的陕西省水土保持局派我参加。在会上聆听了石泉先生所作的关于江汉平原水利史的学术报告,我携至会上的习作《古代长江流域的梯田》,也受到石泉先生的好评(后该文刊登在长江流域规划办公室政治部宣传处于 1976 年 3 月编印的《长江水利发展史》资料选集第四集上)。会后还联袂参加了赴江陵、宜昌的考察活动。这次相识彼此都留下了好的印象,而他的儒雅谦逊、博学多识,使我对他更为敬重。过了两年,到 1976 年 10 月,江青、张春桥、姚文元、王洪文四个政治小丑被打倒,"文化大革命"因而收场。该年冬,侯仁之师来西安,参加由郭敬辉先生、谭其骧先生、史念海先生主持召开的《中国自然地理·历史自然地理》一书之审稿会。我经仁之师推荐也有幸与会。会间仁之师与李宝田学兄还到城内西一路省水土保持局家属院看望了我的妻子与刚出生不久的女儿立巍。当他得知我在"文革"后萌生了"专业归队"的强烈愿望，并了解我们都想回家乡武汉工作后，经考虑决定请他的燕京大学校友石泉教授设法帮我解决调往武汉工作问题。很快石泉先生就开始进行运作，我也开始与他有了书信联系。到翌年年底，石泉先生给我来信，述及经他提出报告，武汉大学党委与人事部门已开会决定接纳我去他主持的武汉大学历史系考古教研室工作。在信的最后他满怀喜悦地写道：武汉大学的大门已向你敞开，欢迎你尽快前来工作！然而当我与家人为这一喜讯还没高兴几天，就得知陕西省水土保持局党委拒不批准我的请调报告。就这样调至我少年时期就很憧憬的武汉大学工作的愿望未能实现，石泉先生也深表遗憾。当 1979 年夏季仁之师再次来西安丈八沟宾馆主持召开全国首次历史地理学学术研讨会期间得知这一情况后，即转请史念海先生帮忙解决。史先生经向当时的陕西省委书记马文瑞写信，马书记批示省人事厅办理，陕西省水土保持局于 1981 年年中接调令后，又拖了半年，1982 年 1 月我始调至陕西师范大学工作。尽管未能调往武汉大学工作，但我对石泉先生曾经给予过的热诚帮助是永志不忘的。

自我调入陕西师大历史地理所后，因与石泉先生从事同一专业的教学与研究工作，所以除我不时回武汉探亲前往他府上拜望外，还通过参加专业学术会议与研究生答辩等活动与他有了更多的接触。特别是自 1996 年起，我多次被聘赴武汉大学主持石泉先生与蔡述明教授的博士生学位论文答辩，前后计有晏昌贵、李步嘉、傅云新、赵艳、王红星、吴宜进、杜耘、何报寅、黄进良、曾艳红等十余名。他们从多方面对荆楚地区历史地理问题进行研究，已蔚为大观。通过上述活动使我对石泉先生及经他培养、凝聚形成的学术团队之治学理念与方法以及学术贡献有了更为深刻的认识。

石泉先生治学一向以执着、严谨著称于世。一次他对我笑谈到，学术界曾有同行朋友认为他研究先秦至六朝时期荆楚地区的历史地理问题是搞地名大搬家，实际上他每一新的论点都是从原始材料入手，直探本源，力求复原历史的本来面目。他的学术论文集《古代荆楚地理新探》（武汉大学出版社 1988 年版）与《古代荆楚地理新探·续集》（武汉大学出版社 2004 年版）即收进了石泉先生在这一领域最重要的研究成果，也集中突出地反映了他的这一治学思想与特色。一些学界同仁，尽管不同意他的某些研究结论，但当得知他是 20 世纪我国史学大师陈寅恪先生弟子，又仔细阅读了他的学术论著后，也会十分感佩石泉先生长期潜心治学，不囿成说，另辟蹊径，形成自己独特的研究思路与学术观点，自成一家之说，且多年来，执着追求，倾心投入，孜孜不倦，老而弥坚的科学探索精神。石泉先生之所以能对自己的研究思路与成果抱有坚定的信心，显然是与他扎实的学问功底与严谨的治学作风有关。

　　石泉先生另一给我最为深刻的印象就是谦逊待人，严于律己。每次我拜见他，都是执弟子礼，但他每每亲切地对我说："我也是仁之先生的学生，是他引导我走上历史地理学治学之路。"因此，每次交谈都十分融洽亲和。在对待后学晚辈极为谦和的同时，石泉先生又律己非常严格。记得是 1993 年夏在长沙举行全国历史地理学术研讨会时，会议安排石泉先生作大会学术报告。但当大会主席对石泉先生指出按规定他报告时间已到时，他既没有不加理会，依然我行我素地讲下去，也没有向大会主席提出延长时间的请求，而是立即拿起讲稿，向大会主席与台下听众鞠躬如仪，很快离开讲台。充分体现了他对大会主席与听众的尊重，也充分体现了他遵守社会公共活动纪律与规则的高尚精神。他的这一举动赢得满堂掌声，更使我十分感动。我还经常以之作例，希望我身边的青年学子，在讲课或讲演时，或者像侯仁之先生那样，将时间与内容把握得恰到好处，或者像石泉先生那样，一旦到了规定时间，立即戛然而止，不致因自己多占用时间影响整个活动进程。

　　石泉先生精湛的学术造诣与卓越的学术成就，他对社会与国家多方面的贡献，他的种种嘉德懿行还有很多，限于篇幅，不能一一道来。在 5月 8 日驶往江城武汉的列车上，我思绪联翩，几经构思，竟得两幅挽联。一为：严谨治学，风范垂后世；精心育才，学脉有传人。二为：竭毕生心血研治荆楚史地，硕果累累传后代；施浑身长技培养后学弟子，人才济济续新篇。挽联虽然很一般，但既寄托了我对石泉先生不尽的感念，也饱含有对经石泉先生施以言传身教亲手培养团聚形成的武汉大学历史地理专业队伍在今后工作中取得更多更大成绩的期盼。事实上我对此也是深具信心的。因为近多年来，在石泉先生直接努力下，加之与蔡述明教授以及石泉先生高足陈伟、徐少华、杨果、鲁西奇诸教授之无间协作默契配合，已培养出并形成了一支很具实力的历史地理研究队伍，在荆楚历史地理研究方面成果尤为突出。因此，我深信他们一定会秉承石泉先生遗志，继续开拓，不断创新，推进荆楚历史地理研究更上一层楼，从而也推进整个历史地理学的全面持续发展，以之作为对石泉先生的最好纪念！

2005 年 6 月 4 日晨写成于陕西师范大学寓所

（原文刊载于《中国历史地理论丛》第 20 卷第 3 辑，2005 年 7 月；该文后选入武汉大学历史地理所编《石泉先生九十诞辰纪念文集》，湖北长江出版集团、湖北人民出版社 2007 年版）

当代郦学泰斗陈桥驿先生在《水经注》研究中的杰出贡献

当代郦学泰斗陈桥驿先生自幼承继家学渊源，受令祖父亲炙面教，对我国公元 6 世纪初由北魏时之伟大地理学家郦道元撰著的《水经注》一书产生了敬重挚爱之情，以致成年后开始进行学术研究，于 1952 年撰著出版的第一部著作《淮河流域》①，即为流域性的学术专著。之后在将近一个甲子的漫长治学生涯中，陈先生尽管在历史自然地理学、历史区域地理学、历史地图学、中国古都与历史文化名城、地名学、方志学、中国地理与世界地理、区域文化、水利史与农业史等多个学科领域均有重大建树，但仍以对《水经注》的研究，用力最大，成果最丰，在国内外学术界影响最广。据不完全统计，迄今已出版著作 20 多本，发表论文近百篇，被公认为当代郦学研究的泰斗。陈先生研治《水经注》的成就与影响已有多位学者进行过详尽具体的评介。为表达对陈先生 90 寿辰的祝贺以及对他学问道德的仰慕追随之情，特以我之识见所及，再作以下几点申论。

一　陈桥驿先生对《水经注》研究内容之广泛为古今中外第一人

关于陈桥驿先生在《水经注》研究中涉及领域之广与所获成就之丰，

---

① 　上海春明出版社出版。

寓居香港郦学名家吴天任先生曾于 20 世纪 90 年代初撰专文①就其影响较著者逐一论列，计有以下 10 项：

1. 运用科学方法，对《水经注》内容作有系统之分析研究；

2. 对《水经注》地名学之深入探讨；

3. 考订《水经注》版本，提出编纂新版意见；

4. 佚文之辑录与《浙江水注》之补注；

5. 辑录《水经注》引用文献所得最多；

6. 复校杨、熊《水经注疏》及校点殿本《水经注》；

7. 论熊会贞在郦学思想上之发展；

8. 发现赵氏释本面世早于戴本之确证；

9. 反对续作戴赵案论战，主从地理学方面研究；

10. 对古今治郦学者之表彰。

吴天任先生论列的上述 10 项十分具体而确切，其后又有中国科学院地理科学与资源研究所王守春研究员就陈桥驿先生在《水经注》研究中所作的重大贡献概括为以下八个主要方面：②

1. 对《水经注》版本学研究的贡献；

2. 对郦学史研究的贡献；

3. 《水经注疏》版本及校注研究；

4. 对赵、戴《水经注》案给予客观评价；

5. 对历代郦学家治郦贡献的评价；

6. 校勘、考据与辑佚研究；

7. 对《水经注》中的内容进行系统整理；

8. 对地理学研究的重大贡献。

而纵观古今治郦学者研治《水经注》之工作与成果状况，正如陈桥驿先生所总结的③，自金代礼部郎中蔡珪撰《补正水经》，首开研究《水经注》之先河后，至明、清两代，治郦名家辈出，他们各有专攻，先后

---

① 吴天任：《陈桥驿之〈水经注〉研究》，原载吴天任《郦学研究史》，台北艺文印书馆 1991 年版。

② 王守春：《陈桥驿与郦学研究》，《史学月刊》1993 年第 5 期。

③ 陈桥驿：《近代郦学家与郦学研究》，载《文史》第 41 辑，中华书局 1996 年版；后收入陈桥驿《水经注研究四集》，杭州出版社 2003 年版。

形成了考据，辞章与地理学派。其中地理学派系清末民初杨守敬、熊会贞师生创立，所作的研究工作尚处于初始阶段。而在总结近代郦学家之郦学研究成就时，陈先生在列述了熊会贞、王国维、钟凤年、胡适、郑德坤、吴天任六大名家的治郦工作后，就他们所取得的成绩中最为显著的总括为下列四点。即：

第一是《水经注》的考据与整理；

第二是《水经注》的版本研究，成绩斐然，是前代学者所远远不及的；

第三是郦学家的研究；

第四是郦学史的研究。

揆实而论，上述四点是就近代郦学名家总体研究工作而论，而非他们个人均对上述四点有所涉猎者。

综上所述，足以表明陈桥驿先生在《水经注》研究中涉及内容之广泛，不论是吴天任先生所总结的十项还是王守春研究员概括的八个方面，不仅覆盖了近代治郦名家的四点，而且还有所超越。因此，陈桥驿先生对《水经注》研究内容之广泛堪称古今中外第一人！

二　陈桥驿先生是《水经注》研究中
历史地理学方向的实际开拓者

陈桥驿先生在论述明清以来之郦学家与郦学研究时，曾高度肯定了清末杨守敬及其门生熊会贞从地理学角度研究郦学，刊行了《水经注疏要删》和《水经注图》，"创立了郦学研究中的地理学派，为郦学研究开辟了灿烂的前程"。[①] 之后陈先生又撰文，称颂杨守敬是晚清著名的地理学家，甚且是一位具有雄厚功力的历史地理学家。[②] 这些评论都是确切的。然而也正如王守春研究员所指出的，杨守敬、熊会贞师生因编绘《水经注图》，而被作为郦学研究史上地理学派的代

① 陈桥驿：《近代郦学家与郦学研究》，载《文史》第 41 辑，中华书局 1996 年版。
② 陈桥驿：《历史地理学家杨守敬及其〈水经注〉研究》，《中国历史地理论丛》1990 年第 4 辑。

表人物，但他们的地理学研究还主要局限在沿革地理研究领域。但王守春研究员在强调了陈桥驿先生从现代地理学角度出发对《水经注》中记载的地理内容从方法论上以及按地理学学科，分门别类进行了分析归纳后，只肯定了这一工作为利用《水经注》进行历史自然地理研究和历史人文地理研究奠定了基础。① 这一评价虽也能成立，然犹有不足。事实上，陈桥驿先生在其郦学研究中，已遵循现代历史地理学理论，采用历史地理学的研究方法作了不少开拓性的工作。例如，在他的第一部研究《水经注》的论文集《水经注研究》② 中就有多篇论文是这一研究方向成功的范例。诸如《〈水经注〉记载的水文地理》《我国古代湖泊的湮废及其经验教训》《〈水经注〉记载的植物地理》《〈水经注〉记载的动物地理》等。上述论文不仅用现代地理学的学科理论与学科体系揭明北魏时期河流、湖泊、植物、动物分布状况及其特点，还运用现代历史地理学的理论与方法，论述了上述地理要素在北魏及其之前与之后时期的变化，阐释了导致变化的原因及其变化造成的影响。这就充分表明，陈桥驿先生不仅在《水经注》研究的地理学方向上超越了前贤，而且还在历史地理学这一新的研究《水经注》方向上作出了开拓性的贡献。还应特别指出的是，由于陈桥驿先生在《水经注》之历史地理学研究方向上开拓之功，不仅使《水经注》研究增强了实用性，也更增强了其学术意义。

三　陈桥驿先生关于《水经注》之研究对当前与今后的郦学研究影响甚为深刻久远

正因为陈桥驿先生半个多世纪中对《水经注》这部被近代学者丁谦誉为"圣经贤传"③ 的我国古代地理典籍进行了广泛深入而又富有开拓创

① 王守春：《陈桥驿与郦学研究》，《史学月利》1993 年第 5 期。

② 陈桥驿：《水经注研究》，天津古籍出版社 1985 年版。

③ 丁谦：《〈水经注正误举例〉小引》，载刘承幹辑《求恕斋丛书》第 26 册，上海古籍书店 1963 年版。

新之研究，所以被中外学者公认为当代研治郦学的泰斗。早在 1986 年 3 月 11 日国际地理学界著名学者陈正祥教授就从香港致函陈桥驿先生，倡议组织一个国际性的《水经注》研究会，由陈桥驿先生主其事，会址设在杭州，每年开会一或两次，以推进《水经注》研究。同年 4 月 22 日，时任复旦大学中国历史地理研究所所长的邹逸麟教授也在致陈桥驿先生信中写道："从现代地理学角度研究《水经注》，实由先生始，我辈后生亦有志于此，待有适当机会时，盼先生能登高一呼，我们随从麾下，成立一个水经注研究会，将郦学发扬光大。"① 由此二信可见陈桥驿先生在国内外郦学界地位之崇高。迄今尽管《水经注》研究会因为一些具体的原因未能成立，但由于陈桥驿先生之影响，国内外学者对《水经注》之研究却方兴未艾。

2008 年 9 月 23 日至 24 日，河南省新郑市与中国古都学会曾联合举办了"郑韩故城与溱洧水研讨会"。会后在新郑市政府主办的《华夏源》刊物之当年第 5 期上，刊出了一组结合《水经注》中有关溱洧水之述论研究郑韩古都的论文。2010 年年初，《华北水利水电学院学报》（社会科学版）编辑部组织了一次有关《水经注》专题研究的笔谈，在当年该学报之第 1 期与第 2 期上，集中刊登了以陈桥驿先生所撰专文《〈水经注〉概论》为首的 9 篇论文。在该刊 2010 年第 1 期登载《水经注》专题研究（一）之笔谈论文前所配发的"编者按"中，表明了该刊"以期通过此次笔谈，不仅能够总结《水经注》研究的经验和成果，深化《水经注》研究实践，而且能够为未来《水经注》研究的发展尽绵薄之力"的深切意愿。而国外郦学界一个很大的动向则是陈桥驿先生在为前述笔谈所撰写的《〈水经注〉概论》一文中提及的，日本东京收藏汉籍最多的"东洋文库"近年来举办的"中国古代地域史研究班"，当前所进行的《水经注疏》的研究与翻译。仅就笔者所见，已出版了《水经注疏译注·渭水篇》上、下两集，② 成绩灿然可观。

---

① 陈桥驿：《水经注研究二集·序》，山西人民出版社 1987 年版。
② 此两集均由日本财团法人东洋文库出版。上集出版于 2008 年 3 月，下集出版于 2011 年 3 月。

更为值得关注的是，我国自改革开放以来，随着经济与城市建设持续高速进行，使我国一些区域水资源匮乏问题更为明显，水环境恶化现象更为严峻，水旱灾害之危害程度更为加剧，这就导致有关政府部门和社会各界对水资源与水环境问题的更大重视；学术界也因此除对一些区域或城镇水资源与水环境问题开展研究外，还进而注重对流域之研究及整治工作。近年来已有学者提出了建立"历史流域学"的构想。[1] 当2010年国务院批准了"关中—天水经济区"建设计划后，笔者鉴于这一经济区正好位于渭河流域内，为协调处理好渭河整个流域，特别是处于下游的陕西省关中地区与处于上中游的甘肃省天水市之间的水环境综合治理与水资源合理分配问题，曾建议陕西省政府尽快组织专家、学者对渭河流域之水环境与水资源之现状及其历史时期之变迁进行深入的实地考察及多学科综合研究，以便为今后之规划与治理工作提供历史经验教训与全面准确的数理依据。此外，笔者还针对我国流域众多，对各类各级流域开展综合考察研究既十分必要又工作量繁重的实际情况，曾向有的院校建议成立《水经注》研究中心，并力争成为教育部直属的重点研究基地或水利部支持的研究机构，组织协调有关学科专家、学者，按照郦道元治学思想与方法，采纳现代科技手段，对我国大小河流逐一进行综合考察研究，并按一定的科学体例加以记载与论析，撰写一部《新水经》。对此，笔者曾撰文建议，《新水经》既要对我国境内之江河湖泊的水环境状况及近多年来之变化趋向按流域水系通过考察研究予以实录；同时也要对现当代我国在经济发展过程中对江河湖泊开发利用措施之成败得失进行认真回顾反思，作出深刻的剖析阐释，再配以必要的地图、照片与地名索引，撰成一部我国当代的江河湖泊大典，也就是21世纪我国之《新水经》。[2] 这一建议实际上还是在陈桥驿先生研究《水经注》之指导思想与丰硕成果的启示下提出的。也是他之前曾提出的在当今新的时代与形势推动下，编纂一部《新水经》意见的重申。由此可以

---

① 王尚义、张慧芝：《关于创建历史流域学的构想》《流域问题研究的创新和不足》《科学研究解决流域问题》，先后刊载于《光明日报》2009年11月19日、21日、25日。

② 参见拙文《树立新的理念，继续推进〈水经注〉研究工作深入开展》，《华北水利水电学院学报》（社会科学版）2010年第1期。

断言，陈桥驿先生关于《水经注》之研究对当前国内外这一学术领域之研究工作已产生了多方面的深刻影响，今后还将会长期产生积极的影响！

2011 年 10 月 15 日

（原文刊载于浙江大学社会科学研究院、浙江大学理学部、浙江大学地球科学系编《庆贺陈桥驿先生九十华诞学术论文集》，浙江大学出版社 2014 年版）

初论我国历史地理学学术
传统的传承创新

作为我国现代学科之一的历史地理学，一般均认为肇始于 20 世纪 30 年代中期，伴随顾颉刚、谭其骧两位先生共同发起创建禹贡学会而开其端，正式建立于 50 年代初共和国成立后不久，而勃兴发展于 80 年代后之改革开放时期。至今已在国内形成了复旦大学历史地理研究中心、北京大学城市与环境学院历史地理研究中心、陕西师范大学西北历史环境与经济社会发展研究院史念海历史地理研究中心三大历史地理学术重镇；同时在武汉大学、华中师范大学、浙江大学、西南大学、暨南大学、东北师范大学、西北师范大学、天津师范大学、中国人民大学、太原师范学院、西北大学、西安文理学院、郑州大学、厦门大学、云南大学以及中国社会科学院历史研究所、北京市社会科学院历史研究所等高等院校与人文社会科学研究院所建立了研究机构，或拥有了颇具实力的专业研究队伍，形成群星闪烁众花争艳的繁荣局面。在 2011 年之历史学学科体系调整中，在世界史与考古学由原历史学之二级学科升格为各自独立自成体系的一级学科后，原历史学留下的六个二级学科合并精减为史学理论与史学史、中国古代史与专门史、中国近现代史、历史地理学等四个二级学科，共同组建为中国历史学。这充分表明历史地理学作为一门现代新兴学科，经过数十年发展，已成为在现代学术园地里扎牢了根基，在其众多分支领域均取得显著成果，并对多门相关学科产生了促进作用，还在国家经济建设与文化建设中发挥了积极效应的一门显学。

回顾作为一门现代学科的历史地理学不到一个世纪的学科发展历程，可以明显地感受到其所以能持续地苗壮成长，既是时代风云际会使然，也得力于这门新兴学科的开创者顾颉刚、谭其骧以及侯仁之、史念海等前辈学者倡导并践行的对我国自最早成书的舆地学典籍——《禹贡》问世以来，在两千多年漫长历史时期形成的舆地学优秀学术传统的认真传承与锐意创新。现仅就其主要的几个方面进行初步论析。

一 对经世致用治学理念的传承创新

我国古代圣贤研治学问著书立说多是从探究前代与当世之因革得失入手，以达到匡时救弊经世致用的目的。此一治学理念也常为古代治舆地学之学者所奉行。如我国现存最古的典籍《尚书》中的《禹贡》篇，尽管其成书年代目前尚有分歧①，但却被历史学界与地理学界公认为是我国最早的地理典籍。其作者撰写该篇的目的，我国禹贡学会创建者之一的顾颉刚先生在论及其"九州制"时，指出它"用征实的态度联系实际，作出全面性的地理记述"，"扫除原有的国界痕迹，用自然界的山川作分州的界线，作大一统的前驱；又规划了全国的交通网，希望加强统一的力量；又对于全国的田赋和贡物作出比较合理的规定"。② 而王成组先生在论及该篇是孔子编定时，认为是"借以表现他的政治抱负"③。总之《禹贡》作者这种政治诉求或政治抱负，对后世从事舆地学或地理学研治的学者影响十分深远。至明末清初，先后有顾炎武（1613—1682）、顾祖禹（1631—1698）等学者，在他们撰写的《天下郡国利病书》《读史方舆纪要》等著作时，也都是为着探求有益于国计民生的学问，作为改造社会拯救国家的根据，因而均带有明确的"经世致

---

① 《禹贡》写作年代，目前主要有三种见解：其一是顾颉刚先生论定的"它是公元前第三世纪前的作品，较秦始皇统一的时代约早六十年"（见顾颉刚《〈禹贡〉全文注释》，载侯仁之主编《中国古代地理名著选读》第 1 辑，科学出版社 1959 年版，第 4 页），此为"战国后期说"。史念海先生也认为是战国时期的著作（见史念海《论〈禹贡〉的著作年代》，载《河山集》第二集，三联书店 1981 年版，第 391 页）。其二是王成组先生论定为春秋时孔子编写的（见王成组《中国地理学史·先秦至明代》，商务印书馆 1988 年版，第 6 页），此为春秋说。其三是辛树帜先生论定的西周初年（见辛树帜《禹贡新解》，农业出版社 1964 年版，第 9 页），此为西周初期说。

② 顾颉刚：《〈禹贡〉全文注释》，第 9 页。

③ 王成组：《中国地理学史·先秦至明代》，第 6 页。

用”的理念。①

迄到 20 世纪 30 年代初，也正是在上述“经世致用”治学理念的浸润以及在清代后期帝国主义国家对我侵略，特别是日本军国主义步步进逼，全国军民已忍无可忍的形势激励之下，我国现代历史地理学的开创者顾颉刚、谭其骧先生发起，于 1934 年 2 月在燕京大学东门外成府顾先生寓所成立禹贡学会，并于 3 月 1 日出版了《禹贡》半月刊第 1 期。该期之“发刊词”即是由谭先生撰写，顾先生改定。这篇“发刊词”，揭橥了禹贡学会同仁们的学术思想与研究计划以及《禹贡》半月刊之办刊原则，实则为禹贡学会之活动纲领。在“发刊词”中除阐述了“历史是记载人类社会过去的活动的，而人类社会的活动无一不在大地之上”，“历史好比演剧，地理就是舞台。如果找不到舞台，哪里看得到戏剧！所以不明白地理的人是无法了解历史的”这一研究沿革地理学，也即以后由之发展形成的历史地理学的必要性的学术观点外；并着重阐述了研究我国沿革地理还有一个重要任务，就是要揭穿我们的东邻，即日本，假学术研究之名，对我国沿革地理恶意进行歪曲，造了“本部”一名来称呼我们内地 18 省，暗示我们边陲之地不是原有的，可以任由他们侵占的阴谋。继而禹贡学会相继组织会员与同仁赴绥远（今内蒙古自治区东南部与山西省北部）等地进行调查，在《禹贡》半月刊接连出了西北、东北、察绥、康藏以及南洋等专号②，以激励国人的民族意识，发动各阶层人士奋起反抗日本军国主义的侵略。之后，顾颉刚先生在与他的学生之一，也是我国现代历史地理学开创者之一的史念海先生合著的《中国疆域沿革史》③ 一书第一章绪论中，他们更是痛切陈明：“吾人处于今世，深感外侮之凌逼，国力之衰弱，不惟汉、唐盛业难期再现，即先民遗土亦岌岌莫保，衷心忡忡，无任忧惧！窃不自量，思欲检讨历代疆域之盈亏，使知先民扩土之不易，虽一寸山河，亦不当轻轻付诸敌人，爰有是书之作”。爱国忧时之情溢于言表，犹如井喷！

---

① 参见侯仁之主编《中国古代地理学简史》，科学出版社 1962 年版，第 67—70、75—76 页。

② 据顾潮《历劫终教志不灰，我的父亲顾颉刚》，华东师范大学出版社 1997 年版，第 158—160、165—166 页。

③ 商务印书馆 1938 年出版，1997 年再版（横排本）。

　　由于《禹贡》半月刊之英译名自 1935 年第三卷起由创刊时之 *The E-volution of Chinese Geography Semi-monthly Magazine* 改为 *The Chinese Historical Geography*，因而禹贡学会的成立与《禹贡》半月刊的出版，已被学界视为现代中国历史地理学的发端。1949 年 10 月 1 日中华人民共和国成立后，由于我国现代历史地理学另一位开创者侯仁之先生于 1950 年 7 月在《新建设》第 2 卷第 11 期上发表了《"中国沿革地理"课程商榷》一文，明确建议将旧日大学里开设的沿革地理课改为历史地理课，此建议被采纳后，促成了一批大学设置了历史地理学课程，从而也终于推动了历史地理学这门现代学科，从我国古老的"沿革地理"中脱胎而出，得以在现代学术园地里苗壮成长。

　　自 20 世纪 50 年代初以来迄今的 60 余年间，我国老、中、青数代历史地理学人，秉持先贤"经世致用"治学思念，以几位现代历史地理学开创者在 30 年代初创建禹贡学会，在 50 年代初倡议开设历史地理课之创新精神，在历史地理学领域，既培养出一批批学有专精的学术传承人，还在学科领域开辟出一些新的专业方向，取得多方面超越前贤的学术成果。如谭其骧先生自 1955 年至 1987 年历经 30 余年，以历史地理学者为主体，组织国内一大批相关学科学者编绘并公开出版的《中国历史地图集》（全八册，由中国地图出版社先后于 1982 年 2 月至 1988 年 12 月出齐，现概称为"谭图"），就是最具代表性的成果。又如侯仁之先生在历史地理学理论建设以及在他开辟的历史城市地理学与历史沙漠地理学研究方向上取得的诸多创新性成果[①]，史念海先生开拓中国古都学研究领域以及在黄河与黄土高原历史地理研究中的开创性贡献等，[②] 均是对经世致用这一治学理念传承创新所取得的成就。而且史念海先生还由此总结概

[①]　详见拙文《恭贺吾师仁之先生百岁喜寿诞辰，学习吾师仁之先生三大治学风范》，载北京大学历史地理研究中心编《走近侯仁之——恭贺侯仁之先生百岁寿辰》，学苑出版社 2011 年版，第 272—278 页。

[②]　详见朱士光、李健超《从沿革地理学向历史地理学的飞跃——访现代历史地理学家史念海教授》，载刘纪远主编、姜素清执行主编《现代中国地理科学家的足迹》，学苑出版社 2002 年版，第 183—188 页；拙文《深切缅怀史念海先生三大学术功绩——为纪念史念海先生百岁诞辰而作》，载陕西师范大学西北历史环境与经济社会发展研究院编《河山之恋——史念海先生百年诞辰纪念册》，2012 年，第 238—243 页。

括出"求真求实，为世所用"作为自己治学的最高目的，① 且已成为我国历史地理学界共同心声。这也是对"经世致用"这一我国传统治学理念的创新式的传承发展。

二 对考据式治学方法的传承创新

考据，也称考证、考订，这是至少在西汉时即已盛行的一种研究古代典籍，以之补正文字，阐明音义，纠察谬误，厘清史实的研究方法。司马迁著《史记》，就曾"罔罗天下放失旧闻"，"原始察终"②，实际上也就是主要运用考据的方法，著十二本纪、十表、八书、三十世家、七十列传，成就这一史学巨著。后至明代中叶，甚至兴起考据之学，至清代中叶乾隆、嘉庆时期（1736—1795、1796—1820），达到成熟，并臻于鼎盛。对于清代之考据学，学界中不少人认为顾炎武导之于前，钱大昕等继之于后。③ 至民国初年又有章太炎、王国维、陈寅恪等史学大家承袭这一方法，取得了丰硕成果。其中，作为我国现代历史地理学开创者的顾颉刚先生，也被认为是以考据方法治史的史学大家之一。④他的《古史辨》，即是受清代考据学影响而撰著并撰成的一大成果。而谭其骧先生等也是对考据方法十分重视，并严谨采用。甚至他还常对他的弟子们说道："我当然应该超过钱大昕、王国维，你们更应该超过我，要不，学术怎么能进步？"⑤ 钱大昕（1728—1804），清乾嘉时代人。我国当代史学史专家陈其泰教授曾评论道："钱大昕治史具有严谨的态度与严密精审的方法，与现代科学方法和理性精神相符合，他的丰富考证成果和精良的治史方法，为 20 世纪考证学的崛起打开了广大法门，成为传统学术向史学近代化演进之重要中介"⑥。王国维（1877—1927），清末民初时

---

① 见刘济远主编《现代中国地理科学家的足迹》，第 188 页。

② 《史记》卷一百三十《太史公自序》。

③ 参见郭康松《清代考据学研究》。所论系引自汪喜孙《国朝汉学师承记跋》，崇文书局 2001 年版，第 6 页。

④ 见郭康松《清代考据学研究》，第 5、300—301 页。

⑤ 引自葛剑雄《悠悠长水·谭其骧后传》，华东师范大学出版社 2000 年版，第 297 页。

⑥ 陈其泰：《钱大昕与 20 世纪历史考证学》，《史学理论研究》1999 年第 1 期。

人，倡导二重证据法，即以考古所得地下实物资料与历史文献资料互相印证的方法治史。[①] 郭沫若称他"承继了清代乾嘉学派的遗烈"，"严格地遵守实事求是的态度"，是"新史学的开山"。[②] 由此可见，谭其骧先生是从深刻认识到历史地理学这门新兴学科所具文理交叉的特点出发，而将钱大昕、王国维两位考据学大家作为学习与赶超对象，并激励他的学生们更要超过他的。而从现代历史地理学形成以来的发展历史看，自顾颉刚、谭其骧两位前辈学者以下，历史地理学界几代学人均在这一方面作出了重大努力，在超越钱、王两位前贤上取得令人瞩目的进展。例如，谭其骧先生在领导编绘《中国历史地图集》工作中，因是采用当代最新测绘技术绘制的带有比例尺与经纬度的高精度地图作底图，在其上将历史疆域与政区边界以及各类都城、各级政区治所等主要地理要素标示出来，也就是要将需标示的上述地理要素的每一条线、每一个点在今地图上确定位置，用相应的图例标定下来。所以参与编绘这套大型图集的学者们在收集大量原始资料基础上，还尽量采用了考古发掘与考察的成果，他们所作的考证也更为缜密精审。[③] 又如史念海先生与笔者等，在复原我国黄土高原地区历史时期植被，特别是森林分布之变迁时，既依据多种史籍文献资料，还参考了考古发现的地面遗迹与地下古木以及孢粉分析等相关学科的研究成果。[④] 不仅拓宽了研究资料的来源，在将多种资料相互结合进行校勘映证并作出论定方面也都超越了前清考据学派诸位先贤。

---

① 据《中国大百科全书·中国历史》，"王国维"条（耿云志撰），中国大百科全书出版社1992年版，第1192—1193页。

② 郭沫若：《鲁迅与王国维》，载《郭沫若全集》文学编第20卷，人民文学出版社1962年版，第306—307页。

③ 详见葛剑雄《悠悠长水·谭其骧前传》之第十二章"编绘《中国历史地图集》（上）"，华东师范大学出版社1997年版，第239—286页。

④ 参见史念海《河山集》二集中相关各篇（生活·读书·新知三联书店1981年版）与拙文《全新世中期黄土高原地区天然植被主要类型与分布概况》，载侯仁之主编《环境变迁研究》第4辑，北京古籍出版社1993年版。

三 对征实性治学精神的传承创新

顾颉刚先生在为《禹贡》篇作全文注释时曾在释文前的总论部分指出："禹贡篇开了征实的一派，后来班固作汉书地理志、郦道元作水经注，以及唐、宋以下的许多地理专著，没有不把禹贡作为主要的引申和发展的对象，人们都用了严肃和尊敬的态度对待它。"① 而征实派地理学家，除引征资料宏富，考证精严外，另一重大特点就是注重实地考察，根据考察所得进行如实记载与深入研究。顾颉刚先生在论定《禹贡》篇作者是西北地区秦国人时，就曾以该篇中对于今陕西、甘肃、四川间的地理状况最清楚明白，也即作者曾亲历过这些地区作为证据。② 之后西汉的司马迁、北魏的郦道元、明末的徐霞客以及明末清初的顾炎武等皆踵行此道，均比仅依靠史籍文献获得了许多新的创见。如徐霞客在我国西南喀斯特地区对岩溶地貌与溶洞的观察与研究即为显例。③ 迨至 20 世纪30 年代初禹贡学会成立后，已如前述，顾颉刚先生也很重视对边疆地区的实地考察。后至 1962 年，侯仁之先生在他那篇作为我国现代历史地理学学科理论奠基之作的《历史地理学刍议》一文中，在第一部分论述了"什么是历史地理学？为什么要研究它？"接着在第二部分论明了历史地理和沿革地理的关系；在第三部分专门阐述了野外考察在历史地理学研究中的重要性，举出例证说明野外考察足以发现文献资料中所不能发现的问题，还可采用一些新的科技手段可以发现一般在地表所不能或不易看到的现象。如河流的故道、湖泊的旧迹、聚落的遗址等，这些对历史地理学研究中复原古代地理状况是非常有用的。④ 而他在这方面更是身体力行。还在该文发表前的 1960 年夏，为推动我国沙漠化研究与治理工作，他就带领历史地理小组，前往宁夏回族自治区河东沙区进行考察；接着又于 1961 年夏赴内蒙古自治区乌兰布和沙漠考察，1962 年夏赴内蒙古自

① 见侯仁之主编《中国古代地理名著选读》第 1 辑，第 6 页。
② 同上书，第 4—5 页。
③ 详见侯仁之主编《中国古代地理学简史》，第 63—66 页。
④ 该文载《北京大学学报》（自然科学版）1962 年第 1 期；后收入北京大学院士文库《侯仁之文集》，北京大学出版社 1998 年版。

治区伊克昭盟（今鄂尔多斯市）与陕西省榆林地区沙漠考察，1963 年夏
又赴乌兰布和沙漠考察，1964 年夏再赴伊克昭盟与榆林地区毛乌素沙漠
考察。"文化大革命"后，于 1978 年 6 月还到内蒙古自治区额济纳旗与
甘肃省敦煌市等地沙漠进行考察。① 通过他上述多年来一系列对我国西北
地区多个沙漠的实地考察，获得大量实物证据，揭示了上述沙漠在人类
历史时期，由于人为活动影响而形成或扩展的变迁历程，从而为科学地
治理沙漠与防止沙漠化提供了历史借鉴，也开创出历史沙漠地理这一历
史地理学的新兴分支学科。也正是在前述沙漠考察实践活动获得具体进
展的激励与启示下，1963 年秋至 1965 年夏，笔者作为他的及门弟子之一
以及 1964 年夏、1965 年夏毛乌素沙漠考察参加者之一，就亲聆他多次述
及作为历史地理学的科学工作者，要"跳出小书斋，走进大自然"的切
身体验，从而使笔者受益匪浅。

　　作为我国现代历史地理学开创者之一的史念海先生，为求得真知灼
见，也积极践履野外考察。史念海先生原是秉承乾嘉学派治学方式，以
考据见长，进行野外考察起步较晚，是在"文化大革命"后期因机缘所
至使他参加了当时陕西省军区组织的兵要地理研究，历经数年，在黄河
中下游以致淮河下游与江南太湖流域进行了颇为广泛深入的考察，由此
也让他从亲身接触到的大量现场实物资料中，破解了许多在文献中未解
决的疑难问题，也纠正增补了一些文献中错讹阙漏的史料，使他对诸如
某些古战场的具体所在、古城址与古关隘的位置、古泽薮范围、古代水
利工程的作用、古代沙漠的演变、古代河流河道的变化及其对流经城镇
废毁的影响、古代森林分布变化、古代农田与土壤的变化、行军路线与
运河的走向、长城遗迹的探寻等都获得了真切的了解。他因大得其益，
深深钟情于兹。因此，他在论文集《河山集》二集②所写的长篇《自序》
中，在陈述了该集的几篇论文和初集③有些不同，即"初集主要利用历史
文献，二集则兼结合野外考察的成果"之后；即强调指出："以前从事历

---

　　① 参见陈光中《侯仁之》书中之"侯仁之年谱简编"，三联书店 2005 年版，第 323 页。

　　② 该论文集于 1981 年由三联书店出版。

　　③ 初集于 1963 年由三联书店出版，收入有关历史地理论文 12 篇，除一篇是 1945 年所作
外，大部分是 1956—1962 年的作品。

史地理学的研究，主要依靠历史文献。历史文献不可能没有讹误和疏漏，这就要作一番考证。可是考证也并非都能解决问题，如果能够到当地进行考察，问题有可能会迎刃而解。"为充分证明他的上述论述的正确性，他接着一口气举出他亲身经历的 23 个例证，剖析深透，气势雄劲，极具说服力与示范性。而且之后史念海先生一直乐此不疲，并带动他的学生与晚辈后学以他为榜样，在治学中求真求实，在需要时自觉进行实地考察。为此，北京师范大学原史学理论与史学史研究中心主任瞿林东教授曾多次著文盛赞史先生这种"河山之恋"的浓郁情结。①

当前，作为一门现代学科的历史地理学，自 20 世纪 30 年代前期萌生以来，已走过近 80 个年头。其间经历八年抗日战争与十年"文革"动乱，几陷中断；后于改革开放时期又发新枝，始茁壮成长起来。纵观其发展历程，正如本文所述，可以鲜明地看到，在促进其不断发展的多种因素中，几位学科开创者在传承创新我国数千年来舆地之学的优秀学术传统，并认真发挥传帮带作用，深刻影响了他们之后的第二代、第三代，以致现在正成长起来的第四代学人的示范引领作用，也起到了重大的不可缺少的作用。所以可以预期，在这一良好的学术风范的带动下，我国历史地理学界必将在今后我国大力发展学术科技事业，建设文化强国的时代大潮激荡下，取得更大的进展，发挥更大的"有用于世"的作用。

2012 年 11 月 18 日

（原文刊载于《淮阴师范学院学报》2013 年第 1 期）

---

① 详见陕西师范大学西北历史环境与经济社会发展研究院编《河山之恋——史念海先生百年诞辰纪念册》，2012 年，第 147—155 页。

简论中国历史地理学近百年发展历程及当前面临的挑战与机遇

一 中国历史地理学近百年发展历程之简要回顾

作为我国现代一门新兴学科的历史地理学，虽然"历史地理"一词有学者考证在 20 世纪初即已从日本传入中国，且在 1903 年（光绪二十九年，农历癸卯年）就被晚清重臣张之洞与张百熙等奉旨重拟的《奏定大学堂章程》（史称"癸卯学制"）中，将之作为一门课程堂而皇之地列入文学科之近代地理学教学体制和学科体系之中；但是也诚如有学者经考证后指出的，当时由于历史地理学研究内容的更新转化滞后，尽管《奏定大学堂章程》中设有历史地理课程，然而就连当时全国唯一的一所官办大学——京师大学堂都未遵守规定开设该课程，直至 1911 年清王朝覆灭也依然如此。[①] 由此可见，20 世纪初学界仅出现"历史地理"学科名，作为一门现代学科的历史地理学还处在酝酿孕育阶段，尚未正式形成。即就如此也是表明这门新兴学科已开始起步，由那时起迄今已经历一百余年，而由当时的胚胎状态到现在成为我国学术园地里一门现代显学，其发展历程总的而论经历了如下三个阶段：

第一阶段：自 20 世纪初至 1949 年，为孕育形成期。

这一阶段经历了近半个世纪。如果说自 1903 年张之洞等在奉旨重拟的《奏定大学堂章程》中，已采取了"历史地理"一名，并将之作为一门近代地理学的课程列入其中，标志着这一学科已开始孕育；那么到

---

① 详见李久昌《中国历史地理学由传统向近代转化的若干特点》，载中国社会科学院历史研究所、中山大学历史系合编《纪念顾颉刚先生诞辰 110 周年论文集》，中华书局 2004 年版。

1934 年 2 月由顾颉刚、谭其骧先生发起，在当时的燕京大学东门外成府顾颉刚先生寓所成立禹贡学会，随后又于同年 3 月 1 日出版《禹贡》半月刊，则标志着这门新兴学科的形成。尽管在禹贡学会成立前后，顾颉刚先生在燕京大学与北京大学同时开设了"中国古代地理沿革史"课程，他的学生谭其骧先生在辅仁大学开设了"中国地理沿革史"课程，但禹贡学会成立后由它组织推动的学术研究活动，则已超出了中国沿革地理的范围。从禹贡学会成立之初创办的学术刊物——《禹贡》半月刊，自创刊号至 1937 年抗日战争全面爆发前停刊共 7 卷 82 期所发表的论文看，属于沿革地理的文论只占其中的一部分；其余的则为历史人文地理与历史自然地理方面的论文，当然内中历史人文地理方面的多过历史自然地理方面的。① 再加之《禹贡》半月刊于创刊后之第二年，即自第三卷起开始用 The Chinese Historical Geography（即"中国历史地理"）作为刊物之英文名，更是鲜明地揭示出他们要推进的是历史地理学这门新兴学科的建立与发展。

这一阶段最具代表性与影响力的论著当为：

顾颉刚先生与其弟子谭其骧先生合作撰写并联名发表在 1934 年 3 月 1 日出版的《禹贡》半月刊第 1 期上的"发刊词"。该"发刊词"除具体阐述了研究沿革地理，也即以后由之发展形成的历史地理学的必要性外；还义正词严地揭穿了我国东邻日本假学术研究之名，对我国沿革地理进行恶意歪曲，以助其侵略我国之实的阴谋，反映了禹贡学会同仁炙热的爱国主义情怀。

顾颉刚先生与其另一弟子史念海先生合作撰著，并于 1938 年由商务印书馆作为"中国文化史"丛书之一出版的《中国疆域沿革史》。该书对我国上自大禹治水分州之传说起，下至民国成立后疆域区划及制度之改革作了系统而精要论述，被学界视为"开山之著、扛鼎之作"。②

顾颉刚先生另一弟子侯仁之先生著《北平历史地理》。该书中文版（邓辉、申雨平、毛怡译）虽是 2013 年 11 月由外语教学与研究出版社出

① 参见邹逸麟《中国历史人文地理·前言》，科学出版社 2001 年版。
② 见商务印书馆编辑部《〈商务印书馆文库〉编纂大意》，载顾颉刚、史念海《中国疆域沿革史》（重排本），商务印书馆 1999 年版。

版，但却是仁之师 1946 年赴英国利物浦大学地理系师从英国现代历史地理学奠基者克利福德·达比教授攻读博士学位，于 1949 年用英文撰写出的博士学位论文。正如该书中文译者之一邓辉教授在该书"译后记"中所指出的，该书"是中国历史地理学界第一部关于城市历史地理研究的专著，无论是在侯仁之个人的学术发展历程中，还是在中国历史地理学发展史上均具有重要的标志作用"。①

第二阶段：自 1950 年至 1978 年，为正式形成期。

这一阶段之所以称为作为现代学科之一的中国历史地理学的正式形成期，其标志性事件即为侯仁之先生于 1950 年 7 月在《新建设》杂志第 2 卷第 11 期上发表的《"中国沿革地理"课程商榷》一文。文中针对 1950 年春教育部所规定的大学历史系的选修课目中列入了"中国沿革地理"一课进行了商榷，明确提出将之尽早改为"中国历史地理"课。为此仁之先生阐述道，"中国历史地理"因"其内容不以历代疆域的消长与地方行政区划的演变为主，而以不同时代地理环境的变迁为主，这样应该从史前时期开始，举凡每一时期中自然和人文地理上的重要变迁，如气候的变异、河流的迁移、海岸的伸缩、自然界动植物的生灭移徙以及地方的开发、人口的分布、交通的状况、都市的兴衰等，凡是可能的都在讨论的范围之内"。就此仁之先生还满怀信心地说道："我相信，到了我们真正在大学里能够开设一门比较合乎理想的'中国历史地理'的时候，不但历史系的学生就连地理系的学生也将视之为必要的课程了。"不久仁之先生这一建议被国家教育行政部门采纳，促成了一批大学设置了历史地理学课程。仁之先生不仅在北京大学地质地理系率先开设了"中国历史地理"课程，还在 1956 年开始招收历史地理学研究生；② 上海复旦大学在谭其骧先生主导下，1959 年就成立了历史地理研究室，1960 年在历史系里办了历史地理专业，开始招生；③ 陕西师范大学也在史念海先生努力下，于 1962 年下半年在该校历史系建立了历史地理研究室，史先

---

① 见《北平历史地理》，外语教学与研究出版社 2013 年版，第 209—210 页。
② 参见北京大学历史地理研究中心编《走近侯仁之——恭祝侯仁之先生百岁寿辰》一书所附"侯仁之先生指导的研究生"。
③ 谭其骧：《怀念吴晗同志》，载谭其骧《长水集·续编》，人民出版社 1994 年版。

生还编写了授课的讲义《中国历史地理纲要》。① 除高等院校外，中国科学院地理研究所（现改名为中国科学院地理科学与资源研究所）与中国社会科学院历史研究所也分别建立了历史地理研究室（组）。在它们的带动下，再加上杭州大学（后并入浙江大学）地理系陈桥驿教授、中山大学地质地理系徐俊鸣教授、华南师范学院（现改名为华南师范大学）地理系曾昭璇教授、武汉大学历史系石泉教授、开封师范学院（现为河南大学）地理系李润田教授等积极投身于历史地理学的研究，这就大为推动了中国历史地理学正式建立后一度获得了颇为可观的发展。

这一阶段最具代表性与影响力的论著有：

侯仁之先生除前已述及的《"中国沿革地理"课程商榷》一文外，还有另一重要论文《历史地理学刍议》②。前文促成了我国现代历史地理学的正式建立；后一文则奠定了现代历史地理学的理论基础。该文对历史地理学之学科属性、研究对象、研究任务、研究方法及其科学价值与现实作用乃至它必须遵循的指导思想都作了明确阐述，其基本观点迄今仍为学界认同，对历史地理学科的发展发挥了直接的指导作用。

史念海先生于 1963 年 9 月由三联书店出版的系列论文集《河山集》初集。该集收录的论文除一篇写于抗日战争胜利后之 1945 年 8 月外，其余 11 篇均为 20 世纪 50 年代中期后至 1962 年 10 月以前所撰写。所选诸文较为集中地论述了盛唐以前我国黄河流域与长江流域农业、手工业、商业区域的分布与变迁，同时还研讨了春秋战国时期经济都会的职能与分布特点以及交通道路布设状况。充分体现出史先生在这一阶段之治学旨趣从沿革地理学向历史地理学的飞跃。

这一阶段还需提及的是由谭其骧先生担任主编自 1955 年年初开始启动，汇集了国内十几个单位逾百名专业人员编绘的《中国历史地图集》，虽然全套八册于 1982 年 10 月至 1990 年 2 月由地图出版社（后改为中国地图出版社）出齐，但整个图集的编绘工作是"文化大革命"前历经 11 年艰苦努力完成的。"文革"中"四人帮"接收了图集编绘工作，但经他

---

① 据马正林教授 2016 年 5 月 16 日对笔者的口述。

② 《北京大学学报》（自然科学版）1962 年第 1 期。

们改动后出的内部本，质量大幅下降。"文革"后 1980 年经中国社会科学院研究决定将内部本进行必要修订正式公开发行，始得面世。①

另一件需提及的重要成果是由谭其骧、史念海、陈桥驿先生汇总、修改、定稿的《中国自然地理·历史自然地理》一书。该书作为中国科学院组织全国各有关单位地理学科研教学专业人员撰写的一套涵盖中国自然地理各分支学科的专著之一，虽是 1982 年 1 月由科学出版社出版；但也是于 1973 年开始分别由参与工作的相关单位执笔人进行撰写，还曾于 1976 年、1977 年、1978 年先后在西安、上海、开封三地举行了审稿会后始定稿。所以其能于 1982 年初正式出版，主体工作仍是在本阶段进行的。②

第三阶段：自 1979 年迄今，为蓬勃发展期。

这一阶段之最主要的标志性事件当首推 1979 年 6 月 5 日至 13 日在西安市召开的全国历史地理专业学术会议。应邀出席会议的有全国 14 个省（直辖市）的 47 个科研院所、高等院校、文博和出版单位的 73 名专业人员。提交会议的论文则多达 95 篇。会议由中国地理学会副理事长、中国地理学会历史地理专业委员会主任委员侯仁之先生主持，并致开幕词；中国地理学会另一位副理事长郭敬辉先生到会并作报告；史念海先生作为承办单位陕西师范大学副校长致了闭幕辞。会议除了 10 位学者作了大会学术报告外，还分历史自然地理、历史政治地理、历史经济地理与历史城市地理 4 个组进行了论文报告与学术交流；此外，还有 11 个到会单位的代表汇报了各自单位此前从事过的历史地理研究工作进展情况及今后的设想，通过讨论制订了《出席全国历史地理专业学术会议各单位提出的近期研究计划》。正如郭敬辉先生所说，"文革"前全国性历史地理学术会议虽也开过两次，但每次仅十几个人参加，所以这次会议堪称是"我国历史地理学发展史上的一次空前盛会，有很大的历史意义"。③ 不仅如此，这次盛会还开启了之后自 1980 年年始每两年召开一次全国历史地

---

① 参见谭其骧《怀念吴晗同志》。

② 参见《中国自然地理·历史自然地理》"序"与"前言"，科学出版社 1982 年版。

③ 关于此次会议的相关内容与数据均采自中国地理学会编印《中国地理学会全国历史地理专业学术会议会刊》，1979 年 6 月。

理学术研讨会之先河。即 1982 年在上海、1984 年在重庆、1986 年在兰州、1988 年在太原、1990 年在沈阳、1992 年与 1994 年两次在西安、1996 年在北京、1998 年在长沙、2000 年在昆明、2002 年又在上海、2004 年在乌鲁木齐、2006 年在广州、2008 年在武汉、2010 年在桂林、2012 年在天津、2014 年在成都，以及 2016 年在长春，共举行了 18 次全国性甚至国际性历史地理学术研讨会。因而对我国历史地理学进入改革开放时期以来获得蓬勃发展实具里程碑意义。

本阶段另一标志性事件则为在中国地理学会历史地理专业委员会主持下创办的由谭其骧先生出任首届编委会主编的《历史地理》刊物于 1980 年初创刊，其创刊号于 1981 年 11 月由上海人民出版社印行。迄止 2015 年 12 月，已连续出版了 32 辑。正如侯仁之先生在创刊号发表的"发刊词"中指出的："《历史地理》的编辑和出版，标志着我国历史地理学的发展又进入了一个新的阶段。"与此同时，由史念海先生创办，并首任主编的《中国历史地理论丛》第一辑，也于 1981 年 7 月由陕西人民出版社印行；该论丛于 1985 年 9 月出版了第二辑后，自 1987 年总第四辑起改为季刊，持续至今，截至 2016 年 4 月累计已出版 119 辑（该论丛总第三辑于 1988 年 5 月由陕西人民出版社印行）。成为我国历史地理学术界另一重要的学术园地，且为国内唯一的一份历史地理学之学术刊物。

这两份刊物（尽管《历史地理》为以书代刊，但基本坚持了每年一本，仍当以刊物视之）的持续出版，无疑大为推动了历史地理学之学术研究与交流。

本阶段第三件标志性事件当为 1999 年复旦大学历史地理研究所，作为国内各高校历史地理学科最具实力的单位被教育部批准为全国 100 个人文社会科学重点基地之一。而陕西师范大学历史地理研究所在第一轮竞争未果后，在学校支持下，仍以历史地理学科为依托，组建了"西北历史环境与经济社会发展研究中心"，参与了第二轮申报，于 2000 年秋也被教育部批准为全国普通高校百家人文社会科学重点研究基地之一。后该"研究中心"改名为"研究院"，并在院内特设"史念海中国历史地理研究所"，以表示该研究院今后将继续重点开展历史地理学领域的研究工作。可以说上述两个全国高校人文社会科学重点研究基地的获准建立，对 21 世纪以来我国历史地理学进一步发展会在国家与学校的支持下产生有力的推动作用。

正是在上述几大标志性事件推动下，又借助国内改革开放大潮的大势，本阶段我国历史地理学获得了持续30多年的兴旺蓬勃的发展。至今在国内已形成了复旦大学历史地理研究中心、北京大学城市与环境学院历史地理研究中心、陕西师范大学西北历史环境与经济社会发展研究院史念海历史地理研究中心三大历史地理学术重镇，也即学界所盛传的我国现代历史地理学"三足鼎立"格局；然而同时又在武汉大学、华中师范大学、浙江大学、西南大学、暨南大学、中山大学、东北师范大学、西北师范大学、天津师范大学、中国人民大学、北京联合大学、太原师范学院、西北大学、西安文理学院、郑州大学、厦门大学、四川大学、云南大学、上海师范大学、上海交通大学以及中国社会科学院历史研究所、北京市与上海市社会科学院历史研究所等高等院校和人文社会科学研究院所陆续建立了研究机构，或拥有了颇具实力的专业研究队伍，实已形成了群星闪烁众花争艳的繁荣局面。通过全国历史地理学界的共同努力，这一阶段历史地理学之学科理论体系获得了新的建树，一些分支学科推出了高水平的成果，还建成或初步形成了历史军事地理、历史文化地理、历史医学地理、历史商业地理、历史流域地理、历史海疆地理等新的分支学科；在研究方法上也有新的进展，如采取地理信息系统等新的科技手段使研究成果更加精准化等。上述发展不仅使历史地理学科本身达致一个新的高度，还对相关学科，如历史学、地理学、考古学、农史、林史、畜牧史、水利史、环境史、古都学、方志学、文化遗产与大遗址保护等发挥了积极影响与推进作用；还对当前国家正开展的生态环境保护与治理、城镇规划建设、文化遗产保护与历史文化资源开发、农业与商业发展等实际工作也发挥了具体的"有用于世"的作用。

也正因如此，所以在2011年教育部主持的对历史学学科体系调整工作中，在世界史与考古学由原历史学之二级学科升格为各自独立自成体系的一级学科后，原历史学留下的六个二级学科合并精简为史学理论与史学史、中国古代史与专门史、中国近现代史、历史地理学等四个二级学科，共同组建为中国历史学。这充分表明历史地理学作为一门现代新兴学科，经过数十年发展，已成为在现代学术园地里扎牢了根基，在其众多分支领域均取得显著成果，并对多门相关学科产生了促进作用，还在国家经济建设与文化建设中发挥了积极效应的一门显学。

这一阶段最具学术价值与影响力的论著，除前已述及的《中国历史地图集》八册与《中国自然地理·历史自然地理》外，还当推出以下几种：

谭其骧先生的论文集《长水集》（上、下集，人民出版社 1987 年版）与《长水集·续编》（人民出版社 1994 年版）。三集共收谭其骧先生新中国成立前后所撰论文 117 篇共约 110 万字。

侯仁之先生的《侯仁之文集》，共三卷，分别为《北京城的生命印记》《历史地理学的视野》《我从北京大学来》，由生活·读书·新知三联书店于 2003 年 3 月与 5 月出版。三卷共收侯仁之先生新中国成立前后所撰论文 108 篇，共约 150 万字。

史念海先生的文集《河山集》，共九集。其中初集与第二集由生活·读书·新知三联书店于 1963 年 9 月、1981 年 5 月出版，第三集由人民出版社于 1988 年 1 月出版，第四集由陕西师范大学出版社于 1991 年 12 月出版，第五集与第六集由山西人民出版社于 1991 年 12 月、1997 年 12 月出版，第八集即《中国古都和文化》，由中华书局于 1998 年 7 月出版，第七集与九集由陕西师范大学出版社于 1999 年 1 月与 2006 年 12 月出版。共收录史念海先生所撰论文 130 篇，另附录 2 篇，总字数达 360 万字。

陈桥驿先生的有关《水经注》研究论著。除点校注释多种版本的《水经注》外，还结集出版了《水经注研究》共四集以及《郦道元评传》《郦学札记》等。仅《水经注研究》第一至四集（分别由天津古籍出版社于 1985 年 5 月、山西人民出版社于 1987 年 9 月与 1992 年 1 月、杭州出版社于 2003 年 4 月出版），就收入陈桥驿先生撰写的研究文论 126 篇，共约 167 万字。

邹逸麟先生主编的作为"中国人文地理丛书"一种之《中国历史人文地理》（科学出版社 2001 年版），因较为全面、简明地概括论述了迄止 20 世纪末我国学者对历史人文地理有关分支学科所作研究，亦当与此前出版的《中国自然地理·历史自然地理》一书相提并论。

此外，这一阶段先后出版的由葛剑雄教授主编的《中国人口史》（共六卷，由复旦大学出版社，于 2000 年 9 月至 2005 年 1 月出版）、周振鹤教授主编的《中国行政区划通史》（共 13 卷，由复旦大学出版社先后于

2007 年 8 月至 2014 年 12 月出版）、郑德坤先生著《中国历史地理论文集》（香港中文大学出版社 1980 年版）、黄盛璋先生著《历史地理学论集》（人民出版社 1982 年版）、曾昭璇先生著《历史地貌学浅论》（科学出版社 1985 年版）、石泉先生与蔡述明教授合著《古云梦泽研究》（湖北教育出版社 1996 年版）、文焕然与何业恒先生等合著《中国历史时期植物与动物变迁研究》（重庆出版社 1995 年版）、钮仲勋研究员著《黄河变迁与水利开发》（中国水利水电出版社 2009 年版）、张修桂教授著《中国历史地貌与古地图研究》（社会科学文献出版社 2006 年版）、司徒尚纪教授著《珠江文化与史地研究》（中国评论文化有限公司 2003 年 5 月版）、徐少华教授著《荆楚历史地理与考古探研》（商务印书馆 2010 年版）、李孝聪教授著《中国区域历史地理》（北京大学出版社 2004 年版）、靳生禾与谢鸿喜教授合著《山西古战场野外考察与研究》（山西人民出版社 2013 年版）、蓝勇教授著《历史时期西南经济开发与生态变迁》（云南教育出版社 1992 年版）以及笔者所著《黄土高原地区环境变迁及其治理》（黄河水利出版社 1999 年版）与《中国古都学的研究历程》（中国社会科学出版社 2008 年版）等，均在历史地理学相关研究领域有所建树。

这一阶段还推出了多种历史地理学教材，其中具有较广泛影响的有下列三种：

其一是马正林教授主编的《中国历史地理简论》，该书于 1987 年 1 月由陕西人民出版社出版，陈桥驿先生为之作序；

其二是史念海先生著《中国历史地理纲要》（上、下册），该书是史念海先生在“文革”前所编授课讲义基础上又作丰富与深化撰成，由山西人民出版社于 1991 年 12 月与 1992 年 5 月出版；

其三是蓝勇教授编著《中国历史地理学》，该书列为教育部面向 21 世纪课程教材之一，由高等教育出版社于 2002 年 8 月初版，后曾多次印刷。

这一阶段在历史地图编绘方面成果也甚为丰硕。继谭其骧先生主编的《中国历史地图集》八册先后出齐外，由国家地图集编纂委员会组织编绘的《中华人民共和国国家历史地图集》全三册之第 1 册，也由中国社会科学出版社与中国地图出版社于 2014 年 1 月出版。

与此同时，一些省、市也相继编绘了历史地图集。其中即有：

侯仁之先生主编：《北京历史地图集》，北京出版社 1988 年版；

史念海先生主编：《西安历史地图集》，西安地图出版社 1996 年版；

《武汉历史地图集》编纂委员会编：《武汉历史地图集》，中国地图出版社 1998 年版；

天津市规划和国土资源局编：《天津城市历史地图集》，天津古籍出版社 2004 年版；

周振鹤主编：《上海历史地图集》，上海人民出版社 2013 年版；

重庆市规划和国土资源局编：《重庆历史地图集·第一卷古地图》，中国地图出版社 2013 年版；

司徒尚纪等编：《广东省历史地图集》，广东省地图出版社 1995 年版；

山西省地图集编纂委员会编：《山西历史地图集》，中国地图出版社 2000 年版。

此外，由中国人民革命军事博物馆编著、星球地图出版社编制的《中国战争史地图集》，于 2007 年 7 月由星球地图出版社出版发行。该图集编制时，曾聘请侯仁之先生与葛剑雄、朱士光教授等历史地理学家出任学术顾问。许多图幅反映了历史军事地理最新研究成果。

二　简论中国历史地理学当前 面临的挑战与机遇

前已简要论及，中国历史地理学从 20 世纪初清末之官方文件中已见其名，但真正肇兴还是到 30 年代初禹贡学会建立之时，而正式建立则在 1950 年共和国成立之后，"文革"结束后始蓬勃发展，迄今已成为我国之一门显学。然而我们也应看到这门新兴学科还存在一些明显的不足。主要有：学科理论与研究方法创新性不足，还未建立起严密完整的理论体系，研究方法仍以传统方法为主；各分支学科发展不够均衡，相比较而言历史自然地理学领域的一些分支学科其发展势头不及历史人文地理学领域一些分支学科强劲；学术视野尚不够开阔，未能在国际学术界获得足够的话语权。上述问题虽是学科发展中经常会面对的，但也是我们学科今后要取得新的更大发展必须应对的挑战。更何况，当前我国正处在万众一心为实现中华民族伟大复兴，全面建成小康社会而奋发努力之时，习近平主席又接连发出科技创新与加快构建中国特色哲学社会科学号召，为我们中国历史地理学在当今新时代里获得更为全面丰硕的发展提供了极为良好的机遇。所以在天时、地利条件均已具备的大好形势下，就需要我们全国（包括台、港、澳）历史地理学者振奋精神，认准目标，加强协作，艰苦奋斗，力争在国内如同考古学、世界史两门兄弟学科那样由历史学的二级学科提升为一级学科；与此同时走向世界，在国际历史地理学界发挥我们应有的学术上的积极作用。

三 对中国地理学会历史地理专业委员会的几点建议

为了抓紧当前国内外形势提供的绝佳机遇，实现我们历史地理学新的发展目标，当然需要全国的历史地理学工作者群策群力，共同奋斗；然而也十分需要作为我国历史地理学界学术领导核心的中国地理学会历史地理专业委员会（以下简称"专业委员会"）发挥必要的组织协调与指导督促作用。为此不揣浅陋，提出以下三点建议，谨供今后工作中参考：

（1）可仿效首届专业委员会在1979年于西安召开的全国历史地理专业学术会议上所作的那样，对有关单位历史地理学术研究规划组织交流与协调。正如中国地理学会前副理事长郭敬辉先生在那次会议上所作报告中强调的："通过学会这样一个跨行业、跨部门的组织，搞一个民间规划，其作用虽不像政府制订的科学计划约束力那么强，可叫'君子协定'，有的单位不愿干也可以。但是通过对选题的讨论和研究，对分工协作以及对一些重大项目主持单位的明确，会使我们今后的研究工作有所遵循，有奋斗目标，可互通情报，对今后历史地理研究工作的开展以及历史地理学的发展，可能会更有利些。"

（2）专业委员会可推动或组织相关学者参加三年一度的国际历史地理学者大会，以密切我国学者与国外同行的交流、协作，推动我国历史地理学的国际化。

（3）专业委员会可借鉴2016年5月21—23日在郑州举行的首届中

国考古学大会的做法，采取开放式会议方式，使会议所在地的青年学子与民众也可列席会议，听取学术报告，以扩大历史地理学在公众中的影响。

2016 年 5 月

（原文刊载于韩宾娜主编《丙申舆地新论——2016 年中国历史地理学术研讨会论文集》，东北师范大学出版社 2017 年版）

二　学科理论探索之创获

论中华文化传承与地理环境变迁之关系

——兼论面向 21 世纪的历史地理学

一

中国作为世界著名的文明古国，自新石器时代初期起，在近八千年以来的历史时期中，创造了震烁古今辉耀环宇的古代文明。尽管自夏商周三代以来，特别是自秦始皇帝扫灭群雄，建立大一统的君主专制国家之后，王朝时相更迭，国势屡有盛衰；然而内容博大精深丰富多彩的中华文化却代代相传，一脉相承，不仅作为多元一体的中华民族共同的精神财富未曾稍有中断，一直延续至今；而且还多次作为强大的思想武器，支撑起中华民族复兴大业，由乱而治，由衰而强，始终屹立于世界民族之林。与此相应的是，广袤辽阔的中华大地在这一人类历史时期，由于自然因素本身的变化，特别是又加上人为活动的影响，不论是自然生态环境，还是人文地理环境也都发生了明显的变化。值此世纪之交，当人们回顾过去，展望未来，面对在 21 世纪全球经济一体化大潮冲击下，世界各大区域文化将如何发展以及在全球生态环境恶化形势下，人类将如何应对等重大问题，自然会十分关注古老的中华文化传承与地理环境变迁之相互关系问题。具体而言主要包含有：中华文化历数千年久传不衰，与中华大地之地理环境有何关系？中华文化对历史时期中华大地上之地理环境变迁有何影响？面对当前生态环境严峻的现实，中华文化有无需要反思自省处等。这些问题既宏大，涉及的内容也很复杂，但也均与历史地理学之基本理论问题，即"人地关系"问题，有着直接的联系。因此，作者不揣浅陋，试对这一问题进行初步的探讨与阐释。

二

中华文化源远流长，且其传承绵延相续，未曾断绝，史籍昭然可考，已是国际学术界公认的不争的史实。古代世界上出现过的另几大古老文化，有的早已死亡，如北非的埃及文化、西亚的巴比伦文化与美洲的玛雅文化等；有的虽然保留了下来，但中途却死亡过，如南欧的古希腊文化等。唯独东亚之中华文化，虽屡经历史风雨的侵袭，也曾有过曲折的行程，却始终与中华民族并存共荣，成为世界文化之林中唯一未曾中断死亡的常青树。造成这一奇特现象的原因虽然不止一端，但中华大地独具之地理环境特点肯定是其中的一个重要原因。

首先，从宏观整体的地理环境论，中华大地西倚世界屋脊青藏高原，东邻浩瀚无涯的太平洋；境内四横三竖的高大山脉，构成她的坚固骨架；黄河、长江等众多河流，构成她的血脉经络；平远坦荡的高原、平原，大大小小的盆地、谷地，构成她的丰腴身躯。这些都为中华民族的生存繁衍与中华文化的孕育繁荣提供了必要的地理空间与环境条件。更为重要的是，她位于北半球中纬度地区，大部分处于温带、暖温带与亚热带，这较之热带与寒带都更有利于人类的生活与发展；同时她又处于东亚季风区，多变的气流与雨带，较强的大陆性，既给农林牧业生产带来了必需的雨水与热量，但季节更替与降雨量变化频度、幅度过大，也易造成旱涝霜冻灾害。这虽对居民之生产、生活造成不利的影响，但也锻炼了中华民族战胜自然灾害，追求更大发展的精神勇气与智慧才能。上古先民既祈盼风调雨顺，也大力治水治田，以达到"水旱从人"，五谷丰登，六畜兴旺。真可谓"艰难困苦，玉汝于成"。同时中华大地周围环境并不闭塞。其东边之海岸线，长达 1.8 万公里，有可靠的史料证实，早在夏、商时期海滨先民即有海上交通活动。[①] 而北部与西北部之草原大漠，公元前 6 世纪时，即已开通了横跨欧亚草原的丝绸之路。[②] 西南方面，虽有高

[①] 参见章巽《我国古代的海上交通》，中华书局 1986 年版。

[②] 马雍、王炳华：《阿尔泰与欧亚草原丝绸之路》，载张志尧主编《草原丝绸之路与中亚文明》，新疆美术摄影出版社 1994 年版。

大的喜马拉雅山与横断山脉分布，但公元前 4 世纪时已实际存在一条由巴蜀通过滇西至东南亚与南亚的交通路线。① 由此可见中华大地早在远古时代，就通过陆路、海路，与欧洲、中亚、西亚、南亚、东南亚以及朝鲜半岛、中国台湾等地区开始了政治联系和经济、文化交流，这显然对中华文化的丰富与发展也发挥了积极的作用。

其次，从微观区域的地理环境论，正如前面已论及的，中华大地面积广阔，地貌类型多样，结构复杂，各区域自然地理状况分异明显。这一区域地理环境分异格局，既给中华文化的发展提供了充分的回旋余地，也给缤纷多彩的区域文化提供了发展空间。我国区域文化丰富多样，举其大者即有河洛、三秦、陇右、三晋、燕赵、齐鲁、荆楚、巴蜀、吴越、八闽、岭南文化等，而且其下还可细分。这些区域文化，既有共性，即均以儒家思想作为主体，且均具开放性与兼容性，因而共同构成丰富多彩的中华文化；同时又各具自身之个性，而且还达致"和而不同"② 之境界。中华文化之各区域文化之所以能"和而不同"，尽管与各区域之民族组成及政治斗争、政权分立等因素有关；但与各区域自然地理环境条件互异以及高山大河之阻隔也有一定的关系。班孟坚在《汉书·地理志》中，论述各个区域之风俗时，首述其分野、四至，次及其历史沿革，再论其自然环境特点，因而在继论其风俗文化状况时，其特征就分外鲜明。足见其识见之卓越。当然我国各地之区域文化，其形成都有一个过程，而在历史时期各区域文化也都发生了一定的衍变。实际上，各区域文化之形成、衍变，也都与其所在地区之自然环境及其变化有相当之关系。应该说，中国各区域文化，长期以来共存共荣和谐相处，拥有相同的文化因子，即儒家思想，共同缔造了中华文化；同时又保持了自己的文化特色，彼此间具有"和而不同"的特点。这也是中华文化几千年来绵延不断的一个原因。③ 由此可见中华大地上各个区域地理环境之分异与各具特征，确是中华文化长盛不衰的一个重要原因。

①　蓝勇：《南方丝绸之路》，重庆大学出版社 1992 年版。

②　《论语·子路篇》。

③　此观点系由赵连稳《"和而不同"——中国地域文化的特征》（载《中国图书评论》2000 年第 5 期）一文中有关论述引申而来。

综上可知，不论从中华大地之宏观整体或是微观区域之地理环境特征论，中华大地特有之地理环境条件都对中华文化的形成、发展及其持续至今之传承有着紧密的关系。也可说中华大地之地理环境及其变迁，就是中华文化传承的基础条件。

三

在古老中国漫长的历史上，中华大地孕育了多元一体的中华民族与中华文化，而传承不绝之中华文化也对中华大地之环境演变施加了明显的影响。

前已述及中华文化博大精深，丰富多彩，对中国历史以至世界历史均产生了重大影响。就其对中华大地环境变迁之影响论，则主要集中在对人地关系的阐释及其嬗变上。而其所造成的影响，则又有积极的建设性的与消极的破坏性的两个方面。

中国自古以农立国，先民们通过长期的农牧业生产实践，积累了大量的观天象、辨土性、识草木以及兴修水利、发展航运、择地建城、选线修路等地理知识；并在此基础上由先哲们总结概括了一些有关人地关系的学说思想。其中影响最大的有孔子的"畏天命"[1]、孟子的"天人合一"[2] 及荀子的"制天命"[3] 三者。实际上孔子、孟子、荀子都是儒家学派的开创者与代表性人物，所以在汉武帝"罢黜百家，独尊儒术"后，他们的人地观对后世均产生了显著的影响。

"畏天命"的人地观远在孔子之前就已产生，反映了远古时代居民们生产力与科学知识水平低下，屈服于自然力，将自然灾害归因于某种超自然的力量。殷墟卜辞中有"帝其令雨"[4] "帝令雨足年，帝令雨弗其足

---

① 《论语·季氏篇》。

② 当代哲学家余谋昌主此论（见余谋昌《关于人地关系的讨论》，《自然辩证法研究》1986 年第 3 期）。在《孟子》之《梁惠王》《公孙丑》等篇章中有与此说相关的论述。明确提出这一命题的是宋儒张载（见《易说·系辞下》，载《张载集》）。

③ 《荀子·天论》。

④ 董作宾：《殷虚文字乙编》。

年"①。说明当时的统治者认为晴雨变化与雨量多少以及收成的好坏都是上天（帝）掌控的事情，人们只能向上天（帝）祈求。汉武帝时大儒董仲舒又加以发展，提出"天人感应"论，更将这一观点推向极致，将人间的种种灾异，均视作上天的"谴告"，这就严重束缚了人们改善环境、抗御灾害的活动，造成消极的影响。后世中国农村修建的众多的土地祠、龙王庙及祈雨、禳灾等活动，均是这一人地观之反映。

"天人合一"之人地观，按张岱年先生的阐释，初源于周代，从先秦时代至明清时期，被历代大多数哲学家所宣扬，是中国传统哲学的一个独特观点。其要点是：认为人是自然界的一部分；自然界是有规律的，人也得服从自然规律；人与自然界应和谐发展。② 尽管近来有学者认为以"天人和谐"解释儒家传统的"天人合一"是对儒家"天人合一"观念的一种误读。③ 然而在孟子的论述中，确有人地和谐思想。如在《孟子·梁惠王》中述及的"不违农时，谷不可胜食也。数罟不入污池，鱼鳖不可胜食也。斧斤以时入山林，材木不可胜用也"。又如在《孟子·公孙丑》中所论及的"天时不如地利，地利不如人和"等。就是主张要遵循自然规律，善待自然环境，崇尚"天地人和"。以后北魏贾思勰在他写的《齐民要术》一书中揭示了"顺天时，量地利，则用力少而成功多；任情返道，劳而无获"的著名论点；清代刘继庄在所著的《广阳杂记》中提出要注重研究"天地之故"，也即人地关系，均是"天人合一"人地观之发展。与"畏天命"人地观相比较，这是一种积极的科学的人地观，也正是因为在历史上有这种人地观存在，促使先民们在兴修渠道、运河、堤防、陂塘等水利工程，创建区田、梯田、圩田、坝地等丰产农田，平治水土，保护山林等方面，才不断有所建树，既改造了自然环境，也推动了经济社会的发展。

"制天命"人地观在战国末期思想家荀况的著述中有明确的宣示。在《荀子·天论》中，他说："天行有常，不为尧存，不为桀亡。"又说：

---

① 罗振玉：《殷虚书契前编》。

② 张岱年：《中国哲学中"天人合一"思想的剖析》，《北京大学学报》（哲学社会科学版）1985 年第 1 期。

③ 刘学智：《"天人合一"即"天人和谐"——解读儒家"天人合一"观念的一个误区》，《陕西师范大学学报》（哲学社会科学版）2000 年第 2 期。

"天不为人之恶寒也辍冬，地不为人之恶辽远也辍广。"强调了自然界有自己的运动规律，不会因人的意志而有所改变。在《荀子·王制》中，他主张："从天而颂之，孰与制天命而用之！望时而待之，孰与应时而使之！"现代学者有的即指这就是"人定胜天"思想的滥觞。① 以后，西汉的司马迁在《史记·伍子胥传》中有"人众胜天"说；唐代刘梦得曾论述道："天之能，人固不能也；人之能，天亦有所不能也。故余曰：天与人交相胜尔。"② 我国现代教育家徐特立1941年在《怎样发展我国的自然科学》一文中进而提出了"人定胜天"的命题。③ 这对鼓舞人民群众发挥人的主观能动性，正确地认识自然并创造条件改造自然显然有着积极的作用。然而到了20世纪50年代末，由于我国政府一些领导人片面夸大人的征服自然的能力，导致了对人力与自然资源的滥用及对自然环境的肆意妄为。竟提出"人有多大胆，地有多高产"的违反科学原则的口号。到了史无前例的"文化大革命"时期（1966—1976年），在政府当局开展的"评法批儒"的斗争中，甚至将荀子改称"法家"，对其"制天命而用之"的观点进一步加以扭曲，使之一度成为"唯意志论"的理论工具，也使"制天命"之人地观及"人定胜天"这一本具一定积极意义的口号达到癫狂的境地，因而也给中华大地一些地区之生态环境造成极大的破坏。

中华文化除上述儒家人地观外，其所包含的内容中，诸如典章制度与历代统治者为御外制内所采取的政治、经济、军事政策措施也对自然环境变迁产生了一定的影响。只是这部分内容不是本文论述的重点，留待以后再做研究。

四

当前全球生态环境状况日趋严峻，我国境内之生态环境也出现了一

---

① 中国科学院自然科学史研究所地学史组主编：《中国古代地理学史》，科学出版社1984年版。

② 《刘梦得文集·天论》。

③ 湖南省长沙师范学校编：《徐特立文集》，湖南人民出版社1980年版。

些严重的问题。例如，黄河的断流，塔里木河的干涸，长江的洪水泛滥，珠江、淮河的严重污染，西北、华北的沙尘暴与沙漠化，江南地区的酸雨，森林横遭砍伐，草原严重退化，水土流失仍在肆虐，珍稀动植物日渐减少，西部高山雪线上升，东部海域赤潮频现，数以百计的大中城市严重缺水，大量湖泊萎缩消失等。种种事实表示，我国生态环境确乎出现了"危机"。上述问题，有些是现代工业生产造成的，有些却是历史时期人为不当活动长期积累造成的。面对这一现象，我们应当如何看待中华大地上生态环境遭到严重破坏这份沉重的历史遗产？又当如何看待孕育滋生于中华大地上，且与之息息相关的中华文化？

回顾历史，尽管辟草莱，伐山林，开荒垦田，刀耕火种皆为劳动人民所为，但对破坏生态环境应承担责任者还当是历代统治集团。尽管历史时期，对环境问题的认识不可能达到现在这种程度。但是正如前述，也有一些贤哲之士通过实践与思考，提出过不少具有朴素的环境保护意识的观点与思想。到了唐宋以后，甚至有学者提出了保护山林，平治水土，以保护生态环境，促进地方经济发展的具体意见。但均未被统治者认真采纳。这当然主要是因为封建统治阶级在掌握政权时，主要关心的是巩固自己的统治；同时着意追逐奢侈淫乐的生活，一味聚敛财富，兼并土地。基于此，他们往往从狭隘短视的角度，放任军民滥伐滥垦，不惜用破坏自然资源与生态环境，迫使众多平民百姓流散逃亡，依靠毁林毁草开荒扩种来维持温饱，求得生存。自秦始皇统一中国以来的两千多年间的基本情况就是这样。所以理当完全由历代列国的封建统治集团来承担这份破坏生态环境的历史责任。

当然从中华文化自身而言，也有值得反思自省之处。因为任何一种文化都既有精华，也有糟粕；而且也都有由低级向高级发展的过程。就中华文化之人地观而言，正如前节所论到的，先秦时代就已萌生形成的几种基本观点，如"畏天命"与"制天命"的人地观，在历史上都曾产生过一些消极的影响。而"天人合一"的人地观，在早期其人地和谐的观念也不是十分自觉与明确的。只是到了近代，在康有为、梁启超以及孙中山等接受了西方科学思想影响的思想家的努力下，才赋予这一人地观新的内涵，进一步体现出对人的当代命运与未来发展的关注。到现代，在又经历了一个世纪的发展，全球与中华大地上之生态环境问题更为突出之后，为促进人地之和谐相处与经济社会的可持续发展，更应对中华文化中之"天人合一"人地观，进行新一轮的扬弃与发展。使中华文化"天人合一"人地观之精华部分得以继续发展下去，使中华民族在其精神与内涵的感召鼓舞和具体指引下能更好地适应中华大地生态环境的变化，能切实地改善并治理好中华大地之生态环境，使中华文化也能继续传承下去。

五

　　前文所述，尽管笔者已感殚精竭虑，然掩卷细思，深觉仍还只是在中华文化传承与中华大地环境变迁相互作用关系这一深邃的理论问题的表层做了些文章。这当然是因为中华文化太过庞大精湛，中华大地历史时期之环境变迁又太过纷繁复杂。而两者间相互作用之关系，即具体体现了中华民族、中华文化发展历史与中华大地环境演变历程之间相互作用之人地关系问题，既是历史地理学一个重大的基础理论问题，也是一个难度很大的研究课题。凭笔者现有的学养，目前只能做到这个地步。由此笔者又联想到，萌生于 20 世纪初，正式形成于 50 年代，经历了近一个世纪发展的历史地理学，面对即将来临的 21 世纪，也就是她发展历程上的第二个世纪，应确立一个什么样的新的奋斗目标？应在新的世纪里取得什么样的新的发展？笔者认为，经过我国历史地理学界老中青三代学人薪火传承与孜孜不断的开拓研究，这门新兴学科现已有大量成果问世，在理论思想与个案实证研究方面均有丰富的积累，既在国内外学术界产生了广泛的影响，同时还在国内现代化经济建设与文化建设中发挥着日益明显的作用。正因为有着这样的影响与作用，复旦大学历史地理研究中心才会于 1999 年年底被教育部批准为首批国家级文科科研基地。这既是对历史地理学一个世纪来之进展与成绩的肯定，又为她在 21 世纪里取得更大的发展带来生机与活力。这是我们历史地理学界之大幸！同时在这世纪交替之际，国家正大力推进的西部大开发建设事业也为历史地理学取得新的进展提供了难得的历史机遇。因为我国西部地区当前生态环境十分恶劣，既制约着自身经济社会发展，还危及我国东部地区的生态环境；更为重要的，我国西部地区当前生态环境的恶劣是历史时期人为不当活动与自然环境自身变化相互结合共同作用的结果。研究西部地区历史时期地理环境（包括自然地理环境与人文地理环境）变迁及人地关系规律，既可推进历史地理学的深入发展，也可为西部大开发做出切实的贡献，而这正是国家所迫切需要而又会大力支持的。所以展望未来，只要我们历史地理学界紧紧抓住了这一千载难逢的良机，团结互助，分工合作，就一定能使历史地理学在 21 世纪取得超越前代的成就。

为此建议：

（1）在基础理论研究方面，应继续抓住如本文讨论的中华文化传承与中华大地环境变迁之关系等重大理论问题，也就是作为历史地理学的理论基础之人地关系问题，深入展开全方位的研讨，以便以中国作为典型例证，建立起结构严密而又内容详赡的历史地理学的学科理论体系。

（2）在实证性之部门与区域历史地理研究方面，还应继续注重填补空白与加强某些较薄弱领域的研究以及开拓一些新的研究领域，以使历史地理学内容更加丰满；与此同时，为配合促使历史地理学整体学术水平与应用价值的提高，应在有关问题的研究中，着重从整体性、贯通性与综合性上确立课题，刻意研究。

所谓整体性研究，即对某些特定区域历史时期地理环境变迁进行包括各组成要素的全面研究，从中可探明各地理要素彼此间之作用机理。

所谓贯通性研究，即对某些典型区域历史时期之地理环境变迁做全程式首尾完整的研究；若有可能，还可在前述研究的基础上对未来之发展趋势进行预测，以便为当前之建设工作提供更有价值的参考咨询意见。

所谓综合性研究，即对某些有代表性区域既探明其历史时期该自然环境变迁之历程与原因，还要将历史时期该区域之自然环境变迁与经济社会发展结合起来，探讨相互作用之机制。其目的在于深入而具体地揭示人地关系规律，以求在历史地理学基本理论方面有所创获。

强调着重开展上述三方面的研究，并不是要反对进行历史时期单要素的、断代性的研究，那些研究仍然是有意义的，也是需要继续进行的。这里只想说明，上述三方面研究既是个案性实证性研究，还具有更高的理论价值与实用价值，所以是值得我们多所致力的。当然以上所述都是个人意见，同行学者见仁见智不必完全认同。但是只要我们历史地理学界的同仁，充分发挥各自的专长与优势，踏踏实实地开展研究，历史地理学一定会在 21 世纪全球性的追求人类社会与生态环境和谐共处协调发展的大潮中，进一步发展成为一门大行于世的显学。

（原文刊载于复旦大学历史地理研究中心编《面向新世纪的中国历史地理学——2000 年国际中国历史地理学术讨论会论文集》，齐鲁书社 2001 年版）

从"天人和谐论"到建设生态文明的伟大实践

一 我国传统文化中关于天人关系的基本论述及天人和谐论的主要内涵

（一）天人和谐论是我国传统文化的重要组成部分

在我国历史悠久、内容丰富深邃的传统文化中，一直包含有古代先民与哲人关于人与其周围的自然环境，也可称为生态环境之关系的认识及论述。当代有哲学家，将我国哲学主干理念或主导原则的"天人合一"论看作是我国传统文化中包含的有关人与自然应该和谐相处的思想观点的哲学概括①。但也有哲学史家认为我国明清之际以前哲学思想之主流，在对待人与自然或世界的关系问题上是采取天人合一的观点；但到明清之际，由王船山开始，却由之前的"天人合一"观之不分主体与客体、思维与存在，把二者看成浑然一体发展为"主客二分"，即思维与存在二分。由此，他们还认为，明清之际以前，中国哲学"由于重天人合一，把主客看成浑然一体，所以一般地说注重人如何生活于世界之内的人生问题，甚少专门的、明显的关于主体如何认识客体、自我如何认识对象的认识问题"。甚至他们认为我国明清之际以前，"因重天人合一，缺乏主客二分思想和主体性原则，故中国虽然不能说没有科学，但科学确实不发达，也不受重视。明清之际以后由于开始了主客二分思想的转向，特别是鸦片战争以后开始召唤西方近代哲学的主体性原则，因而才重视

---

① 参见余谋昌《生态哲学》，陕西人民教育出版社 2000 年版，第 212—214 页。

发展科学，重视对自然的认识"。① 对上述中国哲学史学家对中国哲学史所作的两个发展阶段及其特点的论述，是否全面、正确，这里暂不予置评；但从中我们可以看出，我国哲学界当前对"天人合一"论之哲学含意是有着不同的理解与诠释的。正是由于有些哲学史家不全是从论述人与自然关系方面看待"天人合一"论，所以近来一些生态学家与生态史学家就不再使用"天人合一"这一术语，改用了"天地人合一"的术语，并阐释道："天地人合一"是古代生态系统思想的萌芽，"天地人合一"是人与自然和谐的大生态思想②。由此可见，在我国传统文化与古代哲学思想中，"天人合一"观并非专指人与自然环境或生态环境关系的术语，至少一部分哲学家持有这样的观点。然而，所有研治中国传统文化与古代哲学的学者都认为中国古代的圣贤哲人有许多关于人与自然环境或生态环境关系方面的论述，特别是其中一些论述人与自然环境或生态环境应和谐相处的论述，是构成中国传统文化的重要组成部分，也是中国传统文化的精华。它们不仅在古代即以赋有之理性与睿智发挥过积极的作用；而且对当今中国建设生态文明，乃至对全世界建设生态世界观，促进经济、社会可持续发展，仍然具有重要的具体的借鉴与指导作用，是值得我们努力加以深入发掘与大力弘扬的。关于这方面的诸多论述，前已述及已不宜沿用一些哲学家搬用我国哲学主干理念或主导原则之"天人合一"论来加以指代，那么采用"天人和谐论"这一术语来予以概括，则应是更为准确恰当，也更具有积极意义。

（二）人文初祖黄帝是天人和谐思想的首倡者

关于我国传统文化中包含的有关天人和谐论之内容，最早可追溯到黄帝时代。

轩辕黄帝是我们中华民族的人文初祖。我们今天奉祠他，主要当是因为：他针对当时"诸侯相侵伐，暴虐百姓"的混乱现象，"乃习用干戈，以征不享"，"天下有不顺者，黄帝从而征之，平者去之"；因而"诸

---

① 张世英《天人之际——中西哲学的困惑与选择》，人民出版社 1995 年版，第 14—16 页。
② 姜春云主编：《中国生态演变与治理方略》，中国农业出版社 2004 年版，第 11—12 页。

侯咸来宾从"。并"咸尊轩辕为天子，代神农氏，是为黄帝"。① 从而开启了中华民族绵延至今的长达五千年的文明史。而在黄帝的诸多功绩、诸多美德与诸多思想观念中，就有着朴素的与自然环境和谐相处的认识和实践。就在《史记》卷一《五帝本纪》中，史学家司马迁在首记黄帝的约 500 字的文字中，对此专门作了如下记述：

> 顺天地之纪，幽明之占，死生之说，存亡之难。时播百谷草木，淳化鸟兽虫蛾，旁罗日月星辰水波土石金玉，劳动心力耳目，节用水火材物。有土德之瑞，故号黄帝。

对上述记述，历代史家曾做了不少注释，当然，今天也还可参照古人解释作出新的阐述。其具体内容先不予细述，但其中述及黄帝遵从自然规律开展原始农牧业生产及节用水火材物珍惜自然资源的思想与实践却是昭然皎明的。

（三）天人和谐论的主要内涵

五千年来，黄帝所确立的以"顺天地之纪"与"节用水火材物"为主要内容的天人和谐的思想对中华民族的生息繁衍和社会文明的发展是始终发挥了积极的作用的。后世的哲人也在黄帝上述思想影响下对天人和谐论继续予以充实丰富，使其不断有所发展。例如，到西周与春秋战国时期，儒、道等学派中的一些代表人物均在这方面有所创建。主要体现在下列几点上：

1. 认为人与天地共生共处，故应和谐相处

如儒家学派的鼻祖孔子在其整理的六经之首的《周易》之《序卦》中就载明："有天地然后万物生焉"，"有天地然后有万物，有万物然后有男女……"在《周易·乾卦》中又载道："夫大人者，与天地合其德，与日月合其明，与四时合其序，与鬼神合其吉凶。先天而天弗违，后天而奉天时。"说明人生于天地之间，应顺应自然。道家创始人老子也说："有物混成，先天地生，寂兮寥兮，独立不改，周行而不殆，可以为天下

---

① 《史记》卷一《五帝本纪》。

母。吾不知其名，字之曰道，强为之名曰大。""道大，天大，地大，王
亦大。""人法地，地法天，天法道，道法自然。"① 道家另一代表人物庄
子说："天地与我并生，而万物与我为一。"② 道家上述论述，也是强调人
来自于自然，人与天地万物共生共处，因而人与自然应和谐统一，应遵
循自然界的法则。

2. 认为山、水、林、薮、土地为衣食之源，人生之本，积极主张予
以保护

如孔子在回答弟子子张问时曾说："夫山，草木生焉，鸟兽蕃焉，财
用殖焉，出云雨以通乎天地之间，阴阳和合，雨露之泽，万物以成，百
姓以食，此仁者之乐山者也。"③ 他在答另一弟子子贡提问时说："夫水
者，君子彼德焉。遍予而无私，似德；所及生者，似仁；其流卑下句倨
者皆循其理，似义；浅者流行，深者不测，似智；其处百仞之谷不疑
（移），似勇；绵弱而微达，似察；受恶不让，似包；蒙不清以人，鲜洁
以出，似善化；至量必平，似意；……是知者之所以乐水也。"④ 将山水
对人类之价值，包括物质的与精神的，充分而形象地揭示了出来。

又如，春秋初年早于孔子的齐国政治家管仲在论及山泽林木的重要
价值时就曾说："山林、菹泽、草莱者，薪蒸之所出，牺牲之所起也。故
使民求之，使民藉之，因此给之。"⑤ 基于此，他力主严加保护，强调要
"敬山泽林薮积草，天财之所出，以时禁发焉"。⑥ 甚至认为"为人君而
不能谨守山林菹泽草莱，不可以立为天下王"。⑦

也是这位管子，在论及土地对于人类的重要性时，说得极为明白透
彻。他一再说："夫民之所生，衣与食也；食之所生，水与土也。"⑧ "地
者，万物之本原，诸生之根菀也。"⑨ 因而他将土地提高到执政之根本的

---

① 《道德经》第二十五章。
② 《庄子·齐物论》。
③ 《尚书·大传》。
④ 《说苑·杂言》。
⑤ 《管子·轻重》。
⑥ 《管子·立政》。
⑦ 《管子·轻重》。
⑧ 《管子·禁藏》。
⑨ 《管子·水地》。

高度，强调"地者，政之本也"。① 因此，各级统治者都当对土地严格加以保护。

因上述思想使然，古代有"长民者"，甚至坚持要"不堕山，不崇薮，不防川，不窦泽"②，即不毁坏山岭，不淤填薮泽，不在河流上修堤坝，不排放沼泽中的水分。因为他们认为"山，土之聚也；薮，物之归也；川，气之导也；泽，水之钟也"③。也即认为，山岭是土壤聚集的地方，薮泽是百物繁殖的场所，河川可以畅通水流与调节气候，沼泽可汇聚水分，都有各自的作用。一旦违背了这些方策，就会造成可怕的后果。因而古之圣王唯此之慎。

3. 从世间万物生生不息之哲学观点出发，提出了对于自然资源养长采用以时的可持续发展之制度设计

儒家经典之一的《周易》即论道："天地之大德曰生"④；又论道："日新之谓盛德，生生之谓易"⑤。这都是揭明世界万物生生不息，世世不绝。而作为自然界组成部分的人类，也必须好生以德，顺应世界万物的生息规律，助其繁荣滋长。同样，道家也持有"天道生生"的观点，认为世间一切事物都是生生不已的。

正是基于上述观点，所以儒家另一个代表人物孟子就提出了带制度性的意见：不违农时，粮食就会食用不完。不许用编织得致密的鱼网进入洿池捕鱼，鱼鳖自然会吃不完。让持刀斧的樵夫按照时序进入山林采伐，木材也就会用不完。⑥

战国后期儒家学派的重要学者荀子又进一步发挥了孟子的上述观点，提出更全面更具体的制度性意见：

圣王之制也，草木荣华滋硕之时，则斧斤不入山林，不夭其

---

① 《管子·乘马》。
② 《国语·周语三》。
③ 同上。
④ 《周易·系辞下》。
⑤ 《周易·系辞上》。
⑥ 《孟子·梁惠王上》："不违农时，谷不可胜食也。数罟不入洿池，鱼鳖不可胜食也。斧斤以时入山林，材木不可胜用也。"

生，不绝其长。鼋鼍、鱼鳖、鳅鳝孕别之时，网罟、毒药不入泽，不夭其生，不绝其长也。春耕、夏耘、秋收、冬藏四者不失时，故五谷不绝而百姓有余食也；污池渊沼川泽，谨其时禁，故鱼鳖优多而百姓有余用也；斩伐养长不失其时，故山林不童而百姓有余材也。[①]

先秦时期，我国诸家学说，如儒家在主述礼乐与仁义，墨家在鼓吹兼爱，道家在倡导无为任情自然，法家在主张刑名法术的同时，都阐发了一些有关人与自然环境应和谐相处的观点和思想，并成为我国古代传统文化的重要组成部分，历秦汉隋唐宋元明清各代传承下来。后世虽又经西汉董仲舒、南宋程朱（程颢、程颐、朱熹）、明清之际的王顾（王阳明、顾炎武）等大儒的丰富发展，但基本内容仍为以上几个部分。这些内容在当时均体现了我国古代思想家的高度智慧，在当今也为我们建设生态文明提供了宝贵的精神财富。

二　我国历史时期生态环境演变史实昭示了当前建设生态文明的重要性与紧迫性

（一）历史时期我国生态环境出现的主要问题

我国古代以农立国，历代统治者与庶民，在治国与从事生产时，遵循前述圣贤的思想观点，敬畏天命，谨守农时，爱惜山川草木，甚至颁发律令，设置机构与官吏专门加以管理；与此同时，为了适应人口增长、社会发展以及增强抗御自然灾害的能力，也在治田与治山、治水方面创造了许多新技术、新方法。如在田制方面，先秦时期曾有平治水土、沟洫治理等措施；秦以后，在山区先后出现过区田、梯田，在平原低洼易积水处，出现过垸田、圩田[②]。这些治田措施，既提高了作物产量，也改善了农业生态环境，还推动了我国历史时期经济、社会的不断发展。然而，

---

① 《荀子·王制篇》。

② 参见辛树帜、蒋德麒主编《中国水土保持概论》，农业出版社1982年版，第12—16、23—29页。

在历史时期，也不断出现统治阶级为缓解人口过快增长的压力，解决贫苦百姓生计要求，采取弛山泽之禁，放任贫民垦荒扩种，甚至毁林毁草开荒等破坏生态环境现象；还有统治阶级为建造宫殿府邸，或因战争原因，肆意采伐林木，纵火焚烧森林草原等恶劣行径。结果导致了我国生态环境发生了多方面退化乃至恶化。其中最主要的有以下几方面：

1. 森林面积大幅度缩减

在我国人类历史发展的早期，即距今三四千年前的夏商周时期，我国不仅东部森林区原始森林广布，就是东北西部与西北北部之草原、荒漠区及青藏高原区，也分布有大面积的森林①。有学者通过研究，认为距今 4000 年至 2000 年，我国森林覆盖率曾达 46%—60%②。后经长时期的过度开垦与破坏，至 1949 年中华人民共和国成立之时，森林覆盖率已减至 5% 左右③。使许多林区变成光山秃岭，劫余之后的许多林区也林相残败。我国森林遭此严重毁坏，还造成其他一些生态环境问题的产生与加剧，其后果十分严重。

2. 山地丘陵区水土流失加剧

正是因为历史时期持续不断地滥伐森林、毁林毁草开荒、陡坡垦种，使我国广大山区丘陵区土地失去森林、草地的保护，导致水土流失日益严重。至新中国成立初期，水土流失面积已达 150 万平方公里，约占全国土地总面积的 1/6。④ 而水土流失实际影响地区更达到 240 万平方公里，占到全国总土地面积的 1/4。⑤ 不仅使山丘高原区每年流失约 50 亿吨肥沃土壤⑥，导致土地日益瘠薄，还使平原地区河流、湖泊被淤垫，农田、村舍遭受冲淤。灾祸异常剧烈。

3. 沙漠与沙漠化土地面积不断扩大

我国沙漠科学工作者通过考察研究，查明当代我国的沙漠与沙漠化

---

① 朱士光：《全新世中期中国天然植被分布概况》，载中国林学会林业史学会编《林史文集》第 1 辑，中国林业出版社 1990 年版。

② 姜春云主编：《中国生态演变与治理方略》，第 66 页。

③ 辛树帜、蒋德麟主编：《中国水土保持概论》，第 7 页。

④ 参见朱德在全国第二次水土保持会议上的报告，《人民日报》1957 年 12 月 19 日。

⑤ 参见苏联水土保持专家 M. H. 扎斯拉夫斯基报告汇编《中国的土壤侵蚀及其防治》，水利部农田水利局编印，1957 年 11 月。

⑥ 余谋昌：《生态哲学》，第 227 页。

土地共 149 万平方公里，占国土面积 15.5%。其中沙漠 116.2 万平方公里（含戈壁 56.9 万平方公里），沙漠化土地 32.8 万平方公里。[①] 内中有 12 个大沙漠分布于我国西北、华北之北部与东北西部地区。通过沙漠学家与历史地理学家的考察研究，普遍认为其中分布于贺兰山以西的塔克拉玛干沙漠、古尔班通古特沙漠、柴达木沙漠、库姆塔格沙漠、腾格里沙漠与巴丹吉林沙漠主要是地质时期由于自然因素而形成的。而分布于贺兰山以东之乌兰布和沙漠、库布其沙地、毛乌素沙地、浑善达克沙地、科尔沁沙地与呼伦贝尔沙地则是人类历史时期由自然因素与人为活动因素共同作用形成的沙漠。这六大沙漠与沙地总面积为 159080 平方公里。[②] 贺兰山以西的地质时期形成的沙漠，在人类历史时期，也在人为活动的作用下，有不同程度的蔓延扩大。至于陕西关中东部沙苑、豫东与皖北黄泛区以及海南岛西南部、福建省海滨之沙地，则更是人类历史时期形成的人造沙漠。也就是说，我国在人类历史时期，主要由于人为活动中之不当耕垦、放牧、樵采以及战乱破坏等，使我国沙漠面积扩大了至少 16 万平方公里，使大面积的草原与耕地沦为沙漠，一批村镇遭风沙侵袭变为废墟，如楼兰城、统万城等，还使沙尘暴与雨土等现象大为增加。

4. 大量湖泊萎缩消失

我国古代南方长江流域固然有许多广泽巨浸，如云梦泽、洞庭湖、彭蠡泽、鄱阳湖、震泽（又名具区，即今之太湖）等，然而北方黄河流域也存在不少大湖。如在下游即有大陆泽、巨野泽；中游有汾河上的昭余祁，渭河上的杨纡、焦获，无定河上的奢延泽；上游有屠申泽。甚至在西北内陆半干旱、干旱荒漠地区也有多个著名大泽。如河西走廊今民勤地区的休屠泽（唐时名白亭海）、阿拉善地区的居延海；还有柴达木盆地东缘的西海（又名仙海，即今青海湖）与塔里木盆地东部的蒲昌海（又名盐泽，即后之罗布泊）等。前述我国南方长江流域的古湖，由于自然与人为活动的原因，有的如云梦泽、彭蠡泽已消失；另一些则发生了盈缩变化。其中的洞庭湖，本为我国第一大淡水湖，唐宋时期，号称

---

① 朱震达等：《我国沙漠研究的历史回顾与若干问题》，《中国沙漠》1984 年第 2 期。
② 钟德才：《中国沙海动态演化》，甘肃文化出版社 1998 年版，第 118 页。

"八百里洞庭"，面积广达6000多平方公里；但至清末，则因长江泥沙淤积与人工围垦，萎缩不足3000平方公里，① 小于鄱阳湖，降为我国第二大淡水湖。而北方黄河流域的古代大湖，则主要由于人为活动（也有气候趋于干寒等自然因素的影响），上列各湖均已湮废；屠申泽、休屠泽也遭遇同样命运；蒲昌海、居延海与西海则程度不等地有所萎缩。众多大型湖泊的萎缩甚至淤填成陆，往往对区域水文环境、气候状况造成负面影响；西北干旱荒漠地区湖泊消失后，还给沙漠化提供地面沙源，容易形成新的沙漠。

5. 动植物种属减少

因为我国幅员广阔，西倚世界屋脊青藏高原，东邻浩瀚的太平洋，自北向南跨有亚寒带、温带、亚热带、热带等多个温度带，自东向西又跨有湿润带、半湿润带、半干旱带、干旱带等多个湿度带；加之地貌类型多样，结构复杂，导致我国动植物种类繁多。如动物中，仅陆栖脊椎动物就有2091种，约占世界总种数的10%；内中兽类为414种、鸟类1166种、爬行类315种、两栖类196种②。植物中，仅种子植物与蕨类就约有353科，3184属，27150种；仅次于马来西亚（约4.5万种）与巴西（约4万种），居世界第三位。③ 其中有不少珍稀品种与我国特有品种。为我们中华民族生存繁衍提供了必要的条件。但由于人类历史时期气候等自然要素的变化，特别是过度的采伐开垦狩猎捕杀，森林草原面积锐减，动植物之生态环境恶化，因而有许多动物种属，如扬子鳄、中国野象、大熊猫、野马、野驴、野骆驼、长臂猿、金丝猴、东北虎、华南虎、孔雀、鹦鹉等，其分布范围大为缩小；野生犀牛、高鼻羚羊与崖柏等动植物种属已经灭绝，麋鹿、白臀叶猴等珍稀动物已濒临灭绝④。我国历史上开始出现的动植物种属减少的现象，已威胁到生物多样性的安全，实

① 参见中国科学院《中国自然地理》编辑委员会：《中国自然地理·历史自然地理》，第86—109、123—131、145—152页。

② 中国科学院《中国自然地理》编辑委员会：《中国自然地理·总论》，科学出版社1985年版，第165页。

③ 《中国自然地理》编写组编：《中国自然地理》（第二版），高等教育出版社1984年版，第125页。

④ 文焕然等：《中国历史时期植物与动物变迁研究》，重庆出版社1995年版，第160—273页；姜春云主编：《中国生态演变与治理方略》，第147—148页。

际上也已威胁到我们民族的生存。

6. 自然灾害趋于频繁，灾害程度也趋于严重

前已述及的我国历史时期山地丘陵区水土流失加剧、沙漠化土地面积不断扩大等问题，实际上也是我国历史时期自然灾害不断增多增强的具体反映，当然更易引起大家关注的还有水旱灾害方面。

以黄河流域为例，根据史料统计，黄河下游决溢泛滥状况是：

西汉与东汉时期（前 206—220 年），426 年间共发生 15 次，平均约 28 年发生一次；

三国、魏、晋、南北朝与隋、唐、五代时期（220—960 年），640 年间共发生 38 次，平均约 17 年发生一次；

北宋、金、元时期（960—1368 年），408 年间共发生 121 次，平均 3.3 年发生一次；

明、清与民国时期（1368—1949 年），582 年间共发生 237 次，平均 2.5 年发生一次。[①]

从上列统计与计算的数据可清晰地看到，历史时期黄河下游洪水泛滥决堤造成洪涝灾害的次数与频率是呈不断增加的态势。

同样根据史籍记载的资料统计的黄河流域山西、河南两省从公元 100 年至 1800 年严重级以上的大旱次数分别是 254 次与 97 次。以公元 1200 年为界，之前的 11 个世纪中，平均每世纪发生严重旱灾分别是 6.2 次与 3.2 次；而之后的 6 个世纪中，平均每世纪发生严重旱灾次数分别达到 22.3 次和 8.9 次[②]。均有大幅增加。

南方长江流域历史时期水灾也同样日益严重。据史料统计与计算，长江中游水灾，唐代平均 18 年一次，宋元两代 6 年一次，明清时期 4 年一次，民国以来平均 2.5 年一次[③]。

正是越来越频繁剧烈的水旱灾害，向国人们一次又一次地发出了生态环境正不断恶化的警示。到清末、民国时期，已有不少有识之士提出

---

① 据黄河流域及西北片水旱灾害编委会编《黄河流域水旱灾害》（黄河水利出版社 1996 年版）第 59—61 页提供资料统计计算。

② 《黄河流域水旱灾害》，第 303—304 页。

③ 姜春云主编：《中国生态演变与治理方略》，第 148 页。

了培植森林、讲求水利、保持水土等保护环境的理念。

（二）中华人民共和国成立以来生态环境出现的新问题

中华人民共和国成立以来的半个多世纪里，虽然政府在绿化造林、兴修水利、保持水土、防风治沙等方面做了大量工作，也取得了一定的成效；但另一方面，由于指导方针出现偏颇，某些措施失当，边造林边毁林、边治理边破坏等现象长期相伴存在，未能根绝，以致生态环境恶化的趋势在某些方面依然存在。例如，森林覆盖率，新中国成立后虽有所增加，但现仍为世界上低森林覆盖率国家之一，人均森林面积只相当于世界人均水平的1/5。"八五"期间，尽管全国年均改良草地3900多万亩，而同期年均草地退化面积也达3000万亩。内蒙古自治区，在1960年有草原13.2亿亩，到21世纪初期可利用的草原仅5.8亿亩。与此相应的是，北方的沙漠化却呈现加剧势头。20世纪70年代，我国沙化土地面积平均每年扩展1560平方公里，80年代增加到2100平方公里，90年代末期更扩大到3436平方公里。到2003年，全国沙化土地面积已达174万平方公里，占到国土地面积的18%。沙漠面积的扩大，也助长了沙尘暴增多。据统计，20世纪50年代发生5次，60年代发生8次，70年代发生13次，80年代发生19次，90年代发生23次。进入21世纪仍是有增无减。而水土流失方面，据近期之遥感调查，我国水土流失面积达到367万平方公里，占国土面积的38.2%，即超过了国土面积的1/3，比新中国成立初期又有所扩大。黑龙江省由于新中国成立后之大规模农垦，水土流失面积达到11.2万平方公里，占全省土地总面积的1/4。天然湖泊、湿地，也由于新中国成立后的围垦继续萎缩减少。近几十年来，全国湖泊面积减少了1950万亩，平均每年约有20个湖泊消亡。黑龙江省的三江平原，自20世纪50年代以来，已有4500万亩湿地被垦为农田。洞庭湖面积现较50年前又缩小了近一半；而历史上著名的罗布泊、居延海等大型湖泊，先后于20世纪70年代、90年代初干涸，成为沙尘暴新的沙源地。生态环境的进一步恶化，必然威胁动植物之生命安全。我国3万种高等生物中约有3000种处于濒临灭绝状态；在高等植物中，濒危物种多达4000—5000种，占高等植物总数的15%—20%，高于世界平均水平。作为生态环境恶化趋势综合反映的重大旱涝灾害，在新中国成立以来的半个多世纪中也同样呈增加态势。根据国家统计局发布的资料统计，20 世纪 90 年代比 50 年代之年平均旱涝灾害之成灾面积有明显增加。长江流域，在 1954 年、1996 年、1998 年均发生了历史上罕见的全流域性的洪灾。① 黄河下游，1949—1990 年，共有 19 年发生洪水漫滩，给黄河下游南北之间 3956 平方公里的滩地区造成一定的经济损失与人畜伤亡。之外，又于 1958 年、1982 年发生大洪灾。而旱灾，自 1949 年以来，更是每年都有，其中以 1965 年、1972 年、1980 年旱情最为严重，又以 1960—1962 年之灾情最为惨重。②

更为甚者，新中国成立以来，随着人口剧增，现代工业持续发展，人为负面活动进一步加剧，又生发了一些新的生态环境恶化问题。如黄河下游断流自 1972 年首次出现以来，断流的频次、历时与河段长度均不断在增加；水资源短缺严重，全国 660 多座大中城市中，近 2/3 城市生活、生产用水紧缺；环境污染加剧，由于废水、废气、废渣数量增加，处理不善，甚至不作处理即排放出来，致使空气、水体与土壤遭受污染的状况不断加剧。

历史时期以及新中国成立以来我国生态环境不断恶化的史实，以及由于生态环境日趋恶化造成的种种奇灾怪病给国家人民造成的重大损失与危害，已一再昭示我们，当前建设生态文明已是我国十分重要而紧迫的一项任务。

三　建设生态文明，需要深入开展学术研究与宣传，更依赖于举国上下躬行实践

（一）生态文明是世界上一切文明的共同基础

正如当代一些有远见卓识的哲人所指出的：世界上一切文明的共同基础是生态文明。

在 2007 年 10 月中共第十七次全国代表大会上胡锦涛总书记所作的报告中，已郑重地将"建设生态文明"列为实现全面建成小康社会奋斗目

---

① 本段以上部分均据姜春云主编《中国生态演变与治理方略》，第 145—149 页。
② 《黄河流域水旱灾害》，第 63—71、275—288 页。

标的新要求之一；同时在报告的"深入贯彻科学发展观"部分，强调了"必须坚持全面协调可持续发展"，在"促进国民经济又好又快发展"部分，明确要求要"加强能源资源节约和生态环境保护，增强可持续发展能力"。这些带纲领性的内容，顺应了时代发展的潮流，抓住了当前我国经济建设、社会建设与思想文化建设的关键。很显然，在建设生态文明的统领下，坚持全面协调可持续发展方针，实施节约资源与保护环境的基本国策，依靠科技手段，建设资源节约型与环境友好型社会，使全国各族人民在良好的生态环境中生产生活安居乐业，实现经济社会永续发展，是实现全面建成小康社会奋斗目标的必须要求，是科学发展观的必不可少的组成部分，是促进国民经济又好又快发展的指导原则之一，也是弘扬中华文化建设中华民族共有精神家园的前提条件与重要内容。因而建设生态文明的确是我们中华民族当前一项历史性的重要任务，亟待我们努力予以推进。

（二）建设生态文明，首先需要开展深入的学术研究与广泛的宣传普及

在深入开展生态文明的学术研究方面，我们欣喜地看到已有一批国内外的先行者，包括我国从黄帝以来到当今的历代哲人与学者已在这方面为我们留下了颇为丰厚的遗产，值得我们加以总结与继承，而且还应在总结时继续挖掘，在继承时加以发展。就以我国改革开放近三十年之相关学术研究而论，受到在全球性生态危机冲击下产生的生态学思潮的影响，我国一大批学者，从哲学、生态学、环境科学、地理科学、历史地理学、城市科学，以致经济学、法学、伦理学、文艺学、美学等多门学科对我国的生态环境问题写出不少论著。其中有些是发出忧思悲鸣，以期引起国人警觉；也有些是为政府献策建言，以期促使执政者采行；当然也有偏重学理上的探讨，以期为后来人指明前行的路径。这一切当然都是有意义与价值的。但从建构"生态文明"学术思想体系而言，就显得不够系统、全面与完整。

为推进生态文明学术研究的全面、系统开展，初步认为可从三个学科层面加以致力。这三个层面的相关内容是：

基础理论层面，包括生态哲学、人类生态学、生态环境史学、生态美学等；

应用策略与技术层面，包括生态经济学、地球科学、环境科学、能源科学、水利科学、林业科学、生态法学、城市生态学、生态文艺学等；

生活伦理层面，包括生态伦理学、生态社会学、生态民俗学等。

以上只是生态文明学术理论研究的一个初步的框架。毋庸置疑的是，要推进关系到我们国家、民族兴衰存亡的生态文明建设，必须动员各有关学科积极投入。唯有这样，才能为建设生态文明从思想理论、发展战略、建设措施、生产技术、生活伦理、社会风俗等方面发挥其支撑、规范、指导作用。

至于对生态文明开展广泛的宣传普及工作，除利用多种新闻宣传媒体外，借助民间组织，结合民俗活动，也能取得很好的效果，也是值得重视的。

（三）建设生态文明，改善生态环境，既要政府进行科学决策，又要发挥市场经济体制的积极作用

我国生态环境，在经过历史时期长期人为活动不当的影响以及新中国成立以来某些决策失当的破坏之后，虽然问题多多，形势严峻，但都并非不治之症。例如，我国黄土高原地区，直到改革开放前期，还是"山是和尚头，沟里没水流；三年两头旱，十年九不收"的极端多灾穷困之区。水土流失之巨为全球之冠，不仅使高原上土壤贫瘠，农牧业生产十分落后，还危及黄河下游华北平原之生态安全。虽经新中国成立后近四十年开展水土保持进行治理，但成效并不明显。但经 1998 年国务院作出"退耕还林（草），封山绿化，个体承包，以粮代赈"的决定，地方政府认真贯彻落实后，不到十年时间，情况发生了根本性的变化。如陕西省延安市，到 2006 年年底，累计完成退耕还林 865.06 万亩，其中退耕地还林 502.38 万亩，荒山造林 359.68 万亩，封山育林 3 万亩。延安市辖的吴起县，通过退耕还林草与封山禁牧推行舍饲养畜，不仅使全县森林覆盖率由 1992 年的 13.2% 增加到 2006 年的 38.2%，生态环境大为改善；还使农、林、牧业都获得稳步的发展，农民收入增加，生产生活方式发

生很大变化；全社会生态意识普遍增强。① 又如内蒙古自治区鄂尔多斯高原西北部的库布其沙漠，虽经新中国成立以来数十年治理，十年前仍然是漫漫黄沙，满眼荒芜。但经内蒙古亿利资源集团自 1997 年以来在地方政府禁牧休牧，谁造谁有等政策的支持下，投入 4 亿元资金，实施"工业反哺农业，产业反哺治沙"的策略与"人工治理和大自然修复相结合"的治沙方针，不仅营造了长达 200 公里的保护黄河的护河林草带，治理沙漠 300 万亩，种植各类乔木 10 万亩，种植柠条、沙柳及优质牧草 200 万亩，种植、封育优质甘草 220 万亩，还建成了库布其沙漠公园，发展了甘草制药产业与沙漠旅游业，使当地牧民住进了牧民新村，既是企业的生态股民，又是生态产业工人，实现了安居乐业。② 从而使库布其沙漠之生态环境变化出现了转机，由十年前趋向恶化，转而向良性发展。

上述两件事例，在使人们深感鼓舞的同时，也向我们明示，在政府科学决策的主导下，运用改革开放以来实施的市场经济焕发的活力，通过长期坚持不懈的科学治理，是能够治理好我国多种生态环境恶化的顽疾，使我国广袤河山重新秀美，也从而为我们建设中华民族共有精神家园营造出可供我们民族生息繁衍的宜居乐园。

（四）建设生态文明要树立俭朴节约的生态伦理观与生活习俗

改革开放以来，随着近三十年经济快速发展，我国经济活动总量已跻身世界经济大国行列，一部分人已经富了起来，广大群众生活水平也有不同程度的提高。在这一形势下，社会上竟然浮泛起一股生活上竞相豪奢之风，一些大城市中也公然树起了"尽显帝王气派，享受贵族生活"的广告牌。有的地方，不顾我国人多地少之国情，占用城郊肥沃耕地建造花园别墅；有的人住宅面积大了还要大，轿车品质新锐了还要更新锐。这种生活方式，且不说它有悖我国主流传统文化之精神，就其本身而言也是不利于经济社会健康持续发展的。所以，当前我们要建设生态文明，

---

① 据陕西省林业厅 2008 年 2 月提供的书面资料。

② 据《光明日报》2008 年 1 月 29 日第 7 版所载《大漠十载，绿富同行——内蒙古亿利资源集团董事长王文彪带领职工十年治沙富民纪实》与 1 月 30 日第 3 版所载《沙漠从这里绿了——库布其沙漠采访记》。

也需从个人生活方式着手，牢记我们的人文初祖黄帝力行的"节用水火材物"与古代哲人倡导的"一粥一饭，当思来处不易；半丝半缕，恒念物力维艰"① 的古训，爱惜五谷，敬恤百物。自奉俭约，不逞淫欲。并在上述古圣先贤有关勤俭节约不暴殄天物等经典伦理思想的基础上，树立起符合现代生态文明的生态伦理观。

要培养既节约俭朴，又有利于自身健康，有利于资源持续利用与生态环境持续良性发展的生活方式，自当是全民的义务，但更需要政府率先垂范，领导干部以身作则。如是自上而下的倡导躬行，自必是风行草偃，淳然成风。生态文明的伦理思想，也必然会普及社会各阶层，惠及每个国民，也惠及整个国家和我们整个中华民族。

2008 年 3 月 10 日

（原文刊载于《陕西师范大学学报》（哲学社会科学版）2008 年第 4 期。该文后又收入陕西省公祭黄帝陵工作委员会办公室编《纪念人文初祖黄帝建设民族精神家园学术研讨会论文集选集》，陕西人民出版社 2008 年版）

---

① 《朱子家训》。

关于中国环境史研究几个问题之管见

最近一个时期，随着全球环境问题的日益突出以及中国改革开放以来，特别是进入 21 世纪后西部大开发与可持续发展战略的推行，各项建设工程蓬勃开展，环境保护工作也提到更加重要的地位，其与经济社会发展如何协调共进也得到举国上下政界、企业界及科技、学术等各界有识之士的广泛重视，并倾力进行调查、研究，以寻求在经济快速增长的同时，生态环境也能得到完善的保护与治理的最佳途径和方略，以促使中国早日建成小康社会。最近中央提出要树立科学发展观与建设节约型社会的战略构想，实际上也包含要更加注重节约自然资源、保护生态环境的内容。在这样一个大的发展形势下，中国史学界也更加关注环境史的研究，并聚焦于历史上环境与社会间互动关系及其影响之探析，这无疑既有重大的学术、理论价值，也对当前中国社会经济发展大有裨益之举。为了对促进当前环境史研究工作尽绵薄之力，谨对几个有关问题陈述刍荛之见。

一 关于中国环境史的渊源问题

任何一门学科的渊源问题，都是其学术发展史上的严肃而又重大的课题，中国环境史是如何萌生、发展的，自亦不能例外。近见北京大学历史系包茂宏教授在他撰写的《解释中国历史的新思维：环境史——评述伊懋可教授的新著〈象之退隐：中国环境史〉》一文的一条注释中论到："环境史作为一个分支学科或跨学科的研究领域是 20 世纪 60 年代在美国兴起的，大致上在 20 世纪 90 年代传入中国。"接着又写道："在此之前，中国已有非常丰富的历史地理学研究成果，其中也包括许多环境史的研究内容。"① 应该指出他关于中国历史地理学研究成果中包括环境史的研究内容的见解是完全正确的，而关于中国的环境史研究是 20 世纪90 年代由美国传入的论断却值得商榷。事实上，他的前述第一个论点就为辩驳他的第二个论点提供了充分的论据。中国历史地理学史展示，由于中国有着源远流长、成果丰硕的沿革地理学与古典历史地理学的长期发展与积累，所以到 30 年代，一批史学家与地学家在现代科技知识与学术思想的影响下，同时面对强邻虎视、国事危殆的局势，遂在以天下兴亡为己任的爱国热情的激励下，即在上述传统学科基础上，创立并形成了历史地理学这门新兴学科。他们一方面以新的学术观点，继续深化沿革地理学研究，另一方面则对历史上的自然环境变迁也开始进行超越前人的探究，在历史时期气候、物候、地貌、土壤、植被、动物、河流与湖泊变迁方面都推出了一批颇有深度的成果②。由此可见，历史地理学的兴起与发展，同时也孕育并催生了中国的环境史。迨到 50 年代，中国历史地理学发展进入了一个新的阶段。1962 年年初，北京大学侯仁之院士发表了《历史地理学刍议》一文，明确论定历史地理学的"主要研究对象是人类历史时期地理环境的变化，这种变化主要是由于人的活动和影响而产生的"。历史地理学的主要工作"不仅要'复原'过去时代的地理环境，而且还须寻找其发展演变的规律，阐明当前地理环境的形成和特点"。③ 该文总结了此前有关历史地理学理论研究的成果，建立起了颇为完整的基本理论和方法论。与此同时，谭其骧院士与史念海、陈桥驿教授等一批老、中、青学者，也在各自研究的领域做出了建树。特别是谭

---

① 《中国历史地理论丛》2004 年第 3 辑。

② 详见杜瑜、朱玲玲编《中国历史地理学论著索引（1900—1980）》（书目文献出版社1986 年版）第 232—270 页，"历史自然地理"部分。其中最具代表性的有：竺可桢：《中国历史时代之气候变迁》（朱炳海译），《国风》1933 年第 2 卷第 4 期；蒙文通讲，王树民记：《古代河域气候有如今江域说》，《禹贡》1934 年第 1 卷第 2 期；姚宝猷：《中国历史上气候变迁之另一研究》（指对象和鳄鱼产地变迁的考证），《史学专刊》1935 年第 1 卷第 1 期；程伯群：《中国北方沙漠之扩张》，《科学》1934 年第 18 卷第 6 期；顾颉刚：《说丘》，《禹贡》1934 年第 1 卷第 4 期；徐中舒：《殷人服象及象之南迁》，《史语所集刊》1930 年第 2 卷第 1 期；李素英：《大野泽的变迁》，《禹贡》1934 年第 1 卷第 9 期；黄文弼：《罗布淖尔水道之变迁》，《禹贡》1936 年第 5 卷第 2 期。

③ 《北京大学学报》（自然科学版）1962 年第 1 期。

其骧院士主编的《中国历史地图集》八大册①与谭其骧、史念海、陈桥驿汇总定稿的《中国自然地理·历史自然地理》②的先后出版，既体现了中国历史地理学界的整体实力，又标志着这门新兴学科已趋于成熟。而在历史自然地理多个分支领域所取得的令人瞩目的成果，也对史学界关注环境史的学者产生了积极的影响。这从一些主要研究农史、林史、水利史的专家也开始注重相应的环境变迁问题研究上可得到印证。因此，可以说改革开放以来中国环境史的兴盛，虽然也受到国外，当然包括英、美等国环境史学家们学术思想与研究方法的影响；但毋庸置疑，其渊源还在中国自身蕴涵丰厚的史学以及 30 年代兴起并发展成熟的历史地理学的激发。

二 关于环境史与历史地理学关系问题

从前一问题的论述已可明显地看出，环境史与历史地理学关系十分密切，但二者仍有明显的差别，是属性与研究内容都有一定区别的两门学科。因而我对伊懋可（Mark Elvin）教授所论历史地理学与环境史学"从原则上讲，二者之间没有明显的分界线。唯一的区分就是由不同的学术文化产生的界限"③难以认同。且不说历史地理学与环境史学被学界公认为分属地理学与历史学两大学科门类，也不说迄今关于环境史学的定义仍是众说纷纭，莫衷一是；即使说两门学科间有些理论观点与研究方法有共通之处，但因学科属性使然，彼此在研究的切入点与落脚点上均有所不同。概略地说，环境史是为解读历史提供新思维（见前引包茂宏《解释中国历史的新思维：环境史》），历史地理学则是为研究地理环境提供新视角。如再略加引申，则可认为，历史自然地理学是将人为活动作为一个重要的原因与营力，与自然要素自身变化规律结合起来，探明人类历史时期自然环境之变化历程及其复合型的演变规律。而环境史，按

---

① 该图集由地图出版社于 1982 年 10 月出版了第一、二、四、五、六、七册，后又于 1987 年 4 月出版了第八册，1990 年 2 月出版了第三册。

② 科学出版社 1982 年版。

③ 参见包茂宏《中国环境史研究：伊懋可教授访谈》，《中国历史地理论丛》2004 年第 1 辑，第 125—126 页。

笔者目前的认识则是以人类历史时期环境变化作为对照物，着重探讨经由人为活动造成的环境变化对社会、经济发展造成的影响。因而二者间区别是明显的。当然上述状况使这两门学科都具有警世资政的积极社会效应，互补互济的关系也是很明显的。

三 关于环境史理论建设问题

这是历史地理学与环境史学共同面临的重大问题。在中国相比较而言，历史地理学在基础理论建设方面起步早，已进行了相当的研讨。自侯仁之院士《历史地理学刍议》一文发表后，实际上已确定了人地关系说在历史地理学理论体系中的基础地位。近一段时间，笔者也不揣浅薄，做了一些探讨。1992 年为应本科之母校中山大学庆祝自然地理专业创办40 周年征文所需，撰写了《论历史自然地理学在当前地理学学科体系改造中的地位与作用》一文，在该文中提出了人类历史时期之人地关系是一个"多元复合双向制约体系"的新概念。并作了如下阐释：

> 人类历史时期之"人地关系"，实际上就是不断发展的人类社会活动与不断变化的自然地理环境之间的一个双向制约体系。当然，参加到这一体系中来的，不论是人类社会活动方面的，还是自然地理环境方面的，都有众多的要素，彼此交织，交相感应，形成一个复杂的体系。①

当然这一阐释还是很初步的。以后到 1997 年，为参加陕西师范大学与美国北衣阿华大学联合在西安举行的"环境保护与可持续发展国际学术会议"，笔者在提交会议的论文《制定并执行正确的政策是做好环境保护工作的基点——以中国黄土高原地区水土保持工作为例》中，就当今全球普遍面对的"环境与发展"难题，依据前述人地关系是一多元复合

---

① 该文之摘要先登载于中山大学出版社 1992 年 10 月出版之论文集《自然地理与环境研究》，全文则发表于华南师范大学历史地理研究室于 1994 年 7 月出版之《历史自然地理研究》第 1 辑。

双向制约系统的理论观点，拟定了一个环境与发展人地关系系统诸因素相互制约影响之模型图。即下图①：

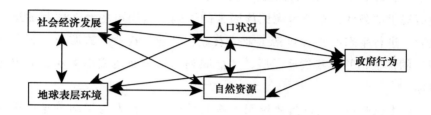

对上列模型，笔者论述了各因素间彼此相互影响制约的错综复杂的关系，并着重强调了政府行为的主导作用。

2003 年 12 月，笔者为参加由陕西师范大学西北历史环境与经济社会发展研究中心与北京大学孙中山思想国际研究中心、香港珠海书院亚洲研究中心、台湾政治大学国际关系研究中心联合举办的"西部大开发与环境保护国际学术研讨会"提交的《西部大开发中的生态环境制约作用与应对方略》一文中，笔者也为西部地区环境保护、经济发展与社会进步协调推进工作，依人地关系是一多元复合双向制约系统的理论观点，对人为活动方面设计出多元复合模型图。②

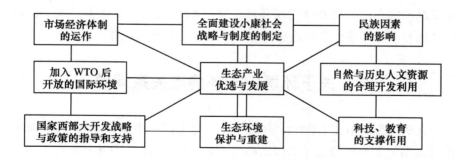

①　该文载于由笔者与 D·Vajpeyi 教授联合主编的《环境保护与可持续发展国际学术会议论文集》，陕西人民教育出版社 1997 年版，第 19 页。

②　载香港珠海书院亚洲研究中心胡春惠主任与台湾政治大学国际关系研究中心陈璋津教授主编《西部大开发与环境保护国际学术研讨会论文集》（列入台湾政治大学国际关系研究中心中文丛书系列 143），2004 年 12 月。

从上图中可以看到，只有政府将生态环境保护与重建置于基础地位，在国家西部大开发战略与政策的指导和支持下，在科技、教育事业的支撑下，合理利用本地区自然与历史人文资源及加入 WTO 后开放的国际环境所提供的条件，充分考虑民族因素的影响，运用市场经济体制的运作机制，进行生态产业（包括工业、农业、林业、牧业、旅游业、服务业等）的优选，并促其快速发展，才能顺利达到全面建成小康社会的宏伟目标。

以上仅是两个用以具体说明人地关系是一个在人为活动主导作用下多元复合双向制约系统的理论观点近年来有所深化并获得应用的实例。其内容本身不一定具有普遍适用性，然而其理论思想与方法确有借鉴意义与推广价值。

正如一些环境史学家所阐明的，"环境史研究人与社会和环境的相互作用的关系"（见前引包茂宏《解释中国历史的新思维：环境史》），所以环境史的理论基础也当是人地关系理论。所以环境史学家在研讨与创建学科理论体系时，也可以人地关系理论作基础，根据不同国家与区域以及不同历史时期和发展阶段的具体情况，深入分析与具体判定人和地两方面的相关要素，也可设定相应的各要素影响、制约模型，再逐一展开研究。这样，很可能会得到可说明具体地区具体历史时期人地关系实质状况的观点，从而充分达到环境史研究的目的。笔者认为，这或许是历史地理学与环境史学理论建设的一个可行而有效的途径。

四 关于环境史与环境志关系问题

在我国传统治史工作中，自司马迁在《史记》中撰成"八书"，班固在《汉书》纂修中设置十志以来的两千余年中，"志"因其具有更大的警世资政作用而一直受到重视；而且除在历代正史中有"志"外，在我国还涌现出大批地方志，不仅留存了大量史料，也直接丰富与推动了史学研究与纂著工作。因而治史离不了修志。

令人非常欣喜的是，在国家于 21 世纪初启动的一项宏大的文化工程——《清史》的纂修工作中，经总主编戴逸教授的倡议，在其典志部分设置了"生态环境志"，单独作为一卷，与其他 34 志并立。这无疑是我国史学典志编撰工作继《史记》八书与《汉书》十志之后在撰写体例与撰史思想上的一大创新。该志纂修工作自 2004 年夏季作为第二批委托项目，确定由笔者主持，与西南大学历史地理研究所所长蓝勇教授及笔者所在的陕西师范大学历史地理研究所史红帅博士三人共同承担这一任务。通过一年多的工作，我们除愈加认清撰写该志的必要性与重要性外，也深感难度甚大。幸有清史典志组几位负责的专家的指导、督促与支持以及许多相关专家学者的关心、帮助，我们继完成立项论证报告后，又五易其稿，改定了撰写大纲，拟订了编纂凡例，写出了近一万字的试写稿。现在继续迎难而上，遵循历史地理学与环境史学之人地关系理论，充分吸取当代生态科学的理念与成果，从人类活动（即社会经济领域中一些主要的较大规模的生产经营活动，也包括上层建筑中有关政策、制度）对生态环境造成的正面和负面影响入手，既注意有关生态环境之静态状况，更注重生态环境获得改善或导致恶化等动态变化，据实进行记述。以述明有清一代之生态环境主要特征及其变迁，并从中揭示其与清代经济社会发展及相关政策、制度间的关系。

为了更好地推动中国环境史研究工作，也为了更好地推进我国各地之环境保护工作，我们从《清史·生态环境志》的纂修工作中深切地感到，有必要倡议我国各级行政区域在修编各自的地方志时，增加"生态环境志"，将本辖区内整个历史时期或近现代的主要生态环境变迁状况据实记录下来。很明显，这样动态的生态环境志比现有的地方志设置的静态的自然地理志能更深刻地反映环境特点与人地关系实质，也更有利于当地的生产建设与经济社会发展。可以预期，通过一段时间的努力，在我国各级行政区域修编的地方志中补上了这一部分鲜活的内容，再加上一大批环境史学家与相关学科专家对我国环境史的专门性、区域性与断代性的深入研究，一部大家十分期待的规模宏大、体例完备、内容翔实、论析精准的《中国环境通史》就可积渐而至，应时而出。

2005 年 10 月 10 日

（原文刊载于《山西大学学报》（哲学社会科学版）2006 年第 3 期）

遵循"人地关系"理念,深入
开展生态环境史研究

一 中国环境史兴起之学术渊源与时代背景

20 世纪 90 年代以来,渊源于我国蕴涵丰厚的史学以及自 30 年代以来即已兴起并发展成熟的历史地理学,同时又受到国外,特别是美国与欧洲诸国环境史学家们学术思想与研究方法影响,我国环境史研究异军突起,蓬勃发展,迄今方兴未艾,且已成为 21 世纪之学术热点之一,并得到我国史学界,甚至相关之学术、科技界的高度关注;应该说这不仅有其学术意义,而且还有着直接的警世资政的现实意义。因为自 20 世纪中期以来,全球环境问题日益严峻,如气候变暖、高山冰川与极地冰盖消融、海水上升导致滨海地带与岛屿堡礁淹没、森林与草原遭到更大规模毁坏、农田大幅减少且土质更趋劣化、沙漠化土地扩大、动植物品种不断减少、不少河流干涸湖泊萎缩造成水资源匮乏、"三废"污染蔓延,等;不仅成为影响制约各国经济社会发展的重大障碍,而且有的甚至威胁到一些民族与国家的生存安全。可以说,当今正确认识并解决世界自有人类历史以来积渐形成的生态环境中的种种问题与危机,已是关乎保障经济社会持续健康发展与促成建设和谐社会的关键所在;因而对环境史,特别是对其中生态环境史的普遍关注与深入研究也就成为时代的需求与史家的责任。

二 "生态环境"之科学含意与
生态环境史之学科地位

人类的"环境"概念,自有史以来其具体范围就随着社会发展与科技进步不断有所扩展；而其具体内涵，也随着人类生产力与科技学术思想的发展在不断深化。历史时期由于人口的持续增加以及生产技术的进步，人们的生活与生产领域不断扩大，而人为活动已不仅只受周围环境的制约，同时其带给周围环境的影响也不断增强；因而人们与其周围环境，包括自然环境与人文环境互动关系也随着历史的演进而更为广泛与深刻。至现代，随着地理科学、环境科学与生态科学的发展，由它们有机结合而形成了"生态环境"这一新的科学观念。其含意是：由人或人类与其周围之自然要素（主要有大气、水、土壤、植物、动物等）及人文要素（主要有农田、牧场、村镇城市、道路等）组成的互动性复合型环境。由此可见研究生态环境与静态地孤立地研究自然环境、人文环境根本不同之处在于，它必须结合人类社会发展与人类政治、经济活动来研究其周围之环境演变问题，包括导致环境演变之原因与规律。因而对生态环境之研究是动态的、双向的，其中既包括主要由人为活动造成的生态环境正向的良性的变化，也包括主要由人为活动造成的负向的恶性的变化。正是因为生态环境是将人或人类纳入环境之中，将其作为一个有机的整体看待，因而能更深刻地从实质上揭示人类历史时期环境演变之特点、趋向及其机制、规律，也更有利于世界各国调整经济社会发展战略与规划，推进全球可持续发展。为此，除了生态环境问题成为环境科学界与地理科学界研究的重要领域之外，还由之衍生出人类生态学[①]、生态经济学[②]、生态哲学[③]等相关学科。也正是在上述全球性的经济社会发展与环境保护改善如何良性互动的现实需要以及相关科技学术领域新的发展趋向的策应下，不论是在我国源于先秦战国时期，兴起于 20 世纪30 年代并于 50 年代发展成熟的中国历史地理学，还是 90 年代在美国环境史传入中国后立足于中国历史地理学基础上兴起的中国环境史学，其主流部分都是将"生态环境"作为研究对象，并推出了一批有影响的论著。因此，今后之环境史学，在其学科框架中，也当以生态环境史作为

---

① 参见王如松《自然科学与社会科学的桥梁——人类生态学研究进展》，载《中国生态学发展战略研究》，中国经济出版社 1991 年版，第 405—444 页。

② 参见 [美] 莱斯特·R·布朗著：《生态经济——有利于地球的经济构想》，林自新、戢守志等译，东方出版社 2002 年版。

③ 参见余谋昌《生态哲学》。

主要分支学科之一；并在其学术实践中，以之作为重点研究内容积极加以推进。

三 生态环境史研究的主要内容

回顾人类历史时期，不论中外，在长达两三百万年的旧石器时代，先民们的生存繁衍，时时处处都依赖周围之环境。然而因处于人类的初始发展阶段，主要从事渔猎采集活动，所以对周围环境影响甚微。但在进入距今约 1 万年前之新石器时代，由于先民开始从事原始农牧业生产与制陶等手工业活动，因而也开始对周围环境有了较明显的影响。自那以来，特别是在距今五千年前后，世界上许多地区先后迈入文明之门槛建立国家之后，在人口不断增加与生产技术持续发展的驱策下，人类拓殖的区域范围不断扩大，开发经营的程度不断加深，导致生态环境发生之变迁也更加明显。而在人类历史时期多种多样的人类活动中，与生态环境变化关系密切，所造成的生态环境变化范围广、程度深，对人类社会经济发展影响大的，主要有下列几种：

——农业垦殖与农业技术发展；

——牧业生产方式及其技术发展；

——治理江河，修建运河，兴修海塘及农田水利工程建设；

——砍伐森林与林特产经营；

——城镇与交通道路建设以及手工业、矿冶业发展；

——外敌入侵与内部动乱等军事活动；

——与上述活动直接关联的中央朝廷和地方官府之制度、政策以及相关士人的学术见解、民间的乡规民约。

受上述几方面人类活动影响所导致的人类历史时期生态环境之变化，即为生态环境史研究的主要内容。它们是：

（1）农业生态环境史。主要包括农业垦殖区域扩缩、农田水利工程导致的田制变化、土壤肥瘠变化、农作物类型变化等。

（2）森林生态环境史。主要包括天然森林、灌丛与人工林等之分布与生长状况变化以及上述变化所造成的相关生态环境要素变化。

（3）水生态环境史。主要包括江河溪涧之径流量、泥沙量、水质与湖泊沼泽之蓄水量、水质以及地下水、泉水之涌水量等水文状况变化,还包括河道改徙与湖沼盈缩之变化。

（4）海滨生态环境史。主要包括海岸线分布状况、滨海地区地形与地物以及近海潮汐量、海水质量等的变化。

（5）沙漠及其邻近地区生态环境史。主要包括沙漠、沙漠化土地分布及风沙、沙尘暴活动状况及其变化。

（6）野生动物生态环境史。主要包括野生动物种属、数量及其分布状况之变化。

（7）城镇与工矿区生态环境史。主要包括城镇与工矿业集中地区植被、地形、水文与空气之状况及其变化。

此外,导致重大灾疫发生,并影响经济、社会发展之一定区域内气候寒暖干湿变化及异常气象现象之变化状况也可纳入生态环境史研究范畴。

以上是就生态环境史研究内容概括的几个主要方面。当然就上述几个主要研究内容进行研究时,在时段上可以是贯通整个人类历史时期的,即长时段的;也可以是断代之中时段或短时段的。在空间地域范围上,可以是涵盖全国的,也可以是某个小区域的。

四 生态环境史研究之基本理论问题

尽管美国与欧洲、澳洲一些国家之环境史学是 20 世纪 60 年代以后才兴起,其学科理论等问题尚在探索之中;但因中国环境史学,究其实是从历史地理学中脱胎出来,因而作为中国历史地理学理论基础的"人地关系"理念,自亦可作为中国环境史,特别是其中之生态环境史研究的基本理论。当然环境史作为一门跨越地理科学、环境科学、生态学与历史学的学科,对于前述几门学科的一些相关理论观点也当加以遵循,以共同指导环境史研究工作深入开展。然而,对于生态环境史研究而言,人地关系理念,无疑应作为其学科理论之基础与核心内容。

关于"人地关系"理念,在中国历史地理学界最早是侯仁之院士对之进行了明确的阐述。他在 1962 年年初发表于《北京大学学报》（自然科学版）第 1 期上的《历史地理学刍议》一文中即指出:"人类的生活环境,经常在变化中,而不是一成不变的";"这种变化主要是由于人的活动和影响而产生的";"研究在历史时期主要由于人的活动而产生或影响的一切地理变化,这就是今日所理解的历史地理学的主要课题"。1992 年笔者也曾就"人地关系"理念作了进一步的引申,提出了人类历史时期之人地关系是一"多元复合双向制约体系"的见解;并阐释道:人类历史时期之"人地关系",实际上就是不断发展的人类社会活动与不断变化的地理环境之间的一个双向制约体系。因为,参加到这一体系中来的,不论是人类社会活动方面的,还是地理环境方面的,都有众多的要素,彼此交织,相互影响,形成一个复合的体系。[①]

很显然,依循"人地关系"理念以及将之具体化作是一"多元复合双向制约体系"的见解,对于深入研究生态环境史的相关课题都会有所助益。例如,我们要研究一个地区某一人类历史时期野生动物生态环境史,首先当然要复原这一历史时期该地区野生动物种属、数量与分布范围之变化;接着在分析导致上述变化之原因时,既要探寻大的气候变化背景对该地区森林、草原等自然植被与水资源等造成的影响;也要考虑当地居民进行农牧业、林业与林特产业、狩猎业、商贸业以及人口、城镇、交通等之变化状况,还要注重该地官府与民间的相关政令及规约,并落脚到这些人为活动对野生动物生境之影响上。只有将上述多元要素相关内容汇集起来,置于一个体系内,逐一研究相互制约、影响的具体状况,然后再进行综合研究,方可对该地区在某一人类历史时期野生动物生态环境史作出全面而又深入的论述,获得有价值的研究成果。我们也只有以"人地关系"理念作为生态环境史研究之基本理论,进行严谨周密的研究,才能在推进实证性个案研究的同时,不断充实丰富生态环境史之理论体系。

五 倡议在新修地方史志中增加 生态环境史志内容

我国有着悠久的修撰地方史志之学术传统,作为正史之重要补充,

---

① 详见拙文《论历史自然地理在当前地理学学科体系改造中的地位与作用》,《历史自然地理研究》1994 年第 1 期,第 17—22 页。

在存史资政方面发挥了积极的作用。新中国成立后,主要在改革开放后,继承了这一优良传统,开展了数轮新修地方史志工作,取得了丰硕的成果。但检视此前已修成出版之各级地方志,均未见有生态环境志之篇章,大多仍沿袭旧志体例,设置自然地理篇(志)、自然环境篇(志)、地理环境篇(志),这当然也都是需要的。但鉴于上述篇(志)的内容,多为罗列当代之自然地理各要素的静态内容,没有涉及各地理要素之变化状况及与当地居民经济社会活动之相互影响关系,因而其存史资政之功效就相对显得不足。为了适应当前各级政府落实中央科学发展观,推进地方经济建设健康持续发展并与生态环境良性互动工作的需要,也为了更广泛地推动中国环境史研究工作的开展,笔者曾于2006年在所撰写的《关于中国环境史研究几个问题之管见》[①] 一文中,倡议我国各级行政区域在修编各自的地方志时,仿效国家清史编纂委员会在新修《清史》中设置《生态环境志》的创新性举措,也增设生态环境篇(志),将本辖区内整个历史时期或近现代主要的生态环境变迁状况据实记录下来,集中加以撰写。现正值我国各级政区正开展新一轮地方志修编之际,特再次提出这一倡议,以期引起各级地方史志撰修领导部门与环境史学家们的广泛注意,并能得到切实践行。而如果能获得我国特有的遍及中华大地各个行政区域的地方史志专家的积极响应,普遍修撰辖区内之生态环境志,必将对我国环境史研究工作产生举世罕有的助推效应,从而使中国环境史之研究工作步入世界的前列。

（原文刊载于《历史研究》2010年第1期）

---

① 该文载《山西大学学报》（哲学社会科学版）2006年第3期。

初论历史地理学的
时空观念及其学术意义

  历史地理学作为一门近代新兴的学科，关于其学科性质、研究对象与任务以及功用，50 年前其创建者之一的侯仁之教授就曾明确地阐述道："历史地理学是现代地理学的一个组成部分，其主要研究对象是人类历史时期地理环境的变化，这种变化主要是由于人的活动和影响而产生的。历史地理学的主要工作，不仅要'复原'过去时代的地理环境，而且还须寻找其发展演变的规律，阐明当前地理环境的形成和特点。这一研究对当前地理科学的进一步发展，有很大的关系；同时也直接有助于当前的经济建设。"① 为了给上述见解提供理论支持，侯先生还特地引述了恩格斯在《自然辩证法》一书中的一段经典性论述："如果地球是某种逐渐生成的东西，那么它现在的地质的、地理的、气候的状况，它的植物和动物，也一定是某种逐渐生成的东西，它一定不仅有在空间中互相邻近的历史，而且还有在时间上前后相继的历史。如果立即沿着这个方向坚决地继续研究下去，那么自然科学现在就会进步得多。"② 在前述理论思想启迪下，笔者经过近半个世纪的学习与实践，对历史地理学概括为是具有"时空交织，人地关联，文理兼容，古今贯通"四大特性的学科。在这四大特性中，又尤以"时空交织"最为值得注重。

  历史地理学本为地理学的一个组成部分，而地理学又是一门研究地球表面地理环境之区域分异规律，即各地理要素之组成结构与区域分布特点及其变化规律的现代科学，因而地理学本身就有着明确而又浓厚的

---

 ① 引自《历史地理学刍议》，《北京大学学报》（自然科学版）1962 年第 1 期。

 ② 恩格斯：《自然辩证法》，人民出版社 1955 年版，第 9 页。

空间观点。就时间观点而言，地理学也强调地理环境的变化。如其主要
分支学科之一的自然地理学，在论及地球表面的自然地带性时，也认为
它们"处在不断变化之中"，"都有其自己的历史和年龄"；同时还具体举
例论及"如赤道地区的热带雨林带早在第三纪以前就已经形成了；而北
极地区的苔原植被带则非常年幼，在它现在分布的范围内仅出现在晚更
新世末次冰期以后"。① 上述时间尺度与历史学等学科研究中的时间尺度
相比，显然是超长时段的；远远超出了人类历史时期，属于地质时期范
畴。然而对于同样作为地理学分支学科之一的历史地理学，在时间尺度
的确立方面，则既有贯通整个人类历史时期之长时段，又有包括几个朝
代之中时段与仅涉及某一朝代前、中、后期之短时段；甚至在利用史籍
文献资料揭示某一区域某一地理要素之变化时，时间分辨率与精详程度
可达致年、月、日，达到了运用时间尺度进行研究论述的极致。当然在
空间视域上，历史地理学就如同地理学其他分支学科一样，将区域理念
作为研究工作的出发点与落脚点，而且还对区域划分出多种类型与多个
层次，确立了区域空间的类型与层次理念。如在类型上，除自然区域类
型与人文区域类型外，近年来，城镇作为一种特殊的地理区域，其空间
组织特点与规律性也成为地理学的分支学科——城市地理学的主要研究
对象之一。② 而作为历史地理学分支学科之一的历史城市地理学，不仅针
对城镇空间组织之特点，而且还针对它的历史变迁展开研究，对其形成
与变化规律揭示则更为深透。关于区域之层次，历史地理学除根据自然
地域分异规律划分出自然区域的层次与根据人文地域分异规律划分出人
文区域的层次（历代政区设置及沿革即为其主要内容之一）之外，在有
些研究领域，还往往将二者结合起来，综合划分区域及其层次。如近年
来一些研究历史文化地理与历史社会地理的论著就在这方面作出了有益
的探索。

　　总之，正是历史地理学在其研究工作中，遵循并践行"时空交织"
的原则，同时在论述所研究的地理环境（包括自然地理环境与人文地理
环境）在历史时期之变迁时，注重具体揭示其所受社会人为活动影响状

---

① 黄秉维等著：《现代自然地理》，科学出版社 1999 年版，第 33 页。
② 参见周一星《城市地理学》，商务印书馆 1997 年版，第 8—9 页。

况，为此既采用历史学的史籍文献考证方法，也采取现代自然科学的理论与技术手段，并紧密结合当今之现实问题，达到为世所用的治学目的；所以既使研究工作臻于精深，又能充分体现其现实意义与作用，从而更促进了学科的不断发展。由于侯仁之教授早年即睿识于此，所以在前引之《历史地理学刍议》一文中，就曾一再明确强调，历史地理学研究"对当前地理科学的进一步发展，有极大关系"，"其有助于现代地理学的发展，是可以断言的"。

事实上，历史地理学所奉行的"时空交织"的治学理念，不仅对整个地理学，而且对多门人文社会科学都有重要的学术理论上的意义。因为，就我们人类文明的成长而言，空间无疑是其载体，而时间则是其发展演变之轨迹。地球上自人类出现以来，时间依序是逝者如斯，不舍昼夜；空间环境也不断发生变化，但因普遍打上了人为活动的印迹，因而为当今一些人文社会科学研究相关问题之历史演变提供了研究线索与作出科学论断的依据。而这些学科在追索历史演变的同时，为推进学科深入发展，也逐步自觉地开展空间分区的思考与探索。例如，考古学我国著名考古学家夏鼐、王仲殊先生，在指明它"是历史科学的重要组成部分"后，即对其定义为："考古学是根据古代人类通过各种活动遗留下来的实物以研究人类古代社会历史的一门学科。"[1] 我国近代考古学产生于20世纪20年代。之后，由于有的考古学家认识到考古学研究的最终目的不限于对古代遗迹、遗物的描述和分类，也不限于鉴定遗迹、遗物的年代和判明它们的用途与制造方法，而在于揭示论证人类社会发展规律，同时还要探求各地区、各民族在历史发展过程中所表现出来的差异以及造成这些差异的原因，所以日益重视考古学文化区、系、类型问题的研究。如另一著名考古学家苏秉琦教授就十分重视考古学文化的区、系、类型问题，认为研究它们是我国考古学，特别是新石器时代考古学的一项基本任务。他从20世纪70年代初起即对我国境内之新石器时代考古学文化分区问题开始进行思索；后于80年代初在所发表的《关于考古学文化的区系类型问题》[2] 一文中，提出了我国境内新石器时代考古学主要有

---

[1]　《中国大百科全书·考古学》之"考古学"，中国大百科全书出版社1986年版。

[2]　《文物》1981年第5期。

六个大区的学术思想。这六个大区是：①陕豫晋邻境地区；②山东及邻省一部分地区；③湖北和邻近地区；④长江下游地区；⑤以鄱阳湖—珠江三角洲为中轴的南方地区；⑥以长城地带为重心的北方地区。每个大区下又被划分为若干低一级的区域。上述新石器时代考古学文化分区为我国新石器时代考古学之深化发展打下了良好的基础。正如苏秉琦先生的高足俞伟超、张忠培教授在为《苏秉琦考古学论述选集》（文物出版社1984年版）所写的《编后记》中所指出的，这既是苏秉琦先生几十年来运用类型学方法研究新石器时代各种考古遗存后的一大贡献，也是我国考古研究深入到一定程度的必然产物。

以上是仅以考古学为例所作的论述。实际上时间与空间观念，特别是时空交织的理念，已成为当今人类认识世界的重要途径，也是哲学的一个基本问题；因而人文社会科学中之社会学、政治学、法学、经济学、人类学、民族学、人口学、宗教学、文化学、语言学等，也都有类似的问题与需求。由此可知，在人文社会科学研究中，加深对时间与空间观念的认识，重视时间与空间理念之运用，对丰富学科研究内涵与发展学科理论，进而对人类文明成长的全面深入的认识与把握，均有着重大的意义与作用，值得学界同仁深思！

（与之观点一致且内容相近的一文《历史地理学中的"时空交织"观念》，曾刊于《中国社会科学报》2013年2月20日 A05 历史学版）

论历史地理学的学科交叉性
及其学术价值

　　历史地理学，作为我国一门新兴的现代学科，自 20 世纪 30 年代初创之后，历经 50 年代初新中国成立后之正式形成与 80 年代初改革开放以来之蓬勃发展，迨至新的世纪里，已成长为一门在其多个分支领域均取得一批研究成果，并对一些相关学科产生了促进作用，还在国家经济建设与文化建设中发挥了积极效应的显学。历史地理学之所以能在不到一个世纪的时间里快速而顺利地成长，成为已牢固地扎根于我国学术园地里的新葩，固然有多种原因，其中包括我国悠久历史中蕴含的与历史地理学研究相关的朴素的学术思想观念以及古人留下的丰富的史籍资料，经过长时期历史积累至近现代又进一步凸显加剧的多种环境变迁问题，学科的开创者顾颉刚、谭其骧以及侯仁之、史念海等前辈学者大力倡导并带动一批批后来者积极践行的对我国自最早成书的舆地学典籍——《禹贡》问世以来，在两千多年漫长历史时期形成的舆地学优秀学术传统的认真传承与锐意创新，近现代时期世界政治、军事格局的剧烈博弈的触动以及国内经济、文化建设工作的渴求等；然而也应看到，历史地理学自身具有十分显明的学科交叉性，也起了相当大的推挽作用。因本文篇幅所限，仅就最后一点，即历史地理学的学科交叉性之形成原因、所具特点及其学术价值，进行初步论析，并请相关专家批评补正。

一　从历史地理学学科属性争鸣中
折射出的学科交叉性

　　历史地理学的学科属性，这门新兴学科创立者之一的侯仁之院士在

20 世纪 60 年代初发表的那篇著名的《历史地理学刍议》① 中开宗明义即指明："历史地理学是现代地理学的一个组成部分。"接着又阐释历史地理学之所以是现代地理学的一个组成部分，其理由或依据，盖因"其主要研究对象是人类历史时期地理环境的变化"，"历史地理学的主要工作，不仅要'复原'过去时代的地理环境，而且还须寻找其发展演变的规律，阐明当前地理环境的形成和特点"。由学科之研究对象确定其学科属性，这是学界之常理与通则，其正确性是不言而喻的；也正因如此，我国历史地理学另两位创立者，谭其骧院士与史念海教授也始终秉持这一观点。例如，谭其骧先生曾明确宣示："历史地理学就其学科性质而言，它是一门地理科学，是地理学的一个组成部分。"② 史念海先生也在他撰著的《中国历史地理纲要》③ 一书之"绪论"一章中列专目论述"中国历史地理学为地理学的组成部分"。他们的上述见解已成为中国历史地理学界的共识，且为国内地理学界所认同。所以在 20 世纪 50 年代后期，中国科学院地理研究所就设立了历史地理研究室。侯仁之院士作为历史地理学家被选任为中国地理学会副理事长，并出任"文革"后建立的中国地理学会历史地理专业委员会首位主任，谭其骧与史念海先生为首批副主任。此一学术组织一直延续至今，引领着全国性的学术研讨与交流活动。

　　与上述见解同时存在的另一种见解则是，历史地理学虽然是地理学的一个组成部分，但又与历史学有着密切的关系。如侯仁之先生在《历史地理学刍议》一文中，在否定了历史地理学与在我国历史学领域有着漫长的发展历程，且为我国历史学重要组成部分的沿革地理学"完全等同"这一学术观点后，也如实地指出两者间"确有密切的关系"，历史地理学者，由于研究对象与任务使然，"必须具备一定的历史学的训练，熟悉有关的历史资料和文献，并能运用一定的历史方法"。史念海先生更是在他撰著的《中国历史地理纲要》之"绪论"一章中，继"中国历史地理学为地理学的组成部分"专目后，又设有"中国历史地理学为历史学

　　① 该文载《北京大学学报》（自然科学版）1962 年第 1 期。

　　② 谭其骧：《在历史地理研究中如何正确对待历史文献资料》，《学术月刊》1982 年第 11 期。

　　③ 该书有上、下两册，由山西人民出版社于 1991 年 12 月、1992 年 5 月先后出版。

的辅助学科"专目，对这一问题作了更为具体的论述。他写道："中国历史地理学是在沿革地理学的基础上发展起来的，其肇始远在班固撰著《汉书·地理志》的时候。从那时起，这门学科就是属于历史学范畴的学科。因为自那时以后，所有的有关地理学的著作都是属于历史学的范畴，沿革地理学也未能单独成为例外了。"接着他笔锋一转论述道："由沿革地理学发展到中国历史地理学，也就是由历史学的范畴转变到属于地理学的范畴。这当然是很大的转变。经过这样的转变，中国历史地理学是不是就和历史学没有什么关系？实际上并非如此。中国历史地理学既是研究历史时期的地理，就不能截然和历史学无关，尤其是历史时期的文献记载更是不能须臾稍稍离开的。"在论述了"中国历史地理学固然不能离开历史学"后，史念海先生又举例论述了"历史学也是离不开中国历史地理学的"。由此他得出下述结论："正是由于这样的关系，中国历史地理学虽已属于地理学的范畴，但作为历史学的辅助学科，还是有一定的道理的。"

对上述侯仁之、史念海先生，也包括谭其骧先生就中国历史地理学与地理学、历史学关系所作的一系列学理上的论述，我国历史地理学界几代学人都能充分理解，心悦诚服地接受；以致当改革开放后，国家有关行政部门将历史地理学列为历史学的二级学科时，虽有部分历史地理学者深不以为然；但大多数学者都能认为事出有因，可以理解，因而做到泰然处之。既不陷入管理层面上学科归属之争，同时又坚持按照历史地理学本应属之的学科理念开展学术研究。特别是在这一过程中，历史地理学界的大多数同仁都力排所谓"边缘学科"属性的观念。史念海先生曾断然论及，对中国历史地理学，"不应以它的名称是历史地理，就以为属于历史学的边缘，同时也属于地理学的边缘"。[1] 然而我们也注意到，尽管历史地理学界早已摒弃了历史地理学是边缘学科的见解，然而不时仍有相关学科之学者仍将历史地理学归属于"边缘学科"。进而还认为历史地理学者"更愿意将自己的研究归属于自然科学而不是人文社会科

---

[1] 详见史念海《中国历史地理纲要》上册，第一章"绪论"之八"中国历史地理学并非边缘科学"。

学"。① 这种评论实际上是对历史地理学之学科属性缺乏深入认识所致。至于还有的相关学科学者，以某些历史地理学者在研究工作中采用了生态学等相关学科的理论与方法，就断言他们的研究"与传统历史地理学研究大异其趣"。② 这显然是这些学者未能正确认识历史地理学在发展过程中一些学者不断吸收采纳相关学科之理论与方法，从而促进了历史地理学获得新的更为强劲的发展这一传承创新精神所带来的积极效果。

总之，我们在回顾中国历史地理学学科属性之探讨与争鸣过程中，既看到许多历史地理学者对之作出的明确而又有据的论定，也看到迄今还存在的认识上的歧见与管理上的不到位。然而从中也折射出历史地理学与地理学、历史学、考古学、生态学、环境科学等众多学科之交叉性。

二　历史地理学研究对象的复杂性与研究任务的多样性造就其学科交叉性

当今世界，人文社会科学与自然科学研究工作，其发展历程与前景均显示出在学科越分越细的同时，也出现一些研究课题需要多个相关学科协同攻关方能获得解决的现象。这其中，一些具有明显交叉性的学科自当发挥其更为突出的作用，也就格外引人注目。前已述及历史地理学就是这样一门学科。而其之所以具有鲜明的学科交叉性，主要还是源于其研究对象的复杂性与研究任务的多样性。

历史地理学之研究对象，侯仁之先生等学科创建者们早已揭明："主要是人类历史时期地理环境的变化"，而且"这种变化主要是由于人的活动和影响而产生的"。③ 这里所指的地理环境，既包括气候、地貌、江河湖海、植被、动物等自然地理环境，也包括政治（国别、政区）、民族、人口、经济（农业、牧业、林业、工业、矿冶、交通、商贸）、城镇、军事、文化等人文地理环境。同时在对它们进行研究时，是要探明上述种

① 参见夏明方《中国灾害史研究的非人文化倾向》，《史学月刊》2004 年第 3 期。
② 参见王利华《中国生态史学的思想框架和研究理路》，《南开学报》2006 年第 2 期。
③ 侯仁之：《历史地理学刍议》，《北京大学学报》（自然科学版），1962 年第 1 期。

种地理环境在自新石器时代以来迄至当今之这一人类历史时期主要在人为活动导致下所发生的变化。很显然，在人类历史时期不同发展阶段，或不同长度的时段（即包括整个人类历史时期的长时段、只包括某几个发展阶段的中时段以及仅涉及某一王朝之某一期间的短时段），在不同的人为活动（如政治、经济、军事、文化活动等）影响下发生的环境变迁，其变化性质与程度以及其后果都是不同的。这一研究对象的多种多样又错综复杂的状况，要求历史地理学者需要针对不同的具体的研究问题，遵循相关的学理原则，采取相应的方法、手段，才能进行有效的研究，取得有实际价值的研究成果。因而历史地理学必须具有充分的交叉性，才能胜任由于研究对象的极其复杂提出的不同课题的研究任务。例如，为了研究论明内蒙古鄂尔多斯高原与陕北黄土高原上之毛乌素沙地的形成年代以及原因问题，承担这一研究课题的历史地理学者除要通过历史学研究方法，把握这一区域历史上相关民族进退与人口分布、历代王朝和有关政权攻守统治以及生产活动方式等状况外，还应具有现代沙漠学的一定科学素养，掌握该沙地沙丘活动规律与沙砾物质之来源。侯仁之院士于 20 世纪 60 年代初率领历史地理考察小组前往毛乌素沙地进行实地考察，在对今陕北靖边县北部红柳河北岸建于公元 413 年之十六国时期夏国都城统万城废墟作了考察后，结合夏国首位国王赫连勃勃在汉奢延县城旧址上改建为都城统万城之初，曾登高远望，纵情赞叹："美哉斯阜，临广泽而带清流，吾行地多矣，未有若斯之美"，论定公元 5 世纪初，统万城附近区域没有流沙踪影。通过进一步查证史料，他判断当地遭风沙侵袭应始于公元 9 世纪初的唐长庆年间（821—824），至 10 世纪末叶，《续资治通鉴长编》明文记载当地已"深在沙漠"。[①] 这就是说，侯仁之先生认为毛乌素沙地南部统万城遗址一带是南北朝之后，至唐代经人为不当垦殖引发就地起沙而逐渐沦为沙漠。然而有学者引证北魏时著名学者郦道元所著《水经注》卷三中记载之奢延水（今无定河）其上游出自"赤沙阜"，所经有"沙陵""沙溪"等，就断言北魏时统万城一带就有沙丘，已出现沙漠。实际上，从沙漠学所论定的沙丘判断，位于河滨湖

---

① 详见侯仁之《从红柳河上的古城废墟看毛乌素沙漠的变迁》，《文物》1973 年第 1 期。

畔的沙滩、沙丘不属于沙漠类型的沙丘。① 至于奢延水（今无定河）上游的"赤沙阜"，实际上即是地质时期白垩纪形成的紫红色砂岩，也即是地貌学家命名的"丹霞地貌"。今靖边县龙洲乡无定河上游之一的芦河发源处分布的大面积丹霞山区，已于 2012 年 11 月 7 日被靖边县政府明令确立为丹霞地貌景区，加以保护建设，并向游人开放。② 这一事例说明，对历史上的一些生态环境变迁问题，如不将史籍文献的收集考证与相关学科之研究相结合，进行交叉性综合性研究，就很难得出科学的结论。

历史地理学的研究任务，侯仁之先生曾明确指出："历史地理学的主要工作，不仅要'复原'过去时代的地理环境，而且还须寻找其发展演变的规律、阐明当前地理环境的形成和特点。这一研究对当前地理科学的进一步发展，有极大的关系；同时也直接有助于当前的经济建设。"③ 史念海先生对此也持有完全相同的观点，并进而发挥道："这也就是说，中国历史地理学是一门可以有用于世的学科，应该通过深入的研究，使它发挥出应有的作用。"④

综上所论可以从中概括出历史地理学的研究任务包含以下四个部分：

首先是复原历史时期某个区域某个方面的地理环境；

其次是揭示出历史时期某个区域某个方面地理环境发展演变的状况及其规律；

再次是依据前述研究成果阐明研究区域当前地理环境形成的由来、原因与特点；

最后，则是根据前述研究结果，针对研究区域存在的相关的生态环境方面的问题，指出历史上的经验、教训，提出保护与改善的建议，发挥其警世资政有用于世的作用。

上述中国历史地理学研究任务的多样性（也可称为"多层次性"）也必然要求研究者，针对具体研究课题，综合相关学科之学科理论与研究方法，进行交叉性的深入研究。例如，人类历史时期黄河下游水患严重

① 参见钟德才《中国沙海动态演化》，第 3—5 页。

② 详见赵琦《神奇的中国靖边丹霞奇观——探访榆林靖边丹霞地貌》，《西部风情》2013年第 1、2 期合刊。

③ 侯仁之：《历史地理学刍议》。

④ 史念海：《中国历史地理纲要》上册，第 6—8 页。

问题，向为史学家关注。至近代，一些水利史学家通过搜检多种史籍资料，将历代黄河下游河道溢、决、徙的年代与地点一一罗列，并进行统计。有的水利史学家从中发现，从东汉初至唐末之八百余年中（有说约近千年的），发生的各类水患较其前期与后期均要轻微许多，并将之归功于东汉明帝永平十二年（69）王景受命主持黄河下游河道修治有方。对此问题，谭其骧先生从历史地理学之理论观念出发表示质疑。为此，他将研究的区域从黄河下游上溯至黄河中游，从下游沿河一条线扩展至整个流域一大片，还结合历史时期黄河中游黄土高原和鄂尔多斯高原地区游牧民族与农耕民族进退消长以及土地利用方式变异等社会经济发展状况重加审视研究。结果得出了王景治导是很成功，但并非黄河下游一度安流的主要原因。根本原因在黄河中游黄土高原与鄂尔多斯高原地区农、牧业生产方式变化导致的对土地利用是否合理。[①] 谭其骧先生的论证无疑对黄河下游东汉初年以后一度长期安流的原因作了更全面的揭示，对人为活动的影响作了更深入的剖析，对当代治理黄河也提供了更具实际意义的历史借鉴，应该说不论在学术层面或是在社会效应上都更具积极意义。尽管之后有学者提出了异议，如认为对东汉初至唐末黄河下游水患灾害统计上有少量遗漏，或认为造成黄河下游东汉后一度安流的不止土地利用上这一个原因等；但都未能从根本上否定东汉初至唐末黄河下游确曾一度安流的史实，也未能否定黄河中游土地合理利用是消弭下游水害的决定性因素这一科学结论。而这一成果的推出，显然是得益于历史地理学理论观点的指导与其多学科交叉性特点及多种研究方式的成功运用。

　　最后还当述及，与前述历史地理学研究对象的复杂性与研究任务的多样性紧密相关而使历史地理学具有的"时空交织，人地关联，文理兼容，古今贯通"四大特点，也造就了历史地理学的学科交叉性。因为此四大特点中，"时空交织"中时间尺度与空间视阈，"人地关联"中的"人"与"地"两方面的要素，"文理兼容"中相关的文科与理科，都是多种多样的；至于"古今贯通"，不仅要求研究内容尽量关照现实，实际

---

①　详见谭其骧《何以黄河在东汉以后会出现一个长期安流的局面——从历史上论证黄河中游的土地合理利用是消弭下游水害的决定性因素》，《学术月刊》1962 年第 2 期。

上还含有尽量从古今贯通中揭示出相应的发展演变规律。由对上述特点所具内涵之简要概述中自可感受到拥有此四大特点的中国历史地理学必然会具有多学科的交叉性。

三 历史地理学之学科交叉性的学术价值

历史地理学之学科交叉性的学术价值究其实应包括两方面。第一方面是它自身因拥有这一特性所具之学术价值，从中国历史地理学自 20 世纪 30 年代初创，迄至 50 年代正式建立，迄今不到一个世纪已获得蓬勃发展的态势看，其在自身领域的学术价值已日益得到彰显，故这里不拟赘述。现仅就其因拥有这一特性而对相邻相关学科之贡献，略陈其学术价值。

历史地理学因是地理学的一个组成部分，又是历史学的附属学科，因而对这两大学科贡献最为直接，也最为重大。如对我国地理学，正是由于中国历史地理学自初创之时起，就十分强调人地关系研究，并将之作为自身一个重要的理论思想着力加以传承发展，因而通观我国历史地理学领域的各项成果，莫不辉耀着人地关联之理论光芒。这也就促使我国地理学界由之前大多仅孤立静止地研究当前的地理环境，之后也逐步开始重视人地关系研究。至于对历史学，也是在历史地理学的带动下，中国史学界于20世纪 80 年代开始重视分析中国地理环境与中国历史发展的关系，使史学理论研究与对重大历史事件的叙述增添了"环境"方面的内容。

至于对一些专门史研究，历史地理学对它们的促进作用也是十分明显的。除前已述及谭其骧先生所做研究对水利史研究的推动外；尚有侯仁之先生通过对北京、邯郸、淄博、承德等城市所做历史城市地理研究，对城市史研究的推动①以及史念海先生等对黄土高原森林草原变迁研究，对林业史研究的推动②等。在这方面笔者也曾有所致力，如 1998 年 5 月

---

① 详见侯仁之先生论文集《历史地理学的理论与实践》第三部分"城市的历史地理研究"各篇，上海人民出版社 1979 年版。

② 详见史念海《历史时期黄河中游的森林》，载史念海论文集《河山集·二集》；史念海、曹尔琴、朱士光：《黄土高原森林与草原的变迁》，陕西人民出版社 1985 年版。

在参加中国农业历史学会第三次会员代表大会时，就曾对当时我国农史学界正通力合作集体编撰的《中国农业通史》，从历史地理学角度提出了相关建议，具体包括注重我国历史上各个发展阶段疆域的完整性，注重我国历史上各个发展阶段重要农业区域的研究，注重我国历史时期自然环境变化对农业生产发展的影响，注重历史上的农业生产活动对我国生态环境变迁的影响以及尽量多编绘历史农业地图五方面内容。[1] 又如 2005 年 10 月，笔者在撰写的《关于中国环境史研究几个问题之管见》[2] 一文中，在强调了"改革开放以来中国环境史的兴盛，虽然也受到国外，当然包括英、美等国环境史学家们学术思想与研究方法的影响；但毋庸置疑，其渊源还在中国自身蕴涵丰厚的史学以及 20 世纪 30 年代兴起并发展成熟的历史地理学的激发"之后，还郑重建议中国环境史学界也将我国历史地理学界奉为圭臬的"人地关系"理论作为自身从事学术研究的一个基础理论。上述历史地理学者凭借历史地理学所具学科交叉性优势对相关学科发展的促进，不论是直接施予还是间接建言，都表现出这些学者对历史地理学科之性质、特点具有充分的认识与自信，也预示着历史地理学科在推进相关学科获得发展的同时，自身也将获得更大的发展。

正是基于以上之切身体验以及 2011 年 8 月参加教育部社会科学委员会历史学学部在大连召开的 2011—2020 年历史学战略规划讨论会后感受到原属历史学二级学科的世界史与考古学升格为各自独立自成体系的一级学科后产生的积极效应，笔者曾在 2013 年 4 月 26 日在对本校历史地理学专业研究生的一次讲座上畅谈了我的一个学术梦想，这就是希望我国历史地理学今后继续有新的更大的发展，也如同前述的我国世界史与考古学那样升格为一级学科，以期获得更大的发展空间与机遇，更好地发挥其学科交叉性优势，对推动我国自然科学与人文社会科学发展发挥更为积极的作用。我对这一梦想满怀信心，并期盼它尽快梦圆成真！

2013 年 10 月 9 日

（原文刊载于《史学集刊》2015 年第 1 期）

---

① 拙文：《对编撰〈中国农业通史〉的几点建议》，《中国农史》1998 年第 4 期。
② 该文载《山西大学学报》（哲学社会科学版）2006 年第 3 期。

关于当前我国西北地区历史地理学
研究中几个问题的初步见解

一 关于我国西北地区历史地理学
研究工作的简要回顾

我国西北地区历史地理学研究，作为这门现代新兴学科的一个重要组成部分，也是在它于 20 世纪 30 年代初肇兴，在 50 年代初正式形成后而起步。在迄今半个多世纪的时间里，谭其骧、侯仁之、史念海等几位我国历史地理学创立者均率先投身于西北地区历史地理学研究。如谭其骧先生发表于《学术月刊》1962 年第 2 期的论文《何以黄河在东汉以后会出现一个长期安流的局面——从历史上论证黄河中游的土地合理利用是消弭下游水害的决定性因素》；侯仁之先生自 1960 年夏起，即用历史地理学之理论、方法对西北地区的沙漠形成与演变进行了开拓性研究；史念海先生则自 60 年代初起，即将研究的重点放在西北地区，尤其是其东部之陕西省与黄土高原上。他的论文集《河山集》九集中，每集中都有多篇有关西北地区历史地理研究论文；即使冠有《中国古都和文化》的第八集，也有专论唐代长安的论文。在他们的引领与推动下，我国西北地区历史地理研究成绩斐然，硕果累累。现就笔者所知择要胪列于下：

黄盛璋先生于 1990 年在《中国历史地理论丛》当年第 2 辑发表《论绿洲研究与绿洲学》后；又大力推动对西北地区绿洲的深入考察研究，2003 年 5 月曾由科学出版社推出他主编的论文集《绿洲研究》。

王北辰先生对西北地区沙漠、古代交通与城址的研究，其有关成果集中收入论文集《王北辰西北历史地理论文集》（学苑出版社 2000 年版）。

　　李健超教授对关中、西安及丝绸之路历史地理研究，其多篇成果载入他的论文集《汉唐两京及丝绸之路历史地理论集》（三秦出版社 2007年版）。

　　马正林教授对古都西安及关中地区历史地理研究，出版有专著《古今西安》（陕西师范大学出版社 1986 年版）等，多篇相关论文收录于由光明日报出版社于 2005 年出版的他的论文集《正林行集》中。

　　黄盛璋先生高足奚国金研究员关于罗布泊迁移问题的研究，他先于1992 年 10 月在乌鲁木齐召开的"20 世纪西域考察与研究"国际学术会议上提交了题为《罗布泊迁移过程及其研究的新发现》的论文；之后又于 1999 年由中共中央党校出版社出版了专著《罗布泊之谜》。

　　李并成研究员多年来对西北地区沙漠，特别是河西走廊沙漠的研究，除发表多篇相关研究论文外，还出版了专著《河西走廊历史地理》（甘肃人民出版社 1995 年版）。

　　笔者自 1964 年夏季随侯仁之师到鄂尔多斯高原毛乌素沙地参与考察，之后又于 1965 年夏单独赴该高原鄂托克旗城川地区考察，写有《对城川地区湖泊古今变化的初步探讨》的考察报告（该报告经修改，题目改为《内蒙内城川地区湖泊的古今变迁及其与农垦之关系》，刊登于《农业考古》1982 年第 1 期）。1965 年 9 月被分配至陕西省水土保持局工作，直至 1982 年 1 月调入陕西师范大学历史地理研究所，因此，50 年来也一直以西北地区作为进行历史地理研究的重点。前期的成果，多已收进了论文集《黄土高原地区环境变迁及其治理》（黄河水利出版社 1999 年版）。之后还陆续撰写了多篇有关西北地区历史地理研究论文，如《论大西北地区开发建设中的大环境保护问题》[1] 等。

　　特别需要提及的是，20 世纪 90 年代以来，一大批中青年历史地理学者也在西北地区历史地理研究中崭露头角，作出了贡献。如吴宏岐教授对西安地区历史地理的研究[2]、徐卫民教授对秦都城研究[3]、耿占军教授

---

①　该文载《陕西师大学报》（哲学社会科学版）1997 年第 2 期。

②　代表性论著有：《西安历史地理研究》，西安地图出版社 2006 年版。

③　代表性论著有：《秦都城研究》，陕西人民教育出版社 2000 年版。

与吕卓民教授对西北历史农业地理研究①、薛平拴教授对陕西省历史人口地理研究②、李令福研究员与王双怀教授对关中历史地理研究③、侯甬坚教授与王元林教授对渭河及泾洛河流域的研究④、艾冲教授对鄂尔多斯高原历史地理研究⑤、王社教研究员对我国（主要是北方）沙尘天气的研究⑥、张萍教授与刘景纯教授对西北地区商贸市场和城镇发展的研究⑦等。

此外，李之勤先生于 2012 年由新疆人民出版社作为《新疆通史》研究丛书之一出版的《西域史地三种资料校注》一书，亦是西北历史地理研究的一项基础性研究成果。

除上述诸方面之外，如再加上现当代历史学界、考古学界、自然地理学界对西北地区史地问题之研究成果、西北地区重要历史遗址考古发掘之研究成果、西北地区自然环境演变（如对高山冰川雪线、沙漠、湖泊沼泽、植被、黄土高原沟壑塬面之变化等）研究成果等，则改革开放以来，我国西北地区历史地理研究涉及领域多样广泛，包括了历史自然地理、历史人文地理等诸多分支学科，成果颇为丰硕。

统观上述我国西北地区历史地理研究所取得的多方面进展，从中亦可看出它与我国古代源自西周，显于隋唐，奠定于清代乾嘉时期之祁韵士及之后的徐松、龚自珍等官员兼学者倡导形成的"西北史地"之学，有着一定的传承创新关系。⑧ 论其创新，当然是因为作为现代一门新兴学

---

① 代表性论著有：耿占军著《清代陕西农业地理研究》（西北大学出版社 1996 年版）、吕卓民著《明代西北农牧业地理》（中华发展基金管理委员会、洪叶文化事业有限公司联合发行 2000 年版）。

② 代表性论著有：《陕西历史人口》，人民出版社 2001 年版。

③ 代表性论著有：李令福著《关中水利开发与环境》（人民出版社 2004 年版）、王双怀教授主编《关中地区人类活动与环境变迁》（论文集，陕西出版集团三秦出版社 2011 年版）。

④ 代表性论著有：侯甬坚著《渭河》，凤凰出版传媒集团江苏教育出版社 2010 年版；王元林著《泾洛流域自然环境变迁研究》，中华书局 2005 年版。

⑤ 代表性论著有：《论毛乌素沙漠形成与唐代六胡州土地利用的关系》，《陕西师范大学学报》（哲学社会科学版）2004 年第 3 期。

⑥ 代表性论著有：《历史时期我国沙尘天气时空分布特点及成因研究》，《陕西师范大学学报》（哲学社会科学版）2001 年第 3 期。

⑦ 代表性论著有：张萍著《明清陕西区域市场的历史地理学研究：地域环境与市场空间》（商务印书馆 2006 年版）、刘景纯著《清代黄土高原地区城镇地理研究》（中华书局 2005 年版）。

⑧ 参见杨建新主编《古西行记选注》（宁夏人民出版社 1987 年版）中翁独健撰《〈西北史地丛书〉弁言》及该书中之《〈万里行程记〉及其作者简介》。

科的历史地理学具有学科交叉性特点①，学术视野广阔，在开展历史时期地理环境（包括自然地理环境与人文地理环境）研究时，既依据史籍文献资料，又重视实地现场考察，还重视与地理学、考古学等学科合作，采用现代科技手段进行综合深入研究等。

二 当前深入推动我国西北地区历史地理研究应建立的两个新理念

当前我国为实现中华民族伟大复兴的雄伟目标，在国内大力推进科学技术与哲学社会科学发展，在国际上则大力推行"一带一路"之互利共赢国策。在此形势下，深入推动我国西北地区历史地理研究更具有其必要性。为达此目的，应建立如下两个新的理念。即：

其一，"大西北地区"之理念。

我国政界、学界与民间，曾长期从行政区划上将现划定的陕西省、甘肃省、宁夏回族自治区、青海省及新疆维吾尔自治区五省、自治区认定为是我国的西北地区。所以新中国成立初期建立的最高一级行政区划中的西北行政区，就是管辖这五个省、自治区。而与此同时，我国自然地理学界却从自然地理区划上将西北地区划定在贺兰山以西及祁连山、昆仑山以北区域，即只包括新疆的绝大部分、甘肃河西走廊、内蒙古阿拉善高原以及宁夏的西北边缘②。而笔者则在前文提及的于1997年发表在《陕西师大学报》（哲学社会科学版）第2期上的《论大西北地区开发建设中的大环境保护问题》一文中，从考虑行政区划的完整性与自然地理区域分异之规律性以及有利于我国生态环境总体保护治理工作和西部大开发事业开展等原则，提出在我国原行政区划上的"西北地区"所辖之陕西、甘肃、宁夏、青海、新疆五省、自治区基础上，再加上山西省与内蒙古自治区西半部（即呼和浩特市、包头市、鄂尔多斯市、乌兰察布市、巴彦淖尔市、乌海市与阿拉善盟），组合成我国"大西北地区"的

---

① 请参阅拙文《论历史地理学的学科交叉性及其学术价值》，《史学集刊》2015年第1期。

② 《中国自然地理》编写组编：《中国自然地理》（第二版），高等教育出版社1984年版，第155—160、295页。

理念。因为这一区域，在气候上除东南部之秦巴山地外，其余部分均为半干旱、干旱大陆性气候；而地形上则包括青藏高原北半部与内蒙古高原、黄土高原以及天山、昆仑山、阿尔泰山、祁连山等高大山系，居于我国地貌上三级阶梯格局之第一、二级阶梯上，高耸于我国东部黄河、海河下游与长江中下游广阔平原之上；是我国中东部广大地区江河之源、风暴之源与沙尘之源。因而认真做好这一地区之生态环境防治工作，不仅是该地区自身经济社会健康持续发展的基础，也是做好我国生态环境防治工作的一大关键。加之这一地区，恰如前曾述及的翁独健先生为《西北史地丛书》所写《弁言》中论及的，"自古以来为华夏诸族文明之发祥地，多民族蕃衍生息汇合交融之舞台，古代中外文化交流之通道"①，历史上人文地理方面也如同自然地理方面一样，丰富多彩，变化多端。所以对这一"大西北地区"进一步深入推进历史地理学研究，既对历史地理学以及一些相关学科的发展，在学术层面上意义重大；而且还对我国当前的经济社会发展与全面建成小康社会的宏伟事业能发挥有用于世的作用。

其二，以丝路为轴线，覆盖大西北地区，整体推进历史地理研究深入发展的理念。

史前时期即已开其端，西汉武帝建元二年（前 139）张骞奉命出使西域定其型，后至 1887 年德国地理学家李希霍芬命其名的"丝绸之路"，是远古迄今联系亚、欧、北非间众多民族与国家的商业贸易的大通道与文化交流的大动脉。其东方起点就是今之西安，在中国境内的几条路线，即"绿洲路"（又名"沙漠路"）之北、中、南道以及"草原路"均在我国"大西北"地区内，且广布在陕、甘、宁、青、新与内蒙古等省、自治区。在历史上这条丝路的开通与繁荣，曾对世界，包括我们中国之经济、社会发展与民族交往、文化交流发挥了积极推进作用。而当前，随着国家主席习近平先后于 2013 年 9 月、10 月在出访中亚和东南亚时提出建设丝绸之路经济带与 21 世纪海上丝绸之路的倡议后，"一带一路"建设很快即成为我国重大国策，并得到国外许多相关国家之响应与国际学术界之热议。毫无疑问，推动丝路之重新繁荣，对于推进我国西部大开

---

① 载杨建新主编《古西行记选注》。

发战略实施与西北地区经济社会发展有着关键性作用，所以应高度重视。为此将丝路在国境内的诸道作为大西北地区的轴线，以之将整个大西北地区整合起来，推动其历史地理之整体研究向纵深发展自当作为我们历史地理学界应树立的一个新的理念，以不负这一千年难逢的历史机遇，作出我们应有之贡献。

三 对于今后深入开展西北地区历史地理研究的几点建议

基于前述的一些认识，笔者对今后深入开展西北地区历史地理研究谨提出以下三点建议。

（1）选定几个主要研究方向，重点攻关。

初期可考虑选择下列三个研究领域设计课题，组织力量实施研究。即：

——生态环境变迁研究。既深入探明历史时期西北地区包括沙漠、高山冰川、湖泊、河流、植被、动物等自然要素的生态环境变迁历程，揭示其原因；同时也当通过查明当前之变化动态，为做好防治工作提供借鉴。即拿在本地区范围内的黄河中上游近百年水沙变化而言，据黄河水利委员会与中国水利水电科学研究院组织专家进行实地考察研究所发现的进入 21 世纪后出现的一些新的变化趋向，就很值得关注。[①] 此外，如新疆境内一些绿洲地下水位下降、内蒙古阿拉善盟黑河下游一度断流、居延海与苏泊淖尔大幅萎缩等，都是一些性质严重、影响深远的重大问题。

——历史时期丝路沿线城镇地理与商贸地理研究。这方面的问题过去虽有所研究，但大多限于国内，且未作整合式的综合研究；今后自可多所致力，甚至将视域投向国境之外。

——历史时期西北地区各区域之间以及与域外文化之交流融合研究。这方面的研究以往历史地理学界研究尚显薄弱，但其重要性已日显突出，

---

① 详见拙文《近百年来黄河中上游水沙变化趋势及其启示》，载张多勇主编《豳风论丛》第二号，中国社会科学出版社 2016 年版。

所以亟待加强。

（2）大力借助并采用新的研究方法与技术手段，有效提高西北地区历史地理研究工作之效率与精准度。例如，近来日益受到多门学科重视的地理信息系统（GIS）、全球定位系统（GPS）、遥感技术（RS）以及网络技术等，不仅是一些新的技术手段，也将促进历史地理学研究理念与学科理论的发展，应加重视，并大力践行。①

（3）发挥陕西师范大学西北历史环境与经济社会发展研究院这一教育部批准建立的哲学社会科学重点研究基地搭建的平台作用，联络国内北京大学、复旦大学、西北大学、兰州大学、西北师范大学等高校历史地理学者以及西北地区相关学科之研究人员协同攻关，也可与国外之有关学者合作，加快推进研究工作进展，取得更为丰硕与更具影响力的成果。

2016 年 7 月 15 日　稿成

9 月 28 日　改定

（本文系应邀参加陕西师范大学西北历史环境与经济社会发展研究院于 2016 年 8 月 14—17 日在西安市举办的"从西北史地之学到西北历史地理学术研讨会"提交的论文，待出版）

---

① 详见张萍《丝绸之路历史地理信息系统建设的构想及其价值与意义》，《陕西师范大学学报》（哲学社会科学版）2016 年第 1 期；张清俐：《运用地理信息技术再现"丝路"全景》，《中国社会科学报》2016 年 7 月 4 日第 1 版。

西部大开发中生态环境制约
作用及应对方略

　　世纪之交，中国政府做出了"西部大开发"的重要决策，这是一项在 21 世纪里实现中华民族复兴的宏大工程。然而，这项宏伟事业的难度也是十分明显的。其中就包括有西部地区之生态环境对经济社会发展之严重制约问题。实际上，我国西部地区生态环境之严峻及其对经济社会发展所具有的重大影响作用，也正是构成西部大开发之重要性与紧迫性的一大原因。因此，重视对西部地区生态环境特征及其形成原因以及对经济社会发展之影响的研究，以便采取积极的切合实际的应对方略，就是推动西部大开发协调、顺利、持续进展的关键措施之一。

一　西部地区生态环境特征与生态灾害概况

　　现在通常所说的我国"西部地区"，是一个既反映经济发展程度，又反映生态环境特点，且兼顾行政区划完整的区域概念。因而不仅指偏处我国国土西部的几个省区，实际范围还有所扩大。其所包括的 12 个省、直辖市与自治区，即陕西省、甘肃省、青海省、宁夏回族自治区、新疆维吾尔自治区、内蒙古自治区、重庆市、四川省、云南省、贵州省、广西壮族自治区、西藏自治区，面积为 686.7 万平方公里，占全国总土地面积的 71%。这一地区不仅地域广阔，而且还都处于我国地貌格局之第一、第二阶梯上，相对于其东的我国中部与东部之平原、丘陵地区，呈居高临下之势；同时地貌类型多样复杂，有世界屋脊青藏高原、千沟万壑的黄土高原、波状起伏的内蒙古高原、平坝与山地相间的云贵高原以及满布戈壁沙漠的柴达木盆地、塔里木盆地、准噶尔盆地，还有四川盆地与广西岩溶丘陵山地。就自然区划而言，它包括了我国三大自然区中西北干旱区、青藏高寒区的全部以及东部季风区偏西的部分。因而，西部地区上述不同区域，其生态环境又具有各自的一些特点。这些不同的特点是：

西北干旱区包括内蒙古高原及其以西的甘肃河西走廊以及新疆的塔里木盆地、准噶尔盆地，土地面积约占全国总面积的30%，占西部地区的41%。由于深居内陆，为半干旱、干旱气候，大陆性极强，地面沙源物质丰富，贺兰山以西部分早在地质时期就形成了塔克拉玛干、古尔班通古特、库姆达格、巴丹吉林、腾格里等沙漠与戈壁。干旱少雨，水资源贫乏以及多大风与沙尘暴就是其生态环境的特点。

青藏高寒区包括西藏全部、青海省大部及川西横断山地，土地面积约占全国土地总面积的25%，占西部地区的35%。由于平均海拔在4000米以上，同时还有许多海拔高达7000米，甚至8000米以上的山峰，因而空气稀薄，冰川冻土广布，气候寒冷，冻融侵蚀强烈；同时藏南喜马拉雅山及川西横断山地自然环境之垂直分异现象也十分明显，其北部之柴达木盆地也存在干旱荒漠景观。

西部地区中属于东部季风区的，有黄河上中游的黄土高原、长江上游的四川盆地及珠江上中游的云贵高原、广西岩溶丘陵山地。它们合计约占全国土地面积的17%，占西部地区的24%。其中黄土高原，属暖温带与温带半湿润、半干旱区，黄土堆积深厚，由于暴雨强烈，易产生强烈的水土流失。而四川盆地、云贵高原与广西岩溶丘陵山地，因为属亚热带湿润区，气温偏高，雨量丰沛，山地丘陵区也易产生水土流失及泥石流，同时还存在部分干热谷地。

综上所知，西部地区生态环境本就十分脆弱，再加上历史时期人类不当的过度而又长期的经营活动所造成的破坏，使其生态环境更趋恶化，土地荒漠化与沙漠化、沙尘暴、水土流失与泥石流、干旱化与蝗灾、石漠化与河流伏流化等生态灾害十分剧烈，严重阻碍了本地区经济社会发展。甚至可以说，西部地区，生态环境恶化与经济社会落后，好似连体婴儿一样关系至为密切。如目前整个西部地区，国内生产总值仅约占全国的17.1%，2001年人均GDP值仅为600美元，距全国人均值1000美元相差甚远；2001年西部城镇人均年收入仅为6170元，为全国城镇人均年收入的90%；西部农村人均年收入为1755元，为全国农村人均年收入的74%；全国尚未脱贫的3400万困难群体，绝大多数在西部地区；全国现有之文盲3000万人，也绝大多数在西部地区。西部地区经济社会这种落后状况，虽有多方面的原因，但可以肯定地说，与生态环境恶化与生态灾害剧烈也有十分密切的关系。因此，要改变上述落后状况，推动经济社会发展，必须与改善生态环境统筹考虑，绝不能以牺牲环境为代价来取得局部的一时的发展，而应以既能改善生态环境，又可促进经济社会发展为最优方案，达致互促"双赢"的目的。

还需强调的是，我国西部地区由于处于黄河、长江、珠江以及澜沧江、怒江等江河上游，又处于我国盛行之行星风系——西风之上风方向，因而这一地区针对我国中、东部及东南亚、南亚地区而言，就自然成为它们的江河之源、风暴之源与沙尘之源。其生态环境之恶化，势必对其东部及南部邻近地区的生态环境构成直接的威胁。因此，为了给其邻近地区构筑生态安全屏障，也当加强对其生态环境之保护与治理。

二　对西部地区生态灾害形成发展的理论阐释

前文概述了西部地区生态灾害的严峻状况，按照历史地理学的基本理论，对这一问题要着重申明三点：

（1）西部地区目前这种严峻的生态环境与生态灾害状况并非自古皆然。实际情况是，上述现象虽然有些古代就已存在，但其程度均较当代轻，其影响也较当代微，因而它是在人类历史时期逐步变化形成的。

（2）西部地区生态环境在历史时期之所以趋于恶化，固然有自然因素本身变化的影响，但也受到人为活动的明显作用。应该说，目前种种生态灾害问题，是在自然因素自身变化的基础上，叠加上人为活动影响共同作用的结果。当然这里所说的人为活动主要是指历史上由朝廷（政府）主导的带有全局性的、大规模的长期生产经营活动。

（3）历史上人为活动对生态环境的影响并不都是负面的破坏性的，也有些人类活动对生态环境造成的影响是正面的建设性的，甚至是长效性的。这在我国中、东部地区有不少例子，就是在西部地区也有不少适证。如岷江上灌溉成都平原的都江堰工程及西南地区的高山梯田，黄河上游河套平原的引黄灌溉工程与西北沙漠戈壁边缘的绿洲等。

上述三条历史地理学基本观点，不仅是对历史时期生态环境变迁在理论层次上的概况总结；也可用来对近当代生态环境变迁，结合政府的方略、举措进行审视与诠释。

20 世纪 50 年代以来，政府为了促进经济建设，也为了解决人口政策失误所造成的急剧膨胀的国民温饱问题，曾经推行过多项方针政策，对生态环境造成了重大的消极影响；迨到 80 年代改革开放后，在世界性的环保浪潮与可持续发展思想的推动下，通过历史的反思与相关学科的深入研讨，政府另行采取了一些方略举措，时间虽然不长，但已对生态环境，其中特别是西部某些地区的生态环境，开始产生积极的影响。这主要反映在以下几个方面：

1. 从"以粮为纲"到退耕还林（草）

从 1958 年开始的"大跃进"到"文化大革命"的农业学大寨运动，当时的政府在农业生产方面实施了"以粮为纲"的方针，结果导致了大范围的开荒垦种。这在西部地区就使大面积不宜种粮的山地、草原遭到破坏，从而加剧了水土流失与风蚀沙化，贫困状况也反而加重了。但自1997 年政府实施"退耕还林（草），封山绿化，个体承包，以粮代赈"政策后，上述"越穷越垦，越垦越穷"的恶性循环得到遏制。如陕西省，截至 2003 年 6 月底，退耕还林（草）面积达 2058 万亩，增加了林草覆盖面积与农民收入，使农业生产结构也得到改善。[①] 陕北吴旗县，经过最近五年努力，退耕还林（草）110 万亩，林草覆盖率较 1997 年提高了27.4%，土壤侵蚀模数则由 1997 年的 1.53 万吨/平方公里下降为现在的0.88 万吨/平方公里，农民年收入通过舍饲养羊等多种经营，也由 1997年的人均 887.3 元增加到 1534 元，农、林、牧三业的比例由 1997 年的6：3.4：0.6 调整到 0.9：6.6：2.5。[②] 云南省通过近年来在 25 度以上的陡坡地和金沙江、澜沧江等六大水系实施退耕还林工程后，使山上存了

---

① 《陕西退耕还林试点取得重大进展》，《光明日报》2003 年 7 月 17 日第 A4 版。
② 顾寰宇等：《"秀美"背后的忧思》，《人民政协报》2003 年 11 月 26 日第 A3 版。

"被子"，农民手中有了"票子"。① 上述事例说明，退耕还林（草）工程，确能使贫困山原丘陵区群众脱贫致富，获得良好的生态、经济与社会效益。

2. 从"沙进人退"到"人退沙退"

我国拥有各类天然草原面积达 4 亿公顷，占国土面积的 40%，主要分布于西部各省区。自 20 世纪 50 年代以来因农牧业生产方针有误，已累计开垦草原 1930 万公顷，又因滥挖、滥采、滥割草原药用与经济植物，仅内蒙古自治区就有 1267 万公顷草原遭受破坏，加上超载放牧，使草原严重退化；产草量大幅下降，有相当面积的草原沙化。② 但近年来，随着三北防护林工程的逐步进展并发挥效益以及在甘肃、内蒙古等省、自治区推广沙草产业与绿色生态产业等经营理念，在乌兰布和、毛乌素、库布齐以及阿拉善等沙漠地区已出现沙化逆转的可喜现象。地处贺兰山西之内蒙古自治区阿拉善左旗，境内分布有亚玛雷克、腾格里、乌兰布和沙漠；20 世纪 50 年代以来，由于农牧业生产举措失误，沙漠化土地面积由 80 年代的 50% 左右增加到 90 年代末的 79.3%，天然梭梭林由 50 年代初的 800 万亩减少到现在的 350 万亩，沙尘暴则由 90 年代初的几年一次猛增到 90 年代末的一年 27 次。近几年来，该旗在国家与内蒙古自治区的大力支持下，先后通过实施天然林保护、退耕还林、退牧还草、梭梭苁蓉产业化等工程，实现工业向开发区集中，农业向绿色基地集中，人口向城镇集中，将占全旗人口 15% 的 2.2 万牧民从占全旗土地 90% 以上的生态脆弱区，逐步迁到生态环境较好的六大农业园区和六大工业园区。少量留守牧民就地搞沙草产业，走"以草定畜"的畜养路子，为从根本上遏制生态环境恶化奠定了坚实的基础。目前全旗除畜牧业、生态农业有了一定发展外，沙生药材加工业、天然绿色食品加工业和盐湖生物产业等工业产业已开始起步；苁蓉酒、苁蓉养生液、沙葱罐头、锁阳果脯等产品已销往国内外；位于腾格里沙漠腹地的月亮湖等旅游区，也开始

---

① 参见《云南省实施退耕还林工程 53 万农户获益》，《中国环境报》2003 年 11 月 25 日第 3 版。

② 邵文杰：《绿色草原呼唤生态平衡》，《光明日报》2003 年 7 月 21 日第 B1 版。

成为旅游热点。全旗经济、文化事业正蓬勃向前发展。[1]

3. 对流域水资源利用从"各自为政"到"统筹兼顾"

如发源于青海省祁连山北麓，流经甘肃省河西走廊，注入内蒙古居延海的黑河，原本滋润着张掖、额济纳两大绿洲。20世纪40年代，居延海还是碧波荡漾，红柳茂密。但到50年代以后，由于位居上游的张掖地区用水量激增，流域内，多条支流先后消失，西居延海与东居延海分别于1961年和1992年彻底干涸，下游地区的胡杨林与红柳林锐减，沙化十分严重，且成为北京地区春季的主要沙尘源。经过最近10年的坚持努力，黑河管理局采取了多项措施，统筹兼顾上、下游用水及生活、生产、生态用水需要，到2003年11月，完成了合理分配用水的目标，取得了阶段性成效，黑河干流全线贯通，已干涸43年的西居延海与干涸10年的东居延海均已出现20多平方公里的水面，下游地区又重显生机。[2] 同样的事例也发生在新疆的塔里木河流域与玛纳斯河流域。[3]

4. 对工业"三废"污染从"明抓虚管"到"真抓实管"

改革开放以来，各地乡镇企业及地方工业发展迅猛，西部一些区域也随势而上。在这一发展过程中，不少地方对工业生产中的废水、废气、废渣等"三废"物质没有认真处理，造成对附近地区水流、空气、土壤的污染，有的还十分严重。如贵州、云南等省，在开发矿产中，产生的铅、汞等元素导致居民中毒；陕西省榆林、延安等地，在开发石油、天然气与煤炭等能源时，使河流、空气严重污染。有的地方政府为增加税收与财政收入，对"三废"治理监管不力，甚而明管暗纵，致使问题难以解决。近年来，由于中央政府三令五申，真抓严管，一些地方情况有所好转。虽然在治理"三废"上增加了投入与成本，但企业仍有利可图。更重要的是保护了生态环境，保证了可持续发展。

从以上几个方面的论述不难看出，经济社会发展与生态环境保护、治理相互间是既对立又统一的。处理好彼此的关系就可互利"双赢"，处

---

① 详见翁浩《大漠深处的璀璨明珠》，《中国环境报》2003年10月15日第3版。

② 李宏：《黑河复活》，《人民政协报》2003年12月1日第A3版。又见《黑河综合治理获阶段性果》，《光明日报》2003年12月8日第A4版。

③ 参见《我国第二大沙漠重现湿地》，《光明日报》2003年11月1日第A1版。

理不好则两败俱伤。在这一系统中，关键还是人们的观念意识，特别是政府部门的主导作用。所以，总结历史上的教训以及近当代国内外的经验，尽管在我国西部地区要做到经济建设与环境保护同步协调发展，难度较我国中、东部地区要大得多，但并非不能做到。只要地方政府决策正确，举措得力，管理有方，我国西部地区完全能够紧随中、东部地区之后，顺利步入小康社会。

三　西部地区推进经济社会发展与生态环境保护良性互动的应对方略

　　经过近几年的努力，西部地区一些区域生态环境确已有所改善，但毋庸讳言，就总体情况看，仍存在不少问题。如国家林业局负责人 2003年 10 月宣布：西部 11 个省、直辖市、自治区（广西壮族自治区未计算在内），森林覆盖率仅为 9.06%，只为东部沿海 11 个省、直辖市、自治区的1/3；其中西北地方区（陕、甘、宁、青、新）更低，仅有 3.34% 。西部地区森林资源的严重不足，已极大地影响到国土的生态安全；涝、旱、沙三大灾害依然威胁着中华民族，全国水土流失面积达356 万平方公里，绝大部分在西部地区。① 贵州省石漠化（是指我国喀斯特地区在特殊的自然背景下，由于人为破坏造成土壤严重侵蚀，水土大量流失，基岩大面积裸露的土地退化现象）面积从 1980 年的 1.34 万平方公里剧增到现在的 2.25 万平方公里。② 青海省三江源（黄河、长江、澜沧江的源头地区）区域，湖泊萎缩、冰川消退、雪线上升、草地沙化、鼠害猖獗，源头来水量逐年减少，水质遭到污染，"中华水塔"已岌岌可危！③

　　所以，在当前中央政府进一步强调要"坚定不移地把实施西部大开发战略推向前进"，将"继续推进生态环境保护和建设，实施好退耕还林、退牧还草等工程"列为首项重点工作的形势下④，应更加积极地研究

---

① 《西部森林覆盖率只有东部1/3》，《光明日报》2003 年 10 月 13 日第 A4 版。
② 《贵州喀斯特石漠化趋势严峻》，《光明日报》2003 年 10 月 13 日第 A4 版。
③ 解路明等：《三江源何时不再哭泣》，《人民政协报》2003 年 8 月 11 日第 B1 版。
④ 《新华社北京 2003 年 6 月 10 日电讯》，《光明日报》2003 年 6 月 11 日第 A1 版。

解决西部大开发中的生态环境的制约作用，努力探求使经济发展与环境保护、社会进步协调推进的方略。为此提供以下几点建议，请学界同仁共析，供政府有关部门参考：

1. 继续加强对西部生态环境演化的监测预报

当代国际科技界对全球气候变化已进行了相当深入的研究，且有一些见解已开始披露出来。例如，中国科学院寒区旱区环境与工程研究所专家通过野外大量的考察取证，并通过自然周期分析及古气候相似对比推测，认为我国西北地方气候正在发生由暖干向暖湿转型的趋势，并预期到 2050 年整个西北地方可能均达到丰水期。尽管这些专家同时也指出上述推测有较大的不确定性。① 但这对生态环境长期为干旱化所困扰的西北地区而言，毕竟是一个好的讯息。与此同时，又有一些科学家发出警告，强调当前温室效应带来的全球变暖对我国的影响可能以负面为主，并具体指出气候变暖将导致地表径流、旱涝灾害频率以及水质等发生变化，水资源供需矛盾将更为突出。尽管他们也指出上述研究结论存在某些不确定性②，但这也不能不使人们保持一定的警觉。所以要真正做好西部地区之生态环境保护与治理工作，必须对它的生态环境今后演化趋势密切加以注意，并据之制定相应的策略与措施。因而继续加强对西部生态环境演化趋势与程度进行监测与研究，作出更为准确的预测与判断，就显得特别重要。

2. 大力开展环境保护、经济发展与社会进步协调推进的综合研究

2002 年中央政府提出了到 2020 年在我国全面建成小康社会的总体目标与主要的经济、社会发展指标。要实现上述指标，在西部地区难度比中、东部地区大很多。特别是要克服生态环境对经济社会发展制约的这一瓶颈，付出的努力也会更大一些。而要在今后做好环境保护、经济发展与社会进步的协调推进，就必须将它们置于一个大系统之内，结合相关的因素，开展综合研究。这个大系统应包含的主要因素及其相互关系以及研究的目标，可用下图表示：

① 《生态建设需适应气候转型趋势》，《中国环境报》2003 年 4 月 11 日第 4 版。

② 《气候变化对我国的影响可能以负面为主》，《人民政协报》2003 年 12 月 2 日第 B1 版。

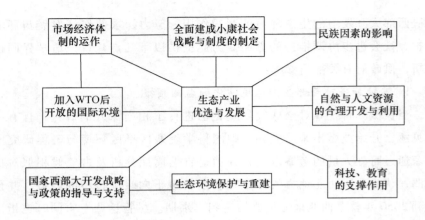

从上图中可以看到，在这一综合研究系统中，生态环境保护与重建是基础，在国家西部大开发战略与政策的指导和支持下，在科技、教育事业的支撑下，充分利用该地区自然与历史人文资源以及加入 WTO 后开放的国际环境所提供的条件，充分考虑民族因素的影响，运用市场经济体制的运作机制，进行生态产业（包括工业、农业、林业、牧业、旅游业等）的优选，并促其快速发展，最后制定出全面建成小康社会的战略与制度，推进其顺利发展。

上述研究当然还存在不少的难点，但通过深入考察调研，借鉴先进理论思想，是能够探寻到在西部地区使生态环境与经济发展良性互动的模式及全面建成小康社会的可行途径。无疑这是既具学术性，又具有应用性的重大研究项目，国家与地方政府以及学术研究单位都应认真组织队伍及早开展研究。

3. 在政府部门建立用法律和区域经济社会发展与生态环境保护建设规划来领导地方或部门工作的制度，在全社会广泛建立监督约束机制

为了使环境保护、经济发展与社会进步协调推进的思想观念落在实处，发挥切实的作用，一方面应广泛开展宣传教育，提高各族群众，特别是各级公务员与领导干部的环保意识、可持续发展意识及文化科技素质；另一方面则应通过各级立法机构，制定相应的法规，使建立在科学研究基础上的区域经济社会发展规划与生态环境保护建设规划获得法律保证，切实得到执行，从而使环境保护、经济发展与社会进步协调推进的思想观念渗透进农、林、牧、工、矿、交通、商贸、金融、旅游、服

务等各行各业工作中；在对待土地、矿产、水资源的开发利用与城镇规划建设以及大型基础设施工程的决策、施工中，更应注重上述三方面的协调发展。特别是在兴修对生态环境有重大影响的大型工程时，都应吸取 20 世纪五六十年代修建三门峡水利枢纽工程的教训①，要全面审慎地评估这些大型工程的经济、社会效益与生态环境效应，不应偏向某一方，追求一时的局部的利益，而对生态环境造成严重的负面影响。在这方面，近两年来开工修建的青藏铁路就做出了榜样。该铁路施工部门，从领导成员到普通员工，都树立了在保护生态环境中建设青藏铁路的理念，并建立了有效的环境监管体系；通过科学研究，突破环保难题，做到了在长江源头施工中不污染水体，在建设过程中认真爱护草地，并再造湿地及保护藏羚羊等②，一时在工程界与环保界传为佳话，值得加以推广。

除上述方略外，当然还应包括在中央政府建立对西部地区财政支持与生态补偿机制，大力推进基础教育等措施。总之，只有牢牢把握在西部大开发中必须高度重视生态环境保护，并使之与经济发展、社会进步协调推进，使西部生态环境逐步改善优化，使其不仅成为西部居民的生态家园，还成为我国中、东部地区的生态屏障，才有可能加快西部，以致全国的经济社会发展步伐，做到均衡、协调、可持续发展，中华民族才有可能在新的时代里得以全面振兴。

2003 年 12 月 9 日凌晨

（原文刊载于香港珠海书院亚洲研究中心胡春惠与台湾政治大学国际关系研究中心陈璋津教授主编《西部大开发与环境保护国际学术研讨会论文集》，列入台湾政治大学国际关系研究中心中文丛书系列 143，2004年 12 月）

---

① 参见《小水何以酿大灾》，《人民政协报》2003 年 9 月 19 日第 A3 版；《"解放"三门峡水库，消除渭河水灾隐患》，《人民政协报》2003 年 9 月 22 日第 A1 版；《三门峡水库：渭河之殇》，《人民政协报》2003 年 11 月 21 日第 B1 版；《以三门峡水库为镜鉴》，《南方周末》2003 年11 月 13 日第 A1 版。

② 陆彩荣：《环境保护：爱护高原生态，建设环保铁路》，《光明日报》2003 年 10 月 16 日第 A3 版。

清代生态环境研究刍论

一　一个倍加值得重视的研究领域

清代是我国历史上封建社会时期最后一个王朝，又是立朝历时长，版图辽阔且人口增长幅度大，其后期又处于在列强迫使下由封建社会向近代资本主义社会转型阶段的一个王朝。因而在有清一代，其经济开发地域扩大，类型增多，强度加剧，由人为活动造成的生态环境变迁远超前代，变迁状况与程度在经历史上数千年积累之后又历清代 268 年强化，自当更加明显并日渐强烈起来，所产生的对经济、社会发展的影响也不止于当时，有些甚至及于现代。因此，对清代生态环境特征及其变迁的研究，就不仅是我国环境史研究中的重要一环，而且还是加深对清代经济史、社会史、文化史、区域史研究的重要组成部分。当然对研究当代我国生态环境问题及其解决途径，也可提供重要的历史依据与借鉴。所以说，研究清代生态环境及其变迁问题，具有多方面的学术与现实意义，是历史地理学者与环境史学者、清史学者应倍加重视的研究领域。

二　薄弱的研究现状与广阔的发展前景

然而，因为清史学界有些学者对研究清代生态环境变迁问题认识不足，感到清代二百多年中生态环境状况变化不大，与当前我国生态环境现状也无太大差别，因而认为清代生态环境问题研究的意义、价值不大。这样自然就影响到一些学者对之产生误解，进入盲区，缺乏主动性与积极性。另外，又因为清代缺乏生态环境方面的专门记述与研究文献，有关的一些资料又极为分散零碎，而且有些资料还带有一定的隐晦性，必须依靠环境科学与生态学的专业学识，才能将之抉幽发微开掘出来；因而，虽然清代史籍文献颇为丰富，但收集有效史料仍如沙里披金，殊为不易。其研究难度之大，也不异于其前之朝代。

也正因为上述原因，当然还应包括以往相当长一段时间里，受学术研究发展过程中时代的限制，一些学者的研究尚未及此领域等原因，所以自 20 世纪初以来迄今，有关清代生态环境的研究论著，若与清史研究中另一些分支领域，如政治史、中外关系史、社会史、经济史、文化史、边疆史等相比较，就显得分外薄弱。钞晓鸿博士与郑振满教授在《历史研究》2003 年第 3 期上发表的 20 世纪中国历史学长篇回顾论文《二十世纪的清史研究》中，对 20 世纪清史研究，分为 "1949 年之前" "50—70 年代" "80 年代之后" 三个阶段进行了颇为详细的总结，对主要的研究领域，如 "政治、民族与中外关系" "经济关系诸领域" "社会、思想与文化" 等方面之代表性学术成果，均作了具体胪列与评论，但对生态环境方面却未见置评。钞晓鸿博士的高足佳宏伟在《史学月刊》2004 年第 6 期 "生态环境史研究" 专栏中发表的《近十年来生态环境变迁史研究综述》一文，对 20 世纪 90 年代初以来，一批学者从不同学科、不同视角展开广泛探讨，在区域经济发展与环境变迁之关系、古代都城与生态环境之关系、动植物变迁与区域沙漠化、灾害与疾疫问题、气候变迁等方面所取得的成果也作了颇全面的评述。在文后所附的百篇左右的参考文献中，专论清代生态环境问题的倒有十余篇。当然这些参考文献中有一些通代性的或包含清代的跨代性论著，尽管涉及清代的只是部分内容，有的还不是重点论述的时段，但总是涵有清代的内容。该文表明，我国在 20 世纪后半叶，即 1949 年以来，特别是改革开放以来，科技学术界随着全球环境问题的日益凸显，对当代以及历史时期我国之生态环境问题的研究也逐渐兴起，从而也带动了对清代生态环境问题的研究。进入 21 世纪，在清代生态环境研究领域，出现了更积极的势头。2004 年与 2005 年相继出版了两本专著，即钞晓鸿博士的《生态环境与明清社会经济》（黄山书社 2004 年版）与赵珍博士的《清代西北生态变迁研究》（人民出版社 2005 年版）；但总的看来，对清代生态环境问题的研究仍只占清史研究的很小一部分。据对《清史研究》2003 年第 1 期、2004 年第 4 期、2005 年第 4 期刊登的由吴玉清、王绪芬两位研究人员收集整理的《2001年清史论文索引》《2003年清史论文索引》《2004年清史论文索引》的检索统计，在其中之"经济"类、"社会"类以及"历史地理"类中，在上述三个年度分别发表的454篇、449篇、433篇论文中，明确显示与生态环境有关的只有6篇、10篇、11篇，只占论文总数的百分之一、二。

综观清代生态环境的研究现状，不难发现不仅研究论著数量偏少，而且在研究区域与研究内容上也不够均衡。在区域方面，对西北、江南与西南的一些区域着力较多；而对其他一些区域则十分薄弱，甚至处于空白状态。而在内容上，大多集中在农业开发、山区垦殖、平原地区圩垸田建设等农业生产活动引发的生态环境变迁方面；至于其他方面的生态环境变化问题，如城镇、工矿业发展对生态环境变化的影响等则很少。

综上所述，我们一方面可以看到，有关清代生态环境及其变迁方面的研究当前的确需要奋起直追，加强研究；另一方面，在这一领域之研究区域与内容上又的确存在很大的拓展空间，为我们学人提供了广阔的用武之地。

三　清代生态环境有着多方面的问题值得深入研究

正如本文第一部分所强调指出的，因清代时处我国封建社会末期与向近代化蜕变的转型期，加上人口剧增，人为经济活动的范围、类型、强度也大增，因而，由人为活动导致的生态环境之变化，也明显增大，并超过前代，对后代也带来更大的影响。仅就我们现在初步掌握的史料与讯息，清代生态环境主要的变迁现象，除了气候经历了多次冷暖变化（对此已故著名地理学家与气候史学家竺可桢教授在他发表于《考古学报》1972年第1期上的《中国近五千年来气候变迁的初步研究》一文中，曾作过梗概式论述）主要由自然因素造成外（这是仅就清代268年而言，到了现当代一些大规模的人为活动也能对气候变化施加影响），主要由人为活动因素造成的生态环境变化涉及多个方面，都值得深入加以研究。这些方面是：

农田水利建设工程，如垸田、圩田、桑基鱼塘、灌溉渠系、塘堰堤坝及梯田、坝地等，导致一些平原河谷地区及部分丘陵山区农业生态环境的改善；

一些地区由于大规模农业垦殖，致使农田面积扩大，森林面积与草原面积减少，生态环境发生变化；

部分山地森林遭到过度砍伐，造成山区及其下游平原地区生态环境不同程度的恶化；

黄河等河流下游河道改徙，对黄淮平原生态环境的影响；

渤海、黄海与东海以及台湾、海南岛等岛屿海岸线变迁与人工塘堰工程对海滨生态环境的影响；

北方草原与沙漠地区绿洲和沙漠的扩缩对生态环境的影响；

一些大中城镇发展对其生态环境的影响以及一些大型工矿业发展造成周边地区环境的破坏与污染；

一些地区因战乱与疾病对生态环境造成的影响。

以上所列为主要由人为活动导致的生态环境变化的八个方面。实际上就清代气候变化而言，竺可桢先生也只是以黄河、长江中下游地区为主体，就其冷暖变化进行了概述。因清代幅员辽阔，自然地理类型众多，各地实际情况差别明显，所以也有针对各个区域具体情况进行研究的余地。由此可见清代268年间，生态环境及其变化所需研究的问题，内容甚广，课题很多。

上列八个方面的研究内容，又可归纳为下述六个生态环境类型，即：

农业生态环境；

森林生态环境；

水生态环境；

海滨生态环境；

草原与沙漠生态环境；

城镇与工矿区生态环境。

上述六个生态环境类型其含义是明确的。需要说明的是，野生动物分布状况，与森林、草原、荒漠生态环境相关，所以可在森林生态环境、草原与沙漠生态环境中论及。而水生态环境，除包括河流、湖沼、湿地等天然水体外，还包括人工渠道、运河、陂塘等人工水体。

上述六个生态环境类型实际上也表明，清代生态环境变迁类型之多，几已囊括了陆上生态环境各门类。

清代除生态环境变迁自身的众多内容需要研究外，在广大民间和许多学者、官员中产生的环境保护意识以及由之升华而形成的保护自然环境与资源的理论思想，还有到清中后期，清代中央朝廷和地方官府颁行的与保护生态环境相关的政策、制度以及社会基层组织制定的保护生态环境的乡规民约，也值得深入加以收集整理研究阐释。这些内容，既是清代生态环境研究课题中应包括的，也可充实清代政治史、社会史与思想学术史的研究内容。

以上所论只是就有清一代全国性的与生态环境及其变迁相关的研究内容列举的主要门类，如果就具体研究区域而言，当然还有各自的重点问题与特殊问题。

回顾检视清代生态环境及其变迁之研究工作，确如前已述及的，有些方面虽已做了一定的工作，但还可进一步扩大战果，加大深度；有的方面还刚起步；还有的方面至今仍是空白。在研究区域上，情况也是如此。因此，今后在这一领域有大量的研究工作需要开展，而涉及某个大区域与全国性的综合性、整体性的重大成果，也需尽早开展研究，使之早日问世。

四　研究中需要注意的几个带理论性的问题

在当前全球气候变暖迹象日益明显，举世各国更加关注环境保护问题，我国在推行科学发展观之国策时，也将人与自然和谐相处、经济与环境协调发展置于十分重要的位置的形势下，可以预期，科技与学术界将会对我国当前的与历史上的生态环境及其变迁问题给予更多的关注，投入更大的力量，推进其研究工作更好地开展。近年来，我国史学界，在继历史地理学界对我国历史时期环境变迁问题进行了卓有成效的研究之后，环境史学又异军突起，这就充分表明今后我国关于历史时期生态环境及其变迁问题之研究工作，将进入一个活跃期与多产期。清代作为一个离现当代最靠近的一个历史时期，又是一个其生态环境及其变迁状况对当今环境问题具有直接影响的一个时期，对其生态环境之研究势必也将走在这一研究的前列，迎来它的新的发展时期。为了有助于这方面的研究工作，不揣个人之浅薄，仅就近几年工作中的感受，对几个在研究工作中应当注意的与学科理论有关的问题，谈几点初步见解，以求正于学界同仁。

（1）对生态环境问题的研究，既要注重静态特征，也要注重动态变化。静态特征在一个特定的区域范围内往往能较广泛地显示出来。而动态变化则常常是从局部地段开始，逐步扩大，且导致其他环境因素的变化；同时还具有时间上的滞后性。因此，需要多下功夫加以辨认，并予以揭明。

（2）对生态环境变迁现象的研究，既要注重探明其原因，更要注重揭示其结果。在研究中，研究者通常会从人为活动与自然要素自身变化两方面分析造成某种生态环境变化的原因，一般情况下多是从人为活动影响方面立论，这基本上是正确的。但在生态环境变迁问题研究上更需要将变迁结果指明。这当然就要多做工作，以便能拿出翔实的资料、数据来加以说明。

3. 对生态环境变迁所造成的影响，既要注重负面的，也要注重正面的。要扭转人们对历史时期主要在人为活动影响下产生的生态环境变迁的一种误解，即认为历史上先民们的种种活动对生态环境造成的影响都是负面的、破坏性的。这当然是一种不全面不正确的认识。实际上，历史上，包括清代在内，先民们的某些活动，如滥伐山林、过度开垦草原，确对生态环境造成负面的，甚至是灾难性的后果。然而，先民们的另一些活动，如兴修灌溉渠系、兴建圩田圩田等，却在一定程度上改善或优化了生态环境。因此，应科学求实地对生态环境变迁问题做出正确的判断与分析。

（4）对生态环境变迁所造成的影响，既要注意本区域内的，也要注意邻近区域的，以求做出更为全面的论断。因为生态环境中有些自然要素的变化往往是跨区域的，如一些河流其上中游山区生态环境发生的变化，不仅对本区域内生态环境的性状、质量、安全性有相当大的影响，而且还对河流下游平原地区生态环境之安全构成严重威胁。诸如此类的事例还很多，所以还当运用更广阔的眼光来加以把握与论证。

以上所述几点，有的实已成为学界之通识。现罗列出来，不全在聊以备考，还希望借此唤起同仁们的进一步重视与思考，并在今后的研究实践中注意总结相关的学术理论问题，更好地推动清代生态环境研究工作向前进展。

2006 年 7 月

（原文刊载于《陕西师范大学学报》（哲学社会科学版）2007 年第 1 期）

中国环境资源问题先贤睿见卓识之启示
与当代理论构建之思考

当今世界，环境与资源问题已成为关乎全人类生存发展之前途命运的重大问题；上到各国领导人治国理政之战略决策与举措，下到平民百姓衣食住行之生活理念与习俗，均与之密不可分。有鉴于此，近年来，我国政府已将生态文明建设提升到与政治文明建设等相同的高度，确立为"五位一体"的总体建设布局，并起到了协调生态环境保护资源合理利用与经济建设稳步发展关系的积极作用。但这一问题是一项长期的没有止境的重要工作。为持续不断地将这项事关国家、民族兴衰存亡的大事做得更有成效，还当对之加深认识，在充分吸取我国先贤关于这一问题睿见卓识以及我国历史发展上种种经验教训基础上，针对我国现实问题与发展目标，构建出更科学合理更切合实用的理论与制度。为此本文即对之加以论析，贡献几点刍荛之见。

一 当今全球环境与资源问题的严峻态势

众所周知，当今全球最主要的环境问题就是自 18 世纪中叶近代工业革命以来，主要由于人类使用化石燃料急剧增加，导致向空气中排放了大量的二氧化碳，造成全球气候变暖。尽管造成这一现象的还有相应的一些自然因素起作用，但正如联合国政府间气候变化专门委员会（IPCC）在 2013 年发布的全球气候变化第五次评估报告中在指出"全球气候正在变暖是不容置疑的"之后又明确强调的："人类活动极有可能是自 20 世纪后半叶以来地球变暖的主要原因（置信度超过 95%）。"正是因为这一原因，给全球环境造成一系列的负面影响以及重大灾害。例如，近年来日益加快的南北极大陆冰川融化、海平面升高、一些低海拔岛屿与大陆海滨地区被海水淹没以及全球各大洲广泛出现的热浪、干旱、暴雨、洪水、狂风、寒潮等极端天气现象。① 除给人类带来极大的直接危害外，由此还带来非洲一些国家严重缺粮，印度一些地区严重缺水等人类最基本的维持生命存续的资源遗乏问题。有人据之发出人类文明会否因之而衰亡的警告，看来似乎也并非全为杞人忧天。

就我国而言，作为一个在世界上拥有 960 万平方公里国土的大国，当然也处在全球气候变暖造成的对生态环境的一些负面影响之下。同时也正如有的学者指出的"改革开放 30 多年来，我国经济发展在取得巨大成就的同时，也付出了资源环境的沉重代价。大气污染、水污染和土壤重金属污染，不仅制约了经济的可持续发展，而且严重影响了百姓的身心健康"。尽管"自党的十八大提出加快生态文明建设并确立'五位一体'总体布局以来，我国生态文明建设进入快车道，不论在理论创新领域还是在实践探索方面，都取得了令世人瞩目的成就"，但还"应当看到，我们在生态环境治理和保护中仍面临一些问题"。"生态文明建设是一项只有起点没有终点的世代工程，我们任重道远。"② 此外，还应该指出的是，我国西北、华北地区水资源也面临日益紧缺的危殆局面。如流经我国西北、华北区域的黄河，据水利部黄河水利委员会与中国水利水电科学院课题组于 2014 年 10 月完成的《黄河水沙变化研究》报告提供的数据，近百年来（1919—2012 年），黄河潼关水文站以上之黄河中上游流域之年均径流量，在 1919—1969 年的前 50 年中，在高位有小幅度变化；1970—2012 年的近 50 年中，年均径流量开始变小，特别是自 1990 年以来变小幅度增大，且还在持续减小的过程中。如 2000—2012 年的年均径流量为 231.2 亿立方米，较之 1960—1969 年的年均径流量 456.2 亿立方米，减少 225 亿立方米，减少幅度达 49.3%，几近一半。而造成这一变化的原因，年均降水量有所减少固然有一定影响，但黄河上中游地区近年来能

---

① 以上内容请参见《科学世界》2017 年第 1 期"特别策划"之《极端天气，全球变暖与频频发生的热浪、干旱、洪水》。

② 转引自赵建军、胡春立《党的十八大以来我国生态文明建设成就卓著》，《中国社会科学报》2017 年 8 月 22 日第 1 版。

源开发、工矿建设、城镇发展等经济社会因素的影响则是更重要的原因。① 这一变化趋向、幅度与原因十分值得关注。北京作为共和国首都，因严重缺水危及其发挥国家政治中心与文化中心之功能，经发挥举国之力修建了南水北调工程，问题始有所缓解。今后倘若黄河流域广大的西北、华北地区也出现水资源短缺问题，则我国家、民族将何以堪！

二　我国先贤关于环境资源保护
问题的睿见卓识及其启示

我国作为世界东方的文明古国，在长达五千年未曾中断的漫长历史中，先民为保护家园繁衍子孙，对所居区域之山川田野草木鱼兽，即环境、资源均善加爱护，适时采用，多方节约；到中后期，随着人口增加，统治者举措失误，造成了一定的破坏。这更激起先贤对环境、资源问题的关注与探究，总结提炼出不少深邃的见解与卓越的论断。对之加以检视回顾，不难发现其中不少睿见卓识迄今对我们仍深具启示意义。现仅就笔者视域所及择要论列于下。

首先要推崇的是我们中华民族的共祖黄帝所倡导的"节用水火材物"思想。对之，《史记》卷一《五帝本纪》之《正义》释读道："言黄帝教民，江湖陂泽山林原隰皆收采禁捕以时，用之有节，令得其利也。"② 夏王朝奠基人大禹，不仅率先民采取"濬川"与"尽力乎沟洫"等措施治理了大洪水对黄河下游地区造成的溃涝，使先民得以安居乐业；③ 还发布禁令："春三月山林不登斧，以成草木之长；夏三月川泽不入网罟，以成鱼鳖之长"。④

---

① 参见拙文《近百年来黄河中上游水沙变化趋势及其启示》，载张多勇主编《豳风论丛》第二号，中国社会科学出版社 2016 年版。

② 相关内容还可参阅拙文《从天人和谐论到建设生态文明的伟大实践》，原载《陕西师范大学学报》（哲学社会科学版）2008 年第 4 期；后又收入陕西省公祭黄帝陵工作委员会办公室编《纪念人文初祖黄帝建设民族精神家园学术研讨会论文选集》，陕西人民出版社 2008 年版。

③ 沈长云：《再论禹治洪水兼及夏史诸问题》，《中国社会科学报》2016 年 11 月 8 日第 6 版。

④ 《佚周书》。

与大禹之禁令相应，春秋战国时孔子力倡"节用而爱人，使民以时"[1]；而后孟子与荀子又进一步加以阐发。如孟子就强调："不违农时，谷不可胜食也。数罟不入洿池，鱼鳖不可胜食也。斧斤以时入山林，材木不可胜用也。"[2] 荀子也明确指出："污池渊沼川泽谨其时禁，故鱼鳖优多而百姓有余用也。"[3]

在上述先哲们思想观点的策动下，西周时就对各类土地和自然资源设有"虞衡"[4] 等专门官吏进行管理；且这一官职为之后历代王朝所承袭，以迄清王朝。不仅如此，历代统治者还不时发布诏令，将保护生态环境与自然资源相关规定载入法律条文中，并督责地方官员加以执行。[5] 尽管一些王朝为巩固自身统治或满足穷奢极欲的生活，也曾大肆斩伐山林，纵民毁林毁草开荒，但前述的史实，也当作为一笔正面的历史遗产充分加以看待。

事实上，历史时期民间社会也广泛传扬着钟爱山川家园珍惜衣食材物的思想观念；这在许多乡村制定的乡规民约与家风家训中都有明显的体现，在一些历史时段与地区还确实取得了实效。

综上所论，我们可从我国先贤关于环境资源保护问题的睿见卓识中概括总结出以下几点启示：

其一，要珍惜山林川泽，节用水火材物；

其二，要敬畏自然时序，与天地共生共存；

其三，官府朝廷要制定法律诏令，更要切实施行。

三 关于当代保护生态环境与自然资源理论体系构建的初步思考

前已述及，为完成我国当前确立的实现我中华民族伟大复兴，先期

---

[1] 《论语·学而》。

[2] 《孟子·梁惠王》。

[3] 《荀子·王制》。

[4] 《周礼·太宰》。

[5] 参见陈业新《中国环境史中的儒家生态意识》，《中国社会科学报》2012 年 9 月 5 日第 A5 版。

建立普惠于民的小康社会这一宏伟目标，又针对全球与我国面临的环境、资源方面的诸多严峻问题，我国政府已确立了包含生态文明建设在内的"五位一体"总体布局指导思想以及"创新、协调、绿色、开放、共享"五大发展理念；生态文明建设正在相关的行业与部门大力推行，一批有关的制度，如督察问责制度、河长制度等业已建立并实施，同时生态文明理论体系建构也已起步。为更加持续有效地推进生态文明建设，现谨就如何完善生态文明理论体系建构问题，仅从进一步深化历史地理学的基本理论——人地关系论方面增补一些见解。

关于历史地理学的基本理论——人地关系论，笔者曾多次引述这一理论的创建者，也是作为现代新兴学科之一的中国历史地理学开创者之一的侯仁之院士下述经典性论述：[1]

> 历史地理学的一个根本论点，就是说人类的生活环境，经常在变化中，而不是一成不变的。属于自然的景观如此，属于人为的景观更不例外。
>
> 不过，这种变化在人类历史时期来说，主要的还是由于人的活动不断加工于自然的结果，至于不因人的活动而发生的变化，虽然也有，但比较起来，确是非常微小的。
>
> 研究在历史时期主要由于人的活动而产生或影响的一切地理变化，这就是今日所理解的历史地理学的主要课题。

笔者作为仁之先生的入门弟子，通过长期的学习与实践，对"人地关系"理论，在仁之师前述经典论述基础上作了下述两点补充与引申：

其一，在揭示概括出历史地理学具有"时空交织，人地关联，文理兼容，古今贯通"这一学科性质与特点基础上，提出人类历史时期之人地关系是一"多元复合双向制约体系"[2] 的论点。

其二，继而又提出的人类历史时期之生态环境变化，是人为活动导

---

① 侯仁之：《历史地理学刍议》，《北京大学学报》（自然科学版）1962 年第 1 期。

② 拙文《遵循"人地关系"理念，深入开展生态环境史研究》，《历史研究》2010 年第 1 期。

致的生态环境变化叠加在生态环境中诸多自然要素自身变化之上形成的复合性变化的论点。

近来通过反思，感到前述第一个论点尚需进一步强调在人地关系这一对矛盾中，按照辩证唯物主义观点，人是居于主要矛盾方面。

针对当前如何深化人地关系研究，以便丰富完善生态文明理论体系建构这一重大问题，毛曦教授在 2016 年 6 月 3 日《中国社会科学报》第6 版特别策划的"唯物史观与当代中国史学话语建构"专栏发表的《人地关系研究助力史学新进展》一文中提出了五点建议。

一是加强历史时期人地关系研究的跨界学科整合；

二是注意历史时期人地关系的时空差异；

三是重视历史时期人地关系系统的复杂性；

四是重视自然环境及其变化对历史发展必然性、偶然性与多样性的深刻影响；

五是理性看待历史时期人类对自然的开发利用问题。

笔者对毛曦教授的上述五点建议深表赞同。同时结合衡孝庆、李昊远两位学者在《生态创新研究的国际经验》①一文中提出的国际上的生态创新活动首先要解决的是绿色技术与自然生态系统的融合性问题，其次要解决与社会系统的融合问题，最后要实现生态创新与人的融合等发展趋向，笔者在此拟就深化"人地关系"研究问题再补充提出两个见解：

首先是对人地关系中"人"这一方开展多层次多方面研究，要突破以往对"人"之简单化概念化之理解，要充分注意"人"之社会性、阶层性、利益诉求以及对人类世界未来发展前景之向往与追求，以便更有效地对"人"之施加于"地"的行为进行调控管理，使"地"之变化保持在对"人"有利无害的限度内。

其次是对人地关系中"地"一方，在人为活动影响下产生的变化加强监测与预警研究。当然在这一研究中，还要充分注意对"地"这一方各自然要素自身变化规律与变化趋向、变化程度进行研究与管控。而且还应当在做好生态环境变化预测、预警的同时，拟制出应急预案，以防止出现毁灭性的人祸导致的天灾，力保使其对人类的危害降至可承使之

---

① 《中国社会科学版》2017 年 2 月 13 日第 7 版。

程度。

当前，全球与我国面临的环境与资源问题，归根结底，就是人地关系问题。人地关系理论，既然是我们现代历史地理学前辈学者在我国先贤哲人相关的睿见卓识启示下，又吸纳了现代相关学科之成果创立的理论，我们作为这门新兴学科之后继学人，自当责无旁贷应担当起继续深化发展这一理论的重任，以便推动历史地理学进一步向前发展，力争尽快晋升为我国一级学科；同时也为实施习近平主席近日发布的"持之以恒推进生态文明建设，努力形成人与自然和谐发展新格局"号召[①]做出切实的贡献。

2017 年 9 月 1 日

（系提交陕西师范大学西北历史环境与经济社会发展研究院于 2017 年 9 月 22—26 日在西安举办的"资源利用的实例整理和环境思想国际会议"论文）

---

① 《西安晚报》2017 年 8 月 29 日第 1 版。

三　历史自然地理

中国历史自然地理学的回顾与前瞻

一 发展历程回顾

在我国，作为现代学科的历史地理学，植根于渊源悠久之沿革地理学与古典地理学，肇始于 20 世纪初，勃兴于 30 年代禹贡学派的努力，正式形成于中华人民共和国成立以后。而作为这学科的一个重要分支的历史自然地理学，其形成与发展自当与之同步。

众所周知，在我国历史上，除沿革地理学外，还另有一支内容十分广博的古典地理学与之并行发展。其涉及的内容既有人文地理状况，也有自然地理状况，因而，大为超出了沿革地理学的范围。重要的是，在古典地理学的一些论著中，已不只是描述记载地理现象，还着力于探究人地关系的规律。还有一些杰出的学者，对自然环境变化进行了朴素的科学的概括。如西周时人们已对地形变化产生了"高岸为谷，深谷为陵"① 的认识。晋时葛洪对海陆变化提出了"沧海桑田"的概念。② 北魏的郦道元对河道迁徙指明了"川流戕改"的现象。③ 北宋沈括对流水堆积地貌阐释了"湮泥成陆"的观点。④ 明末徐霞客对流水侵蚀地貌作出了"水啮成矶"的概括。⑤ 更有一些学者，不仅注意到地理环境对居民生产与生活的影响，还注意到居民的生产活动对地理环境的"反作用"。如明

---

① 《诗·小雅·十月之交》。
② 葛洪：《神仙传》卷七《麻姑》。
③ 郦道元：《水经注·原序》，王先谦合校本。
④ 沈括：《梦溪笔淡》卷二十一《杂志一》。
⑤ 徐霞客：《徐霞客游记》卷二下《楚游日记》。

代学者阎绳芳在《镇河楼记》① 一文中就记述了山西省祁县在明正德与嘉靖年间（公元 1506—1521 年、1522—1566 年），当地居民滥伐南山之木，导致生态环境恶化。同样，清末文学家梅曾亮在《书棚民事》② 一文中，也记载了皖南宣城一带，因有大批农民进入山区垦荒，使草树葱郁、土坚石固的山林变成濯濯童山，并得出了毁林开荒是"开不毛之地，而病有谷之田"的结论。与恩格斯在《自然辩证法》一书中所举的意大利阿尔卑斯山区、小亚细亚、古巴等地的例子同样深刻而富有科学哲理。

　　尽管在历史上我国的古典地理学获得了一定的发展，然而至清代乾隆、嘉庆之时，舆地考证达到了巅峰状态，而本应包容沿革地理学的古典地理学反而萎缩了，以至于形成现今之历史地理学是由沿革地理学发展转化而来的观念。而究其实质，我国现今之历史地理学实渊源于我国历史时期之沿革地理学与古典地理学。至少作为历史地理学分支学科之一的历史自然地理学与古典地理学之间有着更为直接的继承关系。

　　20 世纪以来，伴随着现代地理科学在我国的兴起与发展，历史地理学，其中包括历史自然地理学，也历经了萌生、形成与开拓发展三个发展阶段。

　　第一阶段，自 20 世纪初至 40 年代末，先驱们在历史时期我国气候、地貌、土壤、河湖、森林等自然地理因素方面做了一些开创性的工作。其中，又以竺可桢等对我国历史上气候变迁问题的研究最为引人注目。

　　第二阶段，自 20 世纪 50 年代初至 70 年代末。这一时期，大陆上随着经济建设与科学研究工作的大规模开展，对历史时期地理环境的研究也日益深入。汇总此 30 年历史自然地理学研究成果的《中国自然地理·历史自然地理》一书的问世③，标志着历史自然地理学业已发展成熟。同时中国台湾地区学者也发表了《台湾历代洪患与"八·七"水灾》④《三百年来台湾地理之变迁》⑤ 等论著。

---

① 清嘉庆《山西通志》卷二十九。
② 该文载于他的诗文集《柏枧山房集》。
③ 中国科学院《中国自然地理》编辑委员会编辑的一本专著，于 1973 年开始撰写，有国内 10 个单位、20 余位学者参加，1980 年初定稿，1982 年 1 月由科学出版社出版。
④ 毛一波：《台湾文献》1959 年第 10 卷第 3 期。
⑤ 陈正祥：《台湾文献》1961 年第 12 卷第 1 期。

第三阶段，自 20 世纪 80 年代初迄今。虽只十年时间，但进展颇速。其特点是在编绘大型综合性的《中国大地图集·历史地图集》中历史自然地理各要素图组工作的推动下，与当今举世瞩目的环境变迁研究紧密结合，因而，不仅使前期一些较薄弱的分支领域，如历史动物地理、历史土壤地理，也得到了较充分的研究；而且还开展了区域性的历史时期综合环境变迁研究，既拓宽了研究领域，使历史自然地理学得以全方位地发展，又密切了与当前经济建设中之资源保护和环境整治工作的关系。同时在理论与研究方法上，也出现日趋活跃的研究势头。

二　各分支学科主要研究成果检阅

目前，我国之历史自然地理学已发展成为一门具有坚实的理论基础，对我国历史时期自然环境变迁状况及其规律进行了全面综合的研究，并取得了一批颇具质量的成果，且在国民经济建设中的作用日益明显的学科。同时，历史自然地理学各分支学科，如部门方面的历史时期气候、植被、动物、河湖水系、地貌、海岸、沙漠、土壤变迁的研究，尽管彼此间发展程度不一，但已基本齐全，迄今已无重大空白。至于区域历史自然地理研究，虽然起步较晚，但因与区域经济开发及环境治理关系更为密切，近年来更加受到关注，因而也有相当发展。

（一）历史时期气候变迁

20 世纪初以来，虽然有不少西方学者研究中国历史上之气候变迁，但相较而言，仍以中国学者研究得更为深入精详。如竺可桢在 1925 年连续撰写了多篇论述我国历史时期气候状况及其变化的论文。[①] 特别是关于我国在整个历史时期之气候变化问题，他锲而不舍坚持进行了近半个世纪的研究，不仅在 1933 年以同样的论题再次撰文进行论述[②]，还于 1972

---

① 《中国历史上气候之变迁》，《东方杂志》1925 年第 3 期；《中国历史上旱灾》，《史地学报》1925 年第 6 期。

② 《国风》1933 年第 4 期。

年发表了他的著名论文《中国近五千年来气候变迁的初步研究》①。又如蒙文通的《中国古代北方气候考略》②与《古代河域气候有如今江域说》③、徐中舒的《殷人服象与象之南迁》④、丁文江的《陕西省水旱之记录与中国西北部干旱化之假说》⑤、吕蔚光的《华北变旱说》⑥与《关于西域及西蜀之古气候与古地理》⑦、周廷儒的《从自然地理现象证明西北历史时代气候之变化》⑧、谢义炳的《清代水旱灾之周期研究》⑨、胡厚宣的《气候变迁与殷代气候之检讨》⑩等文，也如同竺氏文章一样，或依据史籍与甲骨文资料整理统计，或依据遗留下来的自然地理变化遗迹的研究分析，探讨了我国部分地区，特别是北部若干区域历史时期气候变迁状况。上述论文的某些结论，有需做修正之处，但他们探讨问题的思路及研究问题的方法均具有开创性，至今仍有借鉴意义。

迨至 20 世纪 50 年代至 70 年代，这一研究更形成有组织推进之势。综观这一时期之研究工作，有以下几个特点：

（1）研究的时限上溯，已不限于我国文字记载的近三千年内，而是上推至历史地理学所研究的整个人类历史时期之初期，即冰后期以来之全新世，也即人类社会进入新石器时代以来的约一万年时间。

（2）有关史料的收集整理更系统完整。徐近之自 1955 年撰成《黄淮平原气候历史记载的初步整理》⑪一文后，接着又收集编著国内各地气候历史记载资料。1977 年江苏省地理研究所（今中国科学院南京地理与湖泊研究所）编印了北京与郊区、河北平原与毗连山区、山西、内蒙古、陕西、甘肃（包括宁夏、青海）、山东、江苏（包括上海市）、安徽、浙江、江

---

① 先载于《考古学报》1972 年第 1 期，后转载于《中国科学》1973 年第 2 期。
② 《史学杂志》1930 年第 3、4 期。
③ 蒙文通讲，王树民记，《禹贡》1934 年第 2 期。
④ 《中央研究院历史语言研究所集刊》第二本，1930 年 5 月。
⑤ 原文系英文写成，朱炳海译，《方志月刊》1936 年第 2 期。
⑥ 《地理》1941 年第 2 期。
⑦ 《气象学报》1942 年第 3、4 期。
⑧ 《地理》1942 年第 3、4 期。
⑨ 《气象学报》1943 年第 1—4 期。
⑩ 《中国文化研究汇刊》1944 年第 1 期。
⑪ 《地理学报》1955 年第 2 期。

西、福建与台湾、河南、湖北、湖南、广东、广西、四川、云南、贵州等地的 20 多篇。许多省、市、自治区气象局也相继编写了历史气候资料。

（3）在研究方法上开始注重应用多种技术手段。竺可桢这一时期对历史气候的研究即由前一时期单一依据史籍资料进到同时依据史籍与方志中的有关资料以及考古发掘、近代气象观测资料。许多学者还采用孢粉分析、树木年轮及自然地理相关因子结合对照等新的研究方法。

（4）研究工作有意识地与预报未来气候变迁趋势相结合。通过复原历史时期之气候状况，建立不同时间尺度的气候变迁序列，为气候变迁趋势预报提供资料依据；通过探讨历史时期气候变迁的自然原因及人类活动对气候变化的影响，为做好气候变迁趋势预报提供基础理论。特别是前者，成果更多一些。

进入 20 世纪 80 年代后，出版了中央气象局气象科学研究院主编，有大陆数十个单位参与编绘的《中国近五百年旱涝分布图集》（地图出版社 1981 年版）及台湾学者刘昭民的《中国历史上气候之变迁》（台湾商务印书馆 1982 年版）等专著。同时在国家自然科学基金委员会的资助下，将施雅风主持的研究课题"中国气候与海面变化及其趋势和影响的初步研究"列为"七五"期间国家自然科学研究的重大项目，集中有关科技力量进行攻关研究。龚高法等根据孢粉分析和考古资料，复原了距今 8000—3000 年之仰韶温暖时期我国之气候状况，并推断了自那时以来我国亚热带北界曾沿现今之分布界线发生过多次南北推移；在仰韶温暖期这一最温暖时期，曾达到黄河以北之华北平原北部。① 施雅风根据新疆、青海等地山地冰川与湖泊的萎缩状况，揭示了亚洲中部地区 20 世纪气候干暖化趋势增强的现象，并预计这一趋势可能延续到 21 世纪初。但如由于二氧化碳及其他痕量气体增加所造成的温室效应使 21 世纪重现全新世早、中期那样的高温，则亚洲中部有可能转为潮湿。②

当前我国历史时期气候变迁研究，正作为近期兴起的全球性热门研

---

① 《历史时期我国气候带的变迁及生物分布界限的推移》，载《历史地理》第五辑，上海人民出版社 1987 年版。

② 《山地冰川与湖泊萎缩所指示的亚洲中部气候干暖化趋势与未来展望》，《地理学报》1990 年第 1 期。

究课题—环境变迁研究之主干内容得到进一步的重视。

（二）历史时期河湖变迁

20世纪初即有外国探险家从事这方面的考察与研究。如斯文赫定于1900年至罗布泊地区考察后，提出了罗布泊是游移湖的理论，且以1500年为周期改变其位置；其后斯坦因也提出了罗布泊位置虽不固定，但并非周期性游移，而是随着河流的迁徙而经常变化的不同见解。然而对这一问题做出更深入研究的还是中国学者。1980—1981年，中国科学院新疆分院通过大规模考察，否定了斯文赫定的周期性游移说，提出了罗布泊是一个经常有水停积的湖泊，历史上由于自然因素与人为影响，形状大小时有变化的观点。① 与此同时，奚国金通过详密的考察考证，认为汉晋以来罗布泊湖址曾数经迁移；而造成迁移的原因，主要是由自然地理因素所引起的塔里木河下游的改道。② 彼此间见解虽不一致，但从双方的论证过程看，工作较前人大有进展。

就全国而言，研究重点还在东部外流水系区，特别是黄河、长江流域。

黄河下游河道历史上在中原大地上迁徙无常，对封建王朝政治兴衰与民生安危影响至巨。清以前就是史学家与舆地学家研究的重点，20世纪以来更受到学者们的重视，研究论著不胜枚举。郑肇经的《中国水利史》（商务印书馆1939年版）、岑仲勉的《黄河变迁史》（人民出版社1957年版）、黄河水利委员会的《黄河水利史述要》（水利出版社1982年版）均是带总汇性的著作。而具创见性的论著，当数史念海的《论〈禹贡〉的导河和春秋战国时期的黄河》③、谭其骧的《〈山经〉河水下游及其支流考》④、《西汉以前的黄河下游河道》。⑤ 两位学者虽然在"禹贡河"是否从宿胥口北出行邺东故大河问题上有所分歧，但所复原的禹贡

---

① 夏训诚、樊自立：《关于罗布泊是否游移的问题》，载《罗布泊科学考察与研究》，科学出版社1987年版。

② 奚国金：《罗布泊迁移过程中一个关键湖群的发现及其相关问题》，载《历史地理》第五辑，上海人民出版社1987年版。

③ 《陕西师范大学学报》1979年第1期。

④ 《中华文史论丛》第七辑，上海古籍出版社1978年版。

⑤ 《历史地理》（创刊号），上海人民出版社1981年版。

河其他河段意见基本是一致的。特别是都在河北深县以下勾勒出歧出的两股河道，史念海分别称为"北行的一股"与"东行的一股"；谭其骧因又从《山海经》之《北海经·北次三经》中找到坚实依据，所以特分别称为"山经河"与"禹贡河"，深县以上则称为"山经禹贡河"。黄河含沙量为世界之冠，而且是自古多泥沙。过去对其历史上含沙量变化，研究甚少，且多是定性论述。近期景可、陈永宗根据沉积相关原理，通过黄河下游各个时期冲积扇的面积与平均堆积厚度，计算出全新世期间几个主要阶段之年均堆积量，又根据黄土高原产沙输移比为1的事实，确定出各阶段之年均侵蚀量，并计算出各阶段之自然加速侵蚀率与人类加速侵蚀率，揭示出各阶段之自然加速侵蚀率为一恒量，而人类加速侵蚀率则随着岁月的推移与人类活动的增强而逐步增加这一变化规律。① 关于黄河流域历史时期湖泊变迁，田世英曾撰写了《黄河流域古湖钩沉》② 一文，对上、中、下游历史上一些湖泊的湮塞消失作了论列，尤详于山西境内昭余祁等古湖的演变。朱士光先后写了《内蒙城川地区湖泊的古今变迁及其与农垦之关系》及《论内蒙古河套地区历史时期河湖水系的变迁与土壤盐渍化问题》③ 两文，对内蒙古境内黄河流域古今湖泊变迁论之甚详。至于下游湖泊之演变，史念海曾在《历史时期黄河流域的侵蚀与堆积》（下篇）中"湖泊的淤平"④ 一节作了论述。邹逸麟在《历史时期华北大平原湖沼变迁述略》⑤ 一文中，分四个历史阶段，对华北大平原上古代众多的湖沼，其中包括黄河下游的诸多湖泊，大多趋于淤废消失的历程作了更为详尽的论述。

长江三峡以下的中下游河道与湖泊历史时期变化甚巨。20 世纪 50 年代以来谭其骧、张修桂等借助于有关长江中下游地区地质、地貌研究的成果，结合文献资料考证，对历史上云梦泽、洞庭湖、鄱阳湖、太湖等湖泊沼泽及荆江、城陵矶—湖口、湖口—镇江河段的演变状况作了系统

---

① 景可、陈永宗：《黄土高原侵蚀环境与侵蚀速率的初步研究》，《地理研究》1983 年第 2 期。

② 《山西师范大学学报》（哲学社会科学版）1982 年第 2 期。

③ 《农业考古》1982 年第 1 期和《人民黄河》1989 年第 1 期。

④ 《河山集》二集，三联书店 1981 年版。

⑤ 《历史地理》第五辑。

探究，得出了许多不同于前人的结论。① 其他，如谭其骧与黄盛璋对海河水系历史演变②、曾昭璇与周源和等对珠江三角洲水系的历史演变③、史念海等对我国运河的历史演变④的研究，都取得了具体的成果。

（三）历史时期天然植被变迁

20 世纪前半叶，仅少数学者对我国历史上天然森林的变迁作过一些研究，内中陈嵘曾辑录历代有关森林及民国时期林政资料，编成一本《中国森林史料》。⑤ 50 年代中期陈桥驿发表了《古代绍兴地区天然森林的破坏及其对农业的影响》⑥，始将这方面的研究工作推进了一步。对植被变迁的全面研究，则有文焕然与陈桥驿撰写的《中国自然地理·历史自然地理》第三章、史念海撰写的《历史时期黄河中游的森林》⑦以及史念海与曹尔琴、朱士光合著的《黄土高原森林与草原的变迁》一书。⑧ 这期间还有不少学者以天然森林为主题研究了若干地区的植被变迁。如各省区林业部门在撰写各自辖境内森林状况的专书时，均对历史时期之森林变迁列有专章加以介绍。此外，文焕然、陈加良、何业恒、鲜肖威、陶炎、林英、于希贤等对新疆⑨、宁夏⑩、湖南⑪、甘肃⑫、东

---

① 《中国自然地理·历史自然地理》第四章第三节长江。

② 谭其骧：《海河水系的形成和发展》，载《历史地理》第四辑，上海人民出版社 1986 年版；黄盛璋执笔编写的《中国自然地理·历史自然地理》第四章第四节海河。

③ 曾昭璇、黄少敏：《珠江三角洲历史地貌学研究》，广东高等教育出版社 1987 年版。周源和：《珠江三角洲水系的历史演变》，《复旦学报》（社会科学版增刊），1980 年 8 月。

④ 史念海：《中国的运河》，重庆史学书局 1944 年初版，陕西人民出版社 1988 年修订再版。

⑤ 该书最初命名为《历代森林史略及民国林政史料》，由中华农学会于 1934 年出版。1951 年作者增添了 1934—1951 年的有关资料后改现名，于 1951 年和 1952 年出过两版，后又于 1963 年再次由中国林业出版社出版。

⑥ 《地理学报》1955 年第 2 期。

⑦ 《河山集》二集。

⑧ 陕西人民出版社 1985 年版。

⑨ 文焕然：《历史时期新疆森林的分布及其特点》，载《历史地理》第六辑，上海人民出版社 1988 年版。

⑩ 陈加良、文焕然：《宁夏历史时期的森林及其变迁》，《宁夏大学学报》（自然科学版）1987 年第 1 期。

⑪ 何业恒、文焕然：《湘江下游森林的变迁》，载《历史地理》第二辑，上海人民出版社 1982 年版。

⑫ 鲜肖威：《历史上甘肃的森林和草原》，《经济地理》1984 年第 3 期。

北①、江西②、北京③等省区之森林变迁也专门著文进行论述。

　　根据各地孢粉分析可确定该地区全新世早、中、晚期之植被类型与主要树种、草种，其反映植被变迁各阶段之时间尺度已由 3000—5000 年缩短至 1000 年以内，最短的仅 300—400 年；④ 朱士光即充分利用了全新世时期孢粉分析研究成果，再加上考古发掘材料，较前更准确地复原了全新世中期我国之天然植被分布状况⑤，为研究历史时期植被变迁提供了人类历史初期未受人类活动影响之天然植被的本底状况。

（四）历史时期沙漠变迁

　　自 20 世纪 60 年代初开始，侯仁之带领几位中青年学者才开拓了这一新的研究领域。继 1960 年赴宁夏河东沙区考察后，又于 1963 年赴乌兰布和沙漠、1964 年赴毛乌素沙地进行考察，先后撰写了有关沙漠历史地理研究的数篇论文。⑥ 朱震达、刘恕等对造成沙漠化的自然因素和人为因素、沙漠化的特征与演变趋势、沙区农业自然资源的合理开发与治理途径等方面的研究，对历史时期我国草原与荒漠草原地带一些沙漠的形成与发展以及荒漠地带一些沙漠的扩大作过全面简明的论述。⑦ 进入 20 世纪 80 年代后，景爱等对呼伦贝尔草原与科尔沁地区进行考察，发表了数篇论文。⑧

　　目前在这一领域，有关毛乌素沙地等一些草原和荒漠草原地带中的

　　① 陶炎：《东北林业发展史》，吉林社会科学院 1987 年版。

　　② 林英、廖桢：《江西森林的历史变迁》，《江西大学学报》（自然科学版）1982 年第 1 期。

　　③ 于希贤：《北京地区天然森林植被的破坏过程及其后果》，载《环境变迁研究》1984 年第 1 辑。

　　④ 王开发：《根据孢粉组合推断上海西部三千年来的植被、气候变化》，载《历史地理》第六辑，上海人民出版社 1988 年版。

　　⑤ 朱士光：《全新世中期中国天然植被分布概况》，载《中国历史地理论丛》1988 年第 1 辑。

　　⑥ 《从人类活动的遗迹探索宁夏河东沙区的变迁》，《科学通报》1964 年第 3 期。《乌兰布和沙漠北部的汉代垦区》，载中国科学院治沙队编《治沙研究》第七号，科学出版社 1965 年版。《从红柳河上的古城废墟看毛乌素沙漠的变迁》，《文物》1973 年第 1 期。《敦煌县南湖绿洲沙漠化蠡测》，《中国沙漠》1981 年第 1 期。

　　⑦ 朱震达、刘恕：《中国北方地区的沙漠化过程及其治理区划》，中国林业出版社 1981 年版。

　　⑧ 《呼伦贝尔草原的变迁》，载《历史地理》第四辑，上海人民出版社 1986 年版；《平地松林的变迁与西拉木伦河上游的沙漠化》，载《中国历史地理论丛》1988 年第 4 辑。

沙地究竟是人类历史时期形成，抑或地质时期即已存在的问题上尚存在分歧与争论；有关塔克拉玛干沙漠等一些荒漠地带的沙漠在人类历史时期的演变问题尚需进一步进行探讨。

（五）历史时期海岸线变迁

海岸线变迁受地壳构造运动、全球性气候变化所引起的海面升降及河口三角洲沉积作用的制约，在人类历史时期还受到人工修建海塘及围垦海涂等活动的影响，影响因素十分复杂。20 世纪前半期这方面的研究很少，仅有个别地学家作过我国地质史上的海侵研究，还有少数史学家研究过某些海岸区域的海塘兴修沿革。20 世纪 50 年代以来，我国历史地理学家开始充分利用海洋地质学家的研究成果与沿海地区的考古材料，研究渤海湾及江、浙、闽、粤等地历史时期的海岸线变迁问题。

关于渤海湾西部海岸线的变迁问题，侯仁之著文批驳了丁骕所拟西汉初期与北宋中期的海岸线，指出希腊地质学家 C. P. 克雷陀普从地形研究上强调 4 米等高线的意义是值得重视的。[①] 谭其骧指明西汉中叶渤海湾西岸曾发生一次大海侵，淹没地区相当于今天津市区、宁河区、黄骅市一带，海岸线由今天津市区以东之白沙岭贝壳堤一线西移至 4 米等高线，东汉后期才逐渐恢复。[②] 这次大海侵的原因，有学者认为是一次大地震，还有学者认为是一次大范围的海面波动[③]，尚未取得一致意见。但 2000 年前出现过这次大海侵，造成海岸线变化，却已得到了学术界的公认。

关于上海地区成陆年代问题，谭其骧在陈吉余等工作的基础上，根据上海地区考占发掘材料及文献资料，自 20 世纪 60 年代初至 80 年代初，多次著文阐述。在批评了海登斯坦与丁文江的错误见解，推倒了自己的某些陈说之后，采纳了古代气候变迁的研究成果，阐明了上海地区自距今五六千年前的新石器时代迄今，各个部分在不同历史时期逐渐成陆的

---

① 侯仁之：《历史时期渤海湾西部海岸线的变迁》，《地理学资料》1957 年第 1 期；丁骕《华北平原之生成》，《中国水利工程学会水利月刊》1947 年第 1 期；C. P. 克雷陀普：《华北平原之生成》，《中国地质学会志》1947 年第 27 卷。

② 《历史时期渤海湾西岸的大海侵》，《人民日报》1965 年 10 月 8 日。

③ 陈可畏：《论西汉后期的一次大地震与渤海西岸地貌的变迁》，《考古》1979 年第 2 期；韩嘉谷：《西汉后期渤海湾西岸的海侵》，《考古》1982 年第 3 期。

历程及上海旧城区的成陆年代大致在 9 世纪中叶以前这一系统的见解。①

有些学者研究，冰后期以来，随着世界性气温上升，海面上升很快，淹没近海平原，江南地区海水进入杭州湾、长江口，在华北海岸达到天津以西，沿海岸线形成高 3—4 米的贝壳堤或海滨沙堤，C^{14} 测年为 6620±300、5690±250 年前，这是冰后期海侵的最高海岸线。自此以后，海面趋于稳定，并稍有下降，加上河流的沉积补偿海岸线逐渐后退，又形成 2—3 列海滨贝壳堤或海滨沙堤，再往后，海面接近现代海面高度，海岸线逐渐退到现代位置上。② 另一些学者则认为，近万年来海面变化的总的趋势是不断上升，早期上升速度比较快，中全新世以后，则为在波动中缓慢上升，并渐趋于稳定。应注意的是，海洋地质学家的有关研究成果为研究人类历史时期海岸线变化提供了可资参照的地质背景材料。③

（六）历史时期地貌变化

本节主要指对历史时期黄土地貌变迁状况的研究。1963 年史念海对古代关中地区的黄土原与隰的变迁④作了论述后，即开始了对历史上黄土地貌变迁的长期探究的历程。但真正大规模从事这一课题的研究，是到了 20 世纪 70 年代后期。这期间他通过实地考察，对照历史与现实，全面论述了历史时期我国黄土高原由于风雨流水侵蚀所导致的沟壑发育、原的切割破坏、塬梁、峁的变迁，也论述了黄河下游平原地区由于泥沙堆积所造成的湖泊的淤平、城池的埋没、丘陵的沉沦、平原地势的高起以及黄河干支流的侧蚀与下切。⑤ 细致地剖析了周初还颇为平坦完整的膴膴周原，经后世长期流水侵蚀与河流深切，变为若干个狭窄破碎的小原的

---

① 谭其骧：《关于上海地区的成陆年代》，《文汇报》1960 年 11 月 15 日；《上海市大陆部分的海陆变迁和开发过程》，《考古》1973 年第 1 期；《〈上海市大陆部分的海陆变迁和开发过程〉后记》，载《上海地方史资料》一，上海社会科学院出版社（内部发行）1982 年版。

② 王靖泰等：《中国东部晚更新世以来海面升降与气候变化的关系》，《地理学报》1980 年第 4 期。

③ 杨达源：《中国东部全新世海面变化的研究》，《海洋科学》1984 年第 2 期。

④ 《古代的关中》，载《河山集》，三联书店 1981 年版。

⑤ 《历史时期黄河在中游的侧烛》、《历史时期黄河在中游的下切》，载《河山集》二集，三联书店 1981 年版。

过程与原因。① 至 20 世纪 80 年代，他又在黄土高原地区选择了若干个有代表性的点，由南向北排列成四条线，依据考古与文献资料，逐一测算了每个点上有史可考的历史时期沟壑的年平均延伸进度。② 他的测算数据是符合黄土高原各地貌类型区土壤侵蚀规律的，可作为研究历史时期黄土高原土壤侵蚀与地貌演变速率的参考。

（七）　历史时期野生动物分布区域的变迁

这方面的研究工作，有文焕然接受有关部门委托研究某些濒临灭绝险境的野生动物变迁问题。他结合历史时期气候、植被等自然因素的变化和区域开发中人为活动的影响，探讨我国特别是东部季风区中南部野生动物种群及其分布区域变化状况，其时间上限直抵全新世前期，与地质时期古生物变迁相衔接。自 20 世纪 70 年代末开始，以文焕然、何业恒为主的一批研究者，共同连续发表了一系列的文章，论述了历史时期我国境内的野象③、马来鳄④、扬子鳄⑤、犀牛⑥、大熊猫⑦、长臂猿⑧、猕猴⑨、猩猩⑩、鹦鹉⑪、孔雀⑫、梅花鹿⑬等野生动物种属地理分布上的变

---

① 《周原的变迁》，载《河山集》二集，三联书店 1981 年版。

② 《历史时期黄土高原沟壑的演变》，《中国历史地理论丛》1987 年第 2 辑。

③ 文焕然等：《历史时期中国野象的初步研究》，《思想战线》1979 年第 6 期。

④ 文焕然等：《历史时期中国马来鳄分布的变迁及其原因的初步分析》，《华东师大学报》（自然科学版）1980 年第 3 期。

⑤ 文焕然等：《试论扬子鳄的地理变迁》，《湘潭大学学报》（自然科学版）1981 年第 1 期。

⑥ 文焕然等：《中国野生犀牛的灭绝》，《武汉师范学院学报》（自然科学版）1981 年第 1 期。

⑦ 文焕然等：《近五千年来豫鄂湘川间的大熊猫》，《西南师范学院学报》（自然科学版）1981 年第 1 期。

⑧ 高耀亭等：《历史时期中国长臂猿分布的变迁》，《动物学研究》1981 年第 1 期。

⑨ 文焕然等：《华北历史上的猕猴》，《河南师大学报》（自然科学版）1981 年第 1 期。

⑩ 何业恒等：《历史时期中国有猩猩吗》，《化石》1981 年第 2 期。

⑪ 何业恒等：《中国鹦鹉分布的变迁》，《兰州大学学报》（自然科学版）1981 年第 1 期。

⑫ 文焕然等：《中国历史时期孔雀的地理分布及其变迁》，载《历史地理》（创刊号），上海人民出版社 1981 年版。

⑬ 文焕然等：《中国珍稀动物历史变迁的初步研究》，《湖南师范学院学报》（自然科学版）1981 年第 2 期。

迁。与此同时及其以后一段时间，何业恒又独自撰文，对竹鼠①、水鹿②、棕熊③以及某些珍稀鸟类④、金丝猴⑤等野生鸟兽历史上地理分布或在湖南省境内分布上的变迁作了具体的探讨。其总的变化趋势是，分布区域由大变小，分布范围之北界由北向南退缩，有的甚至迁出国境，或濒于灭绝。

（八）历史时期土壤的变迁

20 世纪 30 年代，仅有蓝梦九（1931）⑥ 及王翌金（1934）⑦ 有所论及。延至 60 年代初，史念海列述了古代关中地区劳动人民修建郑国渠等大型灌溉工程，采用沟洫畎田制度，灌溉保墒，淤淀洗碱，排水疏洩，起到了改良土壤增产粮食的作用。之后，文焕然等对华北平原与渭河平原等地历史时期盐碱土的分布与改良问题作了进一步的研究。⑧ 到了 80年代，史念海在述及黄河下游由于泥沙堆积造成的地面变化时，又划出专节讲到这一广阔的平原地区因为黄河自然决口淤漫及宋以后人工有意识地引水淤地，造成历史时期土壤巨大变化，特别是有利于改良盐碱地的史实；⑨ 朱士光结合河套地区历史时期河湖水系的变迁及生产活动中长期灌排失调和地质、气候原因，论述了该地区土壤盐碱化面积不断扩大，

---

① 何业恒：《中国竹鼠分布的变迁》，《湘潭大学学报》（社会科学版）1980 年第 3 期。

② 何业恒：《中国东部地区水鹿的今昔》，《广西师范大学学报》（自然科学版）1983 年第 1 期。

③ 何业恒：《历史时期湖南有棕熊吗?》，《湖南教育学院学报》（自然科学版）1985 年第 1 期。

④ 何业恒：《湖南珍稀鸟类的历史变迁》，《衡阳师专学报》（社会科学版）1987 年第 3 期。

⑤ 何业恒：《武陵山区金丝猴的地理分布及其变迁》，《湖南师范大学学报》（自然科学版）1988 年第 2 期。

⑥ 《中国土壤之历史研究》，《中华农学会报》1931 年第 86 期。

⑦ 《土壤之历史观》，《通农期刊》1934 年第 1 期。

⑧ 文焕然、林景亮：《周秦两汉时代华北平原与渭河平原盐碱土的分布及利用改良》，《土壤学报》1964 年第 1 期；文焕然、汪安球：《北魏以来河北省南部盐碱土的分布和改良利用初探》，《土壤学报》1964 年第 3 期；高敏：《历史上冀鲁豫交界地区种稻同改良盐碱地的关系》，《人民日报》1965 年 12 月 7 日。

⑨ 史念海：《历史时期黄河流域的侵蚀与堆积》（下篇），载《河山集》二集，三联书店1981 年版。

程度不断加剧的过程。① 由此可见在最近半个多世纪中，对我国广袤国土上多种土壤，特别是农业耕作土壤的形成演变历史，虽有所研究，总的看来研究是不够的。所以《中国自然地理·历史自然地理》一书中竟对这一重要问题，几无涉及。

（九）区域历史自然地理（区域自然环境变迁）研究

与部门历史自然地理的研究相比较，区域历史自然地理的研究起步要晚得多，是近 10 年来的事。从事这方面的研究，须以部门历史自然地理研究进行到一定阶段，有关资料与成果积累到一定程度，研究人员素养提高到一定水平作为条件。此外，开展这方面的研究也与社会经济发展形势有关。20 世纪 80 年代以来，有关部门相继对京津唐、新疆、海南、黄土高原、北方农牧交错带、黄淮海平原开展了综合考察与研究，历史时期自然环境演变也被列为研究课题之一。在这一形势推动下，区域自然环境变迁研究得以开展起来，并取得了一批颇为引人注目的成果。如对于京津唐地区，邢嘉明、李宝田、王会昌等曾多次撰文论述其自然环境演变特点及其与人类活动的关系。② 他们基于应从足够的时间尺度上认识自然环境各要素的演变规律，也要从一定的历史背景上评价人为活动的影响，还要从自然环境的整体上把握全区的地理特征和发展历史等观点，具体分析了该地区全新世期间气候与环境演变的总的脉络、水系与湖沼洼地变迁、渤海湾海侵、森林破坏等及其环境后果、人口发展与环境的关系、燕山山前地带与山区农业开发以及平原灌溉农业的发展对环境变迁的影响等一系列问题，从而在区域历史自然地理研究领域迈出了有力的一步。1985 年中国科学院组织黄土高原综合科学考察，主动约请历史地理学家史念海与曹尔琴、朱士光等参加工作，强调要探明黄土高原地区自然环境形成演变历程，全面总结人类开发的经验教训，为制定这一地区国土整治及经济开发方略提供必要的历史借鉴。通过几年的

---

① 朱士光：《论内蒙古河套地区历史时期河湖水系的变迁与土壤盐渍化问题》，《人民黄河》1989 年第 1 期。

② 邢嘉明、李宝田：《京津地区自然环境演变及其与人类活动的关系》，载《环境变迁研究》第一辑，海洋出版社 1984 年版；邢嘉明、王会昌：《京津唐地区自然环境演变及区域开发过程》，载《地理集刊》第十三号（古地理与历史地理专辑），科学出版社 1987 年版。

野外考察和历史文献的考证研究，他们就该区历史时期农牧业发展历程及农牧业分布地区、植被类型及各类植被分布区域、河湖水系的变化以及毛乌素与乌兰布和等沙漠的形成原因及扩展过程、导致自然环境变迁的原因及历史时期开发黄土高原的主要经验教训等问题撰写出一批论文①，同时着手编撰有关这一地区历史地理研究的专著。史念海在《论黄土高原的治沟和治水》一文中提出的以植树造林为治本措施，配合上其他治标措施，从根本上达到治理黄土高原的目的的建议，使区域历史自然地理研究水平提高了一步。周廷儒、张兰生等全面探讨了鄂尔多斯高原这一环境变迁敏感地区全新世时期环境演变的若干特征及一万余年来环境演变存在的若干不同周期的冷暖干湿交替史实后，论定相对湿润期和相对干燥期可以导致这一地区丘陵部分农牧交错区西界有 80 公里的摆动幅度，沙地区西界有 160 公里的摆动幅度。② 这一成果显示出在自然环境演变及预测研究方面又跨出了新的步子。

（十）历史自然地理理论研究

古代我国一些学者就萌发了探讨地理环境变迁与人地关系的思想。迨至现代，我国历史地理学家在进行具体课题研究的基础上，对历史自然地理学的理论问题则进行了多方面的探讨。

侯仁之还在 1962 年就对包括历史自然地理学在内的整个历史地理学的几个基础理论问题进行了阐释，引用恩格斯在《自然辩证法》一书中的论述，强调指出：人类的生活环境，包括自然与人文景观经常在变化中；不仅自然条件到处在决定人的历史发展，同样，人也反作用于自然界；在历史地理学的研究领域，必须紧紧把握辩证唯物主义与历史唯物主义的观点；历史地理学的主要工作，不仅要"复原"过去时代的地理环境，而且还须寻找其发展演变的规律，阐明当前地理环境的形成和特点；在开展历史地理研究时，应特别重视野外考察，运用现代

---

① 史念海：《隋唐时期黄河上中游的农牧业地区》，载《唐史论丛》第二辑，陕西人民出版社 1987 年版；《论黄土高原的治沟和治水》，载《河山集》三集，人民出版社 1988 年版。

② 张兰生、史培军、方修琦：《中国北方农牧交错地带鄂尔多斯地区全新世环境演变及未来百年环境预测》（油印稿）1989 年 12 月。

地理学的知识和技能，使室内文献考证与室外地理考察工作更好地结合起来。① 20 世纪 70 年代末，侯仁之又率先提倡将历史地理学研究的时间上限由有文字记载的距今三四千年前推至距今七八千年前之原始农业开始出现的新石器时代。这一见解显然为历史自然地理学向"历史时期"的纵深发展开辟了道路。

至 20 世纪 80 年代，历史自然地理学的理论探讨更加活跃。陈桥驿与王守春除对历史自然地理学的定义、研究对象、实践与理论意义、研究目的与方法等问题综合了一些学者的有关论点，作了明确的概括与阐述外，还指出了历史时期我国地理环境的变迁并不是直线发展的简单形式，而是表现得十分曲折，甚至发生反复交替的情况以及人类活动对地理环境的影响既有正向积极改造，也有负向消极破坏等观点。② 侯仁之在为《环境变迁研究》杂志写的"发刊词"中更进一步写道："自有人类历史以来，人类赖以生存的自然环境也在不断地变化中。特别重要的是从全新世开始以来的地质史上这最后一段时期的变化，因为现代的自然环境，包括现代的地形和水文网的基本形态以及动植物的分布，正是在这段时期中才逐渐形成的。""而且一般说来农业的起源，至少可以上溯到全新世的初期。在此以前，自然环境基本上还是未经人类明显干预的原始景观。复原这一原始的自然景观，具有十分重要的意义，因为只有从这里出发，才能真正追溯人类开始干预自然的起点。"这就明确地把历史自然地理学研究的时间范畴扩大到整个全新世，为历史自然地理研究者与地质学者在环境变迁研究领域进行协作攻关确定下最具生命力的结合部，使整个自然环境变迁史的研究相互衔接并前后贯通起来。史念海在《中国历史地理学的渊源和发展》③ 一文中引述马克思、恩格斯、黑格尔等经典作家的论述，从哲学高度强调地理环境对于社会生产与历史发展的作用，同时强调历史时期人利用自然和改造自然是有规律的。发现和阐述这样一些规律，正是历史地理学所不可避免亟须承担的任务；也是由于发现和阐述这些规律，才可以提高历史地理学的理论水平。为

---

① 侯仁之：《历史地理学刍议》，《北京大学学报》（自然科学版）1962 年第 1 期。

② 《中国自然地理·历史自然地理》的"总论"。

③ 《史学史研究》1986 年第 1 期。

此，必须掌握辩证唯物主义的观点，才能正确地认识和解释地理环境变化的过程以及人和地的关系。整个历史地理学如此，历史自然地理学更是如此。

某些部门历史自然地理学的理论研究，20 多年来特别是近十年来进展也很快。20 世纪 60 年代中期侯仁之对沙漠历史地理研究从理论上进行了初步的总结后[1]，又有专题论文乃至阶段性总结式的理论专著问世。如曾昭璇、曾宪珊的《历史地貌学浅论》[2]、史念海的《历史时期森林变迁的研究》[3]、王守春的《论历史流域系统学》[4] 等，均在各自的领域进行了理论探讨，有的还提出了一些新的概念和研究方向。

此外，近几年在历史自然地理学的领域还出现了针对某些有重大分歧争议的研究课题中争论各方的论点论据进行评论的文章。如朱士光的《评毛乌素沙地形成与变迁问题的学术讨论》[5] 及《评历史时期黄土高原森林问题的学术讨论》[6]。这些文章对廓清争议各方分歧的焦点与辩难的症结，推动问题的进一步探讨，以至于求得尽可能准确的结论有着积极的推动作用，同时在理论建设上也有所建树。

三　今后发展大势与途径之前瞻

从前述内容中可以看到，在将近一个世纪的时间里，我国历史自然地理学呈现一种加速发展的态势，其各个分支领域均程度不等地取得了一定的成果。许多研究成果已在社会经济文化生活方面发挥了具体的作用，而且还得到了社会的公认。例如，任美锷在综述最近十年我国地理科学的进展而写的专题论文中，对历史自然地理学所取得的一些成绩曾高度评价道："中国历史地理的许多成果对目前的国土整治有重大的现实

---

① 侯仁之：《走上沙漠考察的道路》，《科学通报》1964 年第 10 期；《历史地理学在沙漠考察中的任务》，《地理》1965 年第 1 期。

② 科学出版社 1985 年版。

③ 《中国历史地理论丛》1988 年第 1 辑。

④ 《中国历史地理论丛》1988 年第 3 辑。

⑤ 《西北史地》1986 年第 4 期。

⑥ 《中国历史地理论丛》第 3 辑，陕西人民出版社 1988 年版。

意义。例如，关于黄河历史变迁过程及原因的研究，可供当前治黄工作的宝贵借鉴；关于我国西北部某些地区沙漠化的发展及其原因的研究，对于目前防治沙漠化有重要参考价值。特别是关于黄土高原森林与草原历史变迁的研究，以大量历史文献资料，令人信服地阐明：目前黄土高原的严重水土流失是过去人类破坏原来植被的结果，主要是人为的，而不是自然现象，从而增强了我们对黄土高原水土保持工作的信心，对黄河治理以致华北平原的国土整治都有参考价值。"[①] 然而我们还应该看到，历史自然地理学目前仍存在一些薄弱环节。就是在研究工作开展得较为充分的分支学科里，也存在空间广度与内容深度不够的问题，何况在一些问题上还有着重大分歧，尚未取得尽可能完美的令人信服的结论。基础理论与方法论建设更有待努力，因而从学科自身的发展状况看，还需要进一步发展。

当前，随着社会经济的高速发展，兴起了一门环境科学。其研究对象是人类环境的质量结构与演变，其任务是揭示社会经济发展与环境保护相协调发展的基本规律，研究保护人类免受环境变迁的负影响与保护环境免受人类活动的负影响以及改善环境质量的途径。很明显这是一门综合性极强的学科，涉及自然科学的各个领域。其中担负主攻任务的自当是地球科学，特别是其下属之地理学。为了适应当前社会经济发展的需要，国际科学联盟理事会已决定开展统括地圈、生物圈、水圈和大气圈的国际地圈—生物圈计划（IGBP），即全球变化研究计划。我国科学研究的主管部门也在扶持有关环境变迁的研究项目，计划在 20 世纪 90 年代将环境科学、全球变化、减轻自然灾害等列为专门领域，大力开展研究。从上述环境科学与地理学的研究对象和任务看，历史自然地理学都是一个不可缺少的方面，承担有特别的使命，因此，必须加快发展步伐，跟上国际科技发展的新潮流。

历史时期（现已扩及整个全新世）自然环境的变迁，本是历史自然地理学研究的对象，然而又因这一问题的研究在古地理学、第四纪地质学、环境地学、生态学、古农学与考古学中也占有重要地位，促使这几门学科把研究范围下延、上溯或拓宽。因而这一领域已成为多门学科的

---

① 任美锷：《最近十年来中国地理科学的进展》，《地理学报》1990 年第 2 期。

交叉汇合点。历史自然地理工作者必须更新学术观念与研究手段，并发挥自己的固有优势，开拓新的研究领域，与友邻学科的科技人员携手合作，共同推进全新世环境变迁研究工作的深入发展。唯有这样，方能在当今经济建设与环境保护工作中发挥更大的作用，同时促使历史自然地理学自身获得更好的发展。

当前，国际与国内科技界都十分重视环境变迁与人类活动对环境变迁的影响。如 1990 年 8 月在北京召开的国际地理联合会亚太区域会议就将全球变化（显然是指全球地理环境变化）列为大会进行研讨交流的第一问题，而且是与人口、资源等问题结合起来，探讨三者间的相互关系。[①] 其间涉及的全新世自然环境的变化以及人类活动对地理环境变迁的影响等问题，正是历史自然地理学研究的内容；历史自然地理学恰逢其时，大有用武之地。为了争取在当今环境变迁研究活动中发挥一个方面军的主导作用，历史自然地理工作者应在以下几个方面作出更大的努力，并取得实际成绩。

（1）加强基础理论与方法论的建设。抓住人与环境相互关系的演变（人—地关系）问题，抓住人类干扰自然环境的那些最为敏感部分进行深入研究，引进新的理论观点与研究方式、技术手段，以史论今；从哲学高度进行概括总结，从而建立起历史自然地理学更为坚实的理论基础和更为完善的方法论。

（2）集中优势力量，开展重大的历史时期环境变迁问题的研究，采用现代化的研究测试方式，结合史籍资料的考证，对历史时期有关自然地理要素之变迁过程进行更精详的复原，力求做出定量结论，取得重大突破。

（3）发挥我国历史文献极其丰富的优势，进一步做好史料的挖掘、整理与运用的工作，力求做到史料系统、全面、翔实、准确。采用现代科技手段，建立史料数据库，为深入开展自然环境变迁研究及进行变迁趋势预测十分便捷地提供更完备的基础资料。

（4）使历史自然地理学研究尽快由仅复原过去之环境景观，推进到对当前环境变迁动态的评估及对今后环境变迁趋势的预测层面上，并提

---

① 《光明日报》1990 年 8 月 14 日。

出防止环境恶化与改善环境质量的对策。

（5）搞好研究成果的评论工作。为了更好地开展学术上的争鸣，集思广益，使各项研究成果更臻完善，并使研究者间能相互砥砺，各有补益，有必要开展对成果的评论工作，以便为成果的鉴定工作打好基础。目前这方面的工作开始还不久，也需要大力加强。

历史自然地理学将是中国历史地理研究中最有生机，也是最富社会价值的分支之一。历史自然地理学家应更加积极努力，把握当前的大好时机，大力进取，使历史自然地理学得以屹立于当今现代科学之林，发挥出自己应有的作用。

[原文刊载于《北京大学学报》（历史地理学专刊），1992 年 7 月]

论历史自然地理学在当前自然地理学
学科体系改造中的地位和作用

一　历史自然地理学与现代自然
地理学之主要异同点

历史自然地理学是研究自新石器时代以来的人类历史时期，也即冰后期一万年以来的全新世阶段，自然地理环境在人类活动与自然因素自身运动双重影响下所发生的变迁及其规律的一门学科，它是历史地理学两大分支之一，因而具有历史地理学的一些基本特点。同时，它又与现代自然地理学具有许多共同点，其中最主要的共同点是二者都以自然地理环境作为研究对象。只不过历史自然地理学是研究人类历史时期之自然地理环境及其变化，现代自然地理学则主要研究当代之自然地理环境，而当代之自然地理环境是由人类历史时期之自然地理环境直接演变过来的，二者一脉贯通。这表明历史自然地理学与现代自然地理学之间关系十分紧密。

历史自然地理学与现代自然地理学，尽管彼此间有着许多共同点，但因为所研究对象之时间阶段上之不同以及在形成发展过程中所受影响因素之不同，因而也存在一些各自不同的特点。这些不同的特点主要有：

（1）历史自然地理学着重研究人类历史时期自然地理环境之变化，而现代自然地理学则着重研究当代自然地理环境之特征。历史自然地理学由于是站在当今的时间高度审视以往数千年人类历史时期之自然地理环境，易于察觉自然界气候振荡、植被消长、河流改徙、湖沼扩缩、陵谷演替、沧海桑田等变化。因而其研究内容一直集中在复原各历史阶段自然地理环境情况并揭示其演变之历程与规律上。现代自然地理学则只研究现代，最多几十年或上百年这样一个短暂时期之自然地理环境，而且多年来其重点在研究区域分异规律与区域差异性上。

（2）历史自然地理学强调人类历史时期人为活动对自然地理环境变迁之影响，现代自然地理学往往只研究自然环境自身之形成与分布规律。人类历史时期，先民们已不同于其前之更新世旧石器时代的古人类，只是消极被动地适应自然地理环境，而是积极主动地利用自然资源，甚至能动地改造自然地理环境；人类活动已作为一种新的营力全面地介入自然地理环境的变化过程中，而且随着社会生产力的不断发展，其影响也日益深刻明显，使这一时期之自然地理环境变化呈现出完全不同于其前之地质时期之新格局。正是因为这一时期之人类活动已成为导致自然地理环境发生变化的重要原因之一，历史自然地理学明确宣示：它主要研究人类历史时期在人类活动影响下所发生的自然地理环境之变化，至于这一时期一些不受人为活动影响所发生的变化，诸如火山爆发、海啸等，历史自然地理学虽也进行必要的研究，但并不是主要的研究内容。现代自然地理学虽有时也"从一个或几个自然地理要素出发，探讨人类活动对它们所作的适应或选择性利用，但实质上都是把自然地理要素作为主导因素，而人类活动则是被动的"。① 这表明，现代自然地理学主要研究自然地理要素本身之形成与分布规律。

（3）对于"人地关系"这一地理科学的基本理论问题，历史自然地理学从人类历史时期自然地理环境对人类及人类活动均有一定的制约影响作用，而人类社会为求得生存与发展，也不断地利用与改造自然地理环境的史实出发，把二者看成对立统一的关系；而且还把这一关系看成动态发展的过程。也就是说，发展了的人类社会，会对自然地理环境采取新的利用与改造措施，而变化了的自然地理环境又会对人类社会反馈新的讯息与影响；如此交相作用，便使双方不断发展变化。质言之，人类历史时期之"人地关系"实际上就是不断发展的人类社会活动与不断变化的自然地理环境之间的一个双向制约体系。当然，参加到这一体系中来的，不论是人类社会活动方面的，还是自然地理环境方面的，都有

---

① 赵松乔等编著：《现代自然地理》，科学出版社 1988 年版，第 1—2 页。

众多的要素，彼此交织，交相感应，形成一个复杂的体系。概括起来就是：人类历史时期之人地关系是一"多元复合双向制约体系"。人类历史时期之人地关系如此，现代之人地关系也是如此。而现代自然地理学虽也将自然地理环境视作"人类之家"进行研究，但对待人地关系问题，却并未将二者视作对立统一体中对等的组成部分，在多数情况下，是脱离开人类活动之影响，孤立地研究"人类之家"；有时论及人类活动对某些自然地理要素形成的影响，也是脱离开整体性考虑，只作为一般性的，甚至次要的因素看待。如迄今在一些综合性与部门性的自然地理学教材中，在论述人为因素对土壤、植被的形成和演变的影响时，就往往持这种态度。

（4）在研究方法上，历史自然地理学采取史籍文献考证与现场地理考察以及文物遗迹考古相结合的方法，从多种渠道获取能反映并证实人类历史时期自然地理环境状况及其变迁以及导致产生变迁的原因的资料、证据；并运用历史的与辩证的观点进行综合分析，以复原人类历史时期自然地理环境状况，揭示其演变历程，探讨导致其产生变化的原因。特别注重区分自然地理要素自身变化与人类活动在造成的环境变化中各处于什么地位，各占多大的比重；进而为当前合理开发利用自然资源，正确治理改造地理环境提供历史经验教训，以达到从适当调控人类活动方式与程度入手，有效控制地理环境变迁方向的目的。也就是达到使人类社会发展与地理环境变迁相互和谐、良性共进的目的。现代自然地理学则只限于采用地理学的研究方法，近年来在采用传统的研究方法之基础上，开始注意应用数理计算分析及遥感遥测、地理信息系统等新技术，使研究工作的进度与精确度大为提高。

二 当代全球环境与发展工作对现代自然地理学提出的要求和出路

当前，全球自然地理环境日益恶化：大范围的严重的水旱灾害频频发生，水土流失、风蚀沙化与土壤盐渍化不断加剧，耕地大量丧失，土壤日趋贫瘠化，空气、土壤、水体污染有增无减，大批动植物品种濒于灭绝，大气中二氧化碳含量明显增加将使全球气候变暖更给未来自然地理环境的变化带来了许多不稳定的因素；而且上述自然地理环境的恶化越来越严酷尖锐。此外，还有一个特点也十分突出，那就是所有上述变化都是在日益强烈的人类活动的参与影响下造成的，这一严峻的现实已引起全世界各国政府领导人与科技界的普遍关注。自 1972 年在瑞典首都斯德哥尔摩举行第一次国际性人类环境会议以来，联合国等国际组织已多次举行以"环境与发展"为主题的国际会议，制定并通过了一系列的建议书与宣言，提出了"拯救地球"的口号。前述当代全球环境变化的现状与世界各国政府领导人及科技界重视持续发展和环境保护的形势，也给现代自然地理学提出了许多新的要求。这些新的要求概括起来就是：

第一，不仅要静态地研究自然地理环境之结构与特征，还要动态地研究其演变历程及趋向，以便能深刻地认识自然地理环境往昔之变迁规律，当前之形成原因及今后之变化前景，从而为社会的持续发展及对环境的积极保护提供必要的背景情况。

第二，不仅要个别地研究自然地理环境各要素之形成与分布的规律，更要克服地理学界在相当长一段时间内出现的分散与离心趋势，发挥地理学所固有的擅长进行综合性研究的优势，着重开展自然地理环境各组成要素的综合研究，以便掌握自然地理环境之整体特点。

第三，要重视并深入开展人地关系的研究。具体说来在当前形势下就是要将环境与人口、资源、发展结合起来进行全面研究。这不仅要求将自然地理学与人文地理学结合起来进行统一的研究，还要求将地理学与其他一些自然科学、社会科学从更高的层次上结合起来进行综合的研究。这应当看作是钱学森倡导建立"地理科学"与开展"地理建设"工作的一个重要内容。①因为只有将研究工作做到这个高度上，才能为建立地理科学与开展地理建设工作打下坚实的基础。

很显然，现代自然地理学只有圆满地实现了上述三个要求，才能跟上当前科学技术发展的形势，也才能活跃于 21 世纪世界科学技术发展之前沿。这主要因为：我们当前所面临的自然地理环境变迁问题，不论是全球性的，还是区域性的，正如前面所说过的，都是一个多元复合双向制约体

---

① 钱学森：《谈地理科学的内容与研究方法》（在 1991 年 4 月 6 日中国地理学会"地理科学"探讨会上的发言），《地理学报》1991 年第 3 期。

系，而且在这一体系中，人类活动作为一个重要的营力发挥着十分显著的作用。所以要对这一体系进行研究，只是静态地进行描述，只是就自然地理环境本身孤立地进行分析，已不能解决当前全球性环境与发展工作向科技界提出的迫切需要予以解决的问题。因此，可以说当前全球性的环境与发展工作，既向现代自然地理学提出了挑战，也向它提供了前进的机遇。现代自然地理学要么抓住机遇，对原有学科体系加以改造，以新的面貌进入 21 世纪；要么固守陈规，保持现状，这就难免日渐落伍，甚至沦为绝学。显然，明智之举是选择前者，而不是后者。

当前，在对现代自然地理学学科体系进行改造的工作中，一个很重要的方面就是应从与其有着天然渊源关系的历史自然地理学中吸取有益的养分。具体说来有以下几方面内容：

其一，引进历史自然地理学的一些基本理论观点。主要包括：重视对自然地理环境变迁的研究；在对人类历史时期自然地理环境变迁的研究中，重视人类活动影响的研究（同时也不忽视对自然地理要素本身变化的研究）；在对人类历史时期人地关系的研究中，重视双方多个要素参与下相互影响制约不断变化发展的研究，也即重视将人类历史时期在人类活动参与下所导致变化的自然地理环境看作是一个"多元复合双向制约体系"进行研究。上述理论观点的引进必将引起现代自然地理学理论之核心部分发生变化。

其二，吸收历史自然地理学的研究成果，充实现代自然地理学的内容。历史自然地理学着重研究人类历史时期在人类活动影响下及建立在各自然地理要素自身运动机制基础上的自然地理环境变化的过程及其规律，深入揭示人类活动对自然地理环境所造成的具体变化事实与自然地理环境变化的各项机理，而且在这一研究中，是将各项自然地理环境变化过程放大到整个人类历史时期，即全新世阶段这一长约一万年的时间尺度上来加以观察，使整个变化过程，包括其衍生的枝节部分，都纤细无遗地展现出来，这就能使这一研究尽可能做得较为精细准确。因此，历史自然地理学的研究成果，除能大为丰富人类历史时期自然地理环境变化与人地关系的有关方面的具体内容外，还可使科技工作者从中吸取研究当前之自然地理环境变化与人地关系的经验教训，也为调控当前自然地理环境变化增添智慧。

综上所述可以看出，只有认真充分地吸收历史自然地理学的基本理论观点与研究成果，才能给现代自然地理学注入新的生命活力，带动现代自然地理学在基本理论与研究方法上产生革命性的变革，使现代自然地理学在当前蓬勃兴起的世界性的科学技术发展大潮中处于领先地位，并在全球性的环境与发展工作中发挥关键性的作用。这充分表明历史自然地理学在当前自然地理学学科体系改造中居于主导地位，能发挥先导作用。32 年前，侯仁之教授曾强调指出，开展历史地理学的研究"对当前地理科学的进一步发展，有极大关系；同时也直接有助于当前的经济建设"①，科学技术的发展证实，侯仁之教授的论断是完全正确的。

三　当前应采取的几项措施

事实上，在自然地理学界已有不少学者，特别是老一辈专家，如竺可桢、黄秉维、任美锷、施雅风等已高度敏锐地认识到自然地理学研究中吸收历史自然地理学理论与方法的重要性，并率先在借鉴历史自然地理学的理论与方法研究自然地理环境变迁方面做出了值得称道的成绩。除上述几位自然地理学家外，曾昭璇教授在研究人类历史时期地貌变迁方面，陈吉余教授在研究人类历史时期海岸变迁方面，朱震达教授在研究人类历史时期沙漠化问题方面，也都做出了突出的贡献；② 但从整个自然地理学界看，尚有待做出更大的努力。为此，特提出以下建议，与学界同仁共勉。

1. 为历史地理学正名定位

历史地理学本为现代地理学的一个组成部分，历史自然地理学又与历史人文地理学一样，同为历史地理学的两大分支学科，这一见解早已为地理学界所认同，并载之于《中国大百科全书·地理学》等经典性专著中。但近年来政府某些部门却推行了与上述有关历史地理学

---

① 侯仁之：《历史地理学刍议》，《北京大学学报》（自然科学版）1962 年第 1 期。
② 朱士光：《中国历史自然地理学的回顾与前瞻》，《北京大学学报》（历史地理学专刊）1992 年。

学科属性之论断大相径庭的行政举措。例如，国务院学位委员会将历史地理学博士与硕士学位点的审批工作划入历史学科组；国家技术监督局在颁行的国际学科分类与代码中，将历史地理学定为历史学之专门史下与方志学、谱牒学等相并列的三级学科。这显然没有准确地反映历史地理学的学科属性，已对这门学科的发展以及与这门学科相关的环境变迁、社会发展工作造成消极影响。这是在地理学界之外出现的误断。在地理学界内也对它存有误解。迄今有的学者将历史地理学归入人文地理学属下即是一明显的例子。这当然是因为这些学者不了解历史地理学不仅研究人类历史时期人文地理环境变迁，还研究自然地理环境变迁所致。

　　有鉴于此，当前应为历史地理学正名定位。首先应明确历史地理学是地理科学的组成部分；而不是历史科学的组成部分，因为它的研究对象是地理环境，尽管是人类历史时期的地理环境，但却不是人类社会的发展过程。这是正名。其次则要明确历史地理学不属于人文地理学，它包括历史自然地理学与历史人文地理学两部分。它在地理科学学科体系中上承古地理学，即地质时期之地理学，下接现代地理学；它也如同现代地理学那样，既可从统一地理学的角度进行研究，也可根据实际工作的需要，按不同等级的区域范围进行研究。明确了历史地理学在地理科学学科体系中的地位，也随之明确了历史自然地理学在地理科学学科体系中的地位。这是定位。它们在地理科学学科体系中的具体位置请参见下附之地理科学学科体系简表。

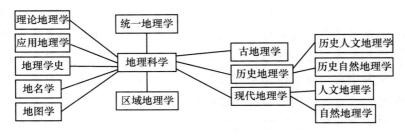

地理科学学科体系简表

只有解决了历史地理学，其中也包括历史自然地理学的正名定位问题，才能获得有关历史自然地理学在当前自然地理学学科体系改造中的地位与作用的正确认识，也才能促进现代自然地理学吸取历史自然地理学有关理论、方法与研究成果搞好自身的学科体系之改造工作。

（2）通过科学研究实践，推动现代自然地理学学科体系改造

要使现代自然地理学学科体系改造工作顺利开展并取得显著成绩，应通过多种方式促使自然地理科学工作者在科学研究实践中熟悉掌握历史自然地理学的理论观点与研究方法，并通过在科学研究工作中取得重大进展与成果，来推动这一改造工作更深入的开展。当然要做好这一改造工作，除了从历史自然地理学吸取理论观点与研究成果外，还应多方面从有关的学科广泛吸取有益的养料；但无疑历史自然地理学是一个不可缺少的方面。为了更好地达到这一目的，一个有效的办法是紧密围绕与当前的环境演变、社会发展有关的重大科研课题，组织现代自然地理学者与历史自然地理学者协作攻关。当然，由一些兼具现代自然地理学与历史自然地理学科学素养的学者来组织或从事有关科研课题的研究，同样也是一个行之有效的办法。

（3）改革自然地理专业教育，培养新型的自然地理学科学工作者

为了适应当前全球环境与发展工作以及全球变化研究工作的需要，也为了培养新型的地理科学工作者，满足地理科学发展的需要，当前在高等院校地理专业教育工作中，确有必要对现有课程设置与教材内容、教学方法进行深入改革。以便能培养青年学者拥有自然科学与人文科学之学识素养，具有系统论观点与综合研究能力，能了解并掌握有关高新技术，能从总体上把握全球变化，辩证地看待人地关系，能具体解决当前之环境与发展工作中的问题。要做到这一点，当然需要做出多方面的努力，但其中有两项工作是尤需引起重视并认真做好的。一项就是对现有的高等院校自然地理学教材，按照前述的要求与原则进行必要的修订改写；另一项就是在高等院校地理系科普遍开设历史自然地理学或历史地理学课程。这两项工作并行不悖，相互补充，再加上其他一些措施的配合，必将有助于培养出新型的地理科学工作者，推动高等院校地理教育改革工作。

事物都是互相影响的。在上述工作过程中，历史自然地理学也必将从现代自然地理学的进展中获得教益与帮助，推动自己在深化理论思想与采用现代科技方法，提高研究成果的精确程度方面不断取得进步。

（原文刊载于华南师范大学历史地理研究室编《历史自然地理研究》第一辑，1994 年 7 月）

全新世中期中国天然植被分布概况

　　全新世中期约相当于我国中原地区考古学上以仰韶文化和龙山文化为代表的新石器时代。这一时期尽管先民们已从事原始农牧生产，但因人口数量不多，生产规模不大，对自然环境影响甚微。因此，可以把这一时期，特别是初期的植被分布状况看作是人类历史时期（即迄今约一万年之全新世时期）前期基本未受人类活动影响之天然植被的本底状况。

　　中华人民共和国成立以来，特别是近几年来，随着历史地理研究工作的深入开展，许多学者都对我国全新世中期植被分布状况作出了一定研究。就全国而论，《中国自然地理·历史自然地理》[①] 一书第三章系统论述了距今六七千年我国天然植被的分布概况，从总体上复原了全新世中期我国天然植被状况；但关于森林、草原地带中各个不同类型区域植被之地带属性、树种构成以及它们在不同历史发展阶段的演变状况，还存在一些问题需要再作深入探究。本文就是在其基础之上，主要根据孢粉分析以及考古发掘等方面的最新研究成果，力图更具体、准确地复原全新世中期我国天然植被状况的一个尝试。

一

　　植被是自然环境的重要组成要素，其结构、成分及分布特点是在地理环境综合影响下形成的，其中气候条件又起着主导性作用。

---

　　① 中国科学院《中国自然地理》编委会编：《中国自然地理·历史自然地理》，科学出版社 1982 年版。

据竺可桢先生研究，从仰韶文化时期到殷墟时期，我国境内大部分地区的年平均温度比现在高出 2℃ 左右，冬季 1 月的平均温度比现在高出 3—5℃。[①] 近来有人进一步具体地指出：仰韶温暖时期我国东北北部地区年平均气温较今高出 3℃ 以上，冬季最冷月 1 月平均气温较今高出 5℃ 以上；辽宁南部年平均气温比现在高出 3℃ 左右；华北与黄河中下游地区年平均气温较今要高出 2—3℃，最冷月 1 月平均温度较今高 3—5℃；长江中下游地区平均气温较今高 2℃ 左右；台湾和岭南等地年平均气温虽较现在高出的幅度小于上述几个地区，但降水量却明显多于现今；西北天山山麓年平均气温较现在高出 1℃，而西南喜马拉雅山地区年平均气温却高出现在 3℃。他们由此得出结论，仰韶温暖时期我国气候带也相应地比现在偏北，亚热带北界向北曾到达华北平原北部京津一带。[②]

这种气候状况必然导致当时的植被分布状况也应与现代有所不同。从目前已发表的反映我国各地全新世中期植被分布状况的孢粉分析资料及其他一些有关资料看，情况也正是这样。现分区论述如下。

（1）大兴安岭山地北段。在黑龙江省北部大兴安岭北端呼玛县兴隆乡的一处孢粉组合中，发现在全新世中期有一落叶阔叶树桤树与针叶树松树花粉的优势带，表明当时这一地区的植被与现代我国温带中南部地区的针阔叶混交林相类似。[③] 由此可知，全新世中期黑龙江省与内蒙古自治区北部大兴安岭山地北段分布的是温带针阔叶混交林，而不是如今之寒温带落叶针叶林。

（2）东北三江平原。据对宝清县 853 农场、本德北及集贤县东 291 农场等处剖面取样分析，当地中全新世的孢粉组合中桤木、栎、榆、椴等喜暖阔叶树种明显增加，松等针叶植物减少。[④] 又据对三江

① 竺可桢：《中国近五千年来气候变迁的初步研究》，《中国科学》1973 年第 2 期。

② 龚高法、张丕远、张瑾瑢：《历史时期我国气候带的变迁及生物分布界限的推移》（油印稿）1984 年 10 月。

③ 华北地质研究所：《黑龙江省呼玛兴隆第四纪晚期孢粉组合及其意义》，《华北地质》1975 年第 4 期。

④ 叶永英等：《东北三江平原几个钻孔剖面的孢粉组合分析及其意义》，《地质科学》1983 年第 3 期。

平原北部之勤得利、萝北县水城子等处剖面之孢粉分析，中全新世也是阔叶树花粉占优势带，其中以栎、榆花粉含量最高，反映当时茂密的阔叶林覆盖于山地、丘陵及山前平原。而目前，这种阔叶林分布在辽宁一带，年平均气温约 8℃。[①] 此外，对宝清县雁窝岛一钻孔所作的孢粉分析，也得出了相类似的结论。[②] 可见当时植被应为暖温带落叶阔叶林。

（3）小兴安岭地区。据对伊春市郊及红星林场等处沼泽打钻取样进行的孢粉分析，中全新世时阔叶树种花粉含量达到高峰，松属花粉含量也较高。阔叶树种尤以榆属最多，栎属次之，椴树属又次之。[③] 可知当地植被应为暖温带针阔叶混交林。

（4）松嫩平原。刘淑秋等根据哈尔滨市南岗区和动力区的若干孢粉组合状况，认为哈尔滨地区中全新世时植被应为暖温带针阔叶混交林。[④] 裘善文等根据吉林省榆树县光明乡等处孢粉分析资料则认为中全新世整个东北地区不论是黑龙江边还是辽东半岛沿岸，主要生长以栎、榆为主的阔叶树种，桦属也占相当比例，榛、鹅耳枥、桤木、胡桃、椴、槭等阔叶树普遍增加，松属显著减少。那时这种阔叶林遍布东北平原，而林间低地、河漫滩和湖沼地区草本植物较为茂盛。[⑤] 通过综合分析，松嫩平原全新世中期植被应为暖温带落叶阔叶林。

（5）长白山区。根据吉林省敦化县黄泥河镇、安图县亮兵台、抚松县漫江镇及辽宁省清源县英额门等处的孢粉分析，长白山地中部中全新世时木本花粉占 49.8%—95.6%，草本花粉占 13.5%—39.99%，孢子占 15.3%—29.5%；木本花粉中松占 41%—66.9%，阔叶树占 9.3%—

---

① 王曼华等：《三江平原全新世泥炭的孢粉、藻类组合及古植被与古气候探讨》，载《中国孢粉学会第一届学术会议论文选集》，科学出版社 1982 年版。

② 谢又予：《三江平原雁窝岛地区沼泽的成因问题》，《地理研究》1982 年第 3 期。

③ 周昆叔等：《中国北方全新统花粉分析与环境》，载《第四纪孢粉分析与古环境》，科学出版社 1984 年版。

④ 刘淑秋：《哈尔滨地区第四纪孢粉分析及其在地质学和植物学上的意义》，《植物研究》1985 年第 4 期。

⑤ 裘善文等：《中国东北晚冰期以来自然环境演变的初步探讨》，《地理学报》1981 年第 3 期。

16.2%，桦占 7.9%—29.7%；阔叶树中又以榆、栎属居多。① 从前引裴善文等所论中全新世时东北地区植被分布总的状况看，这一地区当时的植被应是暖温带针阔叶混交林。

（6）辽河平原与辽东半岛。据孢粉分析结果，这一地区属于全新统地层中部之大孤山组地层之孢粉组合为阔叶树花粉优势带。西部新金县普兰店、复县长兴岛一带以栎属为主；东部庄河县大南岛等地桤属所占比例较高，与栎属一起组成主要的阔叶树种成分。这样，它的孢粉组成既不同于其下部全新统下层普兰店组以桦属花粉为主，又不同于其上部全新统上层庄河组地层之针阔叶树花粉混交带。这一孢粉组合特点，反映出全新世中期这一地区以栎、桤木为主的落叶阔叶林更替了原有的桦木林，广泛被覆在山地、丘陵和平原上。目前这种类型的植被主要分布在山东、河北、山西的山地丘陵上，为典型的暖温带落叶阔叶林。②

（7）辽西与昭乌达盟南部丘陵山地。在内蒙古昭乌达盟敖汉旗大甸子村相当于中全新世晚期考古遗址的墓葬填土中发现有油松、桦、云杉、蔷薇和菊科的花粉，表明这一地区当时的天然植被并非如现今一样的草原，而是暖温带针阔叶混交林。如今在一些中温型典型草原区沙质地上残留的松、榆疏林及昭乌达盟部分水分条件较好的沟谷中生长的松、桦等③，也是上述结论的一个佐证。

（8）燕山与京津唐平原地区。北京市郊肖家河及其以东河北省三河县沇洸淀两处埋藏泥炭沼孢粉分析的结果表明，全新世中期这里是一阔叶树种花粉的最大量出现带，以栎属为主的阔叶树种花粉含量占 24%—29%，松属花粉含量占 55%—68%。④ 在燕山南麓唐山市林西矿区、三河县中门庄等处泥炭之孢粉组合中，全新世中期阔叶树种的花粉含量高达

① 周昆叔等：《吉林省敦化地区沼泽的调查及其花粉分析》，《地质科学》1977 年第 2 期；周昆叔等：《中国北方全新统花粉分析与环境》。

② 中国科学院贵阳地球化学研究所第四纪孢粉组、C¹⁴组：《辽宁省南部一万年来自然环境的演变》，《中国科学》1977 年第 6 期。

③ 孔昭宸等：《内蒙古自治区几个考古地点的孢粉分析在古植被和古气候上的意义》，《植物生态学与地植物学丛刊》1981 年第 3 期。

④ 周昆叔：《对北京市附近两个埋藏泥炭沼的调查及其孢粉分析》，载《中国第四纪研究》第 1 辑，科学出版社 1965 年版。

60%以上。① 其他如延庆县大王庄与西五里营②、通县尹各庄③、北京市区之安定门与西直门④、北京市西北郊辛力屯⑤、乐亭县滦河口⑥及宝坻县大杨庄⑦等处剖面之孢粉分析结果也大体如是。值得注意的是，在这一地区还发现了水蕨属孢子，如在北京顺义县西府北村钻孔深3—3.2米和大王庄西采坑深4.5米处就有发现。⑧ 天津地区全新世地层中分布更为普遍，静海县一钻孔15米处水蕨孢子占孢粉总数的15%，杨柳青15孔与13孔、华北地质所震1孔、南大桥震2孔、沧县等地也均有发现。⑨ 水蕨是陆相淡水植物，如今在河北省境内已无生长，只分布在淮河以南年均气温大于15℃的温暖湖沼中。过去曾在渤海西岸中新世馆陶组及前述中全新统等地层中出现过，可列为分带化石之一。近年来在河北省中西部阳原县挖掘出夏商时代象化石及河蚌化石。⑩ 其中厚美带蚌、巴氏丽蚌、黄蚬等水生动物现生种主要分布于长江流域以南地区。据此，有研究者认为，全新世中期北京平原地区生长着以栎属为代表的阔叶林或针阔叶混交林，而在燕山山地则生长着以松属为主的针叶林。⑪ 还有的研究者认为在渤海西部沿岸地区植被为含少量常绿阔叶树的落叶阔叶、针叶混交林，与目前长江三角洲后缘山地和平原中蚀余残丘上的植被相仿。⑫ 联系

---

① 刘金陵等：《燕山南麓泥炭的孢粉组合》，载《中国第四纪研究》第1期，科学出版社1965年版。

② 孔昭宸等：《北京地区10000年以来的植物群发展和气候变化》，《植物学报》1982年第2期。

③ 陈方吉：《北京地区全新世地层及自然环境的变化》，《中国科学》1979年第9期。

④ 赵希涛等：《北京平原30000年来的古地理演变》，《中国科学》B辑，1984年第6期。

⑤ 周昆叔等：《中国北方全新统花粉分析与古环境》。

⑥ 金小凤：《渤海西部及沿岸地区晚更新世以来孢粉组合及地层、古地理研究》，《海洋科学》1984年第3期。

⑦ 王一曼：《渤海湾西北岸全新世海浸问题的初步探讨》，《地理研究》1982年第2期。

⑧ 张子斌：《北京地区一万三千年来自然环境的演变》，《地质科学》1981年第3期；麦学舜等：《北京顺义、怀柔两泥炭剖面的孢粉组合特征及其意义》，载《第三届全国第四纪学术会议论文集》，科学出版社1979年版。

⑨ 华北地质研究所第四纪室孢粉组：《天津区第四纪气候的探讨》1975年10月。

⑩ 贾兰坡：《桑干河阳原县丁家堡水库全新统中的动物化石》，《古脊椎动物与古人类》1980年第4期。

⑪ 刘金陵等：《燕山南麓泥炭的孢粉组合》。

⑫ 金小凤：《渤海西部及沿岸地区晚更新世以来孢粉组合及地层、古地理研究》。

当时的气候状况，可以推断这一地区全新世中期植被之主体，应为含亚热带种属之暖温带落叶阔叶林，且在大范围内始终以森林占据优势，局部低洼地区有湿生和沼泽植被。

（9）河北平原。据童国榜等对保定—衡水以东，衡水—德州以北，保定—宝坻以南之河北平原范围内 25 口井 314 个样品的孢粉分析，全新世中期这里是栎、榆属花粉高值带，内中北亚热带的喜暖科属，如栗、漆、枫香、化香、黄杞、樟、冬青、杜鹃、合欢属及暖水植物睡莲、槐叶萍、水蕨属等与栎、榆共生，是全新世植被最繁盛的时期。[①] 因而本地区全新世中期之植被应是含亚热带种属之暖温带落叶阔叶林类型。

（10）山东半岛。根据对胶州湾地区几个钻孔岩芯孢粉分析，中全新世前期本地区以阔叶树花粉占优势，松属花粉含量也较多，此外，还发现少量北亚热带的植物孢粉及个别水蕨属孢子。针叶林生长在山地阴坡较高处，在水分及温度条件好的沟谷内，有少量亚热带植物生长，平原地区则是以阔叶树占优势，洼地沼泽内生长着水生与沼泽植物。中全新世后期孢粉组合中以针叶树占优势，阔叶树含量较前期略见减少，偶尔可见亚热带植物成分。[②] 综此可见，中全新世时，山东半岛植被仍应为含亚热带种属之暖温带落叶阔叶林。

（11）华北平原中南部。从河南淅川县下王岗仰韶文化期地层中发现有竹炭灰、竹纤维与竹片编织物痕迹[③]及安阳殷墟出土有象、水牛、獏、水麋、竹鼠等多种热带、亚热带动物骨骼[④]等情况分析，又鉴于这一地区介于黄淮之间，恰是中全新世我国东部地区亚热带界线北移所涉及的范围，因而当时这一地区之植被应为北亚热带落叶阔叶与常绿阔叶混交林，且有竹林广布，低洼湖沼所在地，则分布有水生与沼泽植物。

（12）黄土高原东南部。关中泾渭河下游、晋南汾涑河下游、豫西北

① 童国榜等：《河北平原第四纪孢粉组合及其地质意义》，《海洋地质与第四纪地质》1983 年第 4 期。

② 王永吉等：《青岛胶州湾地区 20000 年以来的古植被与古气候》，《植物学报》1983 年第 4 期。

③ 转引自《中国自然地理·历史自然地理》。

④ 德日进、杨钟健：《安阳殷墟之哺乳动物群》，《中国古生物志》丙种第 12 号第 1 册，1936 年 6 月。

伊洛河下游平原地区从西安半坡仰韶时期遗址出土之水麝、竹鼠、貉等亚热带动物遗骸论①，这一地区全新世中期之气候状况应与华北平原中南部相似，即应为亚热带气候。植被方面，据陈承惠等对西安市某些地点的孢粉分析，系以栎为主之阔叶树花粉占优势②，应为阔叶林区，其他乔木树种有鹅耳枥、榆、朴、柳、柿、核桃、松等。③ 近年来，安芷生等通过对蓝田县白马河与富平县姚村等全新世剖面所作的分析，发现全新世中期孢粉中有其他时期一般不出现的少量亚热带森林中喜湿热的种属。确认这一时期渭河平原植被为具有亚热带特点的阔叶林。④ 关中平原既如此，晋南与豫西北平原地区亦当如此。整个这一地区全新世中期之植被均当为北亚热带落叶阔叶与常绿阔叶混交林。

（13）黄土高原中部与北部。陕北、陇东、晋中、晋北丘陵沟壑与高原沟壑区，据安芷生等对陕北榆林县孟家湾剖面所作的孢粉分析，全新世中期之木本成分以松、栎为主，同时含有少量的黄连、栗等亚热带种属⑤。因而可以推断当时这一地区植被应为暖温带落叶阔叶林（含少量亚热带种属）。

（14）黄土高原西部。陇西、宁南、青东丘陵沟壑区，文启忠与林绍孟等先后对陇西盆地之陇西县文峰镇暖泉沟黄土剖面进行孢粉分析后，均认为中全新世这一地区为以桦属、鹅耳枥属和松属为主的常绿针阔叶混交林，且气候较今温暖略湿。⑥ 此外，近年来在宁夏南部之泾源、固原、隆德、西吉等地不断出土古木，经电镜木材微观结构鉴定，古木多为云杉、冷杉、落叶松、园柏、油松等针叶树种，阔叶树仅发现有材质优良之连香树，经多处 C^{14} 年龄测定，入土年代大多

① 《中国田野考古报告集·西安半坡》（考古学专刊）丁种第 14 号，文物出版社 1963 年版。

② 陈承惠等：《西安一钻孔剖面第四纪孢粉组合与古气候初步分析》，载中国第四纪研究委员会编《第三届全国第四纪学术会议论文集》，科学出版社 1979 年版。

③ 周昆叔：《西安半坡新石器时代遗址的孢粉分析》，《考古》1963 年第 9 期。

④ 中国科学院西安黄土与第四纪地质研究室：《黄土高原三万年来（包括全新世）自然环境变迁的初步研究》（打印稿）1987 年 3 月。

⑤ 同上。

⑥ 参见文启忠等《甘肃陇西盆地的黄土》，《地理科学》1982 年第 3 期；林绍孟等《甘肃陇西盆地黄土的孢粉研究》，载《中国第四纪研究》第 1 辑，科学出版社 1986 年版。

距今 7000 年前后。① 上述研究结果表明全新世中期这一地区地带性植被为暖温带针阔叶混交林；海拔较高的山地，则有以云杉与冷杉混交为主的寒温性针叶林。

（15）江苏北部徐海平原。据王永吉等对连云港、灌云县、灌南县三地钻孔岩芯进行的孢粉分析，在那一带海相地层中发现大量孢粉。其第三海相层中部为中全新统。所含花粉以木本占优势，并以常绿阔叶的青刚栎和榆为主，并混有落叶阔叶的栎属、栗属、榆属。研究者们认为，这一孢粉组合所反映的陆缘地区植被与目前江苏南部、浙江北部相当，说明当时气候要比目前温暖湿润②。罗其湘等通过对铜山县山前平原的孢粉分析，得出全新世中期这一平原之植被为含常绿阔叶树的落叶阔叶森林草原与草甸。③ 目前，我国孢粉学与古植被学界，有学者认为全新世期间，由于气候冷暖变化，植被带也南北推移，在我国较为明显的例子就是在大西洋期，亦即中全新世前期，东南地区常绿阔叶林最为繁盛，目前属于北亚热带含有常绿阔叶成分的落叶阔叶林区当时却为常绿阔叶林所占据，其北界一直分布到现今属于暖温带南缘落叶阔叶林区的连云港、徐州附近，即本地区范围内④，根据这一论点，徐海平原当全新世中期时，曾为北亚热带落叶阔叶与常绿阔叶混交林区。

（16）长江三角洲与太湖平原地区。自 1960 年以来以王开发为代表的一批地质学家对青浦县崧泽、金山县亭林、吴县唯亭等新石器时代遗址与上海面粉厂、宜兴和桥 YL-17 井等数十口钻井之第四纪沉积物剖面的孢粉组合进行了全面系统的分析研究，发表了《长江三角洲全新世孢粉组合及其地质意义》（载《海洋地质与第四纪地质》1984 年第 3 期）、《太湖地区第四纪沉积的孢粉组合及其古植被与古气候》（《地理科学》1983 年第 1 期）、《根据孢粉分析推断上海地区六千年以来的气候变迁》

---

① 吴达期、陈加良：《宁夏六盘山地区出土古木树种鉴定》，《南京林学院学报》1985 年第 1 期；陈加良：《六盘山古森林概况及其历史启迪》（油印稿）1986 年 5 月。

② 王永吉等：《江苏北部沿岸第四纪海相地层中的孢粉分析》，《海洋与湖沼》1983 年第 1 期。

③ 罗其湘等：《苏北徐海平原晚更新世以来的古气候和古地理》，《海洋地质与第四纪地质》1984 年第 2 期。

④ 王开发等：《杭州湾沿岸晚第四纪沉积的孢粉组合及其地层、古地理意义》，《第四纪孢粉分析与古环境》。

（《大气科学》1978 年第 2 期）、《崧泽遗址的孢粉分析研究》（《考古学报》1980 年第 1 期）等。根据他们的研究，这一地区在全新世中期时，"由于气候转暖，落叶阔叶种向北退缩，常绿阔叶树种迅速发育，青刚栎、栲属已成为乔木层的主要成分，其他常绿阔叶树尚有樟科、杨梅、常绿栎类、无患子、冬青、大戟等，在一些略高的山地有落叶阔叶的麻栎、枫香生长，常绿灌木有桃金娘、瑞香、桧木等。林下层有禾本科、水龙骨科等，海金沙科的某些种缠绕于林间，低凹积水处有水生植物黑三棱、眼子菜、莕菜、莎草科、泽泻等生长，海滨生长着盐生的藜科和蒿属。此时的植被相似于目前浙江南部中亚热带南缘的植被，温度应比目前三角洲平原高，部分地区被海水所淹没，故沉积中含有一定数量的海生刺刺球藻"。① 上述形象具体的描述，清楚不过地表明，斯时这一地区的植被就是中亚热带常绿阔叶林。

（17）江南丘陵。对安庆市怀宁县官洲一带打捞出的长江水下古树所附之古土壤所作的孢粉分析，反映出全新世中期长江中下游两岸平原与山地丘陵分布着繁盛的亚热带常绿阔叶林及水生沼泽植被。植被组成中有多种热带、亚热带种属，如杉科、落羽杉属、油杉属、栲属、油桐属、乌桕属、冬青属、枫香属、枫杨属、木兰科等；同时也有温带落叶阔叶树，如桦属、栎属、柳属等；特别是还发现有莎草蕨，现在这种蕨类安庆及其附近地区已绝迹，我国仅在台湾、海南岛及雷州半岛能生长。② 表明这一地区当时的植被具有由亚热带向热带过渡的特点。至于某些暖温带落叶阔叶树种，如桦属的存在，则是早全新世寒冷气候环境时的残留种。又据江西南昌西山洗药湖泥炭的孢粉分析，相当于中全新世前期之大西洋期植被是以栲属为主的森林，海拔较低处栲属可能成片生长，栎树、栗属、杨梅属、樟科、柳属、榆属杂生于栲树林或栲树—松树林间，林下层有各种类型的草本植物—禾本科、莎草科、菊科、毛茛科等和蕨类植物的分布；在林间或附近的阴湿低洼沼泽处，则有水生植物生长。③

---

① 王开发等：《长江三角洲全新世孢粉组合及其地质意义》。

② 黄赐璇等：《安庆古树的古土壤孢粉分析及其古地理研究》，载《地理集刊》第 13 号，科学出版社 1981 年版。

③ 王开发：《南昌西山洗药湖泥炭的孢粉分析》，《植物学报》1974 年第 1 期。

此外，对洞庭盆地沅江、安乡等地的孢粉分析，也说明这一地区中全新世时除分布有亚热带常绿阔叶林，还有典型的热带蕨类生长于山麓沟边及林下阴处的酸性土上。① 综上研究成果，可以看出，长江中下游，特别是长江以南之平原丘陵与山地，中全新世时植被的主体是南亚热带常绿阔叶林，并含少量热带植物种属。

（18）四川盆地。据对资阳县黄鳝溪资阳人出土地点地层所作的发掘与孢粉分析，发现有胡桃和栎树果实，孢粉组合以乔木花粉和蕨类孢子为主，其中以油杉、栗、枫杨和棕榈等亚热带成分占多数，还有少量热带成分，如五月荣属；蕨类植物却有大量热带种属，如福氏星蕨、凤尾蕨、海金沙和鳞蕨等属②。此外，在沱江下游资中县明心坝二级阶地、银山镇一级阶地与自贡市伍家坝高河漫滩等处剖面取样进行的孢粉分析，也发现全新世中期花粉中木本植物以亚热带型的胡桃科和银杏科为主，同时含有大量的蕨类孢粉，表明当时植被为亚热带阔叶林③。综上资料，可判定四川盆地"盆底"之平原部分中全新世植被为含有热带种属之南亚热带常绿阔叶林。

19. 杭州湾沿岸与宁绍平原。对余姚县河姆渡遗址第四文化层之孢粉分析，可以推断距今约7000年前，那一带的丘陵山冈上分布着以台湾枫香、青刚栎、赤皮槠、蕈、栲，紫楠、细叶香桂、牛筋树（樟科）、苦楝、九里香等亚热带常绿与落叶阔叶林；林下地被层以热带及亚热带蕨类为主，其中一些现今已在这一地区绝迹，如狭叶海金沙和柳叶海金沙现在只分布于广东、台湾及马来群岛、泰国、印度、缅甸等地，带状瓶儿小草现产台湾、海南岛等地之热带雨林中，褐叶星蕨现分布于云南热带森林中。这一事实说明当时这里的气候与现在的两广地

---

① 蔡述明等：《从岩相特征和孢粉组合探讨洞庭盆地第四纪自然环境的变迁》，《海洋与湖沼》1984年第6期。

② 《中国大百科全书·考古学》，第730页，"资阳人"条，中国大百科全书出版社1986年版。又据成都地质学院普通地质教研室所提供资料，转引自段万倜等《我国第四纪气候变迁的初步研究》，载《全国气候变化学术讨论会论文集（1978年）》，科学出版社1981年版。

③ 罗伦德：《四川省沱江下游河谷阶地的孢粉分析及晚更新世以来古气候的变化（摘要）》（油印稿）。

区相近，属南亚热带或热带气候。[①] 据吴兴县钱山漾等处新石器时代遗址材料，距今 5300—5000 年，青刚栎、甜槠等郁郁成林，还有樟树、棕榈等[②]，俨然是一派南亚热带风光。杭州湾沿岸镇海、杭州、宁波、金山等地一些钻孔孢粉分析资料，也表明中全新世时这一带植被为以青刚栎、栲属为主的常绿阔叶林。[③] 由上述资料可以得出结论，这一地区中全新世之植被为含有热带种属之南亚热带常绿阔叶林。

（20）浙闽沿海地区。杨蕉文等根据对温州市及平阳、苍南县等地六个钻孔进行的系统孢粉分析资料，认为中全新世时浙南沿海地区之植被为"掺有热带成分以栲属和青刚栎为主的常绿阔叶林"。[④] 同样陈承惠在对福建龙海、漳浦等县一些剖面进行了孢粉分析后，也认为中全新世前期，福建沿海地区分布着以栲、栎为主的南亚热带常绿阔叶林，森林繁茂，林下植物发育。[⑤] 总之，浙闽沿海地区中全新世之植被应为含热带种属之南亚热带常绿阔叶林。

（21）珠江三角洲。张仲英等根据对三水县 K5 孔、中山县 PK19 孔与东莞县 PK16 孔孢粉组合的分析，认为珠江三角洲地区自晚更新世以来，气温虽有波动升降，"但无某一阶段高出现代气温而后下降的现象"。鉴于这一地区目前的植被为南亚热带季风常绿阔叶林，因而断定约 6000 年前之大西洋期，即中全新世前期，珠江三角洲地区之植被为中亚热带南部常绿阔叶林，气温反比现今低 1℃。[⑥] 然而根据黄镇国等在《珠江三角洲形成、发育、演变》（科学普及出版社 1982 年版）一书第七章 "孢粉所反映的气候变迁"中所披露的上述三孔孢粉分析之详细资料看，PK16 孔相当于大西洋期之层 6 至层 8 的孢粉组合分别为：

---

① 孙湘君等：《"河姆渡"先人生活时期的古植被、古气候》，《植物学报》1981 年第 2 期。

② 吴维棠：《从新石器时代文化遗址看杭州湾两岸的全新世古地理》，《地理学报》1983 年第 2 期。

③ 王开发等：《杭州湾沿岸晚第四纪沉积的孢粉组合及其地层、古地理意义》。

④ 杨蕉文等：《浙南沿海地区全新世孢粉组合及其意义》，《华东师范大学学报》（自然科学版）1982 年第 3 期。

⑤ 陈承惠：《闽南沿海若干全新世沉积物的孢粉组合》，《台湾海峡》1982 年第 1 期。

⑥ 张仲英、黄镇国等：《根据孢粉分析推断珠江三角洲地区晚更新世以来的气候变迁》，《热带地理》1982 年第 1 期。

层6：松—水松—苏铁—水龙骨科—栗属。

层7：水龙骨科—凤尾蕨属—栲属—栗属—松科。

层8：凤尾蕨属—松科—栗属—水龙骨科—水松属。

正如编著者所指出的，上列植物种属除栗属是中亚热带成分外，余皆为南亚热带、热带成分，所反映的气候均偏热。

同样 PK19 孔之孢粉组合中，层8虽有栗属，但同时有大量热带、南亚热带成分的龙眼、石柯、杨桃、凤尾蕨；层7为风化黏土，缺孢粉资料；层6也以栗属及热带、南亚热带成分为主。

因此，根据以上资料，中全新世前期珠江三角洲之植被似应为含热带成分之南亚热带常绿阔叶林，而不当为中亚热带南部常绿阔叶林。

（22）北部湾沿海地区。王开发等曾对北海、合浦、钦州、防城等地25个剖面之第四系沉积物进行了孢粉分析，但对于全新世，由于样品分析少，未划分早、中、晚阶段，仅得出全新世植被为以禾本科、里白属、桃金娘科为主，杂有个别无患子科的热带、亚热带稀树草原这一较为笼统的结论。①。考虑到全新世气候之冷暖干湿有所波动，且全新世中期是公认的冰后期最为温暖湿润之最佳气候期，加之目前这一地区的植被又为热带季雨林区②，因此，全新世中期这一地区的植被似更应为热带季雨林。

（23）云贵高原。据林绍孟等对贵州惠水县两个全新世沉积物剖面的孢粉分析，中全新世前期孢粉组合为阔叶树花粉优势带，木本成分中阔叶树种较早全新世大为增加，以桤木属、栎属为主，还有榆属、枫香属等；松属减少，但仍占50%，与阔叶树种平分秋色。至中全新世后期，木本成分中，阔叶树种所占比例虽有所减少，但仍占一定比例，故称为阔叶树花粉较多出现带。③ 因此中全新世时，茂密的亚热带针阔叶混交林广布于此，代替了其前之针叶林。毛志中在分析了惠水与盘县几处剖面之全新世孢粉组合后也指出，中全新世时，随着气候转暖，这一地区由

---

① 王开发等：《我国北部湾沿岸第四系孢粉组合的发现及其古气候》，《科学通报》1977年第4、5期合刊。

② 参见《中国植被》一书中之"中国植被区划图"，科学出版社1980年版。

③ 林绍孟等：《贵州惠水盆地全新世孢粉组合特征及地层古气候的探讨》，《中国孢粉学会第一届学术会议论文选集》。

针叶林或蕨类草丛变成了郁闭的亚热带针阔叶林，针叶树以松为主，次有雪松和油杉，阔叶树有栎、栗、桤、桦、鹅耳枥、榆、椴、枫杨、枫香等，还有常绿的樟、榕等树种。[1] 与云贵高原北部紧密相连的四川省大小凉山中的冕宁县彝海沉积物中发现有中全新世古代森林遗迹，根据1981—1983 年进行的考察鉴定及孢粉分析，6000 年前该地森林是由丽江铁杉、云南铁杉、云南松、黄杉、华山松、木荷、青刚栎、桦、桤、杜鹃等组成的亚热带针阔叶混交林，且生长十分繁茂。[2] 此外，对贵州梵净山及云南昆明滇池的孢粉分析，也进行与上述情况相似的结论。[3]

（24）内藏古高原东部与鄂尔多斯高原。周昆叔等对察右中旗大义发泉村细石器文化遗址所作的花粉分析表明，在距今约 4000 年的第二文化层中，除发现有耐旱的蒿属、藜科等草本与麻黄属的小灌木植物外，还发现有喜欢比较湿润环境的乔木栎树和草本十字花科的花粉，其所反映的总的环境特点（气候与植被等），比其后期，也即当前状况为好。[4] 内蒙古的一批生物学家曾根据刘慎谔先生的推断，先后于 1979 年、1980 年三次深入察右中旗更北之小腾格里沙地（即浑善达克沙地），查明了该沙地中今日仍有松树残遗，证实了昔日曾有松林的分布。[5] 由此推断，中全新世时内蒙古高原东部应是广袤的暖温带稀树草原。

在鄂尔多斯高原，尽管在乌审旗营盖敖包及鄂托克旗都思兔河等处全新世剖面的孢粉分析均是草本占据优势，仅有少量的松、云杉、桦、鹅耳枥、栎、榛等木本花粉[6]，然而在今毛乌素沙地东南缘之陕西靖边县海则滩乡柳树湾村一处河流一级阶地上取样进行的孢粉分析却说明，距今 3000—10000 年，孢粉组合以云杉、冷杉花粉消失，栎属花粉出现，水生湿生植物花粉增多为特点，气候较今温暖湿润，因而剖面中堆积了厚

---

① 毛志中：《史前时代的贵州森林》，《贵州农学院学报》1984 年第 1 期。

② 冕宁埋藏古森林综合考察组：《四川冕宁埋藏古森林环境演变的研究》。

③ 梵净山资料系中国科学院植物研究所古植被研究室徐仁、孔昭宸 1975 年提供；昆明滇池资料见孙湘君《从昆明滇池全新世孢粉分析来看一万年以来植被的发展》（1963 年）。均转引自《中国自然地理·历史自然地理》。

④ 周昆叔等：《察右中旗大义发泉村细石器文化遗址花粉分析》，《考古》1975 年第 1 期。

⑤ 雍世鹏等：《内蒙古小腾格里沙地中的天然松林群落片断》，《内蒙古大学学报》（自然科学版）1982 年第 1 期。

⑥ 周昆叔等：《中国北方全新统花粉分析与古环境》。

达 3 米多的黑色与褐黑色的砂炭。[①] 有学者通过该沙地南部内蒙古鄂托克前旗滴哨沟湾第四纪沉积物中各层间化学元素分配状况的研究，也得出了全新世早、中期，由于全球性的冰后期气候转暖的影响，鄂尔多斯高原也先后出现了温凉湿润的草甸草原与温暖湿润的灌丛草原环境的结论。[②] 实际上中全新世这一地区之植被应为暖温带稀树草原。

（25）柴达木盆地。据杜乃秋等对柴达木盆地中之察尔汗盐湖钻孔进行孢粉分析，在距今 9300 年、8120 年、4940 年和 3800 年的样品中都发现有孢粉。总的来看，乔木植物花粉均趋增加，有的样品可占孢粉总数的 11.5%。此外，该带还连续出现水龙骨的孢子和禾本科植物的花粉，甚至还有香蒲的花粉，表明环境趋向潮湿。研究者据此认为，约从距今 11000 多年起，随着全球性气温回升，冰川消融，降水量增加，盐湖又趋淡化，荒漠植被又有所减少，而温带蕨类水龙骨出现，水生沼生香蒲重新生长在淡化了的湖沼边缘，禾本科、蓼科等组成的杂类草则生长在盐渍化减弱的地区，一些乔木树种重又出现。[③] 根据上述论述，有理由认为全新世中期柴达木盆地植被应是暖温带稀树草原。

（26）新疆罗布泊地区。通过对罗布泊湖盆中心南端最低处之罗 4 井的孢粉分析，这一地区晚更新世以来麻黄、藜、蒿一直是当地植被的优势种，也有乔木，但种类与数量均少，只有松与桦等很少几种。看来这一带往昔时之植被景观是，在广阔的罗布洼地上到处丛生着旱生与盐生的麻黄、蒿、藜及菊科、禾本科等灌木草类，在低洼积水及河湖边缘生长着少量的湿生与水生的莎草、狐尾藻及香蒲等，周围或相距不远的山上稀疏地生长着一些桦、松等乔木植物。[④] 从香蒲、莎草等种属现已不复存在及剖面中麻黄花粉由下而上减少，蒿、藜花粉却有所增加而论，晚更新世与早全新世，气候较冷湿，因而罗布泊水体尚未咸化，水生植物生长也较多；中全新世后气温回升，干旱程度加重，水体中可溶性盐分

①　黄赐璇：《毛乌素沙地东南缘一万多年来孢粉植物的变化及其意义（提要）》（油印稿）。

②　关有志：《毛乌素沙地滴哨沟湾第四纪地层的元素分配与古气候》（油印稿）1983 年 12 月。

③　杜乃秋等：《青海柴达木盆地察尔汗盐湖的孢粉组合及其地理和植物学的意义》，《植物学报》1983 年第 3 期。

④　严富华等：《新疆罗布泊罗 4 井的孢粉组合及其意义》，《地震地质》1983 年第 4 期。

增加，水生植物减少。因此，全新世中期时这一地区的植被当为暖温带荒漠草原。

（27）新疆天山山地。据周昆叔等对天山北坡乌鲁木齐河上游红五月桥东二级阶地剖面所进行的孢粉分析，中全新世孢粉组合为雪岭云杉花粉占绝对优势，达到98.5%，这说明当时的植被是雪岭云杉林。这一剖面之海拔高度为2516米，目前天山北坡之雪岭云杉林分布在海拔约2300米处，当时雪岭云杉林的分布高度较今高200余米。① 又据王开发等对乌鲁木齐市东柴窝堡区的柴K4井的孢粉分析，全新世中期之孢粉组合中，草本花粉和木本花粉数量相近，分别占38%—57%和40.7%—54.5%，孢子很少。草本花粉中藜科占绝对优势，为孢粉总数的19.8%—41.3%，蒿、禾本科、毛茛科有一定数量。木本花粉中栎的数量最多，为25.9%—29.8%，其他落叶阔叶树种如胡桃、枫香、桦、榆、栗等也较多。② 这种以栎—胡桃—藜为主的孢粉组合，反映当时气候比目前温湿，应是温带森林草原。

（28）青藏高原南部阿里高原与喜马拉雅山地区。在青藏高原南缘西藏聂拉木县境内珠穆朗玛峰北坡亚里村波曲河谷海拔4300米的第一级阶地上一处中石器时代遗址之石灰岩堆积层中发现忍冬、荚蒾、鼠李、杜鹃、柳、绒线菊、勾儿菜、蔷薇等植物化石。同这类植物群相似的现代植物目前分布在喜马拉雅山南坡海拔3400—3700米处。③ 同时，希夏邦马峰西北坡海拔4624米的佩枯错低湖面阶地堆积物中，第一孢粉带是以针阔叶混交林树种占优势，有松、铁杉、栎和桤木等属④，说明中全新世早期各类植被分布的海拔高度比今高500—600米，在一些山峰海拔4600余米的北坡一度尚生长有针阔叶混交林。

据汪佩芳等对当雄盆地及仲巴县山前洪积扇前缘一些剖面的孢粉分

---

① 周昆叔等：《天山乌鲁木齐河源冰川冰和第四纪沉积物的孢粉学初步研究》，《冰川冻土》等3卷增刊号，1981年12月。

② 王开发等：《新疆柴窝堡地区第四纪孢粉组合及其意义》，《新疆大学学报》1981年第2期。

③ 郭旭东《珠穆朗玛峰地区第四纪间冰期和古气候》，载《珠穆朗玛峰地区科学考察报告（1966—1968年）·第四纪地质》，科学出版社1976年版。

④ 徐仁、孔昭宸等：《珠穆朗玛峰地区第四纪古植物学的研究》，载《珠穆朗玛峰地区科学考察报告（1966—1968年）·第四纪地质》，科学出版社1976年版。

析，中全新世之孢粉组合中，木本植物花粉，如桦、柳、榛等虽然数量很少，却断续相继出现，特别是锦鸡儿属和黄蓍属等豆科小灌木显著增加。仲巴县达洼龙泥炭剖面花粉种类丰富，有少量忍冬科、荚蒾属花粉，与前述亚里石灰华所见植物种类大同小异，说明仲巴盆地当时植被是高山灌丛，与现今该地的高山草原景观有明显差别；而当雄周围也由早期的高山草甸向高山草甸夹小片灌丛方向发展，气候由早期冷湿向温暖湿润方向转化。①。

李炳元等在对日土县斯潘古尔湖、错勒县、昂仁县昂拉露、浪卡子县沉错、错那县拿日雍错等剖面全新世湖相沉积物进行了孢粉分析后，发现这些剖面均以距今 7500—3000 年之间的沉积物所含孢粉最丰富，种类也最多，而且木本花粉所占比例也最大。许多剖面木本花粉最高可占到孢粉总数的 50% 左右，主要有松属、桦属、鹅耳枥属、桤木属、榛属等，温带阔叶成分（如栎属）与喜暖成分（如铁杉等）增加，蔷薇、杜鹃等灌木种属也较多；当然，总的看来仍以草本植物占优势。所以，他们认为这一地区全新世时植被变化于稀树草原—灌丛草原—草原之间。②

综合以上研究成果，可以认为这一地区中全新世之植被既有针阔叶混交林，又有稀树草原与高山灌丛，而且其分布之海拔高度均较现今为高，且长势也较今茂盛。

（29）青藏高原北部藏北高原与昆仑山地区。据对革吉县札仓茶卡剖面的孢粉分析，中全新世孢粉组合中菊科与蒿属等草本花粉占绝对优势，达 80%—90%，乔木花粉有松与云杉等。③ 鉴于当时气候较今温暖，因而植被为草甸草原与高山草原。特别是在西藏境内先后发现的数十处细石器遗址，除少数几处在藏南外，其余大部分均在藏北，而且相当一部分位于目前的无人区。④ 细石器时期与全新世中期相当。细石器遗址在藏北广泛分布，说明当时环境条件并不似如今这般严酷，草原分布颇广，

① 汪佩芳等：《西藏南部全新世泥炭孢粉组合及自然环境演化的探讨》，《地理科学》1981年第 2 期。

② 李炳元等：《试论西藏全新世古地理的演变》，《地理研究》1982 年第 4 期。

③ 同上。

④ 安志敏等：《藏北申扎、双湖的旧石器和细石器》，《考古》1979 年第 6 期；李炳元等：《试论西藏全新世古地理的演变》。

为古人的狩猎活动与生存提供了必要的条件。

（30）青藏原东南部高山峡谷区。这一地区目前的植被为寒温性针叶林。[①] 但全新世中期时气候要较现代温暖。在昌都附近之卡若新石器时代遗址（距今 4690±135 年）中，就含有狐、猪、麝、马鹿、鼯、牛、藏原羊、鬣羚、青羊等 11 种哺乳动物化石。[②] 这些兽类都是现生种，但有些在昌都附近，甚至青藏高原已经绝迹，如麝、鬣羚今天只生活在长江流域和低纬度地区，马鹿也喜欢较暖的环境。[③] 由此可见，中全新世前期这一地区气候较今温暖湿润，因而植被也绝不是今日这种寒温性针叶林，而应是暖湿性森林。

二

根据上文引证的我国各地一部分孢粉分析与考古发掘资料，对照当今植被分布状况，结合有关学科研究意见，现在试对我国境内全新世中期天然植被分布概况进行复原。

关于全新世中期之开始年限，学术界尚未取得一致意见，有断为距今 7500—2500 年者，有定为距今 7000—3000 年者，也有划为距今 8000—3000 年者。本文采取后者。对于全新世中期，许多学者又划分为前、后两期，并以之分别与布列特—色尔南德尔关于全新世气候分期序列中之大西洋期、亚北方期相对应。本文所论及的中全新世植被，由于引证资料之详略精细程度不同，因而在时限上未能完全做到准确划一。有相当一部分是明确指中全新世前期的，即大西洋期的；还有一部分则是笼统地指中全新世的，当然这些实际上仍是指的冰后期之最适宜气候期，亦即大西洋期的。在述及某一地区之中全新世植被类型时，也由于当前研究工作精度及掌握的资料所限，未能一一论列不同地形部位、不同海拔高度、不同生境条件下之各类植被，只是就某一地区从总体看最具代表

---

① 《中国植被》一书所附之《中国植被区划图》。

② 万波：《西藏昌都卡若新石器时代遗址动物群》，《古脊椎动物与古人类》1980 年第 2 期。

③ 李炳元等：《试论西藏全新世古地理的演变》。

性的植被类型略作介绍。更全面准确地复原工作还要待诸将来。

正如本文已反复指明的，全新世中期，特别是其前期即大西洋期，正处于全球性气候转暖过程中，我国也不例外，当时绝大部分地区之气候均较现今温暖湿润；加之，青藏高原隆起程度没有现今高峻①，西北内陆干旱化程度也未达到目前之状况。因此，可以断言，中全新世我国天然植被分布状况与当前有明显的不同。主要表现在许多植被带具有程度不等地向北和向西推展的现象。总的看来当时天然森林与草原分布面积十分广阔，干旱荒漠与高寒荒漠面积较小。

全新世中期我国天然植被之分布，纵然受控于当时总的自然地理条件，但也如同今日之植被分布一样，仍受到纬度地带性、经度地带性与垂直地带性等植被分布规律的制约。

从总体来看，中全新世时我国植被可分为东部森林区、西北草原与荒漠区、青藏高原草原—灌丛—森林区。在上述三大植被区内，又因各部分所处纬度、经度与地形、海拔高度的差异，植被之地带属性、内部结构与建群种属有所不同，而需再分为若干个二级植被区。

（一）东部森林区

分布于大兴安岭—大马群山—晋陕长城—六盘山北端—乌鞘岭—日月山—西倾山—岷山—青藏高原东缘山脉（邛崃山、大雪山等）一线以东。因为全新世中期气候较今温润，东北、华北地区反映尤甚，因此，东北北部已无寒温带森林；由北而南依纬度地带性逐次分布着温带、暖温带、亚热带、热带森林区。

温带森林区。仅分布于东北北部大兴安岭山地北段一角，为温带针阔叶混交林。

暖温带森林区。广泛分布于东北、华北与黄土高原的大部分地区及山东半岛。由于受地形等非地带性因素的影响，小兴安岭、长白山、辽西与昭乌达盟南部丘陵山地、黄土高原西部之陇西等地为暖温带针阔叶混交林区；而三江平原、松嫩平原、辽河平原与辽东半岛则为暖温带落

---

① 据文献报道，喜马拉雅山全新世隆起的平均高度为500—600米左右（见《珠穆朗玛峰地区科学考察报告·第四纪地质》）。

叶阔叶林区；至于燕山与京津唐平原、河北平原、山东半岛、黄土高原中北部，虽也为暖温带落叶阔叶林区，但已多少不等的含有一些亚热带植物种属，已处于暖温带向亚热带的过渡地带。

亚热带森林区。亚热带森林在中全新世是各类森林中分布最为广阔的一种。其北界已越过当前人们所熟知的秦岭—淮河一线，向北扩展到陕西黄龙山、山西霍山与山东蒙山南麓。其南界与今差相仿佛，大致在23°N 一线。靠北之黄土高原东南部平原、华北平原中南部及苏北徐海平原为北亚热带落叶阔叶与常绿阔叶混交林区；其南之长江三角洲与太湖平原、安徽省江淮之间的丘陵平原、湖北省江汉平原与鄂西山地、陕南秦巴山地为中亚热带常绿阔叶林区；而偏南之杭州湾沿岸与宁绍平原、浙闽沿海地区与台湾岛北部、江南丘陵、珠江三角洲则为南亚热带常绿阔叶林区，且均含有热带植物种属；四川盆地则因有秦岭巴山之屏障，气温高于同纬度之长江中下游平原地区，也为南亚热带含热带植物种属之常绿阔叶林区；至于云贵高原则因海拔较高这一非地带性因素的影响，气温略低于同纬度之江南丘陵区，所以植被为亚热带针阔叶混交林。

热带森林区。其范围与今相较，不仅没向北推移，反而向南略有收缩，只包括北部湾沿岸地区、云南南部之西双版纳地区、台湾岛南部、海南岛与南海诸岛。全新世中期热带森林分布区域之所以与今日之状况变化不大，主要是因那时我国东北、华北，乃至华中、西南地区气温均较今高出 2—3℃；而台湾与岭南地区气温却与今相近，甚或略低一点。因而造成到全新世晚期在我国大部分地区气温都逐步有所下降的同时，岭南等地反而略有增温，热带森林区也相应稍有扩大。需要指出的是，由于对这一地区孢粉分析工作做得较少，研究尚不深入，所以对各部分在中全新世时植被之具体特征与所属类型，尚难以做出较明确的说明。

（二）西北草原与荒漠区

分布于前述之大兴安岭—大马群山—晋陕长城—六盘山北端—乌鞘岭—日月山一线以西与昆仑山以北。同样也是因为全新世中期时气候状况较今温润，因此，这一地区当时大部分面积是暖温带草原，也有一部分温带草原，许多草原还生长有乔木；荒漠范围较今日要小；而一些高耸的山地，则因垂直地带性因素的影响，分布着多种带谱的植被。

暖温带草原与荒漠区。分布在贺兰山—甘肃河西走廊之龙首山、合黎山、北山—天山一线以东及以南。内中内蒙古高原东部与鄂尔多斯高原、柴达木盆地、河西走廊均为暖温带稀树草原区，塔里木盆地罗布泊一带则为暖温带荒漠草原区。

温带草原与荒漠区。分布在天山与河西走廊以北。除阿拉善高原与准噶尔盆地为温带荒漠草原外，其余部分为温带草原或温带稀树草原区。由于对这部分地区研究工作做得不够，上述意见还只是推论。

山地森林草原区。由于对天山山地所进行的孢粉分析揭示了全新世中期这一山区之山间盆地植被为温带森林草原，且其植被分布的垂直带谱较今海拔均相应偏高，因而使我们有可能在这一认识的基础上，对阴山、贺兰山、祁连山、阿尔泰山之植被状况也作如是看。

（三）青藏高原草原—灌丛—森林区

这一植被区北以昆仑山为界，东部包括有川西与云南西部之高山峡谷区。全新世中期时，因这一高原海拔高度较今低数百米，加上气候较今温暖湿润，因而植被状况也较现今为好。另一特点是这一地区垂直高差大；有高山、高原、山间盆地、峡谷深涧、河谷平原等多种地形，因此，各部分之植被均为多种类型的组合。具体而论，可划分为三个二级区：

青藏高原南部阿里高原与喜马拉雅山地区为稀树草原—高山灌丛—针阔叶混交林区。

青藏高原北部藏北高原与昆仑山地为高山草原—草甸草原区。

青藏高原东南部高山峡谷为暖湿性森林区（这一森林区一方面受整个青藏高原多种自然因素影响，性状十分复杂；另一方面尚缺乏直接的孢粉分析资料，故先以暖湿性森林命名）。

1987 年 7 月修改稿

（原文刊载于《中国历史地理论丛》1988 年第 1 辑；该文又被收入中国林学会林业史学会主编《林史文集》第一辑，中国林业出版社 1990 年版）

历史时期我国东北地区
之植被变迁

我国东北地区，包括现在的黑龙江、吉林、辽宁三省与内蒙古自治区呼伦贝尔盟、兴安盟、哲里木盟及赤峰市（原昭乌达盟）。这个地区地域辽阔，自然资源丰富；特别是大兴安岭、小兴安岭、长白山、完达山等山地，森林遍布，林木葱郁，是我国重要的森林工业基地。据中华人民共和国成立前的统计资料，这一地区森林面积与木材蓄积量均占当时全国的 60% 左右。[①] 由此可见，东北地区林业资源的丰富与森林工业在我国所占地位的重要，也可见这一地区保护森林资源意义的重大。

作为东北地区天然植被主体的森林，其类型与分布状况在历史时期经历了一些重大的变化。探明这些变化的状况与原因，对于今后合理利用森林资源，保护自然环境均有一定的借鉴与指导作用。这是本文撰写的一个主要目的。

历史时期东北地区植被变迁不外乎两个方面：其一是天然植被类型的变迁，这主要是由于从中全新世进入晚全新世时全球性气候变化造成的；其二是人工栽培植被的扩大与天然森林、草原植被的缩小，这主要是由于晚全新世以来，也就是距今 3000 年前的西周王朝建立以来，特别是清代后期弛禁放垦以来，随着人口的增加，农业垦殖活动的迅速扩展造成的。本文即从这两个方面试作论述。

---

① 转引自《东北区林业科学技术发展史资料》之序（二）与《东北三年来林业发展概况》等文，黑龙江科学技术出版社 1987 年版。

一　天然植被类型的变化

论及天然植被类型的变化，显然与气候的变迁有关。现今举世科学界已公认，全新世中期，也即考古学上的新石器时代，为冰后期之气候最适宜期，我国一些历史气候学家则直呼为"仰韶温暖期"。[①]。据竺可桢的研究，从仰韶文化时期到殷墟时期，我国境内大部分地区气温要比现在高出 2℃，冬季一月的平均温度比现在高出 3—5℃。[②] 还有一些历史气候学家进一步具体地指出：仰韶温暖时期我国东北北部地区年平均气温较今高出 3℃ 以上，冬季最冷月一月平均气温较今高出 5℃ 以上；辽宁南部年平均气温比现在高出 3℃ 左右。他们还认为，仰韶温暖时期我国气候带也相应地比现在偏北，亚热带北部界线向北曾到达华北平原北部京津一带。[③] 由此也可看出，东北地区当时气候带也与现在有所不同。而气候状况的不同必然导致仰韶温暖时期，即全新世中期之自然植被状况与现代有所不同。

关于现代东北地区天然植被分布状况，《中国植被》一书[④]中有翔实的论述。根据所列资料，东北各地现代自然植被有如下述：

大兴安岭山地北段，为寒温带落叶针叶林，主要为落叶松林，间有山地樟子松林与云杉林。

小兴安岭与完达山地为温带针阔叶混交林，主要为红松与落叶栎林（蒙古栎）。

三江平原，也属温带针阔叶混交林地带，但有大片苔草沼泽。

长白山，为温带针阔叶混交林，主要有红松、冷杉等树种。

辽河平原与辽东半岛，为暖温带落叶阔叶林；主要有落叶栎林（蒙古栎）和落叶杂木林（槭、椴、榆等），兼有云杉、红松等树种。

---

① 段万倜等：《我国第四纪气候变迁的初步研究》，载《全国气候变化学术讨论会文集（1978 年）》，科学出版社 1976 年版。

② 竺可桢：《中国近五千年来气候变迁的初步研究》。

③ 龚高法等：《历史时期我国气候带的变迁及生物分布界限的推移》，载《历史地理》第五辑，上海人民出版社 1987 年版。

④ 中国植被编辑委员会编：《中国植被》。

大兴安岭山地南段，为温带森林草原，主要有桦林、栎林与羊茅、羊草草原。

辽西与赤峰市南部丘陵、山地，为暖温带落叶阔叶林，以栎林为主；兼有落叶灌草丛、灌丛。

松嫩平原，为温带草甸草原、典型草原。

呼伦贝尔草原，为温带典型草原。

关于全新世中期东北地区之天然植被分布状况，拙作《全新世中期中国天然植被分布概况》[①] 在引述了一些孢粉分析资料后曾做出如下分析。

（1）大兴安岭山地北段。在黑龙江省北部大兴安岭北端呼玛县兴隆乡的一处孢粉组合中，发现全新世中期是一落叶阔叶树桤树与针叶树松树花粉的优势带，表明当时这一地区的植被与现代我国温带中南部地区的针阔叶混交林相类似，而不是如今之寒温带落叶针叶林。

（2）三江平原。据对宝清县853农场、本德北及集贤县东291农场等处剖面取样进行的孢粉分析，全新世中期那一带之植被是在较今温暖湿润气候条件下生成之阔叶林，其树种成分主要是桤木、栎、榆、椴等喜暖阔叶树。又据对这一平原北部之勤得利、萝北县水城子等处剖面之孢粉分析，中全新世也是阔叶树花粉占优势，其中以栎、榆之花粉含量最高。因此，其植被应为暖温带落叶阔叶林。而目前这种阔叶林分布在辽宁一带。此外，对宝清县雁窝岛所作的孢粉分析，也得出了相类似的结论。

（3）小兴安岭地区。据对伊春市郊及红星林场等处沼泽取样进行的孢粉分析，中全新世时阔叶树种（包括榆、栎、椴等属）花粉含量达到高峰，松属花粉含量也较高。因而斯时这一地区之植被应为暖温带之针阔叶混交林。

（4）松嫩平原。据吉林省榆树县光明乡等处孢粉分析资料，中全新世当地主要生长以栎、榆为主的暖温带阔叶林。

（5）长白山区。据吉林省敦化县黄泥河镇、安图县亮兵台、抚松县

---

① 《全新世中期中国天然植被分布概况》，载《林史文集》第一辑，中国林业出版社1990年版。

漫江镇及辽宁省清源县英额门等处的孢粉分析，长白山地中部中全新世时生长着以榆、栎、桦、松为主之暖温带针阔叶混交林。

（6）辽河平原与辽东半岛。从这一地区之新金县普兰店、复县长兴岛八岔沟、庄河县大南岛前洼屯与栗子房李家沟、东沟县大孤山黄土坎与前阳门等处孢粉分析看，全新世中期时这一地区广泛分布着暖温带落叶阔叶林，西部以栎属为主，东部以桤、栎属为主。目前，这种类型的植被主要分布在冀、鲁、晋三省的山地丘陵上。

（7）辽西与赤峰市南部丘陵山地。在内蒙古赤峰市敖汉旗大甸子村相当于中全新世晚期考古遗址的墓葬填土中发现有油松、桦、云杉、蔷薇和菊科的花粉，表明这一地区当时的天然植被并非与现在一样是草原，而是暖温带针阔叶混交林。① 根据上述分析，对全新世中期东北地区天然植被分布状况可作出如下结论：

以大兴安岭为界，其东为森林地区，其西为草原地区。森林地区面积广阔，草原地区仅限于今之呼伦贝尔草原。

森林地区中，仅大兴安岭山地北段为温带针阔叶混交林区，其余部分均为暖温带森林区。

在暖温带森林区中，大兴安岭山地南段、小兴安岭、长白山、辽西与赤峰市南部丘陵山地为暖温带针阔叶混交林区；而三江平原、松嫩平原、辽河平原与辽东半岛则为暖温带落叶阔叶林区。当然，三江平原中还有大面积的沼泽，松嫩平原与辽河平原上则间有草原。

草原地区中之呼伦贝尔一带，为暖温带稀树草原区。

对照前面所论及的东北地区全新世中期与现代天然植被分布状况，可以清晰地看出两者之间有着明显的差异。那么，造成这一差异的原因是什么？这一变化又发生在什么时候呢？原因自然应该主要归结为气候变化。历史气候学家已探明，在距今 3000 年前，地球上出现了现代小冰期。② 自此，仰韶温暖期结束，全球气候在连续出现了几个寒冷期后逐渐

---

① 以上各地所依据的孢粉分析资料的文献出处，请查阅拙作《全新世中期中国天然植被分布概况》，本文不再一一列举。

② 段万倜等：《我国第四纪气候变迁的初步研究》，载《全国气候变化学术讨论会文集（1978 年）》，科学出版社 1976 年版。

趋冷。我国自不例外。正如竺可桢在《中国近五千年来气候变迁的初步研究》一文中所指出的，自3000年前以来，相继出现了西周初年、东汉魏晋南北朝、北南宋及明清四个寒冷期，变化的总趋势是，寒冷时期相隔的时间越来越短，寒冷的程度越来越强。正是在这一气候变冷的原因驱使下，使这一地区之天然植被发生了如前所述的变化。追本溯源，这一变化发生于距今3000年前，当时正是由于出现了全球性的气候变冷，促使了地球之地质史由全新世中期进入全新世晚期，而这一时期在我国历史上恰好是西周初年。十分有意思的是，自那以后，我国即进入有文字记载的历史时期。

二 新石器时代至明末人为活动 对植被变迁的影响

论及人类活动对植被变迁的影响，在东北地区最早也应追溯到新石器时代。尽管在这之前的旧石器时代，东北地区已有古人类活动，如在辽宁省营口金牛山、海城小孤山、本溪庙后山与吉林省榆树周家油坊、安图明月沟以及黑龙江省哈尔滨顾乡屯、齐齐哈尔大兴屯、呼玛十八站、漠河老沟河、饶河小南山还有内蒙古自治区哲里木盟奈曼旗蚂蚁河、赤峰市翁牛特旗上窑等处发现有距今1万年至20万年左右的旧石器与中石器时代的古人类化石、打制石器等，但旧石器与中石器时代的古人类以渔猎与采集为主要的谋生手段，尚未从事原始农业生产，所以对天然植被的生长实际上产生不了什么影响。

到了新石器时代，情况开始有了变化。据最近的研究资料，新石器时代东北地区居住的人群大幅度增加，遍及各地，从辽南沿海岛屿到北部的黑龙江沿岸，从东部的乌苏里江滨到大兴安岭以西的草原地区，均有古代先民的活动遗迹，各种类型的遗址与墓葬数以万计。其中有代表性的是：辽宁省沈阳市新乐、长海县广鹿岛小珠山、建平县牛河梁等遗址；吉林省长春市杨家沟、珲春县大六道沟、通榆县敖包山等遗址；黑龙江省齐齐哈尔市昂昂溪滕家岗、东宁县大杏树、密山县新开流、饶河县小南山等遗址；内蒙古自治区赤峰市红山与敖汉旗兴隆洼、哲里木盟奈曼旗大沁他拉、呼伦贝尔盟新巴尔虎旗勒巴诺尔等遗址。这些遗址的年代大多经碳14测定，最久远的距今7000多年前，最晚近的距今3000年，有的已与铜器时代的遗址，甚至铁器时代的遗存相衔接。从遗址出土的生产工具与有关遗物分析，新石器时代东北地区大部分地方的居民都从事原始农业耕作，同时兼营畜牧、渔猎与采集。其中，南部辽宁、吉林两省及内蒙古自治区赤峰市、哲里木盟境内的一些遗址，规模大，延续时间长，显示出当时原始农业已颇为发达，居民已过着定居的生活。只是黑龙江省境内齐齐哈尔、哈尔滨与乌苏里江流域等处地势低洼、沼泽较多的地区，新石器时代的先民才是以渔猎作为主要的谋生手段。① 新石器时代东北地区既已较普遍地出现原始农业生产，自然就表明东北地区有相当部分的地方人类活动已开始对自然环境施加影响。只是那时居民总数不多，居住也较分散，生产方式颇为原始，所以对自然环境的影响仍是十分有限的，并未造成什么破坏。

到夏、商、西周及春秋、战国时期，中原地区逐渐进入青铜器与铁器时代，东北地区受此影响，也发展了青铜文化。但从这一时期的遗址所出土的工具与器物看，大多仍属金石并用型，有许多遗址没有青铜器存在。从发展程度看，南部辽宁及内蒙古赤峰等地较为发达，北部吉林、黑龙江与内蒙古哲里木、呼伦贝尔等地则较为落后。黑龙江省境内甚至有大面积空白地区。这一时期，东北地区已出现了许多族群。据考证，商、西周、春秋战国时期居住在东北地区西南部的，是东夷种族的一些部落，如屠何、俞人等；居住在西部的是山戎和东胡，山戎分布在今大凌河流域，东胡分布在今西拉木伦河流域及其以北地区；居住在中部的是秽、貊各部，他们的分布范围是西起辽河，东到松花江；居住在东部的是肃慎系各部，主要分布在牡丹江流域及其东北一带；居住在北部的是玄丘之民、丁零等，活动范围南自大兴安岭，北至贝加尔湖。这一时期的生产状况，根据考古资料分析，生产技术进步不大，依然如新石器时代那样，主要依赖石器、骨器工具从事生产。南部地区仍然是农牧结合，兼营渔猎；西部西拉木伦河及其以北地区，东胡族群过的是游牧生活；北部黑龙江地区，因为西周初年气候变冷，不利于农耕，当地居民

---

① 关于新石器时代东北地区遗址分布与主要生产方式部分的资料，均取自孙进已等编写的《东北历史地理》第一卷，黑龙江人民出版社1989年版。

主要依靠渔猎为主。总的看来，此时东北地区渔猎游牧的成分较之新石器时代还有所加大。由此可见，这一时期东北地区的人类生产活动对自然环境的影响仍然很轻微。至战国后期，东北地区南部民族分布状况有了较大的变化。主要是燕国占领了辽西及辽东地区，东胡北撤，朝鲜东退。燕国在新扩展的土地上，设置了郡、县，当地农业生产才有了较迅速的发展；河谷平原临近郡、县城邑处多辟为农田，天然植被遂为人工栽培植被所代替。

自秦汉直至明末，大约经历了近2000年，其间活动于东北地区的民族曾时相更迭，一些民族所建国家或政权也屡有兴衰。其中有的从事游牧，有的虽也经营农耕，但同时还进行渔猎畜牧。其间，由以农耕为主要生产方式的汉族集中活动的区域，基本上限于辽宁省的西部、中部与南部，只有个别时期北进到辽宁省北部与吉林省长春一带，而且为时不长又南退到辽宁省境内。因而可以说，辽宁省西部、中部与南部，尤其是辽河下游平原区，既是一个传统的农业生产区域，也是一个植被受到人类活动强烈影响的区域；这一区域内的河谷平原上，原有的天然植被受到大面积的翦伐，代之出现的是较为集中连片，面积也较为广阔的农业栽培植被。另两个植被受到人为活动强烈影响的区域就是今天的科尔沁沙地与呼伦贝尔沙地。科尔沁沙地位于西拉木伦河、老哈河流域，也即西辽河流域。自距今3000年前进入全新世晚期以来，为一温带森林草原区。古代松林遍布，《辽史》上称为"平地松林"。① 据今人考证其"方圆在千里以上"，故又有"千里松林"之称。② 但自辽代起由于大量的汉民、渤海国人移入进行开垦，森林受到破坏，土地开始沙化，后历金、元、明、清各代的开垦、砍伐与战争破坏，使沙化程度日益加剧，终于成为一大沙漠。同样，呼伦贝尔一带，按现今它之天然植被之属性论，为温带典型草原，也是在辽代经大规模开垦，原有之植被遭破坏，辽亡后，人口流散，土地辍耕后，地下流沙被大风扬起，导致沙化。至

---

① 《辽史》卷三《太宗纪上》、卷三七《地理志一》。

② 景爱：《平地松林的变迁与西拉木伦河上游的沙漠化》，《中国历史地理论丛》1988年第4辑。

金代沙漠化加剧①，现在也成为我国北方 12 大沙漠之一。除此之外，东北地区的其他部分，尽管在高勾骊、渤海国，特别是辽、金时代，也在松嫩平原及其他一些河流沿岸从事过农业开垦，但基本上是限于河流两岸的冲积平原上，没有波及森林地区，且面积也不太大，因此，使这些地区没有受到人为活动的明显影响，依然保持着原始森林与草原的天然风貌。

三　清代的弛禁、放垦与俄、日帝国主义的　掠夺对天然森林、草原的破坏

历史时期人为活动对东北地区天然植被的破坏，主要还在清代，特别是清代后期，俄、日帝国主义对森林资源的大肆掠夺以及清末的放垦。

前面已经谈到，迄至明末，只是在辽宁省西部、中部与南部，主要是辽河下游，明边墙以内，形成以汉族为主体的农耕地区，而西部草原区是蒙古等族的游牧场所，其余的森林区则是女真族与鄂伦春、鄂温克、达斡尔等族进行半农半牧或渔猎捕捞活动的地域。清初，尽管由于战争的破坏与关外大量军民"随龙入关"，辽河下游原农耕地区人口大量减少，田地荒芜，一些地方甚至是残垣断壁，荆榛遍地，植被有所恢复；但毕竟已不是天然植被的原貌，只是一些次生林。顺治年间，一度招民开垦；虽未久即仍封禁，并以柳条边为界限②，实则柳条边以内区域并未真正封禁。尽管清政府在大凌河下游与开原、盛京（今沈阳市）、复州（今复县）、广宁（今北镇县）等地设置了一些牧厂、囤场、马场，出现了大片畜牧狩猎地区，但就植被而言，终究不是原始景象。与此形成对照的是，柳条边以外的广大地区，在封禁政策的影响下，在很长一段时间内，只在宁古塔（今宁安县）、吉林（今吉林市），打牲乌拉（今吉林市北）、白都讷（今扶余市）、拉林（今阿城县）、三姓（今依兰县）、珲春（今珲春县）、瑷珲（又名黑龙江城、今黑河市南）、墨尔根（今嫩江

---

① 景爱：《历史时期东北农业的分布与变迁》，《中国历史地理论丛》1987 年第 2 辑。

② 柳条边有新老两条。老边西起山海关，经开原威远堡至鸭绿江。一般所指的"边外"，即指老边以外的地区。新边起自开原威远堡，至吉林境内之舒兰二道河子乡。

县)、卜魁（今齐齐哈尔市）、布特哈（今莫力达瓦达斡尔族自治县）、呼兰（今呼兰县）等驻防城镇及一些驿站附近，形成若干农垦据点。西部草原区的蒙古族游牧地也有零星的军屯垦殖；但规模都不是很大，耕地也互不连接，对当地的天然植被，并未产生若何的影响。直到清代中叶，还保持着"万木参天"的原始大森林与"天苍苍，野茫茫，风吹草低见牛羊"的蒙古大草原的风光。

关于清代前中期东北地区森林分布状况，清代咸丰年间何秋涛所撰《朔方备乘》卷二十一考十五之《艮维窝集考》曾对吉林、宁古塔附近及黑龙江流域的"窝集"（又名乌稽，指原始森林）分布状况作了详细的记载。据近代学者研究，《艮维窝集考》所记载的 48 处窝集中，分布于长白山、老爷岭、张广才岭、完达山、小兴安岭、伊勒呼里山及大兴安岭北端者有 30 处，分布于乌苏里江以东、黑龙江以北、即后为俄国割占之外兴安岭、锡赫特山及库页岛等地的有 18 处。[①] 另一说则为在今天我国界内者为 27 处，在今之俄罗斯联邦境内者为 21 处。[②]

实际上何氏所述及之东北地区的森林，并未包括大兴安岭南部及辽宁省西部的松岭山脉与东部之千山山脉的森林。清代前中期大兴安岭南部森林茂密自不待说。辽宁西部山区，尽管大凌河流域开发甚早，一部分森林曾被多次砍伐利用，医巫闾山两侧边墙以内的森林在明代亦遭到毁坏；但其他地区，即北大凌河中上游山区，南跨松岭，直到锦州边墙外山地丘陵经过明代两百年有意识的封育，仍为一山林茂密之区。[③] 至清代前中期，在封禁政策保护下，这一带山林一直未遭大的破坏。辽东千山山地，明代后期曾开垦宽甸六堡，并收到显著效果，但为时不长，遂又成苍郁林区。陶炎先生在《东北林业发展史》一书中，曾引证日人松本敬之于光绪三十三年（1907）著《富之满洲》中的统计数字，指出清代中叶在现在我国国界内之 30 处窝集的总面积为 4200 万公顷，木材蓄积量为 60 亿立方米。一般均认为这一数字偏小，如再加

---

① 陶炎：《东北林业发展史》。

② 梁少新等：《〈朔方备乘·艮维窝集考〉今证》，载《林史文集》第 1 辑，中国林业出版社 1990 年版。

③ 熊一善：《明、清之际辽西森林的变迁》，载《林史文集》第 1 辑，中国林业出版社 1990 年版。

上大兴安岭南部与今辽宁省境内的松岭及千山山地的森林，清代前中期，东北地区在我国国界内之森林面积当更为广大，森林资源也更为丰富。

清代后期，即咸丰十年（公元1860年）以后，东北地区的政治、经济形势发生了重大变化。因而给东北地区的植被分布造成巨大的影响。其具体情况表现在以下两方面。

首先是关内大批贫苦农民冲破清政府封禁政策，流入东北地区。即使辽河下游传统农业区扩大，除这一地区旗地、民田、官地有所增加外，还使柳条边外之辽河套区之草甸牧区被垦为农田，把东北南部奉天农耕区界限由柳条边向北推移了一二百里；又使黑龙江流域之伊通河、第二松花江与拉林河沿岸被大规模开垦成新的农垦区，使吉林西北部平原形成新的农业种植区，并与西南部吉林、长春农业种植区连成一片，使农耕区界限推移到松花江边。到清朝末期，为充实东北民力，抵御俄、日帝国主义的入侵，解救财政困难，缓和内地少地、无地农民的不满情绪，清政府终于放弃了封禁政策，改行放垦政策，鼓励移民垦边。浩浩荡荡的移民队伍不仅留居于东北南部奉天、吉林各围场边荒地区，还如潮水般涌向北部黑龙江流域。与此相应的是，耕地也大幅度增加，不仅奉天省之大凌河牧厂、盘蛇驿牧厂、盛京围场等尽数开放，让民垦占，而且吉林省东部边远地区如宁古塔的三岔口、穆陵河、珲春等地，黑龙江省呼兰平原与通肯、克音、柞树岗等地区（今海伦、绥化、青冈县）及汤旺河、讷漠尔河流域以及哲里木盟、呼伦贝尔等地之牧场均大面积放垦。直到清末，东北各地耕地面积的增加均呈直线上升之势，总耕地面积已达1.2亿余亩。大量垦荒的结果，必然造成对山林、草场的严重破坏。一些著名的林区，如张广才岭、老爷岭、完达山、松岭、千山与三江平原等地的森林以及松嫩平原与呼伦贝尔地区的草原，正是在这一时期由于毁林毁草开荒和其他人为破坏而逐渐缩小的。

其次是俄、日帝国主义国家冲破清政府闭关锁国政策，侵入东北地区，大肆掠夺森林资源。沙俄不仅通过咸丰八年（1858）和咸丰十年（1860）与清政府签订的《中俄瑷珲条约》《中俄北京条约》，强行割占了黑龙江以北与乌苏里江以东两大块共一百多万平方公里的土地，夺去了这两片广袤土地上的 6819 万余公顷森林（估计木材蓄积量约为 80 亿立方米）；① 而且还得寸进尺，大量砍伐黑龙江右岸、乌苏里江左岸及松花江沿岸我国境内的森林，供做汽船航行之燃料。继而在修建中东铁路时，又将自满洲里到绥芬河一千多公里长的铁路沿线两侧 20—30 公里范围内的森林在仅 20 多年时间里砍伐殆尽；还胁迫清朝将中东铁路两侧大片林地长期租借给俄国木材商人进行掠夺性采伐，使铁路沿线大兴安岭绰尔河上游、通河县境内的岔林河及牡丹江市、松花江地区的张广才岭、老爷岭北部等地更大范围的森林遭到严重破坏。此外，在沙皇皇室与俄国军队直接参与下，还对鸭绿江及图们江流域的森林进行强盗式的采伐，使鸭绿江右岸我国境内及图们江支流嘎呀河流域许多地方变成光山秃岭。② 日本帝国主义也紧接沙俄之后，侵入东北掠夺森林资源。特别是在日俄战争后，沙俄在东北的势力被削弱，东北为日本所独占，东北丰富的森林资源自然也成为日本攫取的主要对象之一。在成立了鸭绿江采木公司，垄断了鸭绿江与浑江流域的森林开采权后，接着又成立了南满洲铁路株式会社。不仅从俄商手中夺过在大兴安岭免渡河与海拉尔河、伊敏河上游的木材采伐权，而且还迅速将它们掠夺森林资源的足迹，伸向图们江、松花江、牡丹江、拉林河与完达山、张广才岭以及大小兴安岭等林区，使上述各林区的森林遭到更加残酷的破坏。日本帝国主义的这一掠夺行径，一直延续到"九一八"事变后之伪满洲国时期。

总之，在经历了清代后期长期的滥垦滥伐及俄、日帝国主义的大肆掠夺之后，东北地区森林资源受到的破坏达到了十分严重的程度。据 1942 年伪满洲国林野经营大纲的资料推算，当时森林面积约为 3000 余万公顷，较之清代中期减少近三成；森林蓄积量也只有 36 亿立方米，较清代中期减少了 2/5，损失实属惊人！根据新中国成立前夕东北人民政府经济委员会农林处于 1948 年 8 月提供的调查研究材料，到 20 世纪 40 年代末，东北地区未经采伐利用尚保持大面积原始森林状况的林区，仅有大兴安岭北部（森林面积 525 万公顷，蓄积量约为 7.5 亿立方米）、小兴安岭（森林面积 1178 万公顷，蓄积量约 7.5 亿立方米）、长白山（森林面

① 陶炎：《东北林业发展史》。
② 王长富：《沙皇俄国掠夺中国东北林业史考》，吉林人民出版社 1986 年版。

积 33 万公顷，蓄积量约为 0.7 亿立方米）。此三处林区总计面积为 1736
万公顷，蓄积量约 15.7 亿立方米。其次，未经采伐或仅择伐一两次，
林相保持较好的林区则有第二松花江上游（抚松、靖宇等县）、牡丹
江上游（镜泊湖附近）、大绥芬河上游、老爷岭、张广才岭、巴兰河、
伊春河及图们江上游一带等处。其他如鸭绿江、浑江上游、牡丹江中下
游、佳木斯附近山地及呼兰河流域等地，都是经过多次采伐，后仍进行
搜集式采伐，破坏严重，亟待整理抚育更新的林区。[①] 同样，东北地区的
草原也受到严重破坏，草场退化，载畜量降低，呼伦贝尔与科尔沁的沙
漠化进一步加剧。

四　结语

综观历史时期我国东北地区之植被变迁状况，总结历史经验教训，
可以得出以下两点基本见解：

（1）全新世晚期以来全球气候变迁对我国东北地区天然植被之地带
性类型造成了普遍的重大的影响。联系到当前全球气候变暖的形势，为
因应这一变化所造成的后果，对今后天然植被类型的变化趋势及其影响，
也应组织进行观测研究。

（2）战国以来，特别是清代中期以来，东北各族人民在这一地区不
断进行的垦殖活动，虽有其积极的一面，是社会经济发展所需要的，但
毋庸讳言，辽代对生态平衡脆弱的科尔沁与呼伦贝尔草原的过度开垦，
尤其是清后期的放垦所造成的盲目的无节制的滥垦滥伐与俄、日帝国主
义对森林资源的疯狂掠夺，对自然资源与自然环境造成了令人触目惊心
的破坏！森林与草原面积的急剧减少；森林中虎、豹、熊、野猪、鹿、
獐、紫貂以及人参、松子、蘑菇、木耳、蜡、蜜等野生动物与林特产资
源也相应地大幅度减少，有的甚至濒于灭绝枯竭；科尔沁与呼伦贝尔草
原的严重沙化；许多漫岗丘陵山区垦辟的农田上，水土流失剧烈，一些
地方表层黑土甚至一年流失 1 厘米等；都是森林、草原遭到严重毁坏所

---

① 东北人民政府经济委员会农林处：《东北林野资源及经营管理问题》，1948 年 8 月，载
《东北区林业科学技术发展史资料》，黑龙江科学技术出版社 1987 年版。

造成的恶果。而且，一旦失去控制，速度快得惊人！因此，认真保护好东北地区大自然赐予的，又历经刀斧之劫遗留下来的宝贵的森林资源，做到科学营林，综合开发林特资源，在西部森林草原与草原区域，大力种草种树，恢复植被，防沙治沙，建造新的生态平衡，已成为这一地区当前开展现代化建设的刻不容缓的急务。

1992 年 2 月

（原文刊载于《中国历史地理论丛》1992 年第 4 辑）

试论我国黄土高原历史时期森林变迁及其对生态环境的影响

一 我国黄土高原概况

我国黄土高原是世界上唯一的黄土覆盖深厚、分布连续不绝、地貌类型多样齐全的黄土高原。

我国黄土高原在地貌格局上自成一个完整的单元，是我国四大高原之一。河谷平原的海拔高度在 500—700 米，黄土塬、梁、峁区域则多在 1000—1500 米。它西起甘肃省乌鞘岭、青海日月山一线，东抵山西省与河南省太行山，南达甘肃省、陕西省秦岭与河南省西北部崤山、嵩山，北至山西、陕西、宁夏之明长城一线，包括山西省全境、陕西省的关中与陕北、甘肃省的陇东与陇西、宁夏回族自治区南部、青海省东部河湟流域、河南省西北部，共 6 个省（自治区）、35 个市（自治州），288 个县（区、县级市）。面积 47.8 万平方千米，其中黄土实际覆盖面积为 27.3 万平方千米，占整个黄土高原的 57%。[①]

我国的"黄土高原地区"，则是以黄土高原为主体，将其北界由晋、陕、宁明长城一线向北推展至内蒙古自治区阴山南麓，相应的其西北界线则推移至宁夏回族自治区贺兰山东麓，加进了内蒙古自治区之鄂尔多斯高原与黄河河套平原（包括内蒙古自治区的前套与宁夏回族自治区后套），面积扩大到 62.3 万平方千米。[②]

---

① 参见朱士光、桑广书、朱立挺编著《黄土高原》，上海科学技术文献出版社 2009 年版，第 3—4 页。

② 同上书，第 4 页。

在"黄土高原"之外又增加"黄土高原地区"这一区域概念，主要是因为治理黄河工作的需要，保持黄河中游水系的完整性；当然也与鄂尔多斯高原及河套平原均有一定的黄土堆积有关。

黄土高原与黄土高原地区位于黄河中游，也都处在我国三级地貌格局之第二级上[①]，因此，是黄河下游华北平原与京津地区的生态屏障。

我国黄土高原是中华民族与传统文化之重要发祥地。古代农牧业发达，还曾长期是多个统一王朝的政治中心，地位重要，历史文化内涵丰富；加之煤、油、气等矿产储量丰富，土地资源相对于东部沿海一些省区宽松，因而在当前我国现代化经济与文化建设以及生态文明建设事业中均具有举足轻重的作用。

二　我国黄土高原地区历史时期森林变迁概况

关于我国黄土高原地区是否适宜森林生长以及古代是否存在森林，曾经有过不同的见解，存在过激烈的争论。

一种意见以德国学者斐迪南·冯·李希霍芬（F. V. Richthofen）为代表，认为黄土地区根本不宜于森林的存在。在他的《中国》第 2 卷中就曾写道："渭河流域气候在古代应是较现在为佳，丰收应是经常的。不能想象古代此地是有森林的。厚层的黄土地带不宜于森林的存在。"[②] 此说在国内外科技与学术界影响甚大。

另一种意见以我国史念海先生等历史地理学家为代表。他们通过广泛搜罗史籍文献与进行实地调查研究后认为，黄土高原历史上曾有过大量的森林，当然同时也分布有大面积的草原。[③] 他们还具体阐明，在全新

---

① 我国地处亚洲东部，西有号称"世界屋脊"的青藏高原，东邻太平洋。地貌上由西向东具有三个阶梯的特点，即青藏高原是第一级阶梯；由青藏高原东缘向东至大兴安岭、太行山、巫山、雪峰山一线，包括黄土高原与内蒙古高原、云贵高原以及新疆维吾尔自治区、四川盆地，为第二级阶梯；自第二级阶梯再向东至海滨，包括东北平原、华北平原、长江中下游平原以及江南丘陵、岭南丘陵平原，是第三级阶梯。详见《中国自然地理》编写组《中国自然地理》（第二版），第 5 页。

② 这段译文系由北京农业大学已故王毓瑚教授摘译的。转引自史念海《历史时期黄河中游的森林》，载史念海《河山集》二集，三联书店 1981 年版，第 232 页。

③ 详见史念海《历史时期黄河中游的森林》，载《河山集》二集，第 232—313 页。

图1　我国黄土高原与黄土高原地区分布图

注：采自中国科学院黄土高原综合科学考察队主编《黄土高原地区土地资源》，中国科学技术出版社1991年版，第2页。

世中期以来的人类历史时期，一方面因为气候与自然地带性变化，导致森林之地带性属性有所变化；另一方面则主要因为人为开垦与砍伐不当的活动，使森林与草原遭到严重毁坏，分布面积大幅缩小，林相也趋于败坏，其教训值得我们深刻吸取。① 现据他们研究所得，对我国黄土高原地区历史时期森林变迁概况简述如下。

（一）全新世中、晚期天然植被变化概况

为更好地进行古今对比，在复原全新世中期，即距今约8000年至距今约3000年，也即考古学上的新石器时代中原仰韶文化与龙山文化时期天然植被分布概况之前，先简略介绍全新世晚期至现当代，即由距今约3000年前至当今之植被分布概况。

---

① 朱士光：《黄土高原地区几个主要区域历史时期经济发展与自然环境变迁概况》，《中国历史地理论丛》1992年第1辑。

1. 全新世晚期天然植被分布概况

综合 20 世纪 80 年代初出版的《中国植被》（科学出版社 1980 年版）与 1984 年正式启动的由中国科学院组织的黄土高原综合科学考察队对黄土高原地区植被分布所作考察的成果[1]，可以更为准确地判定这一地区晚全新世，包括现当代天然植被之分布状况，即这一地区自东南向西北依次分布着暖温带落叶阔叶林带与温带草原带之森林草原、干草原、荒漠草原三个亚地带。其具体分区界线如下：

（1）暖温带落叶阔叶林带分布的北界：由山西省东北部之恒山山脉起，向西南经芦芽山至兴县紫金山，跨过黄河，至陕西省清涧县，经延安市宝塔区蟠龙、安塞县西河口、志丹县旦八寨至吴起县白豹，折向南，沿甘肃省华池、合水、正宁等县境内之子午岭西麓南下，再顺陕甘边境至华亭县，折西北上，包括宁夏回族自治区六盘山南段，绕行至清水县白沙，继又经天水市甘泉镇、漳县四族、渭源县峡城、和政县吊滩、临夏县马家集，抵达小积石山前。

（2）温带森林草原亚带的北界：大体沿晋陕长城直至陕西省定边县与宁夏回族自治区盐池县交界处，折向西南，经甘肃省环县，穿过宁夏回族自治区固原地区之炭山与六盘山北端，再次进入甘肃省境内，经会宁县老君坡至临夏市新集，也终止于小积石山前。

（3）温带干草原亚带与荒漠草原亚带的分界线：自内蒙古自治区包头市向西南，经杭锦旗与鄂托克旗东部，再经宁夏盐池县与同心县西部进入甘肃会宁县郭城驿，再向西南直到永靖县杨塔，最后绕过小积石山到达青海省同仁县。此线以南为温带干草原亚带；此线以北则为温带荒漠草原亚地带，青海省东部河湟流域也包括在内。

2. 全新世中期天然植被分布概况

全新世中期，正好是我国新石器时代经历了前期发展后走向繁荣的时期。在这一时期之初始阶段，由于原始农牧业刚刚萌生，古人类主要仍以渔猎采集方式维持温饱，因而对自然环境只能适应，尚不能施加影响。就植被而言，当时还没有人工栽培植被，全为天然野生植被。同时全新世中期，又是全球性的气温回暖期，我国从东北北部直到长江以南

---

① 参见中国科学院黄土高原综合科学考察队编著《黄土高原地区植被资源及其合理利用》。

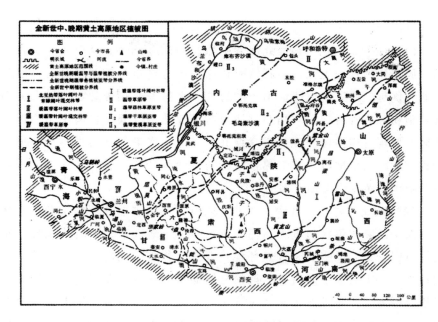

图 2　全新世中、晚期黄土高原地区植被图

注：采自朱士光《全新世中期黄土高原地区天然植被主要类型与分布概况》，载侯仁之主编《环境变迁研究》第四辑，北京古籍出版社 1993 年版。

　　的广大东部地区，甚至内蒙古和青藏高原，当时均较现今温暖湿润，黄土高原自不例外。我国已故著名气象与地理学家竺可桢先生，主要依据黄土高原内之西安及其邻近地区之安阳的考古发掘材料，推断我国距今 5000—3000 年的仰韶、殷墟时期，大部分时间年平均温度高于现在 2℃ 左右，1 月温度比现在高 3℃—5℃。[①] 这一气候状况势必对天然植被的生长也带来相当明显的影响。因而可以论定，当时我国的植被不仅生长繁茂，而且其类型也同之后的全新世晚期包括当今有一定的差异。

　　根据黄土高原地区新石器时代遗址分布状况及其所反映的地理环境特征、地下出土及地上残留古木所提供的实物证据以及一些孢粉分析资料所反映的天然植被信息，再参照全新世中期气候特点及当前之植被、地貌概况，可以对全新世中期这一地区之天然植被的类型与分布进行如

————————

　　① 竺可桢：《中国近五千年来气候变迁的初步研究》。

下的复原。①

（1）关中、晋南与豫西北河谷平原与山间盆地区。这里是我国古老的中原文化的核心地区，新石器时代遗址十分密集，说明当时的自然条件非常优越。西安半坡遗址出土的竹鼠、水獐等亚热带动物遗骸及关中几处孢粉分析资料均表明当时这一地区是亚热带气候。晋南中条山混沟地区又发现有连香树等亚热带常绿乔木。这一连串的事实说明全新世中期这一地区的植被应为北亚热带落叶与常绿阔叶混交林。其北界大致在陕西陇山、黄龙山与山西霍山一线。

（2）陕北、陇东、晋中、晋北、内蒙古鄂尔多斯高原东南角、宁南东部黄土丘陵沟壑区与黄土高塬沟壑区。这一地区新石器时代遗址分布同样也很密集，说明当时自然环境较今优越得多。同时，安芷生等对陕北榆林市孟家湾等剖面所作的孢粉分析揭示全新世中期当地植被中乔木以松、栎为主，同时含有少量的黄连、栗等亚热带种属，年平均气温约10℃，年平均降雨量500—600毫米，已与今关中地区相似。② 加之陕北、鄂尔多斯高原东南角与晋北地面残留的林地以及六盘山区出土的古木也表明这一带过去是有过颇为广大的森林的。故可推断当时这一地区之植被应为暖温带落叶阔叶林，并含有少量亚热带种属（也包括六盘山发现的连香树）。这一地区的北界是自山西省东北角天镇县起，沿长城西南行至右玉县杀虎口，再西行经内蒙古自治区清水河县，过黄河至准格尔旗，经伊金霍洛旗新街至陕西省榆林市榆阳区，沿榆阳区至定边县的公路到达定边县，又折向西南，穿过甘肃省环县至固原县，最后沿六盘山南下至宝鸡市与天水市交界处。

（3）陇西南部、宁南西部与青东丘陵沟壑区。这里是马家窑与齐家文化遗址分布的中心地区，与关中等中原地区一样，原始农耕生产与彩陶制作十分发达，说明当时自然环境也是颇为宜人的。陇西县暖泉沟与东乡县巴谢河谷地之孢粉分析资料示明，这里在全新世中期的植被是以

---

① 详见朱士光《全新世中期黄土高原地区天然植被主要类型与分布概况》，载侯仁之主编的《环境变迁研究》第四辑，北京古籍出版社 1993 年版。

② 中国科学院西安黄土与第四纪地质研究室：《黄土高原三万年来（包括全新世）自然环境变迁的初步研究》（打印稿）1987 年 3 月。

桦属、鹅耳枥属和松属为主的常绿针阔叶混交林，且气候较今暖湿。① 在青东河湟流域西部，仅仅半个世纪前，西宁、湟源等地的山坡上均覆盖着青海云杉与桦树、圆柏林，而今森林遭破坏后大部分只长些杂草草甸与金露梅灌丛，有些地段岩石裸露，土层瘠薄，与昔相比，面目全非。由此可证河湟谷地过去也生长过森林。总之，这一地区全新世中期之天然植被应为暖温带针阔叶混交林，海拔较高的山地则有以云冷杉为主的寒温性针叶林。当然，那时这类森林分布的海拔高度也较今日为高。这一地区之北界是东起甘宁交界的屈吴山，经甘肃省榆中县至永登县。

（4）内蒙古自治区河套地区与鄂尔多斯高原西北部、宁夏回族自治区中部与北部、陇西北部。这里新石器时代遗址虽较前三个地区为少，且具有北方游牧民族的某些特点，但在阴山南麓与贺兰山东坡以及一些河湖台地上仍有一定数量的遗址。尽管乌审旗营盖敖包与鄂托克旗都思兔河等处孢粉谱中全新世中期之孢粉带均以草本占据优势，但仍有少量的松、云杉、桦、鹅耳枥、栎、榛等木本花粉。同时，这一地区偏南之靖边县柳树湾村与灵武县水洞沟等处的孢粉分析还表明，当地在全新世中期有阔叶树生长，且湖沼甚多，水生湿生植物分布较广。② 一些沙漠科学工作者通过对这一地区第四纪地层层序及沉积相特征的研究，认为全新世中期鄂尔多斯高原出现了温暖湿润的灌丛草原环境。有的地质工作者通过对鄂托克前旗滴哨沟湾第四纪沉积物中各层间化学元素的迁移与分配状况的研究，也得出了与之相同的结论。由此可以认为，全新世中期这一地区之天然植被为暖温带草原，兼有稀树草原、灌丛草原。

3. 全新世中、晚期天然植被变化概况

由前述全新世晚期与中期之天然植被分布概况之论述中可见，因为自全新世中期至晚期全球气候之气温有所降低，降水趋于减少，致使我国黄土高原之天然植被之地带性类型也发生相应的变化。

（1）全新世中期曾在关中、晋南与豫西北地区分布的北亚热带落叶

---

① 林绍孟等：《甘肃陇西盆地黄土的孢粉分析》，载《中国第四纪研究》第 7 卷第 1 期，科学出版社 1986 年。

② 周昆叔：《中国北方全新统花粉分析与环境》，载《第四纪孢粉分析与古环境》，科学出版社 1984 年版。

与常绿阔叶混交林南缩至秦岭一线，这一区域之天然植被演变为暖温带落叶阔叶林带。

（2）全新世中期在黄土高原之陕西省陇山、黄龙山与山西省霍山一线以北区域广泛分布的暖温带天然植被，除由山西省恒山斜向西南经宁夏回族自治区六盘山南段至甘肃省临夏县小积石山一线以南区域，仍为暖温带落叶阔叶林带外，该线以北已由南向北依次演变为温带森林草原亚带、温带干草原亚带与温带荒漠草原亚带（见图2）。

（二）西周以来森林变迁概况

关于西周以来黄土高原之森林变迁，前已述及我国历史地理学前辈学者、已故的史念海先生撰写了《历史时期黄河中游的森林》一文。在该文中，他把这一时期分为西周春秋战国时代、秦汉魏晋北朝时代、唐宋时代、明清以来等四个阶段。每个阶段又先平原，中丘陵、梁、峁、塬地，后山地，引用大量史籍文献，又采用考古等材料，详细论述了森林分布与变迁状况。之后，又于1984年按照陕西省委书记马文瑞的嘱咐，与曹尔琴、朱士光合著了《黄土高原森林与草原的变迁》一书①，对黄土高原历史时期之森林变迁分平原与山地再次作了论述。上述研究成果揭示出，西周时期，整个黄土高原的天然植被由南而北分布有森林、草原与荒漠三个地带。黄土高原东南部的渭河、汾河、伊洛河下游诸平原以及一些山地为森林地带，黄土高原西北部为草原。当然，森林地带中夹有若干草原，而草原地带中也间有森林茂盛的山地。不论平原地区的森林或黄土丘陵、塬地以及土石山地上的森林与草原均生长十分繁茂。再往西北则为荒漠地带。

平原地区，自西周时期起，随着先民耕垦拓殖的扩大，特别是关中与晋西南、豫西北等地长期成为西周与东周、春秋之秦与晋、战国秦与魏等国以及之后的秦、西汉、东汉等统一王朝都畿所在，农业生产均较发达。因此，到魏晋北朝时期，上述平原地区之森林已砍伐殆尽，代之以农田与城镇村舍。

陕北与晋北等地，其森林变化则较为曲折。总的情况是，先秦时期上述地区为戎狄等民族活动区域，均以渔猎游牧为主要生产方式，所以

---

① 该书由陕西人民出版社于1985年出版。

原始植被尚保存完好。秦与西汉时，为北御匈奴南下，曾向这些地区多次大规模移民屯垦，并派军队驻防，设置郡县，派官吏治理。如秦始皇三十三年（前214），派大将蒙恬与长子扶苏率兵30万驻守上郡（郡治在今榆林市鱼河堡），在河套与今榆林市一带建立44个县（一说34个县），称为"河南地"。① 汉武帝继他祖父汉文帝之后又多次募民徙塞下。如元狩三年（前120），一次即徙关东贫民70万口，将黄土高原北部及河套一带称为"新秦中"。② 这些移民活动规模大，持续时间长，因而使这些地区之草原与森林大量被垦殖为农田，森林明显减少。但到西汉末年王莽新朝下延至隋初，由于汉民族为主的中原政权退出这一地区，匈奴与羌、胡以及北朝时之鲜卑等北方游牧民族相继入驻，使这一区域农田面积大为缩减，林木草地有所恢复。然而到唐及其之后，由于这一地区农业垦殖持续发展，特别是唐代中期安史之乱（755—763）后，放任贫民来此开垦荒闲陂泽山原。明代在晋陕宁长城一带进行军屯，当时曾将"墙内之地悉分屯垦，岁得粮六百万石有奇"③，足见开荒屯垦规模之大。清代康熙三十六年（1697）准许汉人越过明长城进入蒙民放牧区开垦，清代后期更成立官办垦务局，招民至鄂尔多斯高原与河套等地开荒垦种④，使黄土高原之塬、梁、峁以及山地上之森林遭到毁灭性破坏。如晋北雁门、偏关之间明长城附近之森林，明代时前来砍伐者"百家成群，千夫为邻，逐之不可，禁之不从"，"林区被延烧者一望成灰，砍伐者数里如扫"⑤，至明后期，原来一望无际的林木已被砍伐殆尽。又如陕北横山山脉，明初官府曾下令禁伐沿边林木，说明当时还是有不少森林的。同样，绥德州、保安县（今志丹县）、安定县（今子长县）明代也有一些森林，以松、柏为主。再南到崂山、黄龙山、子午岭，明代至清前期，林木也不少，但到同治五年（1866）时都已破坏无遗。之后不久爆发回民起义，居民逃亡，垦地弃荒，才又长出梢林。⑥

---

① 《史记》卷五《秦始皇本纪》、卷一百十《匈奴列传》。
② 《汉书》卷六《武帝纪》、卷二十四下《食货志》下。
③ 《明史》卷一百七十八《余子俊传》。
④ 《清史稿》卷四百五十三《贻谷传》。
⑤ （明）吕坤：《摘陈边计民艰疏》，载《明经世文编》四一六。
⑥ 陈昌笃：《黄土高原上的绿洲》，《旅行家》1955年第1期。

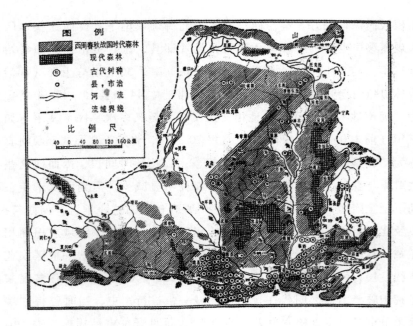

图 3　西周春秋战国时代黄河中游森林分布图

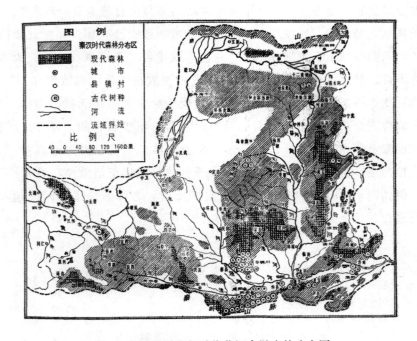

图 4　秦汉魏晋北朝时代黄河中游森林分布图

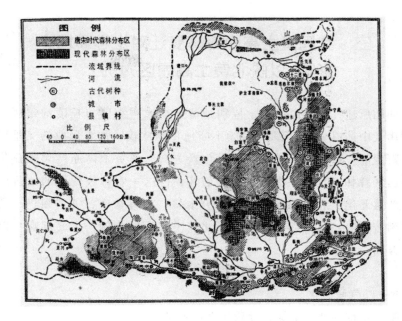

图5　唐宋时代黄河中游森林分布图

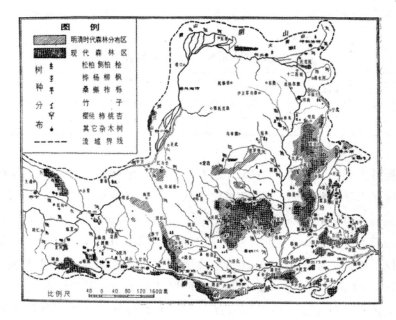

图6　明清时代黄河中游森林分布图

注：图3—图6采自史念海《河山集》二集，第248、262、280、302页。

三　我国黄土高原森林变迁对生态环境之影响（以陕北黄土高原区为例）

如前所述，黄土高原上，特别是黄土高原沟壑区与丘陵沟壑区，由于自唐代中期以来 1300 多年持续不断地垦殖砍伐，加之采取的又是极端落后野蛮的广种薄收、滥垦滥伐等生产方式，使黄土高原广大的丘陵山塬地区之森林以及草原遭到毁灭性破坏，使这一农林牧皆宜的地区生态环境严重恶化，成为山光岭秃、山穷水恶、土壤贫瘠、灾害频仍、人民生活困苦之区。具体而言，若以陕北黄土高原区为例，主要反映在以下几个方面。

（一）气候恶化

陕北植被的严重破坏，导致了气候的恶化。

根据陕西省气象局、气象台对历史气象资料的整理统计，由公元前 2 世纪至 20 世纪前半叶，每世纪陕北水、旱灾害的次数如下表所示。

历史时期陕北水、旱灾害统计表[①]

世纪	前2	前1	1	2	3	4	5	6	7	8	9	10	11	12	13	14	15	16	17	18	19	20
旱灾	12	15	.			3	2	3	15	25	16	7	15	7	8	11	35	26	17	14	19	21
水灾	1	1				3						2	1	1		1	6	5			11	7

虽然上表的统计数字不能认为是十分详备充分的，但基本上反映了陕北地区水旱灾害变化的轮廓面貌。从上述统计中可以看出：公元前 2 世纪至前 1 世纪的秦与西汉时期，共发生较大旱灾 27 次，平均每百年 13 次；公元 1 世纪至 6 世纪的王莽至隋时期，共发生较大旱灾 8 次，平均每百年仅 1 次；公元 7 世纪至 20 世纪前半叶，共发生较大旱灾 236 次，平均每百年 17 次。发生较大水灾情况也同样具有上述马鞍形特点。

上述水、旱灾害马鞍形的出现，虽然可能与其他自然因素的影响有

---

① 转引自陕西省气象局、气象台编《陕西省自然灾害史料》，1976 年。

关，但在一定程度上也反映出农、牧业生产对植被所造成的不同结果。明确地说，自王莽至隋代，由于高原上以游牧为主，极少开垦，植被未遭破坏，且得到一定程度的恢复，因而使高原上的气候状况获得改善，所以水旱灾害很少；而秦与西汉时期及唐以后时期，由于高原上进行了大规模的开垦，耕地面积日增，林草面积日蹙，气候恶化，所以雨水失调，灾害增多。此外，这一情况还说明，农业生产对气候变化的反应比林、牧业要灵敏得多，对气候条件的要求也比林、牧业高得多。陕北高原气候特点应该说更适合于林牧业生产，所以在对畜牧业说来不会造成大的问题的气候变化，却对农业生产造成灾害。

除前面谈到的公元7世纪以后水、旱灾害急剧增多之外，大风、冰雹及霜冻等灾害也频频出现，致使陕北成了一块有名的多灾多难的地方。根据前引《陕西省自然灾害史料》一书汇集的有关资料，整理出下面陕北地区自公元前2世纪至公元20世纪前半叶风、雹、霜冻灾害出现次数（如下表所示）。

历史时期陕北大风、冰雹、霜冻灾害统计表

世纪	前2	前1	1	2	3	4	5	6	7	8	9	10	11	12	13	14	15	16	17	18	19	20
大风								2	1		2	1				2	2	5	7	1	5	8
冰雹								1	3		5	2	4		1	8	3	11	12	22	60	33
霜冻								2	4	2	1	2	1		3	3	5	8	11	13	14	16

上列统计资料当然也不十分完备，但从这一统计中仍可看出公元6世纪以后风、雹及霜冻灾害逐渐增多的趋势，与这一地区水、旱灾害的发展趋势是同步的。

历史上陕北气候的恶化不仅反映在各种自然灾害次数的增加上，也反映在灾情的严重程度上。陕北的风灾，轻者扬沙拔木，"风霾蔽天，昼晦如夜"；重者吹走人畜，毁坏屋宇。冰雹有大如鸡蛋甚至大如斗者，轻者伤害禾稼，重者伤及树木人畜，砸坏庐舍。有时冰雹与狂风、暴雨、霜冻、大雪同时发生或相继发生，更加重了灾情。

由于气候恶化，历史上陕北蝗灾及人畜时疫也时有发生，且常造成严重危害。

（二）水土流失加剧

由于历史上长期持续地对森林、草场严重毁坏，使我国黄土高原成为国内也是世界上水土流失最为严重的地区。到近现代，陕北等黄土丘陵沟壑区之土壤侵蚀模数多年平均达到5000—10000吨/平方千米，高的可达到20000吨/平方千米以上。[①]

严重的水土流失，首先导致地形切割加剧，沟壑增加，土地减少，耕地贫瘠。

陕北植被破坏后造成的严重的水土流失，常以沟头溯源侵蚀、下切及侧蚀等方式在高原上切割地面，镂刻出深沟大堑、陡坡立崖、陷穴溶洞等多种形态的黄土地貌，不断蚕食原面，造成大量的残梁孤丘。据观测，陕北许多地方沟壑面积占总土地面积的30%—50%，有达60%以上的。有的沟头一年前进5—10米，个别情况下可前进数十米。高原上由于水土流失，每年平均约有1厘米厚的表土被冲走[②]，可见流水对地面切割、剥蚀之剧烈。历史时期水土流失对黄土高原地面切割的总进程目前尚未研究清楚，但有一些典型材料已能充分说明这一问题。例如，神木县东北的杨家城，本是唐、宋时麟州城故址，明代在这里修建长城时，曾利用该城的西城墙作为长城的一段，因此，麟州旧城就留在长城以内，成为边防线上的一个城堡。唐、宋时选择这里建立州城，地面必然比较平整完好。但现在已有6条沟道穿透长城进入城内，最长的一条长达3公里。既然明代时这里是边防要地，必定经常有军民驻防，时常进行维修，不会让沟头伸进长城，影响戍守。因此，这几条沟道的形成应该是明代以后300年间的事。[③] 如按最长的那条沟计算，则这里沟头溯源侵蚀的速度最快为每百年1千米，每年10米。而且这样严重的土壤侵蚀，使原来较平缓的塬面与坡面土地变得陡峭，土地面积大为减少，土壤表面所含的氮、磷、钾等有机质肥料大量流失而趋于贫瘠。

---

① 辛树帜、蒋德麒主编：《中国水土保持概论》，第72页。

② 见拙文《历史上陕北黄土高原农牧业发展概况及其对自然环境的影响》，载《农史研究》第4辑，农业出版社1984年版。

③ 史念海：《历史时期黄河流域的侵蚀与堆积》上篇，载史念海《河山集》二集，三联书店1981年版，第13—15页。

其次严重的水土流失导致巨量泥沙汇聚流入黄河下游，造成下游河道年复一年的加大淤积，使黄河下游河道成为高于两岸的"悬河"，一遇较大洪水即决溢泛滥，甚至改道迁徙，使黄河成为世界上水患最严重的一条河流。

根据郑肇经在《中国水利史》[①] 一书中所提供的资料，整理出我国历代黄河下游泛滥、决口、迁徙次数（如下表所示）。

历代黄河下游溢、决、徙灾害统计表

朝代与年代	溢	决	徙	合计
夏（约公元前 21 世纪—前 16 世纪）	1			1
商（约公元前 16 世纪—前 11 世纪）	5			5
西周与春秋、战国（约公元前 11 世纪—前 221 年）	1		1	2
秦（公元前 221—前 207 年）	1			1
西汉（公元前 206—前 8 年）	3	7	2	12
新王莽（公元 9—25 年）			1	1
东汉（公元 25—220 年）	2			2
三国（公元 220—265 年）	1			1
西晋（公元 265—316 年）	1			1
东亚、十六国与南北朝（公元 317—589 年）	3			3
隋（公元 581—618 年）				
唐（公元 618—907 年）	23	7	1	31
五代十国（公元 907—960 年）	6	28	1	35
北宋、南宋与金（公元 960—1279 年）	68	111	6	185
元（公元 1271—1368 年）	77	180	1	258
明（公元 1368—1644 年）	138	301	15	454
清（公元 1644—1911 年）	83	383	14	480
民国元年至 25 年（公元 1912—1936 年）	9	90	4	103
总计	422	1107	46	1575

从上表可以看出，秦以前各代 1000 多年中，黄河下游仅溢了 7 次，

---

① 该书由商务印书馆于 1939 年出版。

改道 1 次。这时期河患之所以如此之少，固然因为远古记载有缺漏，也因为包括陕北在内的中游黄土高原上森林、草原面积广大，对洪水泥沙有较强的控制能力，所以在一般情况下灾害较少。但是到了秦与西汉时期，河患却严重了起来，200 年间就溢了 4 次，决了 7 次，改道 2 次，共发生河患 13 次。实际上王莽时的那次改道发生在始建国三年（11），离西汉王朝覆亡仅三年，也应算在秦与西汉这一时期的账上。不仅如此，秦与西汉时期黄河下游每次决溢改道造成的灾害还很严重，泛滥所及有时竟达好几个郡数十个县，冲坏民房官廨动辄数万间，淹没农田多达"十余万顷"，用于治堤救水方面的人力、财力都很可观。这一变化在很大程度上应归因于秦与西汉王朝在黄河中游黄土高原移民屯垦对自然植被所造成的破坏，以及由此所导致的水土流失的加剧。西汉时张戎就曾指出当时的黄河已是"一石水而六斗泥"。[①] 这样就势必加重黄河下游河道的淤积，从而使决口改道易于发生。王莽至隋，黄河下游又出现长达 600 年的安流局面，这时期仅溢了 7 次，改道 1 次，较之西汉时的河患，显然大为减轻。这一局面的形成应该说与陕北及黄土高原其他部分回复到以游牧为主的状况中，植被有所恢复，水土流失得到一定控制有很大的关系。而自唐以后直到 20 世纪 40 年代，河患再度严重起来，而且是愈往后，决溢改道愈加频繁，为祸也愈烈，到了元、明、清及民国年间，甚至达到一年数处或数次决溢的剧烈程度。黄河下游人民真正是处于水深火热之中。这显然是包括陕北在内的西北黄土高原长时期以来滥施垦伐，植被遭到严重破坏所造成的惨痛结果。

应该说，历史上陕北黄土高原水旱灾害与黄河下游决溢改道的波动变化过程的一致，绝不是偶然的巧合，而是与包括陕北在内的整个黄土高原生产方式的变化导致的植被变化过程有着内在的联系。

（三）河湖水系水文状况恶化

陕北地区随着植被的破坏，经常发生严重的干旱、风沙、暴雨及山洪暴发，这些常使当地的河湖水系发生显著的变化。这在植被遭到破坏最为严重的无定河流域表现最为明显。

---

① 《汉书》卷二十九《沟洫志》。

无定河在北魏时郦道元所著的《水经注》中被称为奢延水，又名朔方水。这是因西汉时该河源出奢延县或流经朔方刺史部而得的名。公元413 年大夏国王赫连勃勃曾赞赏奢延水是一条"清流"。① 可见，那时流域内水土流失轻微，河水中泥沙含量不多。在唐《元和郡县图志》中始称"无定河"。北宋《舆地广记》注云，这是后人因该河"溃沙急流，深浅不定"而改的名字。该河同时还被当地群众称为"幌忽都河"或"黄糊涂河"，其意与"无定河"一名均相同。这表明唐以后随着流域内植被的破坏，风蚀与水蚀加剧，无定河时发大水，泥沙含量大增，河道也变得游荡不定。有时一场大暴雨，往往冲出一些新的沟道或支流。如《横山县志》上曾记载，同治十三年（1874）六月"响水堡东新开沟沙碛起蛟，山水暴涨，冲决成沟"。类似的例子甚多，不一一列举。

由于森林遭到严重破坏，水源得不到涵养，气候变得极度干旱，陕北一些河流的水量有所减少，许多湖泊逐渐干涸。如榆溪河红石峡等河段，明代时尚能泛舟，不少文人雅士来此游览吟咏，留下诸如"柳垂十里兼葭岸……溪头醉卧小舟迴"等诗篇。到清代时，舟船即废，以至于清道光年间的榆林知府李熙龄在游红石峡时不禁发出了"未许鹢舟乘月泛，唯凭鸟道带云探"的感叹。② 又如靖边县的海则滩、榆阳区的刀兔海子与金鸡滩、神木县的大保当等地，古代都是湖泊，据初步考察，大多是唐、宋以后枯竭的。

在陕北，沙丘的移动和河道的下切也常导致河湖水系的变化。如定边县安边盆地，因其东北的八里河流入红柳河的出水口为沙丘所堵塞，盆地内排水不畅，盐碱化严重。又如紧靠定边县、靖边县的内蒙古鄂托克旗城川乡一带，是一个东西狭长的草滩，草滩东临红柳河，草滩上自西而东分布着十多个大小不等的湖泊，中部有一座颇为完整的古城。根据草滩地面沉积物及地貌特点，可以判断这一草滩古代曾是一个大湖。通过初步的现场考察及查证文献资料，可以确定这个大湖就是汉代的奢延泽及唐代的长泽，而古城即为唐代前期的阐熙郡长泽县城和元和十五年（820）以后的宥州城。唐以后由于红柳河床的不断下切，湖水大量排

---

① 《元和郡县图志》卷四《关内道》四。
② 清道光年间，李熙龄等编纂《榆林府志·艺文志》。

走，加上气候日趋干旱，使这个大湖逐渐萎缩。[①]

（四）风沙侵袭加剧

陕北长城以北的草滩地区，古代是一片肥美的草原。其地面物质，有的分布着黄土性的沙质土和沙壤土，有的则分布着坡积冲积沙层，此或为古代河流的冲积沙，或为老黄土中所夹沙层受坡面水流侵蚀形成，表面常有一层黑垆土覆盖。草原上，当植被完好时，土壤就受到保护。一旦植被遭到破坏，即发生风蚀沙化现象。一种是表层黑垆土破坏后，下面的沙层翻上来成为明沙；另一种是地面沙黄土中的细黏粒为风力吹扬后，留下粗粒砂而导致土壤沙化。这两种情况都属于"就地起沙"。陕北长城沿线历史时期由于植被遭到破坏变为沙漠的地方是不少的，其中最著名的例子就是靖边县北端、无定河上源红柳河畔的统万城（现名白城子）一带的沙漠。统万城是公元5世纪初匈奴族首领赫连勃勃建立的大夏国的都城。[②] 当年这一带环绕着广泽清流，景色十分秀丽。[③] 赫连夏国败亡之后，这城直至北宋一直是各代夏州的州治。正因为这样，附近逐渐兴起了农业生产。由于盲目开垦破坏了地面植被，遂使这一带到9世纪初土地沙化即很严重。《新唐书·五行志》曾记载：唐"长庆二年十月夏州大风，飞沙为堆，高及城堞"。到了10世纪末北宋淳化五年（994），宋太宗下令毁弃夏州城时，曾指明该城已"深在沙漠"。[④] 自此这座建立已近600年的名城即沦为兀立于沙漠包围之中的一个废墟。由于与此类似的原因，明代以后长城沿线土地不断沙化，毛乌素沙漠逐步向南侵蚀，其南缘在许多地段已越过长城，毁坏了大批农田，掩埋了不少村镇城堡。

（五）动植物种属减少

在陕北，由于自然条件的恶化，生态环境也逐渐失去平衡，使许多

---

① 详见拙文《内蒙古城川地区湖泊的古今变迁及其与农垦之关系》，《农业考古》1982年第1期。

② 《晋书》卷一百三十《赫连勃勃载记》。

③ 《太平御览》卷五。

④ 《续资治通鉴长编》卷三十五，淳化五年纪事。

动植物种属减少，有的甚至绝迹。近年来在榆林、米脂、绥德等地发掘的东汉墓中，出土了一些浮雕石刻图像。在狩猎题材的画面中，野生动物即有虎、熊、鹿、猴、野猪、野骆驼、黄羊、狐、兔和鹤、鹭鸶等。随着森林、草原的大面积减少，现在虎、熊、鹿、猴等动物已在陕北消失了。

正是由于自然条件及生态环境不断恶化，以及在水土流失与旱、涝、风、雹、霜冻、盐碱、蝗虫、鼠害等多种自然灾害的重重打击下，陕北地区的农业生产长期以来一直处于低而不稳的状态，关于陕北荒歉、绝收及与此相关的"大饥""道殣枕藉""饿殍载道""民相食""人烟几绝"等记载不绝于有关文献史籍。

四　进一步强化护林营林工作，切实推进生态文明建设

1949 年中华人民共和国成立以来，针对历史上长期滥垦滥伐滥牧对黄土高原森林与草原造成的严重破坏以及由之导致的水土流失、风沙侵袭等灾害的日益加剧，从中央相关部门到地方各级政府曾采取了一些措施加强治理。虽在植树种草与防止水土流失方面取得一定的成绩，但由于方针政策上的偏差，如强调以粮为纲与重水利工程措施轻林草措施等，加之大炼钢铁与"文化大革命"等运动的冲击，黄土高原总的生态环境状况并未获得根本改善。改革开放以后，自 1978 年国家林业部（现林业总局）开展了三北防护林建设工程①，20 世纪 90 年代国家实施西部大开发战略后，又于 1997 年与 1999 年相继提出了"再造一个山川秀美的西北地区"与"退耕还林"②的具体方略。迄今，黄土高原在林业建设与生

---

① 陈虹：《关于"三北"防护林建设规划的说明》，载中国林学会编《三北防护林体系建设学术讨论会论文集》，1980 年。

② 详见《人民日报》1997 年 9 月 3 日第 1 版头条《江泽民关于治理水土流失建设生态农业的批示强调：植树造林绿化荒漠建设生态农业再造一个山川秀美的西北地区》；《人民日报》1999 年 8 月 11 日第 1 版头条"朱镕基在陕西考察工作时强调：下定决心持之以恒治理黄土高原水土流失，动员广大人民群众，大搞植树种草，改善生态环境，为根治黄河奠基，为子孙后代造福"。

态环境保护方面已取得超越前代的显著成绩，但离"山川秀美"的要求还有一定的距离。前不久刚结束的中共十八大会议上，更提出大力推进生态文明建设，将之与经济建设、政治建设、文化建设、社会建设组合成五大建设的奋斗目标。① 因此，应将之作为新的历史契机，进一步加强黄土高原的营林护林工作，切实推进生态文明建设。为此，特提出如下几点建议，供有关政府部门决策时参考。

（一）继续强化"三北防护林"建设工程

我国"三北防护林"建设工程自 1978 年经国务院批准启动以来，迄今工作成效是明显的。但因已经历 34 年，鉴于我国"三北"地区，包括黄土高原生态环境十分恶劣，社会经济十分落后，防护林建设工程又十分复杂艰巨且带有长期持久性，所以今后还应继续强化推进。为此还建议进行一次深入普遍的考察，开展必要的研究讨论，及时总结经验教训，揭示并把握其中的规律，提高营造的科技水平与管护水平，促使其向纵深发展。在取得良好的生态效益的同时，取得有实际成效的经济效益与社会效益。

（二）大力推进大中城市园林化建设

黄土高原的城镇化建设近年来也取得了快速发展，城市占地面积扩大，人口急剧增加，机动车辆大幅攀升，使空气、水体、土壤污染不断加剧，空气中雾霾含量日渐增高。据《中国国家地理》2012 年第 11 期上刊登的特别策划《雾与霾》专文引用的世界卫生组织 2011 年年底公布的一份全球 1099 个城市的空气质量报告，以世界各国近几年通报的 PM10 的年均浓度为依据，我国黄土高原的几座省会级城市均处于高位。如兰州市为 150 微克/立方米，全球排名第 1075 位；西宁市为 141 微克/立方米，全球排名第 1070 位；西安市为 113 微克/立方米，全球排名第 1047 位；太原市为 106 微克/立方米，全球排名第 1037 位。上述城市大气污染

① 详见《人民日报》2012 年 11 月 9 日第 3 版《坚定不移沿着中国特色社会主义道路前进为全面建成小康社会而奋斗——胡锦涛同志代表第十七届中央委员会向大会作的报告摘登》之"大力推进生态文明建设"部分。

物 PM10 含量均远高于世界卫生组织规定的平均浓度 20 微克/立方米①，属于复合型大气严重污染城市。大气污染已影响到这些城市的经济、社会可持续发展，危及城市居民的健康与工作、生活，所以亟待解决。解决的途径当然是多方面的，但城市园林化建设无疑是其中一项重要措施，需认真研讨、规划与实施。

（三）广泛动员群众，普遍拟制护林营林的乡规民约，促进生态文明建设

在黄土高原要做好护林营林工作，除各级政府与行政主管部门要加强领导与技术指导以及资金支持外，还要发动民间力量，上下联动，协力推进。在发动民间力量方面，措施与形式很多，但广泛动员各村各乡，仿效历史上的成例，依据各自特点制定乡规民约无疑是一个富有约束力与激励机制的好办法，值得大力推广施行。

（原文刊载于河南大学黄河文明与可持续发展研究中心编《黄河文明与可持续发展》第 7 辑，河南大学出版社 2014 年版）

---

① 详见《中国国家地理》2012 年第 11 期。

西北地区历史时期农业生态
环境变迁及相关问题的思考

我国西北地区地处亚洲内陆，历史时期农业生态环境经历了重大变化，对生态环境与经济社会发展的影响迄今仍很明显。由于我国西北地区特殊的地理区位与环境条件，其历史时期之农业生态环境变迁也颇具独特性。因而对这一地区历史时期农业生态环境变迁状况及其基本规律进行研究，不仅具有科学认识上的意义，而且对当前如何适应环境变化趋向与治理工作需要，加强对农业生态环境演变的人工调控，也具有实际应用上的作用。

一 农业生态环境的组成及其在
地球生态系统中的地位

农业生态环境是人类社会为了发展种植农业，改造自然生态环境而形成的一种人工生态环境。是地球上陆地生态系统中介于大气圈、土壤圈与生物圈之间的一种特殊的生态单元。它一般由经过人工改造的农业土壤与经过人工培育的农作物以及与它们息息相关的太阳能、水分、空气、矿物营养物质等要素组成。农业生态环境由于是陆地生态系统中的一个亚系统，出于生态系统的自然属性，它参与自然界中的地质大循环与生物小循环之能量和物质的运动，如通过农作物的光合作用，吸收太阳能、水分、二氧化碳及矿物养分，合成有机物质，积累能量，为人类与动物提供食物、饲料、燃料，促进大气循环与水分循环。同时，农业生态系统又由于受到人为活动日益加重的影响，其与自然界中其他圈层、亚系统间的物质、能量交换运动状况又与纯自然生态环境不尽相同。主要不同之处是，人类社会为了获取某些特定的农作物的高额产品，往往调控对农业生态系统之水分与养分之投入，造成了农业生态系统物质、能量运动成分与数量的变化。尽管农业生态环境有着上述特点，但它在整个地球生态系统中的作用与地位，却随着人类社会发展，特别是人口的增多与耕地的扩大以及科学技术的进步而日益增强。另外，农业生态环境的优劣与人类经济社会发展关系也日益密切。

二 西北地区自然环境特征及农业生态环境建设的重要性

我国自然地理区划上的西北地区只包括贺兰山以西、祁连山与昆仑山以北的区域，即新疆的绝大部分、甘肃河西走廊与内蒙古阿拉善高原。[①] 但从有利于我国生态环境保护治理，有利于西部大开发事业的开展，也照顾到行政区划的完整性，便于政府工作，我曾在《论大西北地区开发建设中的大环境保护问题》[②] 一文中，出于将行政区划与自然地理区划结合起来的原则，建议在我国行政区划"西北地区"所辖之陕西、甘肃、宁夏、青海、新疆五省（自治区）基础上，再加上山西省与内蒙古自治区的西半部，组合成真正地理意义上的西北地区。

这一地区在自然地理环境上具有下列特征：

（1）在气候方面，这一地区位于内陆，除东南部秦巴山地属北亚热带湿润气候外；其东部之黄土高原，为暖温带季风气候，但已处于季风之尾闾，大陆性较强；其南部之青海省，大部分已属青藏高原，具有明显的高寒气候特征；其余大部分则为典型的大陆性暖温带与温带荒漠气候。所以其气候上的基本状况是：干旱，多风，降水量少且年际变率大，暴雨强烈，光照充足，气温之年温差与日温差大。

（2）在地形方面，处于我国地貌之第一级与第二级阶梯上。除青海

---

① 《中国自然地理》编写组编：《中国自然地理》（第二版），高等教育出版社 1984 年版。又见中国科学院《中国自然地理》编辑委员会编《中国自然地理总论》（科学出版社 1985 年版）一书中所划分的"西北干旱区"，除前述之区域外，又加进了内蒙古自治区其余部分。

② 《陕西师范大学学报》（哲学社会科学版）1997 年第 2 期。

省境内大部分属青藏高原，是这一"世界屋脊"的重要组成部分外，其余部分则分属内蒙古高原、黄土高原与柴达木盆地、塔里木盆地、准噶尔盆地，仅东南部有小部分面积属较为低平的河谷平原。所以其地形上的基本状况是：地势高峻雄浑；大多数山峰耸峙入云，白雪皑皑；高平原与盆地内则平衍辽阔，广布有沙漠戈壁；黄土高原沟壑纵横，十分破碎。

（3）在自然植被方面，其地带性植被分布由东南向西北依次为北亚热带常绿落叶阔叶混交林区、暖温带落叶阔叶林区、温带草原区、温带荒漠草原区、温带荒漠区；而非地带性植被则分布在高山峻岭与青藏高原上，除有落叶阔叶林与针叶林外，还有高山灌丛、高山草甸与草原。所以其自然植被总的状况是：荒漠草原、荒漠与高寒植被占地面积广阔，因而植被生长稀疏；但在半干旱、干旱与高寒生境环境下，也有不少特有的植物品种。

（4）在河湖水文方面，这一地区东南部秦巴山地为长江支流的汉江、嘉陵江、岷江上游区，青海省南部为黄河、长江、澜沧江河源区，其东部黄土高原为黄河上、中游所在，太行山区为海河上游所在，新疆北部为流向中亚与北冰洋的伊犁河、额尔齐斯河上游；其余颇为广阔的部分则为内陆河流域区，主要有塔里木河、玛纳斯河、奎屯河、黑河（其下游称弱水，也称额济纳河）、石羊河、柴达木河等。基本状况是径流量偏小，年际与年内变率大。

目前这一地区之山地、高原及盆地中均分布有一些湖泊，其中有我国最大的咸水湖——青海湖、我国海拔最低的湖——艾丁湖、曾是我国内陆最大的淡水湖——博斯腾湖。实际上历史时期我国西北地区湖泊更多，现有湖泊中不少过去也比现在湖面更广阔，水量更大。所以现今之湖泊基本状况是大多处于萎缩之中。

上述自然环境上的特点表明，我国西北地区除一部分河谷平原因气候湿润，地形平坦，有河湖水利资源可供灌溉，适宜农业生产之外；其余大部分地区，或为温带、暖温带草原只适宜牧业生产，或为山地林区只适宜发展林特生产。然而我国大西北地区，地域辽阔，土地资源丰富，相当一部分区域，历史上与现在均是我国边境所在与多民族聚居地。为了生产一定的农产品，促进当地经济的发展，巩固边境安全与社会稳定，所以自秦王朝以来，历代中原王朝都很重视在西北地区推行军屯、民屯。在那些温带、暖温带草原，甚而是荒漠草原地区，在有丰富的土地资源与充足的光热资源的有利条件下，一旦有可设法加以利用的水资源，就充分发挥聪明才智进行开发利用，营造较为适宜的农业生态环境，进行农业生产。历史上就有不少这类成功的事例，而且对推动区域经济社会的发展起到了积极的作用。这一历史事实充分证明，在我国西北地区这种特殊的自然环境中，在具备一定的条件下，积极地适当地建设人工农业生态环境，对推动经济社会的发展有着明显的重要作用。

三　西北地区历史时期农业生态 环境变迁及其经验教训

历史时期，早自新石器时代起，我国西北地区各族人民就开始了农业生产活动，这从陕西、山西、内蒙古河套地区与鄂尔多斯高原、甘肃、宁夏南部、青海东部、新疆南部与东部等地发现的众多新石器时代遗址出土的从事原始农业生产的石质农具，甚至农作物遗物可以得到证明。到夏、商、周时期，晋南与关中一直是这几个中原王朝统治的中心区域，所以农业生产有了较大发展。但因其影响也波及河套平原、河西走廊及湟水流域，所以在上述地区以及新疆南部与东部，农业生产也有一定的发展。但下至战国时期，由于中原地区铁制农具和牛耕技术的运用以及水利工程的兴修，关中及晋南等地已成为农业发达地区；相比较而言，西北地区其他区域农业生产技术落后，农业生产的规模也很小。所以，到秦始皇统一全国以前，除关中、晋南等少数区域，由于生产技术的革新，先民们的农业垦殖活动使农业生态环境发生较大的变化外，西北地区其他广大区域，即使存在农业生产的地方，也因农田面积小，耕作技术十分简易，所以虽然对自然环境已有所影响，但尚未造成明显变化。自秦王朝建立起大一统的政权之后，许多中原王朝均十分重视对西北地区的经营，以安定西北各民族，巩固边境安全，维护王朝的统治。在经营的措施中，推行军屯、民屯，扩大农田面积，发展农业生产，增加粮食产量，保证军队、官员及商人平民的食物供给始终处于重要地位。在2000余年的历程中，这方面的举措，有不少成功的事实，也有一些失败的事例。这些农业垦殖活动都对西北地区农业生态环境的变迁产生了正面的或负面的影响，其经验、教训很值得我们总结记取。现撮其要，概括总结如下：

（1）结合兴建大、中、小型农田水利工程，营建稳定、持久的农业生产区域与良好的农业生态环境。这主要集中反映在关中平原与内蒙古、宁夏河套平原大型农田灌溉水利工程的兴修与甘肃河西走廊、新疆地区绿洲建设上。

关中平原之大型水利工程首推秦王嬴政时所修建之郑国渠。该渠自秦王政元年（前246年）开工，历经十余年建成。"渠就，用注填阏之水，溉泽卤之地四万余顷，收皆亩一钟。于是关中为沃野，无凶年，秦以富强，卒并诸侯，因命曰郑国渠。"[①] 即该渠是引用泾河之洪水淤灌泾河以东、渭河以北大片沼泽盐碱地，使之成为亩产一钟之肥田沃土[②]，并促成了秦统一全国的伟业。此后至汉武帝时，除在郑国渠基础上续修了六辅渠、白渠工程外，还在关中平原兴建了龙首渠、漕渠、成国渠、灵轵渠、沣渠等众多水利工程，使关中平原成为全国首富之区。[③] 这之后，又历经唐、北宋、元、明、清等历代官民维护与扩建，关中平原一直是我国农业生产发达区域。

内蒙古与宁夏河套平原虽在秦始皇时即开始了农业开发，但宁夏河套平原之引黄灌溉工程的兴修却是在汉武帝时。由于多条灌渠修建成功，将这一地区原来干旱荒漠之自然景观改造成人工灌溉之农业生态环境，由"斥卤不毛"的亘古荒原变为"谷稼殷积……牛马衔尾，群羊塞道"的农牧业发达之区。[④] 至北周宣政二年（579年），更获得"塞北江南"的美誉。[⑤] 内蒙古河套平原兴修水利工程之规模与进度均逊于宁夏河套平原，但经历代从事耕垦的农民的努力，至清中期以后也形成大面积的引

---

① 《史记》卷二十九《河渠书》。

② 据李令福博士研究，郑国渠淤灌面积4万余顷，折合280万亩，且经后世维修，一直发挥效益至唐中期。见其书稿《关中水利与环境》（2002年已出版）。

③ 《汉书》卷二十九《沟洫志》。

④ 《后汉书》卷八十七《西羌传》。

⑤ 《太平寰宇记》卷三十六。

黄灌溉农业区①，在干旱草原地带营造出又一片人工灌溉农业生态环境。

甘肃河西走廊之大规模农业开发是自汉武帝于元鼎二年（前115年）"始筑令居以西"②的边塞后开始的。其屯田地点在张掖、酒泉、武威、敦煌等河西四郡均有分布。③至于新疆南部塔里木盆地山前一些地区，在秦汉之际，甚至更早一些时候，已由当地之原住居民开发形成一些大小不等的绿洲，从事以农业为主的生产活动。至汉武帝时，则在中原王朝主导下，开展了一轮又一轮农田垦辟的经营活动。汉武帝太初四年（前101年），西汉朝廷开始在南疆仑头（今轮台）屯田。至汉昭帝元凤四年（前77年）采纳大臣桑弘羊建议，由轮台向东扩大屯田规模，渠犁（即今库尔勒西南）一带也被开垦。汉宣帝时（前73—前49年在位），由于西域都护府的建立，南疆屯田有了更大发展，除仑头、渠犁成为西域最大的屯垦区域外，还在伊循（今米兰）、交河（今吐鲁番）、北胥鞬（今莎车东北）等地屯田。④有学者统计，当时垦地面积共约26700顷。⑤唐时在新疆的屯田由南疆扩大到北疆，屯田兵丁也超过西汉，屯田方式除军屯、民屯外，还有犯屯，屯田面积达到33300顷。⑥到清朝前期，北疆屯田面积已超过南疆。⑦上述屯田活动对当地农业生产发展起到了积极推动的作用；所以《资治通鉴》中也才有"天下称富庶者无如陇右"的记载，清前期时人椿园在其所著的《西域闻见录》中盛赞当时的乌鲁木齐"繁华富庶，甲于关外"。

上述几个区域，由于所兴修的水利工程能给农业生产提供稳定的水源，通过以水润土，改良土壤，促使以农作物为中心的农业生态系统之养分、水分循环与农作物干物质之积累处于良好状态之中，既改善农田所在区域之生态环境，也为当地社会提供了必需的粮食与生活物资。这

---

① 朱士光：《论内蒙古河套地区历史时期河湖水系的变迁与土壤盐渍化问题》，《人民黄河》1989年第1期。

② 《汉书》卷六十一《张骞传》。

③ 赵俪生主编：《古代西北屯田开发史》，世界文化出版社1997年版，第23—28页。

④ 《汉书》卷九十六上《西域传》上。

⑤ 樊自立主编：《新疆土地开发对生态环境的影响及对策研究》，气象出版社1996年版，第1页。

⑥ 同上书，第18页。

⑦ 同上书，第20页。

都是西北地区建设优良的农业生态环境成功的例证。

（2）在农田开垦中，所修建的农田工程虽能对农业生态环境有一定的改善作用，但因不能从根本上解决水资源供给与土壤改良问题，所以其增产能力有限，作用也难以持久。这类农田工程主要是黄土高原上的梯田与甘肃陇中一带的沙田。

我国梯田起源甚早，据西汉时之《氾胜之书》记载，西汉时即已出现雏形梯田，之后在南方丘陵山区梯田发展很快，规模也很大。在黄土高原区，据调查，在陕西省长武、彬县、洛川、富县与甘肃省泾川、平凉、天水、定西以及山西省洪洞、永济、夏县、汾阳等市、县，发现有历史时期建成后遗留下来的梯田数百万亩。其中以洪洞等地之梯田建造最早，距今已有六百多年[①]，是明初所修。自 20 世纪 50 年代初中华人民共和国成立后对黄土高原展开大规模治理以来，梯田建设发展很快。截至 1991 年的统计，黄土高原地区水平梯田已达 4500 余万亩，分布于陕、甘、宁、青、晋、内蒙古等省、自治区。[②] 这些梯田虽有蓄水保土与改善农作物生长条件等良好的作用，但也存在年降水量不足 500 毫米，没有灌溉设施，耕作又粗放的地区，梯田亩产仍在 100 公斤以下的低产问题。同时有些梯田因规划、设计、施工、管理等技术环节存在种种缺陷，每逢暴雨，往往造成梯田大面积的破坏；特别是坡度大于 25° 的坡面，梯田损毁情况更为严重。

甘肃陇中兰州、定西等地，为在干旱条件下进行农业生产，历史上有营造砂田的现象，即在平坦的旱地上铺上粒径大小不等的石粒，再在石粒缝隙中播种庄稼。因为铺上的石子切断了农田中的毛细管道，可抑制土壤蒸发，起到蓄水保墒作用。但这种农田工程量巨大，有效时间短，对农业生产还有一些副作用，农民总结它是"累死老子，富了儿子，穷了孙子"，所以并非是好的农田建设措施。

上述两种措施都是在本不适宜农业生产的丘陵山区或半干旱、干旱草原，通过人工改造，建设基本农田的举措。但因这些措施本身存在缺

---

① 黄河水利委员会、黄河中游治理局编：《黄河水土保持志》，河南人民出版社 1993 年版，第 228 页。

② 同上书，第 231 页。

陷，没能营造出良好的农业生态环境，所以在促进农业生态环境改善方面，作用甚微，也难持久。

（3）粗放的过度的毁林毁草开荒，不仅没有营造出良好的农业生态环境，反而破坏了原生之生态环境。这种现象在西汉以后之唐后期、明清时期以及近现代曾多次出现，且规模呈逐次扩大之势，给当地生态环境造成重大破坏。这一现象集中反映在黄土高原、秦巴山区、半干旱与干旱草原区域。

黄土高原区，经历了唐代安史之乱后放垦"荒闲陂泽山原"①，又将陇右道及岐、邠、泾、宁间的牧监、牧坊听任百姓垦辟②，后又经历了明代军屯与商屯以及清代前期之放垦③，至清后期山原丘陵的坡面上遭到大面积垦辟，其中大多为旱生坡耕地，有的还实施广种薄收、弃耕撂荒等极为粗放的生产方式。这样开垦出的农田不可能进行持续的稳定的生产，也不可能营造良好的农业生态环境，相反却严重破坏了当地的生态环境，导致了多种生态灾难的产生。

与上述情况相类似，陕甘南部之秦巴山区，明清时期，特别是清代，随着数以百万计的流民涌入，在河谷平川地带宜农土地被开垦之后，继而进入山间林区，毁林开荒，陡坡种植，以谋求生计。④ 至清后期，由于森林大面积遭毁，降水无法涵蓄，一遇暴雨即形成洪流；不仅坡耕地土壤流失，只存石骨，而且山下之肥田沃土也遭水冲砂压，丧失耕种功能。这自然也是导致破坏性生态后果的一种垦殖行为。

在半干旱、干旱草原上，在缺乏水资源保证下过度开荒，主要出现在清代人口急剧增长之后，先是在今内蒙古鄂尔多斯高原一带准许长城内之汉民进入蒙地垦荒，继而又扩大至甘肃、新疆等地。1949 年中华人民共和国成立后，在"牧民不吃亏心粮"等错误方针与口号鼓动下，牧区草原开荒不断掀起高潮，规模相当可观。其结果，同样没能在新开垦的农业生产区域营造出绿洲式的人工灌溉农业生态环境，反而破坏了原

---

① 《唐会要》卷八十四《陆宣公奏议均节赋税恤百姓》。

② 《册府元龟》卷五百零三，《新唐书》卷五十《兵志》。

③ 朱士光：《历史时期黄土高原自然环境变迁及其对人类活动之影响》，《干旱地区农业研究》1985 年第 1 期。

④ （清）严如煜：《三省边防备览》。

有之草原生态环境，导致了土地沙漠化。

在草原地带农业生态环境变迁中还有一类情况，那就是有的地方经过人工改造本已形成良好的人工灌溉生态环境，后因战乱破坏被放弃，或因其河流上游用水过度，来水量剧减而沦为荒漠。前者如内蒙古河套西部之西汉时引黄河水灌溉建成的乌兰布和沙漠北部垦区之沙漠化①，后者如黑河下游额济纳绿洲的荒废等。

通过上述三方面概括性的论述可以总结出西北地区历史时期农业生态环境变迁的基本经验和教训。

——必须要有足够的水资源作为农业生产持续发展的保障，要修建高质量的农田水利工程；

——在山原丘陵之低平处开垦的农田，其附近山坡上要培植乔灌草组成的防护设施，以保持水土，防洪防淤，在半干旱、干旱草原上营建绿洲农田生态体系时，也当栽植适量的草障林带，防止附近土壤沙化与风沙侵袭；

——要有区域性或流域性的整体农业生态系统建设规划，防止过度开垦，或顾此失彼，以促使农业生态环境建设的整体推进与区域经济的全面发展。

四　当前因应自然环境变化与经济社会发展需要,加强农业生态环境演变人工调控的思考

当前我国正大力推进西部大开发战略，西北地区生态环境保护与治理工作已成为十分突出的任务；同时在经济社会发展方面，我国又正处于产业结构调整的转型期，对西北地区历史时期农业开垦活动以及当前在倡导退耕还林还草的活动中如何对待农田基本建设问题，学术界褒贬与见解又很不一致，因而很需要厘清思路，以便为政府决策提供有参考价值的见解。现结合本文前三个部分的论述，将笔者个人的思考陈述

———————————

① 侯仁之：《乌兰布和沙漠北部的汉代垦区》，载中国科学院治沙队编《治沙研究》第七号，科学出版社 1965 年版。

如下：

（1）应对西北地区历史时期农田垦殖活动与农业生态环境变迁做出全面、客观、公允的评价。如前所述，西北地区历史时期的农田垦殖活动在许多地方由于科学合理地利用水资源，成功地修建农田水利灌溉工程，溉泽卤为沃野，变荒漠为农田，在塞外建江南，不少设施经后代维修，迄今仍在发挥良好的作用，推进了西北地区经济社会的发展。由此可见，那些认为"中国西北的垦荒史是一部不恰当开发自然的历史"的论点①，的确是有失偏颇与绝对化的。当然历史时期在西北地区的农业垦殖活动中存在着不当与过度的现象，导致了对生态环境的破坏，其教训也是深刻的，正可为今后在西北地区建设良好的农业生态环境，推动农业生产的持续发展提供殷鉴。

（2）应对西北地区当前农田建设与调整做出积极的全盘的安排。对有水资源提供稳定充分灌溉条件的农业区域，要加强水利工程的维修养护，并尽可能采取先进节水的灌溉方法，废止大水漫灌等浪费水资源的现象，进一步促进这些农业区域生态环境的良性循环与农业生产的丰产优质高效发展。

对有潜在条件可建成稳产高产的生态农业区（如在黄土高原区沟壑中淤建坝地）及通过科学合理的跨流域调水建设新的灌溉农业区的工程，也当有计划的实施。

对那些需要退耕的坡耕地与草原地带的旱作耕地，则要吸取历史上一旦停耕即弃置不管，致使或成为荆莽丛生的荒山，或沦为沙漠荒原的教训，按国家现有政策还林还草，并结合产业结构调整的要求，选种适生的并兼具生态效益与经济效益的牧草、灌木与乔木，以遏止并扭转"越穷越垦，越垦越穷"的恶性循环，取得生态与经济的双重效益。

（3）应对西北地区自然环境变迁趋向给予足够的关注，认真做出因应其变化的预案，以便能及时调控农业生产规模与农田分布区域以及生产经营方式。对西北地区自然环境今后之变化趋向，当前已有一些专家

---

① 蓝勇：《西部开发史的反思与"西南"、"西北"的战略选择》，《西南师范大学学报》（人文社会科学版）2001年第5期。

做出了初步预测。如有的专家断言"西北地区历史气候大陆度增加呈不可逆转的趋势"①，"青藏高原气候呈明显干旱化趋势";② 同时也有专家认为"中国西部有望重新变湿润"③，"新疆气候正由暖干向暖湿转变"。④ 这两种变化趋向哪一种可能成为事实，或者可能会以一定时间尺度为单位发生波动性变化，以及它们变化幅度（包括气温与降水量）多大，都是值得科技界进行深入观测研究，进行模拟试验的重大问题。政府有关部门则应密切注视这一领域之研究进展，并据之制定两种变化趋向之因应措施，以便根据已被确证了的变化趋向与幅度，适时对农业生产及农田建设工作进行必要的调控，保证西北地区乃至全国的经济社会得以持续发展。

（原文刊载于《天水师范学院学报》第 24 卷学术专辑《西北地区农村产业结构调整与小城镇建设国际学术研讨会学术专辑》，2003 年 6 月。后又载于吴宏岐教授主编《西北地区农村产业结构调整与小城镇发展》，西安地图出版社 2003 年版。）

---

① 蓝勇：《西部开发史的反思与"西南"、"西北"的战略选择》。

② 《中国环境报》2002 年 6 月 15 日第二版在一则消息中报道，青海省气候中心副主任李林由青藏高原近年来年平均气温升高和年降水量减少做出这一判断。

③ 《中国环境报》2002 年 4 月 19 日第二版在同标题的报道中，引述施雅风院士接受新华社记者采访时所述，指出全球气候变暖有可能导致西南季风在未来越过"世界屋脊"，从而使青藏高原乃至整个中国西部的降水显著增加。

④ 《人民政协报》2002 年 6 月 25 日 A3 版报道，施雅风院士在新疆生态环境、文化遗产与经济发展论坛上指出，经长期观测和研究发现，与 20 世纪 60 年代相比，近 10 年新疆平均气温上升了 0.8℃。1979 年至 1999 年，新疆气温上升速度超过中国平均水平。气温上升在冬季表现明显。降水量方面，新疆北部较 10 年前增加了近六分之一，新疆南部增加近 1/4。他预测，到 2050 年，新疆气温可能比现在还将上升 1.9—2.3℃，降水量可能增加三成左右，因而新疆正由暖干气候向暖湿气候转变。

历史时期江汉平原农业区的
形成与农业环境的变迁

　　江汉平原位于长江中游，是由长江与其主要支流之一的汉水长期冲积而成的一块广阔的由河湖相沉积物构成的平原湖沼区。其南部缘以长江，跨越大江就达洞庭湖平原；其西部限以巫山，穿过三峡可上溯至四川盆地；其北部以荆山、大洪山为界，并以随（县）枣（阳）、襄（樊）宜（城）走廊与南阳盆地相通；其东部有幕阜山、大别山夹峙南北，然顺流东下可达长江下游地区。平原包有武汉、沙市、荆门市及枝江、当阳、江陵、松滋、公安、石首、监利、洪湖、钟祥、京山、天门、仙桃、潜江、安陆、云梦、应城、孝感、汉川、黄陂、嘉鱼、新洲等市县。面积 5 万余平方千米，占湖北省总土地面积的 1/4 强。

　　这一地区在自然带上属北亚热带常绿阔叶与落叶阔叶混交林区，气候、植被、土壤等均带有南、北过渡性质。总的特点是夏季炎热，冬有轻寒，雨量颇丰，湿度较大，河网稠密，湖泊众多，土壤肥沃，植被繁茂。当前，这一平原是我国一个重要的农业地区，平原的主体部分盛行稻麦（或油菜）、棉麦（或油菜）一年二熟制。其中，江陵、京山等六个县是全国商品粮基地县，天门市则是全国著名的棉花之乡；平原边缘的丘陵岗地是全国重要的桑蚕、茶叶产地之一；而星罗棋布的湖泊沼泽中水产品与水生作物的产量也在国内占有重要地位。

　　江汉平原农业区的形成是千百年来劳动人民辛勤垦辟的结果，由于这一平原在自然环境与历史发展上所独具的特色，因而这一农业区的形成与演变也经历了一个与众不同的过程。揭示这一历程以及导致它产生的内在规律，不仅能帮助我们认识世界——更深刻地把握这一农业区的现状与特色，还能帮助我们改造世界——充分运用历史经验教训更有效地进行治理与开发。

一 新石器时代之地理环境与 原始稻作农业之产生

根据确切的考古发掘资料，我国原始农业萌生于新石器时代早期，江汉平原也不例外。而我国的新石器时代大致相当于地质历史上的全新世早、中期。全新世又称冰后期，在经过早期一段温凉的气候状况后，至中期全球气候普遍变得较前温暖湿润。在我国，从东北北部直到长江以南的广大东部地区，甚至包括蒙新与青藏高原，全新世中期之气温普遍较今高出 2—3℃，甚至高出 5℃。① 根据江汉平原邻近地区四川资阳县黄鳝溪②、江西南昌西山洗药湖③及安徽怀宁县官洲④等地孢粉分析，江汉平原斯时年平均气温也较现今高出 2℃—3℃，植被也与现今不同，属中亚热带常绿阔叶林。在地貌方面，据谭其骧先生研究，这一地区并非如汉晋以后某些学者所认为的那样存在一个跨江南北的包容了整个这一地区的云梦泽，而是一个既有高起的丘阜山冈与广漠的平原旷土，又有浩渺的水泽湖沼，具有多种地貌类型的地区。正因为具有这一地貌特点，春秋战国时才长期被楚国王族占据作为田猎之区，而被先秦一些典籍称作"云梦""云""梦"。以后的注疏家未能正确区别"云梦"与"云梦泽"的含意，将"云梦泽"的范围不断扩大，至清代有的考据家差不多把整个江汉平原与洞庭湖平原都拉扯进"云梦泽"中。事实上真正的云梦泽在春秋中叶以前只分布在今江陵以东、江汉之间及汉水以北今应城、天门等县市一带。⑤ 这基本上可看作是新石器时代"云梦泽"之分布范围。也是历史时期"云梦泽"面积最广阔时的状况。由于新石器时代气

---

① 段万倜等：《我国第四纪气候变迁的初步研究》，载《全国气候变化学术讨论会文集》，科学出版社 1981 年版。

② 据成都地质学院普通地质教研室研究资料，转引自段万倜等《我国第四纪气候变迁的初步研究》。

③ 王开发：《南昌洗药湖泥炭的孢粉分析》，《植物学报》1974 年第 1 期。

④ 黄赐璇等：《安庆古树的古土壤孢粉分析及其古地理环境》，载《地理集刊》第 13 号，科学出版社 1981 年版。

⑤ 谭其骧：《云梦与云梦泽》，《复旦学报》（社会科学版）（历史地理专辑）1980 年 8 月。

候较今潮热，林草较今茂盛，湖沼较今广阔，因而山林草莽里有虎狼横行，江河湖沼中有扬子鳄出没；甚至还有孔雀、猿类栖息，野象、犀牛出行。① 至于土壤方面，先秦时人只注意到这一地区地面卑湿，水泽广阔，因而战国时成书的《禹贡》将其土壤命名为"涂泥"，列于九州土壤之末位。这实际上只表明这一地区较广阔的沼泽之区土地开垦远比北方较高爽的黄土地区困难，并不能说明江汉平原土壤质地之低劣。

就在上述潮热卑湿的地理环境中，这一地区新石器时代的居民顺应自然条件逐步发展了原始稻作生产，而且至新石器时代后期，形成以京山县屈家岭遗址为代表的一个具有江汉平原之地区特色的文化类型区。

据考古调查，目前在江汉平原发现的新石器时代遗址已达二百多处，是湖北省境内这类遗址分布最为密集的地区。就这一平原而论，北部与西部山前地带的京山、天门、钟祥、江陵、松滋等县市分布较多；而东部长江两岸之洪湖、武昌、汉阳等县市也有，但较少。这显然与当时平原北部与西部早已成陆，东部城陵矶至武汉间长江两侧泛滥平原业已形成，而中间为方九百里之"云梦泽"的地貌格局相符，也充分反映了新石器时代原始稻作农业地区的分布状况。当然，即使是遗址分布较密集的地带，稻田也是少量的、零星的，只是在这些遗址周围呈点状分布。

经考古发掘，在京山县屈家岭、天门市石家河、武昌县放鹰台、监利县福田、公安县王家岗等遗址中都发现了稻谷壳或炭化的稻谷灰。② 据我国著名水稻专家丁颖对出土稻谷壳的鉴定，属大粒粳型稻，与 20 世纪 50 年代江汉平原的稻种相同。③ 此外，在许多遗址中还发现了居住遗址及猪骨等动物骨头以及陶塑的猪、羊、鸡、鸭、兔、狗等的原始艺术品。上述实物资料充分证明了新石器时代江汉平原的原始居民过的已是定居的农耕生活，他们在低湿积水处栽植水稻，同时豢养家畜，又辅之以鱼

---

① 参见谭其骧《云梦与云梦泽》及文焕然等所撰《试论扬子鳄地理变迁》（《湘潭大学学报》1981 年第 1 期）、《中国历史时期孔雀的地理分布及其变迁》[《历史地理》（创刊号）1981 年 11 月]，《中国野生犀牛的灭绝》[《武汉师院学报》（自然科学版）1981 年第 1 期]、《历史时期中国野象的初步研究》（《思想战线》1980 年第 6 期）、《我国长臂猿地理分布的变迁》（《地理知识》1980 年第 11 期）。

② 参见陈振裕《湖北农业考古概述》，《农业考古》1983 年第 1 期。

③ 丁颖：《江汉平原新石器时代的稻谷考证》，《考古学报》1959 年第 4 期。

猎采集，使食物来源更有保障，从而推动了这一地区由原始社会迈入阶级社会的门槛。

二　楚文化的发展与楚人对江汉平原的开拓

新石器时代后期，江汉平原在屈家岭文化的基础上开始孕育形成了在我国古代江淮流域影响甚大的楚文化。楚文化经历了一个颇为漫长的发展过程。在传说中的夏代，在江汉平原就存在一种直接承袭当地屈家岭文化，又受到黄河中下游龙山文化某些影响的一类文化，考古学界称为"湖北龙山文化"或"石家河类型"，也被称之为"先楚文化"。[①] 至商代时，随着各族间经济文化交流增多，江汉平原地区的先楚文化吸收了中原地区商代青铜文化与江南地区几何印纹硬陶文化的影响，获得了更快的发展。到商周之际又接受了许多来自典型周文化的因素，最终形成真正的楚文化。而楚文化的成熟便导致了楚国的建立。可以说，楚国的建立是江汉平原楚文化长期发展的必然结果；同时，楚国的建立又使楚文化得以借助奴隶制国家的力量迅速由江汉平原推广到江淮流域的广大地区。至战国以致秦汉时代，楚文化的影响达致南半个中国，是当时我国境内唯一能与秦文化相匹敌的一支文化力量。[②]

不言而喻，文化的发展要以经济的发展作基础。而在古代，这一经济基础显然又是以农业生产为主体。

如上所述，以江汉平原为中心的楚文化曾经经历了夏、商两代"先楚文化"阶段至西周初年才渐臻成熟，其成熟的标志则是商周之际与周文王同时之鬻熊于丹阳[③]始建楚国。关于夏、商时期先楚文化遗址，近年来在江汉平原也发现了多处，从出土的生产工具看，大量的仍然是石质

---

①　王劲：《楚文化渊源初探》，载《中国考古学会第二次年会论文集》，文物出版社 1982 年版；苏秉琦：《从楚文化探索中提出的问题》，《江汉考古》1982 年第 1 期。

②　参见俞伟超《关于楚文化发展的新探索》，《江汉考古》1980 年第 1 期；苏秉琦：《从楚文化探索中提出的问题》。

③　关于丹阳的地望历来有枝江说、秭归说、先秭归后枝江说及豫西南之丹淅之会说。本文从枝江说。详见俞伟超《关于楚文化发展的新探索》及《楚文化考古大事记·序言》，文物出版社 1984 年版。

的铲、斧、刀、镰，仅在平原东侧黄陂县由商人直接建立的盘龙城遗址中发现有铜锸。① 可见在这一千多年间生产力的发展十分缓慢。西周时期，楚国虽已建立，铜质生产工具虽有所增加，但楚人们大量使用的仍然是石质工具，所以劳动生产率也不会有明显的提高。然而楚国初期的几代国君，如鬻熊的曾孙，被周成王"封以子男之田"② 的熊绎，以及其后的若敖、蚡冒等都曾以"筚路蓝缕，以处草莽"，"筚路蓝缕，以启山林"③ 的精神，带领国人艰苦奋斗从事开垦，因而使国都丹阳所在的沮漳河下游之平原山丘上的农地有所扩大。至西周后期，经过几代人的惨淡经营，楚之国力渐强，不仅能抵御周王的南征④，而且其势力还沿着长江向东发展到鄂（今鄂城）一带。

至春秋初，楚国又竭力向北部的汉水流域发展，先后臣服了"汉阳诸姬"。公元前七世纪初楚国疆域已经包容了整个江汉平原。为了便于控制新征服的国土，并进一步向河南南部与淮河流域发展，楚文王于公元前689年将国都由丹阳东迁到郢（今江陵纪南城）。自此时起直至公元前278年秦将白起攻占郢都，楚迁都于陈（今河南淮阳），前后四百余年，楚人一直以江汉平原为中心，四处扩充，多方征讨，使楚国发展成为雄踞江淮之上，拥地千里，带甲百万，威势几乎及于中国南半部的泱泱大国。

春秋战国时楚国国力的强盛无疑是得力于经济的繁荣，特别是农业的前所未有的大发展。在这方面，作为楚国统治中心的江汉平原更是占据着突出的地位。

大量出土文物表明，春秋战国时期楚国冶铸业的发展，使得铁制农具日益广泛地用于农业生产。特别是战国时期，从已发现的铁制农具看，不仅数量多，而且种类也不少，有锄、锸、镬、铲、耙、镰、斧等。⑤ 这就使楚人在砍伐森林，开垦草原，挖渠排水，疏干沼泽等方面大大提高了生产效率。正是有了铁制农具的武装，江汉平原上汉水以北，今应城、

---

① 陈振裕：《湖北农业考古概述》。

② 《史记·楚世家》。

③ 分别参见《左传·昭公十二年》与《左传·宣公十二年》。

④ 《左传·僖公四年》。

⑤ 舒之梅：《楚国经济发展脉络》，《江汉论坛》1984年第4期。

天门等县市所在地的古"云梦泽"之积水被疏导排干成为陆地，并被开垦成耕地。① 此外，这一时期牛耕技术的推广与开渠修河等水利工程技术的发展也对大规模农田开垦起了积极作用。当然，西周初年以来我国境内由于新冰期的影响，出现了周汉寒冷期，各地气温普遍较前一时期有所下降②，植被类型与地带属性也有所变化，变得与当前状况相仿佛，江汉平原湿热程度有所减轻；加上江、汉水系排入"云梦泽"泥沙的自然堆积，也对这片水面被开垦成农田产生了积极的影响。总之，这一时期由于自然因素的变迁与农业生产技术上有了重大突破，使得江汉平原农田开垦取得很大进展，农业区域大为扩大。这对楚国粮食产量的增加无疑是个重要的因素。当时就有人盛赞楚国"粟支十年"③，看来也绝非无稽之谈。有了如此雄厚的物质基础，自然会促使楚国北上争霸，问鼎中原了。

毋庸讳言，由于当时铁制农具推行并不十分普遍，再加上楚国统治集团有意识地要在国都周围保留一大块田猎区，所以直到楚国政治中心东迁之时，对江汉平原的开垦还是很有限的。

三　秦汉至唐对江汉平原的进一步垦殖与唐代农业经济的繁荣

公元前 278 年秦国攻取郢都，楚都东徙，江汉平原遂归于秦国版图。大约过了半个多世纪，秦统一了全国，自此之后，除了个别短暂时期江陵做过地方割据政权的统治中心外，其余时间江汉平原都是作为地方一级政区而存在。尽管如此，由于其所具的"北据汉沔，利尽南海，东连吴会，西通巴蜀"④ 的有利的地理形势，在相当长的一段时间里，随着这一地区农业垦殖的推展，在经济上发挥着越来越大的作用。

战国末年，秦国虽然占领江汉平原后设置了南郡，但因郢都新

---

① 谭其骧：《云梦与云梦泽》。
② 段万倜等：《我国第四纪气候变迁的初步研究》，《全国气候变化学术讨论文集》。
③ 《战国策·楚策》。
④ 《三国志·蜀书·诸葛亮传》。

破，人民死亡流徙，秦国君臣又正忙于统一战争，生产都难以正常进行，开垦更无从顾及。秦王朝建立后因国祚短暂，也谈不上在这一带扩大耕地上有何建树。就是西汉政权建立后，朝廷为巩固统治与有效防御西北匈奴族的南下，着力经营的是北方关中平原、关东平原、黄河中上游黄土高原地区、河西走廊与西域，对江汉平原也未及大力垦辟。

古今不少学者常引用《史记·货殖列传》中"楚越之地，地广人稀，饭稻羹鱼，或火耕而水耨"作为依据，说明江淮以南西汉以前生产技术与经济远落后于北方黄河流域。事实上，如全面分析太史公这段论述，就不难发现上述论断有失偏颇。太史公所说的楚越之地，实际包有江淮以南的广大地区。从整体论，这一地区西汉以前地广人稀确系事实，但江陵、陈、吴、寿春、番禺等都会所在地区，人口还是较多的。"饭稻羹鱼"，只是表明我国南方地区古代主要的产品与饮食习俗，本身并无褒贬含意。至于火耕水耨，近世有学者指出，这是在历史早期把施肥、除草、灌溉三者结合起来的一种较先进的耕作技术，是先民在沼泽地区从事水稻生产的一种创造①，结合前节所述先秦时期楚文化的发达与楚国的强盛分析，此说似不无道理。到了秦与西汉时期，从总的经济实力看，北方黄河流域胜于南方江淮流域；但正如前述，这是当时秦、西汉王朝的政治形势与发展方略造成的。而就江汉平原地区言，其农业区域虽扩展不多，农业生产技术与生产水平还不是多么落后。

西汉后期以后，我国南方经济再次获得较快发展，江汉平原也不例外，其农业垦殖与生产水平至唐代达到一个繁盛阶段。造成这一繁盛局面的主要原因有以下数端。

其一是云梦泽继续被淤积成陆。继古云梦泽汉水以北部分在战国中期以前由"泽"变成"土"之后，随着长江、汉水泥沙的不断堆积，西汉后期，江陵以东的广大水面也被填淤分割成路白、东赤等几个湖泊；不断向东发展的荆江三角洲与自今潜江一带向东南发展的汉江三角洲连成一体，形成江汉陆上三角洲。同时其东南方"云梦泽"

---

① 浦士培：《江陵古代稻作农业小考》，载《中国古都研究》第四辑，浙江人民出版社1989年版。

的主体部分也渐次东移，至东晋南朝变成了大浐、马骨、太白等湖及一些不知名的陂池。至唐代，大浐、太白二湖也消失了，仅余一马骨湖。① 该湖据《元和郡县志》记载，"冬春水涸，即为平田，周回一十五里"，可见其小了。广阔的云梦泽大部被淤积成陆，为江汉平原的农田开垦和农业区的扩大提供了必需的土地资源。西汉后期首先在江陵以东，今潜江县西南增设华容县；西晋时又分华容县东南境设置监利县（县治在今监利县北）；东晋时又在今仙桃市城关西北和城关附近分别新设云杜县和惠怀县。② 上述县邑的增设正好反映了这一成陆过程与江汉平原农田垦辟范围的扩大。

其二是人口不断增加。秦与西汉前期，为巩固中央王朝统治与西北边防，曾多次自关东六国中心地区向西北移民，以"实关中""戍边郡"。如秦都咸阳，曾徙天下豪富 12 万户。汉高祖定都长安，又徙齐诸田、楚昭屈景及诸功臣于长陵。③ 江汉平原系楚国故都所在地，原楚国贵族豪富皆在征发之列，故而这一时期人口自不见多。但从东汉以后，由于社会环境较之北方远为安定，加上大面积湖沼淤成平陆，吸引了大批北方居民南下定居，人口变化转趋稳定发展。

西汉末至唐代，北方地区经两汉之际、东汉末年黄巾起义与军阀混战，又经西晋永嘉之乱及十六国时期长期的扰攘纷争，中原士民大批南徙。如东汉建安年间（166—220），仅关中一地人民流入荆州者就达十万余家。④ 西晋末年，八王之乱甫起，胡羯贵族又割据称雄，于时天下丧乱，而荆州却颇为安宁，因而秦雍，甚至巴蜀流人纷纷涌入荆沔。⑤ 十六国时期，北方征战不已，特别在淝水之战以后，战乱加剧，北方人口更大量南移，江汉平原也接纳了大批流人。正是由于上述原因，在北方黄河流域"白骨露于野，千里无鸡鸣"⑥，人口大量减少，农业生产一度

---

① 谭其骧：《云梦与云梦泽》。
② 参见谭其骧主编之《中国历史地图集》第二、三、四册，地图出版社 1982 年、1990 年版；张修桂：《云梦泽的演变与下荆江河曲的形成》，《复旦学报》1980 年第 2 期。
③ 《汉书·地理志》。
④ 《三国志·魏书·卫觊传》。
⑤ 《晋书·刘弘传》。
⑥ 曹操：《蒿里行》。

极为凋蔽的情况下，南方长江流域却因局势晏安而户口日增。西晋太康初年，荆州户数已达 38.9 万余户，占诸州总数的 15.62%，居全国第二位。① 至南朝宋时，荆州与扬州甚至有"户口半天下"之说。② 江汉平原地处荆州北部，人户数目也会有相当的增长。

下至唐代，其初期因经隋末战乱，全国户口锐减，江汉地区亦然。后经过唐代前期百余年的恢复发展，至天宝元年（742），江汉平原所包括的荆州、复州、郢州、安州、沔州共 20 个县已有人口约 42 万。③ 安史之乱后，北方人口再次大量南迁，江汉平原户口亦复骤增。《旧唐书·地理志》曾明确指出："自至德后，中原多故，襄邓百姓，两京衣冠，尽投江湘，故荆南井邑，十倍其初。"由此可知，唐代后期江汉平原人口较之唐代前期有着大幅度的增长。尽管我们不必拘泥于"荆南井邑，十倍其初"一语按天宝初年江汉平原 42 万人口推算至德（756—758）后这一平原拥有 420 万人口，但根据唐末"江陵城下旧三十万户"④ 的事实推之，说江汉平原在唐后期人口发展至二三百万间是不会有什么问题的。

我国封建社会的农业生产，主要依靠人的体力进行。因而人口的增加就意味着劳动力的增加，也标志着生产力的提高。因此，东汉以来至唐后期七八百年间江汉平原人口持续稳定的增长，无疑是促使农业区扩大与农业生产发展的积极因素。

其三是治江与农田水利建设取得初步实效。秦以前江汉平原规模较大的水利工程，仅有楚灵王时创修的杨水（至吴师入郢，因伍子胥曾疏凿其一部分，遂改名子胥渎）。这条水道主要是通渠于郢都、汉水之间，沟通漕运。⑤ 秦、西汉以后随着人口的增长与郡县的增设，也由于这一地区在分裂割据形势下，其政治与军事地位的日益重要，统治阶级对各项水利工程也给予了更多的重视。如为广漕运，便利交通，西晋杜预都督

---

① 摘自梁方仲编著《中国历代户口、田地、田赋统计》甲表 14，上海人民出版社 1980 年版。

② 《宋书·何尚之传》。

③ 据梁方仲《中国历代户口、田地、田赋统计》所提供的数据，参照《中国历史地图集》第五册有关图幅推算得出。

④ 《通鉴》卷二百五十三，乾符五年条。

⑤ 《史记·河渠书》、《水经·沔水注》。

荆州时就曾开杨口渠，"起夏水达巴陵千余里，内泻长江之险，外通零桂之漕"。[①] 通过开杨口把长江水系与汉水联系了起来，使漕运能远达零桂。以后东晋与刘宋时对杨水河道也很注意修浚[②]，保持了漕运畅通。又如为保证在军事征伐中粮糈的及时供应，庚和曾在此倡导"且田且戍"。[③] 在推行屯田中，也常配之以农田水利工程。晋末朱龄石在上明（今松滋县境）"开三明以灌稻田，明犹渠也"。[④] 刘宋时沈攸之为荆州刺史，也曾在今枝江县东"堰湖开渎"，使田多收获。[⑤] 再如，为保住长江中游军事重镇江陵城免受长江泛滥的危害，曾沿江修堤。许多学者认为东晋永和年间（345—356）荆州刺史桓温令陈遵在江陵城外兴筑的金堤[⑥]，是江汉平原最早修筑的堤防。但从《旧唐书·李皋传》所载"先，江陵东北有废田傍汉古堤二处，每夏则溢，皋始命塞之，广田五千顷，亩得一锺"论，江汉平原早在两汉时期就有堤防之作。桓温时所筑金堤，是其发展。而且自那以来，修建堤防即成为这一地区保障城邑村镇安全与开发低洼陂泽之地的重要措施。

由于以上几方面的原因，使江汉平原在这一时期农田垦殖范围较前一时期大为扩大，农业生产也获得很大发展。还在魏、蜀、吴三国鼎立时期，荆州就成为曹、刘、孙三家激烈争夺的地盘。迨至东晋南朝时，这里也因其兵食易得的有利条件，成为英雄豪杰北伐中原、东控建康的军事重镇。下至唐代，由于水利的兴修与生产技术的发展，江陵等地还出现了如前所引《旧唐书·李皋传》所载之"亩收一钟"的高产纪录；据浦士培先生计算，当为亩产稻谷 416.4 市斤[⑦]，这在公元八世纪末的确是很可观的产量。也正因为唐代江汉平原稻作农业十分发达，支持了一地区柑橘、茶叶等林特产及造船、纺织、漆器等手工业生产的发展，加上南都江陵地处水陆交通之会，实为唐都长安与东南地区西线交通的咽

① 《晋书·杜预传》。
② 《舆地纪胜》卷六十四《荆州府漕河》、《水经·沔水注》。
③ 《晋书·庚和传》。
④ 《通鉴地理通释》卷十三《晋重镇上明》条。
⑤ 《舆地纪胜》卷六十四《获湖》条。
⑥ 《水经·江水注》。
⑦ 浦士培：《江陵古代稻作农业小考》。

喉要地，所以在唐后期，这一地区不仅成为唐中央政府重要的粮赋供给地，而且还是支撑唐政府的主要支柱。

四 宋至清末江汉平原垸田的兴筑及其对生态环境的影响

江汉平原的自然环境，在经历了长期的泥沙淤积与楚国至唐代近两千年的人工垦辟后，至宋代出现了新的格局。一是"萦连江沔"数百里的云梦泽已完全解体。不仅位于江汉平原东南部的其主体部分已趋于消失，而且至唐代尚存在的周回仅 15 里的马骨湖也不存在了；太白湖沼泽化极其严重，沦为"百里荒"。① 代之而出现的是星罗棋布于江汉平原上的众多小湖沼。二是随着古云梦泽的消亡，流经江汉平原南缘的长江河段——荆江，在经历了漫流阶段与荆江三角洲分流阶段后，已形成统一河床。② 此后洪水过程日益显著，防御洪水的堤防工程也益显重要。上述江、湖演变的新格局，在宋以后进一步趋向复杂化。首先是荆江统一河床由唐宋时之单一顺直河型，至明末之际即开始向单一蜿蜒河型演化。至明末清初，河床曲流已高度发展。而到了清代后期，蜿蜒河型得到全线发展。③ 其次是江汉平原上的一些湖泊，由于自然淤积及人工修堤与围垦，有的继续被淤填，甚至消失；有的却因排水不畅或退田还湖成为巨浸。上述江、湖变化状况的复杂性，给这一地区治江治水与农田垦辟工作带来了艰巨性。于是除沿江修筑堤防外，一种适应水乡泽国垦治农田要求的田制——垸田应运而生。

所谓"垸"者是指用于围垦沿江滨湖低洼多水地区农田的堤防，垸田则是堤垸内之农田。江汉平原的广大群众通过长期的生产实践，对修筑堤防在这一地区防御洪涝灾害，保障农业生产与居民生命财产安全方面的重大作用早有深切的认识。"民田必因地高下修堤防障之"。④ "非大

---

① 陆游：《入蜀记》。
② 张修桂：《云梦泽的演变与下荆江河曲的形成》。
③ 同上。
④ 嘉靖《沔阳州志》。

者江堤小者垸堤多方捍蔽之，则国赋民生皆无所赖"。① 在修建垸田过程中，当地群众不断总结经验，从单纯修垸障水进而又在堤上、垸内建造闸刜、沟渠、陂塘，使之兼具防水、排水、蓄水、灌溉等多种功能。由此可见，发展成熟修筑完善的垸田，是一个包括堤垸、耕地、沟渠、陂塘、闸刜与水陆通道等设施的综合工程体系，其本身就是一个生态单位，也是一个生产单元。垸田的出现与发展，不仅有效地扩大了耕地，保障了生产；而且还使江汉平原相当一部分地区由原先的天然平原湖沼生态环境变而为以一个个垸田组织而成的人工防洪灌排农田生态环境。

江汉平原垸田的兴筑有其萌生、形成与发展过程。

前节已经述及，这一地区早在汉代已有堤防，东晋已在江陵城南沿江修建"金堤"，唐代更有凭依堤防垦田获致高产的纪录。尽管如此，直至唐末还未见有垸田的明确记载。因此，汉唐时期还只是它的萌生阶段。

至南宋，为抗御金、元兵力南下，在长江中游曾以江汉平原为中心大兴屯田。如南宋理宗端平、嘉熙年间（1234—1240）曾任荆湖北路安抚制置使兼屯田大使的孟珙就在上起秭归，下至汉口的沿江两岸"调夫筑堰，募农给种"，"为屯二十，为庄百七十，为顷十八万八千二百八十"。② 所谓"筑堰"，当为筑垸，即修建垸田。当然，此垸田尚为初期之垸田。故可认为宋元时期为垸田的形成期。

下至明清两代，则是垸田的发展期。

明代，江汉平原因地旷土肥，易于耕垦，吸引了大批北方流民及周围山区棚户。如沔阳州，因"湖多易淤，土旷易垦"，因而"它方之民萃焉"；③ 潜江县"占田多者，皆流寓豪恣之民"；④ 天门县"编氓二十五里，佃民强半，流徙至相倍蓰"。⑤ 大量流民进入江汉平原，大大加快了垸田修建进度。再如沔阳州，因"居泽中，土惟涂泥"，"故民田必因地高下修堤防障之，大者轮广数十里，小者十余里，谓之曰垸，如是

① 乾隆《荆州府志》卷十五《江防》。
② 《宋史·孟珙传》。
③ 嘉靖《沔阳州志》卷九。
④ 万历《湖广总志》卷三十三。
⑤ 嘉靖《沔阳州志》卷六。

百余区";① 潜江县也因"大泽重湖","居民各自为垸。故南则陶湖、牛埠；北则太平、马猯；西则白伏、咸林；东则菏湖、黄汉等，凡百余境"。② 垸田的发展，扩大了耕地面积，增加了粮食生产。加之时值垸田兴建初期，江湖关系稳定，洪涝灾害既除，水肥条件又好，因而垸田产量高而且稳。这就不难理解何以明代就有"湖广熟，天下足"的谚语流传了。③

明末清初的战乱，使江汉平原的堤垸建设一度中断，原建堤垸也遭到很大的毁坏。满清王朝建立后，经过康雍两朝大力推行劝民垦荒措施，江汉平原垸田兴筑与农业生产均获得了恢复与发展。如沔阳州堤垸达到1350余处，围垦面积达400余万亩。④ 平原上一些地方在雍正初年已是"川原历落，防制划然，或循旧迹，或新堵筑，皆屹若金汤"。⑤ 垸田的增多及生产技术的发展，使江汉平原稻米产量大幅度增加，且大量外运，接济山陕豫鲁各省，甚至江浙闽广等省也时有仰给。⑥ "湖广熟，天下足"这一谚语，不仅在民间传诵更加广泛，甚且康熙、雍正的批谕及一些大臣的奏疏中也时加引用。如康熙五十八年六月十九日玄烨就在湖广总督张连登禀报湖北早稻收成及米价时批道："俗语云'湖广熟，天下足'，湖北如是湖南亦可知也"。⑦

乾隆朝，清代封建经济发展至极盛，与此同时，我国人口也开始急速增长。雍正十二年（公元1734年），全国人口尚仅2700万；至乾隆十八年（公元1753年）就突破了1亿大关，达到1.02亿口；又过13年，即到乾隆三十一年（公元1766年），又突破2亿大关，达到2.08亿口；后至嘉庆十七年（公元1812年）再次升至3.61亿口；自此之后直至清王朝覆灭，我国人口一直维持在3亿多的水平上。⑧ 江汉平原情况也是如此。据张建民统计分析，湖北省在康、雍两朝，全省人口密度仅为每平

---

① 嘉靖《沔阳州志》卷八。
② 万历《湖广总志》卷三十六。
③ 何孟春《余冬序录》卷五十九《职官部》。
④ 光绪《沔阳州志》。
⑤ 同治《石首县志》卷八。
⑥ 参见王庆云《石渠余记》卷四及陈宏谋《培远堂偶存稿》卷二十六。
⑦ 《宫中档康熙朝奏折》。
⑧ 均据梁方仲《中国历代户口、田地、田赋统计》表中数据。

方公里 10 人左右，低于全国平均密度；至嘉庆十七年全省人口达到 2737 万，人口密度达到每平方公里 150 人，较全国平均密度大两倍多。而同一时期，江汉平原所辖各府县人口密度又远大于湖北省的平均人口密度。如武昌府为 394 人/平方千米，汉阳府为 248 人/平方千米，安陆府为 251 人/平方千米，荆州府为 209 人/平方千米。[①] 人口的高速增加，必然加快对耕地的需求。为解决百姓的衣食温饱，也为保证财赋来源，统治者不得不屡屡下诏督责地方官劝民垦种，并推行听免升科等措施来加以刺激。因而自乾隆朝以后，江汉平原垸田兴修也急剧增加，且成滥围滥垦之势。虽然一些地方官已觉察到 "人与水争地为利，水必与人争地为殃"[②] 这一危险的发展前景，并促使中央朝廷多次颁行禁围湖荒，禁筑私垸等命令，实际收效甚微，堤垸数仍不断增加。如自乾隆至咸丰时期，汉川县堤垸由 44 处增到 300 余处，天门县由 109 处增加到 169 处，江陵县则由 150 处增加到 350 处。[③]

乾隆以后江汉平原堤垸的滥筑使这一地区耕垦范围较前大为扩大，不仅使自然淤积成陆的地方垦辟成耕地，而且还在沿江大堤以外的洲滩及湖荡之中有意识地进行围堤淤垦，进行掠夺性的开垦与经营。特别是 19 世纪 50 年代以后，长江中游江湖关系大变，长江南岸虎渡、调弦、藕池、松滋四口分流格局形成，长江洪水、泥沙主要南泄洞庭，这又助长江汉平原筑垸围垦的进一步恶性膨胀。不仅使长江两岸几乎 "无段无洲、无洲无垸"，[④] 还使汉川、江陵、松滋、天门、沔阳、潜江、监利、石首等县大量河港湖泽垦为田庐，甚至出现数顷之湖荡日渐筑垦，数亩之陂塘亦培土改田，一湾之溪涧也截流种稻。[⑤] 这种毫无计划，毫无节制地占垦江湖水面，违背了自然规律，破坏了生态平衡，从而导致了江汉平原自然灾害的频繁与加剧。这突出反映在洪涝灾害的增加上。

---

① 张建民：《清代江汉—洞庭湖区堤垸农田的发展及其影响》（油印稿）1986 年。

② 彭树葵：《陈湖北水道疏》，《皇清奏议》卷四十四。

③ 分见光绪《汉川图记证实》、光绪《沔阳州志》及光绪《续修江陵县志》。

④ 民国《万城堤防辑要》上，《勘测全案》。

⑤ 分别参见同治《汉川县志》与李国栋《两湖水利条陈》。

江汉平原部分县市元明清时期水灾次数统计表

朝代 县市	元代 (1271—1368 年)	明代 (1368—1644 年)	清代 (1644—1911 年)	资料来源
汉阳	2	20	27	同治《汉阳县志》卷四
汉川	4	69	112	同治《汉川县志》卷十四
沔阳	4	25	115	光绪《沔阳州志》卷一
天门	2	18	23	道光元年《天门县志》卷十五
潜江	2	27	69	光绪四年《潜江县志》卷二
监利	1	10	52	同治《监利县志》卷十二
江陵			82	新《江陵县水利志》
公安	5	14	40	同治《公安县志》卷三
石首	1	4	18	同治五年《石首县志》卷三

上述统计资料显然是不够完备的。然而，正如张建民先生在其《清代江汉—洞庭湖区堤垸农田的发展及其影响》一文中所指出的，联系这一平原洪涝灾害的周期趋势与堤垸的发展进程一起考察，可以发现，水害急剧增多之始，恰是堤垸经历过蓬勃发展之时；也就是说，水患的加剧出现在堤垸盲目大发展之后。从堤垸发展总的历程看，16 世纪是其第一次大发展期，而 16 世纪以后的水灾较之前就有了急速增长。就明、清两代而论，明代以正德朝为界，清代以道光朝为界，均是后期较前期严重。这一现象的出现自然与滥垦江洲湖泽，造成行洪不畅，调蓄无所有直接关系。当然，明清时期，大量棚户客民进入江汉水系上游川陕鄂交界山区，大肆毁林开荒，加剧水土流失，以及当时治水方略的失策与治水措施的不力，也是造成江汉平原这一时期洪涝灾害频仍的重要原因。

洪涝灾害的加剧，于灾年不仅造成庄稼的减产甚至绝收，而且还带来州县漂没，田庐荡尽，家破人亡的惨重后果；就是在非灾年，也时时给居民造成心理上的威胁与不断加高培厚堤垸的沉重负担。其所造成的社会、经济与生态方面的破坏至为巨大。可以说，清代后期江汉平原滥行围垸，盲目占垦江湖水面，搞乱了原有的江湖水网关系，破坏了对于径流的蓄泄灌排平衡，终于使垸田的功能一度发生变异，使之由治水造地、扩大农田、发展社会主产的有效手段变成加剧灾祸的因素之一。这一深刻的历史教训是值得我们认真记取的。

五 结语

纵观江汉平原历史时期农业区形成的历程，可以明显看到，从新石器时代原始稻作农业的产生，经过楚人辛勤开辟与秦汉至唐代的进一步垦殖，直到宋至清初垸田的兴筑，江汉平原农田不断扩大；农业生产虽受政局动荡的影响而时有起伏，但总的看来是呈上升趋势。因而到唐代后期，已成为我国一个重要的农业区，至明与清初更成为我国主要稻米产区之一。然而，自清乾隆朝开始。江汉平原与全国一样，人口大幅度增长。由于封建统治者昧于对自然规律的认识，面对生齿日繁的巨大压力，唯有督导与放任臣民大规模毁林开荒及占垦江湖来维持百姓温饱，缓和社会经济矛盾。其结果恰与封建统治者的愿望相反，随着耕地无限制地扩大，江湖水面的大量减缩，反而导致了生态平衡的破坏，加剧了洪涝灾害，遭到了大自然的报复。如果说历史时期的人们对于人为活动与生态环境相互影响、相互制约的关系处于盲目无知或朴素自发认识阶段，尚无力协调社会经济与自然的关系；那么今天我们就应当深刻吸取历史经验教训，充分运用现代科学技术，合理指导人类活动，自觉地能动地处理好二者的关系。具体而论，要认真做好以下三方面的工作：

（1）在宏观决策上，要将社会经济发展与生态环境的演变二者看作是一个完整的系统；要从切实控制人类自身增长与充分发展社会经济出发，解决这一地区较前更为众多的人口之生产与生活出路，通过立法与制定必要的政策从根本上杜绝滥围滥垦。

（2）在治水方面，应从全流域着眼，全面规划，综合治理，上、中、下游兼治，蓄、洩与疏、堵并举。除希望位于本地区上游的川东、陕南与鄂西山区要大力搞好水土保持，减少泥沙下泻及在长江、汉水干流合理规划与修建大型水库和分洪枢纽工程外；就本地而言，还当把重点放在治理遍布各地的垸田上，应将堤垸、农田、河渠、闸剅、陂塘结合起来，看作是有机的整体，打破小农经济的传统观念，兼顾长远与当前利益，立足于发展现代化大农业生产，重加审视检验，统筹进行规划，分批分期加以整治。做到堤垸坚固，河渠通达，蓄洩有所，灌排及时，江湖无壅积之患，农田无洪涝之虞。

（3）在整治垸田，防洪治水方面，还要高度重视自然因素本身的变化特点。这在本区有两点应特别加以注意。首先是上游山区的水土流失问题。尽管可以寄希望于水土保持工作，但因这项工作不会短期奏效，即使经过一段时期的治理，取得显著效果，也只能减少人为加速侵蚀的程度，不可能减少自然侵蚀部分，依然会有一定量的泥沙下泻；因而本区江湖之自然淤积过程还会持续进行下去，只是速度会较前明显放慢。此外，本区地质构造上处于第四纪强烈下沉的陆凹地带，这一特点对本区河道发育与湖盆洼地水面盈缩、洲渚生长均会有相当的影响。因此，在整治荆江、汉水河道与平原上的堤垸湖沼工作中，要密切观察来自上述两方面的自然演变迹象，并注意接收人们的改造措施实施后从自然环境演变方面反馈回来的信息，并据以调节各项整治措施的强度与速度，以保证取得好的改造效果。

（原文刊载于《农业考古》1991 年第 3 期；后又载于《陕西师范大学历史系学术论文集》，陕西人民教育出版社 1994 年版）

四　历史文化地理

关于北京建设国家文化中心的
几点见解

一　国家首都必为一国之国家文化中心

作为一个国家的都城，当然是一个国家的政治中心；尽管未必是一个国家的经济中心，但却必然也是这个国家的文化中心。纵观我国古今之都城，环视当今举世各国的首都均普遍禀赋有这两项重大功能。

关于我国之古都，笔者曾多次在论及我国古都文化时阐述道：

> 历史上历代列国往往都是以自己的都城作为中心区域创造出代表一个时代或一个国家的最高水平的文化。这些文化不仅在当时是支撑各该王朝与政权得以存在的内在精神支柱，还是构成国都，乃至全国繁华兴盛气象的重要因素；同时，古都文化还对古都所在地区当今的社会生活产生深远的影响。

在对古都文化作了上述概括论述后，又具体引申为：

> ——古都文化是历史上一个王朝或一个时代文化之缩影；
> ——古都文化是历史上以致当今特定区域文化的核心；
> ——古都文化内涵丰富，规格甚高；
> ——古都文化空间辐射力、时间穿透力强劲。[①]

---

① 详见拙文《古都文化与现代城市文明》，《江汉论坛》2004 年第 8 期。

北京，作为我国众多古都中的一座重要古都，无疑其古都文化就具有上述特质。

关于国外首都之文化禀性，现即以美国首都华盛顿为例试述之。

华盛顿城是在美国于 1783 年建国后之第八年即 1791 年由国会授权美国首任总统华盛顿经实地考察后选定城址，又由法籍年轻的工程师朗方精心设计后建成。城内不仅在东西向中轴线及其两旁，建有国会大厦与总统府（白宫）、最高法院，充分体现出所具有的国家政治中心的职能；同时还在这条中轴线偏西处之绿茵广场南、北两侧，集中建有国立博物馆、现代艺术展览馆、航天空间博物馆与美国历史博物馆、自然史博物馆、美术陈列馆以及国会图书馆、国家档案馆等文化设施与机构，充分体现出华盛顿同时又是美国国家文化中心的特点。① 尽管在美国还有一些大城市，如纽约，除美国最大的金融、商业、贸易中心外，还拥有数量众多的公私立学校与博物馆、图书馆、美术馆，以及科研、艺术、电视、广播机构②，也可称为某些文化领域的中心；但均不能与华盛顿作为国家文化中心相提并论。

二　北京作为共和国首都也是国家文化中心

1949 年 9 月下旬，在新生的中华人民共和国即将正式成立前，中国人民政治协商会议第一届全体会议于 1948 年 9 月 21—30 日在北平和平解放之后即被中共中央改称的北京隆重举行，会议决定共和国定都北京。③ 自那以来，北京作为共和国首都，如何将之由元明清等封建王朝都城改造成人民共和国首都，政府有关部门做了大量工作，取得了明显成效。已故著名历史地理学家侯仁之院士对之不仅付出了大量的心血，也进行了深入的研究与论述。如在《试论北京城市规划建设的两个基本原则》

---

　　① 详见侯仁之《从北京到华盛顿——城市设计主题思想试探》，原刊于《城市问题》1987年第 3 期；后略加删节，收入《北京大学院士文库：侯仁之文集》，北京大学出版社 1998 年版。

　　② 世界地理编辑委员会：《中国大百科全书·世界地理》，《纽约》条，第 499—501 页，中国大百科全书出版社 1990 年版。

　　③ 转引自笔者主编《中国八大古都》之《北京》篇（人民出版社 2007 年版；该篇由王岗研究员执笔撰写）。

讲话①中，强调在北京的规划建设中，为能反映出中华民族的历史文化、革命传统和社会主义国家首都的独特风貌，必须首先明确以下两个原则：

第一，一定要站在创造社会主义新文化的高度上来看北京城的规划和建设，特别是旧城的改造。不然，就丢掉了大方向。

第二，一定要在北京城的规划和建设中——特别是在旧城的改造中，坚持突出社会主义新时代的主题思想。不然，就要陷入支离破碎，面目全非。

之后，侯仁之院士在他另一文《试论北京城市规划建设中的三个里程碑》②中，在阐明了第一个里程碑是历史上北京城的中心建筑紫禁城的建成，代表了封建王朝统治时期北京城市建设的核心，体现了皇权时代"帝王至上"的思想后；在阐述第二个里程碑时即着重强调新中国成立后对天安门广场的改造，它不仅赋予具有悠久传统的全城中轴线以崭新的意义，显示出在城市建设上"古为今用，推陈出新"的时代特征，在文化传统上有着承先启后的特殊含义；而且还充分体现了北京作为共和国首都在规划与建设上禀赋的"人民至上"的主题思想。③应该说，天安门广场改造的成功以及在天安门广场附近与北京南北中轴线两侧陆续兴建的人民大会堂、国家博物馆、中山公园、劳动人民文化宫、故宫博物院、国家大剧院等建筑设施与机构，使北京城作为全国政治中心与文化中心的城市特点彰显了出来。接着作者在阐述北京城市规划建设中第三个里程碑时，指明1990年是为了迎接第11届亚运会及尔后之2008年国际奥运会，打通了南北中轴线的北延长线，穿过未曾开设的正北门，在北辰路东侧兴建的亚运会主会场，即后来的国家奥林匹克体育中心，西侧兴建了中华民族园，开始展现出北京走向国际化大都市与世界历史文化名城之新气象。

总之，北京自1949年9月下旬全国政协第一届会议上被确定为中华

---

① 为侯仁之院士1985年3月在北京科技发展战略讨论会上的讲话，后收入《侯仁之文集·北京城的生命印记》，生活·读书·新知三联书店2009年版。

② 原载中国城市规划学会《城市规划》双月刊，1994年第6期（总第105期）；后收入《北京大学院士文库·侯仁之文集》。

③ 侯仁之：《从北京到华盛顿——城市设计主题思想试探》。

人民共和国首都之后，近 70 年间，在其作为新中国政治中心的同时，随着对旧城的成功改造及一批全国性文化设施与建筑的建成，北京作为全国文化中心之地位和功能也不断得到强化及充实。但也正如侯仁之院士 30 年前在其所著的《从北京到华盛顿——城市设计主题思想试探》一文最后一段指出的：

> 写到这里，又不禁想到上文已经讲过，新中国成立十周年时扩建天安门广场，同时兴建了人民大会堂和中国历史和革命史博物馆，使得天安门广场在体现全国政治中心的同时，也兼有文化中心的象征。但是在设计的当时，北京作为全国的政治中心之外，也是全国的文化中心这一特点，还没有得到充分的认识和说明，现在考虑到今后精神文明建设的重大意义和建设北京作为全国文化中心的要求，在全城的规划设计上，应该进一步结合城市平面布局的历史特点来加以考虑。

时隔 30 年，现在我们重温侯仁之院士上述论述，仍然深感具有重大的现实作用，启示并鼓舞我们继续在北京城市文化建设上做出努力，不断推进北京作为全国文化中心发挥出更大的作用。

三　关于北京建设国家文化中心的建议

前文已提及，30 年前侯仁之院士曾针对当时北京城市规划建设中，对北京作为全国政治中心之外也是全国的文化中心这一特点尚缺乏充分的认识；因而提出要针对这一不足，考虑到精神文明建设的重大意义和建设北京作为全国文化中心的必要性，应在全城的规划设计上，进一步结合城市平面布局的历史特点来加以考虑和完善解决。上述见解虽然迄今仍有重大的现实意义，然而也应看到，自 1987 年迄今已历时 30 年，时至 21 世纪，国内外形势又有了不少新的重大发展；特别是当前举国上下正大力推行习近平主席倡导的"一带一路"国策形势下，北京如何加强作为国家文化中心的功能，乃至建成为世界上东方文化之典范，实已成为我国当前政治、经济、文化建设中一项战略性任务；同时也提出了一系列理论与实践问题。在此谨遵循侯仁之院士关于北京城在作为全国政治中心的同时还要加强国家文化中心建设的理论思想，试作一些探讨，并提出几点建议。

1. 进一步强化北京城之南北中轴线作为城市"主心骨"的作用。

关于北京城之南北中轴线，侯仁之院士在他的论著中一再强调，它不仅集中体现了我国古代都城设计主题思想，历史文化渊源悠久绵长，而且还是全城平面设计的依据。同时还指出，这种全城平面布局上所造成的匀称明朗的稳定感特点引起了西方建筑学家与城市规划学家从美学层面的无限赞叹。此外，侯仁之院士还对北京城之南北中轴线为何以面向正南为主导方向这一特点从我国自然地理特点上对之进行了精准的解释，指出古人善于适应自然与利用自然的智慧。而历代封建统治者宣扬的"面南而王"，只不过是其派生出来的一个政治理念。由此，侯仁之院士强调这条南北中轴线正是北京作为中华古都与历史文化名城保存下来的最大的一个特殊风貌。从中可见，他是力主保持并优化这条南北中轴线的，如他就很赞赏在北京改造旧城与拓建新城时，南北中轴线向北、南两个方向作了必要的延伸以及将天安门前之东西长安街分别向东、西两个方向延长，形成一条横贯新北京全城的东西轴线。①

基于此，可在北京都城规划建设中在平面布局上作相应的调整布设：如适当延长南北纵向与东西横向中轴线，在中轴线两侧适当地段兴建可涵盖包容全国文化内涵的建筑设施等。

2. 补建一些具有国家文化内涵的建筑与机构

尽管北京数十年来已先后兴建了一批具有国家文化功用的建筑与机构，但随着经济、社会的发展也需适时再补建一些。经初步考虑提出以下三个可先期兴建的项目。

其一，在即将圆满收官的国家清史工程完成之后，兴建一座国史馆，以全面收集保存史料，助修新的国史。

---

① 以上所论均依据侯仁之《从北京到华盛顿——城市设计主题思想试探》一文之相关内容。

其二，为配合与推动全国哲学社会科学工作者贯彻落实习近平主席加快构建中国特色哲学社会科学的重大任务，兴建一座全国哲学社会科学馆，以充分收藏保管哲学社会科学各门分支学科相关论著，甚至包括一些代表性学者的文稿、信札、日记、笔记等，为各学科深入与开拓性发展以及培养后继学人发挥其重大作用。

其三，为推进当今国家正大力施行的"一带一路"倡议，兴建一座国际性的"一带一路"博物馆，收藏展示"一带一路"沿线国家国情民风、历史文物。

当然需要兴建的绝不止上述三项。对这些值得兴建的国家级乃至国际级的文化设施，可通过充分研讨、论证与必要的行政审批程序后，逐步立项、开工，并克期落成；以发挥它们在增强北京作为国家文化中心，并在国际文化发展中发挥引领作用的功效。

3. 进一步加重作为全国性文化设施之建筑物所包含的中国传统文化元素

当前，在我国城市化发展浪潮中所建大量楼宇，不仅样式单调，而且缺乏中国传统建筑文化元素。这一现象已引起我国建筑学界有识之士的广泛注意，纷纷对我国各地传统建筑之思想观点、营造理念与物象特征进行解析，并力求在今后的建筑实践中加以传承创新。这一任务对在北京兴建具有国家文化功能的大型主体建筑当然更显重要，尤当认真做到。建设出既充分具有我国传统建筑中所蕴含的文化元素，又具有新的时代风韵的建筑，以加强北京作为国家文化中心之建筑文化氛围，形成直观冲击作用与强烈的感应效果。

4. 在雄安新区规划建设中也加强国家文化中心建设内涵，以与北京主城区相互呼应，相得益彰

2017 年 4 月 1 日中共中央、国务院关于设立河北雄安新区的决定一经公布，雄安新区的规划建设就备受国内外各界关注。雄安新区作为北京功能疏解的集中承载地与首都功能拓展区，在打造创新驱动的发展引领区、开放发展先行区与新高地、绿色生态宜居新城区、协调发展示范区①的过程中，还应当在整体城市文化风韵上注入浓郁的中华传统文化色

① 参见杨开忠《把握规划建设雄安新区的历史方位》，《时事报告》2017 年第 5 期。

彩，使之也具有国家文化中心的特质，以与北京城区持有同样的风格，强化北京作为国家文化中心的作用。

2017 年 6 月 5 日

（系应邀参加北京师范大学北京文化发展研究院 2017 年 6 月 17 日举办的“国家文化中心建设的理论与实践”——第二届城市文化发展高峰论坛提交的论文。已选入会议论文集，待出版）

关于长安文化之形成及深入
推进其研究之管见

长安文化，顾名思义，显然是以周秦汉唐故都，即周丰镐、秦咸阳与汉、唐长安城所在地，也即今之西安市区为中心，涉及一定区域范围之历史文化的总称。关于古都西安建都朝代问题，虽然在历史学界与古都学界迄至目前主要存在"十三朝"与"十六个王朝与政权"建都的分歧，但不论哪种见解，西周、秦与西汉、唐四个朝代都是最为主要，也是最为重要的王朝。事实上，上述四个王朝，因为是中华民族历史上最为重要的发展时期，它们在中华民族传统文化之多个重要方面都具有开创性的作用，这也就决定了长安文化在我国中华传统文化上处于重要的主体地位。当前，中共中央提出"弘扬中华文化，建设中华民族共有精神家园"这一历史性任务，这就要求我们应对长安文化作进一步深入的研究。为此，特就当前如何深入推进长安文化研究略陈管见，以期与当世方家共谋良策，同襄盛举。

一　长安文化涵盖的地域范围

长安文化虽然是我国中华传统文化的主体部分，但也是我国多元一体之众多地域文化之一，其涵盖的区域也有一个明确的范围。前文曾已述及，它是以周秦汉唐故都，即周丰镐、秦咸阳与汉、唐长安城所在地，即今西安市区为中心，且涉及一定区域范围之历史文化的总称。这一定的区域范围，一般人多会认为是指关中地区。"关中"作为地理概念，是指今陕西省中部，东至黄河，西抵陇山，南起秦岭北麓，北达渭北北山南麓之渭河下游平原地区。但"关中"也赋有历史含义。据著名历史地理学家史念海先生考定，"关中"一名为人们所称道，起自战国晚年。其范围，一说在四关之中，即东函谷关、南武关、西散关、北萧关；另一说是在两关之间，即函谷关与散关之间或函谷关与陇关之间。① 函谷关战国时在今河南省灵宝县西北，汉武帝时东迁至今河南省新安县境，称新函谷关，东汉末西迁至今陕西省潼关县境，更名为潼关；武关战国时在今商州区之丹江北岸，唐时移于今丹凤县东南；散关，又名大散关，在今宝鸡市陈仓区大散岭上；陇关，又名大震关，在今陕西陇县西之陇山下；萧关，则在今宁夏回族自治区固原市原州区东南。这虽表明历史上所谓"关中"的地域范围是有所变动的，但也表明，变动幅度不大，基本上仍然是陇山以东达于黄河，渭北高原以南至秦岭北麓的渭河下游平原及南北两侧的台原地区。

以上论述，似乎仍然属于地理概念。若换个角度，从历史时期之政区建置沿革上，我们还可将长安文化涵盖的区域划定在秦之内史、西汉之三辅与唐代之京畿道范围内。

秦并天下后，推行郡县制，"本秦京师为内史，分天下作三十六郡"。② 可见设立内史，以与另所置之郡相区别，是为尊京师。其下属县有芷阳、丽邑、高陵、栎阳、蓝田、杜县、下邦、频阳、郑县、怀德、临晋、夏阳、重泉、宁泰、云阳、枸邑、好畤、漆县、美阳、废丘、麋县、武功、郿县、虢县、雍县、汧县 26 县，其区域则与上述之"关中"地域范围基本相合，只是东南方延伸至丹江上游今之丹凤县一带。

西汉之"三辅"，其地域范围实与秦之内史同。高帝刘邦在夺得天下建都长安后，即分秦之内史为三郡，至景帝时更名为左内史、右内史与主爵都尉；至武帝太初元年（前 104）定名为京兆尹、左冯翊、右扶风，是为"三辅"，遂为定制。③ 其地域范围则因丹水上游今商洛市之商州区与丹凤等县划为弘农郡，而只限于秦岭以北之区域。

唐之京畿道，唐初本属关内道，至玄宗开元二十一年（733）将原所

---

① 史念海：《古代的关中》，载《河山集》，生活·读书·新知三联书店 1963 年版，第 26 页。

② 《汉书》卷二十八下《地理志下》。

③ 顾颉刚、史念海：《中国疆域沿革史》，商务印书馆 1938 年版，第 103 页。

分天下十道析为十五道时，将京城长安与京兆府以及华州、同州、岐州（一度改为凤翔府）、邠州、商州另立为京畿道。[①] 而谭其骧主编的《中国历史地图集》第五册，"唐京畿道、关内道"图中，商州划入山南东道，不属京畿道。[②] 如此，则唐之京畿道也只限于秦岭以北之区域。

纵观上述秦内史、汉三辅与唐京畿道，因都分布在京城周围，担负有拱卫国都的重任，地位自较其他州、郡、县要高。其地域范围恰又与地理概念上之关中地区基本相合。因此，以之作为长安文化涵盖的范围，从地理区域概念与历史文化范畴两方面综合而论，自是理之当至，势所必然。而这一区域即为今之陕西省中部，也即为通常所称之关中地区所涵盖的西安、咸阳、渭南、宝鸡、铜川 5 市之区域范围。

二　长安文化之形成发展历程

作为中华传统文化主体之一的长安文化，也如同中华传统文化一样，源远流长，有着悠长的形成与发展历程，且至今仍在延续。纵观其形成、发展历程，可分为下述五个时期：

孕育期。此期自距今 80 万—75 万年前旧石器时代早期之蓝田猿人时期，下历距今 8000—7000 年之新石器时代早期老官台文化时期、距今 7000—5000 年之新石器时代中期半坡与姜寨等仰韶文化时期、距今 5000—4000 年之新石器时代晚期客省庄等龙山文化时期，至距今 4000—3000 年之夏商时期，在这一漫长的历史时期，关中地区的先民通过自己的生产、生活与艺术活动，孕育了长安文化。

萌生期。指先后建都于周原歧邑与丰镐之西周时期，下历春秋、战国时期至秦王朝时期。在这一历时 800 多年的时间里，周人创建了以礼乐为重心的周文化，秦王朝创建了以制度建设为重心的秦文化，他们的上述文化活动，萌生了长安文化。

形成期。为西汉时期。西汉初期，为稳定社会，恢复经济，推行黄老之术。到武帝时，经济繁荣，国力强盛，击败北方强敌匈奴，又开通

---

① 《新唐书》卷三十七《地理志》一。
② 该图册为中国地图出版社 1982 年版，第 40—41 页。

丝绸之路，促进了与相邻诸国之经济、文化交流，同时在思想文化上，罢黜百家，独尊儒学。在这一形势背景与诸多政治、经济举措下促成了长安文化的形成。使当时之长安文化，既吸收了前代周、秦文化相关内容，又具有西汉时期禀赋的主要特色，在西汉一代之政治、经济、文化、学术领域均起着主导作用。

繁盛期。唐代为长安文化之繁盛期。此一时期经东汉与魏晋南北朝印度佛教自西土传入与国内多民族军事上的交锋、政治上的博弈与文化上的融汇，加之唐代前中期一批名君贤臣的开放、开明的内外政策的施行，社会经济不论北方、南方皆空前繁荣，国力至于鼎盛，声威远播，儒学有了新的发展，佛教、道教、伊斯兰教等多种宗教并行发展，民间、士人与宫廷之文化艺术活动多姿多彩十分活跃，长安城作为国都会聚了各界文化之精英，也产出了一批文化精品杰作，因而长安文化作为唐代文化之高峰，进入其繁盛期。

后续发展期。自唐末迄今。唐以后虽然长安再未成为一朝或一国之都，且名称又先后于北宋时改为京兆府城，元代时改为安西府城与奉元路城，明清时改为西安府城，它所在的关中地区，自唐中期以后，随着长江中下游与江南地区经济赶超上来，也不再是国内经济最发达地区，其文化在国内外的影响力有所减弱；但这一时期长安文化继续拥有唐代繁盛期打造、积累、富集的成分与要素，而且在不同的阶段在某些方面还有所发展与创新，使长安文化之内涵更形丰富。

三　长安文化包含的主要内容

按照时下流行的有关文化与我国地域文化概念，即文化是人类社会历史实践过程中所创造的物质财富和精神财富的总和；某区域之地域文化，如河洛文化、齐鲁文化、巴蜀文化、荆楚文化、岭南文化、燕文化、赵文化、吴文化、越文化等，即为某该区域"在历史发展长河中所创造的物质文明和精神文明的总和"，是某该区域的"一切传统文化"。[①] 因而在本文一开头即将长安文化定义为以周秦汉唐故都，即"周丰镐、秦

---

① 薛瑞泽、许智银：《河洛文化研究》，民族出版社 2007 年版，第 41 页。

咸阳与汉、唐长安城所在地，也即今之西安市区为中心，涉及一定区域范围之历史文化的总称"。这当然是一种总括式的表述，如要具体陈明，则可从长安文化形成发展的历程上、作为长安文化重心之周秦汉唐古都文化内涵上以及文化学的层次结构上三个方面进行论列。

关于长安文化之发展历程，前节已具体将之划分为五个时期，对上述五个时期长安文化所包含的内容与主要特点也作了概括的论述。从中表明五个时期中每个时期都包含着十分丰富的内容，值得进行逐一单项专题性的研究与综合性的研究。因限于篇幅，本文不拟具体罗列。显然这些内容都是长安文化的基础性成分。

关于作为长安文化重心之周秦汉唐古都文化之内涵，我曾著文指明汉唐长安文化主要包括宫室建筑、祭祀礼制、宗教活动、学术艺术、服饰饮食、歌舞竞技六个方面。[1] 同时，我还曾著文强调，研究古都文化，除要注重上述表层性的文化内容外，还要注重深层性的影响古都建设发展，甚而影响历史进程的制度性文化。[2] 因而在对长安文化中涉及周、秦、汉、唐古都文化研究时，对这两个层次上的相关问题都当加以关注。

从文化学研究对象的层次结构看，也如同古都文化研究状况那样，既有长安文化自身包含的内容；也有升华与延伸开的学术性及应用性的研究内容，如"长安文化与中华民族精神家园建设""长安文化与古都西安之城市规划、建设"等。这种本体性与升华延伸性的研究内容显然都当加以注重；当然本体性的内容更为根本一些，因而对整理、校释一些相关古籍这类工作都当予以重视。

四　关于长安文化研究的现状

古代长安地区究竟是周、秦、汉、唐等重要王朝与另一些政权建都之地，所以致迟自西周以来就有史官与学者文人记载这一地区之史实，

---

① 拙文《论汉唐长安文化之内涵与特征》，载《中国古都研究》第十二辑，山西人民出版社 1998 年版，第 2—11 页。

② 拙文《中国古都学的形成与当前研究的几个主要问题》，载笔者之论文集《中国古都学的研究历程》，中国社会科学出版社 2008 年版，第 42 页。

如人物、事迹、典章、制度等；之后，历代相继踵行，积淀深厚，类型既多，数量甚巨。正因为这样，所以唐之后，历宋、金、元、明、清，各代也均有学者对故都长安或进行探访调查，或进行文献注释，或进行研究撰著。他们留下的丰硕成果，既是他们研究长安文化之心血结晶，也为后人进一步研究长安文化提供了更多的资讯。迨至民国与共和国时期，更有一批中外学者应用新的学术观点与新的研究方法对长安文化所涉及的问题，或撰文，或著书，或进行专题考证与研究，或进行综合性的论述，或进行理论性阐述，种类繁多，为数颇丰。当代已故著名历史地理学家史念海先生曾将历代有关古都长安的史籍文献分为五大类，即甲种，整部撰述，或后世的辑本；乙种，专篇撰述，或由其他著作中节录的有关篇章；丙种，记游撰述而未集成专著者；丁种，诗词歌曲；戊种，近人专著。[1] 当然，这只是就古代史籍中已存世留传下来的与近人著述中已出版的专著而言，并非有关长安文化史籍文献之全部。如近人之论文与古代非物质文化遗产方面的内容就未包括进去。

截至当前，尽管有关长安文化研究成果十分丰硕，且出现了集体性的成套的研究与撰著成果，例如，前已提到的 2006 年三秦出版社由魏全瑞主编，整理出版了有关古长安的史地文化典籍 10 本，名为"长安史蹟丛刊"；又如，自 2002 年以来，西安出版社连续出版了由崔林涛任编纂委员会主任，史念海、朱士光等任副主任，组织西安地区专家学者编著撰写的"古都西安丛书"25 本，很快会达到 30 余本。然而，从已出版发行的"长安史蹟丛刊"或"古都西安丛书"之书目看，整理有关古籍丛刊之选目不够全面，而研究性丛书之选题也有缺漏；更为严峻的事实是，升华性的有关长安文化理论阐述的专著，除黄新亚于 1989 年由陕西师范大学出版社出版的《中国文化史概论》上卷的《长安文化》一书，差强可列入外，尚未见有新著问世。上述情况说明当前有关长安文化之研究现状有着以下几个特点：

（1）研究成果丰硕，但大多为自发性之研究论著，有组织的整体推进的研究偏少，成果之质量水平参差不齐，与"长安文化"所具有的宏大的气势和丰富的内容相比，尚不相称。

---

[1] 该丛刊由三秦出版社于 2006 年出版了 10 种。

（2）专题性、实证性研究已推出一批成果，且质量不断有所提高；但理论性研究十分薄弱。因而使长安文化之整体水平及其学术上之影响力度也未达到应具有的程度。

（3）有关长安文化之非物质文化遗产之发掘与研究工作起步不久，相关的民俗方面的研究也刚有所启动。这些工作均亟待加强。

（4）对长安文化之通俗性普及工作，已有相当的成绩，如武伯纶、武复兴先生于20世纪70年代后期撰写的《西安史话》（陕西人民出版社1981年版）以及武伯纶、张铭洽、刘文瑞等先生于1990年代初组织一批学者撰写的《长安史话》各分册（陕西旅游出版社1991年版、2001年再版）等。但针对当前加强文化建设的形势，还需做出新的努力。

五　对当前深入推进长安文化研究的几点建议

如前所述，长安文化源远流长，是我中华民族传统文化之核心组成部分之一，在我国漫长的历史时期，曾对我国甚至域外有关国家之经济社会与文化发展发挥了十分重要的作用。因而对当前我中华民族的复兴与国家崛起也必然会发挥它之不可或缺的积极作用。所以，当前深入推进长安文化研究及普及工作实为陕西省，乃至全国学术界一项不容辞的责任。为切实做好这项重要的工作，特提出以下几点建议，供大家思考。

1. 加强领导与整体筹划

长安文化内容极为丰富、深邃，涉及人文社会科学多个学科，个人或某个学科虽也能从中选定自己的研究方向与课题，但仅为长安文化之局部，而非整体。为了推进长安文化整体发展，希望陕西省有关部门，可借鉴兄弟省有效经验，如河南省成立中国河洛文化研究会，在河南省社会科学研究院建立河南省河洛文化研究中心，在洛阳师范学院与河南科技大学（原洛阳工学院）建立河洛文化研究中心、河洛文化研究所；山东省在山东师范大学建立齐鲁文化研究中心，四川省在四川师范大学建立巴蜀文化研究中心（均为教育部与山东省、四川省共建的研究基地）等；也筹建类似的研究会或研究中心，以整合省内外学术力量，拟制研究规划。陕西省相关领导部门将之纳入工作范围，加大支持力度，借以全面协调地推进对长安文化的研究。

2. 突出重点、着力推进对长安文化中之周秦汉唐古都文化之研究

在深入开展长安文化研究中突出对古都文化之研究，这除了因为历史上先后有以西周、秦、西汉、唐 16 个王朝与政权在长安建都，累计长达 1133 年外，还因为西周、秦、西汉、唐等四个王朝在中国历史上均曾发挥过重要作用，其文化均各具特色，且丰富多彩。特别还因古都文化规格高，时空辐射力强，时至今日都还能感知其影响，所以自当作为研究的重点。基于此，我们对之应有一个严整的规划与具体的安排，使对这方面的研究能逐年都能得以推进，产出高水平有影响的成果。

3. 采取多种方式，做好广泛交流与群众性普及工作

为了切实有效地推动长安文化的深入发展，还当贯彻"百花齐放、百家争鸣"的方针，倡导在民主、和谐的氛围中进行学术交流切磋以致争鸣辩难。为此，可采取举办论坛，设置网站，出版刊物等方式加以推动。同时在开展群众性普及工作方面，除继续出版史话类通俗性读物外，也可采取举办讲座，在电视、报刊等媒体上设置专栏来进行。还可与民俗活动相结合，使长安文化之精华，渗入平民百姓的日常生活中。

2008 年 5 月 10 日

（原文刊载于《长安大学学报》（社会科学版）2010 年第 2 期；该文又收入西安文理学院长安历史文化研究中心编《长安历史文化研究》第 2 辑，陕西人民出版社 2010 年版）

关于丝绸之路历史文化
研究的几点见解

　　对丝绸之路的发现和文化内涵的解析，尤其是对丝绸之路历史文化的研究，是推进"一带一路"发展战略的先行之举！丝绸之路的跨国性、历时性及文化多样性，彰显了丝绸之路研究的学术价值与社会效应，坚持世界史观与全局性、比较论证的观点，既是推进丝绸之路学术研究的内在生命力，也是当前丝绸之路研究热潮的重要推动力。

　　2014 年 6 月 22 日上午，在位于西亚波斯湾西南岸的卡塔尔首都多哈举行的联合国教科文组织第 38 届世界遗产大会上，世界上首个跨国申遗项目——"丝绸之路：长安—天山廊道的路网"（以下简称丝绸之路）被顺利通过列入世界遗产名录。[①] 它与同日也被通过列入世界遗产名录的中国另一申报项目——中国大运河，都属于线性文化遗产。[②] 后者虽长达1011 千米，但均在中国境内；[③] 而丝绸之路的东方起点在中国陕西省西安市（一度曾东展至河南省洛阳市），但在穿过甘肃省河西走廊与新疆维吾尔自治区天山南北地区后，即越过国境，进入中亚，之后又延伸至南亚印度河流域、西亚、北非与欧洲，是横跨亚洲、非洲与欧洲广大区域的一条陆上商业贸易与文化交流路线。[④] 这条极为重要的连接东、西方多个国家的陆上交通路线，早在史前之新石器时代就已为先民们所开通。在中国，到西汉武帝（公元前 140—前 87）建元三年（公元前 138）与元狩

---

　　① 李韵：《促进东西方文明交流融会反映中国人民高超智慧"丝绸之路""大运河"联袂入遗》，《光明日报》2014 年 6 月 23 日第 1 版。

　　② 专题报道：《大运河丝绸之路双入世遗名录》，《中国文物报》2014 年 6 月 25 日第 1 版。

　　③ 中国文化遗产研究院：《中国大运河》，《中国文物报》2014 年 6 月 25 日 3 版。

　　④ 周伟洲、丁景泰主编：《丝绸之路大辞典》，陕西人民出版社 2006 年版。

四年（公元前 119）派张骞两次出使西域①，遂使之成为双方主导的中国中原王朝与西方诸国政治、经济、文化交往的大道。之后，到 1877 年，德国地理学家费迪南·冯·李希霍芬在来中国进行实地考察后，在其名著《中国》（又译为《中国亲程旅行记》，或《中国：亲身旅行的成果和以之为根据的研究》）第一卷中将之命名为"丝绸之路"。因"丝绸之路"一词形象生动又切合史实，所以一经提出便得到中外学界与政界、商界的广泛认同，纷纷采用。还有一些学者通过研究，不断对其路程与内容加以扩充。如关于丝绸之路西方的终点，20 世纪 20 年代德国历史学家阿尔伯特·赫尔曼就在他写的《中国和叙利亚之间的古丝绸路》与《从中国到罗马帝国的丝绸之路》等著作中，即将该路的西端由中亚内陆地区向西延伸到西亚濒临地中海的叙利亚，进而到达南欧亚平宁半岛上的罗马。甚至还有学者将丝绸之路之两端分别延展到太平洋岸与大西洋岸。② 由此可见，这条大道在历史上发挥的作用之大，影响之广。

尤其值得注意的是，自国家主席习近平先后于 2013 年 9 月、10 月在出访中亚和东南亚时提出建设丝绸之路经济带与 21 世纪"海上丝绸之路"的倡议后，关于"一带一路"建设不仅列为中国之重大战略，还得到国外许多相关国家的纷纷呼应。一时间，从国内到国外，从政府到民间，包括从事国际关系、军事战略、经济贸易、历史文化、民族宗教以及环境科学等人文社会科学界均对建设"一带一路"这一涉及全球的倡议表示关切并开展研究，发表了不少观点与建议。当然，这其中也有一些颇感疑虑的看法。为切实推进"丝绸之路"之学术研究，并为实施"一带一路"倡议做出具体贡献，现根据近来对相关问题的学习与思考，对丝绸之路历史文化研究问题陈述一些个人见解。

一　当前注重研究丝绸之路历史文化的意义与作用

前已述及，丝绸之路历经自新石器时代以来迄于当今的整个人类历

---

① 《汉书》卷六十一《张骞传》。

② 联合国教科文组织、中国社会科学院考古研究所：《十世纪前的丝绸之路和东西方文化交流》，新世界出版社 1996 年版。

史时期，涉及亚洲、非洲、欧洲整个旧大陆广阔地域，包容多个国家、地区与民族，历史演变曲折复杂，而各地区与民族、国家之文化又多种多样丰富深厚。在中国自公元前后之西汉、东汉时之大史学家司马迁与班固在他们撰写的史学名著《史记》之《大宛列传》及《汉书》之《西域传》开始对之有所记载，之后在相关的史籍与诗文中对其记述更不绝如缕；在国外，恰如李希霍芬在其名著《中国》中论及"丝绸之路"时引述的公元 1 世纪无名氏撰写的《厄立特里亚海航行记》中曾描述的公元前后中国与印度以及中亚地区的巴克特里亚，即大夏间的交通、贸易状况。自那以后，西方一些国家和地区的使者、商人也不断风尘仆仆地来往于丝绸之路上。其中，最著名的是 13 世纪后半叶，即中国元代初年沿丝绸之路东行来华的威尼斯商人马可·波罗。他所著的《寰宇记》，也即后世通称的《马可·波罗行纪》，对丝绸之路与他所到达的元代帝国相关地区之自然状况、风俗民情、宗教运动，特别是经济与商贸状况作了翔实精彩的记载。尽管如此，面对丝绸之路历时长达数千年，地域广达数千万平方千米这一庞然大物，对于其历史、文化方面的问题，揭示、研究与论述都是十分不足的。当下，在丝绸之路的一部分被列为世界文化遗产，"一带一路"倡议又成为全球发展战略的形势下，对丝绸之路之历史文化加强研究，尤显重要与紧迫。

（一）这是强固对丝绸之路这一重大历史事实认识的根本之举

前已述及，尽管自西汉史学家司马迁在其史学名著《史记》之《大宛列传》中记载了"张骞凿空"的史迹后，中外学界对这条连接中国中原王朝与中亚、南亚、西亚、北非、欧洲的交通贸易大道就屡有记述与研究；但迄今仍有学界中人提出种种质疑。如认为"历史上的丝绸之路，既不是中国人兴建的，也不是中国人推行的，而是境外对中国的丝绸之路有需要，才形成了丝绸之路"；如还认为在德国地理学家李希霍芬给出"丝绸之路"命名前，中国人缺乏自觉性，也缺乏主动性，而此后又滥用"丝绸之路"的名称。[1] 诸如此类的辩难言词还有一些。这就表明，对丝

---

① 张春海：《中国主导丝路开辟有史为证——"一带一路"战略赋予古丝路全新内涵》，《中国社会科学报》2015 年 3 月 30 日第 A02 版。

绸之路究竟是如何形成的，中国人对丝绸之路究竟有无贡献以及有何贡献等基本史实还有必要进一步加强研究，拿出更为翔实可信的史料与研究成果来强固学界与民众对丝绸之路这一重大历史事实的认识。

（二） 这是激活丝绸之路内在生命力，并使之在新的时代里焕发出蓬勃生机的必要之举

但凡言之，丝绸之路这一在世界上已存在了数千年，迄今仍鲜活地呈现于世人面前的历史综合体，如果路网是其血脉，它所涉及的区域或国家是其肌体，路网上往来输送的名贵货物以及政治、科技、宗教等信息是其血液；那么蕴含于它们之中的文化则是其灵魂，是其得以长期延续下来的内在生命力。所以，唯有在进一步全面而又精当地揭示出它的形成与发展的史实的基础上，深刻精准地剖析出上述种种史实禀赋的文化内涵，才能有效激活这一内在生命力；并使当代学人与政治、经济、科技各界有识之士，为其培养新内涵，并使其在新的时代里焕发出蓬勃生机，继续发挥它推进世界历史前进的巨大作用。

（三） 这是推进当前"一带一路"重大发展战略稳健实施的有效之举

如前所述，近年来自中国将"一带一路"确立为重大发展战略，并将之推向世界时，一方面不少相关国家群起响应；另一方面，也出现不少疑虑。这除了前已述及的国内有学者质疑丝绸之路并非中国人兴建推行的以外；国外也出现了一些误读。如有人将之解读为是中国的"西进战略"[①]，还有人将之称为是中国版的"马歇尔计划"；[②] 更有人竟将之说成是推行中国式的"天定命运"，为了谋求"海上霸权"，甚至是推进"新殖民主义"。[③] 为了破除上述种种误读与偏见，务实推进"一带一路"倡议，除了一方面发挥政治智慧，正面宣示中国政府推行"一带一路"

---

① 陆航、张翼：《"丝绸之路经济带"绘制亚欧经济新版图》，《中国社会科学报》2015 年 9 月 30 日第 A02 版。

② 张鑫、杨海泉：《"一带一路"不是中国版"马歇尔计划"》，《中国社会科学报》，2015 年 2 月 13 日第 A07 版。

③ 黄日涵、丛培影：《"一带一路"的外界误读与理性反思》，《中国社会科学报》2015 年 5 月 13 日第 B02 版。

倡议，是本着平等、包容、合作、共赢的理念与原则，加速与各国的经贸、政治与文化往来，增强互信互利的友好关系，共建互利共赢的"利益共同体"和共同发展繁荣的"命运共同体"的良好意图之外；另一方面则可通过对"一带一路"之历史文化的研究与宣传，充分展示华夏先民数千年来通过陆上与"21世纪海上丝绸之路"，增进与沿线各国、各地区友好往来互济互利的优良传统以及共同推进了世界历史不断发展的史实，来印证中国政府的诚意，从而为稳健有序地推进这一重大战略营造和谐融洽的气氛。鉴此，笔者很同意兰州大学丝绸之路文化研究专家郑炳林教授提出的"文化先行"的建议。针对中国现在提出的构建丝绸之路经济带战略，得到了很多国家的响应，但也有个别国家和地区对此不是很了解这一现象时，郑炳林认为这是一种正常现象，建议实现文化先行，先从文化领域推进，"让更多的人来到中国，感受中国的诚意。"[①] 笔者也由此认为，进一步加强丝绸之路历史文化研究，是当前切实推进"一带一路"发展战略稳健实施的有效之举。

二 当前开展丝绸之路历史文化研究应确立的几个新观点

为回应"一带一路"倡议实施的需要，也为在承接前人研究成果的基础上进一步推动丝绸之路历史文化研究，笔者认为应首先确立以下三个基本观点：

第一，全球史或世界史观点。鉴于以往国内学人对丝绸之路历史文化研究大多着眼于国境内之内容，很少对国境外之相关内容着力开展研究；所以不仅多数成果均为国内之史实，而且其基本观点也都是立足于中国史，仅从中国历史发展角度说事。上述研究在当时来看是有价值的，值得肯定；但在今日来看，就显得太狭隘了。究其原因，当然主要还是丝绸之路本身就是一条跨国、跨洲的国际大通道，要对其全貌有深入认识，需要从局部区域个别路段做起，但最终毕竟要对全路段加以整合，

---

① 周龙、方莉、宋喜群：《开放是丝路繁盛的基础——访丝路文化研究专家、兰州大学历史文化学院院长郑炳林》，《光明日报》2014年7月22日第9版。

特别是要从世界史的观点来加以统揽提升，发掘其在世界历史发展进程中的积极作用，总结其历史经验教训，以便在今天发扬光大。所以，对丝绸之路历史文化的研究首先还应对国内部分继续开展研究，但应有关照世界史的眼光与胸怀；继之要跨出国门，对国境外的相关内容，或独自进行研究，或与所在国家、地区学者合作积极开展研究，以便推进对"丝绸之路"整体历史文化的全面深入研究。

第二，区域性观点，也即非线性观点。以往不少人将陆上或海上之丝绸之路看作跨国、跨地区的交通线路，具有显著的线性特点。2014 年 6 月 22 日在卡塔尔首都多哈举行的联合国教科文组织第 38 届世界遗产大会上，中国与哈萨克斯坦、吉尔吉斯斯坦联合申报的"丝绸之路：长安—天山廊道的路网"与"中国的大运河"同时批准列入"世界遗产名录"后，2014 年 6 月 23 日《光明日报》与 6 月 25 日《中国文物报》分别在头版头条报道这一重大喜讯时，称丝绸之路与大运河"是在世界范围内具有广泛影响力和号召力的超大型线性文化遗产""巨型线性文化遗产"。在之后的媒体宣传中也就着重介绍了丝绸之路与大运河沿线之节点城镇及重要文物古迹遗址，这就更强化了其线性文化遗产的认识。然而，通过不断深入的研讨，特别是提出了"一带一路"倡议后，大家已经认识到，"一带一路"不仅具有带动"一带一路"沿线文化遗产保护利用工作开展的功能，还承担着构建国际性区域新合作格局①，契合国家大战略的历史性重大任务。② 因此，有专家明确指出，"一带一路"是一富有战略意蕴的原则概念，为此还重新划定了以沿线 60 多个发展中国家为优先范围的"朋友圈"。③ 还有学者形象地比喻道："一带一路"，实际上不是两条线，而是一张巨大的网。④ 当然上述见解都是将"一带一路"看作是国家重大战略而作的解读。而作为落实国家这一重大发展战略而必须先行

---

① 王金波：《构建"一带一路"区域新合作》，《中国社会科学报》2015 年 5 月 13 日第 A07 版。

② 王海良：《"一带一路"契合国家大战略》，《中国社会科学报》2015 年 5 月 13 日第 A04 版。

③ 张宇燕：《把"一带一路"战略构想建设落实到实处》，《中国社会科学报》2015 年 5 月 13 日第 B05 版。

④ 张弛：《"中国式全球战略"解析》，《凤凰周刊》2015 年第 11 期。

的丝绸之路历史文化研究，很显然就不能局限于对其沿线重要节点的研究，而是应扩大到丝绸之路沿线区域这一广大的面上，也即一个广阔而又恰当的区域上。唯有这样，才能在既有研究成果基础上，进一步推动丝绸之路区域之历史文化研究。

第三，注重文化比较研究的观点。从前述可知，丝绸之路贯穿人类整个历史时期，涉及之地域广阔、民族众多，因此，仅论某一个地区或某一个国家之某一种文化现象，在历史上的不同时期即会有不同的表现；而在不同地区或不同国家，就是同一种文化也都会有不同的表现。因此，林林总总的文化现象，既有因历史时期的演变而造成的前后不同，也有因地域差异而形成的多种表象。因而我们在研究丝绸之路的历史文化时，在厘清其历史发展过程的前提下，开展各类文化现象的研究时，要遵从世界史观点与区域性观点，还应遵从比较式的观点。面对丝绸之路所包容区域形形色色异彩纷呈的文化现象，既要将它们各自的内涵与特色研究清楚，还当将它们历史上前后时期因演变改造的不同与不同地区、国家因不同条件（包括自然与人文因素）所形成的差异揭示明白，再加以对照，探寻彼此的异同及其导致的原因。这样我们对丝绸之路历史文化的研究就会更加丰富，也更深入，因而研究成果的学术价值与社会效应也会更为重大，更加彰显。

也正是在注重文化比较研究观点的指引下，我们可在深入研究了丝绸之路在历史时期各阶段之各地区或国家文化之主要内涵与基本特点的基础上再顺势开展下述研究工作：各历史阶段各地区或国家间之文化交流的内容与方式；各历史阶段各地区或国家间文化之相互影响及其效应；当前各地区或国家间文化交流之新特点与新手段以及政府和民间应采取的回应措施、态度。

很显然，上述几方面的研究工作，必须秉持世界史观点与全局性观点，特别是文化比较观点方能做好。而其所研究成果，无疑对强固"丝绸之路"历史事实的认识，激活"丝绸之路"内在生命力，切实推进"一带一路"重大发展战略的稳健实施必然都会有着具体的学术价值与现实的社会效应。

三 结语

当前，随着"丝绸之路：长安—天山廊道的路网"被列入世界文化遗产，又加上中国政府将建设"丝绸之路经济带"和"21 世纪海上丝绸之路"确定为重大战略决策，并公开推向世界之后，已引起相关国家政府与国际学术界的高度关注及热议。可以肯定，在今后相当长一段历史时期里，在"一带一路"沿线各国共同协力实施这一战略构想的过程中，对丝绸之路之学术研究也将进入一个新的阶段，使之成为一门世界性的显学，其规模与成果及其社会影响都将大为超越历史时期。作为学界中的一员，而且又是长期生活与工作在丝绸之路东方起点城市——西安的历史地理学者，自当积极投身于正蓬勃兴起的新一轮丝绸之路研究热潮之中。作为前期的一个成果，先仅就在新的历史时期里，如何顺应当前形势发展的需要，进一步深入开展丝绸之路历史文化研究奉献几点个人见解。自认为有几分新意，以供大家参考，如有不当之处也敬请大家批评匡正。

［原文刊载于《长安大学学报》（社会科学版）2015 年第 4 期］

关于丝绸之路东方起点西安历史文化核心内容及其重要地位的初步论析

自 2014 年 6 月 22 日上午在卡塔尔国首都多哈举行的联合国教科文组织第 38 届世界遗产大会上，世界上首个跨国跨洲申遗项目——"丝绸之路：长安—天山廊道的路网"（以下简称丝绸之路）被顺利通过列入世界遗产名录①后，作为这条自远古迄止当今，联络亚洲、非洲、欧洲多个国家与民族的国际性的商业贸易、文化、科技交流的大通道的东方起点城市——西安，就面临着一项历史性的，同时又具有国际意义的任务，即在推进我国提出的"一带一路"倡议中实施"文化先行"②策略时，如何发挥出应有的龙头引领作用。为此，就当首先对西安历史文化之核心内容有准确清晰的认识。只有这样，才能在推进西安之历史文化研究中找准重点，取得有价值与影响力的成果。本文拟就此问题发表一些初步看法。总的见解是，西安之历史文化堪称渊深丰厚多姿多彩，是中华传统文化之代表与世界东方文化之典范。其核心内容及其重要地位，主要集中体现在以下三个方面，现一一略加揭示，以就教于大家。

一　西安是中华传统文化的源头与中心

西安，由于地处我中华大地的中心部位；加之山河险固，气候温润，

---

①　参见《光明日报》2014 年 6 月 23 日头版头条报道《促进东西方文明交流融合，反映中国人民高超智慧，"丝绸之路"、"大运河"联袂入遗》。

②　详见拙文《关于丝绸之路历史文化研究的几点见解》，《长安大学学报》（社会科学版）2015 年第 4 期。

水甘土肥，林草丰茂，远在史前即为先民栖息繁衍之佳处；进入人类历史时期后，又先后有西周、秦与西汉、唐等多个强盛王朝建都立国。优越自然环境的滋养，再加上强势政治社会因素的促进，使西安成为我中华传统文化的源头与中心。具体而言，中华传统文化重要组成部分之儒、道、法、释（汉传佛学）就源于西安，或在西安繁荣兴盛，影响及于海内外。例如：

儒学，虽然是由齐鲁地区的孔子创始，然而作为儒学基础的周礼，却是由西周王朝初年在都城丰镐辅佐成王执政的周公旦整合创制的。[①] 孔子生前多次赞誉"周之德，其可谓至德也已矣，"[②] 并明确表示"吾从周"。[③]。而且学术界多有人持此论者。[④]

道家主要的创立者老子李耳，虽为楚人，但"居周久之"，曾任"周守藏室之史"。尝修道德之学，"其学以自隐无名为务"。孔子适周，曾问礼于老子。老子后见周之衰，迺遂去。至关，关令尹喜曰："子将隐矣，强为我著书"，于是老子乃著书上下篇，言道德之意五千余言而去，莫知其所终。[⑤] 关于老子著《道德经》之"关"，《史记》引《索隐》与《正义》均持两说：一说为在陕州桃林县西南十二里之函谷关；另一说为在岐州陈仓县东南五十二里之散关。近来更有人断言在今西安市周至县秦岭北麓楼观台。[⑥] 但无论在何处，老子《道德经》之学术思想的形成却是在西周王朝境内，甚至就在国都丰镐，即今西安地区。

法家的代表人物，前期为商鞅，后期则为韩非。他们的学说重在推进政治策略的施行。战国时期，七雄争霸，法家学说被一些国君采用，取得明显实效。以至于《史记·孟子荀卿列传》中即述及："当是之时，秦用商君，富国强兵；楚、魏用吴起，战胜弱敌；齐威王、宣王用孙子、田忌之徒，而诸侯东面朝齐。"之后，秦王政用韩非、李斯之策，竟至扫

---

① 《史记》卷四《周本纪》。
② 《论语·泰伯第八》。
③ 《论语·八佾第三》
④ 参见赵洪恩、李宝席主编《中国传统文化》，人民出版社 2009 年版，第 250 页。
⑤ 《史记》卷六十三《老子韩非列传》。
⑥ 高从宜、王小宁：《终南幽境·秦岭人文地理与宗教》，西北大学出版社 2011 年版，第144—148 页。

灭六国，完成统一天下建立秦王朝的大业。① 可见法家学说曾在秦国与秦王朝大行其道，且成为其治国理政的主要观念。

至于佛教，虽说最初是由域外印度传入我国，其传入时间，已被学界论定在两汉之际，早在西汉末年哀帝元寿元年（公元前2）②，晚则为东汉初明帝永平十年（67）。③ 但其趋于繁盛则是到隋唐时期。其都城长安"成为中国佛教的僧才凝聚、经典翻译、宗派创立、佛教弘传和文化交流的五大主要中心。"④ 以宗派创立而言，学界认为，汉传佛教主要有八大宗派，其中即有法相宗、律宗、华严宗、密宗、净土宗、三论宗六大宗派在长安创立，并传向全国，甚至东传至日本与朝鲜。长安城内外，不仅佛寺众多；而且其中不少还是翻译佛教经典的中心与佛教一些宗派的祖庭，如大慈恩寺、香积寺、华严寺、净业寺、大兴善寺、青龙寺等。⑤ 佛教自两汉之际传入中国始，近两千年来与中国传统文化中的儒学、道家学说相互影响，甚而融合，逐渐走上中国化道路；而中国化的佛教自又成为中国传统文化的一个重要组成部分。⑥ 特别是隋唐时期中国化佛教达于鼎盛，因而其在中国传统文化中的分量也更加厚重；其间西安作为中国化佛教的中心，其所具有的重要地位与曾发挥的重大作用自是不言而喻的。

二 西安是中国古都文化荟萃地

中华五千年文明史中，即以夏王朝立国以来的 4000 余年中，由于朝

---

① 《史记》卷六十三《老子韩非列传》；参见张岂之主编《中国历史·先秦卷》，高等教育出版社 2001 年版，第 260—261 页。

② 张岱年、方克立主编：《中国文化概论》（修订版），北京师范大学出版社 2004 年版，第 237 页。

③ 张岂之主编：《中国历史·秦汉魏晋南北朝卷》，高等教育出版社 2004 年版，第 180—181 页。

④ 方立天：《长安佛教的历史地位》，《中国宗教》2010 年第 8 期。

⑤ 黄留珠、徐晔主编：《中国地域文化通览·陕西卷》，中华书局 2013 年版，第 240—245 页。

⑥ 参见张岱年、方克立主编《中国文化概论》（修订版），第 235—240 页。

代更迭，列国兴替，在神州大地上先后出现了 220 多座都邑。① 这些都邑作为历朝列国之政治统治中心，也成为它们各自文化中心。而且这些都邑之文化，由于是它所处时代与统辖区域最高水平的文化，因而不仅在当时是支撑各该王朝与政权得以存在的内在精神支柱，还是构成国都，乃至全国繁华兴盛气象的重要因素；同时，古都文化还对古都所在地区当今的社会生活产生深远的影响。由此可见，我国古代都邑文化，即古都文化，也是我中华传统文化的重要组成部分。而西安，作为我国八大古都之首，因是我国历史上西周、秦、西汉、隋、唐等主干强盛王朝之都城，也当然成为我国古都文化荟萃之地。具体而论，西周都城丰镐所体现的礼乐思想与制度，秦都城咸阳彰显的法家治国理念，西汉长安城所凸显的尊儒精神，隋大兴与唐长安城所展示的儒、法、道、释等中外多元文化荟萃融合的宏大气象等，均在中国古都文化，以至于中国传统文化中占据突出地位；对中国历史，乃至世界历史也都发挥了重大作用。

总之，西安之古都文化，除前已论及的是中华传统文化的重要组成部分外，还因充分吸纳了世界文化精华，既禀赋中华文化神韵，也是世界文化的重要载体。此外，西安古都文化主体部分还上升至制度层面，在国家治理工作中发挥了重要作用，且对后世产生了深远影响。②

三　西安是三秦（陕西）地域文化核心区

现陕西省所辖地域，按自然地理特点划分，包含陕北黄土高原区、关中盆地区、陕南秦巴山地与汉水谷地区三大区。陕西省因其部分区域在春秋战国时期为秦国属地，故而曾简称为“秦”；简称“陕”，则应在元代建立陕西行中书省之后。因而“三秦”也成为指代今陕西省境内的上述三大自然地理区域的地域专名。

陕西行省之建立虽在元世祖至元二十三年（1286），而当今省境之形

① 拙文《论中国古都与中华文化研究之关系》，《陕西师范大学学报》（哲学社会科学版）2004 年第 1 期。

② 参见黄留珠、徐晔主编《中国地域文化·陕西卷》之下编第一章“陕西帝都”（为笔者执笔撰写），中华书局 2013 年版。

成又迟至清康熙二年（1663）。① 尽管在这之前，由秦始皇二十六年（前221）统一天下推行郡县制以来至元初之约 1500 年间，陕西省域曾分属多个郡、州、道、路；但由于陕北黄土高原区、关中盆地区、陕南秦巴山地与汉水谷地区这三个自然地理区，虽在自然地理环境上各具特点，却同处我国地貌上三级阶梯之第二级阶梯上，彼此南北相连，一直保持着在资源与经济上互补互利，在政治与军事上互依互强，在文化上互融互济的密切关系。即使在合建为一省之前，彼此就难以割舍。诚如西汉初年张良所言："夫关中左殽函，右陇蜀，沃野千里，南有巴蜀之饶，北有胡苑之利……此所谓金城千里，天府之国也"。② 所以到元初将它们合并建为陕西省，不仅合于自然之理，也合乎人文之情，实乃顺情合理之举。因而今之陕西省，作为省一级之行政区域，其地域文化即"三秦文化"或"陕西文化"的核心，必在其省级治所，即省会城市——西安。

综上所述，作为丝绸之路东方起点之西安，其历史文化之核心内容及重要地位已如上所揭示。今后当在继续加深认识的同时，对前述三方面的核心内容着力加强研究。其方法，除尽快建立或选定一个学术研究机构，提供合作研究平台，联络国内外有志于西安历史文化研究的专家学者，从多个方面与层次，对西安历史文化，特别是前述三个方面之核心内容群策群力开展深入的持续不断的研究外，还应注重研究理念与方法的开拓创新。例如，对西安的古都文化，在认清了它作为中国古都文化汇萃之地这一重大特点后，除对西安古都文化与中国古都文化树立新的理念，采用新的研究手段加强研究外，此前我还在一篇论文中提出了对丝绸之路沿线国家与区域之古都整体推进研究之见解。③ 依此类推，对西安地区积淀丰厚的中华传统文化以及汇集于西安的多姿多彩的三秦地域文化也当采取这种态度，以期取得新的突破，达到文化先行，引领我

---

① 拙文《陕西省域形成历程及其条件论析》，《长安大学学报》（社会科学版）2013 年第 1 期。

② 《史记》卷五十五《留侯世家》。

③ 详见拙文《关于整体推进丝绸之路沿线国家与区域古都研究的几点初步见解》，载西安文理学院长安历史文化研究中心编《长安历史文化研究》第九辑，陕西新华出版传媒集团、陕西人民出版社 2016 年版。

国"一带一路"倡议顺利推行，实现"一带一路"沿线国家与区域互利共赢的崇高目标。

2016 年 8 月 9 日初稿

8 月 16 日改定

（原文刊载于西安市丝绸之路经济带教育文化交流研究中心、西安文理学院长安文化研究中心编《2016 西安丝绸之路历史文化研究》，陕西人民出版社 2017 年版）

推进中华文明探源研究，
彰显嵩山文明实质特征

（一）去夏贺喜含深意，今日庆功更期许

2010 年 7 月 31 日，郑州市下辖登封市"天地之中"历史建筑群，经多年努力，终于被联合国教科文组织世界遗产委员会会议审议通过，被列入《世界遗产名录》。得知这一喜讯后，我在当年 8 月 21 日于郑州市举行的中国古都学会第六届理事会换届选举预备会上曾向郑州市政府献上贺诗一首。诗曰：

登封申遗终成功，喜讯已在预料中。
中原文化展异彩，岂止郑州获殊荣！

该诗可能不尽合我国古典诗歌之韵律平仄规范，但也言简意赅地表达了闻知这一喜讯之喜悦心情以及我对登封市嵩山地区"天地之中"历史建筑群得以列入《世界遗产名录》所蕴含的历史文化价值与意义的深切认识。因为我也与许多关注嵩山地区文明研究的学者一样，认为这一地区诸多类型的历史文化遗产，以具体的实物证据，充分表明了它是中华文化重要的发源地与历史早期主要的发展区域。为此，本文拟围绕这一问题就今后如何深化这方面的学术研究进行初步的论述，并提出一些具体建议。

（二）地理区位与自然环境条件的独特、优越，决定了嵩山地区是中华文化重要的发源地和核心区

这一论点多位研究嵩山文明的学者都已明确指出了，有的还作了颇为具体详细的论述。① 这里需要强调补充的是：

嵩山地区不仅处在中华大地中原地区之中心部位，而且还位于历史早期中华文明主要分布区域，即我国古代黄河、济水、长江、淮河四大流域（又称"四渎"）的关键部位。这正如一些学者所指出的，嵩山地区横卧于黄河中、下游交界处之南，而且还是黄河水系、淮河水系与济水水系众多支流发源地；② 因而有学者据之提出了"三水文化"（三河文化）③ 的理念，以强调这样一个罕见的水文环境，是其成为中华文明核心区的重要条件。这一理念显然是很有见地的，然而犹有不足。因为"三水文化"理念未将我国古代"四渎"中最大的"江水"，即长江包括进来，原因是其"不在本区"，也即嵩山未给长江补给水源。④ 然而，论及河流作为古代文化核心区形成及其辐射范围大小的重要条件，不能只看是否供给水源，更要看它们实际联系状况。事实上，淮水干流南侧有的支流古代即是沟通江淮间水陆兼用的便捷通道。如淮水下游支流肥水与流向巢湖通往长江的施水间的通道等。⑤ 此外，淮水干流及其最西支流汝水上游，与长江中游支流汉水间也有这类通道。正是因为具有了这样得天独厚的地理区位与交通条件，早在新石器时代晚期之五帝时代，中原地区氏族部落的领袖黄帝，才能够利用"四渎"之舟楫之利，东至于海，西至于空桐，南至于江，北至于釜山。舜更是南巡至洞庭湘江，崩于苍梧之野，葬于江南九疑。⑥ 这就大大推动了中原文化的四外传播，也有力促进了中原文化与周边文化之交流融合。由此可以论定，嵩山文化当可称为"四渎"文化。这实际上也是嵩山地区能作为"天地之中"的一个

---

① 详见周昆叔等《再论嵩山文化圈》，载（郑州）中华文明与嵩山文明研究会编，周昆叔、齐岸青主编《中华文明与嵩山文明研究》第1辑，科学出版社2009年版，第30—40页。

② 参见张新斌《嵩山历史地理若干问题探讨》，载（郑州）中华文明与嵩山文明研究会编，周昆叔、齐岸青主编《中华文明与嵩山文明研究》第1辑，第72—77页。

③ 周昆叔：《嵩山峻极文昌远，中华文明日月新》（代序三），载（郑州）中华文明与嵩山文明研究会编，周昆叔、齐岸青主编《中华文明与嵩山文明研究》第1辑。

④ 周昆叔：《嵩山文化甲天下》，载（郑州）中华文明与嵩山文明研究会编，周昆叔、齐岸青主编《中华文明与嵩山文明研究》第1辑，第12页。

⑤ 参见陈桥驿主编《中国运河开发史》第四篇第三章"关于巢肥运河之研讨"（朱士光执笔），中华书局2008年版，第253—265页。

⑥ 《史记》卷一《五帝本纪》。

重要条件。

（三）以古城址与都邑的进一步深入研究为突破口，切实推进中华文明探源研究，充分彰显嵩山文明之实质性特征

嵩山地区正如前节所论及的，由于地理区位的独特与重要，以及自然环境条件的优越，使其成为中华文明的重要发源地与早期发展的核心区。这从其广泛而又密集地分布着多种类型的历史文化遗存遗址以及对它们现已进行的研究中可以得到明证。[①] 因而，当前在深入推进嵩山文明研究中，当然不能局限于嵩山地区古建筑群研究方面，而应着力于中华文明探源研究，这显然已成为学界之共识。然而围绕中华文明探源这一宏大主题开展研究，要做的工作很多，也可多方致力，齐头并进；但笔者仍力主，当前应以古城址与都邑研究为重点，通过进一步的深入研究，取得突破性成果，推动中华文明探源工程研究取得整体性进展。笔者提出这一建议，主要出自下述三点理由：

其一，从学理上论，新石器时代晚期之古城址与都邑包含大量的且直接反映文明起源阶段之国家形态和相关制度的历史讯息[②]，这是其他文明探源研究内容所不及的。

其二，从嵩山地区现已发现的新石器时代晚期古城址论，不仅数量多，而且年代古，有多座具有都邑性质[③]，本身具有以之作为重点开展深入研究的条件与基础。

其三，当前我国新石器时代晚期古城址研究工作现状促使嵩山地区必须对古代城址都邑之研究做出新的努力。

1991 年考古工作者在对今湖南省澧县南岳村城头山古城遗址进行发掘研究后，测定其建筑年代为屈家岭文化中期，距今 4600—4700 年左右，因其年代超过了它之前发现的国内其他地区的古城址，被认为是当时中

---

① 详见张松林、张莉《嵩山文化圈初论》，载（郑州）中华文明与嵩山文明研究会编，周昆叔、齐岸青主编《中华文明与嵩山文明研究》第 1 辑，科学出版社 2009 年版，第 82—96 页。

② 参见考古学科"十二五"规划调研报告课题组《考古学科"十二五"规划调研报告》之"十二五"期间的重点研究课题 5"中国文明起源和形成的考古学研究"部分，《中国文物报》2011 年 7 月 8 日第 5 版。

③ 详见王文超《嵩山文化研究——我们的责任》（代序二），载（郑州）中华文明与嵩山文明研究会编，周昆叔、齐岸青主编《中华文明与嵩山文明研究》第 1 辑，科学出版社 2009 年版。

国发现的古城遗址中年代最早的一座，并被列为 1992 年中国十大考古发现之一。① 之后不久，1993—1996 年经国家文物局考古领队培训班学员的精细发掘，在嵩山地区郑州市北郊古荥镇孙庄村西之邙山余脉——西山上发现的一处遗址上又发现了一座仰韶时代晚期城址——西山古城，其年代据碳 14 测定为距今 5450—5970 ± 70 年间，明显超过了城头山古城，被认为是我国年代最早的一处版筑夯土城址。② 这对嵩山地区之中华探源研究自然是一个重要的新的成果与进展。然而在 1996 年以后，经湖南省考古工作者的继续发掘研究，澧县城头山古城被认定为始建于大溪文化早期，距今约 6000 年。至 1997 年又被认为是中国已知时代最早的古城址③，且被评为 1997 年全国十大考古新发现之一。④ 自那以来，中原地区，特别是作为中原核心区域的嵩山地区，在古城址发掘研究上未见新的重大进展，以致 2010 年在上海举办的世界博览会中国馆中，为了具体地体现这次世博会确立的 "城市，让生活更美好" 的主题，也为了充分展示中华悠久的文明与城市发展史，在进入展示大厅不远处，就打出了 "城头山——中国最早的城市" 大型灯光地标。这一标语与展示的内容给观众的冲击力自然是很大的。然而，城头山古城址并非中国最早的城市，上海世博会中国馆主办单位将城头山古城址论定为中国最早的城市显然不符合学理，未经严谨论证，这是毋庸置疑的；尽管如此，城头山古城址迄今还是考古学界认定的我国时代最早的古城址。这就给我们嵩山地区中华文明探源研究提出了一个急迫的任务，应尽快在古城址发掘研究上取得新的进展，以便在中华文明探源研究中做出新的贡献。在此基础上，我还期盼，能对西山古城与新密古城寨等古城址是否具有古代都邑性质也通过进一步深入研究做出更明确的论断。

　　总之，只有先在嵩山地区古城址与都邑研究上进一步拓宽加深，取

---

　　① 单先进、曹传松：《洞庭湖区史前考古又获重大成果，澧县城头山屈家岭文化城址被确认》，《中国文物报》1992 年 3 月 15 日；谷薇：《1992 年中国十大考古新发现》，《人民日报》（海外版）1993 年 7 月 22 日。

　　② 马世之：《中国史前古城》，第二章 "中原地区史前古城" 之第一节 "郑州西山"，湖北教育出版社 2003 年版，第 20—24 页。

　　③ 蒋迎春：《考古学家在京论证确认，城头山为中国已知时代最早古城址》，《中国文物报》1997 年 8 月 10 日。

　　④ 蒋迎春：《1997 年全国十大考古发现评选揭晓》，《中国文物报》1998 年 2 月 18 日。

得新的重大成果，才能切实有力地推进中华文明探源研究，也才能充分彰显嵩山文明之实质性特征，即中华文明的源头与核心区域这一中华大地上无与伦比的地域文化特征。

2011 年 7 月

（原文刊载于郑州中华之源与嵩山文明研究会主编《中华之源与嵩山文明研究》第 1 辑，科学出版社 2013 年版）

湖南省古今县名命名规律浅析

　　湖南省早在秦朝时即设有临湘、临沅、罗、郴、耒阳五县，① 之后，随着生产的发展、人口的繁衍和封建统治力量的增强，所置县级行政区域不断增加。西汉时有 37 个②，西晋时达 64 个③，以后很长一段时间大体变动在 60 个上下（仅隋代省并较多，减至 34 个④）。至清增至 71 个。⑤新中国成立后，为加强政权建设和促进国民经济发展，经过调整增建，至 1979 年共设置 13 市、86 县及 4 个自治县。⑥ 13 市中，除长沙、株洲、邵阳为省辖市外，其余十市均为县级行政建制。因此，县级行政区域达一百个。因其中有七对县、市同名，所以实际县级区域名称为 93 个。总计起来古今县名，包括历史时期省并改易的，共达 242 个（未计王莽所更改的县名及 1958 年部分县合并所建之大县县名）。在如许之多的县名中，有一些远自秦汉沿用至今，有一些则旋用旋废；有的鲜明地反映了地方自然特色，有的则是反映社会历史变动情况及封建统治阶级的思想意识。因此，探求这些县名命名、存废、改易的原委，从中找出其规律性，对我们今天搞好地名的命名、更名工作可以提供一些重要的借鉴。

---

　　① 谭其骧主编：《中国历史地图集》第 2 册，中国地图出版社 1982 年版。

　　② 《汉书·地理志》及谭其骧主编《中国历史地图集》第 2 册。

　　③ 《晋书·地理志》下及谭其骧主编《中国历史地图集》第 3 册，中国地图出版社 1990 年版。

　　④ 《隋书·地理志》下及谭其骧主编《中国历史地图集》第 4 册，中国地图出版社 1982 年版。

　　⑤ 嘉庆《重修一统志》卷三五三卷三八二。

　　⑥ 史为乐编：《中华人民共和国政区沿革（1949—1979）》，江苏人民出版社 1981 年版。

一

总观湖南省之古今县名，除少数原来命名取义难以稽考外，其余大多数县名究其得名之原因，大体上不外乎因自然地理因素、社会政治因素及沿用境内原有村镇聚落名或改用相邻地名三个方面。现归类分析如下：

（一）因自然地理因素命名

1. 因河流得名

湖南省境内江河浩荡，支派繁多，因此，古今县名中，直接因江河得名的就很不少。今县即有 24 个，连同废省的 49 个，共达 73 个。这不仅在本省古今县名中所占比例很大，而且与一些兄弟省区相比，这一特点也显得很突出。

以今县而论，临澧、临武、耒阳、攸县、浏阳等县，《水经注》上即明载系因河流而得名。如《澧水注》就载明临澧县因"临侧澧水，故为县名"；《溱水注》载有"武溪水……东南径临武县西，谓之武溪，县侧溪东，因曰临武县"；《耒水注》写明耒阳县因耒水"以制名"；《洣水注》述及攸县"北带攸溪，盖即溪以名县也"；《浏水注》也载有"浏水……流径其县南，县凭溪以即名也"。益阳县以在益水之阳而获名。今之益阳并无益水，只傍近资水。《湘水注》指明资水"世谓之益阳江"。清同治《益阳县志》更具体地指出原益阳县治西南有一洰溪，在县南注入资水。所谓益水就是指的洰溪流入后的这一段资水。益阳旧治在益水北岸，其得名盖由此。[①] 泸溪县城所濒之武水，又名泸水，古时称泸溪，故县即以此命名。[②] 其他如湘阴县在湘江干流侧畔，郴县有郴水，资兴县有资兴水，宁远县有宁远河，沅江、沅陵二县均在沅江干流上，花垣县在花垣河流域，芷江县有芷溪水，溆浦县在溆水上，辰溪县有辰水流经，澧县南临澧水，大

---

① 《元和郡县图志》卷二十九《江南道五》。
② 《宋史·蛮夷传》。

庸县在大庸溪上，汨罗县位于汨罗江下游，涟源县地处涟水上游，桃江县城在桃花江口，它们的得名显与流经县境的河流有关。此外，还有临湘县，原县为秦朝所置，在今长沙市。《水经·湘水注》："县治湘水，滨临川侧，故即名焉。"今之临湘县系北宋改置，已靠近长江，只是借用古之临湘县名而已。会同县，原名三江，地当沅水与巫水、若水、渠水会合之处，其得名亦与河流有关。

废省的县名中，因河流而得名的有湘江上的湘南①、湘西②、湘滨③县，潇水上的冷道县④，营水上的营道、营浦县⑤，冯水流经的冯乘县⑥，沐水侧畔的谢沐县⑦，应水上的应阳⑧县，武水流域的钟武县⑨，春陵水流域的春陵、春阳县⑩，蒸水流域的承阳、烝阳、临烝县⑪，耒水流域的沫阴⑫、安陵县⑬，郴水上的郴阳县，攸水上的攸水县，渌江流域的渌江县，洣水流域的容陵县⑭，涟水流域的连道县，昌江上之昌江县，沅江干流上的临沅、沅南县，沅江支流辰水上的辰阳⑮，酉水上的酉阳⑯与黔

---

① 湘南县始置于西汉，参见《汉书·地理志》下。

② 湘西县系三国吴时分湘南县置，参见《水经·湘水注》。

③ 湘滨县是南朝梁时分湘阴县立，参见《隋书》卷三十一《地理志》下。

④ 冷道县始置于西汉，《水经·湘水注》："县指冷溪以即名。"冷溪即今之潇水。

⑤ 营道与营浦县皆为西汉时所置，参见《水经·湘水注》。

⑥ 冯乘为西汉所置县，参见《水经·湘水注》。

⑦ 谢沐县亦为西汉县，有谢沐溪，因以得名。参见《水经·漓水注》。

⑧ 应阳县置于西晋，参见《水经·湘水注》。

⑨ 钟武县为西汉县，参见《水经·湘水注》。

⑩ 春陵县系三国吴所置，至西晋改为春阳县，"盖因春溪为名"，参见《水经·湘水注》。

⑪ 承阳县为西汉县，应劭指明在"承水之阳"，故名。参见《汉书·地理志下》。至东汉，承水改为烝水，建立烝阳侯国，参见《后汉书·郡国志》。三国吴时改置为临烝县。均因蒸水（即古之承水、烝水）为名。

⑫ 沫阴县为隋初改耒阳县而置，参见《隋书》卷二十六《地理志下》。

⑬ 安陵县为隋代所置，安陵水在县北一百步，因以为名。参见《元和郡县图志》卷二十九《江南道五》。

⑭ 容陵为东汉县，与当时之阳山县相邻。阳山县至三国吴时改名为阴山县。《水经·洣水注》："阴山县上有容水，自侯县山下注洣水"。由此知容陵得名与容水有关。

⑮ 辰阳为西汉时县，参见《水经·沅水注》。

⑯ 酉阳亦为西汉县，参见《水经·沅水注》。

阳①、潕水上的无阳、舞阳、潕阳②以及龙阳③、卢阳④、渭溪⑤、朗溪⑥、渠阳⑦、莳竹⑧，澧水流域的澧阳、零阳⑨、娄中⑩、溇阳⑪等县，资水流域的夫夷⑫、邵陵与邵阳⑬、高平⑭等县。今之浏阳县，三国吴时曾叫刘阳县，刘阳即浏阳，也是因临浏水而得名。唐贞观年间曾一度改朗溪县为恭水县，据湖南省人民政府 1964 年编绘之《湖南省普通地图集》，系因临恭水而得名。此外，北宋时所置之三江县，地处沅江上游之巫水、若水、渠水等三江地区⑮，其得名显与此有关；唐代析置的义章县也与县北之章水有关⑯。

2. 因湖、泉得名。

因湖、泉得名的有湘潭、醴陵、酃县，均为今县。湘潭，系因县境内昭山下有一泉，颇深，名为昭潭，亦谓之"湘洲潭"⑰，故而得名。新中国成立后，将湘潭县之昭潭镇改置为湘潭市，也与此有关系。醴陵县，以县北有醴泉得名⑱。酃县，据《水经·耒水注》，因县东有酃湖，水可酿酒而得名，故

---

① 黚阳为三国吴所置县。《水经·延江水注》：西水北岸有酺阳县。许慎曰："温水南入黚，盖鳖水以下津流沿注之通称也。故县受名焉。"

② 无阳为西汉县。《水经·沅水注》称"县对无水，因以氏县"。三国吴时改为舞阳，至南朝齐又改称潕阳。无水即今潕水。

③ 龙阳县为三国吴置。傅角今《湖南地理志》第五编载："系因水势似龙而得名。"

④ 卢阳为唐县，因在卢水口而得名。参见《元和郡县图志》卷三十《江南道六》。

⑤ 渭溪县为唐置，参见《元和郡县图志》卷三十《江南道六》。

⑥ 朗溪县为唐初析龙标县置，在朗溪之侧，因以为名。参见《元和郡县图志》卷三十《江南道六》。

⑦ 渠阳县为北宋所置。据光绪《靖州乡土志》，治所在渠水东岸之隘门口，因而定名。

⑧ 莳竹亦为北宋县。据道光《宝庆府志》：因治所在莳竹水旁而得名。

⑨ 零阳县为西汉置。《水经·澧水注》："县即零溪以著称矣"。

⑩ 娄中县为三国吴置，因有娄水流经故名。参见《水经·澧水注》。

⑪ 溇阳县系西晋置，参见《水经·澧水注》。

⑫ 夫夷为西汉县，参见《水经·资水注》。

⑬ 邵陵原名昭陵，为西汉县；邵阳原名昭阳，系东汉时自昭陵县分置之侯国，均因傍临邵（昭）陵水而得名。参见《水经·资水注》。

⑭ 高平为三国吴置县，参见《水经·资水注》。

⑮ 《宋史》卷八十八《地理志》及吕式斌《今县释名》。

⑯ 《元和郡县图志》卷二十九《江南道五》。

⑰ 《水经·湘水注》。

⑱ 傅角今编著：《湖南地理志》第五编。

城在今衡阳市东。今之酃县是宋析茶陵县地所置，取古酃县之名名之。

3. 因山得名

湖南省多山，且多名山，故不少依山而建的县，即以山名之。今县中这类县名即有14个。其中衡山、衡阳、衡东、衡南四县均在南岳衡山附近，显然是因此山而得名。岳阳县名与幕阜山脉有关。因幕阜山又名天岳山。据光绪《湖南通志》，南朝梁时之岳阳郡治（在今湘阴县东北长乐镇附近）"适当天岳山东南，岳阳之名实昉于此"。祁阳县因在祁山之阳而获名。武冈县因县北有武冈山，"二冈对峙，重阻齐秀，间可二里，旧传后汉伐五溪蛮，蛮保此冈，故曰武冈，县即其称焉"。[1]。兰山县也因其北之兰山"四时苍翠如兰"而得名。[2] 凤凰[3]、石门[4]、龙山[5]、茶陵[6]等县，皆因各县境内的名山而定名。常德县，其置县虽晚至民国元年以后，但在宋代即在该地建有常德军节度使，后又改为常德府。常德一名，是因其南之德山又名善德山[7]，由"善德"转音而来。双峰县，因县城东南有双峰山屏立其侧，即以为名。[8]

已被废省的县中，也有一些是因山取名的。如新中国成立后设置的南岳县及隋朝时在武陵山脉建立的武陵县，皆以山得名。今江永县之永山一带，南朝梁和唐朝先后建立过永阳、永明县。前所提到的武冈县，至东晋时曾一度改名为武刚，宋朝又于附近新建一临冈县，均与武冈山有关。其他如龙门[9]、龙樾与龙标[10]、扶阳[11]、洛浦[12]、罗濛[13]、高亭[14]、

---

① 《水经·资水注》。

② 吕式斌：《今县释名》。

③ 傅角今：《湖南地理志》，凤凰县城北八十余里有凤凰山，"县之得名以此"。

④ 傅角今：《湖南地理志》，石门县城北有石门山，"两崖削立，中辟若门"，"县得名以此"。

⑤ 吕式斌：《今县释名》，龙山县因县内有龙山而得名。

⑥ 《元和郡县图志》卷二十九《江南道五》：茶陵县"因南临茶山，县以为名"。

⑦ 严观《元和郡县补志》四。

⑧ 双峰县前革委会办公室朱予端、萧松柏同志调查提供。

⑨ 《读史方舆纪要》卷八十一"龙门山，县东北百里，连山参差，崩山对峙，势欲倾仆，最为险绝，唐置龙门县，盖以山名。"

⑩ 龙樾、梁县，唐改为龙标。《元和郡县图志》卷三十《江南道六》：系因龙标山为名。

⑪ 傅角今《湖南地理志》第五编。

⑫ 《元和郡县图志》卷三十《江南道六》："洛浦县，……以县西洛浦山为名。"

⑬ 罗濛为唐县。傅角今：《湖南地理志》，"因县城南门外有罗濛山为名"。

⑭ 高亭、唐县，参见《元和郡县图志》卷二十九《江南道五》。

阳明①、玉山②、清泉③、晃县④等县，都是由县内之名山而得名。

4. 因特产得名

这类县有两个，均已废省。一为都梁，汉县，故地在今武冈县。《水经·资水注》："西有小山，上有渟水，既清且浅，其中悉生兰草，……俗谓兰为都梁，山因以号，县受名焉。"另一为兰田县，即今之涟源县。同治《安化县志》："相传宋张南轩经此，谓地宜兰，后果艺兰弥野，因名。"

5. 因地理位置及形势特点而得名

属于这类命名的县有四个，全为今县。如长沙，其名甚古，始于秦朝的长沙郡，因当地"有万里沙祠，故曰长沙"。⑤ 津市，因地处澧水北岸，"为水陆要津"而命名。⑥ 桂阳县，据《舆地纪胜》，是因其地在桂洞之南，故得此名。江华县，据同治《江华县志》，其得名是因唐武则天时县治迁于阳华巖之江南岸的缘故，也反映了县治的地理位置。

（二）因政治社会因素命名

1. 因古代诸侯帝王而得名

这样的县在湖南有两个，现均已废弃。一是秦朝设立的罗县，是为纪念春秋时被楚文王徙于该地的罗子而命名的。⑦ 二是西汉初设立的义陵县。据《常林义陵记》所载，是因项羽杀义帝，武陵人缟素哭于招屈亭，汉高祖"闻而义之，故号义陵"。⑧

2. 以置县之朝代命名

这类县名大多是在朝代名或当政者姓氏前后连以寿昌兴盛等字样，以祈求国势隆盛与国祚久远。这类县名最不稳定，一旦江山易主，县名也随之废改。如东汉时设置的汉寿及汉昌县（故地在今平江县），至三国

① 阳明县为民国时置，参见傅角今《湖南地理志》。
② 玉山，梁县，因县治在玉笥山而得名。见湖南省志编纂委员会编《湖南省志》第二卷。
③ 清泉，清县，因境内之清泉山为名。见《湖南省志》第二卷。
④ 晃县，民国置，因西晃山得名。见吕式斌《今县释名》。
⑤ 《通典》一八三《州郡十三》。
⑥ 光绪《湖南通志》卷三十一。
⑦ 《水经·湘水注》。
⑧ 湖南省志编纂委员会编：《湖南省志》第二卷。

吴时分别改为吴寿、吴昌县。东汉析置的另一县汉宁（故城在今资兴县南），三国吴时改为阳安，西晋易名为晋宁，后又更为晋兴。又如隋末萧铣以梁宗室起兵，曾在今宁远县地设置梁兴县，唐初改为唐兴，武则天时又改为武盛，唐玄宗再改为延唐，后梁改名延昌，后唐复名延唐，后晋改为延喜。还有西汉时设置的临武县，前已述及是因县治侧临武溪得名，武则天当政后也改为隆武，武则天死后就复曰临武。上述县名中，除汉寿在民国时又恢复使用外，其余的已全部废弃。

3. 因置县时之年号而得名

这种县名只有一个，即大历县，故地在今新田县。大历县因是唐代宗大历二年（767）建置，就以此年号作为县名。① 此县名现已废弃。

4. 因避封建帝王名讳而改易之县名

封建王朝皇帝及其父祖之名例须避讳，县名也不能例外。湖南一省因此而改易县名者即有五朝八起。西晋初，因晋武帝之父名司马昭，即将前代所设的邵陵、邵阳二县名改为邵陵、邵阳。② 东晋桓玄擅权时，亦因其父名桓彝，夫夷县之"夷"与"彝"同音，因而去"夷"，又将"夫"改为"扶"，称为扶县。③ 南朝梁时，因太子名萧纲，即将武刚县（今武冈县）改名武强。④ 后唐庄宗年间，为避其祖父李国昌名讳，将义昌及昌江二县分别改为郴义。⑤ 及平江⑥另据《元丰九域志》卷六载，北宋太平兴国元年曾同时改郴义与义章县为桂阳、宜章县，显与避刚即位的宋太宗赵光义之名讳有关。现除邵阳、平江、桂阳、宜章县名留传下来外，另四县名已废而不用。

5. 因名著或传说而得名

一些传世不朽的名著中的某些内容，因影响深远，也往往成为一些县取名的依据，在湖南就有这样的例子。如零陵，西汉时既设有零陵郡，又在郡下设有零陵县。隋时，零陵县治移于今零陵县地。它的得名据《水

---

① 《元和郡县图志》卷二十九《江南道五》。

② 《水经·湘水注》。

③ 《王氏合校水经·资水注》。

④ 《元和郡县图志》卷第二十九《江南道五》。

⑤ 傅角今：《湖南地理志》。

⑥ 吕式斌：《今县释名》。

经·湘水注》，就是来之于《史记·五帝本纪》中，舜南巡，崩于苍梧之野，"葬于江南九疑，是为零陵"的传说故事。再如桃源县，为北宋置，因自东晋时人陶渊明的名篇《桃花源记》所述及的武陵县中析出，所以《大明一统志》卷六十四指出"以其地有桃花源，故名"。此外，还有的县得名于神话传说。如西晋时设置的巴陵县，据《元和郡县图志》卷二十七《江南道三》所载，系因"昔羿屠巴蛇于洞庭，其骨若陵，故曰巴陵"。

6. 因原为少数民族居地而得名

湖南西部及南部原为苗、侗、土家、瑶等族聚居之地。秦汉以后，随着封建王朝政治势力的增长和各族之间交往联系的加多，在这些地区逐步置县。当初为这些县取名时，大多带有希望这些地区宁靖绥服的含意。这些县名有相当一部分沿用至今，因习用已久，原有含意已很淡薄，但从中还可透露出往古时代这些少数民族分布迁徙情况。如今之道县、通道①、新宁、常宁②、绥宁、新化、安化、靖县、保靖、永顺③等县及已废省的南平④、新平⑤、永平⑥、宏道、永定⑦等县就属这一类型。

7. 因表示统治阶级的政治愿望和道德观念而得名

这类县名数量虽较多，但废弃的也多。

表示封建统治阶级政治愿望的县名，一般均带有安宁兴盛字样。今县中的永兴、安乡、宁乡；已废弃的县中，如三国吴的永昌（今祁东县）、建宁（故城在今株洲市）、南宁（故城在今华容县）、阳安（今资兴县），西晋的新康（今宁乡县地）、建兴（今武冈），南朝宋时的安南（由三国吴时之南安县改名），南朝梁的建昌（今溆浦等地），唐初的新兴（今攸县）、安乐（亦在今攸县），五代楚国的龙喜（今长沙县），北宋的兴宁（今资兴县）以及清的安福（今临澧县）等县名皆是。

表示封建道德观念的县名大多带有仁义道德之类的字眼，如北周的

① 《汉书·百官公卿表》："县有蛮夷曰道。"二县因此得名。

② 《元和郡县图志》卷二十九《江南道五》："（刘）宋元徽中，三洞蛮抄掠州县，移就江东，因蛮寇止息，遂号新宁。"唐天宝元年改名常宁。

③ 均参见吕式斌《今县释名》。

④ 南平，西汉县，在今蓝山县。见《汉书·地理志》上。

⑤ 新平，三国吴县，故城在今常宁县北，参见《元和郡县图志》卷二十九《江南道五》。

⑥ 永平县为北宋改置，在今靖县地，参见《宋史》卷八十八《地理志》。

⑦ 永定县为清置，在今大庸县。参见《嘉庆重修一统志》卷三百七十三《澧州一》。

崇义县（今大庸、桑植县地），唐代的义昌县（令汝城县地），宋的善化县（在今长沙市）。五代时的敏政县（今邵阳县地），则是封建统治者要求地方官吏忠于职守、敏于治术的训诲。此外，三国吴时攸县西北有一阴山县，至隋废省。据《水经·洣水注》载，该县本名为阳山，县东北之阳山故城为长沙孝王子宗之邑。后因其"势王"，"故堙山湮谷，改曰阴山县"。这种因封建迷信思想改换的县名，也反映了封建统治者的一种意识形态。此类县名均已废除。

（三） 沿用或改用原地名而命名

1. 由两汉之侯国改置为县，即用原侯国名做县名者

这类县有泉陵①、便②、重安与昭阳③等，后均废除。

2. 因系郡治而即以郡名做县名者

这类县有东晋平阳郡的治所平阳县（今桂阳县地）、南朝梁夜郎郡的治所夜郎县（今吉首县地）、南朝陈卢阳郡的治所卢阳县（今汝城县地）。后均已废除。

3. 因在一些城镇堡寨设县即以其名做县名者

因这类城镇堡寨在当地都较重要，且较驰名，所以一旦将之升置为县，一般都成为县治，并以其名做为新县名。今县之湘乡④、安仁⑤、东安⑥、黔阳⑦、新田⑧、麻阳⑨、怀化⑩等县及已废省的三亭⑪、常丰⑫、王

---

① 泉陵为西汉侯国，参见《汉书·地理志》，后改为县。

② 便为西汉惠帝封长沙王子吴浅的侯国，参见《水经·耒水注》，后国除改为县。

③ 重安和昭阳为东汉侯国，参见《后汉书·郡国志》，后国除改置为县。

④ 《元和郡县图志》卷二十九《江南道五》：湘乡县本汉湘南县之湘乡，后汉立为县。

⑤ 《宋史》卷八十八《地理志》：北宋初升安仁场为县。

⑥ 《宋史》卷八十八《地理志》：宋雍熙元年升东安场为县。

⑦ 《读史方舆纪要》卷八十一：北宋熙宁年间置黔江城，元丰间升为黔阳县。

⑧ 《嘉庆重修一统志》卷三七一：明置新田县，"即新田为治，因名"。

⑨ 《元和郡县图志》卷三十《江南道六》：南朝陈于麻口置戍，唐初改为麻阳县，系"因戍为名"。

⑩ 怀化县是1942年置，县治原设怀化驿，因以为名。参见《湖南省志》第二卷。

⑪ 《元和郡县图志》卷三十《江南道六》：三亭为唐县，"因县西十五里有三亭古城为名"。

⑫ 《元丰九域志》卷六：北宋初升常丰场为县，故名常丰。

朝①、武阳②、乾城③等县即是。

新中国成立后新设置的一批县（市），也有用此法命名者。如洪江市（由洪江镇升置）、冷水江市（由冷市镇升置）、望城县（初设县时，县治设在望城坡）、株洲县（由原株洲镇改置，又因县设市，市亦名株洲）、洞口县（因县治设在洞口）、双牌县（因县治设在双牌）等。最有意思的是吉首县。此县在明初设有镇溪千户所，所治即设在今县城处，当时称为"所里"。清改置为乾城县。新中国成立初县治由乾城迁至"所里"。1953 年，根据苗族人民的习惯称呼，改"所里"为"吉首"，并以此做为县名。④

4. 将原巡检司、安抚司、抚民同知改置为县而即以其名做县名者

元、明、清等朝，为加强对湘西各族的羁縻与镇压，曾在一些关隘要地设置巡检司、安抚司、抚民同知。以后其中一些改置为县，就用原名作县名，如城步⑤、桑植⑥、古丈⑦、隆回⑧等即是，而且一直沿用了下来。

5. 因原地名或其邻近地名转化而得名者

这类县名又有许多不同的情况。一种是将邻县已废弃的县名移作己用。如华容、容城。容城原为春秋时地名，在今湖北省监利县；汉时置为县，并改名为华容，属南郡管辖；⑨南朝齐时废省。隋时遂将今湖南境内与之相邻的安南县改称华容县，唐时又改回为容城县，不久复叫华容，一直至今。第二种情况是将原地名稍作改易，使之更吉祥或更简明。如嘉禾县，是明崇祯时析桂阳县之仓禾堡置县，以仓禾堡作县治，由"仓

①　《宋史》卷八十八《地理志》：北宋淳化元年升王朝场为县，故地在今临湘县。

②　光绪《湖南通志》卷三：武阳县为五代楚国置，先为砦，后改为县，在今绥宁县。

③　吕式斌《今县释名》：乾城县为民国三年置，因故乾州城为名，在今吉首县。

④　湖南省人民委员会 1964 年编绘之《湖南省普通地图集》。

⑤　城步，明初设巡检司，明弘治十七年置城步县，参见《明史·地理志》。

⑥　桑植，元置安抚司，清雍正时置桑植县，参见《嘉庆重修一统志》卷三七二。

⑦　古丈，清道光时设抚民同知，定名为古丈坪厅。民国二年改置为县。见光绪《古丈坪厅志》及民国《永顺县志》。

⑧　隆回，明洪武时置巡检司，清因之；民国三十六年置县。参见《嘉庆重修一统志》卷三六一及《湖南省志》第二卷。

⑨　《汉书》二十八《地理志》：南郡华容，注引应劭曰："《春秋》'许迁于容城'"。

禾"一名改成的。① 南县，原是清末进入洞庭湖中的泥沙淤积而成的一片洲渚，当地呼为"南洲"，光绪年间设南洲厅管辖，民国元年废厅置县，即就原名加以简化称为南县。第三种情况是割原县某部分设新县，即取原县名中一个有代表性的字加方位名作为新县名。如南宋时的桂东县及新中国成立后的邵东、祁东县，均因分别割桂阳、邵阳、祁阳等县之东部设置而得名。第四种情况是析相邻的两县地增置的新县，即从两县名中各取一字合成新的县名。如新邵县，是1952年分新化、邵阳两县地置，故名新邵。又如江永县，是1955年成立江华瑶族自治县后，将原江华县一部分汉族聚居地区划入原永明县，为尊重这两部分群众意愿，遂从"江华""永明"两县中各取头一字组成"江永"这一新县名，以代替永明老县名。② 第五种情况是在原县名前冠以"新"字，既保留原县名中有代表性的字眼，又显示了除旧布新的意思。如三国吴时改益阳县为新阳县，新中国成立后改晃县为新晃侗族自治县即是。本类所述及的各种县名中，除容城、新阳二县名被废弃外，其余县名均沿用至今。

上述沿用或改用原地名而命名的县名，如追溯其原地名之得名原因，也不外乎因自然地理因素或政治社会因素两大方面。如原新田墟是因临近新田河，安仁场是因有安仁山，望城坡是因地近长沙城，而怀化驿则反映了当年取名的封建统治者希望少数民族能怀德向化。当然也有一些原来的地名，其真意一时还难以准确地探明。

除前述三大类县名外，还有一种县名是将新置的县直接命名为"新城县"。这种县名湖南先后出现了三个：其一是三国吴所设，在今邵东县；其二是南朝陈割临烝东分置，在今衡南县；其三是元朝分衡阳县置，也在今衡南县。这类县名因缺乏特点，都已先后被废弃。

还需特别提到的是，第二次国内革命战争时期，红二方面军曾于1934年建立过湘鄂川黔省。当时在湖南省境内之永顺、保靖县的一部分地方设立过永保、郭亮二县。前一县名是摘取永顺、保靖二县名的前一个字组成，县治在灵溪；后一县名是为纪念郭亮烈士，县治在龙家寨。次年红军长征北上，国民党政府重又恢复统治，遂被取消。此二县存在

---

① 《嘉庆重修一统志》卷三七五及光绪《湖南通志》卷四十二。
② 由江永县黄天佑、田梓凤同志调查提供。

时间虽短，但其县名反映了近代湖南革命斗争中的一段史实，因此。应予述及，不能湮没。

湖南省古今县名中，除上述 222 个已探明其命名原委者外，尚有 20 个县名，因年代久远及文献资料缺佚等原因，一时难以稽考，只好阙疑，留待今后进行探讨。这些县名有西汉之充、索、镡成、迁陵，东汉之作唐，三国吴之汉中、梨阳，东晋之汝城，南朝梁之重华、大乡、药山、盐泉，隋之慈利，唐之招谕、潭阳、峨山、云溪、桥江、渭阳及五代时的泰县。其中，除汝城、慈利现仍沿用外，其余均已废弃。

上述三种主要命名方式的划分，只是就这些县命名原因的主要方面进行的归类分析。事实上，有不少县其得名颇为复杂，不只是一个方面的原因。如有的县，其得名是既因山，又因水，祁阳①、永明②等县名即属此例。还有的县名既含自然地理方面的因素，又受社会政治方面因素的影响。如零陵，既因有零山，又为纪念虞舜。③ 这类例子还有一些，兹不枚举。

二

在对湖南省古今县名命名原因逐一进行了以上的分类后，这里再作一些有关的统计。结果表明，因自然地理因素所命之县名有 113 个，占古今县名总数的 47%，其中今县名 45 个，占这类县名数的 40%，为今县名数的 48%；因政治社会因素所命之县名有 65 个，占古今县名总数的 26%，其中今县名 19 个，占这类县名数的 29%，为今县名数的 20%；沿用或改用原地名所命之县名有 44 个，占古今县名总数的 18%，其中今县名 27 个，占这类县名数的 61%，为今县名数的 29%；此外，尚有 20 个县名未探明当初命名的原因，只占古今县名总数的 9%。这些数字表明，在古今所有县名中，以自然地理因素所命之县名数量最大，几占总数之一半，且

---

① 祁阳县内既有祁山，又有祁水。
② 永明县内除有永山外，还有永明河。
③ 《水经·湘水注》

留存下来的也最多，也几占今县名数的一半；沿用或改用原地名所命之县名，数量虽不多，但保存率很高，差不多占到这类县名数的2/3；因政治社会因素所命之县名，虽然数量不算少，但被淘汰的多，仅有1/4被保存了下来。这一情况的出现是有一定的道理的。这就是：

（1）因自然地理因素所命之县名，有着鲜明的地方特色，不易雷同，受社会政治变动的影响也较小，所以比较稳定。特别是那些有山川湖泉作为依托之县名，其地理实体感更强，一般都能长期地留传下来。

（2）因政治社会因素所命之县名，大多缺乏地方特色，容易重复雷同，受政治形势变化的影响大，有的县名频频更换，其原因即在此。前所举的南朝梁宗室萧铣设置的梁兴县，历经唐初、武周、唐玄宗、后梁、后唐、后晋等几个朝代或时代，就六易其名，最后至宋代，因境内的宁远河定名为宁远县，始稳定下来，一直沿用至今，就是这方面的一个典型例子。

（3）沿用或改用原地名所命之县名，因原地名所在地或为通都大邑，或为当地比较重要的关隘堡塞，在选作县名前，已经成为比较稳定的地名，一旦定为县名，更加固了它们的地位，所以也能较多地保存下来。

从上面的分析可以看出，作为重要的一级行政区域——县的名称，比较稳定的还是以自然地理因素命名的，其次是选择当地沿用较久又比较重要的地名改作的县名。从湖南省的情况看，这是古今县名命名方面的一个比较明显的带规律性的特点。

再从湖南省现有的93个县级行政区域的名称看，新中国成立前就有的为73个，占今县名数的78%；其中宋以前出现的有58个，占今县名数的63%。就是新中国成立后新确定的县名，绝大多数也是按原地名沿用或改用的，临澧、资兴、汉寿等皆为古县名，曾一度被废弃，以后在发现新县名与别的县重名或为当地士民否定后，又重被启用。这些情况反映了县名命名中的另一个带规律性的特点，即人们希望县名具有长期的连续性与稳定性。因而一些能反映当地悠久的历史渊源的地名往往能较多地保留下来。

湖南省现有县（市）名中还有一个带普遍性的特点，这就是含意明确易懂，有的还相当雅致隽永，而且极少偏字难字。当然，这也是经过长期优选淘汰的结果。

总起来说，通过对湖南省古今县名命名原因与演变过程的初步分析可以看出：地理特点、历史渊源与字义优雅简明，是县名命名的几个基本方面，也是今后厘定整理县名以及其他地名时的借鉴。

1984 年 1 月四稿

（原文刊载于《中国历史地理论丛》第 2 辑，陕西人民出版社 1985年版）

五　历史区域地理

加强区域历史地理学研究，提高历史地理学整体学术水平与应用功能

一

区域历史地理学研究一定区域范围内人类历史时期地理环境的变化及其与人类活动，主要是人类的经济、社会活动之间关系的规律。这里所说的"地理环境"包括自然地理环境与人文地理环境。前者中诸如气候、地貌、河流湖泊、植被、动物、土壤等，后者中诸如人口、经济（包括农业、手工业与工矿业、商业贸易、交通运输）、城镇、文化等的地理分布状况，均应作为地理环境中的主要组成要素。而研究时段中所说的"人类历史时期"，是指上起人类活动开始对地理环境施加影响，也即原始农牧业开始出现并有所发展的新石器时代，下至当前的这一整个"人类历史时期"。在这整个的人类历史时期中，虽然零散的个体的自发的生产、生活活动也会对地理环境产生一些影响，然而有组织的大规模的经济、政治、军事、文化活动则往往能对地理环境施加长期的深刻的甚至是难以逆转的影响。显然导致发生上述有组织的大规模的经济、政治、军事、文化活动的主要是统治集团的决策者，也有民间的领袖人物。指导他们发动那些能对地理环境产生长期深刻甚至难以逆转的影响大规模人类活动的思想，虽受制于各历史发展阶段总的政治制度及主导思想，但也赋有各统治集团或领袖人物独具特色的思想内容与动机诱因。因而在我们深入探讨历史时期那些主要因为受了人类活动影响而产生的地理环境变迁及其原因时，应以该历史时期统治集团之决策主导思想及由此而产生的"政府行为"作为研究的重点内容，这实质上也是研究历史时期人类活动与地理环境变迁相互影响的规律，即人地关系规律的一个重

点内容。

　　在历史地理学学科体系中与区域历史地理学相对应的是部门历史地理学。部门历史地理学即是指历史自然地理学与历史人文地理学所各自包括的下属分支学科。区域历史地理学与部门历史地理学是相互对应，但彼此并不完全对等，因为区域历史地理学研究的是一定区域范围内人类历史时期整个地理环境的变化。也就是说，是以系统论的观点研究包括多个部门历史地理分支学科内容，得出综合性、整体性的结论。因而其层次自然比研究单个自然地理或人文地理要素在人类历史时期之变化状况的部门历史地理学要高。区域历史地理学在历史地理学学科体系中的地位及其与部门历史地理学之关系可以用下图表示：

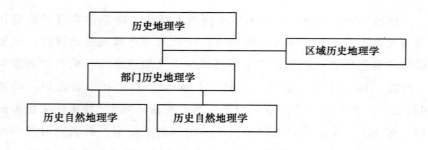

二

　　当前加强区域历史地理研究，既是历史地理学学科发展的需要，也是国家建设与经济、社会发展的需要。

　　地理环境本是由各自然地理要素与人文地理要素组成的一个完整的体系。各自然地理要素之间、各人文地理要素之间以及各自然地理要素与人文地理要素之间都是相互影响相互制约的。因此，地理环境实质上是一个多元复合双向制约的体系。从历史地理学研究角度看，不仅要静态地复原历史时期这个复杂的地理环境之组成结构与性状、特点，还要动态地结合历史时期社会、经济发展研究地理环境之变化。唯有这样，才能全面认识历史时期地理环境及其变化状况，准确揭示导致历史时期地理环境发生变化的原因，深刻探明其间的规律。因此，在历史地理学研究工作中，针对自然地理与人文地理之单要素的研究，即部门历史地理学的研究固然十分必要；但将某一区域范围内多种自然地理与人文地理要素结合起来进行综合研究，即区域历史地理学研究，则是历史地理学发展到一定程度后之必然趋势，更是历史地理学发展与经济、社会发展所需要的。因为只有充分开展区域历史地理学研究，将新石器时代原始农牧业产生以来之人类历史时期之地理环境变迁与经济社会发展联系起来进行研究，方可深入探寻并揭示出人地相关规律与历史经验教训，从总体上为保护、治理环境与开发资源进行建设提供有指导价值的意见和建议，充分发挥出历史地理学之应用功能。

开展区域历史地理综合研究，必须建基于部门历史地理学的深入研究与历史地理学综合分析研究水平的提升之上。这无疑对历史地理学各分支学科以至于整个历史地理学之理论与研究方法的提高改进有更大的促进作用，因而势必可从整体上提高历史地理学之学术水平并增强其在学术界与社会生活中的影响。

三

区域历史地理研究之基本内容应包括两个层次，即第一层次的部门分析与第二层次的综合论述。

第一层次的部门分析涉及历史自然地理与历史人文地理的各个要素。就历史自然地理而言，一般说来，尽管气候、植被、河湖水文、地貌、土壤、动物等要素均会论及，但其中起主导作用的自应是气候状况的变化，因而对所研究区域之人类历史时期气候变化状况的复原及其变化原因的分析，自当作为重点。就历史人文地理而言，虽然对该区域历史上之民族、人口、经济（农牧林业、手工业、工矿业、交通）、城镇、文化、军事等方面之地理分布状况及其形成原因均应有所注意，但也应突出重点，即应着重就导致自然地理环境发生明显变化及在构成该区域历史上某个时期之经济、社会、文化结构特点之要素进行复原与分析。这样，既能较完整地将历史上某一区域的地理环境复原出来，又能准确地把握该区域历史上地理环境之特点及形成这一特点之原因。为进行高一层次之综合论述做出必要的准备。

第二层次的综合论述，应紧紧围绕"人地关系"这一地理科学理论的核心，也是历史地理学最具优势的用武之地。在综合论述中应注意做好以下几方面的工作：①在审视自然地理环境变迁时，要将自然要素自身变化所造成的变迁鉴别出来，对该变迁之规律、幅度及其影响之范围、后果，力求做出明确判断；并将其变迁性质，即是属周期性变化或是属偶发性变化判明。②在前述工作的基础上，着重关注那些主要在人类社会活动影响下所造成的自然地理环境变迁。同样也力求判明它们变迁之规律、幅度及其影响之范围、后果。③在分析造成自然地理环境变迁之人类社会活动时，应透过有关之人类社会活动之表象，剖析统治集团之思想及重大政治、经济举措与政策，也应尽力抓住这些思想观念发生变化以及对政治、经济举措与政策进行调整变更之关键事件，具体论明它们对自然地理环境变化所造成的影响。④在论及历史人文地理之特点与其变化之原因时，除应联系人类社会活动进行分析外，还应联系自然地理环境特点，特别是它们的变化状况进行分析。而且最好将两方面内容结合起来进行综合分析，才可得到全面深入并具有本质意义的结论。

四

很显然，完成了第一层次的部门分析与第二层次上述四个方面的综合论述，并非就达到了区域历史地理研究的终极目的。为了完成区域历史地理研究的全部任务，还应继续做好下述工作：

第一，从每一级别与类型之地理区域都是一个多元复合双向制约系统这一基本原理出发，进一步将人类历史时期地理环境之变化与人类社会活动结合起来，进行更高层次之综合分析，探寻其演变规律，并建立区域之人地关系相互影响制约之模型。

第二，在条件许可时，可在该区域内，也可对该区域外之某些区域，进行人地关系地域系统模型之对比研究，一方面凸显所研究区域之人地关系地域系统之结构与性状特点，另一方面丰富人地关系地域系统时空分异规律研究之内容。

第三，根据所研究区域已揭示出之人类历史时期地理环境演变规律及人地关系模型，结合当前该区域之地理环境、经济社会之状况与存在的问题以及今后一定阶段内之经济、社会发展目标，探索人地关系优化调控机制，为确定该区域经济、社会发展战略及规划提供指导理论与参照依据。

为了能充分实现区域历史地理研究经世致用的目标，在选择拟进行研究之区域的范围时，自应照顾行政区划上的完整性，最好能选定省（自治区、直辖市）与地级市（自治州、地区）级别的区域。这种中等规模的区域，其范围内之自然区域类型虽不致仅为一种，但也不会太多；面积适中，所以较易致力，而且也能较直接地在当前实际工作中发挥作用。在研究时间尺度的确定上，虽说通史性与断代性的均有其研究价值，但为了更好地发挥研究成果的应用功能，最好是选做通史性的，可贯通古今。其起点既可以是新石器时代原始农牧业产生之时，也可以是秦始皇统一全国之时，或是某一个特定的时刻；即使是起自新石器时代，也应对统一的秦王朝建立以来的近 2000 年做尽可能详细深入的研究。详今略古，既是为充分实现研究工作为世所用的目的所需，也是历史时期可供利用的资料越往后越丰富越准确这一实际情况所决定的必然之势。

五

20 世纪 80 年代初以来，我国历史地理学界在开展区域历史地理研究方面已做了不少工作，如对黄淮海平原、京津唐地区、黄土高原地区、江汉平原、四川盆地、东北地区、岭南地区等；或部门研究，或综合论述，均取得了一批可喜的成果。与现代地理科学之区域地理研究论著相比，区域历史地理之研究成果，因为放眼于人类历史时期，观照到自然地理环境演变与社会经济发展两个方面，所以在揭示地理环境演变规律及探讨人地关系地域系统理论方面，均显得更为深刻与丰富，其研究成果有用于世的效果也愈益为世人所认识。

江泽民于 1997 年 8 月 5 日曾就陕北地区治理水土流失建设生态农业问题作了一个长篇批示，强调我国黄河流域及西北地区在历史上曾经是生态环境优良且经济社会繁荣的区域，后来因长期的战乱与不当的生产开发方式，致使生态环境恶化，经济社会也趋于落后。因此，要求今后要发扬艰苦创业精神，充分吸取历史经验教训，一代一代地坚持治理下去，"再造一个山川秀美的西北地区"。①

　　江泽民的批示，充分肯定了历史地理学工作者关于黄土高原地区与黄河流域人类历史时期环境变迁及其原因的研究成果，为进一步开展区域历史地理研究提供了难逢的时代机遇。所以，我们历史地理学界应把握时机，选择一些当前在经济建设中有迫切需要与在学科建设上有典型意义的区域，深入开展历史地理学的综合研究，以取得更为重大的成果，切实提高历史地理学的整体学术水平与社会应用功能。

　　［本文在写作过程中参考了《地理科学》（国家自然科学基金委员会编，科学出版社 1995 年版）、《区域历史地理的空间发展过程》（侯甬坚著，陕西人民教育出版社 1995 年版）、《黄淮海平原历史地理》（邹逸麟主编，安徽教育出版社 1993 年版）、《历史时期西南经济开发与生态变迁》（蓝勇著，云南教育出版社 1992 年版）、《京津唐环境变迁（金至民国）》（唐亦功著，陕西师范大学出版社 1995 年版）、《两湖平原开发探源》（梅莉、张国雄、晏昌贵著，江西教育出版社 1995 年版）、《河西走廊历史地理》（李并成著，甘肃人民出版社 1995 年版）等文献。］

　　（原文刊载于孙进己主编《东北亚历史地理研究》，中州古籍出版社 1998 年版）

---

　　①　《在姜春云副总理关于陕北地区治理水土流失建设生态农业的调查报告上江总书记的批示》，《陕西日报》1997 年 8 月 12 日第 1 版。

西北地区历史时期生态环境
变迁及其基本特征

当前我国西北地区生态环境形势严峻，并已引起各级政府与广大群众的关注，且正亟谋防治改善良策，这自是十分重要而紧迫的工作。然而要真正做到科学决策，并取得实效，首先应对这一地区生态环境之所以如此恶劣的前因后果进行全面深入的研究，并获得准确切实的结论。当然要做好这项重大的研究工作也并非易事。一是因为我国西北地区面积广阔，自然环境类型多样；二是因为各自然地理区生态环境问题互异，造成的原因均很复杂；三则是对于各自然地理区人类历史时期生态环境变迁状况，专家间认识上尚存在不同见解。这固然与历史时期生态环境状况已随岁月流逝，对之不可能如眼前之自然环境进行目击式的观察研究有关；但更与不同学科的专业理论学养有关。为了推进有关学科专家在这一重大研究领域加强沟通协作，以利研究工作的顺利开展，本文谨就我国西北地区历史时期生态环境变迁及其基本特征作概括性陈述，不周之处尚请有关专家补正。

一　西北地区的地域范围与
各自然地理区之划分

关于我国西北地区之地域范围，原有之概念系自行政区划而来，也即 20 世纪 50 年代由西北行政委员会管辖的陕西、甘肃、宁夏、青海、新疆五个省区。从自然地理区域划分论显然是不全面的，缺了内蒙古自治区西半部。目前在国家大力推行的西部大开发战略中所指的"西部"，不单纯是地理意义上的，而是指我国位置偏西的一些经济相对落后的省区，这样就将内蒙古自治区与广西壮族自治区划入实施西部大开发战略的区域范围。据此，内蒙古自治区西半部，即该自治区的呼和浩特市、包头市、乌海市、乌兰察布盟、鄂尔多斯市、巴彦淖尔盟、阿拉善盟七个市、盟正可顺理成章地列入我国西北地区。而其东半部的各市、盟，从地理位置上论，自不当归于西北地区。此外，从维护自然地理区的完整性，有利于实施生态环境保护治理工作的整体规划，还当将山西省包括进来，因为山西全省从其自然地理状况看是我国黄土高原的一个不可或缺的组成部分。只有将已被有关政府部门视为我国中部地区的山西省也划入西北地区，方可使我国黄土高原与黄河中游水系趋于完整，也更加有利于对黄土高原与黄河流域的治理工作，还可使西部大开发在生态环境防治工作上取得更为完整、重大的成效。也正是基于上述认识，我在 1997 年所写的《论大西北地区开发建设中的大环境保护问题》[①]一文中，曾就这一问题发表了上述见解，并建议用"大西北地区"的区域概念来代表这一地区，以区别原带有行政管理意义上的"西北地区"。甚而从自然地理区域角度，赋予"西北地区"新的区域概念，直接以之指代前述陕、甘、宁、青、新、晋与内蒙古自治区西半部这一区域。

这一地区土地面积 377 万平方公里，占到我国总土地面积的 1/3 强，人口约 1.2 亿，不到我国现有人口总数的 1/10。人口平均密度小，而土地资源较为丰富。在自然地理区划上，属于暖温带与温带之半湿润、半干旱以致干旱地区。地带性植被则有森林、森林草原、草原、荒漠草原、荒漠。地形有河谷平原、盆地、高原、山地。就水资源状况论，本区东部属黄河上中游与海河上游，南部为长江及澜沧江河源区，西部有额尔齐斯河、伊犁河流出国境，此外，还有一定面积的冰川及众多的内陆河。年水资源总量约为 2700 亿立方米[②]，占全国水资源总量的 10%。这相对于西北地区广阔的土地与干旱、半干旱自然地带特征而言，无疑是远远不够的。特别是这一地区矿产资源十分丰富，煤炭、石油、天然气及一

---

① 载《陕西师范大学学报》（哲学社会科学版）1997 年第 2 期。

② 据刘昌明、何希吾等《中国 21 世纪水问题方略》（科学出版社 1998 年版）表 1.1 提供的数据与《中国自然地理》编写组编《中国自然地理》（第二版）（高等教育出版社 1984 年版）第十三章第三节"水资源的利用"中资料测算。

些稀有贵金属藏量非常丰富，水资源的贫乏势必会对上述矿产资源的开发与地区经济社会发展以及生态环境改善形成极大的制约。

西北地区按自然地理特点可划分为下列八个二级区：

（1）黄土高原区。该区南抵秦岭北麓，北至阴山南麓，东达太行山，西止于贺兰山—乌鞘岭—日月山一线。区内黄土堆积深厚，地形破碎，水土流失严重；但也有黄河河套平原与关中渭河平原等河谷平原区。

（2）陕甘南部秦巴山区。该区是一东西向的褶皱山地，内有汉中、徽县、成县等断陷盆地，是嘉陵江、汉水之河源区；呈现北亚热带常绿阔叶与落叶阔叶林自然景观，是我国自然地理南北差异的重要分界。水土流失也很严重。

（3）阿拉善高平原与阴山以北高原区。该区为温带荒漠与荒漠草原。阿拉善高平原现分布有巴丹吉林沙漠与腾格里沙漠；其西部之弱水流注嘎顺诺尔与苏古诺尔湖，二湖湖面过去曾达 2600 平方公里，现已趋于干涸。

（4）河西走廊。位于甘肃省西部，北有合黎山、龙首山耸峙，南有祁连山矗立，中为一东西向狭长的由多个山前洪积冲积扇组成的倾斜平原。长约 1000 公里，恰为由中原通往西域的交通孔道；因位于黄河以西，故被称为"河西走廊"。因可得祁连山融雪水之滋润，形成一连串的绿洲。

（5）柴达木盆地。位于青海省北部，夹于祁连山与昆仑山之间。气候极为干燥，多大风，风沙地貌发育，盐、石油等矿藏丰富。盆地四周有一些河流自山间流出，有一定的农牧业开发潜力。

（6）三江源区。位于青海省南部，海拔高度在 4000 米上下；是一高寒地区，也是黄河、长江、澜沧江三条大河的发源地。高原上河谷广阔，河床宽浅，湖泊沼泽众多，曲流发育；但近年来土地沙化严重，草甸草原退化明显。

（7）准噶尔盆地。位于新疆北部，处于天山与阿尔泰山之间。为温带荒漠气候；但因有天山、阿尔泰山融雪水补给，额尔齐斯河、玛纳斯河、奎屯河等河之径流量较大，因而在天山北麓乌苏与奇台间的洪积冲积扇上形成一连串的绿洲。然而，毕竟因气候等自然因素的作用，盆地中部有库尔班通古特沙漠；近年来加上人为活动影响，艾比湖、玛纳斯湖出现萎缩现象，玛纳斯河、奎屯河入湖三角洲处盐渍化现象严重。

（8）塔里木盆地。位于新疆南部，地处天山与昆仑山之间，为暖温带荒漠气候。盆地内有塔里木河横贯，注入罗布泊，四周还有众多河流自山间流出。由于它们的作用，在塔里木河沿岸与天山、昆仑山山前地带形成颇为宽阔的冲积平原。然而在盆地中部，因为风力吹扬作用也造成了我国最大的沙漠——塔克拉玛干沙漠，面积达 33 万平方千米，相当于三个浙江省大。罗布泊之北的吐鲁番—哈密盆地，因在天山以南，也属本区。近多年来，由于人为开发过当，大面积胡杨林遭到砍伐，塔里木河下游曾出现断流。

除上述八个自然地理区外，还有与它们分别相毗邻的阴山、贺兰山、阿尔泰山、天山、祁连山、昆仑山等山地，各具特点，可自成一自然地理区。它们之间虽也具有一些共同点，但因与相连接地区关系密切，所以不再单独划出加以陈述。

二　西北地区历史时期生态环境变化概况

西北地区位于亚洲内陆，新疆一带已属中亚腹地，远离海洋，气候上大陆性特点十分明显：冬寒夏热，日温差也大；降水量小，年内变率与年际变率大；黄土高原土质疏松，沟壑纵横，暴雨强烈；荒漠草原与荒漠沙源物质丰富，风力强劲。上述自然地理上的特点充分表明这一地区当前生态环境十分脆弱。在人类历史时期，也即自全新世早期之 1 万年来，由于气候出现过多次寒暖干湿变化①，特别是自西周初期以来之近3000 年间，由于喜马拉雅山不断抬升，阻挡了来自印度洋之西南暖湿气流的浸润，使西北地区趋于干旱化；再加上人类活动的长期影响，使这一地区生态环境发生了明显变化。一些地方在历史时期的早、中期，天然植被完好，生态环境还颇为优越，所以原始氏族社会获得充分发展；黄土高原东南部的晋西南与关中等地，在中华大地上率先跨入文明的门槛，并在历史上相当长的一段时期内经济社会处于发达地位。上述史实

---

① 段万倜等：《我国第四纪气候变迁的初步研究》，载中央气象局气象科学研究院天气气候所编《全国气候变化学术讨论会文集（1978 年）》，科学出版社 1981 年版，第 12—17 页。

充分表明，西北地区生态环境的恶劣与经济社会的落后，是在历史时期
的后期逐步演变形成。就生态环境变化而言主要表现在以下几个方面：

1. 天然植被大多消失殆尽

西北地区自距今 3000 年前后进入全新世晚期以来，其天然植被由东
南至西北呈现下述地带性分布状况：秦巴山地为北亚热带常绿阔叶、落
叶阔叶林区；黄土高原区中部与南部，即山西与陕西中部为暖温带落叶
阔叶林区；黄土高原区西北部为温带草原区；阿拉善高平原、河西走廊、
柴达木盆地与准噶尔盆地为温带荒漠区；三江源为高寒草原—灌丛—草
甸区；塔里木盆地则为暖温带灌木—半灌木区。[①] 上述天然植被分布状况
在近三千年里，如无人为活动的长期影响是会基本保持下来的。但现在
的状况是，这一地区大部分的天然森林、草原在人类大规模的持久的垦
殖、樵采、焚烧、砍伐、放牧以及战争等活动影响下已不复存在，有的
形成了人工植被或次生植被，有的则沦为光山秃岭或沙漠荒原，仅在秦
岭、祁连山、天山等山地存留有少量的天然植被。

2. 水土流失不断加剧

黄河上中游流经的黄土高原是我国，也是世界上水土流失最为严重
的区域。有人甚至得出"黄河自古多泥沙"的结论。然而，黄河自古多
泥沙在历史时期并不是一成不变的。据景可、陈永宗研究，历史时期黄
土高原年均土壤侵蚀量、土壤自然侵蚀率与人类加速侵蚀率变化状况如
下表所示：[②]

侵蚀状况 时　间	年均土壤侵蚀量 （亿吨）	自然加速 侵蚀率（％）	人类加速 侵蚀率（％）
全新世中期 （距今 6000—距今 3000 年）	10.75		
公元前 1020—公元 1194 年	11.6	7.9	

---

① 根据《中国植被》编辑委员会编著《中国植被》所附之《中国植被区划图》，科学出版
社 1980 年版。

② 根据景可、陈永宗《黄土高原侵蚀环境与侵蚀速率的初步研究》一文提供数据编制，
该文载《地理研究》1983 年第 2 期。

续表

时　间	侵蚀状况	年均土壤侵蚀量 （亿吨）	自然加速 侵蚀率（%）	人类加速 侵蚀率（%）
1494—1855 年		13.3	7.9	6.7
1919—1949 年		16.8	7.9	18.4
1949—1980 年		22.33	7.9	25.0

尽管上表所列数据是否十分准确，还可继续研究，但正如笔者在论文中所指出的：与自然加速侵蚀率是一恒数不同，近 3000 年来人类加速侵蚀率呈不断增长的态势，并与人为活动不断加剧呈正相关。这就有力地证实了人类历史时期黄土高原地区水土流失是在不断加剧。与此类似，秦巴山地是在明清时期，随着大批流民入住，大规模毁林开荒后造成了水土流失的日益加剧。

3. 土地沙漠化扩大

我国是世界上沙漠、戈壁与沙漠化土地面积广阔的国家。据我国沙漠学家朱震达等于 1980 年公布的统计数字，我国北部沙漠与戈壁总面积达 128.24 万平方千米，其中 90% 分布在西北地区。全国 12 个大沙漠中，有 10 个分布在西北地区，面积近 60 万平方千米，占全国沙漠总面积 90% 以上[①]，占西北地区土地面积的 1/6；而受到风力侵蚀的面积则更要大一些。朱震达等专家在同一本著作中还述及，我国在历史时期所形成的沙漠化土地面积约 12 万平方千米，近半个多世纪以来所形成的现代沙漠化土地约 5 万平方千米，两者合计 17 万平方千米，大部分也分布在西北地区。而且他们明确指出，这一变化是在"潜在自然因素基础上，而以人为过度经济活动作为产生环境变化的活动因素"。这一研究结果显示出我国历史时期沙漠化状况是十分严重的，而尤以在西北地区反映最为明显。近年报刊上经常报道，我国进入 20 世纪 90 年代以来每年沙化面积正以 3000 平方公里的速度继续扩展；[②] 甚至连三江源地区也出现土地沙

---

① 据朱震达等《中国沙漠概论》（修订版）中之数据统计，该书于 1980 年由科学出版社出版。

② 新华社北京 2002 年 5 月 20 日电，见《西安晚报》2002 年 5 月 21 日第 5 版。

化，近年来沙尘暴频频爆发①，也反映出土地沙漠化问题的严重性。

4. 高山冰川雪线后退，冰雪储量减少

我国西部高山耸峙，冰川积雪区域广阔，高山冰川面积共有5.7万平方千米，冰雪储水量达29640亿立方米，年出水量达490亿立方米。西北地区之帕米尔高原、喀喇昆仑山、天山、昆仑山与祁连山之冰川积雪区有28725平方千米②，占到全国冰川积雪总面积的50%，冰雪储水量相应地也占到一半左右，这是本地区十分宝贵的水资源。但历史时期，由于气候变旱，加上近现代对积雪山区森林采伐量过大，使得高山雪线上升，冰川数量与储水量减少。以祁连山为例，自20世纪30年代冰川就开始普遍退缩。到80年代初经考察，查明当时有冰川3306条，冰川面积2062.72平方千米，储水量1320亿立方米。③ 近据专家研究，自那时以来20年间这一趋势进一步加剧。祁连山冰川雪线正在不断退缩，其年平均退缩速度东部为16.8米，中部为3.3米，西部为2.2米。冰川减为2859条，面积减为1972平方千米，储水量减为954.38亿立方米。④ 其中，最引人关注的是储水量减少幅度高达27%。类似的现象在西北其他高山冰川也有不同程度的反映，这对干旱缺水的西北地区无疑是个十分严重的问题。

5. 河流湖泊水量减少，一些河流河道流程减少发生断流，有的湖泊湖面缩小甚至消失

这一现象在西北地区发生得十分普遍，历史时期即开始出现，如今更趋严重；这既与气候趋于干旱有关，也受到人为活动极大影响。

黄土高原与秦巴山区。历史时期渭河与汾河都曾经可以行舟⑤，现水浅沙多，已无航运之利。甚至秦巴地区一些汉水之支流，航路也大为缩短。至于湖泊，曾见于古籍记载的弦蒲（在今陕西陇县千水上游）、阳华（在今陕西潼关县）、焦获（在今陕西泾阳县泾河弧口段）、昭余祁（在

---

① 孙佑海：《依法治沙，防治污染》，载《中国环境报》2002年4月6日第3版。

② 《中国自然地理》编写组：《中国自然地理》（第二版），第7、325页。

③ 中国科学院兰州冰川冻土研究所祁连山冰雪利用考察队：《祁连山冰川的近期变化》，《地理学报》1980年第1期。

④ 王海燕：《暖冬与环境》，《中国环境报》2002年5月21日第1版。

⑤ 《左传》僖公十三年。

今山西汾河中游介休、祁县等地）、沙陵湖（在今内蒙古托克托县）、屠申泽（在今内蒙古杭锦后旗）[①]、奢延泽（在今内蒙古鄂托克前旗）[②] 等已经消失。

河西走廊与阿拉善高平原。石羊河、黑河、疏勒河三大水系近期水量均大幅度减少，石羊河支流南沙河与北沙河，过去四季有水，现已基本干涸。[③] 黑河是该地最大的一条内陆河，然而 1992 年以后下游断流，额济纳旗之东、西居延海干涸。2000 年后开始实施分水计划，下游缺水状况稍有苏缓，濒临消亡的胡杨林有了一线生机。[④]

柴达木盆地与三江源地区。青海湖自 20 世纪 60 年代开始，由于环湖数十万亩草原被开垦为农田，原有水注入青海湖的 108 条河流，85% 已干枯，其中较大的布哈河等也时有断流，湖水水位也以年均 12 厘米的速度下降。[⑤] 又据青海省地质调查院发布的资料，黄河源区自 1960 年以来共发生 4 次断流。其中 1998 年 10 月 20 日至 1999 年 6 月 3 日期间，扎陵湖与鄂陵湖之间竟出现半年多的断流；与此同时，黄河源区的沼泽湿地与湖泊面积也大范围减少，2000 年比 1976 年减少了 2748.53 平方千米。[⑥]

新疆地区。位于南疆的我国最大的内陆河——塔里木河，据《西域水道记》记载，清初还是"河水汪洋东逝，两岸旷邈，弥望蒹葭"。1899年 9 月 17 日至 12 月 7 日，瑞典探险家斯文·赫定曾乘大木船由叶尔羌河上的麦盖堤下行至图拉河尔岗卫。[⑦] 但到清末（1910 年）撰写的《新疆图志·水道志》中，所记却是："西南上游，近水城邑田畴益密，则渠浍益多，而水势日渐分流，无复昔时浩大之势"。中华人民共和国成立后，由于上游支流开垦面积扩大，农田灌溉引水量大增，使补给塔里木河的水量明显减少，以至于下游大西海子水库以下自 20 世纪 60 年代以来水量

---

① 参见拙文《我国黄土高原地区几个主要区域历史时期经济发展与自然环境变迁概况》，载《中国历史地理论丛》1992 年第 1 辑。

② 见拙文《内蒙古城川地区湖泊的古今变迁及其与农垦之关系》，《农业考古》1982 年第 1 期。

③ 王海燕：《暖冬与环境》，《中国环境报》2002 年 5 月 21 日第 1 版。

④ 姜在忠等：《胡杨林有救了》，《中国环境报》2002 年 3 月 8 日第 2 版。

⑤ 据新华社电讯，转引自《人民政协报》2002 年 5 月 22 日第 A3 版。

⑥ 卢友东：《黄河源区断流原因查明》，《人民政协报》2002 年 4 月 9 日第 B2 版。

⑦ 斯文赫定著：《亚洲腹地旅行记》，李述礼译，上海书店 1984 年版，第 270—291 页。

逐渐减少，现英苏以下 320 公里河道已断流。2000 年 5 月塔里木河流域管理局开始从博斯腾湖经孔雀河向塔里木河下游台特玛湖应急输水，使断流已 30 年的下游地区生态恶化状况出现转机。与此相应，塔里木盆地其他内陆河流，如开都河、孔雀河、渭干河、阿克苏河、克牧河、叶尔羌河、和田河、克里雅河、且末河等，也都在新中国成立后因大规模垦殖及建库蓄水、开渠灌溉，使本身径流量减少，矿化度增大，孔雀河、渭干河等下游河道已断流。[①]

在北疆准噶尔盆地的内陆水系，尽管历史时期有的水系进行了军民屯田开发，但对河流水量引用有限，影响不大。新中国成立后，由于乌鲁木齐河、玛纳斯河、奎屯河等流域成为重点工业建设区与农业屯垦区，用水量随之大增，也使这些河流发生了重大变化。如乌鲁木齐河等天山北坡东段诸河，一出山口就全部被引入城镇、农田，即使发生洪水也难有余水下泄。而呼图壁河出山后之河道干涸后原有之胡杨林已枯萎，长出了梭梭林。玛纳斯河大泉沟水库以下平原上的河道已全部解体，加之上游森林从 20 世纪 60 年代开始遭到大面积砍伐，不仅降低了水源涵养能力，也使泥沙含量增加。奎屯河已不能补给艾比湖。博尔塔拉河在博乐城以东已基本断流。乌伦古河流入吉力湖的古三角洲在福海县城以西部分已变成沙漠，矿化度明显升高。[②]

新疆地区的众多湖泊在近 2000 年以来的历史时期也发生了重大变化。如罗布泊，汉代时，史书记载它"广袤三百里，其水亭居，冬夏不增减"。[③]但到清乾隆四十七年（公元 1782 年）成书的《河源纪略》中就记为"淖尔东西二百余里，南北百余里，冬夏不盈不缩"。1930—1931 年实测的面积为 1900 平方公里，南北长 170 里，东西宽北为 40 里，南为 90 里。1962 年，航测编制的 1/20 万地形图上，面积缩为 660 平方千米，而到 1972 年美国第一颗人造卫星照片上，罗布泊则已干涸。与此同时，塔里木河与孔雀河下游的卓柴鲁特库勒湖群、罗尔代克湖群及帕塔里克

---

① 樊自立主编：《新疆土地开发对生态环境的影响及对策研究》，气象出版社 1996 年版，第 82—98 页。

② 同上书，第 99—102 页。

③ 《汉书》卷九十六上《西域传》上。

湖也全部干涸。此外，叶尔羌河下游的卓尔湖也于1979年露出了湖底。除一些湖泊已经干涸外，还有一些湖泊，如南疆的台特玛湖、吐鲁番盆地的艾丁湖、北疆准噶尔盆地西部的艾比湖与巴里坤盆地的巴里坤湖，也都基本干涸或严重萎缩。①

6. 绿洲萎缩

我国沙漠绿洲主要集中分布在西北地区的内蒙古西部、宁夏银川平原、甘肃河西走廊、青海柴达木盆地、新疆吐鲁番盆地、塔里木盆地与准噶尔盆地等地的河流两岸或地下水出露处。据估算，上述区域现有绿洲面积约14万平方千米，虽只占这一区域土地面积的6.5%，却集中居住着95%以上的人口，且都是行政与经济中心所在地。② 可见绿洲的存在对西北地区经济社会发展关系之重大。然而在历史时期，因为社会动乱，战争破坏，河流改道，已导致了新疆尼雅、楼兰、丹丹乌里克等汉唐时期形成的老绿洲的荒废。③ 到了现代，由于人口不断增多，水源减少，沙漠化趋势的扩大，绿洲生存已面临严重威胁，有的绿洲面积已急剧萎缩，耕地盐渍化现象也很严重。如塔里木河下游，由于上游来水量由1957—1959年的15.6亿立方米到1990—1994年减为3.1亿立方米，减少了80%，致使弃耕绿洲农田7万公顷。④ 内蒙古额济纳旗地处黑河下游，由于自20世纪60年代以来，入境水量日趋减少，荒漠化面积不断扩大，迄今已有530万亩绿洲消失，116万亩胡杨、红柳天然林不复存在。⑤ 甘肃河西走廊，近30年因缺水灌溉，也弃耕农田12万公顷。另一方面由于人口快速增加，人均耕地已由1986年的2.59亩，减少为1995年的2.1亩。⑥ 情况

---

① 樊自立主编：《新疆土地开发对生态环境的影响及对策研究》，气象出版社1996年版，第104—110页。

② 参见拙文《论大西北地区开发建设中的大环境保护问题》，《陕西师范大学学报》（哲学社会科学版）1997年第2期。

③ 樊自立主编：《新疆土地开发对生态环境的影响及对策研究》，气象出版社1996年版，第45—50页。

④ 季方等：《近四十年新疆绿洲农业生态经济系统运用态势》，《干旱区资源与环境》2000年第1期。

⑤ 姜在忠等：《胡杨林有救了》，《中国环境报》2002年3月8日第2版。

⑥ 刘普幸等：《河西走廊绿洲环境经济系统与生态农业协调发展研究》，《干旱区资源与环境》2000年第1期。

确乎十分严峻。

当然，除上述六个方面的问题外，还有一些生态环境变迁问题，如一些地方存在寒冻、冰雹、洪涝、鼠疫、蝗虫等灾害以及一些城镇与工矿区的"三废"污染等。这些现象有的是派生性的，有的则是近期才突现出来（如"三废"污染问题），所以就不再具体论述。

三 西北地区历史时期生态环境 变化的基本特征

追溯西北地区历史时期生态环境变迁，可以概括总结出以下几个基本特征。

第一，西北地区历史时期生态环境变化虽然反映在多个方面，但却以干旱化、沙漠化与水土流失不断加剧最为突出。它们不仅涉及的面积广大，且对这一地区生态环境变迁总体进程具有一定的影响。如干旱化导致天然植被逆向演替，并对土地沙漠化、河湖水文状况恶化及绿洲萎缩等产生负面影响。土地沙漠化与水土流失加剧，也具有相同的作用。

第二，造成西北地区历史时期生态环境变迁的原因既有气候干旱化等自然因素自身变化的影响，也与人为活动密切相关。特别是与历史时期中原地区王朝政治中心迁徙、在西北地区推行的军民屯垦及处理民族关系的策略、丝路通塞等经济社会政策有着直接关系。人为活动对生态环境变迁的影响，既有大规模毁林毁草开荒垦种，导致土地沙漠化、水土流失等加剧生态环境恶化的作用，也有兴修水利工程，建设绿洲，使原本恶劣的生态环境得到改善的积极作用。当然从总体上看，西北地区随着历史的演进，特别是在唐末以后，随着中原王朝政治中心东迁，社会日趋封闭，生态环境即不断趋于恶化。

第三，历史时期西北地区生态环境变迁虽有随时间的推移而有所积累的状况，但也并非呈直线式发展。造成这一现象的主要原因还是在于人为活动，在不同历史阶段由于统治集团推行的政策与策略不尽相同，造成了人为活动的内容与强度的不同。就我国西北地区而言，历史上以秦汉、唐及明清等三个时期人为活动强度较大，对生态环境造成的正面与负面的影响也最为显著。中华人民共和国成立以来也因为人口剧增，各项开发工作大规模开展，因而生态环境恶化状况在历史时期所积累的基础上，又进一步有所发展。

第四，西北地区由于是我国的江河之源、风暴之源与沙尘之源，所以历史时期这一地区生态环境所发生的干旱化、沙漠化与水土流失不断加剧的变化，就不仅制约着本地区社会经济的发展，还严重威胁着其周边地区，特别是其东部之华北平原与京津地区之生态安全，其影响十分广泛深远。因而当前我国在推行西部大开发战略时，对西北地区生态环境保护与治理工作，应该从全国生态安全着眼，站在我国各族人民长远利益的高度来看待，动员全国力量，倾全力从根本上解决这个问题。

（原文刊载于《中国历史地理论丛》2002 年第 3 辑）

关于进一步推进历史时期毛乌素沙地生态环境变迁研究的几点思考

——为纪念统万城兴建 1600 年而作

一 毛乌素沙地与统万城——汇聚着历史地理学界几代学人学术追求的热土与圣城

1600 年前，即公元 413 年，匈奴族铁弗部首领、大夏国王赫连勃勃，在今毛乌素沙地南缘、无定河上游支流红柳河北岸之今陕西省靖边县红墩界镇的白城子村原汉代奢延县城旧址上，发十万之众，历时七年，建成其都城；并名之为"统万"，意为要以它为基地，扫平天下，"统驭万邦"。① 统万城规模宏伟，由外郭城、东城、西城三城组成，城垣坚固、建筑壮丽。② 1600 年来虽屡经人为毁坏与长期的风蚀沙埋，大部分城垣仍巍峨壮观。正因为统万城具有鲜活的历史直感与巨大的视觉冲击力，所以既是研究大夏国史以及魏晋北朝历史的实物标本；也为众多研究毛乌素沙地形成与变迁的学者，特别是历史地理学者，提供了不可多得的现场证据。而在后一研究领域，首开其端的就是我国现代历史地理学创建者之一的侯仁之院士。

侯仁之先生是 1964 年 7 月 8 日率领北京大学历史地理考察小组离开北京前往位于鄂尔多斯高原南部之毛乌素沙地进行实地考察的。在历时一个多月的考察中，统万城作为重点对象，侯先生带领我们小组一行四人，自其西南的今内蒙古自治区乌审旗巴图湾村出发，跋涉 20 多里沙路进入统万

---

① 《晋书》卷一百三十《赫连勃勃载记》；郦道元《水经注》卷三《河水注》。
② 戴应新：《大夏统万城址考古记》，载侯甬坚、李令福编《走向世界的沙漠古都——统万城》，《中国历史地理论丛》专辑，2003 年。

城内进行了精细的踏勘，还攀上统万城西北隅高大的敌楼，对城外沙漠景观作了鸟瞰观察。并由此打开了他将统万城的兴建、废毁与毛乌素沙地形成、演变结合起来进行研究的思路。因而在结束了毛乌素沙地考察之后，在他连续撰写的两篇论文①以及之后在"文革"中的 1973 年撰写并发表于该年《文物》第 1 期上的《从红柳河上的古城废墟看毛乌素沙漠的变迁》等文中，他对历史地理学者通过沙漠中遗留的古城废墟与相关的古代人类活动遗迹研究历史时期沙漠的变化之学理作了深刻阐述；并以统万城为例，富有睿识地对毛乌素沙地的形成与演变作出了论断。侯先生的上述学术实践与理论探索不仅开辟了统万城学术研究的新领域，还由此创立了历史地理学的一个新的分支学科——历史沙漠地理学。② 其基本论点除明确指出历史地理学在对沙漠进行研究时，因是研究其在人类历史时期的变化，特别是由于人类的活动所导致的沙漠的变化，而人类历史时期沙漠的变化又因直接影响到当今沙漠现状及特点的形成，所以特别值得注意外；还强调了沙漠中遗留下的人类活动的遗迹，尤其是古城废墟，恰为历史地理学者研究沙漠在人类历史时期的变化提供了重要的线索与证据。至于毛乌素沙地，他则通过考察与研究，结合统万城等古城的兴废，得出了三个基本论点。

（1）统万城所在的今毛乌素沙地，在公元 5 世纪初统万城兴建之时，尚无流沙痕迹，而是一水草丰茂景色优美之区。它之所以沦为沙漠只是唐代后期近千年以来逐渐演变而成。

（2）毛乌素沙地之沙源非外地吹袭而来，而是就地起沙；也就是地质时期埋压于地表土壤层以下之古风成沙之活化。即使有流沙移动现象，也是后期的局部现象。

（3）毛乌素沙地主要由于人为不当活动造成，自然因素虽也有影响，但并非决定性因素。

也正是基于上述学术见解，所以侯先生于 2003 年曾在应陕西师范大学西北历史环境与经济社会发展研究中心之请求，以 92 岁高龄，欣然为

---

① 此两文为《走上沙漠考察的道路》（原载《科学通报》1964 年第 10 期）、《历史地理学在沙漠考察中的任务》（原载《地理》1965 年第 1 期）。

② 详见朱士光《开拓统万城研究新领域的一次考察——记侯仁之教授 1964 年夏率历史地理考察小组对毛乌素沙漠和统万城遗址的考察》，载侯甬坚、李令福编《走向世界的沙漠古都——统万城》，《中国历史地理论丛》专辑，2003 年。

当年出版的《走向世界的沙漠古都——统万城》论文集题词中明确强调：统万城"是民族文化的丰碑，也是当地生态环境变迁的历史见证"，"值得认真地开展深入研究"。

侯先生的前述研究成果与理论见解很快在历史地理学界及沙漠学界、考古学界引起强烈反响，获得广泛回应。之后，历史地理学界的史念海先生与王北辰、李健超、马正林、赵永复、朱士光、李孝聪、吴宏岐、王尚义、侯甬坚、韩光辉、邓辉、李并成、韩昭庆、李令福、王社教、艾冲、刘景纯、张力仁、穆渭生、张维慎以及一些21世纪成长的学者等几代学人相继就这一问题从多方面进行了研究论述。① 实际上，谭其骧先生于1962年1月写定的《何以黄河在东汉以后会出现一个长期安流的局面——从历史上论证黄河中游的土地合理利用是消弭下游水害的决定性因素》② 一文，也涉及毛乌素沙地历史时期土地利用问题，对探讨历史时期毛乌素沙地的形成颇具启发意义。

除历史地理学者外，沙漠学者中如朱震达、刘恕、钟德才等，地理学者中如林雅贞、陈传康、陈昌笃等，考古学者中如戴应新、邢福来、景爱、康兰英、呼林贵等，第四纪地质学者中如董光荣、陈渭南、刘东生、安芷生、袁宝印、孙继敏、黄赐璇、史培军、王乃昂、何彤慧等，历史学者中如周清澍、陈育宁、周伟洲、荣新江、胡戟、杜文玉、杜建录、杨满忠、薛正昌、王智真、姚勤镇等，以及国外的一些学者，如日本学者市来弘治等，都对统万城的兴废或毛乌素沙地之形成变迁，从各自学科角度做了研究与阐释③，可以说是多路大军奔统万。然而，内中唯有历史地理学者是将统万城与毛乌素沙地紧密地结合在一起，终极目标

---

① 上述学者发表的相关论著请查阅侯甬坚收集《统万城研究论著索引》，载侯甬坚、李令福编《走向世界的沙漠古都——统万城》，《中国历史地理论丛》专辑，2003年。

② 原载《学术月刊》1962年第2期。

③ 上述专家、学者有关之学术成果请查阅侯甬坚收集之《统万城研究论著索引》（载侯甬坚、李令福编《走向世界的沙漠古都——统万城》）、陕西师范大学西北环发中心编：《统万城遗址综合研究》（三秦出版社2004年版）、朱士光：《评毛乌素沙地形成与变迁问题的学术讨论》（《西北史地》1986年第4期）以及钟德才：《中国沙海动态演化》（甘肃文化出版社1998年版）、何彤慧与王乃昂：《毛乌素沙地历史时期环境变迁研究》（人民出版社2010年版）、陈育宁：《鄂尔多斯史论集》（宁夏人民出版社2002年版）、史培军：《地理环境演变的理论与实践——鄂尔多斯地区晚第四纪以来地理环境演变研究》（科学出版社1991年版）、景爱：《沙漠考古通论》（紫禁城出版社1999年版）、韩昭庆：《明代毛乌素沙地变迁及其与周边地区垦殖的关系》（《中国社会科学》2003年第5期）。

是通过统万城的兴废探明毛乌素沙地形成与变迁之过程及原因。而正是这一终极目标，成为凝聚历史地理学界几代学人之学术追求，也使统万城与毛乌素沙地成为他们实现自己学术追求之圣城与热土。

二 有关统万城兴废与毛乌素沙地形成、演变关系之研究虽已获一定进展，但仍有许多问题有待深入研究

前已述及，在近半个世纪里，经侯仁之先生倡导，多个学科的数代学人，就统万城兴废与毛乌素沙地的变化问题进行了持续不断的研究，都推出了相应的研究成果。他们中有的遵从侯先生的一些基本学术见解，并得出了更为细化深化的结论；有的则不认同侯先生的基本学术见解，提出了不少新的结论。其中，最主要的不同点就是认为毛乌素沙地不是人类历史时期形成的，而是地质时期就有的；或者认为，即使毛乌素沙地是人类历史时期形成的，也不是在赫连勃勃于公元 5 世纪初兴建统万城之后，而是在统万城建成前，或在统万城兴建时其附近地区，甚至其城内就有流沙。针对上述论点，笔者作为 1964 年夏季侯仁之先生率领进入毛乌素沙地进行沙漠历史地理考察的历史地理考察小组成员之一，前已述及曾于 1986 年撰写了《评毛乌素沙地形成与变迁问题的学术讨论》一文，进行了具体评述。文中曾就持毛乌素沙地之地质时期形成说或毛乌素沙地至少在北魏，甚而至迟在东汉时就已有流沙活动说的一些论据，进行了具体辨析。除从毛乌素沙地所在区域在自然地带性上属于季风区温带半干旱性典型草原地带立论，指出若无其他更特别的原因，本不当出现大面积沙地之外；结合毛乌素沙地历史时期农牧业开发历程与农牧业生产区域之进退以及当地第四纪地质时期之气候变化大势与孢粉分析结果所反映的自然植被变化状况，参照当地自然地理特点对一些文献记载进行的新的诠释、第四纪古风成沙至全新世中期固结成壤之变化、当地新石器时代遗址分布状况所反映的人类历史时期早期生态环境状况、城川地区古湖实际变化过程等，一一予以剖析辩驳。意在阐明，历史地理学者并不仅据史籍记载进行推论，而是综合采用地理学、第四纪地质学、考古学等学科之研究手段与相关成果，结合历史发展进程，慎审而

精细地复原历史时期的生态环境；当然也期盼历史地理学界以及相关学科之学者能更精深地继续开展研究。

自拙文发表以后，对统万城与毛乌素沙地之研究虽续有进展，但在一些主要问题上仍存在歧义；在一些重要的领域，工作还有待深入。主要体现在以下几方面：

（1）在一些主要问题上仍存在种种分歧意见。如关于统万城修建问题。一方面，有许多学者认为赫连勃勃当年决定兴建统万城确因当地临广泽而带清流，自然环境优越，且处于当时北方丝绸之路之冲要枢纽地位；另一方面，有一些学者或认为赫连勃勃只是从政治、军事角度考虑兴修统万城，甚或认为统万城只是一座临时性都城，当地生态环境是否优越并不重要。[①]

又如关于毛乌素沙地何时形成问题。一方面有不少学者认为该沙地唐代开始形成，历经了唐代后期的早期扩散、宋元至明代后期的东南向扩张、明末迄今的继续扩大等发展阶段以及统万城废毁在先，沙化在后等论点。另一方面，也有一些学者认为统万城是建在沙层之上，建城之时就有明沙。也就是说，毛乌素沙地在公元5世纪初即已存在。[②]

（2）在某些研究论著中对一些史籍之引用不够严谨，主要体现在未能注重将史籍中有关地理环境的记载与当地自然环境状况结合起来进行解读。如在研讨毛乌素沙地之形成与统万城附近沙丘出现之年代时，常有学者引证郦道元《水经注》卷三中所载之奢延水（今无定河）其上游出自"赤沙阜"，所经有"沙陵""沙溪"等，就断定北魏时统万城一带就有沙和沙丘，是流沙存在的证据。郦道元，生年史无记载，当代郦学名家陈桥驿教授考定为"或许在延兴二年（公元四七二年）"[③]，被害身亡则史载在孝昌三年（527）；[④]《水经注》成书于北魏延昌（512—515）

---

①　参见史红帅《2003 年沙漠古都统万城学术研讨会综述》，载陕西师范大学西北环发中心编《统万城遗址综合研究》，三秦出版社 2004 年版。

②　同上。

③　陈桥驿：《爱国主义者郦道元与爱国主义著作〈水经注〉》，《郑州大学学报》（哲学社会科学版）1984 年第 4 期。

④　《魏书》卷八十九《郦道元传》；又参见陈桥驿《郦道元生平考》，《地理学报》1988 年第 3 期。

至正光（520—525）[①] 年，另一说则为公元 520—524 年。[②] 且不说《水经注》成书于统万城建成约百年之后，所载之沙陵、沙溪等在百年前是否一定存在；即使存在，位于河湖滨之沙滩与沙丘，是被沙漠学家划为与沙漠、沙地不同类之沙质地表的。[③] 也就是说，即使公元 5 世纪初统万城附近之河湖岸傍有如郦道元所记述的"沙陵""沙溪"，也是不与沙漠、沙地同类型的沙质地表；又因其所处之地理位置，也不能将其视作毛乌素沙地原生处。而赤沙阜只是奢延水（今无定河）发源处之白垩纪紫红色砂岩，也即今被地貌学界命名为"丹霞地貌"的山丘。今靖边县明长城内无定河上游一支芦河发源处龙洲乡一带分布的大面积丹霞山丘，已于 2012 年 11 月 7 日被靖边县政府确立为丹霞地貌景区加以保护和建设，即是明证。[④] 诸如此类例子还有一些，兹不一一列举。

（3）对毛乌素沙地历史时期环境变化中几个主要领域的研究与论述均较概略，不够深入翔实。虽然地理学界自 20 世纪 50 年代初开始研究毛乌素沙地历史时期形成与变迁问题，后历史地理学者自 60 年代初对这一问题强力加以推进，半个多世纪来取得了多方面的成绩，但因多为单兵作战，大量的论文也大多是从各相关学科不同角度所作专题研究的成果，即使有的历史地理学者也尝试着作了综合性探讨，但也未能进行充分深透的阐述。迄今专就毛乌素沙地历史时期环境变化问题进行了充分研究后推出的专著，还仅有何彤慧、王乃昂二人合著的《毛乌素沙地历史时期环境变化研究》一书。据该书《前言》介绍，此书是两位学者在获得"973"国家重大基础研究发展计划项目"中国北方沙漠化过程及其防治研究"第一课题的支持下，经过自 2003 年至 2008 年长达五年的研究，借鉴环境考古学、自然地理学、第四纪地质学、人文地理学等学科研究方法，在通过多次野外考察并收集分析了历史文献与总结吸收了前人研究成果的基础上撰写而成，于 2010 年 4 月由人民出版社出版。尽管全书总

---

① 陈桥驿：《郦道元生平考》。

② 王尚义、董靖保、牛俊杰、谢鸿喜、赵淑贞：《毛乌素沙地变迁之再认识》，载陕西师范大学西北环发中心编《统万城遗址综合研究》，三秦出版社 2004 年版。

③ 钟德才：《中国沙海动态演化》，甘肃文化出版社 1998 年版，第 3—5 页。

④ 赵琦：《神奇的中国靖边丹霞奇观——探访榆林靖边丹霞地貌》，《西部风情》2013 年第1、2 期合刊。

字数达 35 万字，但其第十二章，即带总论性最后一章"毛乌素沙地历史时期的环境变化及成因分析"，仅约 1.5 万字；而内中论述毛乌素沙地历史时期环境变化特征的一节，不足万言。该节对毛乌素沙地历史时期水环境、植被、土地退化与沙漠化等几个主要领域都有涉及，但均十分简略。无论对整个历史时期还是对某一特定阶段，无论对整个毛乌素沙地还是对某一典型区域，都难以让读者清晰具体了解毛乌素沙地环境变化的历程与特征。

三 关于深入推进毛乌素沙地历史时期 生态环境变迁研究的几点建议

（1）从长时段着眼，对整个人类历史时期毛乌素沙地生态环境变迁加以研究与揭示。这里的所谓长时段，是指从全新世中期之新石器时代迄于当今。全新世中期正当全球气候之最适宜期，且正与人类历史上之新石器时代氏族社会相当，故而在我国又被称为"仰韶温暖期"。斯时，毛乌素沙地更新世时期形成的古风成沙，由于其表面之生草成壤作用，已被覆盖固定下来；而新石器时代之先民已由渔猎生产方式为主阶段进入原始农耕时期，人类活动开始对地理环境产生日益明显的影响。这较有的研究成果划定的自先秦时期开始的人类历史时期更完整，也更符合历史地理学学理要求。通过对这一长时段的系统研究，当能全面完整复原出迄今之整个人类历史时期生态环境变迁历程，也能更为深刻地揭示出其变迁特点与规律。

就研究的内容而言，当然应力求全面，但也还应把握重点。而这些重点内容则应是在人类历史时期全球气候进入冰后期之后，在一个新的间冰期之较小尺度气候冷暖干湿变化背景基础上与人类不同历史发展阶段相应的各种活动影响下所导致的植被（包括天然植被与人工植被）、河湖水文、土地沙化与沙漠（地）化三方面内容。同时在研究与撰述上述三方面重点内容时，还当就各自所涉及的重点区域、重点时段与重点问题着重用力；力求做到既能展示这些重点方面历史时期变化之全貌，又能突出其重点区域、重点时段与重点问题之变化状况。例如，天然植被变化方面，在全新世中期之后，是否发生地带性植被分布状况变化？又如在河湖水文状况方面，红碱淖在 20 世纪 20 年代末始积水成湖，至 60 年代初达到 67 平方千米。[①] 1969 年最大时曾达 100 平方千米；但进入 21 世纪以来，湖水位不断下降，湖面也日益萎缩，至 2012 年，湖面较 1969 年已缩小 2/3。[②] 究竟是什么原因导致红碱淖湖面之扩张与减缩？再如在土地沙化与沙漠（地）化方面，毛乌素沙地究竟是人类历史时期之什么时候开始形成的？上述问题均应重点探明论清。

（2）在历史地理学学科理论主导下多学科协同合作开拓创新，取得突破性进展。毛乌素沙地由于所处地区在自然地理地带性以及在人文地理上位于农牧交错带等特点，所以它在历史时期之环境变化，特别是沙地形成与演变问题，势必涉及自然与人文多方面要素，其变化历程也非匀速直线型的。所以要将之研究清楚，就必须在历史地理学学科理论指导下，历史地理学与自然地理学、人文地理学、第四纪地质学、沙漠学、考古学、历史学等学科之学者协作，采取历史文献考证、野外科学考察、孢粉分析、地面沉积物分析、环境考古等多种研究方法与新的科技手段，获取翔实精准史料与论据，并与人类社会发展进程及其间之政治、经济、军事、文化等举措相比对勘验，进行深入的综合研究，方能得出有价值的符合史实与科学原理的研究成果。在此，还需申明的是，历史地理学作为现代地理学的一门分支学科，在地理学之"人地关系"这一基本理论方面，是最先作出创获建树的，并在这一理论指导下，不仅在历史沙漠地理方面，还在历史地理学其他多个分支领域都取得了一批令人瞩目的成果。并不像有的学者评论的那样"历史地理学虽然能够较多揭示面上信息，但存在断章取义、以今论古、文学语言缺乏科学性等一系列问题"。[③] 显然，上述评论完全是对历史地理学之理论与实践缺乏了解之偏颇见解，是与实际状况完全不符的。而就历史地理学关于"人地关系"理论所作建构之内涵看，是理应在研究历史时期沙漠（地）变迁工作，当然包括对毛乌素沙地历史时期生态环境变化研究工作中起到引领作

---

① 何彤慧、王乃昂：《毛乌素沙地历史时期环境变化研究》，第 376 页。

② 《沙漠珍珠还有救吗？全国政协委员建议设立红碱淖国家级湿地自然保护区》，《中国环境报》2012 年 3 月 14 日第 7 版。

③ 何彤慧、王乃昂：《毛乌素沙地历史时期环境变化研究》，第 50 页。

用的。

（3）将毛乌素沙地历史时期生态环境变化研究作为历史地理学一个典型案例，力争做深做精，并在学科理论上与治理实践中取得重大创获。前已述及，毛乌素沙地因所处地区在自然地带性与人文地理上的特点，因而可将其历史时期生态环境变化研究问题作为历史地理学一个典型的研究案例。在对之进行研究时，自应将毛乌素沙地形成问题作为关键点与突破口，因为这除是沙漠学研究一个基础性的问题外，还直接影响当今对之进行防风固沙与开展生态环境建设所应采取的正确的方略、措施问题。如果经我们严谨缜密的研究，确证毛乌素沙地确是在人类历史时期主要因人为不当活动导致它形成，并不断有所扩大，生态环境因而日趋恶化；那么，我们就能在充分吸收历史上人类种种不当活动所造成的消极后果的教训基础上，采取正确的治理与发展经济的方略，运用新的科技手段，不仅将流沙与半固定沙丘固定住，还能进一步让它们发挥出生态效益与经济效益，造福人类。若确系地质时期纯粹因自然原因形成沙地，或是在人类历史时期并非主要由人为不当活动，而主要是由自然原因造成的沙地；那当然不可能彻底改造它，而只能因害设防，减缓其扩张蔓延速度，减轻其风蚀沙化危害。

在论定毛乌素沙地究竟是地质时期形成的或是人类历史时期形成的这一关键性问题时，还要注意处理好正确对待地质时期形成的古风成沙问题。笔者在《评毛乌素沙地形成与变迁问题的学术讨论》一文中曾对这一问题作过如下明确的表述：

从早更新世后期以来，鄂尔多斯高原便处于蒙古高原和海洋季风边缘区的过渡带位置，并受到北半球冰期、间冰期气候多次波动所导致的气候带移动的影响。冰期时，本区从西北往东南主要处于干旱荒漠与荒漠草原地带，西北部以风蚀和流沙堆积为主，东南部边缘以粉尘沉积为主；间冰期时，本区从东南往西北主要处于森林草原、灌丛草原或草甸草原地带，地表以生草成壤和流水作用为主，西北部的流沙趋于缩小、固定，东南部的黄土沉积也减弱以致停止。正是在这一气候多次移动的影响下，才导致了第四纪期间这一高原一系列流沙⇆半固定、固定沙地的正逆演变过程，形成了从早更新统至全新统多种类型的古风成沙。这是纯粹由于自然因素的变化所造成的，在地质时期自当如此。那么在进入人类历史时期后，即进入全新世中期以后，又当如何呢？据历史气候学家与第四纪地质学家的研究，全新世中期，是全球性的气候最适宜期，鄂尔多斯高原处于暖温带灌丛草原与森林草原环境，在地表生草成壤作用下，流沙普遍趋于固定，并发育形成了黑垆土及褐色土。高原上展现的是一派温暖湿润、林草茂密、动物繁衍的景象，看不到流沙的踪影，只有更新世以来各个阶段形成的古风成沙被覆压于地表之下，无声地诉说着自己的往昔。以后一方面由于气候的继续波动并逐步变干变冷，另一方面由于人类活动作为一种新营力出现于高原上，于是一种不同于此前更新世地质时期的变化格局出现了，这在高原南部今毛乌素沙地所在地区表现十分典型。先是使许多遭到过度耕垦、樵采、放牧的地方"就地起沙"，或使一些原已固定的沙丘活化，继而又产生风蚀与流沙移动、堆积活动，久而久之就造成目前这种在温带典型草原地带出现大片流沙的奇特现象。由此观之，在毛乌素沙地，古风成沙的广泛存在只不过为人类历史时期沙漠化提供了丰富的沙源，而人类的不合理的生产活动与激烈的军事活动，却是促使这一地区的沙漠化在自然因素缓慢变化的基础上加速发展的重要因素。因而绝不能因为这一地区存在地质时期的古风成沙，就否定在人类历史时期其沙漠化过程的特有规律。

笔者的上引论述，本在阐明毛乌素沙地存在的地质时期的古风成沙，纯因自然因素作用形成；而人类历史时期形成的沙地，却是在自然因素缓慢变化的基础上，叠加上人为活动因素出现的沙化现象。地质时期的古风成沙与人类历史时期形成的沙地，是在不同成因条件下，呈现不同演变格局与规律形成的。然而对笔者前引的论述，却有学者认为"片面化和绝对性，否定人类历史时期以前沙地就已存在这一客观事实"。[①] 这一批评当然是对我的上引论述未能准确把握所致。

---

① 王尚义、董靖保、牛俊杰、谢鸿喜、赵淑贞：《毛乌素沙地变迁之再认识》，载陕西师范大学西北环发中心编《统万城遗址综合研究》，第225页。

最后，还需再加强调就是，尽管毛乌素沙地存在地质时期的古风成沙，但两者之间并无直接前后相连续的关系。古风成沙只不过提供了沙源，现在我们面对的毛乌素沙地是人类历史时期即全新世中期以来，由人为活动与自然因素变化共同作用的产物。只有确立了这一理论观点，才能指导我们在从事毛乌素沙地历史时期生态环境变化研究时，获得经得起史实与学理检验的科学成果，也才能对当前治理毛乌素沙地与改善毛乌素沙地生态环境做出切实的贡献。

2013 年 6 月 10 日初稿

6 月 25 日修改

（原文刊载《晋阳学刊》2014 年第 1 期）

清代潮汕地区生态环境及其变化

一 潮汕地区地理环境与区位的基本特点

作为我国主要地域文化之——岭南文化的一个重要组成部分的潮州文化，其核心分布区当在今广东省最东端之潮汕地区，也即今之潮州市、汕头市与揭阳市所辖之八区（湘桥区、金平区、龙湖区、濠江区、潮阳区、潮南区、澄海区、榕城区）、一市（普宁市）、六县（潮安县、饶平县、南澳县、揭东县、揭西县、惠来县）。[①] 这一地区处于粤东之东北—西南走向的莲花山脉以东，凤凰山至西岩山山系以南，东侧抵达粤闽边界，南临南海。面积 10281 平方千米，人口 1340 万。人口平均密度达 1300 人/平方千米，为我国与广东省人口稠密地区之一。[②]

潮汕地区在自然地理区域上属南亚热带常绿阔叶林区，热量丰富，雨水丰沛，植被茂密。年平均温度 20—22℃，年均降水量 1800—2000 毫米，境内有韩江与黄冈河纵贯，西部有榕江由西北向东南流来，均注入南海。地形总的特点是北、西、东三面环山，南向大海。因而其北、西、东分布有山地、丘陵，中部与南部为韩江、榕江、黄冈河形成的河口三角洲冲积平原，滨海部分还分布有沙垅、沙堤与其间之浅海泻湖。其中韩江三角洲，以潮州市区为顶点，沿其下之支津——北溪、东溪、西溪向东南与西南方向呈扇形展布，面积约 1200 平方千米。三角洲上土壤肥沃，城镇密布，人口众多，是潮汕地区最富庶之区。

---

① 中华人民共和国民政部编：《中华人民共和国行政区划简册·2006》，中国地图出版社2006 年版。

② 同上。

就在这么一个背枕南岭，面向南海，相对封闭，自成一个地理单元，又处于粤闽赣三角结合部，隔海与台湾相互呼应还可交通东南亚众多国家的区域，经由秦汉以来历史长河的淘洗与积淀，以及区域内外多种类型文化的交流与融汇，竟形成可自立于我国众多地域文化之林的具有自身诸多特色的潮州文化。可以说在潮汕这么一个地区孕育形成潮州文化在生态环境上有其必然的原因与重大的影响。我们在探析潮州文化形成历程与原因时，自当对有关的民族、政治、经济等多种因素进行分析，而这些分析只有建立在潮汕地区各历史阶段生态环境特点及其变化的基础上，才不致虚无缥缈，才有根基，有血肉，实在而又鲜活，科学而又生动。而这项工作目前虽从事潮州文化研究的学者有所涉及，但还有待深入开展。本文拟就清代潮汕地区生态环境及其变迁进行一些探讨，以图对研究潮州文化具有基础意义的此项工作有所助益。

二 清代潮州府生态环境 变迁的一些主要史实

清代潮州府下辖九县一厅，即海阳（民国初年改名潮安）、丰顺、潮阳、揭阳、饶平、惠来、大埔、澄海、普宁与南澳厅。① 十分饶有趣味的是，这九县一厅也都位于莲花山脉以东之韩江中、下游与榕江、黄冈河流域。只是其北部之大埔县与西北之丰顺县超出了今之潮汕地区三市之范围。可见莲花山脉对潮汕地区这一地理单元与潮州文化的形成在自然地理与人文地理方面均有重大意义。本文鉴于丰顺、大埔两县均处在韩江中游，故亦将之纳入研究范围，以便对清代潮州府境内之生态环境特点及其变迁作出更为全面的论述。

潮汕地区虽远在新石器时代即有先民在那一带森林中采集、狩猎，在海滨捕鱼、拾贝，至秦汉时期在平原上开垦种植，在台地上建屋聚居，但直到唐代后期，仍被中原士民认为是瘴疠之区。唐后期宪宗元和中（806—820）因谏迎佛骨被贬潮州任刺史的韩愈，在离国都长安时曾写下《左迁至蓝关示侄孙湘》诗。

---

① 《清史稿》卷七十二《地理志》十九。

诗中感叹道：

> 一封朝奏九重天，夕贬潮州路八千。
>
> 欲为圣朝除弊事，肯将衰朽惜残年。
>
> 云横秦岭家何在，雪拥蓝关马不前。
>
> 知汝远来应有意，好收吾骨瘴江边。①

诗中径称韩江为"瘴江"。抵潮州后，他在写给宪宗皇帝的《谢上表》上又写道："州之南境，涨海连天，毒雾瘴气，日夕发作。"继他之后被贬潮州的另一大臣李德裕写有《到恶溪夜泊芦岛》一诗，称韩江为"恶溪"，诗中也有"风雨瘴昏蛮日月，烟波魂断恶溪时"的记述。② 后经唐后期与五代、宋、元、明等代之开发，至清代这一现象竟然大为改观。在乾隆四十年（1775）时周硕勋纂修的《潮州府志》之卷二《气候》中就记有府境"地卑则多湿而少燥，南极则多暑而少寒。……唐宋以前，山原瘴疠，视为迁谪之区。今则毒气渐豁，不称荒裔，而称乐郊矣"。③ 这是潮汕地区进入清代后生态环境一个巨大的变化。

清代时，潮汕地区生态环境另一重大变化就是韩江三角洲继续向海中扩展，后经人工垦殖，形成大片肥沃农田。韩江三角洲的不断增长，本是一个自然历史过程，但也有随着人口增加与山区垦殖加剧而呈加速发展的现象。唐代后期，潮州城还濒临海岸。唐代诗人贾岛在所作《寄韩潮州愈》诗中就写有："峰悬驿路残云断，海浸城关老树秋"④ 的诗句。清雍正年间（1723—1735），潮州城东堤（今潮州市东平路）上有居民修井，挖下数尺，即见有宋代船桅及绳索等航海之物。⑤ 断定该处宋代时尚在海滨，当时潮州府城为一海港城市。宋代之后，韩江流域人口大增，山区毁林开荒加剧，水土流失日益严重，韩江等水系泥沙含量增加，促成韩江三角洲加速增长。宋代，韩江三角洲前缘已推至凤洲—坝头—

---

① 《全唐诗》卷三百四十四，中华书局 1960 年版。
② 《全唐诗》卷四百七十五，中华书局 1960 年版。
③ 《中国地方志集成·广东府县志辑》第 24 册，上海书店出版社 2003 年版。
④ 《全唐诗》卷五百七十四，中华书局 1960 年版。
⑤ 郑昌时：《韩江闻见录》卷八，"井中船桅"，上海古籍出版社 1995 年版。

九合—龙潮一线。① 明初又继续前移，港口城市也由潮州先南移至澄海之凤岭港，继而又外移至辟望（今澄城）与东陇。尽管随着三角洲扩大，可围垦之滩涂农田也有所增加，为此明朝新置饶平、惠来、普宁等县以适应这一发展态势；但三角洲上人口增长却更快，"地狭人稠"现象更加凸显。至清代这一双重趋向仍在继续。至清末，韩江三角洲已推进到福建围—小莱芜—金狮喉—珠池一线，原为海岛的小莱芜在清中叶已与陆地相连。② 仅在澄海、东陇等地海岸围田，由康熙二十六年（1687）至乾隆二十四年（1759）的70多年间，沿海新垦沙田面积就达325顷75亩。③ 与此同时，还在乾隆年间就有人指出，数十年来，韩江因"上游开垦，山童而土疏，洪流挟沙，过辄淤塞，河床日高，堤身口卑，至增筑加倍，于无可施，诚地方之隐忧焉"。④ 正是由于泥沙下洩淤积于河道港口，竟使明代时新形成的辟望港到清初已逐渐失去近海优势，而位于东陇东南之樟林港崛起为"通洋总汇之地"，至乾隆时成为繁盛一时之港埠。然而仅过了半个多世纪，到嘉庆末年，樟林港进港航道逐渐淤塞，其地位遂被汕头港所取代。⑤

前已论及，韩江三角洲自唐以来淤积成陆地有日益加快之趋势，这虽可增加海滨滩涂耕地，但也给三角洲本身带来一些生态危害。前所述海港淤塞仅为一端；而河身加高，洪水径流暴增，使韩江三角洲城镇村落屡遭洪水冲溢淹没，实为更严重的生态灾难。清代，地方志中曾记载，潮州府城与饶平、澄海、揭阳、潮阳等县城曾遭大水淹没，城内居民以木板为舟楫自救。究其原因实与韩江上中游山区森林遭到严重毁坏，无从调蓄河水流量，也无从庇护山坡土壤沙泥有关。致使一遇大雨即成洪流，挟沙裹石，汹涌排闼，韩江三角洲上的农田村落，甚至府县城邑自难免遭受洪水之灾。韩江本为一条大河，其上源，一在同省之嘉应州，另一在福建省汀州府。上述两州暂且不论，就拿同属潮州府，居于韩江

---

① 司徒尚纪：《岭南历史人文地理——广府、客家、福佬民系比较研究》，中山大学出版社2001年版，第74—75页。

② 同上。

③ 乾隆二十七年《潮州府志》卷十三《田洲》。

④ 乾隆二十七年《潮州府志》卷二《堤防》。

⑤ 参见陈泽泓《潮汕文化概说》，广东人民出版社2001年版，第10—12页。

中游之丰顺、大埔二县论，至清初时，虽在前代已有民人进入山区开荒垦种，毁坏林木，情况尚不很严重。如大埔县，高陂、银溪、三河等地，乾隆二十四年至三十三年（1759—1768）间，因山林茂密，尚有猛虎出没，伤及村民。[①] 而揭阳县，清乾隆时，五房山、仙桥山等处尚"树木翁郁""多竹木"。[②] 然而因山民不善经营林业，地方官员又不善督导，加之烧山垦种，滥伐林木，因而山丘地区森林日益毁损，以至于清末民初，潮州境内山林所存无多。1946 年潮州籍著名学者饶宗颐纂修《潮州志》时，只能记下潮州境内"人口日增，耕地不足分配，且困于燃料，林垦落后，童山濯濯"。[③] 这一生态环境之变化，其结果自然会既使潮汕地区山区贫瘠，也使韩江三角洲平原地区多灾多难。

三　清代潮汕地区生态环境变迁给后世的主要启示

有清一代潮汕地区生态环境，由于人口骤增，不论山区还是韩江三角洲，人为开发活动强度增大，一方面瘴疠之气基本消除（这与清代气候上是一个较唐代寒冷，与明代被称为是"明清寒冷期"也有一定的关系[④]），使生态环境总的状况大有转机；另一方面由于山区与平原地区人为活动过当，也使生态环境出现了一些不利于社会经济发展的负面现象。总结其中的经验教训，使我们从中可以得到下述两点主要启示：

一是要在山丘地区注重保护与培植森林，对森林资源做到科学管理，合理开发。既要能从中获取经济效益，又要充分发挥森林在拦截暴雨洪流、涵养水源、保护地表土壤、养育野生动物、储存植物种质基因等多方面的生态效益，使之成为由它发源之河流下游平原地区之生态屏障。

---

① （民国）刘织超修，温廷敬纂：《新修大埔县志》卷三十八《大事志》下，载《中国地方志集成·广东府县志辑》第 22 册，上海书店出版社 2003 年版。

② （乾隆）刘亚勤修，凌鱼纂：《揭阳县志》卷一《方舆志·山川》，载《中国地方志集成·广东府县志辑》第 29 册，上海书店出版社 2003 年版。

③ （民国）饶宗颐纂修：《潮州志·实业志·农业》，载《中国地方志集成·广东府县志辑》第 25 册，上海书店出版社 2003 年版。

④ 参见竺可桢《中国近五千年来气候变迁的初步研究》，《中国科学》1973 年第 2 期。

既能减少水土流失，使下游之河道与河口港湾不致产生严重的泥沙淤积，又能减少洪旱灾害。由此可见，保护森林，建设山区，是本地区生态环境建设的首要任务。

二是对海滨地区新淤积而成的沙坝要因势利导，因地制宜地加以开发利用。清代自乾隆朝以后，对广东省珠江口及其以东之沿海各县在海滨之河口地带盲目筑坝拦沙围垦造田，结果造成壅塞江流酿成水患灾害之事十分重视，有关府县也曾一再下令严禁筑坝，但问题并未获得很好解决，其中之教训至为深刻。[①]

潮汕地区之韩江三角洲，目前是整个地区，乃至粤东经济最发达之区，是当今这一地区最主要的经济增长极。其中心城市汕头市，位于韩江支津之一的梅溪河出海口东侧，是一个避风条件好的天然良港。该港明中叶时始浮露成陆，清康熙五十六年（1717）建为军港。至嘉庆年间（1796—1820）始与樟林并称为潮州最大的商贸港口。咸丰八年（1858）开埠后城市迅速发展，并超过樟林港成为我国东南沿海最重要的海上贸易港口城市。[②] 现已取代潮州，成为潮汕地区首位中心城市。鉴于历史时期韩江三角洲曾不断向海洋推进，特别是1964年以来，由于大规模人工围垦海涂，更加快了三角洲河口部分之伸延速度。[③] 早在50年前，著名河流海岸地貌学家曾昭璇教授在他撰写的《韩江三角洲》一文中就已明确指出：

汕头港是静水内港，堆积盛行。汕头港内今天已成水道状。马屿口1934年已不能通行，港内从前可入7000吨的船舶，但在今天只能进入3000吨的船只。港内捕鱼（椿捕法）比12年前要减少60%以上，四市两重量的鱼就算是大的了。潮水入涨也因此延迟了。由外港涨入要三小时（全港长不过10公里），使港口不为潮流冲刷，加上舵江、梅溪堆积，如遇大雨可以整日无潮。汕头市如果要面向

① 详见道光十五年《南海县志》卷十六《江防略二》所载《乾隆至道光年间粤东沙坝垦殖情况》。
② 参见陈泽泓《潮汕文化概说》，第11—12页。
③ 同上。

海洋，这种自然变坏的发展一定要加以改造。①

上述情况在半个世纪前就已被指出，现在情况肯定又有所发展。因此，科学地对待海滨河口泥沙之运动堆积问题，保护好汕头港这一我国东南沿海门户，是潮汕地区生态环境保护与治理的又一重要任务。

（原文刊载于潮汕市文化广电新闻出版局编《明清档案与潮州文化》，广东人民出版社 2008 年版）

---

① 载《地理学报》1957 年第 3 期。

论梅州纳入"一带一路"和"两洋战略"的
必要性以及梅州作为"世界客都"
应承担的战略性任务

一 "一带一路"所具有之主要特点决定了梅州
是海上丝绸之路必不可缺的重要组成部分

"一带一路",也即丝绸之路经济带与21世纪海上丝绸之路,是由国家主席习近平先后于2013年9月、10月在出访中亚和东南亚时提出的重大倡议。嗣后不久,即在同年11月9日至12日举行的中共十八届三中全会上将其定为国家战略。迨至2015年年初全国"两会"时,李克强总理在《政府工作报告》上又具体提出了"抓紧规划建设丝绸之路经济带、'21世纪海上丝绸之路'",即"一带一路"建设规划后,推行这一国家战略已成为政府的重大职责。因此,近几年来"一带一路"成为举世热议的话题。国外相关国家政府纷起呼应,当然也有质疑的声音。而国内,除政府中央当局积极筹划外;各级地方政府,包括香港、澳门特区政府都积极响应,甚至提出了具体诉求,表达了参与这一重大国家发展战略的热切愿望。此外,社会科学界也广泛投入了相关学科领域涉及问题的研讨,阐发了一些新的学术观点,为"一带一路"倡议落地提供学术支持,也为切实推进这一战略大力出谋献策。笔者现仅就当前学术界论述较多的"一带一路"所禀赋的主要特点再试作简要阐释,并据之论述梅州理当纳入"一带一路"和两洋战略的初步观点。

关于"一带一路"所禀赋的特点,笔者经过近来之学习与思考,认为主要有以下三点。

其一,泛地域性,或跨区域性;而非线性。

如不深究，乍一听见"丝绸之路经济带"与"21世纪海上丝绸之路"，会以为这仅是指两大交通线路。特别是2014年6月22日在西亚卡塔尔首都多哈举行的联合国教科文组织第38届世界遗产大会上将由我国与哈萨克斯坦、吉尔吉斯斯坦跨国联合申报的"丝绸之路：长安—天山廊道的路网"与"中国大运河"同时批准列入《世界遗产名录》后，2014年6月23日《光明日报》与6月25日《中国文物报》分别在头版头条报道这一重大喜讯时，均指称丝绸之路与大运河"是在世界范围内具有广泛影响力和号召力的超大型线性文化遗产"。在之后的宣传中也就着重介绍丝路与大运河沿线之节点城镇及重要古迹遗址，这就更强化了其线性文化遗产的认识。所以在之后谈及"丝绸之路经济带"与"21世纪海上丝绸"之路时，也难免会带来这一影响，把它们仅仅看作大型国际性的交通线路。尔后，通过不断深入的研讨，大家逐渐认识到，"一带一路"不仅具有带动文化遗产保护利用工作发展[①]与海外交通史研究[②]等学术方面的作用；更为重要的是还承担着构建国际性区域新合作格局[③]，使习近平主席提出的中国梦落到实处等契合国家大战略的历史性重大任务。[④] 而国家大战略不仅指国内之国家发展战略与国家安全战略，实际上也是国家的全球战略。[⑤] 正是基于这一战略性认识高度，所以有专家高屋建瓴地指出：[⑥]

> 当代中国领导人运用"一带一路"这一富有战略意蕴的原创概念，重新划定了以沿线60多个发展中国家为优先范围的"朋友圈"。

---

① 详见《中国文物报》2015年6月12日第12版报道《"一带一路"带动文化遗产保护利用工作发展》。

② 详见《中国社会科学报》2015年6月10日A02版报道《"一带一路"建设带动海外交通史研究》。

③ 王金波：《构建"一带一路"区域新合作》，《中国社会科学报》2015年7月1日第1版。

④ 参见《凤凰周刊》2015年第11期（2015年4月15日出版）所载《"一带一路"梦想解析》，第18—43页；王海良：《"一带一路"契合国家大战略》，《中国社会科学报》2015年6月29日第A04版。

⑤ 参见《南风窗》2015年第9期所载封面报道《经略海上丝路》，第31页。

⑥ 张宇燕（中国社会科学院世界经济与政治研究所所长）：《把"一带一路"战略构想建设落到实处》，《中国社会科学报》2015年5月27日第B05版。

这是用"三个世界"理论划分世界格局以降，中国领导人审时度势，对世界"格局"的再次洗牌，将开辟出利在当代，泽及后世的功业。以务实和审慎的态度，将"一带一路"这篇大手笔开端的文章，写成中华民族复兴史上光辉伟大的一页，是我们这一代人的光荣使命。

由上述各论点可知，"一带一路"实际上是关乎我国全球战略的重大举措，其所涉及的区域十分广阔，包括了亚洲、欧洲、非洲、大洋州以及太平洋、印度洋沿岸诸多国家与地区，是一个跨国、跨洲、跨洋的泛地域性的地理概念；绝不仅限于陆上丝路沿途所经的城镇与海上丝路沿线所经的口岸。

其二，多元性，而非单一性的交通贸易往来。

尽管历史上的陆上与海上丝绸之路，在促进我国与中亚、西亚、东南亚、非洲、欧洲相关国家或地区之经济贸易方面，特别是在玉石、丝绸、瓷器、香料、茶叶等物品交流方面发挥了积极的作用；但也不是仅限于该一端，而是同时在促进外交关系、人员往来与宗教、科技等文化交流方面也发挥了重大作用。而当今国家所推行的"一带一路"战略，则眼界更开阔，内容更丰富。诚如有学者指出的，涉及贸易、金融、投资、能源、科技、人文、教育、海上合作、交通和基础设施建设等多个领域。至于"21世纪海上丝绸之路"，还包括海上互联互通、港口基础设施建设、海洋经济等方面的工作。为此，沿带沿线各国与各地区还需大力发展现代化农业、现代化制造业、现代化服务业。[①] 可见其涵盖的内容相当广泛，包容了当今社会、经济、文化、科技及其上层建筑之治国理政各个方面。

其三，互利共赢性，而非单方面利己性。

自古以来，我华夏先民，通过陆上与海上对外交通线路，也即当今以"丝绸之路"统称的多条陆、海通道，如"史前丝绸之路""草原丝绸之路""沙漠丝绸之路""南方丝绸之路""海上丝绸之路"等，与域外多个国家及地区开展频繁的人员与物资交往，其结果都不仅增进了中外的经济联系与物资交往，还增进了彼此的相互了解与友好关系，丰富

---

① 参见王金波《构建"一带一路"区域新合作》。

了彼此的物质生活与精神生活，推动了世界历史的发展。也就是说，是互利共赢的。即以现已列为世界文化遗产的以历史上汉、唐首都长安（今西安市）为起点，西越陇山，过河西走廊，出玉门关与阳关，沿天山南北麓，至西域与中亚诸国的这段陆上丝绸之路而言，自西汉武帝时张骞"凿空"之后，中国的丝绸与造纸、印刷、火药、指南针、制瓷等工艺技术以及儒道思想、绘画艺术源源不断地输往西方；而西方诸国的音乐、舞蹈、雕塑、建筑、天文、历算、医药、佛教、伊斯兰教、天主教等文化艺术科技宗教以及葡萄、石榴、核桃、大蒜、苜蓿、芝麻、蚕豆等作物果木品种也相继传入中土，大为促进了双方各自的经济繁荣与社会发展。① 也正是因为这条沟通欧亚大陆东西方各国与地区相互联系交往的交通大动脉在历史上发挥了重大的互利共赢的积极作用，所以历来备受各有关国家之统治集团与学界人士的重视，都给予了高度的评价。也正因如此，所以 1877 年德国著名的地理学家斐迪南·冯·李希霍芬（F. V. Richthofen）来我国实地考察，才在他的名著《中国》一书中，为之取了"丝绸之路"这样一个十分形象而又响亮的名字。到 20 世纪 20 年代，德国历史学家阿尔伯特·赫尔曼，在其《中国和叙利亚之间的古丝绸路》与《从中国到罗马帝国的丝绸之路》等专著中又将之延伸到西亚与南欧。于是"丝绸之路"一名，作为世界历史上一个重大的正面事件的指称，蜚声环宇，为举世所接受。再就历史上我国东南沿海各地先民持续不断地"下南洋"，去往东南亚与南亚，甚而远至西亚、北非等地进行开拓发展来说，大批华夏儿女漂洋过海，来到异国他乡，本着中华民族传统的勤劳节俭艰苦创业的精神，对当地社会经济发展做出了不可磨灭的贡献。他们当中虽然有的在创造积累了大量资本财富后，"反哺"故乡祖籍地的生产与文教事业，推动了中国社会转型发展；但更多的还是促进了他们新移入国家与地区之经济、社会进步，并使其中的一些国家与地区跟上了时代前进的步伐，甚至步入世界先进国家的行列。而在这一发展过程中，下南洋的华人带去的中华传统文化也与当地土著文化相互影响、融合，已成为当地文化不可或缺的内容。也正因为东南亚许

① 详见拙文《丝绸之路热的启迪》，载康志祥、李毓秦主编《丝路文化与丝绸之路》，陕西旅游出版社 1996 年版，第 46—48 页。

多国家与地区近现代史上华人与华侨功绩昭著，有目共睹，所以其互利共赢的效应也都是有口皆碑、不言而喻的。而当今我国推行"一带一路"新的世界倡议，更是继承发扬历史上华夏先民通过陆上与海上丝路增进与沿线各国、各地区友好往来互济互利的优良传统，在平等、包容、合作、共赢的理念与原则的基础上，加速与各国的经贸、政治、文化往来，增强互信互利的友好关系，建立起互利共赢的"利益共同体"和共同发展繁荣的"命运共同体"。而绝非西方某些国家的政界人士、学者所有意或无意误读的是什么中国版的"马歇尔计划。"[1]

综括以上对"一带一路"所具有的三个主要特点的论析，可以明确地认识到梅州作为"21世纪海上丝绸之路"必不可缺的重要组成部分，是具有充分条件的。因为如前所论述到的，"一带一路"是泛地域性的，而非线性的；同时又不仅限于商品货物运输贸易，还包括金融投资、人文科技交流等诸多领域。所以"海上丝路"就绝不仅限于沿海几个重点港口，还包括每个重点港口所依托的广阔的腹地。而梅州地处粤东北，位于粤闽赣三省接合部，不仅与其东南的港口城市汕头往来十分快捷，而且还与其西南的广州、深圳、香港、澳门以及其东北的厦门、泉州等港口城市水陆交通也很方便。所以作为上述港口城市腹地有着地理区位的优越条件。不仅如此，梅州作为我国客家文化荟萃之地与"世界客都"（后文还会进一步论及），还有着更为优越的人文条件。根据梅州市有关方面提供的最新统计资料，梅州籍人士除移居港澳台地区119万人外，全市尚有旅居国外80多个国家和地区的华侨、华人360多万人。两者相加合计为480多万，已占梅州市现有人口总数520万[2]的92%。而在旅外华侨、华人中，又以居住在印度尼西亚、泰国、马来西亚、新加坡、越南、缅甸等东南亚国家的最多，占到总数的约230万，超过了梅州籍旅外人士的一半。他们中甚至还有的远涉重洋，到达印度洋西岸的毛里求斯、留尼汪等国家或岛屿。前已述及，梅州籍居民移居海外历史悠久，对移入

---

① 详见张鑫、杨海泉《"一带一路"不是中国版"马歇尔计划"》，《中国社会科学报》2015年2月13日第A07版；黄日涵、丛培影：《"一带一路"的外界误读与理性反思》，《中国社会科学报》2015年5月13日第B02版。

② 根据中华人民共和国民政部编《中华人民共和国行政区划简册·2015》，中国地图出版社2015年版，第121页。

国家和地区之经济与社会发展贡献重大，且与当地居民建立了亲密的人脉关系。这对进一步加强、加深我国与上述国家或地区的政治、经济、文化等多方面的合作关系，无疑是十分有利的。总之，把梅州列为"21世纪海上丝绸之路"重要区域与重要节点城市，无论从其优越的地理区位与地理环境论，还是从其历史积淀与现实发展需要论，都是完全具备条件，也是十分必要的。特别是 2012 年，为促进移居世界各地华人之间的联系，探讨印度洋岛屿文化发展历史，由联合国教科文组织发起的纪念海外华人的历史功绩的"印度洋之路"项目，选定梅州市松口镇作为客家人移居海外的原乡，建设中国境内唯一的移民纪念广场，并于 2013 年 10 月举行了落成仪式。这更昭示了梅州作为海上丝绸之路重要区域与重要节点城市，已成为国际上的共识。所以，笔者对梅州列入我国新的发展战略之一的"21 世纪海上丝绸之路"规划，成为其中的战略高地，是抱持十分肯定与乐观的态度的。

二 进一步加强"世界客都"——梅州之客家文化建设是梅州列入"一带一路"和"两洋战略"的一项战略性任务

前已论及，我国现正大力推行的"一带一路"战略具有政治、外交、经济、文化、科技等多方面的内容，而且还具有互利共赢的积极效应；所以梅州列为这一重要战略规划之中后，要做的工作也很多，举凡调整产业结构、大力招商引资、建设现代化交通运输网络等。然而对梅州而言，进一步加强客家文化建设更是一项战略性任务。这主要是因为客家文化所禀赋的主要特点及其在当前所具有的重要意义以及梅州作为公认的"世界客都"在这方面有着义不容辞的责任。

（一）客家文化的主要特点及当前研究的重要意义

我国是一个有着悠久文明发展史且未曾中断的泱泱大国。在漫长的5000 多年文明发展历程中，在辽阔的神州大地上，由众多兄弟民族构成的中华民族共同创造出了绚丽多彩的中华文化。它们既有共同的特点，也因民族或地域的不同，呈现出各自的特点与明显的差异。这些差异充分彰显了我国文化的多样性与丰富性；也正是因为我国民族或地域文化的多样性，更加激活了我国整体文化生生不息的传承创新不断发展。而就在中华民族主体的汉族文化中，作为其地域文化之一的客家文化就是一枝别具特色的奇葩！其奇特之处在于，她是在历史时期由我国黄河中下游，特别是中原地区南迁至东南沿海与岭南之赣、闽、粤等地之汉族，在继承了古代中原汉民族传统文化基础上又吸收了当地汉族原住民与一些少数民族如瑶、畲等族文化，至近现代还吸收了东南亚、欧美等域外文化而形成发展成的地域文化。

由此可见，客家文化其文化内涵上的显著特点就是：在坚守中原汉族传统文化的根基上，又吸纳融入了新迁进的东南濒海地区的汉族与非汉族，以及域外一些文化的要素，而且随着时代的发展不断有所承古开新丰富充实。这就使她明显不同于我国境内其他一些以汉民族为主体的地域文化，如中原文化、齐鲁文化、燕赵文化、三秦文化、三晋文化、陇右文化、荆楚文化、吴越文化、巴蜀文化、闽台文化等；就是与岭南地区由百粤文化演变形成的广府文化、潮汕文化、雷州文化以及八桂文化等也迥然有异。

客家文化另一显著特点即为其分布地域。主要之点是她不同于广东省境内的广府文化、潮汕文化、雷州文化基本上均只分布于广东省境内，而是跨越了广东省北部与东北部省域界线，包括了赣南（江西省赣州市）与闽西（福建省三明市与龙岩市西部）的一些县、市。这种类型的地域文化，即跨越了我国一级行政区划的地域文化，在我国汉族分布区也是十分少见的。这既彰显了客家文化内在精神力量的强大，又增添了其某些文化因素的多样性。如以客家人聚族而居的屋舍为例，在闽西的土楼，在赣南的围屋，在粤东一带的围龙屋就既有共同处，也各具自己的特色。

论及地域文化研究的意义与作用本有多方面的体现，如深入挖掘与强化民族精神，营建高尚和谐的人伦氛围，淳化乡风民俗，从人文环境方面建造宜居家园，促进文化产业发展等；当前就研究地域文化与发展地域经济关系而言，其意义与作用尤为引人关注。

关于研究地域文化与发展地域经济之紧密关系，中央文史研究馆馆长袁行霈先生在他为作为主编之一组织各地文史研究馆和馆外专家撰写出版的多达34卷之《中国地域文化通览》这套学术著作写的"总绪论"

中曾精辟地论及（见该书广东卷第 13 页）：

> 地域文化的发展对地域经济的依赖和促进是十分明显的，但文化与经济不是搭台与唱戏的关系，应当互相搭台，一起唱戏。发展文化不仅是发展经济的手段，其本身就是目的，因为人民群众的需求以及社会的进步，不仅表现为经济的发展，也表现为文化的繁荣。文化长期滞后于经济快速发展的现状必须改变。发展经济与推动文化，要双管齐下，相互促进。小康社会的指标不仅是经济的，也是文化的。

上引论述昭示，在客家地区，特别是梅州，在当今国家大力推进建设"21 世纪海上丝绸之路"规划与"两洋"（太平洋、印度洋）战略的宏伟工程中，作为其中的一个战略基地与高地，势必应将客家文化研究列为一项战略性任务，努力践行实施，以期在这一国家实施的宏伟工程中，发挥其历史性的作用。

（二）"世界客都"，也即客家文化中心——梅州之条件论析及其应有之担当

我国研究岭南地域文化的知名学者司徒尚纪教授，在 2014 年 3 月由广东人民出版社推出的新著《雷州文化概论》一书之"绪论"章中，曾对何谓"区域文化"，也即"地域文化"提出了七个方面的判识条件。即：一是以区域为文化载体；二是分布区域基本相连成片；三是有比较一致的文化演进过程；四是有着共同的文化特质和风格；五是具有比较一致的文化发展水平；六是以历史地名命名；七是存在一个区域文化中心。

以上述七个条件衡量我国粤赣闽接壤地区的客家文化区，除第六条因情况特别，"客家"二字不纯粹属于历史地名外（但也是历史上中原地区汉族向南移民形成的一个族群，或称"民系"之名）；其余六条均完全相符合。尤其是第七条，存在一个区域文化中心，也是实实在在具备这个条件的。这个客家区域文化中心，就是司徒尚纪教授在他主编的《中国地域文化通览·广东卷》论及"客家文化"一节中，在陈述了粤东北

和粤北客家文化区广泛存在的坡地与山间盆地之梯田耕作方式、注重教育、存在浓厚的宗族观念等地域文化特质后，即明确直指的梅州。文中写道：①

> 客家文化之都梅州。位于梅江和程江交汇处的梅城，是一座有一千四百多年历史的古城，从南齐程乡县治到清嘉应州治乃至现在梅州市，历为粤东北行政中心和交通商业中心，也是客家文化中心，被称为"世界客都"。而其起点，从元代已经开始，光绪《嘉应州志》曰："今之土著多来自元末明初，以耳目所接之人，询其所来自，大抵多由汀州之宁化，其间亦有由赣州来者。"

上文中提及的"汀州之宁化"与"赣州"，20世纪80年代末以来，随着海内外"客家热"兴起，位居闽西之宁化县曾宣称是"客家祖地"；其南之长汀县也不甘落后，自称是"客家首府"；而赣南之赣州则给自己定位为"客家摇篮"。② 但从上述自称中也可看出，他们也自知尚不敢当此"客家文化中心""客家文化之都"的盛名。就是自称为是"客家首府"的长汀县，究其实也是名实不符的。在前引《中国地域文化通览·广东卷》之"客家文化"一节的最后一段曾有下述精审论述：③

> 客家文学艺术丰富多彩，饶有风情。客家山歌，被誉为"南国牡丹"。广东汉剧、汉调音乐、提线木偶、采茶戏、五句板等客家文化精品也集中于梅州城。又由于梅城绾毂粤、闽、赣三省边境交通，而这些地区都是客家人聚居的大本营。故梅州城不但能够成为客家文化荟萃之地，而且也是客家文化一个辐射之源，影响广及粤东北、闽西和赣南地区。

---

① 《中国地域文化通鉴·广东卷》，中华书局2014年版，第506页。
② 见萧春雷撰文《客家，一个族群的诞生与觉醒》，《华夏地理》2010年9月号别册：《游弋千年的客家人》，第12页。
③ 《中国地域文化通鉴·广东卷》，中华书局2014年版，第506页。

行文至此，本已充分论明梅州确为客家文化中心，当然也是"世界客都"。然而，笔者仍意犹未尽，还拟就此问题再作申论。因在前文引述到的中央文史研究馆袁行霈馆长在他为《中国地域文化通览》这套学术著作所撰写的"总绪论"之第二节"文化中心的形成与转移"中，就地域文化中心的形成与转移问题明确提出了四个条件：[①]

首先，是由经济发展的水平所决定的；

其次，与社会稳定的程度有很大关系；

再次，文化中心的形成与教育水平、藏书状况、科技推动有很大关系；

最后，要提到文化贤哲或学术大师的引领作用。

就上述四个条件而言，梅州在整个粤东北与闽西、赣南客家文化分布区域显然都是独占鳌头，无出其右的。事实俱在，无须笔者赘言。唯在论及梅州作为我国客家文化区域之文化中心一事时，笔者还要在上述四个条件之后再补充一个条件。那就是梅州及其近傍的客家人，是先于赣南、闽西地区客家人认识到自己"客家人"身份的。正如1933年与梅州紧邻的兴宁籍客家学者罗香林先生在他那本被认为是"客家学"开山之作的《客家研究导论》一开篇写道的："南部中国，有一种富有新兴气象、特殊精神、极其活跃有为的民系，一般人称他们'客家'，他们自己也称'客家'。他们是汉族里头一个系统分明的支派。"[②] 事实上，确如有学者说的："'客家'一词，最初就是移民前线的广东叫出来的，指说梅州话的人群。置身于海外的客家人，依赖乡音，承认梅州为本部，梅州因此被称为'世界客都'"。[③] 正因如此，在相当长一段时间里，客家学研究仅在广东开展。也正因如此，闽赣客家人被称为"后知后觉"者。[④] 由此可见，梅州成为"世界客都"与"客家文化中心"也是历史造就的。

由以上论述可知，梅州成为客家文化中心条件充分，理当得到公然，

---

① 《中国地域文化通鉴》，第4—8页。

② 该书后于1992年为上海文艺出版社影印。

③ 萧春雷：《客家，一个族群的诞生与觉醒》。

④ 同上。

毋庸置疑。因此，梅州也应当仁不让地将进一步加强客家文化建设作为自己的一项战略性任务。

三 关于梅州进一步加强客家 文化中心建设的几点建议

前已论明，梅州是历史上铸成的我国客家文化之都；而梅州市有关政府部门事实上对之早已有充分的意识与自觉的担当。特别是近几年来，为了招商引资，吸引广大海外客商回故乡投资，发展地方经济，在推进客家文化研究与传播方面更是做了不少工作。如举办"客都论坛"，出版相应的学术论文集与书刊等，均取得了一定的成效。当前，为了更好地促使客家地区纳入国家"一带一路"倡议建设规划和"两洋"（太平洋、印度洋）战略，乘上"21 世纪海上丝绸之路"的顺风船，通过与海上丝绸之路沿线各国、各地区经济及文化的交流，更有力地推动客家地区经济、社会跨越式发展，很有必要进一步加强客家文化建设。特别是梅州，作为"世界客都"与"客家文化中心"，责无旁贷地要在客家文化建设上更加着力，在增强客家文化的凝聚力与感召作用方面，发挥核心与引领作用。为此，对今后如何进一步加强推进作为客家文化中心的梅州之客家文化建设，提出如下建议，以供参考与采用。

（1）在已举办"客都论坛"与已出版《客都论坛》刊物的基础上，除坚持定期举办与出版外，应有意识、有计划地增强客家文化研究的内容，甚至举办专题性的有关客家文化研讨会，出版相关文化内容的专集。为更有效地做好这项工作，特建议成立国际性的客家文化研究基金会与学术团体。如已建立，则期盼能有效运作，切实发挥他们的作用。

（2）近期可组织海内外研究客家文化的专家学者，编撰出版《客家历史文化大典》《客家族群历史地图集》"客家历史文化丛书"，以便向海内外社会各层次广泛宣传普及客家历史文化。

其一，关于《客家历史文化大典》，其主要内容可包括：

——客家形成历程与重大事件；

——客家历史名人与学术精英；

——客家文化之源流与嬗变；

——客家文化的内涵与形式；

——客家文化的传播与分布；

——客家文化的特点与影响；

——客家文化的圣迹与典籍；

——客家文化的传承与创新。

其二，关于《客家族群历史地图集》其主要内容可包括：

——客家族群分布区域形成历程图；

——客家族群现分布区域政区沿革图；

——客家族群现分布区域自然环境及其演变图；

——客家族群现分布区域人文环境及其演变图；

——海外客家人分布图。

其三，关于"客家历史文化丛书"，可有学术性专著与普及性通俗读物两种。在先期各编撰出版若干种后，还可持续增添充实。

（3）大力推进客家艺术展演活动，发展文化产业，并采用多种方式使它们走向全国，走向海外。

（4）认真做好客家物质文化遗产保护与展示工作，同时还认真做好客家非物质文化遗产挖掘与新一代传承人培训工作。

（5）不断充实完善建于梅州城区内的中国客家博物馆。

该馆是我国大陆唯一的一座收藏、研究、展示客家文化与文物的专题博物馆，这当然是向外界形象地展示宣传客家文化的一个重要窗口，也是研究客家文化的一个重要平台与阵地。建议今后随着对客家文化大规模地开展研究，不少新的文物古迹与研究成果会相继问世，应不断对展出的实物与内容加以充实完善，使其更好地发挥在客家文化研究中的展示新成果并推动研究工作向纵深发展的积极作用。

（6）努力通过多方面与多层次的客家文化研究，探索并揭示出客家文化的精髓与客家精神的核心。

这项研究当然属于更高层次的带理论性质的研究工作，也是地域文化研究的必要归宿与最终目的。所以当努力为之。

关于客家族群在迁徙与形成过程中支撑他们的精神力量的问题，有学者已做了一定的探究。如在前引的《客家，一个族群的诞生与觉醒》

一文中，作者萧春雷通过实地采访曾揭示出下述理念：①

> 众所周知，客家是最重视中原文化正统的族群之一，这种执着，与闽学对于道统的坚持如出一辙。我相信，闽北诞生的朱子学说——理学——的精神，正是通过闽西北的宁化，传递给了这些迁徙中的宗族。它们被一种共同的信仰的价值团结起来，相互依存，凝聚为一个新族群。

之后作者还写道：②

> 理学给客家移民运动打上了深深的烙印。客家人强烈的中原心态和正统观念，崇祀祖先、聚族而居、恪守礼教、重视教育、耕读为本、忠孝廉节等传统均由此而来。

该作者之上引阐释是否精准到位且深邃而又完满，很需要更多学者通过多方面多层次的深入研究，再加综合融汇，从理论高度进行凝练提升，才能得到为学界与民间共同认可的客家文化的精髓与客家精神的核心。这当然值得有志于客家文化研究的学者多所致力，梅州作为客家文化中心，更应在这方面率先取得突破性进展。这也正是关心客家文化研究的学术界与广大群众分外期待的。

2015 年 5 月 6 日初稿，5 月 20 日修改，7 月 9 日增补，8 月 20 日改定

（原文刊载于黄伟宗主编与肖伟承、王元林副主编《梅州："一带一路"世界客都——第四届世界客商大会"世界客商与 21 世纪海上丝绸之路"研讨会论文集》，广东经济出版社 2015 年版）

---

① 参见《华夏地理》2010 年 9 月号别册《游弋千年的客家人》，第 7 页。
② 参见前引《华夏地理》，第 8 页。

关于进一步开展茶马古道
研究的有关见解

如蛛网般广泛分布在我国西南地区四川、云南与西藏间，同时也旁及其东侧的重庆、贵州等省、市、区的茶马古道，按其分布地区之广，所经区域自然地理环境之险峻与人文地理环境之复杂以及所起到的政治、经济、文化作用之重要论，堪称是我国历史上的一条重要交通路线；可与我国古代陆上丝绸之路、海上丝绸之路、秦直道、蜀道、唐蕃古道、崤函古道、南岭梅关古道以及清初始形成的万里茶道等相提并论。因而亟须对其从历史地理学角度开展进一步深入系统的研究。有鉴于此，本文特对这一问题提出几点初步见解，以供学界同仁共加论析。

一　当今关于茶马古道研究状况

对于茶马古道这条我国古代重要的交通道路，正如有论者指出的：据秦汉以来的史书记载，古代西南地区有着多条与外界交往的通道，与西藏也早有通道存在。而以茶叶作为主要贸易商品的"茶马古道"形成于唐代；① 正式以"茶马古道"名之，却是在 1988 年年底，由木霁弘在为中甸县志办辑校《中甸汉文历史资料汇编》所写序言中，基于滇藏间道路上特殊的商品（以茶为主）和运输工具（马和人）而提出。② 也正因为"茶马古道"一名提出较为晚近，加之宣传也不够广泛，因此，尽

① 夫巴：《关于茶马古道起始时间的讨论》，载夫巴主编《丽江与茶马古道》，江南大学出版社 2004 年版。

② 杨海潮：《茶马古道的发现》，载夫巴主编《丽江与茶马古道》。

管近年来在云南省学界有学者自筹经费，对茶马古道进行徒步考察，推出了《滇藏川"大三角"文化探秘》《茶马古道考察记事》等著作，云南民族出版社编辑出版了"茶马古道文化丛书"，甚而在 2002 年 6 月，西藏昌都、四川甘孜、云南迪庆联合主办了"茶马古道学术考察研讨会"，会上一百多位专家学者联合发出了《昌都倡议》，力倡"开拓茶马古道研究领域，促进茶马古道旅游开发"等；① 但总的看来"茶马古道"作为我国西南地区，乃至全国古代前述合计九条重要交通线路之一，尚未进入国家层面之学术殿堂。且不说 1937 年由商务印书馆出版的白寿彝先生撰著的《中国交通史》与 1987 年 10 月由中华书局出版的方国瑜先生撰著的《中国西南历史地理考释》（上、下册）中未加论及；就是1988 年之后，在蓝勇教授所著之《西南历史文化地理》（西南师范大学出版社 1997 年版）、邹逸麟教授主编的《中国历史人文地理》（科学出版社 2001 年版）以及蓝勇教授编著的《中国历史地理学》（高等教育出版社 2007 年版）等著作中，在有关历史交通地理，特别是涉及西南地区古代交通道路时，对"茶马古道"也未提及。由此可见，对茶马古道的研究尚处在起步不久阶段，亟须进一步加强学术及其理论层面的研究。

二 当今关于进一步开展茶马 古道研究的意义与作用

前已论及，兴于唐朝，盛于明清，且延续至今的茶马古道，尽管历史上留下众多遗迹，也有不少文字记载，但迨至现代在相关的学术著作中却鲜有论及。近年来虽开始得到国内外一些学者的重视，但对它开展的学术性研究尚处在起步阶段，迄今未见到较为全面系统的学术性成果问世，因而亟须急起直追，补上这一"短板"。论及其之意义与作用，笔者认为主要有以下几点：

其一，可切实推动中国交通史与西南地区历史地理学的深入发展。

据前所论可知，当前进一步加强茶马古道研究，可使之载入综述全

---

① 均参见杨海潮《茶马古道的发现》。相关著作尚有《茶马古道》编辑部编著《茶马古道》（陕西师范大学出版社 2003 年版）、李旭《九行茶马古道》（作家出版社 2004 年版）等。

国交通史的专著，使这一虽僻处我国西南边陲地区，但却历时久远且延续至今，又极具功效与特色的交通线路可与其他诸条著名古道并列，使我国交通史研究更形完善，不致再有重大缺漏。

从历史地理学研究而言，可以茶马古道为网络，覆盖及于四川、云南、西藏，甚至囊括重庆与贵州这一整个西南地区，推进历史地理学的整体发展。内中历史自然地理、历史人文地理的诸多内容以及历史地图集的编绘均可借之一一开展起来，获取全面而又深入的研究成果；从而使我国西南地区的历史地理学研究异军突起，不仅可大为充实我国历史地理学研究内容，还可在东南亚、南亚区域的国际学术研究与交流中发挥先导作用。

其二，可具体丰富并厘清我国"西南丝绸之路"的内涵，有利于我国"一带一路"国家战略的贯彻落实。

关于茶马古道与西南丝绸之路的关系，尽管有研究茶马古道的学者针对20世纪随着中外交流研究的进展，有人比拟丝绸之路的名称，将古代西南地区对外通道，即他们认为的"茶马古道"名之为"西南丝绸之路"或"南方（陆上）丝绸之路"，以区别于"（北方）丝绸之路"和"（南方）海上丝绸之路"这一学术见解不认同，他们认为从现代学术背景来看，"茶马古道"与"西南丝绸之路"等名称间的区别不仅在于名实相符，而且更切合大西南各民族的历史文化特征。同时由中国学者独立提出的"茶马古道"概念，还具有话语权上的变革与转化的意义。① 应该说力主以"茶马古道"来取代"西南丝绸之路"名称的上述论述有其学术依据，应予认可。另外，一些学者提出将我国古代西南地区对外交通线路命名为"西南丝绸之路"的主张，也有可以理解之处。揆诸史实，按现有之研究状况论，"茶马古道"与"西南丝绸之路"之间，既有一定的区别，也有某些交集，两者间一时还难以判然划清。从茶马古道实际上也具有在古代沟通我国西南地区，甚至带动我国中原地区与东南亚、南亚诸国商业贸易的功能及实效看，将"茶马古道"归之于当今我国推行的"一带一路"国家战略之中，也当是应有之举。为此，也应在当下加强对茶马古道之深入研究，不仅可进一步充实"西南丝绸之路"之具

---

① 杨海潮：《茶马古道的发现》。

体内涵，还可从中厘清茶马古道与西南丝绸之路具体经行路线之异同，促使人们正确认识并处理好两者之关系。这无论在学术研究层面，还是在推行"一带一路"国策层面均具有积极的意义。

其三，可广泛促进当前之茶马古道沿线地区文化旅游与经济社会蓬勃的发展。

当前，随着我国自改革开放以来经济社会持续不断的发展，旅游业已成为我国一个新兴的产业，且是一个对位置偏远经济落后区域具有扶贫济困作用的重要产业。我国西南地区茶马古道所经区域，大多山高谷深，地势雄奇；又大多为纳西族、白族、羌族、彝族、藏族等多个民族聚族而居的家园，民族文化多样，民风习俗殊异；加之空气清新，环境优美，已是吸引中外四面八方游客的热土，对促进这一地区经济社会发展实已发挥了积极的作用。当下如进一步加强茶马古道的研究，将茶马古道之经行路线与分布区域更完整全面地呈现出来，并对经行路线涉及区域之自然环境与民族分布、村镇堡寨、民俗文化、历史掌故、名人佚事、土特产品等详尽地加以论述宣传，就可广泛促进茶马古道全路线之旅游，还可提升茶马古道旅游之文化分量与文化影响力以及旅游之整体质量与效益。

三　当今关于进一步深入开展茶马古道研究的主要方面

当今就已出版的几本有关茶马古道研究著述看，涉及的内容主要有线路探索、马帮往事、人物纪略、茶马情缘、商贸与宗教文化以及茶马古道几条主要线路沿途城镇村落、堡寨关隘、桥梁津渡、寺庙宅院、山岭峡谷、湖泊溪河、民风习俗等①，内容颇为广泛丰富。但内中多为记游性著述，富含个人感怀；所以还需加强学术性论著的撰述，提升其学理性及在学术界的影响作用。为此，特从历史地理学角度就当今应着重开展深入研究的几个主要方面提供一些初步建议。即可从下列历史地理学

---

① 参见夫巴主编《丽江与茶马古道》、《茶马古道》编辑部编著《茶马古道》、李旭《九行茶马古道》。

五个分支学科着重开展研究：

1. 历史交通地理

着重厘清唐代以来各历史时期茶马古道之干线与各分支线路分布状况、经行区域、起止里程，并配以地图，兼及其间线路的主要变化状况，同时还当具体论明茶马古道与"西南丝绸之路"之关系与异同。

2. 历史自然地理

着重论明茶马古道经行区域历史时期自然地理环境之特点与变化。其中主要当涉及气候、河流湖泊、植被与野生动物分布之特点及其变化，特别应注重暴雨、洪水、山崩、泥石流等自然灾害对山区地形地貌造成的灾害与影响，兼及对茶马古道经行线路变化的影响。

3. 历史瘴疫地理

西南地区古代是我国主要瘴疠疾疫多发且甚为流行的地区。[①] 这既与当地自然地理环境有直接关系，也对人文地理环境有重大影响；当然对茶马古道的走向与路线更起着重大决定作用。显然对这一方面进行深入研究，不仅可大为丰富对西南地区历史时期自然环境与人文环境特点及其变迁的认识，也对茶马古道路线的形成与区域的构成加深认识。

4. 历史民族地理

前已述及西南地区茶马古道经行区域是一个多民族聚居区域。这些民族因有着自己特有的宗教信仰、文化传统与风俗习惯，使茶马古道经行区域之历史文化分外丰富多彩。因此，深入研究茶马古道经行区域之历史民族地理，自当成为这一区域历史人文地理研究的核心内容，也可对茶马古道经行区域种种历史现象做出精准深刻的解读。因而对促进茶马古道区域文化旅游也是不可缺少的学术文化要素。

5. 历史商业地理

茶马古道虽曾被首倡其名的著名学者木霁弘定位为是我国西南地区与东南亚、南亚各国之"文明文化传播古道、中外交流通道、民族迁徙走廊、宗教传播大道、民族和平之路"；[②] 但同时也正如其名称所昭示的，它又是一条以茶叶为主要贸易商品，以马帮为主要运载工具的商贸大道。

---

① 参见周琼《清代云南瘴气与生态变迁研究》，中国社会科学出版社 2007 年版。

② 参见杨海潮《茶马古道的发现》。

因而着重研究这一区域历史上之商业地理自是应有之举。而且通过对其历史时期商业地理的研究，也必将带动这一区域历史时期与商贸有关的城镇村落以及农业、手工业经济的研究，还会带动相关历史时期之王朝、政权对商贸管理之制度研究。所以这一领域也就成了茶马古道历史地理研究中一个重点内容。

当然除上述五个方面外，历史地理学中另一些分支学科，如历史政区地理、历史宗教地理、历史军事地理等也可开展研究。只不过前述的五个分支学科是作为当前着重研究的内容提出，以利集中力量推动茶马古道经行区域之历史地理研究工作。

行文至此犹要论及的是，2017年国家新闻出版广电总局主持评出的第四届中国出版政府奖获奖图书中，笔者参与撰写的《中国蜀道》一书也获此荣誉。该书由刘庆柱、王子今两位学者主编，三秦出版社于2015年12月出版。全书包括交通线路、历史沿革、人文地理、文化遗存（上、下）、建筑艺术、艺文撷英（上、下）、科学认知（上、下）7卷10本。笔者借此进一步建议：关注西南地区历史地理研究的学界同仁，能借鉴《中国蜀道》一书撰写与出版之方式，组织相关学者，通过进一步对茶马古道的深入研究，集体协作努力，撰著并出版一套有关茶马古道的历史地理学专著，使茶马古道既深入社会民间，又进入学术殿堂，在推动历史地理学之学术研究与茶马古道区域经济社会文化发展上，双双结出硕果，发挥出积极的功效。

2017 年 7 月 13 日初稿

7 月 18 日定稿

（本文系应邀参加中国地理学会历史地理专业委员会、四川大学、沐川县人民政府于 2017 年 7 月 30—31 日在沐川县联合主办的"中国'一带一路'研究暨西南历史地理学术峰会"提交的论文，待刊）

陕西省域形成历程及其条件论析

一 陕西省自然地理概况与当前之行政区划

陕西省今之省辖区域，虽通常被认为属于我国之西北地区，但实际上却处于我国内陆之中心部位。面积为 20.56 万平方千米，也是我国中等规模的省域。其分布范围南北长，东西窄：南北长达 880 千米；东西宽度最窄处 160 千米，最宽处达 490 千米。[①] 平面形状，既似一东向站立仰天长啸的哮天犬，也似一西向蹲踞凝神沉思的长耳兔。

陕西省因在春秋战国时期为秦国属地，故而简称为"秦"；简称"陕"应是在元代建陕西行中书省后。秦末项羽率兵攻占都城咸阳灭秦王朝后，曾封章邯为雍王，王咸阳以西，都废丘（在今兴平市东南）；司马欣为塞王，王咸阳以东至黄河，都栎阳（在今西安市闫良区）；董翳为翟王，王上郡，都高奴（在今延安市区东北）。[②] 因而又概称陕西省为"三秦"。实则"三秦"一名也可指代今陕西省境内三大自然地理区域，即陕北黄土高原区、关中盆地区、陕南秦巴山地与汉水谷地区。

陕北黄土高原区。北邻内蒙古高原之鄂尔多斯台地，南至梁山、岐山等渭北山地。面积约 9.2 万平方千米，占全省土地面积 45%。属温带森林草原地带。海拔 800—1300 米。除北部明长城沿线为黄土盖沙滩地区外，其余部分地貌类型为黄土塬、梁、峁，南部间有子午岭、黄龙山等土石山地。古代林草广布，是宜农宜牧之区。

关中盆地区。南依秦岭，北靠渭北山地，西起宝鸡峡，东至潼关，

---

① 《当代中国知识地图册》，西安地图出版社 2012 年版，第 248 页。

② 《史记》卷七《项羽本纪》。

东西宽360千米，号称八百里秦川。属暖温带落叶阔叶林地带。面积约3.9万平方千米，占全省土地面积19%。平均海拔520米。中有渭河横贯，自渭河冲积平原向南北两侧分布有黄土台塬。自古即有"山林川谷美，天材之利多"① 的 "天府"② 美誉。

图1 陕西省地形图

资料来源：采自《当代中国知识地图册》。

陕南秦巴山地与汉水谷地区。北以秦岭与关中盆地区相邻，南以巴山与四川盆地搭界；且在汉中、安康等地之汉水两岸形成河谷平原，在山地与河谷平原间也分布有丘陵。属北亚热带落叶阔叶与常绿阔叶混交

① 《荀子》卷十一《强国篇》。
② 《战国策·秦策》一，"苏秦始将连横"条。

林地带。面积为 7.4 万平方公里，占全省土地面积 36%。秦岭、巴山海拔 1500—2000 米。秦巴山地植物种属繁多，森林茂密，生活有多种珍稀动物；汉水沿岸之河谷平原则宜于农耕。

陕西省当前的行政建置共设有 10 市（地级）、107 个县级单位（内 80 县、3 县级市、24 区）、1418 个乡级单位（内 82 乡、1137 镇、199 个街道）。按三大自然地理区域分，则陕北黄土高原区有榆林、延安 2 市，下辖 23 县、2 区；关中盆地区有西安、铜川、宝鸡、咸阳、渭南 5 市，下辖 19 区、32 县、3 县级市；秦巴山地与汉水谷地区有汉中、安康、商洛 3 市，下辖 25 县、3 区。①

图 2　陕西省行政区划图

———————

①　陕西省当今行政区划数据系采自国家民政部编《中华人民共和国行政区划简册·2012》，中国地图出版社 2012 年版，第 7、151—155 页。数据截至 2011 年 12 月 31 日。

资料来源：采自《中华人民共和国行政区划简册·2012》。

二 陕西省域形成历程

陕西省因是我国古老文明的发祥地之一，历史悠久，地位重要；因此，其省域之形成也经历了一个颇为漫长的历程。大体上可划分为三个阶段。现分述如下。

（一）先秦时期主体属于《禹贡》雍州阶段

先秦时期，更确切地说应为春秋以前时期，先民们尚无划野分区设治行政的统治理念。自新石器时代氏族社会结束，进入夏商周奴隶社会后，当时中国大地上，除中原地区，即包括今之陕西与河南、山西、河北、山东等省部分区域先后有夏、商、周王朝统治，并在上述区域及邻近的一些区域分封诸侯，同时还存在一些部落、方国外，再远的一些区域则成为化外之蛮方，与华夏民族已非同一族类。然而到了春秋战国时期，尽管周王室与各诸侯国仍按宗法血亲关系施行分封统治，但由于社会生产力的发展，在周天子与诸侯居住的都邑及其京畿之外的区域，开始出现新的行政区划建置，即县与郡。① 然而，这一新的行政区划制度，即郡县制，虽起源于春秋时期，形成于战国时期，而其趋于成熟并被全面推行则是在秦始皇统一六国之后。② 也正是在这一历史进步大潮的冲击推动下，伴随郡县制产生、发展，较之具有更高层次的地理区划理念，即"九州制"也应运而生，并在战国成书的《尚书·禹贡》中被明确地记载了下来。③ 内中所记"九州"之一的雍州，文载："黑水、西河惟雍州：弱水既西；泾属渭汭；漆、沮既从，沣水攸同。荆、岐既旅，终南

---

① 详见周振鹤、李晓杰《中国行政区划通史·总论、先秦卷》，复旦大学出版社 2009 年版，第 240—253 页。

② 同上书，第 240 页。

③ 《禹贡》成书年代有多种说法，本文所论兼采顾颉刚先生与刘起釪先生之论述。详见顾颉刚《禹贡（全文注释）》，载侯仁之主编《中国古代地理名著选读》第一辑，科学出版社 1959 年版，第 3—4 页；刘起釪：《〈禹贡〉写成年代与九州来源诸问题探讨》，载《九州》第三辑，商务印书馆 2003 年版。

惇物,至于鸟鼠;原隰厎绩,至于猪野。三危既宅,三苗丕叙。厥土惟
黄壤;厥田惟上上,厥赋中上。厥贡惟球、琳、琅玕。浮于积石,至于
龙门西河,会于渭汭。织皮:崑崙、析支、渠搜,西戎即叙"。前所述有
关雍州的这段文字以及标点,均引自顾颉刚先生的《禹贡(全文注释)》。
顾先生在该文中对雍州的这段文字逐字逐句作了注释。成书于秦王朝统
一全国前夕之《吕氏春秋》第十三卷《有始览》在畅论九州制时即明载:
"西方为雍州,秦也"。顾颉刚先生与史念海先生在他们合著的《中国疆
域沿革史》一书中还具体阐释道:"秦为雍州,因雍为秦都"。[①] 尽管
《禹贡》篇"九州"中之梁州,被认为包有秦岭以南今之陕南与四川盆
地[②],但仍可认为今陕西省域之主体部分先秦时曾被认为属于"九州"中
之雍州。

关于《禹贡》所分"九州"问题,学界普遍认为先秦时期并未真正
实行。顾颉刚先生就曾论述道:"九州制固然根据实际的地形而分划的,
每州的土壤、物产等也都是科学性的记载,决不出于幻想,可是古代并
不曾真有这个制度。"还论定"九州制是由战国开始酝酿的,到汉末而实
现",并概括为"九州制似真而实假,由假而化真"。[③] 然而因为《禹贡》
被编入《尚书》中,《尚书》是我国现存的史籍中年代最古老的,且是
"圣人"孔子编定的,因此,地位十分崇高,对于后世影响甚大。如西汉
武帝时史学家司马迁在所著《史记》卷二《夏本纪》与东汉时史学家班
固在所著《汉书》卷二十八上《地理志上》中都收录了《禹贡》文字,
这就更扩大增强了它的影响力。以至于之后的舆地书中,常见引用《禹
贡》所述,作为一些区域建置沿革之始。如清嘉庆至道光年间纂成的
《大清一统志》[④],作为嘉庆二十五年(1820)以前之清代地理总志,即
为典型代表。该书卷二二六《陕西省》部分,在"建置沿革"条,一开
篇即明载:"禹贡,黑水西河惟雍州";之后再接叙"周为王畿。东迁后

---

① 参见该书第 67 页,该书于民国二十七年(1938 年)3 月由商务印书馆出版发行。

② 参见前书第 68 页。

③ 参见《禹贡(全文注释)》之注文前总述部分,载侯仁之主编《中国古代地理名著选
读》第一辑,第 3 页。

④ 该书收入清《四部丛刊》续编本,由穆彰阿、潘锡恩等纂修。现有由上海世纪出版股
份有限公司与上海古籍出版社于 2008 年 1 月出版之影印本。

属秦。……"当然，在陕南之汉中府等卷中，则在"建置沿革"条首述"禹贡梁州之域"，之后则续述"春秋时为蜀地。战国初秦楚之境，后属秦，置汉中郡……"①

总之，先秦时之"九州制"，正如当代一些学者所述，不能将之视为行政区划；但因可看作是以自然地理与经济地理为表征的政治地理格局②，并在秦王朝之后演化成真，所以将其中之一的雍州来概指今陕西省境内之主体部分就成为舆地学家们的惯常认识与陈述方法。

（二）秦汉隋唐与北宋时期分属多个郡、州、道、路阶段

秦始皇二十六年（前221）于统一天下后，即在秦王朝统辖区域内普遍推行郡县制。自此，中国疆域内一改之前分封王室成员或贵戚、功臣为各级诸侯裂土治理的统治方式，而由中央朝廷将天下分为若干郡、县，作为地方行政区域，派出郡、县官员分守治理。2200余年来，此法长行不衰，只是区域等级、大小与名称时有更动，且不断完善。

前已论及，郡县制在秦秋时期已肇其端。秦国在今陕西省境内就已先后设有杜县（在今西安市南）、郑县（在今华县）、下邽县（在今渭南市区北）、虢县（在今宝鸡市区西）。下至战国时期又续设临晋县（在今大荔县东）、频阳县（在今富平县东北）、雍县（在今凤翔县西南）、籍姑县（在今韩城市北）、庞县（在今韩城市东南）、重泉县（在今蒲城县南）、栎阳县（在今闫良区）、蓝田县（在今蓝田县西）、高陵县（在今高陵县）、郿县（在今武功县西南）、美阳县（在今武功县西北）、武功县（在今眉县东）、武城县（在今华县东北）、郃阳县（在今合阳县）、阴晋县（在今华阴市）、鄜县（在今眉县东北）、商县（在今丹凤县西北）、南郑县（在今汉中市区）、高奴县（在今延安市区）以及肤施县（在今绥德县）等县。③

秦王朝建立后，全面推行郡县制，除在其统辖的领土内增设县级建置外，又在县以上设郡。在今陕西省境内，除都城咸阳所在之关中与陕

---

① 《大清一统志》卷二三七。
② 参见周振鹤、李晓杰《中国行政区划通史·总论、先秦卷》，第198—199页。
③ 同上书，第288—289、358—407页。

南东北部设内史，以示尊崇外；全国初设 36 郡，在今陕北设有上郡，陕南大部分则为汉中郡。其下均设县：内史有 39 县，上郡有 6 县，汉中郡有 6 县；再加上北地郡与陇西郡各有 2 县在今陕西省境内，则共有55 县。①

西汉时，除沿秦制实施郡县制外，又分封了一批同姓与异姓之诸侯国。随着郡县与王国、侯国不断增加析置，至西汉末之平帝元始二年（2），已达 103 个郡国。为加强中央朝廷对郡国之控制，汉武帝时除在国都长安所在的关中设置司隶校尉部外，又在国土范围内其他区域设置了13 州刺史部。尽管州刺史并非地方行政长官，仅具监察职能，但每州下均有若干郡国与县邑，连司隶校尉部下在关中地区也有京兆尹、左冯翊、右扶风三部分，合称"三辅"，同样具有区域的性质。在今陕西省境内，则除司隶校尉部之"三辅"外，也与秦王朝相似，尚有司隶校尉部的弘农郡部分县邑与属于益州刺史部的汉中郡、朔方刺史部的上郡以及北地郡、西河郡的部分县邑。② 其总的态势也如秦代，大体上关中盆地区为司隶校尉部，陕北黄土高原区为朔方刺史部，陕南秦巴山地与汉水谷地区为益州刺史部。

东汉后期在承袭西汉旧制基础上，在行政管理上实施实三级制，即州为行政区，其下为郡、国，再下为县、邑。尽管东汉都城不在关中盆地，迁往雒阳，但仍将关中盆地区之京兆尹、左冯翊、右扶风划入与雒阳同一区的司隶校尉部。陕北黄土高原区仍设上郡；但朔方刺史部被裁撤，划入并州刺史部。陕南秦巴山地与汉水谷地区依旧设汉中郡，属益州刺史部。

隋文帝时，于统一全国后，惩于南北朝末叶州郡建置之纷繁凌乱，于开皇三年（583）悉裁诸郡，以州辖县；其行政区划与管理制度则由东汉末实行的实三级制改为实二级制。炀帝大业三年（607），改州为郡，但也只是名称有变，行政制度之实质未变。其后又仿效汉武帝，于郡上置司隶与刺史③，恢复为虚三级制。及至李渊、李世民父子起兵推翻隋

---

① 详见吴镇烽《陕西地理沿革》，陕西人民出版社 1981 年版，第 295—304 页。

② 同上书，第 305—317 页。

③ 参见顾颉刚、史念海《中国疆域沿革史》，第 172—173 页。

朝，建立唐朝后，于太宗贞观元年（627）依山川形便分全国为 10 道，后又于玄宗开元二十一年（733），将之析分增设为 15 道①，仍为虚三级行政制。就唐开元年间分定的 15 道而言，关中盆地区，因系国都所在，特设京畿道，下有京兆府、华州、同州、邠州、岐州、陇州；陕北黄土高原区则在关内道南部，计有银州、绥州、延州、鄜州、丹州、坊州与胜州、夏州、盐州、庆州的一部分；陕南秦巴山地与汉水谷地区，则有由贞观初 10 道之一的山南道，至开元后期析分的山南西道与山南东道的北部一些州，即凤州、兴州、梁州、洋州、金州、商州。②

下至北宋时，政区建置在几经变动后，鉴于唐后期藩镇跋扈，财赋不上交中央之弊，以陆路或水路转运使督办上交地方粮税事务，后遂成为一路之地方大员。"路"于是取代唐代之"道"，并成为地方最高一级行政区划。北宋诸路，前期曾多次析并，至宋神宗元丰年间（1078—1085）划定 23 路，始形稳定。按此 23 路，今陕西省域内之关中盆地区与陕北黄土高原区主要有永兴军路大部分府州以及秦凤路、河东路少部分府州；其北部尚有较小一部分为西夏国所占据，设有银州、石州、洪州、夏州、宥州、盐州。而陕南秦巴山地与汉水谷地区，则其西部属利州路的兴元府与兴州、洋州；其东部属京西南路之金州。③

总括而论，秦王朝后，在两汉、隋、唐与北宋等统一王朝时期，今陕西省域均分属多个郡、州、道、路管辖。然而就大势而言，往往是关中盆地区、陕北黄土高原区、陕南秦巴山地与汉水谷地区各成一体，分区而治。这当然是因自然地理区域之分异使然；但有的时期，出于政治与军事的需要，将关中盆地区与陕北黄土高原区并成一体，或者将陕南东部今之商州市与关中地区合成一区。这表明，尽管关中盆地区与其北之陕北黄土高原区以及与其南的陕南秦巴山地区，在自然地理类型上互不相同，各具特点；但在它们未被划为同一个一级行政区以前的历史时期，已经在某些阶段因政治、军事以致经济发展形势的需要，彼此间开

---

① 《旧唐书》卷三十八《地理志》一。

② 参见谭其骧主编《中国历史地图集》第五册，唐时期《京畿道、关内道》图、《山南东道、山南西道》图，中国地图出版社 1982 年版。

③ 参见谭其骧主编《中国历史地图集》第六册，北宋时期《永兴军路》《秦凤路》等图，中国地图出版社 1982 年版。

始发生紧密联系，并为以后建成完整的陕西行省展露出先机。

（三） 元代以降统属陕西行省并不断有所调整阶段

蒙元帝国建立后，对蒙古本部及平定的金、西夏、南宋、大理等中国内地采前代之旧制，对所统辖地区除循行路、州、县等行政建置外，又于路上设中书省、行中书省划区分统之；之后竟成为拥有明确辖区的行政区域。而在所置中书省与行中书省内，就有陕西行中书省。"陕西"作为地方最高一级行政区域名，虽于北宋太宗至道三年（997）设有陕西道成为当时十五道之一，已被采用；但因其辖境仅以关中盆地区为主体，又因至神宗熙宁五年（1072）就析分为永兴军路与秦凤路；后到元丰元年（1078）尽管又复合并，但朝廷所下诏书中却以"陕府"为名[1]，实际上仍按永兴军路、秦凤路行政，"陕西路"一名已不再存在。所以"陕西"作为地方一级行政区域名，严格说是自元代始。因为自那以后，不论元代称"陕西等处行中书省"，明代称"陕西等处承宣布政使司"（习惯上仍称"省"），清以来称"陕西省"，均冠有"陕西"一名；且其管辖范围已包有关中盆地区、陕北黄土高原区、陕南秦巴山地与汉水谷地区三部分。当然，因元、明时期之陕西行中书省与陕西承宣布政使司的地域范围超出了上述三个自然地理区域，所以致清、民国以致共和国时期又有局部调整。其调整状况简述如下。

元代陕西行省始立于元世祖中统元年（1260），但当时与四川行省合为一省，称"陕西四川行中书省"。到至元二十三年（1286），陕西行省与四川行省分立。陕西行省下辖之奉元、延安、兴元三路与凤翔府、邠州在今陕西省境内，但北部到达了鄂尔多斯高原中部；而泾州、开成州、庄浪州与巩昌、平凉、临洮、庆阳、隆庆等府则大部分在今甘肃省境内，少部分在今宁夏回族自治区南部。[2]

明初于洪武二年（1369）置陕西等处行中书省，九年（1376）改称

---

① 参见李昌宪《中国行政区划通史·宋西夏卷》，复旦大学出版社 2007 年版，第 61、200 页。

② 详见李治安、薛磊《中国行政区划通史·元代卷》，复旦大学出版社 2009 年版，第 141—145 页；谭其骧主编：《中国历史地图集》第七册，元时期《陕西行省》图，地图出版社 1982 年版。

陕西承宣布政使司。其下所辖之西安府、凤翔府、汉中府、延安府与兴安直隶州在今陕西省境内，且覆盖了关中盆地区、陕北黄土高原区、陕南秦巴山地与汉水谷地区三个自然地理区；另有庆阳府、临洮府、平凉府、巩昌府则在今甘肃省之东部。此外，还于北部与西部建置了一些卫所，在北部的延绥镇即在今陕北黄土高原区北部明长城内。与今之陕西省域比较，一个最大的差异是北部省界退到了明长城一线。① 还有一点需要说明的是，当时明王朝为巩固西北边境的国防而设立的陕西行都司，因属军事防守建置，所以从行政建置上不予论列。

清入关定鼎后，仍因袭元、明两代之旧制，对地方行政区域之建置施行省制，并直称为"省"。康熙二年（1663）以当时之陕西省辖区过大，析临洮、巩昌、平凉、庆阳四府另置甘肃省，于是陕西、甘肃两省分立。之后省下之府、州、厅、县几经升降，至乾隆四十八年（1783），陕西省辖有西安、同州、凤翔、延安、榆林、汉中、兴安七府与乾州、邠州、鄜州、绥德州、商州五直隶州。② 其辖境已与今之省域差相仿佛，仅北界止于边墙③，即明长城一线。可以说，今之陕西省域实际形成于350年前之康熙初年。

中华民国时期，在地方行政建置上仍实施省制。初期最大改革有二：其一是设置了一批特别区域；其二是废除逊清之府、州制，在省、县之间设道。陕西省作为民国初年22省之一，其下即设有关中、榆林、汉中三道④，正好分辖关中盆地区、陕北黄土高原区、陕南秦巴山地与汉水谷地区等三个自然地理区域。其省域依旧保持前清之规模：东部、南部界线与今界相近；西部界线除西南角宁强县西界较今略为东缩外，其余部分也与今界相近；北部界线，实际上已越过明长城，到达今省界一线。⑤也就是说，自民国初今之陕西省境之四至界线确定以来，迄今已逾百年，

---

① 参见郭红、靳润成《中国行政区划通史·明代卷》，复旦大学出版社 2007 年版，第87—98 页；谭其骧主编：《中国历史地图集》第七册，明时期《陕西一》图。

② 《清史稿》卷三十八《地理志十·陕西》；谭其骧主编：《中国历史地图集》第八册，清时期《陕西》图，地图出版社 1987 年版。

③ 同上。

④ 傅林祥、郑宝恒：《中国行政区划通史·中华民国卷》，复旦大学出版社 2007 年版，第50 页。

⑤ 同上书，第 395—396 页。

基本保持未变。只是省境内之二、三级行政建置之名称、界线、隶属关系不时有所变更。

三 陕西省域形成之条件论析

综合本文第二部分所论内容可以看到，今陕西省域的形成，在元代初年实施行省制于元世祖至元二十三年（1286）建立陕西行中书省肇始，明代继之，于清初康熙二年（1663）将当时陕西省西部四府划出分立甘肃省后正式形成，至民国底定。同时，我们也看到，实际上在元代以前，具体说来，在自秦帝国建立至宋时期，虽然今陕西省域分属多个郡、州、道、路，未整合成一个统一的一级行政区，但省域内关中盆地区、陕北黄土高原区、陕南秦巴山地与汉水谷地区，因它们在自然地理环境上各具特点，在地理分布上又同处在我国地貌格局之第二级阶梯上，且南北紧密相连，因而形成在资源与经济上互补互利，在政治与军事上互依互强，在文化上互融互济的密切关系，这也为它们最终被划定在同一个省域内提供了必要的条件。

首先在资源与经济上，关中盆地沃野千里，土壤肥沃，早在公元前337 年，苏秦入关就曾对秦惠文王盛赞之为"天府"。[①] 这比成都平原在秦昭襄王派出蜀守李冰督率当地人民修建了都江堰水利工程后，即约在公元前251 年始被称为"天府"[②] 要早八十余年。说明关中盆地区之渭河平原，自古就是农业发达之区，特别是在秦王政时修建了郑国渠大型水利灌溉工程后，"渠就，用注填阏之水，溉泽卤之地四万余顷，收皆亩一钟，于是关中为沃野，无凶年，秦以富强，卒并诸侯"。[③] 当时农产之丰饶，竟对秦国之统一大业起了如此重大的作用！与此相应的是，陕北黄土高原区，古代曾是林木茂盛，水草丰美，畜牧业发达区域。《汉书·地理志》曾论及上郡、西河等郡，"皆迫近戎狄，修习战备，高上气力，以射猎为先"。而陕南秦巴山地与汉水谷地区，前书在述及它所属的巴蜀区

---

① 《史记》卷六十九《苏秦列传》。
② 《华阳国志》卷三《蜀志》。
③ 《史记》卷二十八《河渠书》。

域时也指其"土地肥美，有江水沃野山林竹木蔬食果实之饶"。由此可知，关中盆地区之农业，陕北黄土高原区的畜牧业，陕南秦巴山地与汉水谷地区的林业和农业，各有优长之势，形成互补互利的关系。

其次从政治与军事上论，前已述及，今陕西省域内之关中盆地区及其北的陕北黄土高原区以及其南的陕南秦巴山地与汉水谷地区三个自然地理区域均处于我国三大阶梯地貌格局的第二阶梯上。这三大阶梯即是：作为世界屋脊的青藏高原是第一阶梯；由青藏高原东缘向东至大兴安岭、太行山、巫山、雪峰山一线，包括内蒙古高原、黄土高原、四川盆地、云贵高原以及新疆维吾尔自治区为第二阶梯；自第二阶梯再向东至海滨，为第三阶梯，主要由宽广的平原与低山丘陵组成，东北平原、华北平原、长江中下游平原、江南丘陵属于这个阶梯。而处于第二阶梯上的陕西省，其关中地区，古代即被称为"被山带河，四塞以为固"① 的天下雄国。自西周初年古公亶父立邑于岐下，至其孙文王徙都于丰②；之后又历秦代在雍、栎阳与咸阳先后建都；③ 再后又有西汉、隋、唐等王朝与政权在长安等地建都。关中作为我国历史早期之政治中心历时长达1500多年，仅西安地区建都就达1100多年。④ 因此，唐代诗人杜甫吟唱出"秦中自古帝王州"⑤ 的名句。而关中地区作为国都所在，能充分发挥其控内驭外之政治与军事上的作用，除依赖其东有关河之险，西有陇山之固外，实还赖其北有陕北黄土高原与南有秦巴山地之屏障。因此，古代之政治与军事战略家在论及关中之所以能成为宜建国都之区位优势时，往往都会指出："秦四塞之国，被山带渭，东有关河，西有汉中，南有巴蜀，北有代马；此天府也。"⑥ "夫关中左崤函，右陇蜀，沃野千里，南有巴蜀之饶，北有胡苑之利，……此所谓金城千里，天府之国也。"⑦ 这都说明古代帝王要依托关中图王霸之业，建久安之国，皆需以陕北黄土高原区与陕南秦巴

---

① 《史记》卷九十九《娄敬叔孙通列传》。

② 《史记》卷四《周本纪》。

③ 《史记》卷五《秦本纪》。

④ 详见拙文《西安建都朝代新论》，载北京大学历史地理研究中心编《侯仁之师九十寿辰纪念集》，学苑出版社2003年版，第1—7页。

⑤ 杜甫《秋兴八首》之六，《全唐诗》卷二百三十，中华书局1960年版。

⑥ 《史记》卷六十九《苏秦列传》。

⑦ 《史记》卷五十五《留侯世家》。

山区作为辅翼，三位一体，方可强化其在政治、军事上的区位优势。

最后从文化上论，关中盆地区、陕北黄土高原区、陕南秦巴山地与汉水谷地区皆各有自身的地域文化，这自不待言。但因关中盆地区作为周秦汉唐等历史早期几个统一强盛王朝都城所在形成的长安文化①，相对处于强势，对我国其他区域，乃至域外一些地区均具有较大的辐射作用，对其北之陕北黄土高原区以及其南的陕南秦巴山地与汉水谷地区之影响则势必更大一些；当然，这两个地区究竟因为与关中地区更靠近，在经济、政治、军事上关系更为密切，所以它们的地域文化对关中地区长安文化的反作用也会比较大。因而文化上互融互济效应也比较强，今日更是组成富涵陕西地域文化特色的"三秦文化"不可分割的部分。因而也可以进一步说，长安文化虽是以关中地区为主体形成的，实际上其形成与分布区域还当涵盖其北、南两翼，即陕北黄土高原区、陕南秦巴山地与汉水谷地区。

从前述今陕西省域形成之条件分析中不难看出，今陕西省境内关中、陕北与陕南三大组成部分，之所以能在漫长历史时期由分属多个一级政区，到距今700余年前之元初世祖至元二十三年（1286）组合进陕西行省里，再到距今约350年的清初康熙二年（1663）基本形成今之省境范围，不仅是因为关中与陕北、陕南地区山水相依，地界相接，更重要的是历史上经济、政治、军事、文化等要素发展需要所造成。由此也可以预期，在今后社会经济现代化建设与发展中，这三个地区仍将因处于同一个省域内而可以发挥出更大的互助互利功效，加快共同发展的步伐，为中华再次崛起做出更大的贡献。

2012 年 11 月 5 日

（原文刊载于《长安大学学报》（社会科学版）2013 年第 1 期）

---

① 参见拙文《长安文化之形成及深入推进其研究之管见》，《长安大学学报》（社会科学版）2010 年第 2 期。

六　历史流域地理

论区域历史地理研究的一个
重要领域——流域文化研究

——以长江文化研究为例

在当前"文化热"的研究氛围中，关于流域文化的研究也异军突起，成绩斐然。不少历史地理学者也参与其中，并将之列为区域历史地理研究的一个重要领域，这对丰富与促进区域历史地理研究自有其积极的作用。本文即以长江文化研究为例，依据历史地理学的一些基本理论观点，对如何就流域文化进行系统、科学而又深入的研究，贡献几点刍荛之见，希望能对这一领域的研究工作有所助益。

一　关于长江文化之流域性整体特征问题

近年来国内学术界已撰写出版了一些有关长江文化、黄河文化、珠江文化与运河文化等方面的论著，但大多是就这些流域文化的某些方面或是就整个流域按历史朝代逐一论述其各个方面文化的成就和发展历程。这样的研究成果当然也是有意义的，撰写方式也是可取的。然而，因江河流域范围，在区域分布上有其特色，其上、中、下游往往会流经不同的自然地理区域与民族、文化区域，但就整个流域论，又具有明显的共同特点。所以要对流域文化进行全面而深入的研究，就需要对流域文化之整体性特征进行探讨与阐述，否则就会使流域文化研究等同于一般性的区域文化研究。

论及研究长江文化之流域性整体特征，这似乎在区域文化与文化史研究领域还是一个新课题。但笔者认为，这对于诸如长江文化、黄河文化等大江大河的流域性文化研究工作，确是十分必要的，也是值得下功夫加以开拓的。研究大江大河文化之流域性整体特征，当然不能只是使研究工作覆盖及于整个流域，而应在前述工作的基础上进行恰当的概括。这自是高层次综合研究的结果。至于对长江文化之流域性整体特征的研究，首先应对整个流域在人类历史时期之文化发展历程及其各主要方面的内涵进行全面深入的研究，避免对全流域整体文化特征的概括失于偏颇与空泛；同时为使这一研究更为准确深邃，还可与邻近的流域，特别是与黄河流域之文化进行对比研究。长江与黄河是两条都发源于世界屋脊青藏高原，全程也都流淌于中华大地，均东向奔往大海的姊妹河。两大流域同源同向，比邻相处，犬牙交错；面积合计达 250 多万平方千米，占我国国土面积的 1/4 强，且占据我国之腹心地区；历史上是我国中原王朝的政治、经济、文化中心，在文化上相互交流，彼此融汇，是构成中华民族文化的两大主干，因而有着许多共同之处。但由于两大流域所处地区的地质、地理状况与民族构成以及居民之生产、生活方式不尽相同，加之历史发展进程互有差异，所以它们之流域性整体特征也表现各异。

那么，对这种差异应当如何鉴别论定呢？这虽可见仁见智，但最终还是需依赖深入的研究与睿智的思维来得出获得公认的论断。为了引发大家对这一问题思考的兴趣，笔者不揣冒昧先行提出一个粗浅的见解。即以长江文化与黄河文化相对照，从全流域整体特征论，可将黄河文化概称为"龙文化"，将长江文化概称为"凤文化"。至于这样概称之史实根据与学理阐释，内容甚多，当另文详述。但如此概称，黄河文化之雄浑威猛厚重朴实，长江文化之灵巧清秀色彩斑斓等种种表象与内核，已尽含其中，可令人驰骋想象，尽情玩味。同时，还可将长江文化概括为"水文化"，将黄河文化概括为"土文化"。此外，也有学者称黄河文化体系的核心为政治文明，长江文化体系的核心则是经济文明。[①] 这些概括似乎与前述之长江文化为"凤文化"，黄河文化为"龙文化"有异曲同工之妙。当然这些见解与表述，均仅仅是引玉之砖，是否能够成立或者当另立别论，均请当世方家，勘验论定。

---

① 参见李学勤、徐吉军主编《长江文化史》，江西教育出版社 1995 年版，第 1181 页。

二 关于长江流域范围内各
区域文化研究问题

长江流域面积辽阔，干流由青海省唐古拉山主峰格拉丹东雪山西南侧发源，穿越西藏、云南、四川、重庆、湖北、湖南、江西、安徽、江苏、上海 10 个省、市、自治区，支流所经还包括甘肃、陕西、河南、贵州、广西、浙江 6 个省、自治区，流域面积广达 180 万平方千米，几占我国总面积的 1/5。流域内地貌类型多样，上游流经的青藏高原、云贵高原与四川盆地，雄奇壮丽；中下游流经的江汉、洞庭湖、鄱阳湖平原与河口三角洲平原，湖沼众多，河网密布；而江南丘陵则丘岗冲垅逶迤相间，山水相映。自然景观的丰富多彩，加上民族众多，习俗各异，自然形成多个文化区。这些文化区，尽管都在长江流域范围内，彼此之间有着天然的相互交流影响的通道，因而在文化上有着一定的共同特征；但毕竟因为自然环境与民族习俗的不同，在文化上也有明显的差异。总的来，看彼此之间的文化体现出"和而不同"的复杂特性。由此可见，要对长江文化进行系统的、深入的研究，有必要对流域范围内不同区域的文化进行认真而科学的研究，这是研究长江文化的基础，是要着力做好的。

要对长江流域内各区域文化开展研究，首先要对流域内文化区的划分与分布有一个明确的认识。而要做好流域内文化区的划分工作，还应确立下述两个原则，即动态变化原则与层次级别原则。所谓动态变化原则是指在历史发展过程中，流域内文化区之分布状况及文化内涵、特点会因时而变。就以长江流域为例，春秋战国时期若可大致划分为巴蜀文化区、西南夷文化区、楚文化区与吴越文化区；那么随着时间的推移，朝代的更迭，经济文化的发展，下历各朝代，流域内各文化区之分布范围均有所变化，以至于出现原文化区之分化、重组与衍生新的文化区等现象。所以有学者指出到清代时长江文明是"由云贵川文明板块、两湖文明板块、皖赣文明板块、江浙（吴越）文明板块等大小不同、互有联系，又互为区别的文明板块所组成"。① 这种文化区变动的情况，既给研究流域内之区域文化增添了内容，又可使我们增加对各区域文化特征认识的深度，是很值得下功夫做好的。至于层次级别原则是指长江流域之文化区，或因自然环境分异，或因民族种属差别，或因社会经济发展程度的不同，可在一级文化区内分别划分出若干个二级，甚至三级文化区。各级文化区之间形成层垒包容的关系。对下一级文化区深入的研究，可以增加上一级文化区研究的丰度；而对上一级文化区的深入研究，又可帮助对下一级文化区文化内涵特征之把握。所以，对一些一级文化区根据一定的特点或指标划分出若干个二级，甚至三级文化区，是深化研究流域内区域文化的需要，也是值得下功夫做好的。

在开展流域内区域文化研究方面，除应注重上述两个原则之外，还应注意处理好对各文化区发展不平衡性问题的研究。流域内各文化区确有发展程度先进落后的差别，但这种差别在历史时期并非是一成不变的，常有先进沦于落后，落后的又后来居上的情况。对各个历史时期文化先进区域，固然应重视对它的研究，以彰显流域文化发展所达到的高度；对文化后进区域，也应加强研究。这样做，其目的虽也有揭示流域文化全貌的用意，更重要的还有总结后进区域之文化何以会较长时期裹足不前，或者何以会由先进变为后进的原因等作用，由此可见其意义也非同一般。

综上所述，我们对长江文化的研究，应当从研究流域范围内各区域文化起步，而且从时空交织的角度，在纵的方面注重这些区域在历史时期的变化，在横的方面尽量覆盖整个流域的各个部分，这样方能使流域文化的研究臻于全面与深入。

三　关于长江文化研究中应注重 生态文化研究的问题

当前生态环境以及与之有关的生态文化研究问题，日益受到科技界与学术界的越来越多的关注。这当然主要是因为一个地区生态环境的特

---

① 李学勤、徐吉军主编：《长江文化史》，第 1181—1182 页。

点往往对该地区之经济、社会发展具有重大影响，由此对该地区文化内涵与特征的形成也有重大的影响；同时还因为，一个地区生态环境之变迁还往往关系到该地区经济、文化的兴衰。世界上一些古老文明的衰亡，虽然有政治、军事方面的原因，但有的却直接导源于生态环境的恶化与灾变。经过人类数千年来为夺取或巩固政治权力以及为求得生存或发展经济的需要对生态环境不断施加影响，各地之生态环境均相应地发生了程度不等地变化。虽然其中也有自然要素本身变化的影响，但人为活动所造成的变化印痕也是随处可见的。而且随着科学技术的发展，人类对生态环境变迁影响之范围与力度也日益增大，特别是某些负面影响，有的甚至已达到或接近威胁人类生存的境地。这也就是举世各国从高层政要到普通百姓均普遍关注生态环境保护与治理工作的主要原因。长江流域生态环境的变化也与前述状况相类似。原来常以山川秀丽的鱼米之乡自诩，而今在生态环境方面也出现了越来越多的问题。因而已有一些专家学者认为在上游水土流失与中下游之洪水泛滥等问题上，长江正在步黄河的后尘，而且有着变成"第二条黄河"的危险。此前有的科技专家根本不相信这一预警；但经过1998年大洪灾后，越来越多的政府官员、普通群众以及专家学者已深切感受到这并非危言耸听，而是真实的威胁。基于以上认识，所以在研究长江文化时，无论是研究全流域整体文化，还是研究流域内某些区域之文化，都当将研究生态环境变迁与生态文化，作为研究流域文化的必要延伸与扩展。

前述将流域内之生态环境变迁与生态文化列入流域文化研究的范围，除了目前无论在我国还是在全球，生态环境保护与治理已成为经济社会发展的基础性工作与必要保障这一现实的功利原因之外，还有着更为深刻的学术内涵。这就是当前我们所面临的生态环境所出现的多种多样的问题，实质上在相当大的程度上是由人为不当活动造成的，更直白地说是由历代统治集团为追求眼前的局部利益所采取的错误的政治、经济、军事举措与策略造成的。这些内容已在更高的层次上构成了一种文化，也即一种意识形态。所以我们今天研究长江流域全流域的，或是流域范围内各区域的生态环境及其变化，是为研究全流域与流域内各区域之历史文化奠基；而所要研究的全流域或流域内各区域之生态文化，虽然是一种新的文化概念与文化范畴，实际上这种生态文化并不是新出现的，而是伴随着人类开始进行原始农业生产，并开始对生态环境施加影响以来就已存在的。尽管历史上已有不少贤哲对之有所认识，并在他们的著述中时有论及，如自先秦时的孟子、荀子以来历代诸多学人多有阐发，只是当时均未能从生态文化角度进行系统论述。今天随着生态环境问题的日益严重，生态文化这一与人类经济社会发展密切相关又全面涵盖生态环境防治内容的文化，因为可以通过技术层面，对社会各阶层人群在思想观念上施加环境保护治理的教化浸润影响，在解决当前生态环境诸多问题上有着更为广泛持久的作用，自当在文化研究中凸显出来。

就长江流域生态文化研究而言，因为干流青藏高原江源区、上游云贵高原与四川盆地以及一些支流上游丘陵山区、中下游平原区，其自然环境差异明显，历史上经济社会发展方向与程度也不尽相同，所以彼此间之生态文化是互有差异与特色的。然而，究竟因为同处在一个流域范围内，所以不仅经济社会发展上有互补互济，互通声息，相互交流辐射等紧密的联系，而且在生态环境变迁上也有相互影响、唇齿相依的关系。所以在生态文化上也有相互关联的关系。这是研究流域内生态文化之一大特点，应加以把握。

上述三点，仅是笔者对如何更为认真、系统、科学、深入地研究长江文化，在方法论上就管见所及陈述的粗浅意见，目的是使对长江文化的研究能够构建出具有流域性文化特性的体系。当然也希望能对其他江河流域文化之研究有所补益，从而丰富区域历史地理学的理论。

（原文刊载于《历史地理》第二十辑，上海人民出版社2004年版）

论历史地理学的理论与实践对推进流域文明研究的积极作用

——以黑龙江流域文明研究为例

一 近年来我国流域文明研究之盛况及其意义

改革开放以来，随着我国经济快速发展，学术研究与文化建设也呈现出前所未有的蓬勃发展之势。其中，流域文化或文明的研究也异军突起，成绩斐然。举其著者，近年来先后出版的就有《黄河文化》①、《长江文化史》②、"黄河文化丛书"③、"大江大河传记丛书"④、《中国运河文化史》⑤、《黄河文化史》⑥、"长江文化研究文库"⑦ 等鸿篇巨制。相比较而言，同样作为我国大江大河之一的黑龙江流域起步晚了一些。但我们

---

① 侯仁之主编，华艺出版社 1994 年版。

② 李学勤、徐吉军主编，笔者参与撰写，江西教育出版社 1995 年版。

③ 由黄河流经的青海、甘肃、宁夏、内蒙古、山西、陕西、河南、山东 8 省区人民出版社联合发起，并组织撰写。整套丛书分为 10 卷，即黄河史、黄河人、服饰卷、民食卷、住行卷、民俗卷、文苑卷、艺术卷、宗教卷、名胜卷。笔者与吴宏岐教授主编了其中的《住行卷》，陕西人民出版社 2001 年版。

④ 河北大学出版社组织撰写出版，第一辑七本，即《黄河传》《长江传》《珠江传》《运河传》《淮河传》《塔里木河传》《雅鲁藏布江传》与第二辑两本，即《澜沧江、怒江合传》《松花江传》，分别于 2001 年与 2004 年、2005 年出版。

⑤ 安作璋主编，3 卷本，山东教育出版社 2001 年版。

⑥ 李学勤、徐吉军主编，笔者参与撰写，3 卷本，江西教育出版社 2003 年版。

⑦ 湖北省社会科学院策划并组织撰写，季羡林主编，2004 年 8 月已由湖北教育出版社出版50 余种。新见书目有：《长江古人类》《长江中游新石器时代文化》《长江下游新石器时代文化》《长江下游的徐舒与吴越》《长江流域的宗族与宗族生活》《长江流域的商业与金融》《长江流域的稻作文化》《长江戏曲》《长江流域的饮食文化》《长江丝绸文化》《长江漆文化》《长江流域人才地理》等。

欣喜地看到，在黑龙江省社会科学院的倡导与组织下，正急起直追，快步赶上。

上述已出版的有关流域文化的著作，有的按历史分期，依次介绍各该流域之文化发展史实；有的则是从一些主要方面，逐个介绍该流域在这些文化领域之发展状况。但无论哪种类型，均是采纵横交织方式，将各该流域文化发展脉络，全景式地呈现了出来。借以展示各流域文化特点及其在中华文明发展史上的地位与影响，同时也折射出河流与流域，在促进区域文化发展上的重要而又独特的作用。从而又触发当前人们进行深刻反思，充分吸取历史上人类活动对流域文明兴衰影响之经验教训，以便采取更为明智有效措施，善待孕育哺育了我们人类的大大小小的母亲河。关爱并保护她们，使她们永葆青春，永具活力，护佑我们子孙生生不息，绵绵不绝。

很显然，上述研究与撰述工作，不仅对深化文化研究大有助益，同时对当今推动流域环境保护与生态建设以及经济文化建设也是大有助益的，值得进一步加以推进。

二　历史地理学新的分支学科——历史流域地理研究的角度和特点

在当前我国学术界出现的流域文化或流域文明的研究热潮中，我国一批历史地理学家也积极投身其中，推出了一批成果，丰富了我国流域文化（文明）研究的内涵，使之更为多姿多彩。这些论著将流域看作一种特殊的区域，紧密结合历史时期该流域内经济社会发展状况，研究这一流域整个历史时期内或某一历史阶段，或自然生态环境，或经济、文化活动之分布与变迁，可统名之为历史流域地理。如近年来对滦河流域[①]、汉水流域[②]、泾洛河流域[③]、汾河流域[④]等中小河流或长江、黄河等

---

① 参见唐亦功《京津唐环境变迁（金至民国）》，陕西师范大学出版社 1995 年版。
② 鲁西奇：《区域历史地理研究：对象与方法——汉水流域的个案考察》，广西人民出版社 2000 年版。
③ 王元林：《泾洛流域自然环境变迁研究》，中华书局 2005 年版。
④ 张慧芝：《明清时期汾河流域经济发展与环境互动》，博士学位论文，陕西师范大学 2005 年。

大江大河之一级支流的研究就很见特色与功力。这些成果不仅作为一种区域类型，大大丰富了历史地理学的内容，而且还为其增添了一个新的分支学科——历史流域地理；同时也对流域文化（文明）研究别开生面。

除上述实例性的研究外，还有一些历史地理学家对历史流域地理之理论问题也做了颇具力度的研讨。例如，王守春研究员受到谭其骧、史念海与侯仁之等历史地理学界前辈学者通过研究历史时期黄河、永定河上中游居民生产方式变更及植被等自然要素变化引致下游河道含沙量和河道变迁启示，继而又受到邹逸麟教授提出要把流域作为整体来进行研究的触动，在他撰写的《论历史流域系统学》①一文中，强调应将历史时期流域环境变迁作为一个系统，提出了对影响流域环境变迁的自然要素、人文要素与时间要素进行综合研究的见解以及对历史时期河流自然状况之演变，要结合流域内历史时期人文、气候、植被、地貌、地质构造等要素进行系统分析研究的理念与方法。侯仁之院士根据中国科学院地学部于 1990 年 11 月下旬召开的全学部委员参加的"地学发展若干问题及对策讨论会"上提出的"发展我国地学若干重大基础性课题"之第 16 项课题"地球表层与人地系统的调控研究"中列举的"区域链"，如"黄河链"（青藏高原—黄土高原—华北平原—渤海、黄海）这一实例，提出了开展"潮滦链"研究的理论观点和实施计划。②其要义就是以河流为轴线，将沿河各区域视为系统，将之集合起来进行流域系统研究。笔者也曾在《论区域历史地理研究的一个重要领域——流域文化研究：以长江文化研究为例》③一文中提出，在进行流域文化研究中，既要对流域内各区域文化及其特征进行研究，更要对整个流域之总体文化及其特征进行研究，还要注重对流域内之生态文化进行研究。上述理论观点对当前正方兴未艾的流域文明研究也当具有一定的借鉴作用。

综合上述诸家的观点，我们可以清晰地看到，历史地理学家尽管将流域看作是区域的一种类型；但同时他们也深刻地看出流域与其他不同

---

① 《中国历史地理论丛》1988 年第 3 辑。

② 侯仁之：《再论历史地理学的理论与实践》，《北京大学学报》历史地理学专刊，1992年。

③ 载《历史地理》第二十辑，上海人民出版社 2004 年版。

类型的区域相比较所具有的一些独有的特性，因而在开展历史流域地理研究方面也提出了一些新的理念。

关于流域作为一种区域所具有的特有的属性，主要是指凡流域，不论其面积大小，具有以水系为脉络和以水资源开发利用与保护为纽带的自然及经济属性。由此又衍生出下列特性：

——区域构成上的独特性。因流域界线以河流分水岭为准，所以许多河流之流域范围往往跨政区、跨国境，也常常跨越多个地貌区域、气候带、自然植被带与土壤带，因而情况较其他类型区域复杂多样。

——环境变迁上的关联性。因流域内有长年奔流不息的河水，将上、中、下游连成一体，所以上、中、下游各段所发生的环境变迁不论是自然因素导致的，还是人为活动导致的，都会对其他部分产生直接或间接的影响，因而彼此之间关联性很强。

——交通联系与信息沟通上的便捷性。江河上素有舟楫之利，在古代水运较之陆运方便许多，即使有峡谷险滩，照样能通一苇之航。就是在多种现代交通与通信工具发达的今天，江河运输之利依然存在。

——经济发展上的互补互利性。通常情况下，流域上、中游多为高原山区，中、下游多丘陵平原。因而上、中游宜发展牧、林、矿冶等业，中、下游宜发展农、桑、工、副、渔等业，彼此间本身存在互补性。因流域内自古以来就有交通联系与信息沟通上的便捷性，因而流域内商贸业发展也具有很多有利条件，经济上的互利性也很明显。

——文化、民俗上的相通性与认同性。正因为流域在交通联系与信息沟通上具有便捷性，在经济发展上具有互补互利性，尽管同一个流域内，在上、中、下游不同区域分布有不同的民族与不同类型的区域文化，如黄河流域就有甘陇、秦、晋、中原、齐鲁等地域文化，长江流域也有滇黔、巴蜀、荆楚、吴越等地域文化；但若从黄河文化、长江文化整体论，它们彼此间又具有一定的相通与认同性，共同构成了黄河文化、长江文化的特点。

正是基于流域具有上述多种特有属性而与一般区域有所不同，所以历史地理学家对待历史流域地理研究工作，十分强调对所研究对象应从流域的整体性、问题的综合性以及事物变化的时段性三方面开展研究。这也可视为历史流域地理研究的角度与特点。

所谓流域的整体性，就是强调我们无论研究流域之自然地理因素变迁或人文地理因素变迁，都需要关照所研究流域的整体。即使具体的论题只涉及这一流域的上游、中游或下游，在进行分析论证时，都需联系其他部分的相关内容。如此方可得出更为深刻也更为精准的见解与结论。

所谓问题的综合性，就是强调我们对所研究的问题，无论是流域内自然地理因素变迁还是人文地理因素的变迁，既要从该因素内部探寻导致其变化的原因，也需从该因素外部与其相关联的其他因素方面探寻导致其变化的原因。只有这样从综合的角度开展研究，方可全面深入地揭示出流域内导致该因素发生变化之原因，其中包括主要原因与次要原因。

所谓事物变化的时段性，因为历史地理学本身就是研究历史时期自然地理因素与人文地理因素变化的，所以历史流域地理应对这方面多所致力。在论述前列之二性时，实际上已涉及这一问题。当然，在研究相关因素在历史时期的变化时，要注意研究时期是长时段、中时段或短时段。根据不同时段历时的长短，确定相关的研究内容。以便系统全面地阐明流域内所研究因素在历史时期之变化历程与原因，深邃而又充分地阐释当今流域内所研究因素之性质与特点。

很显然，前述历史流域地理研究的角度与特点，都是基于历史地理学的理论观点，也即从"时空交织、人地关联"的理念出发而确立的。而这些理论观点与特点，无疑对推进流域文明研究具有明显的积极作用。

三　开展黑龙江流域历史时期自然地理与人文地理环境变迁研究的几点思考

黑龙江，不仅是我国的一条大河，也是世界大河之一。其干流中段虽是中、俄界河，其北源石勒喀河又发源于蒙古国肯特山东麓，但其南源额尔古纳河的正源海拉尔河却源出我国境内之大兴安岭西坡。从海拉尔河源头算起，黑龙江全长 4370 千米，流域面积 184.3 万平方千米。按河流长度论，在世界河流中排名第九位；按流域面积论，在世界河流中排名第七位。[①] 在我国，其长度与年径流量均排名第三（长度仅少于长江、黄河，年径流量仅少于长江、珠江）。在我国境内之流域面积，约占黑龙江流域总面积的 48%，计为 88.48 万平方千米；占到我国东北地区（黑龙江省、吉林省、辽宁省与内蒙古自治区东半部之 3 市 2 盟，即呼伦贝尔市、赤峰市、通辽市、兴安盟、锡林部勒盟）总面积之 60%，大于黄河，仅次于长江，排名第二。加之黑龙江流域地处温带，森林分布广，长势茂密，降水量大，蒸发量小，泥沙含量少；所以水资源与水电蕴藏量十分丰富，航运方便，水产资源也十分丰富。[②] 由此可见，黑龙江尽管是条国际河流，但就其河流水文与流域环境状况以及在我国境内所占区域之状况看，却具有重要地位，对当前东北亚地区各国社会、经济发展也具有重大作用。

　　黑龙江流域文明起源同我国中原地区之黄河、长江流域基本同步。早在旧石器时代晚期，即有先民生息繁衍，且与中原地区同时代旧石器时代文化存在承袭关系。在黑龙江左岸今俄罗斯境内的暂且勿论；就在我国境内，近数十年来就在黑龙江、吉林、呼伦贝尔市等地黑龙江流域内一些地点，如哈尔滨市顾乡屯与阎家岗、齐齐哈尔市昂昂溪、呼玛十八站、漠河老沟河等地发现了旧石器时代晚期的遗址。其中，有些遗址中出土的遗物，经考古工作者研究，认为与北京周口店及山西峙峪、下川等地之旧石器时代文化相近似。[③] 之后，随着社会经济的发展，黑龙江流域也历经原始社会氏族部落集团、奴隶社会、封建社会等阶段，经济形态也由渔猎兼养畜逐步发展为农耕与渔猎养畜相结合的状态。在这一发展过程中，与我国中原王朝始终保持着密切联系，互通声气、相互影响，是我中华文明一个重要组成部分。但在 19 世纪中叶，由于沙皇俄国的肆意侵略与满清政府的腐败无能，先后于 1858 年与 1860 年，沙俄通过迫使清政府签订《中俄瑷珲条约》《中俄北京条约》推翻了康熙二十八年

---

　　① 根据刘德生主编《世界自然地理》（第二版）相关资料排定名次，高等教育出版社 1993年版。

　　② 根据《中国自然地理》编写组编《中国自然地理》（第二版）第五章河流部分以及相关资料计算整理而成，高等教育出版社 1984 年版。

　　③ 孙进己、冯永谦总纂：《东北历史地理》第一卷第一编"东北地区原始时代的人群分布"，黑龙江人民出版社 1989 年版。

(1689) 两国签订的《中俄尼布楚条约》划定的中俄东段边界以外兴安岭（即俄国所称的斯塔诺夫山脉）至海为界的既定边界，将黑龙江以北约60万平方千米与乌苏里江以东约40万平方千米等两片国土强占了去。[①] 这样原来完全属我国内河之一的黑龙江就成为中、俄以及20世纪20年代独立的蒙古等三国间的国际河流，迄今仅约近一个半世纪。

尽管黑龙江在近一个半世纪以来已成为一条国际河流，但她仍如地球上其他流域一样，具有以水系为脉络，以水资源开发利用与保护为纽带，流域内各个区域紧密相关、声息相通的自然、经济与文化属性。所以我们在对其流域文明开展全面、系统、深入研究时，也当从历史流域地理角度，对其一些主要因素，遵循历史地理学"时空交织、人地关联"的理念，从各个区域到流域整体，从部门到综合，逐步推进这一研究。根据前述黑龙江流域的具体情况，有下述两个思路可供采用：

其一，以有清一代作为研究的重点时期，以今黑龙江流域之中国境内部分作为研究的重点地区，启动黑龙江流域历史流域地理研究；在此基础上，推进对整个流域在整个历史时期之自然环境与人文环境的变迁研究。提出这一思路的原因，既在清代是历史时期最晚近的阶段，史料较多，易于研究；也在清代黑龙江流域在我国境内区域之自然环境与人文环境是历史上变动最频繁最剧烈也最典型的区域。对其首先开展研究，自可有力地推进黑龙江流域之历史地理研究。

其二，以生态环境、经济、文化三要素为重点，并将它们结合起来开展综合研究。这样做的原因，既在生态环境、经济、文化三要素是构成自然环境与人文环境的最基本的因素，又在这三要素与当前流域文明的保护、建设关系十分密切。抓住这三要素进行研究，自会对当前流域内之生态环境、经济、文化建设发挥积极的作用。

上述两点思路只是笔者的初步见解，或许可对推进当前黑龙江流域文明研究起到一定的积极作用。当然，从长远来看，笔者很希望我们中国学者与俄、蒙两国学者联手，共同开展研究，先行编撰一部黑龙江流域通史，继而就全流域或局部区域之文明问题展开分门别类的深入研究；

---

① 马正林主编：《中国历史地理简论》第三章第一节"东北领土的丧失"，陕西人民出版社1987年版。

在就文明各因素进行研究时，能以自然环境、经济与文化为重点；在开展研究时，历史、考古、地理、经济、社会、民族、文化、艺术以及历史地理各学科各展其长，再推出综合性的著作；在抓紧学术研究的同时，做好宣传普及工作。通过上述努力，推动黑龙江流域文明研究取得新的更大的发展，借以促进东北亚地区各国经济、社会的共同繁荣。

（原文刊载于潘春良、艾书琴主编《多维视野中的黑龙江流域文明》，黑龙江人民出版社 2006 年版）

关于历史流域研究理论与实践
问题的几点思考

一

历史流域学是近年来为适应我国当前经济社会持续发展、历史文化传承弘扬、现代学科建设和科学技术发展的需要，应运而生的一门新兴学科。① 经王尚义教授及其团队在此前一些学者就历史流域地理学、流域文化学等学科所作研究取得的成果基础上进行的颇为深入的探讨阐述后，其学科性质、特点与框架体系已基本确立起来。

——历史流域学其性质属地理学下的交叉学科；

——历史流域学研究对象具有整体性与历史性两大特点；

——历史流域学主要包括三大分支，即历史流域自然科学、历史流域人文社会科学、历史流域工程科学。

——历史流域学的任务是"旨在科学解决流域生态问题"；为保证流域社会经济与生态环境协调稳定以及可持续发展提供科学依据和决策指导。

与此同时，为了切实推进历史流域学之不断发展，他们还强调当前要加强学科理论体系研究，践履学术"现实情怀"，建立研究基地与建设学科队伍。② 显然，这都是一些重要而又紧迫的任务。

---

① 详见笔者为王尚义教授论文集《流域历史地理的理论与实践》（即将出版）所作之《序》。

② 以上所述历史流域学之学科属性、特点与体系、任务各点，详见王尚义、张慧芝《关于创建历史流域学的构想》（《光明日报》2009 年 11 月 19 日）、《科学研究解决流域问题》（《光明日报》2009 年 11 月 25 日）。

　　笔者近年来由于对历史流域问题也较为关注，因而即借此文对涉及历史流域学的理论建设与实践问题，提出一些补充性见解，以求有助于这门学科的发展。

二

　　论及历史流域学的理论建设问题，当然首先要建立在对其学科属性与特点获得正确认识的基础上。就历史流域学之学科属性而论，王尚义教授等将之确定为是地理学属下的交叉性学科，这是非常准确的。这是因为它包含工程科学内容，又主要是为着解决当前流域生态问题服务。按钱学森先生将有关学科体系划分为基础理论性层次、应用技术性层次以及介于二者之间的技术理论性层次等三大层次的观点①，历史流域学显然属于技术理论性层次，或可称为基础应用性学科。所以它不属于历史学或历史地理学。就其研究对象，即"流域"论，因是一种地理实体（当然是一种很特殊的地理实体），所以它自当属于地理学，且具交叉性。因而将之论定为是一门交叉性的地理科学是毫无疑义的。

　　就历史流域学之学科特点而论，王尚义教授等着重指出了整体性与历史性两大特点。对整体性问题，他们还具体论述了流域自然系统、社会系统、人地系统的整体性特征；继而又就汾河流域的个案研究，论列了流域内之生态问题，包括土地退化问题、水生态问题、生物问题、生态污染问题之流域性，也即整体性特征。并强调指出，一些研究流域问题的论著，因为未认识到流域之整体性特点，从而使对流域问题之研究实际等同于一般区域性研究。笔者对这一论点深以为然。还在 2000 年，笔者应以季羡林先生任总主编的《长江文化议论集》编委会之约撰写的《有关长江文化研究的几点议论》一文中就曾强调指出，研究长江文化，要注重其"流域性整体特征问题"，否则就会使有关长江文化的研究等同于一般性的区域文化研究。② 继而，笔者于 2004 年在《论区域历史地理

---

　　①　钱学森：《谈地理科学的内容及研究方法》，载钱学森等《论地理科学》，浙江教育出版社 1994 年版，第 185—201 页。

　　②　拙文载《长江文化议论集》（下），湖北教育出版社 2005 年版，第 529—536 页。

研究的一个重要领域——流域文化研究：以长江文化研究为例》① 一文中提出，在进行流域文化研究中，既要对流域内各区域文化及其特征进行研究，更要对整个流域之总体文化及其特征进行研究。之后，笔者于2006 年，又在应黑龙江省社会科学院之约撰写的《论历史地理学的理论与实践对推进流域文明研究的积极作用——以黑龙江流域文明研究为例》一文中②，从强调流域之整体性研究出发，指出了流域因是以水系为脉络，以水资源开发利用和保护为纽带的区域，由此又衍生出下列特性：

——区域构成上的独特性。因流域界线以河流分水岭为准，所以许多河流之流域范围往往跨政区，跨国境，也常常跨越多个地貌区域、气候带、自然植被带与土壤带，因而情况较其他类型区域复杂多样。

——环境变迁上的关联性。因流域内有长年奔流不息的河水，将上、中、下游连成一体，所以上、中、下游各段所发生的环境变迁不论是自然因素导致的，还是人为活动导致的，都会对其他部分产生直接或间接的影响，因而彼此之间关联性很强。

——交通联系与信息沟通上的便捷性。江河上素有舟楫之利，在古代水运较之陆运方便许多，即使有峡谷险滩，照样能通一苇之航。就是在多种现代交通与通信工具发达的今天，江河运输之利依然存在。

——经济发展上的互补互利性。通常情况下，流域上、中游多为高原山区，中、下游多丘陵平原。因而上、中游宜发展牧、林、矿冶等业，中、下游宜发展农、桑、工、副、渔等业，彼此间本身存在互补性。因流域内自古以来就有交通联系与信息沟通上的便捷性，因而流域内商贸业发展也具有很多有利条件，经济上的互利性也很明显。

——文化、民俗上的相通性与认同性。正因为流域在交通联系与信息沟通上具有便捷性，在经济发展上具有互补互利性，尽管同一个流域内，在上、中、下游不同区域分布有不同的民族与不同类型的区域文化，如黄河流域就有甘陇、三秦、三晋、中原、齐鲁等地域文化，长江流域

---

① 拙文载中国地理学会历史地理专业委员会主编《历史地理》第二十辑，上海人民出版社 2004 年版，第 309—312 页。

② 拙文载潘春良、艾书琴主编《多维视野中的黑龙江流域文明》，黑龙江人民出版社 2006 年版，第 14—20 页。

也有滇黔、巴蜀、荆楚、吴越等地域文化；但若从黄河文化、长江文化整体论，它们彼此间又具有一定的相通与认同性，共同构成了黄河文化、长江文化的特点。

以上五点特性，或可为我们在开展历史流域学研究时强化其整体性意识有所助益。

而从历史流域学之历史性而言，按王尚义教授等所论，是以一万年为研究时期，重点研究人类活动过程对流域自然、生态诸要素演变的影响机理、流域自然环境变动过程对人类社会利用和管理流域的响应机理的影响；其目的则在建立历史流域环境演变模型，探索历史流域人地关系演变之规律。[①]

上述对历史流域学历史性特点所作的阐释，显然是建立于对近一万年以来，即自新石器时代早期以来之整个人类历史时期，凡人迹所至的各大、小流域演变史实之学理认识基础上，也是对这门新兴学科之研究任务及其作用、价值的深刻揭示。笔者在赞同之余，还拟供奉一点具体见解。这就是对人类历史时期流域之变化进行研究时，虽然我们的最终目的是要对该流域在整个人类历史时期之演变全程获得完整的认识，但为完满地达到这一目的，还必须依据所研究的某些领域、要素或事类之实际需要，进行特定历史阶段的长时段、中时段，甚至短时段的研究，以期达到更深入地认识、把握整个人类历史时期该流域演变全程之目的。

综上所述，我们在根据人类历史时期流域演变之整体性、历史性（或可称为"历时性"）以及交叉性（或可称为"综合性"）等特点进行研究，并在大量实证性个案性研究的基础上建构历史流域学之学科理论时，还得借鉴历史地理学之基本理论观点，即"时空交织、人地关联、文理兼容、古今贯通"这一理念，以之作依归，方可逐渐建立起历史流域学的理论体系，舍此别无他途。

三

关于今后如何推进历史流域学研究之实践，使其顺利发展问题，当

① 王尚义、张慧芝：《关于创建历史流域学的构想》。

以分近期与中长期两个阶段加以擘画为宜。

就近期工作而言，可从以下几方面具体着手：

其一，依托太原师范学院业已建立，并作为山西省高等院校人文社科重点研究基地之一的汾河流域科学发展研究中心，积极开展对汾河流域的全面深入的研究，取得一批开创性成果；并及时总结工作方法与经验，使之推广开来，在国内历史流域学研究方面发挥示范、引领作用。

其二，通过一些近年来正大力呼吁并推进对渭河流域与汉水流域开展历史流域研究的学者的努力，促使对这两条流域的考察与研究工作也能于近期启动开来，取得进展。

其三，以本次中国地理学会学术年会设立"历史流域与流域环境演变"分会场为开端，今后力争持续举办下去，以之作为学术交流的平台与促进历史流域学研究的引擎，推动我国之历史流域学研究更广泛普遍地开展起来。

就中长期工作而言，当然应有更长远的眼光与更宏伟的目标。对此，笔者谨提供几点思路，供学界朋友对之进行策划时参考。

首先是以太原师范学院汾河流域科学发展研究中心为主体，联络相关单位与学科的专家学者，将开展全国大、中河流历史流域学研究工作进行整体论证后，尽快向中央申报将之列入国家 2011 科学创新工程计划，争取中央有关部门对之在开展工作与提供经费上作出有力支持。

其次是在历史地理学界前辈学者的期盼与已作出的工作成绩基础上，通过较长时间的持续努力，树立新的研究理念，采取新的研究手段，编纂出我国 21 世纪的《新水经》，也即我国当代之江河湖泊大典。

写至此，使笔者不得不述及几件往事。一件是 1976 年冬，在粉碎了"四人帮"罪恶集团，结束了"文化大革命"十年浩劫不久，我国历史地理学界在古都西安，由陕西师范大学承办了《中国自然地理·历史自然地理》一书之审稿会。笔者当年虽还未"专业归队"，仍在陕西省水土保持局任职，因为侯仁之师的提议，得以躬逢其会。在会上除见到了一大批我国历史地理学界的老中青学者，聆听到许多对该书稿的中肯评论与修改意见，令笔者受益匪浅外。另一件令笔者印象深刻的事情就是，一天晚上休息时间，谭其骧、侯仁之、史念海、陈桥驿、陈吉余、朱震达、黄盛璋、纽仲勋、邹逸麟诸先生齐集一处，笔者侧身其间，不经意间大家的话锋转到郦道元的《水经注》上。谭、侯、史、陈诸位前辈学者都认为他为撰写《水经注》一书，对当时北魏政权控制区域的河流大多进行了实地探访，对郦道元这种治学精神与方法十分钦佩；同时又都不约而同地表达了希望能在《水经注》及相关研究论著基础上，对祖国河流逐一进行科学考察与研究，撰写新的《水经注校注》或《新水经》。还有一件是，谭其骧先生尽管将他后半生精力大多用在领导编绘八卷本《中国历史地图集》上，但直至辞世前仍念念不忘重作《水经注》研究工作。1986 年 9 月的一个星期天，谭先生在接受《地理知识》编辑部两位记者的采访时，还充满信心与决心谈地道，在有生之年计划组织力量，重写《水经注疏》，重绘《水经注图》。①

回溯中外学术界对《水经注》研究历程，尽管众多学者从多方面对《水经注》进行了大量研究，取得了丰硕成果，特别是陈桥驿先生，作为研究《水经注》之地理学派的代表性人物，取得了一批突破性成果；但总的看来，仍距谭其骧先生生前确立的重写《水经注疏》、重绘《水经注图》之目标相差甚远，因而值得我国后起的一代有志于历史流域学研究的学者们，将之作为中长期工作的一项重要任务，团结协作，倾力完成。

（本文系应邀参加太原师范学院于 2011 年 11 月 20 日在山西五台山举行的"中国·历史流域学首次学术研讨会"提交的论文）

---

① 肖笑、马湘泳：《老骥伏枥志在千里——访历史地理学家谭其骧院士》，载刘纪远、姜素清主编《现代中国地理科学家的足迹》，学苑出版社 2002 年版，第 259—269 页。

清代黄河流域生态环境变化及其影响

黄河是我国的第二大河，号称是中华民族的母亲河。然而她在历史上又以"善淤、善决、善徙"而闻名，因而又是一条多灾多难的河流。

论及黄河流域生态环境之变化，自也经历了一个历史演变的过程。到了清代（1644—1911），由于历史上长期演变之积累，黄河流域生态环境之变化状况，达到了超越前代的程度。即以黄河下游平原地区溢、决、徙次数为例，根据水利史学家郑肇经先生在他所著的《中国水利史》（上海书店1984年版）一书中通过搜检史料对历朝所作的统计，清代268年溢、决、徙总数达480次，不仅占到自夏代以来4000余年总次数1472次的几近1/3，远超其前之唐、两宋与元、明诸代；而且其灾患在祸及当代后，还影响到近现代。因此，当前我们在开展综合治理黄河流域，全面改善其生态环境的工作中，自当深入洞悉距我们时代最切近之清代的生态环境演变趋向及主要原因，并引以为戒，以推进这项工程卓有成效地进行。

一　清代黄河流域之范围及其变化

清代黄河发源地在青海南部玉树等四十土司辖地内巴颜喀剌山东麓约古宗列盆地，名阿尔坦河。干流上中游流经甘肃、内蒙古、山西、陕西、河南等省；在咸丰五年（1855）以前，至河南开封府兰阳县（今兰考县）铜瓦厢处折向东南，流入安徽、江苏省，在淮安府清河县夺淮，折向东北，注入黄海；咸丰五年黄河在铜瓦厢改道，转向东北夺大清河，至山东省利津县注入渤海。按上述变化准之，清代前中期黄河自铜瓦厢向东南流夺淮入海，其干流长度当在5570余公里，长于清代后期经山东入海时之干流长度 5440 余千米。同时，流域面积也因清代前中期包括整个淮河流域，约达 100 余万平方千米（淮河流域面积为 27 万平方公里），也远大过后期经山东入海时之流域面积约 75 万平方千米。因此，论及清代黄河流域之范围，上、中游在前、中期与后期基本上无大的变化；而下游，则当北至今山东省境内之黄河干流，即咸丰五年前之大清河流域，南包淮河流域，即河南省东南部与安徽、江苏省北部这一区域。

二　清代黄河流域生态环境演变之主要趋向

（一）气候趋于寒冷干旱

清代因处于我国 5000 年以来气候变化历程中之明清干冷期，且是全新世（为地质史上距今约 10000 年以来最晚近的时期）以来四大寒冷期中最为干冷的一个时期，所以又称为"明清小冰期"。其间又有几次小幅度的冷暖干湿变化，年平均气温变化幅度在 0.5—1.0℃；特别是清初之 17 世纪后半叶与清后期 19 世纪后半叶两段，因又处于明清寒冷期之变冷时期，所以异常气象频发，特大冰雪现象出现较多，常造成寒冻灾害。同时，旱灾发生频率也有所增多，灾情也有所增大。这虽是全国性现象，但在黄河流域反映十分突出。

（二）农业生态环境优化与恶化并存；总体而论，恶化地域大于优化地域

黄河上、中游地区，有着河谷平原、高原、山地、丘陵等多种类型地貌。清初自康熙朝起，由于政权趋于稳定与人口不断滋生增长，朝廷曾大力诏谕地方官员督导农民垦种荒地，甚至放垦内蒙古地区之草原牧场发展农业生产；因而除河谷平原地区农田得到充分耕种外，丘陵、山区土地也被开垦种植。在河谷平原、山前洪积冲积扇及一部分草原区域，如关中与晋南、内蒙古河套平原、宁夏府与兰州府以及西宁府等河谷平原，由于地势较平坦，又与渠灌、井灌等水利灌溉工程建设相结合，因而其农业生态环境得到保护与改善。有的区域，如内蒙古河套平原与宁夏平原，遂由原来之半干旱、干旱草原生态环境，甚至半干旱、干旱荒漠生态环境变而为灌溉农业生态环境与绿洲生态环境。但在更为广大的

丘陵、山地与高原地区，尽管在山西、陕西黄土丘陵沟壑区也开始出现在丘陵山坡上修建水平梯田与在沟谷里筑土坝淤泥造地，即建设坝地等现象，但数量毕竟不多；大多仍是种植坡地或旱地，不仅产量低而不稳，还易受风力与水力侵蚀，加重土地沙化与水土流失，实际上导致了生态环境的日趋恶化。两相比较，后者所占面积更为广大，所以总体上看农业生态环境恶化部分大于优化部分。

黄河下游平原地区，尽管经过农民精耕细作与兴修小型农田水利灌溉工程，使农业生态环境得到一定保护；但因黄河、淮河水系频繁发生洪涝灾害与改道变迁，也造成河道摆动所经地区土壤之沙化与盐碱化，使一部分地区农业生态环境恶化。而且这一趋势呈越演越重之势。

（三）森林继续遭到砍伐，森林生态环境进一步恶化

尽管黄河上、中游地区，特别是黄土高原上，经过历史上长期人为垦殖与砍伐，山区丘陵之森林分布已大为缩减；但到清代初期，仍有一定数量天然次生林木保存下来。但到清代中后期，这些丘陵、山区之森林又继续遭到砍伐破坏。

黄河下游平原地区，作为一个老的农业生产区域，清代初期，平原上天然植被早已砍伐殆尽，只在山丘上保留有少量的天然次生林木。但到清代中后期，由于人口急剧增加以及烧炭、矿冶、建筑等对于林木的大量需求，也继续遭到砍伐。至清末，大多数浅山已全无森林。

（四）河湖水生态环境恶化趋向明显，且成为黄河流域生态环境中最大的隐患

黄河上中游，黄土高原上，由于人为垦种，特别是到清代中后期滥伐滥垦愈加严重，森林、草原遭到摧毁性破坏，因而大为加剧了水土流失，沟壑加深加长，沟壑密度加大，使河流水生态环境更形恶化。关于湖泊之状况，至清代也呈继续萎缩消失的趋势。如内蒙古鄂托克旗境内位于红柳河上游处，西汉时尚存之奢延泽，原是与红柳河相互灌注的外流淡水湖，唐时改称为长泽。后因河流泥沙填淤，逐渐缩小。至清代由于红柳河河道下切，彼此不再连通，遂变成内陆咸水湖，并改称为通哈拉克泊；到清末，又进一步缩小分裂为几个小湖。

黄河下游平原区，黄河干流在南宋建炎二年（1128）自今河南滑县李固渡因人工决堤改向东南流，入泗水，又由泗入淮，夺淮河下游入海之河道，注入黄海；但在入清之后，河道已运行500余年，经泥沙淤垫，河床日高，已多次溃决，也发生过小的改道。后终于在咸丰五年（1855），在开封府兰阳县铜瓦厢发生黄河下游干流河道历史上的第六次大改道，改变了七百余年来黄河下游干流东南流向黄海的运行态势，改向东北行，沿大清河注入渤海。这就使华北平原上黄河、淮河以及京杭大运河等河流水系之结构发生重组，也使它们之水生态环境发生了重大变化。如对今黄河下游干流以南之豫东南、皖北、苏北地区而言，除地面遗留下一条废黄河，且许多干涸的河道成为风沙之源外；还对鲁西南与苏北间的南四湖（昭阳湖、微山湖、南阳湖、独山湖）与今皖北、苏北间的洪泽湖的扩缩造成很大的影响。

（五）沙尘暴发生频度增加，沙地扩展规模加大

黄河上中游地区之甘肃省宁夏府、西宁府与内蒙古伊克昭盟等地，本就干旱多风，一些地方分布有大面积沙漠与沙地，加之植被稀疏，覆盖度低，所以每遇大风即形成沙尘天气甚至沙尘暴。至清代，不仅上述地区多沙尘天气，甚至以长安与渭南为中心的关中平原、以安化（今庆阳市西峰区）与镇原县为中心的陇东黄土高原、以米脂与安定县（今子长县）为中心的陕北黄土高原也常发生沙尘天气。

与前述沙尘暴天气频度增加相应的是，清代黄河上中游地区沙地扩展规模也较前代增大。如内蒙古伊克昭盟境内之库布齐沙地与毛乌素沙地，清代前中期虽然面积较明代有所扩大，但仍呈断续分布，其间河滨、湖岸与低平滩地仍多为草原、牧场。但自康熙三十六年（1697）放垦后，随着农田扩大，草场缩小，在粗放耕作下，沙地迅速增加。毛乌素沙地南部扩展更为明显，到清后期不仅大段大段地埋压明长城，甚而有些地段还越过明长城，使榆林府、延安府及宁夏府黄河以东地区紧靠明长城部分也开始沙化。此外，宁夏府黄河以西部分邻近腾格里沙漠的一些地区，至清后期，沙漠也向东越过明长城，甚至侵入黄河，增加了黄河之粗颗粒泥沙含量。

黄河下游之干流两岸，由于黄河长期泛滥淤积，本多沙土，遇有大

风，也常见"扬沙""风霾""昼晦"等沙尘天气。至咸丰五年（1855）铜瓦厢改道后，原流向东南并入淮河的黄河河道，即后称为"废黄河"河道，更提供了丰富的沙源，因而河南东南部与安徽北部"废黄河"地区，也形成了一些沙荒地。

（六）江苏、山东黄河入海口之海岸线互有消长，而海滨生态环境也发生相应变化

清代前中期，黄河夺淮在江苏北部淮河口注入黄海。由于黄河每年均携带十多亿吨巨量泥沙进入下游，除一部分沉积于河床外，尚有相当一部分输入河口。这样，就使苏北海岸线外伸，并使河口以北云台山地区一些海峡淤成陆地，还在一些海滨地区淤出沙滩，积成洲地，并可资垦种。而咸丰五年（1855）黄河干流改道北徙后，海岸之变化即与之前完全不同，废黄河河口以北之海岸以侵蚀为主，海岸线内缩；如阜宁县，即有一部分海滩塌入海中。而废黄河河口以南之海岸，则因废黄河口地面与地下三角洲泥沙供应，仍呈现继续淤长的态势。

清代山东省渤海沿岸在咸丰五年以前，因各小河带来的泥沙量不多，故而海岸线变化不大；但咸丰五年后黄河下游干道改向东北流，循大清河河道，在利津县注入渤海，莱州湾一带海岸线因黄河每年挟带巨量泥沙充填而明显向外推移。据有关部门测算，1855—1954 年，百年间在山东利津之河口处，已累积造陆 1510 平方千米，海岸线向外推展 11.8 千米。

清代，山东北部与江苏北部滨海地区常发生海溢与风暴潮。山东北部渤海海滨地区，随着清后期海岸线迅速向外推展，海滨地区形成大面积新淤土地，导致人口大量增加，村落城邑日益稠密，农田垦辟渐广，因而由海溢与风暴潮常造成严重灾害。其中又以莱州湾沿岸之利津、沾化、寿光、昌邑等县最为严重。不仅损伤舟船，毁坏房舍，还溺杀人畜，漂没田禾。一些地方，海潮内侵达百余里，使大片农田因海水浸渍而成为盐碱地，难以耕作。

三 清代黄河流域生态环境变化之影响

清代黄河流域之生态环境在局部地区有所改善而总体恶化之变化趋势，对清代之经济、社会发展也是负面影响远大于正面之影响。对此，我们除了在研究清代经济、社会发展史，乃至政治、思想、科技史时，应引入生态环境变化观点，注重其对相关领域产生的影响，全面予以审视与阐释外；还应关注清代黄河流域生态环境变化，对清王朝覆亡之后时期以致当今之影响。笔者认为最主要的有以下三端：

其一，黄河下游洪涝灾害仍经常发生，干流改道的威胁依然存在。

据有关部门对 1950 年至 1990 年 41 年的统计，黄河流域洪灾是历年皆有的。其中，1958 年、1963 年、1981 年、1982 年、1988 年曾出现特大洪灾。

更为严重的是，黄河下游干道自咸丰五年（1855）改道，流向东北经大清河注入渤海后，又历 21 年，至光绪二年（1876）在新形成的铜瓦厢以下干道两岸建成大堤，使此段河道基本固定形成。也正是因为新河道固定，黄河挟带的大量泥沙遂在新河道中沉积。据测算，大堤内滩地部分每年平均淤高 6—8 厘米。而中华人民共和国成立后之前 30 年，河南境内黄河主槽平均每年抬高 16—21 厘米。目前下游河道堤内滩地普遍高出堤外地面 4—5 米，甚者有在 10 米以上者。并且还在继续淤高，形成世界上少见之地上悬河。长河高悬，河患堪忧，黄河下游河道改道威胁依然存在，实为我国家民族之心腹大患。不能不亟谋良策，加以应对解决。

其二，黄河中上游水土流失与风沙侵袭形势依然严峻。

黄河中上游之黄土高原，是世界上唯一的一座黄土覆盖深厚而连续分布，面积广达 47.8 万平方千米的高原，跨有黄河上中游陕、甘、宁、青、晋、豫与内蒙古 7 个省区。由于土质疏松，加上高原上暴雨强烈，因而原本就存在水土流失现象。进入人类历史时期后，因为历代统治者组织平民百姓在高原上开荒垦种；至清康熙三十六年（1697），又准许汉人进入高原北部之草原地带垦殖，使粗放的滥伐滥垦之风日益炽烈，更大为加剧了高原上的水土流失。以至于到近现代，黄土高原已成为世界上水土流失最为严重地区，平均年侵蚀模数达每平方公里 1 万吨，重者更达 3 万吨；每年通过黄河支流与干流输往下游的泥沙平均达 16 亿吨之巨，最高曾达到 22 亿吨。不仅导致了黄土高原本身之多灾贫瘠，也成为黄河下游河道易淤、易溢、易徙之祸根。中华人民共和国成立后，虽也开展了水土保持治理工作，但也存在治理方针不够完善的问题，甚至出现边建设边破坏现象。这就严重阻碍了对水土流失的治理。

此外，黄河中上游地区，因为本身分布有乌兰布和沙漠、库布齐沙地与毛乌素沙地，又邻近其西北部之腾格里沙漠、巴丹吉林沙漠与柴达木盆地沙漠，因而历史时期风沙侵袭问题就很突出，清代则更为严重。中华人民共和国成立后，虽也开展了治理沙漠的工作，但沙漠扩大势头仍未得到有效遏制。

其三，黄河流域水资源匮乏问题日益凸显。

黄河流域中上游水源供给地，大多处在半湿润、半干旱，乃至干旱地带，在我国各大河流中，年径流量本就偏小。以今之流域面积计，为 75 万平方千米，约占全国总土地面积 8%；但其多年平均年径流总量仅 574 亿立方米，占全国江河径流总量的 2.2%。不仅远小于长江，还小于干流长度仅为她 1/10 的闽江。近年来，由于全球气候变暖，黄河源头高山冰川减少，地表水资源量比 20 年前已减少 17%；另外，受清代黄河流域人口剧增，生态环境总体上较前代更为恶化与中华人民共和国成立后人口继续增加，工农业与服务业生产规模扩大的影响，水资源消耗量大为增加。据有关部门调研计算，黄河流域水资源开发度已高达 60%，远远超过了国际公认的 40% 的警戒线，因而水资源供需矛盾已十分突出。近 30 多年来，黄河下游河道缺水断流现象日趋严重。水资源匮乏正成为制约黄河流域经济、社会发展的"瓶颈"，不容忽视。

黄河是我们中华民族的母亲河，我们都应倍加爱护她。当今在生态环境方面出现的一些问题，都由来已久。现在研讨离当代最为晚近的清代黄河流域生态环境及其变化，主要目的还是探寻她现今出现的问题之根由，以便为治理、改善她的生态环境提供历史经验、教训以及可资参考的思路。

（原文刊载于《黄河科技大学学报》2011 年第 2 期；后被《复印报刊资料·地理》2011 年第 5 期全文转载）

近百年来黄河中上游水沙
变化趋势及其启示

一　黄河中上游水沙状况及其变化
是关系黄河流域安危的症结所在

　　黄河是我中华民族最主要的一条母亲河。然而由于她自我国青藏高原巴颜喀拉山北麓约古宗列盆地发源后，上中游流经世界上最为广阔的黄土高原；而黄土高原上黄土深厚疏松，加上人类历史时期人们长期不当的开荒垦种及对林草植被的毁坏，导致水土流失日益严重。在暴雨击溅与洪水冲刷下，大量表层泥土被径流挟带进入下游平原地区。这一现象既造成了黄河中上游黄土高原地区沟壑纵横，地形破碎，土壤贫瘠，水旱灾害频繁，农林牧业生产难以发展；也造成其下游华北平原地区黄河河道不断因泥沙停潴淤积而大幅增高，有些河段甚至成为河床底部高于两岸平地的"地上河"，又称"悬河"。以致每逢汛期洪峰来袭，往往堤防溃决，洪水漫溢，甚至河道改徙，造成重大灾害。据水利史学家郑肇经先生搜罗史籍在他撰著的《中国水利史》[①]书中所作统计，黄河下游自夏代迄止于 1936 年，即约自公元前 21 世纪至 1936 年抗日战争全面爆发前，在长约 4000 多年间，总共发生溢、决、徙 1575 次。而其中又以唐代（618—907）以后至 1936 年之 1300 余年间水灾愈演愈烈，溢、决、

[①]　该书作为"中国文化史丛书"之一，于 1939 年由商务印书馆出版，后由上海书店于 1984 年复印重版。

徙达到 1546 次（内中溢 404 次，决 1100 次，徙 42 次）①，平均每年超过 1 次，且呈现"三年两决口"的严重态势。而这一历史时期后期所出现的上述严重发展态势，很明显地与历史时期唐代以后黄土高原上人类农垦活动日益加剧，导致森林、草原面积大幅缩减，水土流失越发剧烈有直接关系。水土流失本是地质大循环中的一个组成部分，自第四纪初期黄土高原地区黄土开始堆积以来，在一定的气候、地貌、植被、水文等自然因素的作用下，即有了水土流失现象。只不过那纯粹是一种自然界地质演变过程。进入近 1 万年以来的全新世后，黄土高原的水土流失现象，在遵循自然规律继续进行的基础上，又叠加上人类活动的影响，使之呈现加速发展的特点。据一些科技专家研究测定，唐以前基本仍属自然侵蚀，唐以后人类活动影响加剧，使侵蚀过程复杂化，并使侵蚀程度加速提高。如全新世中期（距今 3000—6000 年），年侵蚀量大约是 10.75 亿吨。全新世晚期之前段（公元前 1020—公元 1194 年，即自西周初年至南宋光宗绍熙五年），为 11.6 亿吨，较前一时期约增加 7.9%，是为自然加速侵蚀率。公元 1494—1855 年，即自明孝宗弘治七年至清文宗咸丰五年，为 13.3 亿吨，较前一时期增加 14.6%，去掉自然加速侵蚀率 7.9%，人类加速侵蚀率为 6.7%。1919 年至 1949 年为 16.8 亿吨，较前一时期增加 26.3%，去掉自然加速侵蚀率 7.9%，人类加速侵蚀率达到 18.4%。而新中国成立后之前 30 年，即自 1949 年到 1979 年，年侵蚀量更达到 22.33 亿吨，比前一时期增加 32.9%，扣除自然加速侵蚀率 7.9%，人类加速侵蚀率进一步增加到 25%。② 上述人类历史时期截至 1979 年黄土高原年侵蚀量与人类加速侵蚀率增长状况，正好和黄土高原地区广大的丘陵与塬区，先秦以渔猎游牧为主，秦与西汉经移民屯垦农业始有所发展，西汉末至隋又变为以牧为主，唐以后农业垦殖持续发展乱垦滥伐日渐加剧这一经济社会发展历程相契合。③

---

① 详见郑肇经《中国水利史》；又见拙文《历史上陕北黄土高原农牧业发展概况及其对自然环境的影响》，载《农史研究》第 4 辑，农业出版社 1984 年版，第 102—104 页。

② 景可、陈永宗：《黄土高原侵蚀环境与侵蚀速率的初步研究》，《地理研究》1983 年第 2 期。

③ 详见拙文《历史时期黄土高原自然环境变迁及其对人类活动之影响》，《干旱地区农业研究》1985 年第 1 期。

综上所述可以明确看到，人类历史时期黄河中上游黄土高原地区水土流失状况是决定黄土高原本身生态环境优劣与经济社会发展盛衰以及黄河下游安危的决定性因素；而其水土流失状况，即其水沙状况又主要受到人类活动强度，特别是人类活动之经营活动方向与方式方法的制约影响。因而可以论定，黄河中上游之水沙状况及其变化是关系黄河流域安危的关键问题与症结所在。

二 近百年来黄河中上游水沙状况变化的基本趋向、主要特点及其原因

前文已述及，我国黄土高原地区自唐代以来迄于新中国成立后的前30 年，土壤侵蚀量逐阶段明显增加，人类加速侵蚀率也与之相应逐阶段不断提升。新中国成立后之前 30 年，即 1949 年到 1979 年，尽管中央与黄土高原地区各级政府均开展了水土保持工作，但因同时又推行了"以粮为纲"政策，群众为解决口粮问题，常毁林毁草开荒；加之水土保持工作又是以修建梯田、坝地等工程措施为主，造林种草等生物措施处于次要地位；更由于在史无前例的"文化大革命"期间地方工作处于无政府状态；所以水土保持工作实际成效不大，不少地区水土流失依然处于加剧状态，因而造成新中国成立后之前 30 年的年侵蚀量达到历史时期最严重程度这一史实。然而自 20 世纪 80 年代改革开放以来，特别是自1998 年中央在黄土高原地区大力推行退耕还林还草政策以来，黄河水沙状况发生了明显的逆向变化，均大幅度减少。这一现象很快引起国内外科技界，特别是水利学界的极大关注。近年来水利部黄河水利委员会联合中国水利水电科学研究院在进行了大量实地考察研究的基础上，对1919 年以来黄河流域潼关以上之中上游地区，主要是黄土高原地区之水沙变化状况、水沙变化原因及今后的变化趋势进行了分析，于 2014 年夏秋间提交了《黄河水沙变化研究》报告。鉴于该项研究工作对科学治理开发黄河意义重大，为做好对该研究报告的审查工作，水利部会同中国科学院、中国工程院于 2014 年 6 月 20 日特地成立了"黄河水沙变化研究"项目审查专家委员会，该委员会由水利部 1 位副部长、15 位两院院士、中国科学院相关研究单位 4 位研究员、中央相关部委的 8 位教授级高

工以及北京林业大学、北京师范大学、北京大学、陕西师范大学4位教授组成。笔者有幸成为该专家委员会成员之一，并于2014年8月15—21日参加了赴内蒙古、宁夏实地审查活动，又于当年11月15日提交了对该研究报告的书面审查意见。正是因为笔者参加了近年来这项由国家组织的大型黄河水沙变化研究成果之审议活动，因此，对近百年来黄河中上游水沙变化问题有了更为全面深入的认识，也由此形成了一些个人见解。

（一）近百年来黄河中上游水沙变化的基本趋向

前文述及的《黄河水沙变化研究》报告，根据黄河水沙主要来自中上游地区以及潼关水文站控制黄河流域面积的90%、径流量的90%、泥沙量的近100%这一状况，引用该站自1919年以来的实测数据，具体反映了近百年来黄河中上游的水沙变化趋势。现摘引其中几个时段之年均径流量与年均输沙量列表于下：

黄河潼关水文站近百年来相关时段年均径流量与年均输沙量统计表

时段（年）	年均径流量（亿立方米）	年均输沙量（亿吨）
1919—1959	426.1	15.92
1960—1969	456.2	14.37
1970—1979	353.9	13.02
1980—1989	374.3	7.86
1990—1999	241.5	7.87
2000—2012	231.2	2.76

从上列数据可以明显看出，黄河中上游近百年来水沙变化的基本趋向是：

——年径流量在1919年至1969年的前50年中在高位有小幅度变化；1970年以来的后50年开始变小，特别是自20世纪90年代以来变小幅度增大，且还在持续减小的过程中。2000—2012年之年均径流量较之1960—1969年之年均径流量减少225亿立方米，减少幅度达49.3%，几近一半。

——年输沙量在1919年至1959年也达到其历史上的高值，1960—

1979 年虽有所减少，也仍在高位起伏。但自 1980 年起，开始明显减少；特别是进入 21 世纪以来的十余年间，年均输沙量减为 2.76 亿吨，较之 1919—1959 年的年均输沙量 15.92 亿吨减少 13.16 亿吨，减幅高达 82.6%。这一现象已引起相关科技界的高度关注。

（二）近百年来黄河中上游水沙变化的几个主要特点

据前文述及的《黄河水沙变化研究》所提供的黄河中上游潼关、龙门、头道拐（在内蒙古自治区托克托县）、兰州等水文站 1919 年以来近百年有关年径流量、年输沙量的观测数据以及所作的相关分析，可以看出近百年来黄河水沙变化所呈现的下述几个主要特点：

其一，在 20 世纪 80 年代中期以后黄河中上游来水来沙量均显著减少这一总的态势下，如前所述，进入 21 世纪后，年均输沙量减少幅度高达 82.6%，年均径流量减少幅度则为 49.3%，表明径流量减少幅度明显小于输沙量之减少幅度。

其二，近年来黄河中上游来水来沙量减少程度在空间上差异明显。黄河径流量减少显著的区域主要在头道拐以上，即黄河上游地区；而泥沙量减少主要集中在头道拐至龙门区间，即黄河中游黄土高原地区。

其三，水沙年内分配及过程也发生显著变化。主要表现为输沙期（即汛期，每年 7—10 月），径流量占年径流量的比例减少，非汛期径流量占年径流量比例增加；同时汛期中日均流量大于 2000 立方米/秒的出现天数及所占汛期水量的比例自 1987 年以来均明显减少。

（三）近百年来黄河中上游水沙变化的原因分析

前文述及的《黄河水沙变化研究》报告曾对近百年来，特别是 21 世纪以来黄河中上游来水来沙状况发生显著变化的原因作了详尽具体的分析。该报告将影响黄河水沙这一变化的主要因素分为气候、水利工程（主要指干支流水库）、生态建设工程（包括水土保持综合治理、退耕还林草、生态移民与修复等）、经济社会发展（主要包括工矿业、农林牧业、城镇建设等）四类；且指出前述四类影响因素中，除气候因素属自然因素外，其余三类均为人类活动因素。在将黄河中上游流域划分为兰州以上、兰州—头道拐、头道拐—龙门区间陕西北片与陕西南片以及晋西片、龙门—潼关区间等六个片区，并逐个片区进行分析论述后，主要得出了以下几个结论：

（1）2000年以来，径流量的进一步减少，能源开发、工矿建设、城镇发展等经济社会因素影响最大，年均减水156.24亿立方米，占年均径流减少量的80%；梯田、淤地坝与林草等生态建设工程其贡献率不足20%。

（2）近年来年均降水量，尤其是汛期降水量虽较之前时期有明显减少，使流域内产沙量有所减少；但与基准期相比，降水减少对泥沙减少的贡献率仅占年均输沙量减少量的17%，各项人类活动对泥沙减少的贡献率却高达83%。

（3）在人类活动导致的输沙量减少部分中，水库与淤地坝两项占比最大，达47%；林草措施次之，占27%以上；梯田再次之，占17%。

上述有关近年来黄河中上游地区来水来沙量明显减少之成因分析，因系经实地调查与科学分析论证得出的结论，令人信服。

三 近百年来黄河中上游水沙变化之启示

从本文前所论及的近百年来黄河中上游水沙状况变化的基本趋向、主要特点及其原因中，我们可获得以下几点重要的启示：

第一个启示是，从导致黄河中上游水沙状况变化的成因中，我们可以明显看到，不论是其长时段的即整个历史时期土壤侵蚀量，也即河水输沙量的不断增加，还是从20世纪80年代中期以来，来水来沙量的大幅度减少，其中固然与自然因素，即气候、地形、植被、土壤、河流水文等要素有着一定的影响，然而更主要的还是人为活动因素的取向与强度起了决定性的作用。这完全符合历史地理学之人地关系理论。我国现代历史地理学主要创建者之一的侯仁之院士，在他于50多年前发表的《历史地理学刍议》[1] 一文中就曾明确阐及，历史地理学"其主要研究对象是人类历史时期地理环境的变化，这种变化主要是由于人的活动和影响而产生的"。笔者作为仁之师"文化大革命"前的一名弟子，秉承师教，也曾在阐述历史地理学的基本理论问题时多次论及，人类历史时期之地理

---

[1] 该文发表于《北京大学学报》（自然科学版）1962年第1期。

环境不论是自然地理环境，还是人文地理环境都是处在不断变化发展之中。而这种变化发展，是在自然要素变化发展基础上，叠加上人为活动的作用共同造成的。① 这一启示不仅揭明，黄河中上游之水沙变化，不论是数千年来之长时段的，还是自 20 世纪 80 年代中期以来短时段的，都完全与黄河中上游之自然环境变迁史、经济社会发展史相契合，符合各自之发展规律与学科原理；而且还告诉人们，对待黄河这样一条中上游来沙量巨大而下游河道易淤易决易徙的多灾多难的河流，今后只要遵循人地关系理论，拟制科学完善的经济社会发展计划与治理规划，即可使其水清浪稳，有利无害。近百年的变化史实与历史地理学科理论证实这是完全可以做到的。

第二个启示是，自 20 世纪 80 年代中期以来，特别是进入 21 世纪以来，黄河中上游来水来沙量大幅减少，特别是输沙量减少幅度大于径流量减少幅度固然是一大喜讯；然而 2000—2012 年之年均径流量较之 1960—1969 年之年均径流量减少幅度也达 49.3% 却并非佳音。而导致这一时段年均径流量如此大幅减少的原因，已如前述主要在上中游地区之能源开发、工矿建设、城镇发展等经济社会发展因素。这就提示人们，今后在拟制与掌控黄河中上游区域之经济社会发展规划时，要注重针对这一区域大部分处于半湿润与半干旱、干旱地带，年均降雨量大多在 600 毫米以下这一实际状况安排项目，确立规模，并尽可能地从节水型角度与生态型城镇理念进行设计与建设。

除此之外，为了切实提高涵蓄水源与防治土壤侵蚀，还应进一步推进退耕还林还草工作，加大造林种草规模。从 20 世纪 80 年代中央开展三北防护林建设工程以及 1998 年推行退耕还林还草措施以来，黄河中上游地区林草面积确有明显增加，也发挥了一定的减沙增流作用。但总体看，在减少泥沙方面不及水库、淤地坝等水利工程措施；在涵养水源与调节汛期、非汛期径流量上尚有待进一步发挥作用。尽管国家有关部门已安排在黄河流域，特别是中上游地区扩大造林种草面积，但要将造林种草计划落到实处，并让林草植被措施的综合效益稳定发挥出来，还需切实

---

① 详见笔者论文集《黄土高原地区环境变迁及其治理》之"自序"，黄河水利出版社 1999 年版。

作出努力；包括管理养护上学习国外一些国家的有效经验，在保持一定面积与规模的公有林的同时，扶持并保护一定量的私有林地。

第三个启示是，为了深入并持续地开展黄河流域水沙变化研究，还当在研究方法与理论上多所着力。前文已论及，黄河中上游水沙状况及其变化是关系黄河流域安危的关键所在。面对近百年来，特别是改革开放以来黄河水沙状况出现如此明显的变化，相关科技界的一批有识之士迅即作出反应，开展考察研究，取得了值得称道的成果，对今后更好地治理与开发黄河将会发挥积极的作用。然而因黄河水沙变化研究，影响因素多样，变化机制复杂，而且随着今后国家建设与经济社会的不断发展，还会出现新的情况。为了应对这一发展形势，更好地开展研究，发挥其科学指导治理与建设实践之作用，必须采取多学科协作的方式，探寻新的研究方法与理论。为此，笔者曾于 2014 年 8 月 19 日，在作为水利部与中国科学院、中国工程院联合成立的黄河水沙变化研究项目审查专家委员会成员之一，参加了该委员会组织的赴内蒙古、宁夏实地审查时在内蒙古自治区磴口县三盛公水利枢纽处举行的座谈会上，提出了一个具体的建议，即吁请水利部与中国科学院、中国工程院，采纳我国已故著名水利学家陶述曾先生（1896—1993 年）身前倡导的"水土运动学"理念，组织研究团队，全面开展黄河中上游地区之水土运动与变化问题的攻关研究，既推动水土运动学的建立与发展，也促进我国黄河、长江等众多大小河流水沙变化研究，为保护流域生态环境，有效地兴利除害，综合进行江河开发治理发挥其作为基础学科的积极作用。

附记：本文在撰写过程中，参阅并引用了水利部黄河水利委员会、中国水利水电科学研究院课题组完成的《黄河水沙变化研究》（2014 年 10 月）中的一些数据与论点，特此说明，并致谢意！

2016 年 2 月 15 日

（原文刊载于张多勇主编《豳风论丛》第二号，中国社会科学出版社 2016 年版）

初论黄河文化当前研究的
三个重点领域

　　黄河，是我中华民族的母亲河。她自世界屋脊——我国青藏高原巴彦喀拉山北麓约古宗列盆地发源，在今之山东省东营市注入渤海；全长5464公里，流域面积75.24万平方公里。[①] 其流域范围包括今之青海、四川、甘肃、宁夏、内蒙古、陕西、山西、河南、山东九省区；然而在历史时期还曾流经今之河北、北京、天津、安徽、江苏等省市[②]，是横贯我国西北、华北广大区域的主干河流。

　　黄河流域，特别是中下游地区，由于是我中华文化发源、发展的重要区域，分布有众多的史前时代旧石器与新石器时期之文化遗迹；再加之进入历史时期后，自炎、黄二帝，下经尧、舜、禹，直至夏、商、周以来，在长达近5000年时间里，绝大多数时段这里都是我国的政治中心，因而也自然成为我国之文化中心。当前为传承弘扬我中华优秀传统文化，全面深入研究黄河文化实有其必要性与重要作用。为切实推进这项具有重大意义的工作，特就黄河文化浩繁丰富的内容中当前应重点开展研究的三个领域发表我的初步见解，以供学界朋友们参考。这三个领域为：

　　其一，黄河流域的古都文化；

　　其二，黄河流域的地域文化；

　　其三，黄河流域的治水文化。

　　以下分别试作初步论述。

---

　　① 《中国大百科全书·中国地理》之《黄河》条，中国大百科全书出版社1993年版。

　　② 参见邹逸麟、张修桂主编《中国历史自然地理》（科学出版社2013年版）第八章"历史时期黄河的演变"第三节"黄河干流河道的演变"相关内容。

一 关于黄河流域古都文化研究

前已述及黄河流域，特别是中下游地区历史上长时期是我国政治中心区域。这主要是因为自公元前21世纪夏王朝以来，大多数王朝都在这一区域建都立国；所以古都众多。如拿"中国八大古都"而言，就有西安、洛阳、郑州、开封四座城市在黄河流域；考虑到历史时期黄河曾北流至天津一带注入渤海，安阳、北京也可包括进去，这就占了3/4的比例。如再将眼界扩大到中小规格的古都，则还有：

青海省：西宁、乐都、湟源、共和、民和；

甘肃省：兰州、天水、平凉、靖远、泾川、张家川；

宁夏回族自治区：银川、固原；

内蒙古自治区：呼和浩特、包头；

山西省：太原、夏县、侯马、临汾、沁水、长子、长治、离石、隰县；

陕西省：凤翔、靖边、榆林、黄陵、延安；

河南省：新郑、偃师、三门峡、鹤壁、濮阳、许昌、禹州；

河北省：临漳、邯郸、邢台；

山东省：聊城、曲阜、济宁。①

上述古都名录还不是十分充分完备。尽管这些古都历史上所历朝代多少不一，建都时间长短各异，所属政权强弱不等，但它们所禀赋的古都文化都有着相同的性质与特点。这即是笔者曾多次论及的：

> 历史上历代列国往往都是以自己的都城作为中心区域创造出代表一个时代或一个国家的最高水平的文化。这些文化不仅在当时是支撑各该王朝与政权得以存在的内在精神支柱，还是构成国都，乃至全国繁华兴盛气象的重要因素；同时古都文化还对古都所在地区当今的社会生活产生深远的影响。

---

① 上述古都名录据史念海《中国古都概况》［载《陕西师范大学学报》（哲学社会科学版）1990年第1期至1991年第2期］改定。

在对古都文化作了上述概括论述后，又具体引申道：

　　——古都文化是历史上一个王朝或一个时代文化之缩影；

　　——古都文化是历史上以致当今特定区域文化的核心；

　　——古都文化内涵丰富，规格甚高；

　　——古都文化空间辐射力、时间穿透力强劲。[①]

从上述所论自可看出，黄河流域之众多古都的文化是其流域文化的重要内容，可从中挖掘萃取黄河流域历史时期之政治文化、制度文化。

对黄河流域古都文化之研究，除还当对各古都，特别是其中一些重要王朝都邑之文化进一步深入研究外，更当从流域之整体上对历史上之政治、制度文化加以概括提炼，使其更能彰显鉴戒作用。

二　关于黄河流域地域文化研究

前已述及，黄河流域以现今主干河道流经的 9 省区论，由于所处位置地理环境以及历史上经济社会发展上的差异，也造成了不同地域间文化上的差异。这些差异乃是统一的中国内部的地域差异，也是中国文化多样性的表现。[②] 对我国地域文化的研究可从多层次开展，既可从区域与文化等多要素综合考虑确立的地域范围，也有按行政区划确立的地域范围开展地域文化研究。既可深入推进我中华文化研究，又可有效促进各地域文化之交流与融合。

就黄河流域之地域文化而论，综合性的地域文化最高层次的即有甘青文化、关陇文化、河套文化、河洛文化（也可称为"中原文化"）、燕赵文化、齐鲁文化。若按现今之行政区划研究，最高层次的当为省、自治区级。当前这两类地域性文化研究都有深厚的积累与良好的基础。特别是后者，由中央文史研究馆组织各省、直辖市、自治区文史研究馆和

---

① 详见拙文《古都文化与现代城市文明》，《江汉论坛》2004 年第 8 期。

② 袁行霈：《中国地域文化通览·总绪论》，载《中国地域文化通览·陕西卷》，中华书局2013 年版。

馆外专家历时 6 年分别撰写，于 2013 年由中华书局出版的《中国地域文化通览》34 卷（全国 31 个省、直辖市、自治区以及香港、澳门、台湾地区各 1 卷）即为最新的重大成果，为黄河流域地域文化研究打下了十分坚实的基础。当下要进一步推进黄河流域地域文化研究，可在前者两类地域文化研究成果的基础上，按流域之地域范围与特点，加以整合，使整体性的黄河流域文化研究工作更上一层楼，推出更具创新价值的成果。

三 关于黄河流域治水文化研究

黄河，因中游流经世界上最大的黄土高原，所以自古以来就是一条多泥沙河流，早在战国时即有"浊河"之名。① 至西汉末王莽时，大司马史张戎曾明言："河水重浊，号为一石水而六斗泥"②，对河水含沙量已有了量的概念。之后，随着黄土高原乱伐滥垦日益严重，水土流失也不断加剧，不仅使黄土高原植被大幅减少，沟壑大量增加，还使黄河流到下游华北平原后成为一条"善淤、善决、善徙"的多灾河流。

也正因为黄河多灾这一状况，激发了沿河民众持续不断地多方面对黄河进行治理，也启示了朝野有识之士对朝廷与民间的治河举措的经验教训进行总结、思考，从中提炼出一些治河的思想观念与理论。其中较著者有西汉哀帝（公元前 6 年至前 1 年在位）时待诏贾让的"治河三策"③，明代万历年间（1573—1620）徐贞明的"治水先治源"的理论④，明代嘉靖年间（1522—1566）周用与其后的徐光启之"使天下人人治田，则人人治河"理论⑤，清乾隆年间（1736—1795）胡定的"汰沙澄源"理论⑥，以及南宋嘉定年间（1208—1224）魏岘与清人梅伯言（1786—

① 《战国策·燕策》中记有苏代说燕王："齐有清济、浊河，可以为固。"
② 《汉书》卷二十九《沟洫志》。
③ 同上。
④ （明）徐贞明：《潞水客谈》（又称《西北水利议》）。详见辛树帜、蒋德麒主编《中国水土保持概论》（农业出版社 1982 年版）第二章"我国历史上的水土保持"第三节"我国历史上关于水土保持理论的探讨"。
⑤ （明）周用：《理河事宜疏》，《明经世文编·周恭肃集》；（明）徐光启：《农政全书》卷十六中。
⑥ 《续行水金鉴》卷十一；白钟山：《奏褒〈胡定条奏河防事宜〉》。

1856）之"森林抑流固沙理论"① 等。迨至近现代又有李仪祉（1882—1938）、辛树帜（1894—1977）、陶述曾（1896—1993）等水利与水土保持方面的著名学者在治河思想理论方面，在继承历代先贤遗泽的同时又有所开拓发展。② 上述治河思想、理论当然也是黄河文化不可或缺的重要组成部分，更是我中华优秀传统文化中至为珍贵的内容；所以也当列为当前亟待开展的黄河文化研究的重点领域，聚合组织相关专家合作进行深入发掘研究，以期有力促进黄河流域综合治理与生态环境保护工作，推动黄河流域经济社会可持续发展。

2017 年 7 月 6 日

（本文系应邀参加水利部黄河水利委员会、黄河文化研究与交流中心于 2017 年 8 月 9 日在郑州举办的"黄河文明与中华民族伟大复兴"专家座谈会提交的论文）

---

① （南宋）魏岘：《四明它山水利备览》；（清）梅伯言：《书棚民事》。

② 李仪祉：《黄河之根本治法商榷》《黄河治本的探讨》，均载《李仪祉水利论著选集》，水利电力出版社 1988 年版；辛树帜、蒋德麒主编：《中国水土保持概论》；朱士光：《辛树帜先生与〈中国水土保持概论〉》，载史念海主编《辛树帜先生诞辰九十周年纪念文集》，农业出版社 1989 年版；陶述曾：《黄河中下游根治问题的初步设想》《论江河治本》，均载《陶述曾治水言论集》，湖北科学技术出版社 1983 年版；又见拙文《生命因爱水、治水而延续——纪念陶述曾先生诞辰 120 周年》，《水与中国》2016 年第 12 期（下）。

运河研究刍议

　　我国自春秋中期，即公元前 6 世纪初开始修建运河。对运河的记述、研究，起自西汉时司马迁之《史记》，当前正进入一个新的阶段。为切实推进这一研究，本文提出了应遵循 5 点指导思想与 9 个方面的研究内容以及 3 项重点课题，以供学界同人参考。

　　我国自春秋中期，即公元前 6 世纪初楚庄王（前 613 年至前 591 年在位）时楚相孙叔敖在云梦泽畔"激沮水作云梦大泽之池"①，也即司马迁在《史记·河渠书》所言"通渠汉水云梦之野"，开始修建运河起，二千五百余年来，先后建成数以百计的运河。其中隋代所修由通济渠、永济渠、邗沟、江南运河相连接组成的南北大运河，总长度达 5000 多里；元明清时在前述南北大运河基础上改建的京杭大运河，长达 1794 公里；均远远超过美国与加拿大两国间的圣劳伦斯海道（304 公里）、埃及的苏伊士运河（172.5 公里）等世界上其他国家的著名运河。② 就修建运河之早、数量之多及单条运河里程之长而言，举世各国无出我国之右者。因而我国之运河是堪与长城相媲美的历史上的伟大工程。在我国长城申报世界文化遗产早已获得成功之后，国内学术界与相关文博部门对运河问题也越来越关注。继聊城运河文化博物馆、枣庄运河博物馆建成开放之后，北京、杭州、扬州、无锡等地也接踵兴建大运河博物馆（苑）。2006年 4 月 6 日至 7 日在北京通州区高碑店村召开了首届漕运文化学术研讨会，5 月 13 日至 15 日在江苏淮安市又举行"运河之都"全国学术研讨

---

　　① 《史记》卷一一九《循吏·孙叔敖传·集解》引三国时人缪袭等所撰《皇览》。
　　② 参见陕西师范大学地理系《中国的大运河》编写组《中国的大运河》，陕西人民出版社1987 年版。

会。许多有识之士还倡议将京杭大运河列入国家申报世界历史文化遗产名录，积极准备，申报世界物质文化与非物质文化遗产。这一切都预示着对我国运河的学术研究将进入一个新的阶段。为此谨陈刍荛之见，并求证于诸位方家。

一 研究工作进展概况与主要成果

论起历史上对我国运河的记述，自当追溯到公元前 1 世纪初西汉时史学家司马迁所著之《史记》。在这部史学巨著的《河渠书》中，太史公就记载了春秋战国至西汉前期所修建的多条运河。以后《汉书》等各代正史之《河渠志》、北魏郦道元之《水经注》以及明、清时之地方志与水利方面的类书、志书等，均有关于运河的记载。特别是《运河水道全图》（清，作者佚名）、《漕河通志》（明，王恕编著）、《漕河图志》（明，王琼编纂）等，更是专门汇集、收存有关运河官方档案与文献的典籍。

论及近现代运河研究成果，从迄今已发表的大量论文看，多是关于运河断代性的或涉及某条运河之专门性的研究。在一些关于水利史、经济史、交通史的著作中，包含有开凿运河、通航漕运等方面的内容。而对之进行通史性的全面性的研究论述的，有史念海著《中国的运河》与安作璋主编《中国运河文化史》二书。由著名历史地理学家史念海先生所著的《中国的运河》，是他早年的一部旧作，由重庆史学书局于 1944年出版。改革开放后，史先生根据新中国成立以来先后在河南、山东、江苏、安徽、浙江、陕西、北京等地对运河旧迹考察所得研究成果对该书进行了充实修改，附上 47 幅地图，于 1988 年由陕西人民出版社出版。该书第一章，首论远古时期自然水道的利用，后第二章至第八章，按我国运河之兴衰变迁历程，分七个阶段，依序逐一加以论述。即

> 先秦时期运河的开凿及其影响
> 秦汉时期对于漕运网的整理
> 东汉以后漕运网的破坏与补缀
> 隋代运河的开凿及其影响
> 政治中心地的东移及运河的阻塞

大运河的开凿及其废弛

大运河的残破及恢复

可见该书对我国两千多年来运河之发展史作了系统而完整的整理与论述。但也正如作者在该书重印出版时所写的《序》中指出的，抗日战争中他寓居陪都重庆时，已经注意到治沿革地理学的一些局限性，思及应"轶出沿革地理学的旧规"有所发展，以便使所治之学在更多方面"为世所用"。所以在动笔撰写《中国的运河》一书时，也立意不能限于探索各条运河的沿革；但在抗日战争期间，为时局与条件所限，"还是由史学着眼和立论"。"固然也曾试图说明事物变化的缘由及其过程和影响，却往往是偏重于社会和人为的方面，自然的因素就显得少些。"通过新中国成立后，特别是20世纪70年代以来赴运河相关地区从事野外考察，"也感到应该有所增补，这样就不免要有更多的改动，不是局部的修订所可了事的"。接着还表示"拾遗补阙，只好稍待来日"。

由著名历史学家安作璋先生主编的《中国运河文化史》，是他申报国家社会科学基金项目获准后，组织多所高校与科研单位20余位学者集体撰写而成的一部鸿篇大作，分上、中、下三大册，近200万字，2001年9月由山东教育出版社出版。这是迄今为止我国运河史研究领域内容最为详赡的一部著作，其内容包括了自春秋战国以来至中华民国时期我国广袤领土上先民修建的诸多运河，特别是京杭大运河的开凿、修治、使用历程及运河文化发展史。其中又以运河文化为论述之重点，举凡历代运河区域之农业、手工业、商业及城市发展状况，重大历史事件，主要历史人物事迹，主要的学术、科技成就与文学艺术活动，社风民俗，运河区域内与区域外，甚至域外之经济、文化交流，等等，均一一述及，详加论列。所以我在为该书所写的一篇书评①中，称为"我国运河修治史与运河文化史的一部'百科全书'"。

在当前对运河历史文化遗产的保护与开发愈加受到社会各界关注的形势下，浙江大学地球科学系终身教授陈桥驿先生，受杭州市政府的重

---

① 朱士光：《一部内容详赡视角新颖的流域文化史——评安作璋教授主编的〈中国运河文化史〉》，《中国历史地理论丛》2002年第1辑。

托，正组织国内著名专家学者，由他任主编，合力撰著一部《中国运河开发史》。可以期待这是继史念海先生《中国的运河》、安作璋先生主编的《中国运河文化史》之后，又一部有关运河开发与文化的佳作。

二　研究工作应取之指导思想

为推进当前对于我国运河历史与文化的研究，应树立两个目标，即近期目标与长远目标。近期目标是为申报世界历史文化遗产做好准备，长远目标则是为了充分保护与恰当开发利用运河之历史文化资源。实际上这两个目标是互为表里相辅相成的。

为实现上述研究目标，同时借鉴前贤之研究经验，在研究运河之历史与文化方面，可遵循下列几个指导思想：

——既注重研究运河之兴废沿革，也注重结合历史时期社会经济发展与生态环境变化研究其变迁历程。从而推进对运河历史文化的研究达至更深的层次，同时也大为扩展运河历史文化研究的内容。

——既注重对有关运河典籍文献的考证，也注重进行必要的野外考察工作。史念海先生曾深有感慨地说道："以实地考察与文献记载相印证，当胜过仅于字句之间争短长。"[1] 他也正是通过对河南浚县大伾山及附近之淇河等实地考察，不仅对西汉以前黄河下游流经大伾山的河道提出了更符合当地之地形、地质条件的见解，还对曹操所开白沟运河的河道状况也作了更为准确的复原。由此可证，在对运河进行研究时，将文献考证与实地考察相结合，可以获得更为符合史实与实地状况的结论。

——既注重单项专题性研究，也注重整体综合性研究。就一门学科的发展而言，单项专题性研究是基础，而整体综合性研究则是上层建筑。当前我国运河历史文化研究中有着大量的单项专题性课题需要以运河学科今天所达到的高度做起点，利用新的研究手段来逐个加以研究；但是也需要就某条运河，或运河某个历史发展阶段，或某条运河所在区域进行整体综合性研究。如此方可全面展示出运河研究的学术水平与社会价值。

---

① 　史念海：《河南浚县大伾山西部古河道考》，《历史研究》1984 年第 2 期。

——既注重开发性研究，也注重保护性研究。当前我国运河所在区域，特别是京杭大运河沿线城市相关政府部门对运河历史文化遗产开发利用日益热心与重视。如枣庄市已计划打造运河景观文化，扬州市也斥巨资将城区内古运河东岸建成为集旅游、文化、休闲、商贸于一体的多功能河岸风光带，无锡市则将按美国曼哈顿理念规划修建运河沿岸公园群；[①] 而北京通州区高碑店村，更是要通过振兴漕运民俗经济，摆脱困境，走上幸福的康庄大道。[②] 应该说这些对普及运河历史文化知识和发展旅游经济甚至整体社会经济都是具有积极意义的，应该大力支持。当然这里就有一个很严肃的问题值得加以重视，那就是在注重对运河历史文化进行开发性研究与运作的同时，也应重视对运河历史文化进行保护性研究，使二者尽量完美结合，防止开发建设性破坏，做到通过开发建设，使我国运河历史文化的风韵与内涵得到保护与彰显。

——既注重实证性研究，也注重理论性研究。关于运河学术研究之理论创建工作，对特定历史时期的学者自不必苛求，现当代学者以往停留在"述而不论"的状况，也是学术研究发展过程中的正常现象；但今后随着运河历史文化研究工作全面深入地开展，一些理论性问题也会凸显出来。所以也当做好必要的准备，以便通过相关理论问题的探索与思考，使我国运河历史文化的研究，在学术园地中打下更为牢固深厚的根基。

三 研究的主要内容与当前应着重研究的课题

（一）主要研究内容

我国运河历史文化研究，内容十分广泛丰富。从时间论，长达 2500 余年；从空间论，广达 10 多个省、直辖市、自治区；从学科论，因涉及政治、经济、文化、生态环境、工程技术等诸多领域，需要历史学、考古学、地理学、水利学、民俗学、古籍整理以及城市规划、旅游等学科参与研究。尽管现当代许多学者做了大量的工作，但有待继续深化与丰

---

① 王运华等：《运河博物馆引发的"金牌之争"》，《中国文物报》2006 年 3 月 31 日。
② 支芬：《漕运文化和高碑店的发展》，《中国文物报》2006 年 4 月 28 日。

富的内容仍很多，甚至还有一些新的领域需要我们去开拓。

从学科分类而言，在运河历史文化研究领域可划分下列几个分支：

——运河政治学。包括运河与军事征战、国家统一、政权巩固之关系以及历代管理运河与漕运的各种制度等内容。

——运河经济学。包括运河对中央朝廷财赋收入的作用，运河对沿线农业、手工业、商贸业及城镇发展的影响，漕粮征派对地方经济的影响等。

——运河文化学。广义的运河文化学，包括运河修建的工程技术与运河沿线区域经济社会发展等方面内容。而狭义的运河文化学则主要包括运河兴修对于运河沿线区域科技、学术、文学、艺术、教育、宗教、民俗发展等的影响。

——运河工程技术学。包括修建运河中涉及的引水、分流、闸坝、港口、码头、桥梁、堤岸以及疏浚航道、泄洪排涝等工程设施与施工技术。

——运河交通运输学。交通运输是运河的主体功能。运河交通运输学研究内容除包括各条运河在各个阶段所运送的物资与人员实况之外，还包括运输组织管理与运输操作技术等。

——运河生态环境学。运河除具有航运功能外，还具有防洪、灌溉等功能，此即司马迁在《史记·河渠书》中所指明的"此渠皆可行舟，有余则用溉浸，百姓飨其利"。因而运河的修建，势必对沿线区域的生态环境造成很大影响，使之发生一定的变化。这些因运河修建造成的生态环境变化状况及其后果，正是运河生态环境学研究的内容。

——运河旅游学。可根据游客之文化层次与目的需求，组织运河之游览休闲旅游或观赏旅游。

——运河景观规划设计学。按照"认真保护运河物质文化遗产，深入挖掘运河非物质文化遗产，恰当开发利用运河历史文化遗产"的指导思想，做好运河景观之规划设计工作，并通过这项工作使运河历史文化遗产的保护与开发利用工作实现互利"双赢"。

——运河历史文化研究有关理论问题的研讨。这方面的研究既可通过单项的实证性研究进行理论上的概括，也可通过整体性、综合性研究进行理论上的总结。

前列九个分支中，前六个是学术方面的，之后的两个是应用性的，最后一个是理论上的。

（二）当前的重点课题

当前应着重研究的课题，从更为有利于推进运河历史文化整体发展着眼，当为以下几项：

（1）运河典籍文献整理工作。这是学术研究的基础性工作，当抓紧进行，尽快出版我国运河史籍与现当代学者研究论著索引或史料库。

（2）运河文化遗存保护与开发利用研究。按钱学森院士对科学技术所划分的基础性研究、基础应用性研究与应用性研究三个层次，本类课题属基础应用性研究；通过一批这类课题的研究，不仅可充分发挥出运河历史文化资源中物质文化与非物质文化资源的应用功能，还可带动一些相关的运河历史文化中基础性问题的研究。

（3）运河兴建运用中对生态环境影响研究。这虽属运河历史文化研究中的基础性研究课题，但因我国历史上最主要的一些运河都基本上呈南北流向，跨越长江、淮河、黄河等大江大河，所以研究历史上它们在兴建及运行历程中对流经区域生态环境变迁的影响，将会对我们现在正兴建的南水北调工程如何解决好相关的生态环境问题与如何引导生态环境向优化方向发展提供历史经验借鉴。

（原文刊载于《淮阴师范学院学报》2007 年第 2 期；该文后收入《安作璋先生史学研究六十周年纪念文集》，齐鲁书社 2007 年版）

论历史时期淮安在江河淮济运河
水运中的地位与作用

　　淮安市，由于地处淮河下游，又控扼泗水入淮之河口①，因而自古即在我国之水运交通中占据有十分重要的地位。据《尚书·禹贡》所载之九州贡道中，扬州之贡道是"沿于江海，达于淮泗"，徐州之贡道则是"浮于淮泗，达于河"。由此可见位于淮泗交汇处之淮安地区，已是淮河下游，乃至江淮间与河淮间之水运交通要津。后至春秋末期鲁哀公九年（前486）吴王夫差修成邗沟②，南起扬州市西蜀冈，北达今淮安市淮河南岸之末口；以及稍后两年于公元前484—前483年又建成沟通济水与泗水间的菏水③，再后至战国时魏惠王十年至三十一年（前361—前340）建成鸿沟水系④，淮安又在沟通江、河、淮、济"四渎"之运河水运中处于枢要转搬地位。以后至隋代建成通济渠，再到元、明、清建成京杭大运河，淮安在上述运河水运中的中枢地位一直持续保持，且不断加强。

---

　　① 古代泗水入淮处，按《汉书·地理志》所载："东南至睢陵入淮。"汉代睢陵故城在今泗洪县东南，现已没入洪泽湖中。而后之泗水下游入淮河道，南宋初建炎二年（1128年）为黄河所夺，其与淮河交汇处，在今淮安市清口。

　　② 《左传》哀公九年及杜预注。

　　③ 《国语·吴语》。

　　④ 《水经注》卷二十二《渠注》及所引《竹书纪年》史料。详见拙文《鸿沟水系的开凿及其通塞变化》，载陈桥驿主编《中国运河开发史》，中华书局2008年版，第229—246页。

一 战国鸿沟水系建成与淮阴在其中 之运河水运枢纽地位的确立

我国古代在众多的河流中，"江、河、淮、济"被尊称为"四渎"，享有为天子所祭的殊荣。① 其中之"江"即长江，"河"为黄河，"淮"为淮河，现均自西向东流淌于中华大地上，名列我国七大江河之中；而"济"为济水，是古代黄河下游的一条支津。据《水经》卷七《济水注》所载，首自今河南省荥阳市北荥口石门处分黄河水东流，经古之荥泽后东北流，又经古菏泽与古巨野泽，大致沿今之黄河下游河道注入渤海。自西汉中叶，特别是西汉末年与王莽时黄河南向决口改道后，济水屡经黄河冲决淤垫，终于在北宋后被淤废；清咸丰五年（1855）铜瓦厢决口后成为黄河下游之入海河道。上述"四渎"之间，当然主要指黄河与长江下游以及淮河中下游和济水之间，为黄淮平原与江淮间丘陵平原。这一区域因地形平坦，气候温润，土壤肥沃，河湖众多，水陆交通也颇方便，因而还在新石器时代，不论早期母系氏族社会时期，还是后期之父系氏族社会时期，原始农牧渔猎经济均很发达。在这一地区发现了新石器时代早、中、晚期，类型多样、数量众多的文化遗址，就是明证。而在今淮安市域内发现的青莲岗文化、大汶口文化与龙山文化类型遗址，完整地展现了淮安地区自距今六七千年间到距今四五千年时之原始社会发展轨迹。迨到春秋战国时期，江河淮济地区又成了位于中原的齐、鲁、晋、郑、曹、卫、宋、陈、蔡、魏、韩等国与南方之楚、吴等国争夺的重点区域。因而，到春秋晚期吴国夫差称吴王十年（前486）时，为北上中原争霸，建成邗沟；击败齐国后，又为与晋定公会盟黄池（在今河南省封丘县南，当时之济水北岸），又于其称吴王之第十二年至第十三年间（前484—前483），建成菏水，吴国水军可从长江下游，沿邗沟至淮河之滨，又沿泗水与菏水驶入济水，耀武于河、济之间。在当时南、北双方发生于江河淮济上的军事征战中，淮安之末口与泗水口，均是这一军事

---

① 《礼记·王制》："天子祭天下名山大川，五岳视三公，四渎视诸侯。"《尔雅·释水》对此明确解释道："江、河、淮、济为四渎。"

运输航线上重要据点。以后到战国中期，魏惠王于登上王位九年时（前362），将国都由安邑（在今山西省南部夏县）东迁至大梁（今河南省开封市区）①后，也是为了增强国力，称霸中原，于次年开始修建鸿沟，并建成由济水分黄河处引河水经荥渎入荥泽（在今河南省荥阳市），又自荥泽引水东流注入圃田泽（在今河南省中牟县）之鸿沟干流之上段；继而又于魏惠王三十一年（前340），筑大沟引圃田泽水东流，绕大梁城北后折而南流，分为数支，主流利用沙水河道注入颍河，然后汇入淮河，即建成鸿沟水系主干道之下段；并使鸿沟水系形成联络黄河与济、汝（淮河北岸另一大支流）、淮、泗诸河，进而通过邗沟达于长江的水运网。②

鸿沟水系的建成，使黄河与济、汝、淮、泗诸河之间的广大区域水运交通十分通畅，这使吴王夫差得以率军循邗沟，经末口与泗水口，进入泗水后再转入菏水到达河、济之上，与晋侯会盟于黄池，称霸于中原；后又使魏国臣服鸿沟流域之宋、卫、邹、鲁、陈、蔡诸国，成为战国时期东方之霸主。③另外，除上述军事、政治上之功效外，在经济方面，还因鸿沟水系兼具灌溉之利，使鸿沟流域农业生产获得很大发展，成为与关中平原、都江堰灌区相媲美的当时我国三大农业生产发达地区之一；另一引人瞩目的现象是，鸿沟水系内商贾往来便捷，货赂交易通达，促成大梁（今河南省开封市）、陶（今山东省定陶县）、彭城（今江苏省徐州市）、寿春（今安徽省寿县）等都会的兴起。④此外，还有力地促进了黄淮平原与周边地区，特别是与南方长江中下游之楚、吴等地区的文化交流，为而后秦始皇统一全国提供了有利的条件。而在上述种种政治、军事、经济、文化活动中，今淮安市因控扼淮河与邗沟、泗水之交汇处，实际上在总体上发挥着枢纽的关键作用。尽管春秋战国时期，今淮安市域内尚未建有城邑；但秦始皇统一天下后，即设置淮阴县（治今淮阴区码头镇）。之后，郡、县虽屡有改易，但政区概未废除。秦亡后，历两

---

① 《史记》卷四十四《魏世家》；《集解》引《竹书纪年》；《孟子正义》引《竹书纪年》。
② 详见拙文《鸿沟水系的开凿及其通塞变化》，载陈桥驿主编《中国运河开发史》，中华书局 2008 年版。
③ 《战国策·齐策五》。
④ 《史记》卷一百二十九《货殖列传》。

汉、三国与南北朝，经东汉王景①、曹魏②、东晋桓温③与刘裕④、北魏孝文帝⑤等多次疏浚整治，鸿沟水系断断续续维持着通航，淮阴县与东晋时增置的山阳县（治在今淮安市域白马湖北侧）⑥，因地处邗沟与淮水交汇处，因而是由沿济水—菏水—泗水或由河水循颍水、汝水、涡水、涣水、汳水经淮水转入邗沟达于江，以及反向由江水循邗沟到淮水后，选择不同路线至河水的必经水口，是整个鸿沟水系中第一关键所在地。

二 隋通济渠、唐宋汴渠的兴修与楚州在其间之运河水运枢纽地位的加强

到隋唐时期，因河道自然淤塞及人为破坏，鸿沟水系在整体上已不复存在。但隋朝两代君主相继开通了山阳渎⑦（由山阳，即今淮安市至广陵，今扬州市；基本上是循春秋时吴王夫差所开之邗沟渠线）、通济渠⑧（又名汴渠，自今河南省荥阳市引黄河水，渠线经今开封市区、商丘市区、安徽省濉溪县与宿州市埇桥区，至今淮安市盱眙县注入淮河）、江南河⑨（自长江边的京口，即今江苏省镇江市，至余杭，即今浙江省杭州市）后，由东京洛阳经阳渠到黄河，再向东南经通济渠到淮河上的盱眙，经山阳渎到长江，再经江南河到余杭，即今杭州市区的水运又复畅通。这除了对隋代与继起的唐代在控制江南地区旧的世家贵族方面发挥了重要作用外；到唐代，更在加强王朝政治中心长安、洛阳与东南财赋供给地紧密联系上发挥了重要作用。如唐玄宗开元年间（713—741），裴耀卿任江淮转运都使，曾三年运进长安漕粮七百万石，每年平均二百多万石；

---

① 《后汉书》卷七十六《王景传》。
② 《三国志·魏书》卷一《武帝纪》、卷二《文帝纪》、卷十五《贾逵传》。
③ 《晋书》卷九十八《桓温传》。
④ 《宋书》卷二《武帝纪中》。
⑤ 《魏书》卷六十六《崔亮传》。
⑥ 淮阴市地方志编纂委员会编，荀德麟主编《淮阴志》（上册），上海社会科学院出版社 1995 年版，第 73 页。
⑦ 《隋书》卷一《高祖纪上》、《资治通鉴》卷一百八十《大业元年三月》。
⑧ 《隋书》卷三《炀帝纪上》。
⑨ 《资治通鉴》卷一百八十一《大业六年》。

天宝年间（742—756），韦坚任转运使，一年运到长安的漕粮更达到四百万石。[①] 正是因为有大量的江南一带的漕粮与财赋经过通济渠与山阳渎、江南河以及关中的广通渠等运河水系源源不断地运进国都长安，才使得唐代皇帝不做"逐粮天子"[②]，而且还使唐朝国力日益强盛，成为我国历史上继西汉之后封建社会发展的又一高峰；甚而声威远播域外，对世界经济、文化的交流与发展也发挥了重大作用。下延至北宋，因其建都开封府，即位于汴渠渠系之中，较唐代可更加便利地利用以汴渠为主干的水运交通网获取江南之漕粮财赋，以支撑其统治，维持京城之繁华。所以还在唐代就有一些学者、文人论及隋炀帝修通济渠、山阳渎、江南河及永济渠等运河之功过时，就十分深邃地指出"在隋之民不胜其害也，在唐之民不胜其利也。"[③] 诗人许棠还在其所作《汴河十二韵》[④] 诗中写道：

> 昔年开汴水，元应别有由。或兼通楚塞，岂独为扬州。

唐末诗人皮日休除在前引他所著《汴河铭》中就隋炀帝开运河的举措对唐代发展兴盛所发挥的作用进行了充分肯定外，还赋诗对隋通济渠，即唐宋汴渠（汴河）之历史功过做了较为全面也更有深意的评价。他在《汴河怀古二首》之二中写道：

> 尽道隋亡为此河，至今千里赖通波。
> 若无水殿龙舟事，共禹论功不较多。[⑤]

就在隋炀帝先后修通山阳渎、通济渠，自今河南荥阳市至今扬州市，建成继鸿沟之后，沟通黄河、淮河、长江下游广大区域的新的运河水运系统中，隋唐与北宋时，在前代淮阴县、山阳县建置上改置的楚州，成

---

① 《新唐书》卷五十三《食货志三》。
② 《资治通鉴》卷二百七《唐纪二十五》。
③ （唐）皮日休：《汴河铭》，《全唐文》卷七百九十八。
④ 《全唐诗》卷六百四。
⑤ 《全唐诗》卷六百一十五。

为今淮安市域内最高一级行政建置，治山阳县（今楚州区），辖山阳、淮阴、盱眙等五县，属淮南道。① 楚州治所因地扼汴河与山阳渎之转捩处，随着南北风帆樯桅的频繁经行以及陆上干道的商旅络绎不断，楚州城作为运河航运之要津及陆路交通的关钥，地位自然十分重要；加上当地经济发展，城内外商铺市肆也很繁盛。所以中唐大诗人，曾出任杭州、苏州刺史，多次经由汴河、山阳渎与江南河的白居易就曾在《赠楚州郭使君》一诗中盛赞楚州。诗为：

> 淮水东南第一州，山园雉堞月当楼。
> 黄金印绶悬腰底，白雪歌诗落笔头。
> 笑看儿童骑竹马，醉携宾客上仙舟。
> 当家美事堆身上，何啻林宗与细侯。②

还需要指出的是，由于汴河、山阳渎是隋、唐、北宋时期连接位于黄河流域的政治中心与江南经济中心的唯一水运黄金航道，所以唐与北宋时代曾不遗余力进行维修。虽经历唐中后期藩镇割据、军阀混战等人为阻隔以及因自然淤垫导致的航运困难，但由于唐朝廷欲另行开辟新的运道的努力，如唐德宗建中年间（780—783）时任江淮水陆转运使的杜佑曾提出恢复战国时鸿沟水系中的狼汤渠运道，即由浚仪（今开封市）沿蔡河至陈州（今河南省淮阳县）入颍水，继循颍水入淮水③，转由寿州（今安徽省寿县）入淝水，再凿开淝水上源鸡鸣岗流入南流之施水，下注巢湖，由巢湖进入长江，此即杜佑所言："疏鸡鸣冈首尾，可以通舟，陆行才四十里，则江、湖、黔中、岭南、蜀、汉之粟可方舟而下，由白沙趣东关，历颍、蔡，涉汴抵东都，无浊河泝淮之阻，减故道二千余里。"④这一计划虽相当宏伟，若能实施建成，当可替代山阳渎，舍弃楚州，功

---

① 《旧唐书》卷四十《地理志三》。
② 《全唐诗》卷四百四十八。
③ 《新唐书》卷五十三《食货志三》。
④ 同上。

效显著；但也因历史原因并未最终建成。① 所以唐后期与北宋时，仍还是循汴河与山阳渎之旧道运载货物，输送行旅。直到北宋覆亡，黄河又于金天会六年，即南宋建炎二年（1128），在滑县李固渡人工决堤，改道南流，汴河始被淤废。因而楚州在汴河水运中的中枢地位在唐与北宋的五百余年间，也始终保持如故；楚州对唐与北宋时期经济社会的发展也发挥了积极的促进作用。

三 明清京杭大运河通航时期的
运河之都——淮安府

前节已述及，隋炀帝所兴修的通济渠，即唐宋时所称之汴渠，在一定程度上成就了唐代与北宋两个王朝的一度繁盛。但在北宋末年，因黄淮地区的战乱与朝代鼎革，加上黄河的改道南流，使之很快淤废。虽然通济渠不再有航运之利，但它的建成以及与山阳渎、江南河、永济渠等共同组成的北通涿郡，南达余杭的运河渠系却为元明清时期修建的京杭大运河开创了成功的先河。

元、明、清三代均建都北京（元称大都），但粮秣、财赋及日用百货多仰给于江南，因而兴建并维修纵贯京师至杭州的南北大运河就成为立朝之根本大计。元初世祖忽必烈至元十三年（1276）丞相伯颜率大军攻占南宋首都临安后，目睹江南水运发达，遂上书朝廷："江南城郭郊野，市井相属，川渠交通，凡物皆以舟载，比之车乘任重而力省。今南北混一，宜穿凿河渠，令四海之水相通。远方朝贡京师者，皆由此致达，诚国家永久之利。"② 并由此提出沟通京师大都与江南的大运河，此议受到元世祖忽必烈的重视，即于当年委派郭守敬等大臣先后开凿了通惠河（自京西昌平县引白浮等泉至通州入白河）、会通河（由今山东临清东南至须城安山镇）、济州河（为会通河南段，由须城安山镇至济州，即今济宁），治理了北运河（由通州至直沽）、南运河（由直沽至临清）与江淮

---

① 关于杜佑计划中凿通鸡鸣冈，修建江淮间另一航道问题，详情可参见拙文《关于巢肥运河之研讨》，载陈桥驿主编《中国运河开发史》，第253—265页。

② （元）苏天爵：《元朝名臣事略》卷二。

运河（即由淮安至扬州的淮扬运河与由镇江至杭州的江南运河）。于是北达京师，南至杭州，纵跨今海河、黄河、淮河、长江、钱塘江的京杭大运河就在元初世祖忽必烈在位之至元三十年（1293）建成（会通河南端之济宁再南即接古泗水运道通往黄河，达于淮安）。① 以后历明、清两代，为维护这条南北水运交通大动脉的通畅，曾不断加以疏浚、维修，或局部改建，但基本上循此运道南北往返。元代还曾大力发展海运，不全依仗运河漕运。但终因海运漂溺过甚，至明代即废止海运，主要由运河漕运。明代前期漕粮运输虽无定额，但通常年漕运粮食在四五百万石间。②至成化八年（1472），始定漕运定额为每年 400 万石。其中来自山东、河南的漕粮，即"北粮"为 75.56 万石；来自南直隶、浙江、江西、湖广等地的"南粮"为 324.44 万石。再加上民运部分及损耗部分，年漕运粮储达 518 万余石③。其中 81% 为"南粮"，均要通过江淮运河，经淮安运往北京。清初甫立国，顺治二年（1645）户部即奏定"每岁额征漕粮四百万石"，其中来自江南、浙江、江西、湖广者仍达 324.44 万石④，占全年漕粮数的 81%，与明代相若。这样，在清代前中期运往京师的漕粮，也如同明代那样，绝大部分要自淮河以南之长江中下游诸省，沿江南运河，经淮安转运京师。由此可见淮安在明、清两代关系国本之漕粮运输工作上地位之重要。再加上南来北往官吏、商贾、学子等各色行旅人员过境往返，以及全国最大的内河漕船厂清江督造船厂及规模宏大的漕粮中转仓、淮北盐运公司、淮安榷关云集于淮安府城内外，使淮安府城人烟繁炽，商铺林立，成为京杭大运河中段最大的都会，南船北马交汇之九省通衢。

还要特别指出的是，正是因为明、清两代每年八成多的漕粮要经过淮安运往京师，因而明、清两代中央朝廷对淮安在漕运中的地位也格外看重。前已述及今淮安市域，隋、唐与北宋建置为楚州，治山阳县，即

---

① 据《元史》卷六十四《河渠志一》，元初于世祖至元二十六年（1289）建成会通河，又于至元二十九年（1292）至三十年（1293）建成通惠河，在这之前又先后治理了北运河、南运河与江淮运河，还建成济州河，因而元代京杭大运河全线贯通当为至元三十年（1293）。

② （明）王琼：《漕河图志》卷八《漕运粮数》。

③ 《明会典》卷二十七《会计三·漕运》；《明史》卷七十九《食货志三》。

④ 《清史稿》卷一百二十二《食货志三》。

今淮安市楚州区。南宋与元代，先后改置为淮安军、淮安州、淮安路与淮安府路。至明代改置为淮安府，清代沿明建置，仍为淮安府。① 明初永乐年间（1403—1424），即设漕运都御史与总兵官各一人，驻节淮安，主持漕运，"凡湖广、江西、浙江、江南之粮艘，衔尾而至山阳，经漕督盘查，以次出运河。虽山东、河南粮艘不经此地，亦皆遥禀戒约，故漕政通乎七省，而山阳实咽喉要地"。② 景泰二年（1451），又"设漕运总督於淮安"。③ 至清代，仍沿袭明制，甫立国即于顺治元年（1644）设置主管漕运的最高长官——漕运总督，官秩从一品，长驻淮安府。④ 其任务是"掌督理漕挽，以足国储。凡收粮、起运、过淮、抵通，皆以时稽覈催趲，综其政令"。⑤ 并诏令"直隶、山东、河南、江南、江西、浙江，湖广等省文武官员经理漕务者，皆属管辖"。⑥ 同时清朝廷又设置管理河道治理的最高军政长官河道总督，简称"总河"；顺治元年（1644）先驻山东济宁，康熙十六年（1677）即移驻淮安府清江浦。雍正七年（1729），改总河为总督江南河道，驻清江浦；又设副总河为总督河南、山东河道，驻济宁。⑦ 可见明、清时期在管理京杭大运河之漕运与黄河、淮河、运河治理工作中，淮安居于沿京杭大运河各府州首位。再审视秦汉以来修治运河与督办漕运的官员及相应之机构设置，如西汉与东汉两代，至需兴举漕运灌溉工程时，即由皇帝任命官员担任水工、都水、谒者等职督导施工；⑧ 隋代中央朝廷设有都水监（下辖舟楫、河渠二署）与将作监等衙署；⑨ 唐代则由中央朝廷尚书省之户部主管漕运，工部主管督导沟洫与堰决河渠等工程事宜。⑩ 上述衙署均设於国都之内。唯到明、清时，鉴于京

---

① 参见淮阴市地方志编纂委员会编，荀德麟主编《淮阴市志》（上册）第一卷建置，上海社会科学院出版社 1995 年版，第 76—77 页。

② （光绪）《淮安府志·漕运》。

③ 《明史》卷七十九《食货志三》。

④ 《清史稿》卷一百十六《职官志三》。

⑤ （清）纪昀：《历代职官表》卷六十《漕运各官、国朝官制》。

⑥ （嘉庆）《户部漕运全书》卷二十一《督运职掌》。

⑦ 《清史稿》卷一百十六《职官志三》。

⑧ 《汉书》卷二十九《沟洫志》、卷四十五《息夫躬传》；《后汉书》卷十六《邓禹传附邓训传》、卷七十六《王景传》。

⑨ 《隋书》卷二十八《百官志下》。

⑩ 《旧唐书》卷四十三《职官志二》。

杭大运河漕运江南粮秣财赋数量甚巨与作用重大，也由于在漕运工作中淮安府之地位重要，所以特在淮安府设置总管全国漕运事宜的漕运总督。主政者在明代常有平江伯陈瑄与工部尚书宋礼、朱衡、舒应龙、李化龙以及万恭、潘季驯等重臣；① 在清代则有齐苏勒、高斌等满族要员以及靳辅、张鹏翮等名臣。② 仅此一点即可论定，明清时期设在淮安府之漕运总督（清代称河道总督）实际上是中央朝廷之直属派出机构，代表中央朝廷主管全国之漕运事宜；因事关重大，威权甚重。据此而言，对淮安冠以"运河之都"实为名至实归，恰如其分。

四　新的历史时期，新的历史使命

清代后期，自道光年间（1821—1850），由于漕政弊病积重难返，河政败坏，漕粮工作已日渐艰困；道光五年至六年（1825—1826）又曾试行海运③，但很快又停止海运，全漕皆由河运。咸丰五年（1855）黄河在铜瓦厢决口，此后即改向北流，经山东注入渤海。尽管经此大变，清朝廷仍竭力维持漕运。但到光绪年间（1875—1908），则因内忧外患，加之至清末津浦等线铁路的建成通车，江南粮赋可由火车运进北京，迫使清廷于光绪二十七年（1901）颁诏停止京杭大运河的漕运。④ 中华民国时期，虽经整治，但也因日寇入侵，时局不宁，运河交通虽有恢复，也是时断时续。新中国成立后，通过对淮河的治理与对部分京杭大运河河道的整治，济宁以南运河航运能力大有改善。淮安作为仍有通航能力之京杭大运河南段上的一座重要城市，其作用又再度有所恢复；当然要完全重现其在历史上，特别是明、清时期之运河水运上的功能已不可能。然而在进入 21 世纪的新历史时期里，淮安又禀赋有新的历史使命：那就是作为历史上的运河之都，责无旁贷地应在当前国家倾力支持京杭大运河

---

① 参见安作璋主编《中国运河文化史》（中册），山东教育出版社 2001 年版，第 1056—1060 页。

② 参见安作璋主编《中国运河文化史》（下册），山东教育出版社 2001 年版，第 1424—1436 页。

③ 《清史稿》卷一百二十二《食货志三》。

④ （光绪）《东华续录》卷一百六十八《光绪二十七年七月二日》。

申报世界文化遗产的工作中发挥它独有禀具的优势条件，做好其中的关键性工作，即联络组织并协调统筹有关方面的力量，开展我国运河方面的学术研究工作。这项学术研究工作重点是要全面深入地挖掘、整理我国运河方面丰富的文化遗产；并可从运河政治学、运河经济学、运河文化学、运河工程技术学、运河交通运输学、运河生态环境学、运河旅游学、运河景观规划设计学、运河历史文化与当前开发利用有关理论问题研讨等多个方面进行专题性或综合性研究；深刻阐释揭示我国运河文化与科技方面的精深内涵及其对我国与世界历史文化的重大贡献；并在上述研究工作的基础上，切实地高水平地做好运河的保护与开发利用工作。使得大运河这一我国历史的瑰宝及世界珍贵文化遗产得以永续长存，继续发挥利于当代又泽及后世的启智怡人且利国利民的重大作用。而令人十分欣喜鼓舞的是，就在这新的历史时期到来之际，在中共淮安市委、淮安市人民政府的大力支持与领导下，一个堪当联络组织并协调统筹有关方面的专家学者开展运河方面的学术研究工作的机构——大运河文化研究中心在淮安市应运而生，及时成立。这就使我国运河文化研究与运河之保护开发利用工作获得一个坚实的基地，落在了实处，今后得以顺利开展，获得长足进展。对此我们满怀期待，也深具信心。而淮安也必将在新的历史时期，焕发出超越历史的光彩！

（原文刊载于《淮阴师范学院学报》2009 年第 3 期）

论《水经注》对溳（溱）水之误注，兼论《水经注》研究的几个问题

一 《水经注》对溳（溱）水之误注虽被辩驳，但误注之影响仍未消除，还需深入论证

西周末年幽王（前781—前771年在位）之时，郑国桓公任朝廷之司徒。目睹王室多故，恐有大难降临，曾问策于太史伯。太史伯告之宜迁往"济洛河颍之间"，"主芣騩而食溱洧，修典刑以守之，是可以少固"。①桓公采纳了这一意见，"东徙其民雒东，而虢、郐果献十邑，竟国之。"②幽王十一年（前771），犬戎乱起，西周幽王与郑桓公均被杀，西周遂亡；平王宜臼东迁雒邑。郑桓公之子掘突被国人拥立，是为武公；亦东迁雒之东土，并灭掉虢，郐二国③，在溱、洧二水间建立国都，名为新郑。④自此之后直至战国初期之东周烈王元年（前375），也即郑康公二十一年，郑国被韩国所灭。⑤郑国作为春秋时期大国之一共历21公，396年。韩国作为战国七雄之一，也于灭郑国后之当年，移都于兹，名为郑邑。⑥此后共历9代侯王，至韩王安九年（前230）灭于秦⑦，长达146年。这座在

---

① 《国语》卷十六《郑语》。
② 《史记》卷四十二《郑世家》。
③ 同上。
④ 《汉书》卷二十八上《地理志》上，应劭注释。
⑤ 《史记》卷四十二《郑世家》。
⑥ 《史记》卷四十五《韩世家》。
⑦ 同上。

我国春秋战国时期先后为郑国与韩国建为都城，历时长达542年的重要古都遗址，经过新中国成立后考古工作者半个多世纪发掘，其基本布局与特征已被清晰地揭示出来。其具体位置更是确凿无误地展现于世人面前，且与文献记载相合，即在今新郑市区内，古代之溱洧二水交汇之处。

郑韩故城城址既定，流经其南与其东之河流，当为古代之洧水与溱水。洧水为淮河重要支流颍水上源之一支，溱水在郑韩故城东侧，即今新郑市区东郊注入洧水。这两条河因临近郑韩都城侧畔，且水流充盈清澈，每年春三月间，都城之官民士女常结伴前来河岸赏春游乐，成为郑国一项重要的民俗活动。因此，一首咏唱这一活动的诗歌《溱洧》作为《诗·郑风》之名篇传唱开来，使此二水更是闻名遐迩。三国时有人撰《水经》，即将洧水、溱水列入。尽管《水经》中将溱水写作潧水，但明代朱谋㙔在《水经注笺》中将之更为鄶水，指出潧、鄶即《诗经》中之溱字，宋本作潧。后清代学者亦改为潧字。说明古代溱与潧、鄶曾通假互用。不仅如此，在《水经》中述及洧水与潧（溱）水之关系时，也载明洧水在"东过郑县南"后，"潧水从西北来注之"，即洧水与潧水交汇于新郑城东。然而，到北魏郦道元注《水经》时，却未述任何原因，对上引《经》文在他所写《注》文中改为洧水在郑城东是与黄水（或称黄崖水）合，而非《经》所载明的潧水；并将潧水一名移至郑韩故城西之邲水上；在两处《注》文中指《经》文中所载潧水在新郑县东入于洧水为"非也""误证"。[1]郦氏此注一出，影响甚大，不仅使潧水、邲水二河之名称改易，还使郑韩故城之地望及郑国建都史产生歧义，造成许多历史问题与古代地名的混乱。上述问题虽自唐代以来一千多年间未被研究、注释《水经注》的学者指正辨明；但自21世纪末以来，随着古都学研究的深入，已开始为学界所重视。先是首任中国古都学会会长史念海先生在他为参加中国古都学会第十五届年会暨新郑古都与中原文明学术研讨会而撰写的《郑韩故城溯源》[2]一文中，就根据《国语·郑语》《史记》卷四十二《郑世

---

① 见《水经注疏》卷二十二《洧水注》《潧水注》，段熙仲点校、陈桥驿复校，江苏古籍出版社1989年版，第1844、1869页。

② 中国古都学会、新郑古都学会编《中国古都研究》第十五辑，三秦出版社2004年版。

家》《诗·郑风·溱洧》《孟子·离娄下》等典籍，指出了郦道元在《水经注》中"不宜以邻水作为溱水"。还指出现流经新郑市区东郊注入双洎河，即古之洧水之黄水，原就是溱水；其得名黄水是"春秋后期之事"。通过论证，他明确指明"溱洧两水都是近在郑国都城的近傍。洧水由西向东，流经都城之南，溱水由北向南，流经都城的东城之外"。① 近年来又有刘文学、蔡全法、薛文灿等多名学者相继撰文分别从史籍文献考证、考古发掘成果与相关河流流经区域之实地考察结果的深入分析进一步论明了这一问题。②

笔者对《水经注》中郦道元对溇（溱）水，旁及邻水之误注拟补论的是，郦注之注文本身即存在若干自相牾牴与错讹之处。现择要予以指出。

其一，《水经注》卷二十二《洧水注》中，《经》本为："洧水出河南密县西南马领山。东南过其县南。又东过郑县南，溇水从西北来注之。"溇水在郑县（新郑县）城东注入洧水所述十分明确。但郦道元所加《注》文却在《经》文洧水东南过密县南之后，"又东过郑县南"之前，加进"溇水注之"与"洧水又东南经邻城南"之注文。意指在密县城与郑县城之间有一南临洧水之邻城。且将在郑城东注入洧水之溇水西移至在邻城西注入洧水。在同卷《溇水注》中，又在《经》文"溇水出郑县西北平地"后，在《注》文中加进"溇水又东南流，历下田川，迳邻城西"；之后又加"溇水又南，悬流奔壑，崩注丈余，其下积水成潭，广四十许步，渊深难测。又南注于洧"等注文。从上述《注》文中可看出，他所提到的邻城并不南临洧水，与《洧水注》之《注》文中所称"洧水又东南迳邻城南"不合。而在《水经注疏》中，杨守敬在所写按语中，引《左传·僖三十三年》杜《注》，指明邻城在密县东北，不在其东。《括地志》则谓邻城在新郑东北二十里，《元和志》也谓在新郑东北，只是相距为32里。杨守敬认为《括地志》与《元和志》中所述邻城

① 参见《中国古都研究》第十五辑，第75—80页。

② 分见刘文学《再考溱洧水》、蔡全法《邻国、邻水、邻都析议》、薛文灿《溱水在新郑》，三文均收入河南新郑黄帝故里文化研究会、新郑市裴李岗文化暨郑韩文化研究会编《郑韩故城与溱洧水研讨会资料》（2008年7月）。后二文又刊于《华夏源》2008年第3期。

在新郑东北之方位不对，应是在新郑西北；并具体指出在今密县东北50里。① 也断明郐城不在洧水北岸，离洧水尚远。前所述蔡全法先生《郐国、郐水、郐都析议》一文，根据对今密县东北今溱水（古郐水）上游东岸之曲梁故城考古调查与发掘，举出 6 点理由，论明该故城当为古郐城。这就进一步证实郦道元在《潧水注》中也述及的"世亦谓之为郐水也"亦非虚言。甚惜郦道元未从中悟及个中真相，坚持已作之误注。

其二，《水经注》卷二十二中，《经》文中在《洧水篇》中，本已有洧水"又东过郑县南，潧水从西北来注之"。潧水作为洧水一大支流，在此即应与其他洧水支流那样，将其原委述完。因而其后应将现《潧水篇》中之"潧水出郑县西北平地。东过其县北，又东南过其县东，又南入于洧水"之《经》文缀于前述《经》文之后，使其贯通如一。但现《水经注》卷二十二中，却将潧水单独立篇，置于《渠水篇》后，与《洧水篇》相隔离，却又与之以及《颍水篇》《渠水篇》《渠》等篇相并立，殊不合常理，显非《水经》作者所为；此或许为郦道元错置，亦可能是郦道元之后在传抄与注释中致误。这一问题虽不是《水经注》中对潧（溱）水造成误注的关键所在，但因事涉潧（溱）水，也许会有一定关系。所以一并写出，供方家考虑。

鉴于《水经注》对潧（溱）水之误注已日益为学者们揭示出，且因这一误注已在多方面的学术问题上造成混乱，且迄今其影响仍未完全消除；所以很有必要在通过进一步的深入研讨，在学术界更大范围内取得共识的基础，由相关的学术团体具名，向国家民政部主管地名的行政部门提出具体建议：将现在之双洎河恢复古代之原名——洧河；将现名为黄水的河流，更正为溱水；而将现在之潧水正名为郐水。使《水经注》这一误注得以彻底纠正，成就这一椿《水经注》研究上的佳话。

---

① 杨守敬按语见段熙仲点校、陈桥驿复校《水经注疏》，第 1839 页。

二 《水经注》虽历经一千二百年之研究
仍未臻完善，还需再做深入研究
与严谨校释①

《水经注》是一部以河流水系为纲目，广记博采诸多史实遗闻，详叙河流水道源流及相关自然景物的我国古代历史地理名著。其作者郦道元，北魏时幽州涿县（今河北省涿州市）人。生年史无明载，近现代学人曾对之进行考证。如赵贞信先生，曾于1937年在《禹贡》半月刊第七卷之第一、二、三期合刊中发表《郦道元之生卒年考》，认为郦道元生于北魏文成帝拓拔濬和平六年（465）或孝文帝元宏延兴二年（472）。段熙仲先生则考定为北魏献文帝拓拔弘皇兴三年（469）。② 陈桥驿先生主延兴二年（472）说。③ 卒年史载为北魏孝明帝元诩孝昌三年（527）。④ 若按生于延兴二年（472）计，则郦氏享年56岁。郦道元于北魏孝文帝太和十五年（491）出仕任官，曾历任颍川郡太守、东荆州刺史及河南尹等官职。⑤ 后于孝昌三年（527）出任关中大使时，被已拟反叛之雍州刺史萧宝夤杀害于阴盘驿⑥（今陕西临潼区境内）。关于《水经注》之撰著年代，段熙仲先生考定为主要在郦道元于北魏宣武帝元恪延昌四年（515）任东荆州刺史被免官还京，至孝明帝元诩正光五年（524）出任河南尹前这闲居在家的9年间。而事实上郦道元直至遇害前仍未废著述。⑦

至于郦道元所注之《水经》，郦道元本人在为《水经注》所写的序中

① 此采郦学名家陈桥驿先生所持对《水经注》研究始自唐代杜佑撰《通典》之论。《通典》成书于唐德宗贞元十七年（801年），距今1200余年。详见陈桥驿《郦学札记》一书之《水经注研究始于唐代》文，上海书店出版社2000年版。
② 详见段熙仲《〈水经注〉六论》之三《郦道元之生卒年代、家世、仕履及著作》，《水经注疏》下册，段熙仲点校、陈桥驿复校，第3411—3416页。
③ 陈桥驿：《爱国主义者郦道元与爱国主义著作〈水经注〉》，《郑州大学学报》（哲学社会科学版）1984年第4期。
④ 《北史》卷二十九《萧宝夤传》。
⑤ 《北史》卷二十七《郦范传，附郦道元传》。
⑥ 《北史》卷二十九《萧宝夤传》。
⑦ 详见段熙仲《〈水经注〉六论》之三《郦道元之生卒年代、家世、仕履及著作》。

未提作者系谁。至唐代玄宗开元年间（713—741）李林甫接手撰《唐六典》，于《事典》中加进东汉时人桑钦撰《水经》，遂致以讹传讹。后经清代全祖望、赵一清、戴震、张寿荣以及下延至民国时期杨守敬等众多学者的先后探研，推翻了这一成说。① 但作者究竟是谁，已难论定。因而清代中期以来一些《水经注》版本，除部分仍写明（汉）桑钦撰、（后魏）郦道元注外，多数或书无名氏撰、后魏郦道元注，甚或仅书［后魏］郦道元撰。而《水经》之成书年代与作者，经清代与民国时期赵、戴、杨等学者考证，均认为是三国时魏国人所著。段熙仲更考定为是曹魏时人作于魏文帝曹丕黄初四年至七年（223—226）间。②

郦道元据《北史·郦范传，附郦道元传》所述，生平好学，历览奇书，且喜游历，善著述，雅爱文学。因而在其步入中年，又免官赋闲在家时，即以前贤无名氏所撰《水经》为范本，大加增补，撰成《水经注》四十卷。③ 使所注述之河流，由《水经》之 137 条，增为 1252 条；全书之文字也达 30 多万字，注文比《水经》原文多出 20 倍。同时还因注文以大、中、小河流为纲目，详细记述了河道所经地区之郡县、城邑、乡亭、聚落、陵墓、寺观、关隘、堡寨、桥梁、津渡与山岳、丘陵、原隰、瀑布、伏流、温泉、湖泊、陂泽、植物、动物、园林以及历史事迹、人物故事、金石碑刻、民间谣谚、神话传说等；此外，注文中引用文献即达 479 种；④ 金石碑刻 357 通⑤；记录的地名多达两万个；⑥ 加之辞藻华丽，文采斐然，描山摹水，极富情趣。因而自它问世后，即受到学界名家、文人墨客及官员贵族的普遍重视与高度赞誉。明后期，宗室朱谋㙔曾邀约同道学者校勘《水经注》，著成《水经注笺》一书，于万历四十三年（1615）刊行。在该书之序中，即赞《水经注》"诚为六朝异书"。清初，刘献廷叹其为"宇宙未有之奇书"。⑦ 清末民初，丁谦甚至誉其为

---

① 详见段熙仲《〈水经注〉六论》之二《〈水经〉作者及其成书年的探讨》，段熙仲点校、陈桥驿复校《水经注疏》（下册）。

② 段熙仲：《〈水经注〉六论》之二《〈水经〉作者及其成书年的探讨》。

③ 《北史》卷二十七《郦范传，附郦道元传》。

④ 陈桥驿：《水经注·文献录》，陈桥驿《水经注研究二集》，山西人民出版社 1987 年版。

⑤ 陈桥驿：《水经注·金石录》，陈桥驿《水经注研究二集》。

⑥ 陈桥驿：《〈水经注·地名汇编〉序》，载陈桥驿《水经注研究二集》。

⑦ 刘献廷：《广阳杂记》卷四。

"圣经贤传"。① 可见评价之高。也正因为如此，所以自6世纪初期以来之约近15个世纪中，在大量古代典籍与先贤著述频遭损毁湮没的历程中，《水经注》却日益受到关注。自唐代以来，校勘、注释、疏证《水经注》的学者代不乏人，且日益增多。陈桥驿先生曾撰《历代郦学家治郦传略》② 一文，对唐以来研治《水经注》较有贡献的126位学者一一立传，对他们治学成就进行简要述评。其中唐代2人，金代1人，南宋1人，明代15人，清代71人，清以来27人，另还有外国学者9人（法国1人，印度1人，日本7人）。这里面尚未包括陈桥驿先生本人。当然当代新近在郦学研究中崭露头角者也未能列入。实际数字会更多一些。而且迄今，各种校释、笺注《水经注》之新老著述，其版本也达41种之多。③ 因此，在当今学林，已浸假形成一门"郦学"，与研究文学名著《红楼梦》之"红学"均为备受社会瞩目之显学。由此可见《水经注》一书在学术界地位之重与影响之大。也难怪史念海先生在论及郦道元对潐（溱）水之误注时，感叹道："正是由于郦道元有此一说，遂移溱水之名于潐水，也就是邻水，以后竟为成规，相沿至今，莫之能改。"④ 当然这也非绝对不能改正，还是要看考证、研究工作做得是否深入透彻。

《水经注》的确是我国学术遗产中的瑰宝，然而它也有不少瑕疵。因为郦道元身后，这部典籍辗转传抄，造成不少错讹缺失。至宋代，不仅四十卷已亡其五卷，加之经、注混淆，已成难读之书。幸赖唐以后众多学者反复校勘增补，不仅补上大量佚文，恢复了四十卷之旧规；还改正了大批讹误，规范了文字，丰富了内容，使之更容易为各方人士阅读使用，也为深入研究提供了良好条件。然而也毋庸讳言，这方面工作尚未臻完善。诚如清末民初治郦名家杨守敬于光绪三十二年（1906）在他和熊会贞合撰之《水经注疏》稿成之后，又刻《水经注疏要删》，并于卷首手订25条《凡例》中所言："此书为郦原误者十之一二，为传刻之误者

---

① 丁谦：《〈水经注正误举例〉小引》，《求恕斋丛书》。

② 陈桥驿：《郦学新论——水经注研究之三》，山西人民出版社1992年版。

③ 见陈桥驿：《〈水经注〉版本和校勘的研究》，载陈桥驿《水经注研究四集》，杭州出版社2003年版。

④ 史念海：《郑韩故城渊源》，《中国古都研究》第十五辑。

十之四五，亦有原不误，为赵、戴改订反误者，亦十之二三。"说明历经一千四百多年流传之《水经注》原稿错误之多及校补注释工作之难。因而他与其弟子熊会贞师生两代，共历六十寒暑孜孜矻矻精细疏校之《水经注疏》，在杨守敬于1915年辞世，熊会贞又埋头工作20年，且六易其稿，仅他们师生两人所撰之疏文即达151万字，四倍于《水经注》文。即便这样，熊会贞在全书临近完成时，于1935年，即他弃世之前一年在当年《禹贡》半月刊第三卷第六期发表《关于水经注之通信》中仍说"大致就绪，尚待修改"。事实上，现今在学术界流播较广的几个《水经注》校注版本，包括王国维校《水经注校》①、王先谦《合校水经注》②、段熙仲先生点校与陈桥驿先生复校《水经注疏》，均在注释内容与文字校改上还不尽如人意。就是当代郦学名家陈桥驿先生于20世纪末推出的《水经注校释》③一书，以清代戴震所校武英殿聚珍本（简称"殿本"）为底本，参校各种《水经注》版本33种、地方志120余种、其他文献近300种，是他集半个多世纪研究心力之结晶。然而也有论者谓其缺佚地图与没有索引是两大缺憾。④

综上所论即可看到，对这部内容广博精深，又极富学术价值与应用功能的重要典籍，尽管唐以来历代前辈学者做了大量令人钦敬有益后学的研究与校释工作，但仍有许多未尽之处，需要以新的眼光与方法继续做出努力。

三 关于继续推进《水经注》研究工作深入开展的几点初步见解

1. 树立新的研究理念，加强地理学派研究工作

如何深入推进对《水经注》之研究，使之能在众多前代学者辛勤工

---

① 该书由上海人民出版社于1984年出版。

② 该书由巴蜀书社于1985年据光绪二十三年（1897）新化三味书室刊印的《合校水经注》影印出版。

③ 该书由杭州大学出版社于1999年出版。

④ 周筱云：《评介陈桥驿〈水经注校释〉——兼谈今后"郦学"发展之趋向》，陈桥驿《水经注研究四集》。

作，有的甚至是终生以之并取得一批卓著成果的基础上，取得新的建树，首先是要树立新的研究理念。

陈桥驿先生曾多次著文指出，研究《水经注》的学者虽多，但从他们研究路径与取向看，可分为三大学派，即考据学派、词章学派与地理学派。

考据学派。至明后期朱谋㙔，继承唐宋诸家余绪，与其同道诸友，通过深校细勘，旁征博引，进行了大量的考据工作，从而促成了这一学派的诞生；后至清代乾隆年间全祖望、赵一清、戴震时，已经达于鼎盛。①

词章学派。自唐代陆龟蒙、宋代苏轼等著名文人盛赞《水经注》文辞美妙后，至明代，先有杨慎论道："水经注叙山水奇胜，文藻奇丽，尝欲钞其山水佳胜为一帙，以洗宋人卧游录之陋"；接着又有钟惺、谭元春等竟陵派文人继相推挽；更有曹学佺编纂《名胜志》，自郦道元注中引录数百条。入清后也有续其流者。这一学派之形成与他们的推崇，使《水经注》之影响由学界走向了民间。②

地理学派。这一学派形成于明末清初，由黄宗羲、刘献廷、顾炎武等重治学当经世致用等学者倡导形成。至清末民国初年，杨守敬、熊会贞师生撰成《水经注疏》初稿并编绘出《水经注图》，标志着这一学派已经成熟。③ 历民国至新中国成立后，又经陈桥驿先生力倡，蔚然已成郦学研究队伍中的主力。

从当前《水经注》研究工作的实际发展看，考据学派与词章学派虽然仍有许多工作要做；但相比较而言地理学派承担的任务量会更大一些。因为从实质来看，尽管《水经注》一书于研经治史上之学术价值及助人欣赏山水胜景上之文学价值均很高，但正如清初刘献廷所指出的："郦注水经，于四渎百川源委，支派出入分合，莫不定其方向，纪其道里。"④

①　参见陈桥驿《论郦学研究及其学派的形成与发展》，《历史研究》1983 年第 6 期。

②　参见汪辟疆《明清两代整理〈水经注〉之总成绩》，原刊于民国二十九年（1940）重庆出版之《时事新报·学灯》第 69—70 期。后作为序言载入台北中华书局 1971 年出版之《杨熊合撰水经注疏》。

③　参见陈桥驿《论郦学研究及其学派的形成与发展》。

④　刘献廷：《广阳杂记》卷四。

因而对《水经注》进行研究，勘正所记河流流程之方向，验其道里，实为第一要务。郦道元在其《水经注》序中曾自言，为注《水经》，对所涉川流，即"脉其枝流之吐纳，诊其沿路之所躔，访渎搜渠，缉而缀之。"然而，究因个人精力与年寿有限，并受当时政局与他本人生活境遇制约，所以对北方诸河踏访较多，而对南方诸河，涉足很少。对此刘献廷还为郦道元进行辩解，[①] 可见确是实情。明代学者王世懋为其友人吴琯于万历十三年（1585）杀青之《水经注》刻本所写的序中也指出："道元虽称多历，未便遍行魏疆，况泽国在南，天堑见限，安能取信行人之口，悉谙未见之都。"此评甚为公允。也因此，杨守敬在他所写《〈水经注疏〉凡例》中，即曾郑重指出："郦氏书中，左右互错，东西易位，亦不一而足。"本文第一部分所论，郦注中将古之流经郑韩故城东侧之溱水一名，移于其西之郐水上，并将之改名为"潧水"；又将郑韩故城东侧之古溱水，易名为"黄水""黄崖水"；此仅为《水经注》之注文中河流名称"左右互错，东西易位"的一个例证。类似错讹，想必不止此一端。而对此类问题，仅靠文献考据是绝不可能发现并更正的；而这类问题又非常重要，如河流枝派错乱，脉络混淆，则其他相关注文即难以准确附丽，而全书之价值就将大打折扣。而要认真解决这一问题，则需地理学家，更明确说是历史地理学家，联合文献学、考古学专家，通过地理考察，结合史籍考证与考古资料，予以深透地论明解决。此也正是当代历史地理学界肩荷的一大重任。

2. 建立《水经注》研究会与研究中心，切实有力地推进研究工作

郦学研究，内容浩瀚深邃，学者个人虽也能致力，但都一时很难取得显效。为更好地推进郦学研究之发展，还在二十余年前，海内外一批关心郦学研究的学者就提出需要在这一研究领域加强交流与合作。海外知名地理学家陈正祥教授就曾于 1986 年 3 月 11 日从香港致函陈桥驿先生，建议组织一个国际性的研究会或学社或学会，由陈桥驿先生主其事，"约集全世界对郦学有兴趣有造诣者，集中力量，作一些急需完成之工作"。[②] 同年 4 月 22 日，复旦大学中国历史地理研究所前所长邹逸麟教授

---

① 刘献廷：《广阳杂记》卷四。
② 参见陈桥驿《水经注研究二集·序》。

也致函陈桥驿先生，同样建议在适当时机，由陈桥驿先生"登高一呼，我们随从麾下，成立一个水经注研究会，将郦学发扬光大"。[①] 现虽已过去 20 余年，仍有践行此议的必要。此外，笔者认为更为紧要的是在某一相关之大专院校或科研院所建立一个"《水经注》研究中心"，效仿国外一些研究中心或国内教育部在一些高校建立的人文社会科学研究中心那样，在中心之学术委员会拟定的研究规划指导下，每年推出一批研究项目，提供必要的经费与条件，在国内外公开招标，遴选具有实力的学者承担。若有此机构，则每年都会有一批具有新意与深度的研究成果推出，势必能有力地推动对《水经注》之研究进程。

3. 确立并完成三大任务，带动郦学取得突破性发展

由于《水经注》内容丰富，涉及学科甚多，所以多个相关学科之专家、学者都可参与研究，作出贡献。但笔者仍然坚持认为，《水经注》研究的主体部分仍然在该书述及的各大、中、小河流的源委径行。因此，笔者建议在最近一定时期内，将研究下述三方面内容，也即撰写出下列三部专著，作为重点任务与目标：

其一是《〈水经注〉简校》。即将《水经注》中 1252 条大、中、小河流之源委、经行从《水经注》书中摘出，一一首尾连贯地胪列，作简要之校改，古今地名对照，配以地图与地名索引。这即可为当前人们认识北魏（386—534）时期及之前一段历史时期我国国土上这些河流之经行流路，还可为学术界深入研究《水经注》及相关问题提供一个可靠之范本。

其二是《〈水经注〉新校》。关于编纂一部《水经注》校释的新版本，是许多郦学家早已心向往之，甚至是毕生追求，耄耋之年贫病之际也未曾放弃的奋斗目标。[②] 然而经数百年来众多饱学之士的勤黾努力皆未成就这一事业。这既因时代所限，也当为个人力量所困。20 多年前，当代郦学名家陈桥驿先生为促成这一宏伟事业，曾倡议集中学界力量，团结以赴，争取在不长的时间内，编纂出代表现代水平的《水经注》新版本。为此他还为这一新版本之《水经注》确定了五个方

① 参见陈桥驿《水经注研究二集·序》。
② 详见陈桥驿《贫病耄耋献身郦学》，《郦学札记》。

面的特点，即第一是统一的体例，第二是正确的文字，第三是完整的内容，第四是科学的注疏，第五是详细的地图。他还以编纂出一部能够代表现代水平的郦注新版本，来终结古典郦学研究，为发展新郦学提供佳本。① 现在看来，这一未竟之业仍需郦学界遵照陈桥驿先生所指，集中力量，团结以赴。倘有郦学研究中心主其事，并提供经费支持，趁陈桥驿先生高龄健在之时，组织学界同道，按侯仁之先生主编之《中国古代地理名著选读》（第一辑）② 中对《水经注》采取按大、中、小河流分别校释办法，以举国之力，对《水经注》中 1252 条河流逐条采取新理念新方法从新校释，一定能如陈桥驿先生所预言的，这种代表现代水平的《水经注》新版本，并配以地图与地名索引，"一定会在不久的将来诞生"。③

其三是《新水经》。当前全球气候变暖，地质时期就已形成的地球南北极冰川与陆地高山冰川融化加速，水资源日见减少；另外，由于世界人口不断增加，工农业生产规模日益扩大，对水资源需求量大幅增加。水资源短缺问题已成举世各国共同面对的难题，而在我们这个拥有 13 亿多人口的国度里则更为严峻。鉴于这一全球环境恶化之态势与我国之国情，为谋求我国经济、社会之可持续发展，应对我国江河湖沼等陆地水体之状况有更加清晰与准确的认识，同时还应对近多年来我国在经济发展过程中对江河湖沼开发利用措施之成败得失进行认真回顾反思，总结经验教训，为今后遵照科学发展观思想，拟定社会经济发展规划与江河湖沼保护措施提供确切可靠之依据。为此，也可学习郦道元的方法，通过全国各级水利主管部门，组织相关专业与学科之专家、学者，对国境内之江河湖沼的水文状况及近多年来之变化趋向，通过考察与研究，如实记录下来，编纂一部《新水经》。实际也就是我国当代一部江河湖沼大典。当然这一大典也同样应配以地图与地名索引。这部《新水经》的问世，必将推进我国对陆地水体与水资源行政管理事业更加科学化，也将

---

① 详见陈桥驿《编纂〈水经注〉新版本刍议》，载《古籍论丛》，福建人民出版社 1982 年版；后收入陈桥驿《水经注研究》，天津古籍出版社 1985 年版。

② 该书由科学出版社于 1959 年出版。

③ 陈桥驿：《编纂〈水经注〉新版本刍议》。

是我国学术界又一大盛举。笔者乐观其成。

2008 年 9 月 2 日

（原文刊载于《史学集刊》2009 年第 1 期；此文此前曾刊于《华夏源》2008 年第 5 期）

七　历史城市地理

中国历史城市地理学理论建设刍论

一　侯仁之先生对中国历史城市地理学的创建 及其对中国历史城市地理学理论建设的贡献

中国历史地理学，作为一门现代学科，自 20 世纪初期受西方先进科技文明影响肇其端，后栉沐抗日战争的风雨，在爱国主义热情鼓励下，经过前辈学人的艰苦努力，获得令人瞩目的发展。1949 年新中国成立后，结合国家建设工作的需要，学科有了新的开拓。1976 年 "文化大革命"收场之后，学科发展进入繁荣期，并日趋成熟。

在中国历史地理学发展历程中，历史城市地理学，是继历史政治地理学，也即疆域与政区沿革地理学之后获得较充分发展的历史地理学领域第二门分支学科。这一分支学科的开拓者当为前辈师长侯仁之先生。20 世纪 30 年代，当他还在燕京大学历史系本科学习与攻读硕士学位并参加顾颉刚、谭其骧先生发起创办的禹贡学会时，就开始对当时的北平之历史城市地理开始进行考察与研究。1950 年，新中国刚成立不久，他自英国利物浦大学师从著名历史地理学家 H. C. 达比教授，获得博士学位返国在北京大学任教伊始，就在当年 7 月出版的《新建设》杂志第 2 卷第 11 期上发表了论文《"中国沿革地理"课程商榷》。该文虽主要目的是论述在我国大学里应将原开设的 "沿革地理" 课程改为 "历史地理" 课程，但所举之论据却是以北京这样的古都所在城市为例，对比了沿革地理学与历史地理学对之研究的视角、注重的内容与研究方法上的不同。实际上这篇著名的论文，既开启了我国大学开设历史地理学课程的新局，也揭橥了历史城市地理学这一历史地理学分支学科之基本理论观点，即必须从探明、复原历史时期地理环境特点及其变迁入手，才能解决城市起源、城市性质及其演变发展等诸多问题。之后，他又相继撰写了《北京海淀附近的地形、水道与聚落》（1951 年）、《北京都市发展过程中的水源问题》（1955 年）、《关于古代北京的几个问题》（1959 年）、《北京旧城平面设计的改造》（1973 年）、《元大都城与明清北京城》（1977 年）、《天安门广场：从宫廷广场到人民广场的演变和改造》（1977 年）等论文；[①] 同时还撰写出版了《北京史话》（合作者金涛）[②] 与《古都北京》（合作者金涛，该书除中文版外，还有日文版与英文版）[③] 以及《北京城的起源与变迁》（合作者邓辉）[④]，主编了《北京城市历史地理》[⑤] 与《北京历史地图集》；[⑥] 此外，他还对邯郸、承德、淄博、芜湖等城市之兴起、演变，运用历史地理学理论作了深入、具体的研究与论述[⑦]。上述论著在国内外学术界产生了广泛的影响。正如辛德勇教授所评论的，为历史城市地理研究树立了榜样。[⑧]

在中国历史城市地理学理论建设方面，侯仁之先生在他所撰写的《城市历史地理的研究与城市规划》[⑨] 一文中，结合其多年对多座城市之历史地理研究的具体体验，再次系统阐述了有关的理论观点。在这篇重要的论文中，他除了以历史城市地理主要的几个研究内容，即城址的起源和演变、城市面貌的形成及其特征、城市位置的转移及其规律、地区开发和城市兴衰的地理背景等方面，以具体实例进一步论证了要切实准确地论明上述几个重要问题，必须从复原并探明该城市所在区域之地理

①　所列 6 篇论文均收入侯仁之先生论文集《历史地理学的理论与实践》，上海人民出版社1979 年版。

②　该书由上海人民出版社于 1980 年出版。

③　此书之中文与英、日文版，由人民美术出版社和外文出版社于 1991 年出版。

④　该书先于 1997 年由北京燕山出版社出版；后又于 2001 年由中国书店出版。

⑤　该书由燕山出版社于 2000 年出版。

⑥　该地图集之第一集与第二集由北京出版社先后于 1988 年与 1997 年出版。

⑦　关于邯郸、承德、淄博三座城市之论文收入侯仁之先生之论文集《历史地理学的理论与实践》；关于芜湖历史城市地理之论述见他所撰《城市历史地理的研究与城市规划》一文，该文刊于《地理学报》1979 年第 4 期。

⑧　辛德勇：《侯仁之先生对于我国历史城市地理研究的开拓性贡献》，《中国历史地理论丛》1990 年第 4 辑。

⑨　刊于《地理学报》1979 年第 4 期。

环境特征及其变迁入手之外，还提出了一个新的重要理论观点，即

> 研究一个城市的起源和发展，绝对不能忽视对于整个地区的开
> 发过程以及由此而引起的地理环境的变化和经济活动、交通状况等
> 历史文化景观的变迁。因此，研究一个城市的历史地理，也必须结
> 合整个地区的历史地理进行综合探讨。

"研究一个城市的历史地理，也必须结合整个地区的历史地理进行综合探讨"，这就是侯仁之先生创立的有关历史城市地理学又一个理论观点。

二 近三十年来中国历史城市地理研究及其理论建设上的新进展

1979 年，在新中国成立以来之历史地理学发展历程上是一个承前启后的年份。这一年的 7 月上旬，在西安举行了"文化大革命"结束后全国首次历史地理学术讨论会。在这次会上马正林教授宣读了《中国历史地理学三十年》① 一文。在文中，作者对 1949—1979 年 30 年中历史地理学的几个主要分支学科作了回顾与评述。在"城市历史地理"部分，指出了"三十年来，已先后对北京、天津、南京、广州、开封、兰州、武汉、徐州、扬州和西安等城市的历史地理进行了研究"。② 对历史地理学的学科理论，只是根据侯仁之先生在《"中国沿革地理"课程商榷》中阐述的观点，强调了历史地理学是"纯粹的地理科学"，并不是历史学与地理学之间的"边缘科学"。而对历史城市地理学之基本理论则未予涉及。

自 1979 年 7 月全国首次历史地理学术讨论会以来，又快 30 年了。在这 30 年中，随着我国改革开放与经济建设、城市建设的快速发展，历史城市地理学与整个历史地理学一样，呈现出蓬勃发展的态势。不仅研究的城市数量较前 30 年有大幅度增加，研究内容有所开拓，研究水平有所

---

① 该文后载于《中国历史地理论丛》第 1 辑，陕西人民出版社 1981 年版。
② 实际上还应包括邯郸、承德、淄博及芜湖等城市。

提高；而且在历史城市地理学之理论方面也有学者进行专门探讨，取得一些新的进展与建树。

论及近 30 年来中国历史城市地理研究在理论建设上的进展与建树，首先仍要推前已述及的侯仁之先生于 1979 年 12 月在《地理学报》第 34 卷第 4 期上刊登的《城市历史地理的研究与城市规划》一文，该文在历史城市地理学理论建设上的新建树前已述及。实际上自 1979 年以来许多学者进行历史城市地理方面的个案式研究，基本上都是遵循侯仁之先生在《"中国沿革地理"课程商榷》与《城市历史地理的研究与城市规划》这两篇经典式论文之基本理论观点进行；而对历史城市地理学之理论探讨也大多是依循上述两文之基本观点有所发挥与深化。如马正林教授，1990 年曾发表《论城市历史地理学的对象和任务》①一文，这在 2005 年结集由光明日报出版社出版的他的论文集《正林行集》中是归入"历史地理学理论"类的。该文仍一本历史地理学，也包括历史城市地理学是"纯粹的地理科学"的观点，对历史城市地理学的研究任务，细化为研究城市兴起的地理特点、城市职能及其转化的地理特点、城市结构的地理特点、城市风貌的地理特点、都市化的地理特点五方面，每方面的研究都落脚在地理特点上。这一理论观点可谓鲜明强烈，但也过于单一。其后他在其编著的《中国城市历史地理》②一书中，虽有绪论一章，但仅论及了城市历史地理学研究的对象与任务，只是重申了前揭论文的观点；其后顺序论述了中国城市的起源、城址选择、城墙、类型、形状、规模、平面布局、水源、园林与规划等诸多内容；但未设具体论述历史城市地理学理论问题的专篇。尽管在有些部分的内容陈述时，如中国历史上关于城市选址、平面布局与规划等，也总结了一些原则，只是未能进一步深化、提炼，上升至理论。该书出版后曾被中国科学院地理科学与资源研究所王守春研究员在为其所写的书评中誉为"中国城市历史地理研究的第一部系统著作"。③而当时之杭州大学（现并入浙江大学）历史地理研究中心的陈桥驿先生则十分明确地"恰如其分"地论定该书是一部通

---

① 《历史地理》第 9 辑，上海人民出版社 1990 年版。
② 该书由山东教育出版社于 1998 年 10 月出版。
③ 该评介文章载《历史地理》第 16 辑，上海人民出版社 2000 年版。

论性的高等学校教材。① 当然作为第一部通论性的中国历史城市地理高等学校教材，对于其理论建设上的不足自不应苛求。

关于中国历史城市地理学的研究性专著，近年来新出版的则是李孝聪教授著《中国历史地理学·历史城市地理》。② 该书在第一章导论中设有"历史城市地理研究的理论与方法"之专节。在理论上，仍以侯仁之先生的前述两个基本观点为圭臬，但对第二个基本观点，即"研究一个城市的历史地理，也必须结合整个地区的历史地理进行综合探讨"的观点，作者有延伸与发挥。作者在指出以往偏重对单个城市进行研究的不足后，强调应"进行历史城市体系的综合研究"；认为"中国城市的地域结构特征是城市文明在中国历史发展的过程中，适应整个中国社会政治、制度、经济和文化上的种种需要，在自然地理环境和人文环境双重影响下的塑造"。因此，主张"中国历史城市地理学的研究应从地貌环境、政治、制度、社会经济与文化等多方面、长时段、综合性地考虑"。尽管作者在该书所设置的中国城市的起源及先秦时期、中国王朝时代前中期、中国王朝变革时代、中国王朝时代后期等章中对上述理论观点有所运用，但就导论章中之理论部分而言，阐释仍感简略单薄。

近年来专论历史城市地理学理论的论文中有严艳、吴宏岐教授合撰的《历史城市地理学的理论体系与研究内容》一文。③ 其提出的新观点主要是认为：历史城市地理学是一门综合历史地理学与城市地理学的整合学科。它的研究兼容并蓄了自然科学与人文科学的多项内容。历史城市地理学的研究内容，除历史时期城市兴衰的地理背景、城市区域空间组织（城市体系）及其演变规律、城市内部空间组织（城市内部结构）及其演变规律外，还包括城市化规律与城市的可持续发展。上述见解虽然丰富了历史城市地理学的研究内容，增强了其应用功能，但并非历史城市地理学之理论；而且该文所述内容距离构建历史城市地理学之理论体系的目标也还有较大的差距。

---

① 陈桥驿：《中国城市历史地理·序》。又，该序也收入《正林行集》，光明日报出版社 2005 年版。

② 山东教育出版社 2007 年版。

③ 该论文载《陕西师范大学学报》（哲学社会科学版）2003 年第 2 期。

三　环境—文化理论观点的形成及其主要内涵

在近年来开展的历史城市地理及古都学研究中，逐步形成在重视地理环境特点及其变迁对历史时期都邑的兴起与发展之影响的同时，也重视文化及其传承、嬗变之影响的理论观点。随着其日益发展、成熟，在实际研究工作中也获得较广泛的运用。这一新的理论观点可概称为"环境—文化理论"。

论及环境—文化理论思想的萌生，当应追溯到我国历史地理学界另一前辈师长史念海先生。史念海先生实际上是从推进中国古都学研究的实践中进入这一理论研究领域的。自 1983 年他与一些同道学者倡议并创建了中国古都学会，并连续三届担任学会会长，直至 20 世纪末之 1999 年他病重住院，在他生命最后的十多年里，他在中国古都学领域倾注了大量心血，撰写了一批对建立中国古都学具有奠基作用的论文。尽管在较早期的论文中，他对文化要素关注较少，如发表于 1986 年《浙江学刊》第 1、2 期合刊上的《中国古都学刍议》一文，在论及中国古都学的研究范畴时，只述及：了解古都的自然因素、说明古都的经济基础、论述古都的上层建筑、探索古都演变的规律。内中只在论述古都的上层建筑部分，与政治、军事、交通等并列，对古都文化有所涉及。又如 1989 年发表于《中国古都研究》第 4 辑①上的《中国古都形成的因素》一文，就只论述了自然因素、经济因素、军事因素、社会基础在形成古都中的作用，对文化因素则未予设题论列。以致在其早期还专门写了《中国古代都城建立的地理因素》②《中国古代都城建都期间对于自然环境的利用和改造及其影响》③ 等文。但到了 20 世纪 90 年代，史念海先生开始对古都文化进行研究，先后撰写了《中国古都和文化》④《论中国古都文化与当代文化的融通》⑤ 等文。以致到 1998 年他编辑有关中国古都学的论文集

① 中国古都学会编，浙江人民出版社 1989 年版。
② 《中国古都研究》第 2 辑，浙江人民出版社 1986 年版。
③ 《余嘉锡先生纪念文集》，湖南教育出版社 1989 年版。
④ 《中国历史地理论丛》1993 年第 4 辑。
⑤ 《陕西师范大学学报》（哲学社会科学版）1994 年第 4 期。

时，以《中国古都和文化》作为论文集名，将前述诸文均收纳进去。这说明，随着对中国古都学研究的深入，史念海先生对文化要素对古代都城建立、发展中的作用也有了更真切的认识。这对中国古都学乃至历史城市地理学的研究自然会产生积极的影响。

除史念海先生外，陈桥驿先生也对催生环境—文化理论作出了贡献。陈桥驿先生在刊于《杭州大学学报》1985 年第 1 期上的《评〈中华帝国晚期的城市〉》一文中，曾对施坚雅（G. W. Skinner）教授主编的《中华帝国晚期的城市》一书中收录的芮沃寿（A. F. Wright）的《中国城市的宇宙论》和牟复礼（F. A. Mole）的《元末明初时期南京的变迁》两文，批评作者"都没有懂得中国的历史和国情"。又对拉姆科（H. J. Lamley）的《修筑台湾三城的发轫与动力》一文，批评"作者没有学过地理学，不懂得地理环境在城市建筑中的重要作用"。① 在上面引述的陈桥驿先生的批评论述中，他所说的"中国的历史和国情"，实际包含有文化。由此可见他对从历史文化与地理环境两方面研究城市史及历史城市地理是同等重视的。

笔者不揣浅薄，在近十多年的研究实践中，在前辈学者学术思想影响下，也深切认识到历史时期文化传承与嬗变和环境特点与变迁对都邑城镇之形成及兴衰变化都具有重要作用。但鉴于当前学术界对地理环境特点及其变迁对古代都邑兴衰变化影响方面之研究致力多，而对文化传承及嬗变对古代都邑兴衰变化之影响，学理上认识尚不足，研究上也较为薄弱；因而一面在撰写的《试论当前我国古都保护与城市建设问题》②《中国古都研究与古都之现代化建设》③《论中国古都与中华文化研究之关系》④《古都文化与现代城市文明》⑤《中国古都学的形成与当前研究的几个重点问题》⑥ 等论文中，大力倡导应加强对古都文化的研究；同时又

---

① 转引自《中国城市历史地理·序》。

② 《陕西师范大学学报》（哲学社会科学版）1994 年第 3 期。

③ 安阳古都学会、安阳地方志办公室编：《中外学者论安阳》，新华出版社 1997 年版。

④ 台湾中国楚汉文化研究会主编：《中华文化学术论文研讨会专辑》第 2 集，2003 年 1 月。

⑤ 《江汉论坛》2004 年第 8 期。

⑥ 《三门峡职业技术学院学报》2007 年第 1 期。

做了一些专题性或个案性研究，撰写了《论周秦汉唐文化对我国都城规制之影响》①《初论我国古代都城礼制建筑的演变及其与儒学之关系》②《论汉唐长安文化之内涵与特征》③《关于尧文化与尧都研究的几点初步意见》④《有关辽王朝的历史、文化、都城问题之管见》⑤《赵都中牟与淇河文化》⑥《关于秦都城咸阳及秦文化研究的几点见解》⑦《论新郑古都文化研究与古都文化资源之开发》⑧《古都西安的发展变迁及其与历史文化嬗变之关系》⑨ 等论文。在此基础上，笔者进而又撰写了《论历史地理学对推进我国古代都城与城市研究的意义和作用》⑩《探析环境变迁、文化传承与城市发展之关系，推动古都名城研究的深入发展》⑪ 等文，强调依据历史地理学之"时空交织、人地关联"的基本理念，着重从研究历史时期环境变迁、文化传承与城市发展之关系入手，才能推进对古代都邑的深入研究。并期盼通过采用这一研究路径开展实际研究，升华构建中国历史城市地理学与中国古都学的更为充实完满的学科理论体系。

总的看来，环境—文化理论还在进一步建设过程中。但这一理论体系的内涵之若干要点已日益明确，它们是：

——地理环境特点及其变迁与区域文化特色及其嬗变，是影响历史上都邑城镇兴衰发展及其功能、形态的两大主要因素。

——关于地理环境，既包括气候、地貌、河湖、植被、海岸线等自然地理环境，也包括政治、经济、交通、民族、人口等人文地理环境；既注重其微观地理特征，也注重其宏观地理形势；既关注它们的渐变，更关注它们的突变。

---

① 《陕西师范大学学报》（哲学社会科学版）1995 年第 3 期。

② 《唐都学刊》1998 年第 1 期。

③ 《中国古都研究》第 12 辑，山西人民出版社 1998 年版。

④ 《中国历史地理论丛》2000 年第 2 期。

⑤ 《中国古都研究》第 18 辑（上册），国际华文出版社 2002 年版。

⑥ 《鹤壁职业技术学院学报》2003 年第 5—6 期。

⑦ 中国秦汉史学会编：《秦都咸阳与秦文化研究》，陕西人民教育出版社 2003 年版。

⑧ 《中国古都研究》第 15 辑，三秦出版社 2004 年版。

⑨ 国际日本文化研究中心编：《东亚的都市形态与文明史国际研讨会文集》，2004 年 1 月；后又载《陕西师范大学学报》（哲学社会科学版）2005 年第 1 期。

⑩ 《西北大学学报》（自然科学版）2002 年第 5 期。

⑪ 《三门峡职业技术学院学报》2006 年第 1 期。

——关于区域文化，包括有地域文化、民族文化、建筑文化与制度文化；且具层次性。处于基础层次的是地域文化、民族文化；处于最高层次的是制度文化；处于中间层次，体现城镇景观特色的则是建筑文化。

——探寻历史时期都邑城镇兴废演变与发展历程及其规律，必须通过将地理环境及其变迁与区域文化及其嬗变结合起来，进行时空交织、人地关联的综合研究。

当前，历史城市地理学与中国古都学正在蓬勃发展，而这正需要更为充实的理论体系予以指导。相信通过更多学者的学术实践与努力探索，以环境—文化理论为主体的历史城市地理学之理论体系也将日臻完善。

（原文刊载于《西北大学学报》（自然科学版）2009 年第 2 期；后又收入徐少华主编《荆楚历史地理与长江中游开发——2008 年中国历史地理国际学术研讨会论文集》，湖北人民出版社 2009 年版）

关于我国早期城市研究中
几个问题的思考

一 关于我国早期城市研究的学术价值问题

关于我国早期城市研究的学术价值及其必要性，正如"郑州中华之源与嵩山文明研究会关于召开'中国早期城市与文明暨 2012 年中华之源与嵩山文明论坛'的预通知"（2012 年 10 月 23 日）中所述的：

> 城市是人类历史发展到一定阶段所产生的一种高度复杂的聚落形态，它是人类进入文明时代的标志之一，也是研究中华文明起源的重要内容，在探寻文明进程研究中具有重要的学术价值。越来越多的早期城市考古发现，不断改变着我们对中国文明起源和早期城市发展的认识。目前学术界对我国早期城市起源的时代、成因、途径及发展等诸多问题还有一些分歧，很多学术问题有待进一步探讨。

对此，还需补充的是，研究我国早期城市，还可推动城市史学、历史城市地理学与城市考古学等学科的建设及发展。

正是由于研究我国早期城市具有上述重要学术价值及必要性，所以笔者通过近年来对相关问题的研究及思考，就几个重要问题试作初步论析。

二 关于"城市"与"历史城市"之界定问题

无论是研究当代的城市，抑或历史上的城市，甚至历史上早期的城市，都需对"城市"这一核心主体作出明确的界定，以免因理解不同导致概念上产生歧义与研究时导致混乱。

对于"城市"这一地理实体，城市地理学与城市学均有明确的定义。

城市地理学对"城市"之定义为：城市是有一定的人口规模，并以非农业人口为主的居民集居地，是聚落的一种特殊形态。[①]

城市学则对"城市"形成如下主要认识：城市聚集了一定数量的人口；城市以非农业活动为主，是区别于农村的社会组织形式；城市是一定地域中在政治、经济、文化等方面具有不同范围中心的职能；城市要求相对聚集，以满足居民生产和生活方面的需要，发挥城市特有功能；城市必须提供必要的物质设施和力求保持良好的生态环境；城市是根据共同的社会目标和各方面的需要而进行协调运转的社会实体；城市有继承传统文化，并加以绵延发展的使命。[②]

城市地理学以及城市学均论定现代城市必须达到一定的人口规模，以从事非农业生产活动为主，承担多种社会功能。

对于"历史城市"，城市史学界对之所作的论述则缺乏上述具体的内容。迄今，他们中有的仍认为"城市是人类文明的产物"；[③] 有的则认为："城市是人类聚落的高级形式，也是区域的政治、经济和文化中心。"[④] 正是因为城市史学迄今对历史上的城邑，哪些可列为城市未作出明确的论定，所以著名历史地理学家陈桥驿教授曾批评中国的历史城市研究者常常采用一种不得已的历史城市标准，即凡是历史上曾经作为县一级及其以上政区治所的聚落，就将之作为历史城市的做法。认为按这种行政标准确定"历史城市"存在明显的缺陷。就此他举例说，20 世纪 40 年代初期他在江西省东北部的一些地方住过，浙赣铁路线上有座横峰县城，规模很小，当地民谚说："小小横峰县，两家豆腐店，堂上打屁股，四门都听见"。但因是县治所在，就可以称作"历史城市"。而附近的景德镇，

① 许学强、周一星、宁越敏编著：《城市地理学》，高等教育出版社 1997 年版，第 1 页。

② 吴良镛执笔：《中国大百科全书·建筑·园林·城市规划》"城市"条，中国大百科全书出版社 1988 年版，第 42 页。

③ 何一民：《中国城市史纲》，四川大学出版社 1994 年版，第 1 页。

④ 宁越敏、张务栋、钱今昔：《中国城市发展史·前言》，安徽科学技术出版社 1994 年版，第 1 页。

虽号称当时全国"四大名镇"之一，却因没有县政府，只能称作"历史集镇"。①

正因如此，我国城市史学界对我国城市之起源问题，虽然都认为"是研究中国古代城市史学者面临的首要问题"，但对之仍迄无定论。对其起源，列举了傅筑夫、张光直、杨宽等的"防御说"，还列举了俞伟超的"城乡差别说"以及一些学者所持的"集市说""地利说"等，② 均十分笼统。对其起始时间，有的学者约略地述及："中国城市是与西方城市平行发展起来的，已有五千多年历史。"③ 有的学者则将夏商时代的一些城址列为城市。④

也正因此，以致在 2011 年上海世博会之中国馆大厅中，即以醒目的方式，宣示湖南省澧县南岳村距今约 6000 年之新石器时代晚期的城头山古城址是中国最早的城市。显然是不严谨之举。对此我曾以《城头山并非中国最早的城市》为题撰成专文，投寄《中国社会科学报》，该报很快于 8 月 25 日第 5 版上刊登出来。《文摘报》也在 9 月 1 日第 6 版作了摘登。

基于此，笔者在该文中为论明城头山并非我国最早的城市，论述了"城头山古城址是否为我国最早的古城遗址还有待深入的考古发掘与研究论证""新石器时代古城并非城市"，之后还提出了"中国最早的城市是西周丰镐"的见解，并在之后另一论文《城市历史文化研究中几个理论性问题的刍荛之见》⑤ 中作了具体的论述。在指出了我国历史上"城"虽在新石器时代即已出现，然而据古人所论，当时我国先民筑城只不过是"所以自守也"，⑥ 所筑的城还只是防御性设施，并不具有城市之功能。当然我国历史上"市"也出现得很早。《世本·作篇》记有颛顼时"祝融作市"。唐人颜师古注释曰："古未有市，若朝聚井汲，便将货物于井

---

① 马正林编著：《中国城市历史地理》之《序》（陈桥驿撰），山东教育出版社 1998 年版，第 10—11 页。

② 详见熊月之、张生《中国城市史研究综述（1986—2006）》，《史林》2008 年第 1 期。

③ 熊月之：《中国城市史：枝繁叶茂的新兴学科》，《人民日报》2010 年 11 月 19 日。

④ 何一民：《中国城市史》，武汉大学出版社 2012 年版。

⑤ 《史学集刊》2011 年第 6 期。

⑥ 《墨子》卷一《七患》，载《二十二子》，上海古籍出版社 1986 年版，第 227 页。

边货卖，曰市井。"由此可知，那时的"市"只是以物易物的场所，而非稳定的商贸市场。揆诸史实，我国历史上"城"与"市"结合为一体，容纳多个阶层人群聚居，具有政治、军事、经济、文化等多种功能，处于一个地区核心地位的"城市"最早出现于西周。因为尽管西周前的商代，史籍文献，如《六韬》上有"殷君善治宫室，大者百里，中有九市"等记载；但此"市"是在宫中，显非通常所说的群众性商贸场所。同时在郑州商城与偃师尸乡沟商城的考古发掘中也只获得宫殿里有"市"与城内无市之实证结果。① 商代尚且如此，商代之前的夏代就更勿论了。至于西周，记载都城丰镐规制的《周礼·考工记》中已有"前朝后市"之明文记载。同时《周礼·司市》中还记有专门管理市场的机构，担负"平市""均市""止讼""去盗""除诈"等职能。而且"市"还有多种类型："大市日昃而市，百族为主；朝市朝时而市，商贾为主；夕市夕时而市，贩夫贩妇为主。"可见西周时"城"中之"市"已是其不可缺少的组成部分，且是社会各阶层人士进行商贸活动的集中场所，因而城市于是出现。而丰镐始建年，即文王徙都于丰之年，据夏商周断代工程专家组研究确定的武王克商在公元前1046年，结合《史记·周本纪》所载文王徙都于丰后次年崩，其子武王于继位12年后克商之史实推算，当在公元前1059年，距今已3071年。

基于以上之认识，笔者借鉴现代城市科学为现代城市所下之定义，结合我国古代曾存在一个先有古城址（又称城堡），继而出现一些古都邑（又称都城），再后才出现城市的漫长发展过程之史实，尝试为我国之"历史城市"确立一个既具学理性也切合实际的判定标准，为之作出如下的界定。即

我国之历史城市，是自西周王朝建立以来由军政衙署、商肆集市、官邸民宅、手工业作坊、坛庙庠塾五类功能性设施组合形成的拥有较多官民集居之大型地理实体。

上述定义没有给"历史城市"硬性加上必须是县级以上治所或分封时代王国以上都邑的条件，但却要求要有军政衙署，即要有行使管理统

---

① 参见朱士光主编《中国八大古都》之郑州、洛阳部分，人民出版社2007年版，第145—154、200—206页。

治职能的机构；对聚居之人口数量与聚落的规模没有作出定量规定，但有定性要求；对功能性设施没有强调必须要有城墙，但却指明了必须有军政衙署、商肆集市、官邸民宅、手工业作坊与坛庙庠塾五类设施，即不论城市级别高低与规模大小，必须"五脏俱全"。这样它们自然会具有政治、军事、经济、文化、教育等功能，成为一定区域范围内之政治、经济、文化中心，发挥出它们作为一座城市之作用。

三　关于中原地区开展早期城市
研究的几点思考

（1）中原地区是我国早期城市研究的重要区域。以嵩山及其周围区域为核心的中原地区，既是我国现代众多地域文化中的重要地区，也是我国史前文化格局中起着联系各文化区的核心作用的地区。正如严文明先生所指出的，这既在很大程度上是由其地理上的核心位置决定的，即因为它易于受到周围文化的激荡的影响，能够从各方面吸收有利于本身发展的先进因素，因而有条件最早进入文明社会发展阶段；当然，它也给予周围其他文化区多方面的影响，总体上看发挥了积极的引领作用。有论者曾论述道，中原文化区的核心地位是在长期发展中形成的，在新石器时代后期才逐渐凸显出来，并最终奠定了夏商周三代文明的基础。[①]就其中在古代文明萌生、发展过程中起着关键作用的古城址、古都邑与早期城市而言，中原地区数量多，密度大，类型全，文化内涵丰富，为研究我国历史上城市起源以及文明起源提供了丰富且甚具典型性的实物样本。

前面曾论及，西周丰镐堪称是我国历史上最早的城市。然而在丰镐这座最早的城市出现之前，由之前的"城"演变为城市也经历了一个漫长的过程。夏鼐先生就曾指出："城有两种：一是城堡，一是城市，……城堡本身并不便是城市。"[②] 俞伟超先生也指出："判断一个遗址是否为城

---

① 参见李伟、魏一平《中华文明探源工程十年：寻找中国之始》，《三联生活周刊》2012年第40期。

② 夏鼐：《谈谈探讨夏文化的几个问题》，《河南文博通讯》1978年第1期。

市，关键要看这个遗址的内涵是否达到城市的条件，也必须考虑到当时社会生产力发展水平是否具有出现城市的可能"。① 所以在城市出现之前，在新石器时代之氏族社会阶段，就曾出现一大批仅具防御功能的城堡或城址。后至夏商时期，又出现了一批都城。因中国古代的都城，古人曾论及"凡邑，有宗庙先君之主者曰都"②，所以其出现较城市要早。目前我国古都学界论定的最早古都是夏朝初年夏禹所建都城阳城，其遗址在今河南省郑州市下辖之登封市王城岗，其年代，据夏商周断代工程专家组所公布的研究结果，为公元前 2070 年。③ 而晚于它的在今偃师市境内的二里头遗址，也是学术界认定的夏代中晚期的都城。经多年考古发掘，揭示出宫殿、手工业作坊与祭祀性建筑，而无"市"之设施。④ 至于商代都城中虽有"市"，但并非民间商贸集市，前已述及，此不赘述。由此可见，在城市出现前与城堡同时存在或稍晚出现的还有一些都城（或称为"都邑"）。这些城址与都邑，在中原地区，特别是嵩山邻近区域均有分布，且较集中。至于西周与春秋时期，晚于丰镐而兴起的早期城市，在嵩山邻近地区也有多座。因此，这一区域先后成为大型国家级文化工程中之夏商周断代工程与中华文明探源工程的重点工作区域。由此亦知，它亦当是探讨我国历史上城市起源与发展的重要区域。

（2）突出重点，对嵩山及其邻近区域内之城堡（城址）、早期都邑与早期城市三个层次上的众多研究对象，择其重要的集中力量攻关，以取得突破性进展。

对城堡一级，可重点开展对新密市古城寨、新砦遗址的进一步发掘与研究。特别是对古城寨遗址，还可联系灵宝市西坡遗址、高陵县杨官寨遗址进行综合对比性研究。《中国社会科学报》2012 年 8 月 13 日发表了陕西省社科院胡义成研究员撰写的《西安是"黄帝故都"吗？——对三处考古学"黄帝故址"的比较》一文后，更增添了对古城寨遗址以及

---

① 俞伟超：《中国古代都城规划的发展阶段性》，《文物》1985 年第 2 期。

② 《左传》庄公二十八年，载《十三经注疏》（附校勘记）下册，中华书局 1980 年版，第 1782 页。

③ 夏商周断代工程专家组：《夏商周断代工程，1996—2000 年阶段成果报告》（简本），世界图书出版公司 2000 年版，第 82 页。

④ 朱士光主编：《中国八大古都》，第 196 页。

与之相关问题重点开展研究的必要性与紧迫性。

对都邑一级，可重点对夏都阳城、二里头遗址与郑州商都进一步进行发掘、研究，以丰富实物证据，深入揭示它们作为不同历史时期王国都城的特点、功能、规划布局理念及演变历程。

对早期城市一级，当对东周雒邑、春秋战国时期之郑韩故城以及战国时期魏都大梁等进行更为深入的研究，以便通过对上述既是春秋战国时期重要都城又是早期城市中的著名典型的几座中原名城进行更精细的剖析，对我国早期城市之历史作用与演变历程获得更深切的认识。

（3）在对嵩山及其邻近地区古城堡、古都邑与早期城市进行更深入细致研究基础上，当建立我国历史上古城堡——古都邑——早期城市演变发展的标准序列，以便为我国各地乃至世界各地开展相关研究树立典型样本，推进我国与世界文明起源与发展之研究。

2012 年 11 月 27 日初稿

2012 年 12 月 12 日改定

（原文刊载于郑州古都学会、郑州嵩山文明研究院主办《古都郑州》2012 年第 4 期）

关于古都武汉城市历史研究中几个
重要问题的初步论述

一 问题缘起

华中重镇武汉，城市规模宏大，气势雄伟；同时历史悠久，文化渊深。既是 1986 年经国务院批准公布的我国第二批 38 座历史文化名城之一，也是我国一座重要的古都。

2012 年 3 月 24 日，在由武汉市人民政府主办，武汉市国土资源和规划局组织召开的"武汉城市历史全国专家研讨会"上，我在发言中曾对武汉市之微观地理条件概括为：

> 滨江傍湖，丘岗起伏；
> 湖泊星列，湿地广布。

同时又对武汉市之宏观地理形势与城市特点概括为：

> 两江汇合处，三镇鼎足立。
> 气势天下雄，格局世上稀。

然而就是这么一座地理区位重要，地理环境又十分优越的城市，迄今对其城市发展史上几个重要的问题仍未探究清楚，甚至还存在分歧；很值得当今城市史、历史城市地理与古都学者进行深入研究。这些问题主要有：

（1）盘龙城究竟只是商代前期商王朝南征的军事据点、掠夺南方矿产资源的中转站、一般性的政治中心，还是商代统治其南土的都邑？

（2）今武汉市主城区最早建成的东汉末之却月城究竟是位于龟山上，还是在当时即从龟山北麓流注长江的汉水北岸？却月城与之后建成的鲁山城、夏口城究竟只是军事性城堡，还是兼具军事与行政、经济功能的城邑？

（3）今武汉市主城区的汉水之河口段，究竟是明代中期才由龟山南改为在龟山北注入长江，还是自古即基本上自龟山北注入长江？

（4）对武汉市作为我国一座重要的古都应如何认识？

本文拟对上述四个关系到武汉市城市发展与城市性质及特征形成的重大问题，就管见所及试作初步分析；意在唤起学界进一步加以关注，共同努力，推进对相关问题作深入研究。

二 关于盘龙城定性问题

盘龙城遗址，是 1954 年发现的，[①] 其发现时间略晚于 1953 年被发现的郑州商城[②]。之后经过 20 世纪 60 年代小范围试掘[③]与 70 年代由湖北省文物考古工作者和北京大学考古专业师生组成盘龙城考古发掘队进行大规模发掘，[④] 使这一重要遗址的面貌与文化内涵被基本揭示了出来。

盘龙城遗址位于武汉市下辖之黄陂区滠店街道叶店村，南邻府河，东与东北濒临盘龙湖，西北与西方连接丘岗地带；地势险要，水陆交通方便。遗址年代分为七期，一期至三期相当于夏代之二里头时期，四期至七期相当于商代前期的二里岗时期。城垣始建于四期偏晚阶段，即商前期，与郑州商都始建年代相当，或略偏晚，距今约 3500 年。其城址面积虽不及郑州商都大，南北长约 290 米，东西宽约 260 米，大体呈方形，面积 75400 平方米；但却有内外城垣与城门、壕沟（护城河）以及大型

---

① 蓝蔚：《湖北黄陂县盘土城发现古城遗址及石器等》，《文物考古资料》1955 年第 4 期（按"盘土城"即盘龙城）。

② 河南省文物考古研究所：《郑州商城》，文物出版社 2001 年版。

③ 湖北省博物馆：《一九六三年湖北黄陂盘龙城商代遗址的发掘》，《文物》1976 年第 1 期。

④ 盘龙城发掘队：《盘龙城一九七四年度田野考古纪要》，《文物》1976 年第 2 期。

宫殿、房基、祭祀坑、窖穴、窑址；城外有大型墓葬与铸铜作坊及平民住房等。出土器物有石器、陶器、玉器、青铜器等。青铜器有礼器、兵器与工具，据湖北省博物馆1976年的统计即已达159件。城内东北部发现有三座前后并列且坐北朝南的大型宫殿基址。其一号宫殿基址，经发掘后复原，为一面阔40米，进深12米，外有回廊，内分四室的“重檐四阿”“茅茨土阶”的高台寝殿建筑。其前则为一座大厅式的“前朝”大殿建筑。两者结合已具周代文献所记王室宫殿之“前朝后寝”结构之雏形。城外李家咀2号墓，墓底长37.7米，宽3.4米，使用了雕花木椁，随葬有青铜器、玉器、陶器等，并有3名殉葬奴隶。随葬青铜礼器中有四鼎一簋一觚三斝；其中一件大鼎，高达55厘米，仅次于郑州商都出土的大型方鼎。墓葬的规模之大，随葬品数量之多与规格之高，不仅在盘龙城地区是独一无二的，就是在整个商代二里岗文化中也是少见的。①

然而对盘龙城遗址这么一座目前在长江流域经考古发掘证实了的唯一一座保存较为完整的商代早期城址，虽被武汉地区的学者认定为武汉“城邑文明之始”②“城市之根”③，但其究竟是一座什么性质的城市迄今在学术界尚未取得共识。虽然早在1976年就有学者认为盘龙城是商王朝在南土的一个都邑④，但随后就又有学者认为盘龙城只不过是商人南下的一个军事据点。⑤ 至20世纪90年代初，以皮明庥、欧阳植梁为首的一批治武汉城市史的学者，在集体撰写的《武汉史稿》中曾据盘龙城发掘所得之遗迹、遗物，参照相关史料与一些学者研究成果，力驳“据点”说，力主“方国都邑”说；且认为是由商王朝对王室子弟或宗室大臣分封而立的方国，并据甲骨文所载史实，论定是具有侯伯爵位的雀方国⑥。这一论断本是颇具论据的，惜未突

① 本段内容系引自湖北省文物考古研究所编著之《盘龙城，一九六三年——一九九四年考古发掘报告》（文物出版社2001年版）相关章节；同时参考皮明庥、欧阳植梁主编之《武汉史稿》（中国文史出版社1992年版）与宋镇豪主编、孙亚冰与林欢著《商代地理与方国》（中国社会科学出版社2010年版）相关内容撰成。

② 皮明庥、欧阳植梁主编：《武汉史稿》，第26页。

③ 涂文学、刘庆平主编：《图说武汉城市史》，武汉出版社2010年版，第52页。

④ 江鸿（李学勤）：《盘龙城与商朝的南土》，《文物》1976年第2期。

⑤ 宋焕文：《从盘龙城的考古发现试谈商楚关系》，《江汉考古》1983年第2期。

⑥ 参见皮明庥、欧阳植梁主编《武汉史稿》，第29—35页。

出地强调。之后，到 2001 年，湖北省文物考古研究所在编著出版的《盘龙城，一九六三年——九九四年考古发掘报告》专著中，在论明了盘龙城是一座具有宫城性质的商代早期修筑的城址[①]后，对其在商代南方的地位与作用则明确地指明了下列三点[②]：

（1）商王朝南征的军事据点；

（2）商王朝掠夺南方矿产资源的中转站；

（3）商王朝统治南方的政治中心。

这显然是根据长期多次考古发掘所得材料进行综合深入研究得出的更为全面与权威的结论，值得从事盘龙城相关研究的学者重视与采信。然而，由于之后在这一问题上缺乏持续而更趋深入的研究与宣示，致使孙亚冰与林欢在"中国社会科学院文库·历史考古研究系列"之《商代史》卷十《商代地理与方国》一书中，在考订商代南方方国，征引考古发掘资料，述明盘龙城有城垣，城外有城壕，城内有大型宫殿基址、深窖穴、祭祀坑，墓葬中有木椁墓与殉人、殉狗现象，出土有青铜器、陶器等实况后，竟仅沿用之前一位学者观点[③]，仍只认为盘龙城是商代前期中原王朝掠夺南方矿产资源的中转站，[④] 对其具有方国都邑性质这一特点未著一字。读后对他们何以竟作出这一结论，有何具体思考，实难想象与理解。更为引人关注的是，迄止 2012 年 3 月武汉市国土资源和规划局在拟制的《武汉城市历史大纲——武汉规划展示馆历史展区展陈方案》中，在述及盘龙城时，虽据之肯定武汉市已有 3500 年历史，并称其为"武汉之根"，这当然都是有根有据的；在论述该城之作用与性质时，在强调了"盘龙城城墙外陡内缓、易守难攻，军事目的较为明显"后，继而写道："起初是商王朝南征的据点和控制今鄂东、赣北青铜战略资源的中转站，后来逐渐发展成为商王朝在南方的军事、政治中心。"这与前述湖北省文物考古研究所 2001 年编著出版之《盘龙城，一九六三年——九九四年考古发掘报告》一书基本观点是一致的，论断较为充分，但还犹

---

① 参见湖北省文物考古研究所编著：《盘龙城，一九六三年——九九四年考古发掘报告》，第 441—449、498—499 页。

② 同上书，第 502—504 页。

③ 万全文：《商周王朝南进掠铜论》，《江汉考古》1992 年第 3 期。

④ 参见孙亚冰、林欢《商代史》卷十，第 438—441 页。

有不足。依笔者之见，盘龙城本就是作为一处都邑建成的。这从该城内东北部高台上有三处大型宫殿基址，这些宫殿与城垣均同期始建于盘龙城四期偏晚时可加以证实。这表明盘龙城作为一座具有政治中心作用的商代早期城址，它所具之都邑性质是伴其始终的，并非后来逐渐发展形成的；而其作为商王朝南征的据点和掠夺南方青铜战略资源中转站，只是它作为商朝南土都邑所具体承担的两项重要任务。虽然李学勤先生早在20世纪70年代在他所著的《盘龙城与商朝的南土》一文中就论定盘龙城"是商朝南土的一处重要都邑"，此论点后又为皮明庥先生等引申为是由商王朝分封的王室子弟或宗室大臣所建方国之都邑，并推论该方国名"雀"；惜之后因后续工作不足，上述观点未被学界与政府有关部门充分采纳，更未广泛传播。据此笔者进一步认为，在盘龙城未获得更具实证性史料（甲骨文、铭文等）证实为商王朝分封的雀方国（或另一某方国）之都邑前，亦可先行论定其为商代南土之都邑，可概称为"商朝南都"。其理由主要是：

其一，盘龙城是经考古发掘业已证实了的，与郑州商都几乎先后同时建成，自建筑之始就具有都邑性质的城址。这从它城内三座大型宫殿基址，"遗址的面貌又同河南郑州等地同时期遗迹十分相似"（李学勤先生语）可予证明。

其二，盘龙城还是通过广泛的考古发掘证明了的，在今湖北、湖南、江西等广大的商代南土上发现的众多商代遗址、遗迹中，唯一一座商代前期具有都邑性质的城址。而且这些商代南土上的遗址、遗迹之文化内涵存在许多与盘龙城文化特征相似或相近之处，证明盘龙城文化对这些商代遗存均产生过一定的影响，发挥过实际的控驭统治作用。

基于上述见解，笔者认为盘龙城堪称"商朝南都"，与郑州商都南北呼应，共同创造了商朝前期之辉煌。对盘龙城之定性，用"商朝南都，武汉之根"，替代原用之"商朝南土，武汉之根"，并不仅仅是为了提升武汉在其历史初期，即商代之地位，而是为了还原其在商代初期之本来面目，推动商代历史以及武汉城市史之研究。

三 关于却月城定位,兼及却月城、
鲁山城与夏口城定性问题

却月城是在今武汉市主城区最早建筑的城邑,其建城年代当在东汉末[①]。其位置,虽然北魏时郦道元曾在其名著《水经注》卷三十五《江水》中记载道:"江水又东经鲁山南,古翼际山也。……山左即沔水口矣。沔左有却月城,亦曰偃月垒。"但因近代有学者认为明成化(1465—1487)前,汉水在今之龟山(即《水经注》卷三十五《江水》所记鲁山)南注入长江,将却月城位置定在龟山上。[②] 以致皮明庥、欧阳植梁主编之《武汉史稿》也依上说,论其位置是"南倚龟山,北面汉水,紧扼汉水入江的交通要道"[③]。因这一论点与汉水入长江河口段走向之古今变化有关,促使复旦大学历史地理研究所张修桂教授在论定汉水注入长江河口段之河道古今虽有变化,但其主河道基本是在今汉阳龟山北麓注入长江(关于汉水河口段流向变化问题,本文第四部分将作进一步论述)。据此他通过对前引《水经·江水注》中所记"山左即沔水口""沔左有却月城"之释读,认为却月城位置不在今龟山北麓、汉水南岸,而是在古今均循龟山北麓流入长江的汉水北岸。[④] 然而此论点迄今似尚未为治武汉城市史的学者充分接受,如《图说武汉城市史》一书,仍坚持认为却月城"位于龟山西北隅"[⑤]。而最新推出的武汉规划展示馆城市历史展陈方案中,有的版本述明了却月城"位于汉江左岸,大致在今汉口一带";但有的版本却语焉不详,只笼统地说却月城"在武汉主城区内"。笔者通过研读郦道元《水经注》中相关记载与张修桂教授对历史时期汉水注入

---

① 此据清末民初湖北籍著名学者杨守敬(1839—1915)对《水经》中之江夏沙羡县所作的按语。《按语》指明:建安中黄祖移置之沙羡在却月城(详见《水经注疏》卷三十五《江水三》,江苏古籍出版社1989年版,第2892页)。表明却月城系在东汉末献帝建安(196—220)时即已建成。

② 潘新藻:《武汉市建制沿革》,湖北人民出版社1956年版。

③ 皮明庥、欧阳植梁主编:《武汉史稿》,第99页。

④ 详见张修桂《中国历史地貌与古地图研究》,社会科学文献出版社2006年版,第116—117页。

⑤ 《图说武汉城市史》,第73页。

长江之河口段河道变迁的研究结论，也认为却月城位置不当在龟山北麓，而应在当时汉水入长江处之北岸，与当时之鲁山，即今之龟山隔汉水相望。

却月城于东汉末建成，当时正值群雄并起战乱频繁之际。献帝兴平元年（194）孙策据有江东。① 建安五年（200），孙策死，其弟孙权"袭其余业"。② 孙氏占有江东后即不断沿长江西进，与荆州牧刘表争夺长江中游这一战略要地。史载还在孙策死前一年，即建安四年（199），孙氏兄弟即开始进讨刘表属下大将黄祖于沙羡。③ 此沙羡即却月城。刘表为抗御孙氏西上之兵锋，遣黄祖驻守却月城，并移原治却月城上游不远处今武汉市江夏区金口之沙羡县于却月城。这即是《水经注》卷三十五《江水》中所记之"沔左有却月城，亦曰偃月垒，戴监军筑，故曲陵县也，后乃沙羡县治也"。应指出的是，郦道元此处所记却月城"乃沙羡县治"是正确的。因沙羡县西汉时所置④，治所如前所述，在今武汉市郊之江夏区西北长江边。荆州牧刘表为加强对却月城的防卫，提升其地位，将沙羡县治由金口前移至却月城无疑是必要的。而曲陵县乃西晋时置⑤，不可能在东汉末移治却月城。之后，孙权连续发兵攻黄祖，建安八年（203）"西伐黄祖，破其舟军，惟城未克"；⑥ 建安十二年（207），"西征黄祖，虏其人民而还"⑦；建安十三年（208），"复征黄祖，祖先遣舟兵拒军，都尉吕蒙破其前锋，而凌统、董袭等尽锐攻之，遂屠其城。祖挺身亡走，骑士冯则追枭其首，虏其男女数万口。"⑧ 由上述史籍所载，可见却月城，即东汉末之沙羡县治于建安十三年遭屠城被毁。从史载孙权军队曾虏获大批人民而看，城内外除驻有大批军队外，还有数万平民，显然不仅是座军事城堡，确为一县级治所，兼具行政、经济功能。

---

① 《后汉书》卷九《孝献帝纪第九》。
② 同上。
③ 《三国志》卷四十七《吴主传第二》。
④ 《汉书》卷二十八上《地理志第八上》。
⑤ 《汉书·地理志》江夏郡与《后汉书·郡国志》江夏郡中均无曲陵县，《晋书·地理志》江夏郡中始见曲陵县。
⑥ 《三国志》卷四十七《吴主传第二》。
⑦ 同上。
⑧ 同上。

在孙权派军队攻毁却月城即沙羡县城后，为巩固其对今武汉主城区江、汉交汇处这一战略要地的控制，又先后有孙吴江夏太守陆涣在鲁山建有治所鲁山城及黄初四年，即孙吴黄武二年（223 年）在黄鹄山，即今武昌蛇山上所筑之夏口城。① 郦道元于此注曰：夏口城"依山傍江，开势明远，凭墉籍阻，高观枕流，上则游目流川，下则激浪崎岖，寔舟人之所艰也。对岸则入沔津，故城以夏口为名"。

针对北魏著名学者郦道元在《水经注》中注有孙吴江夏太守陆涣建鲁山城后，重徙江夏郡治于该城事，清末民初湖北籍著名学者杨守敬曾在他与弟子熊会贞所著《水经注疏》中疏道："《汉志》，江夏郡，高帝置。《通典》，汉江夏郡故城在云梦县东南"。"考云梦本汉安陆县地"，"后汉江夏郡治西陵。建安中，黄祖治沙羡，吴治鲁山城，又治武昌"。② 据杨守敬所疏，却月城不仅是沙羡县治，还是江夏郡治；而鲁山城与夏口城亦为在沙羡城被毁后，相继成为江夏郡治所。此一史实，本也为许多治武汉城市史的学者所深知。然而在对这三座于东汉末与三国初先后在今武汉市主城区之汉口、汉阳、武昌三地建成的城邑之定性上，大多只将它们论定为是仅具军事功能的军港或城堡。认为它们"充其量只能算做是城堡"，"夏口城是一座标准的军事城堡"③，它们的"功能主要是用来驻军防守"。④ 揆诸历史，在东汉末与三国时期，在天下兵锋四起，屠城掠地不绝于缕的形势下，当时各级治所城邑事实上都必须加强军事攻防功能，而上述三座城邑因其地理区位重要，山川形势险峻，在战争功防上占有优势，军事功能十分突出，自应对之作出充分的评价。然而，这三座城邑又是在今武汉市城区最早建立的县、郡治所，这也是不争的史实。所以对这三座城邑的定性应更为全面地进行考量。笔者认为，基于却月城、鲁山城与夏口城除具突出的军事功能外，还具有一定的行政与经济功能这一实际情况，通观整个武汉市发展历史，东汉末年应是武汉主城

---

① 郦道元《水经注》卷三十五《江水》。
② 《水经注疏》卷三十五《江水三》，江苏古籍出版社 1989 年版，第 2895—2896 页。
③ 《图说武汉城市史》，第 74、76 页。
④ 《武汉城市历史大纲——武汉规划展示馆历史展区展陈方案》之"1·4 战略要地，汉晋城堡"。

区设治之始，也是城市兴起之始。

四　关于历史时期今武汉市区内汉水注入长江之河口段河道流向变迁问题

本文第二部分在论及东汉末在今武汉市主城区内出现的首座城邑——却月城的位置时，曾引述了一些学者的观点说明判定却月城位置与当时汉水注入长江之河口段河道流向有直接关系。而造成对却月城位置认识有歧见的主要原因也就在对当时汉水河口段河道流向有不同的认识。实际上对汉水河口段河道流向变迁问题的不同见解，还与确定今武汉三镇格局形成时期有直接关系。由此可见这一问题对武汉城市发展影响之大以及在武汉城市史研究上之重要性。

当前关于历史时期今武汉市区内汉水注入长江之河口段河道流向变迁问题，主要存在三种见解。现分述如下：

其一为"成化改道说"。此说发端于《明史·地理志》。

《明史》卷四十四《地理志五》汉阳府下有释文道："大别山在城东北，一名翼际山，又名鲁山。汉水自汉川县流入，旧经山南襄河口入江。成化初，于县西郭师口之上决，而东从山北注于大江，即今之汉口也，有汉口巡检司"。

上说经清康熙时人张裔潢倡扬又复有近代学者潘新藻力主，[①] 一时间影响甚广。

其二为"多口归一说"。此即为皮明庥、欧阳植梁与涂文学、刘庆平等学者在他们分别主编的《武汉史稿》和《图说武汉城市史》等著作中揭示的观点。其要点是："在明朝成化年间以前，在汉水下游众多的入江口中并不存在一个很稳定的水流量大的入江口。换句话说，汉水靠近入江口的一段不存在长期稳定的主河道。明成化年间汉水水文形势发生的变迁，与其说是改道，毋宁说是汉水下游主河道及其

---

① 详见皮明庥、欧阳植梁主编《武汉史稿》，中国文史出版社 1992 年版，第 222—227 页。

入江口的稳定形成。"① 此说也都认为汉水下游入江河道，在明成化年间发生过一次重大的变迁。但此说不同于前说的是，这一变迁不是由鲁山南入江改为循鲁山北入江，而是由众多入江口入江改为由鲁山北之一个入江口入江；即明成化年间后汉水入江口才稳定下来，只从今龟山北之河道入江。

其三为"主泓龟北说"。此说前文已述及系由复旦大学历史地理研究所张修桂教授在实地考察的基础上，通过对历史文献的综合分析，较全面掌握汉水河口段历史演变过程后提出。其要点是：

——近两千年来，汉水基本稳定在龟山北麓流注长江，汉阳与汉口两地夹汉水对峙的地理形势，由来已久。

——汉水下游河段在掀斜构造运动支配下，主泓道逐渐南移；尤其是河口段，已从先秦《禹贡》时代的府河——滠口一线至汉晋隋唐时南移至今之汉水河口段一带，但均在龟山以北区域。

——由于汉水河口段曲流发育的结果，汉水一度在南宋时分出一支由龟山之南注入长江，龟山南、北两支并流；至元代前期，甚至完全从龟山之南流入长江。但自元代后期起，河势又发生变化；至明代中叶，其下游又回归龟山以北，形成目前汉水河口段之河道流路。②

对上述三说，笔者认为"成化改道说"持论过于简单，分析过于表面，所得结论中关于明成化前汉水均自龟山南入江部分有违史实。"多口归一说"缺乏实地考察，所论明成化前汉水为多口入江，缺乏一个稳定的主河道之说难以成立。"主泓龟北说"，结合河流地貌学原理与相关史籍文献记载内容的综合分析，所得结论基本符合史实，能够令人信服。

当然迄今对这一问题的研究总的看来仍不够充分，还需进一步再做工作。笔者期待，湖北省与武汉市相关领导部门以及高校、科研院所专业人员，能就这一问题组织开展多学科综合考察研究。如能确证府

---

① 引自《武汉史稿》第 225 页。又，《图说武汉城市史》书中也有类似论述，如说明成化前，"汉水下游有众多的入江口"。大约在明成化年间，"汉水下游的水文形势发生了一次重大的改变，其他入江口逐渐淤塞，形成了一个稳定的主河道入江口"，"形成今天我们看到的景观"。上引均见该书第 124 页。

② 详见张修桂《中国历史地貌与古地图研究》第四节"汉水河口段河床历史演变及其对长江汉口段的影响"，第 111—130 页。

河——涐口一线确为先秦时汉水下游河道，不仅对厘清历史早期之汉水下游河道是一重大贡献，而且对研究武汉地区之商朝南都盘龙城之历史地位与作用也将有重要突破。如还能通过这项多学科综合性研究，结合汉水上游陕西境内已获批准的引汉济渭工程与湖北境内业已兴建的丹江口南水北调工程引水后导致的汉水下游年径流量与洪峰流量、枯水流量的变化，将汉水下游入江河道变迁与武汉地区相关湖沼湿地之演变以及它们之间相互影响、制约的关系进一步探明，则将对武汉地区今后水资源、水环境之科学保护与利用，对将武汉市建成生态环境妩媚多姿优美宜居的江湖之城，发挥出积极的必不可少的作用。

五　关于进一步彰显武汉市之古都地位问题

本文第一部分曾论明，武汉北部的盘龙城当为商王朝控驭其南土的都城。对此，因其遗址与出土文物之特征及内涵和郑州商代早期都城类似，学术界大多持类似或相同的观点。至于其城址规模较郑州商都小许多，我国已故著名商周考古学家邹衡先生曾形象地将之比喻为一只研究我国早期国家形态的"麻雀"。也就是说，盘龙城尽管城址规模不大，但其基本布局与郑州商代都城相仿，其保存状况比郑州商都更完整，是研究商代早期都城形态更为理想的标本。[①] 基于此，笔者将盘龙城概括性地称为"商朝南都"，是有坚实的学术依据的，是得到学术界广泛认同的。因为将来通过进一步深入研究，最后结果不论是将之定为是当时商代南土某一方国都邑，或是由商王朝派出的其王室成员在其南土建立的统治中心，都堪称"商朝南都"。既如此，武汉之古都地位将大为提升，在湖北省当位列江陵（今荆州区，郢）、宜昌（夷陵）、浠水（蕲水）、宜城（黎丘）、黄冈（邾）、公安（公安）、云梦（江夏）等古都之前。[②]

---

① 据《图说武汉城市史》第 52 页中相关内容转述。
② 所列湖北省另七座古都详情，请参阅史念海《中国古都概说》，载史念海论文集《中国古都和文化》，中华书局 1998 年版，第 169—171 页。实际上据该文湖北省境内之古都还当补上鄂州（武昌）、襄阳、竹山。

事实上我国古都学创建人之一的史念海先生在《中国古都概说》一文中将武汉市列入我国众多古都的名录时，也未提及盘龙城曾为商朝南都，仅引述了下列史料：

元明之际汉帝陈友谅于至正二十一年（汉帝大义二年，1361）八月到至正二十四年（汉帝德寿二年，1364）于武昌路江夏县（即今武汉市武昌区）建都，名武昌，① 共三年。

然而同样据《明史》卷一百二十三《徐寿辉传》，元末早于陈友谅起义的徐寿辉曾于元至正十一年（1351）建天完国，建元"治平"，建都蕲水（今湖北浠水县）。后约在至正十三年（治平三年，1353）曾迁都汉阳，约在至正十九年（治平九年，1359），离汉阳；在汉阳建都六年。

此外，据《明史》卷三百九，明末张献忠于崇祯十六年（1643）夏攻占武昌后，改武昌府为"天授府"，并改江夏县为"上江县"，铸西王之宝，设尚书、都督、巡抚等官职，还开科取士，实则在武昌建都。只是为时不长，在明军反攻下，当年即退出武昌，仅历数月。

迄至近现代，清末宣统三年（1911）武昌首义成功，带动全国各地军民奋起推翻了腐朽的满清王朝。在起义过程中，武汉一度成为全国反清斗争的中心；后因斗争形势使然，未能成为新建的中华民国首都。然而在 1926 年国民革命军推翻北洋政府的北伐战争中，自 1926 年 11 月 26 日国民党中央政治委员会作出迁都武汉的决定，至 1927 年 9 月 20 日国民政府发表《南京政府宣言》，武汉国民政府宣告结束，武汉又曾为都近一年。②

综上所述，武汉市，自距今 3500 年前商王朝在盘龙城建立统治其南土的都邑起，迄至现代，先后曾五次为都。尽管盘龙城并非商王朝前期的主都，后四次为都皆历时短暂，但均为历史上确曾出现过的史实，武汉市作为我国一座重要古都也是名副其实的。因而在论及武汉之城市史时，对其古都地位应进一步加以彰显，对前述多次建都史实与古都文化应加强研究。这不仅能充实丰富武汉城市史与城市文化研究内容，还能

---

① 参见《中国古都和文化》，第 97 页。又见《明史》卷一百二十三《陈友谅传》、（明）《国初群雄事略》卷四《汉陈友谅》。

② 详见皮明庥、欧阳植梁主编《武汉史稿》，第 492—495、537 页。

对中国古都与中国古都学研究作出贡献。

（原文刊载于《江汉论坛》2013 年第 1 期。后又为中国人民大学主办之复印报刊资料《地理》2013 年第 3 期全文转摘。还曾收入靳润成主编，宫宝利、毛曦副主编之《走向世界的中国历史地理学——2012 年中国历史地理国际学术研讨会论文集》，中国社会科学出版社 2014 年版）

八　中国古都学

中国古都学的形成历程与
当前研究中之新探索

一　中国古都学的形成历程

中国国土辽阔且自然环境复杂多样，历史悠久又绵延传承未曾中断，各族人民勤劳勇敢又富于开拓创新精神。在漫长的历史岁月里，由于各民族与各统治集团间势力的兴衰消长，政治与军事斗争高潮迭起，因而导致了中央王朝的时相更易及边疆地区各民族政权的不断分合。于是在中华大地上先后出现了一大批都城，包括中央王朝的首都、分裂时期各王国与边疆少数民族政权的都城以及陪都等，总数当在 220 座以上[①]。

由于我国古都蕴含着极其丰富的历史文化内涵，所以为历史学家所重视，在历史上不断被追溯记载，故可称为是一门传统的学术课题。自两汉时成书的《史记》《汉书》《周礼·考工记》及《管子》起，两千多年来，记述前代及当代都城的史官、学者历代都有，著述甚丰。内中最著名的有西晋陆机撰《洛阳记》、北魏杨衒之撰《洛阳伽蓝记》、六朝时（另一说为中唐以后）人撰写的《三辅黄图》、唐代韦述著《两京新记》、宋孟元老撰写的《东京梦华录》、明末清初顾炎武撰写的《历代宅京记》及清代徐松撰、张穆校补的《唐两京城坊考》、周城撰写的《宋东京考》、于敏中等编纂的《日下旧闻考》等。此外，北魏郦道元撰著的《水经注》以及历代正史中的地理志、全国总志、地方志、游记等史籍论著中也有大量的有关古代都城的资料。20 世纪初以来，虽有不少学者从新的学术角度撰写了一些有关古都的研究论著，然而直到 40 年代末始终未能形成

---

① 　参见拙文《古都文化与现代城市文明》，《江汉论坛》2004 年第 8 期。

一门能与中国的史学、舆地学、方志学等相提并论的中国古都学。现代科学意义上的中国古都学，50 年代初，即中华人民共和国成立时始肇其端；然而其趋于成熟并正式形成却在 80 年代中。这既是历史地理学与考古学等相关学科发展和这一学科领域各相关方面研究的深入及其学识的积累所使然，也是改革开放后中国经济建设与文化建设蓬勃发展推动的结果。同时也是 1983 年中国古都学会成立以后直接促成的。

　　中国古都学会是由我国历史地理学界的前辈专家史念海教授等发起，于 1983 年 9 月 19 日在著名古都西安正式成立的。自那时以来，已每年一次，又先后在南京、洛阳、杭州、开封、安阳、江陵、北京、银川、大同、偃师、曲阜、新郑、莒县、徐州、赤峰、成都、太原、郑州、广州、邯郸、临淄等古都所在城市举行了 25 次全国性学术研讨会，还在鹤壁、新密、靖边、南京、新郑、长子、北京等地举行过专题性学术研讨会。且在每次全国性学术研讨会后正式出版《中国古都研究》论文集，迄今已出版 22 辑，刊登学术性论文达 677 篇；此外，还编辑出版了《中国七大古都》（陈桥驿主编，中国青年出版社 1991 年版）与《中国八大古都》（朱士光主编，人民出版社 2007 年版）等学术著作。中国古都学会通过开展一系列的学术研讨活动，已联络团结了一大批国内从各个专业领域研究古都的专家、学者，这些专业包括历史、地理、历史地理、考古、城市规划、古建筑、经济、文学艺术等，已形成一支以中国古都学会为主干的从事古都学研究的中坚力量。正是由于有了这样一支研究队伍，才推动了中国古都学这一新兴学科得以应运而生，并不断取得发展。

二　中国古都学会成立以来中国古都学研究进展概况

　　对于中国古都，20 世纪以来原本就有多个相关学科进行研究，并都取得了一批有价值的成果。如历史学家往往联系历史之演进或某些王朝与政权之兴衰，对所论都城之历史沿革、规划营建、都城管理、政治制度、经济发展、军事保障、文化娱乐、苑囿园林、重要人物与事件等予以陈述。丁海斌、时义著《清代陪都盛京研究》① 与徐吉军著《南宋都城临安》②，就是这方面推出的新著。考古学家则通过田野发掘，对古都之城郭墙垣、宫殿苑囿、礼制建筑、宫署官邸、街道里坊、手工业作坊等进行复原考证。杜金鹏著《偃师商城初探》③ 与李肖著《交河故城的形制布局》④，即为适例。城市规划学家与建筑学家，常对中国古都规划思想与城内外布局以及各类建筑物（诸如城墙、城门、宫殿阙楼、祭祀设施、寺观庙宇、官邸民宅等）之外形特征与建筑技术进行精细研究。贺业钜著《中国古代城市规划史》⑤ 与李允鉌著《华夏意匠》⑥ 以及汤道烈、任云英著《中国建筑艺术全集·古代城镇》⑦ 即为代表。这些研究都是古都学研究中重要的必不可少的内容。但自20世纪80年代初中国古都学会成立后，在一批历史地理学者的主导下，中国古都学研究出现了新的格局与发展趋向。其基本发展概况与特点主要有如下几点：

——中国古都学借助历史学、考古学、历史地理学、地理科学、城市科学以及地域文化研究的成果与理论、方法，已建构起本身之学科体系。不仅从以往只着重研究西安、洛阳、北京、开封、南京、杭州等几座著名古都扩大到对我国国土上众多古都普遍开展研究，例如，对西藏古格王朝都城、新疆楼兰等都城、吉林高句丽王国都城集安、福建闽都等均已作出颇具学术力度的研究。同时由于已从以往学者们对古都仅作记载与描述进入运用相关学科之理论、方法开展综合性研究，因而不仅大力加大了研究深度，而且也大为丰富了中国古都学之理论思想。

——由于中国古都学研究的深入发展，已使其研究成果成为中华传统文化的重要组成部分，也成为中国历史学、考古学、历史地理学、地理科学、城市科学与地域文化研究中不可或缺的部分，因而也对上述学科的开拓发展产生了一定的积极作用。

---

① 中国社会科学出版社 2008 年版。
② 杭州出版社 2008 年版。
③ 中国社会科学出版社 2003 年版。
④ 文物出版社 2003 年版。
⑤ 中国建筑工业出版社 1996 年初版，2003 年再版。
⑥ 天津大学出版社 2005 年版。
⑦ 中国建筑工业出版社 2003 年版。

——中国古都学会及其团体会员，即一批古都所在城市之古都学术团体，还在大力开展古都学术研究的基础上，积极发挥"学以致用"的精神，主动结合一些古都所在城市之城市规划建设、大遗址保护、古都旅游及古都文化建设工作进行研究，对推动地方经济与文化建设，对解决当前我国城市建设中"千城一面"之弊病，彰显古都城市风貌与特色，也发挥了实际功效。

总而言之，中国古都学研究所取得的上述发展与成绩，虽是历史地理学理论与方法主导的结果，但仍是由历史学、考古学、地理科学、城市科学、地域文化等相关学科发展所促成的，也是当前经济建设与文化建设推动所使然。

三　近年来中国古都学研究中的新探索

在近年来开展的古都学研究中，由于接受了与之关系密切的历史地理学重要分支学科——历史城市地理学理论发展的影响，也如同历史城市地理研究一样，逐步形成在研究工作中，在重视地理环境特点及其变迁对历史时期都邑的兴起与发展之影响的同时，也重视中华文化及其传承、嬗变之影响的理论观点，即"环境—文化"理论观点。因而进一步促使我国一批古都学者在上述新的理论观点指导下在古都研究领域进行新的探索。

论及近年来在中国古都学与历史城市地理学研究领域兴起的"环境—文化"理论，其萌生与形成也经历了一个较长的发展过程。早在20世纪50年代初，我国现代历史地理学创始人之一的北京大学侯仁之教授，于1950年年初甫自英国利物浦大学师从著名历史地理学家H. C. 达比教授获得博士学位返国在北京大学任教不久，就在当年7月出版的《新建设》杂志第2卷第11期上发表了题为《"中国沿革地理"课程商榷》一文。该文力主在我国大学里应将原开设的"沿革地理"课程改为"历史地理"课程，而所持之论据恰是以北京这样的古都所在城市为例，对比了沿革地理学与历史地理学两者间研究视角、注重内容与研究方法上的不同。人们从中立即悟及沿革地理学内容远不如历史地理学深入、丰富。侯仁之先生的这一意见很快被国家教育行政部门所采纳，开启了我国大学开设历史地理学课程的新局。同时也揭橥了历史城市地理学之基本理论观点，即必须从探明、复原历史时期地理环境特点及其变迁入手，才能研究清楚城市起源、城市性质及其演变发展等诸多问题。这一理论观点不仅使侯仁之先生在之后的岁月里对北京、邯郸、临淄等多座古都城市所进行的卓越研究取得了深具影响的一批成果①；而且还被历史地理学界奉为圭臬，影响了一代学人。到了 90 年代初期，我国现代历史地理学另一创建人，也是现代中国古都学与中国古都学会的创建人之一史念海教授开始对中国古都文化进行研究，先后撰写了《中国古都和文化》②《论中国古都文化与当代文化的融通》③ 等文。以致 1998 年他编辑有关中国古都学的论文集时，径以《中国古都和文化》作为论文集名④，将前述诸文均收入进去。这说明，随着对中国古都学研究的深入，史念海先生对文化要素对古代都城建立发展中的作用也有了更真切的认识。这对中国古都学乃至历史城市地理学的研究自然会产生积极的影响。笔者不揣浅薄，在对侯仁之、史念海两位师辈学者的理论观点认真领悟并付诸实证性研究实践之后，也撰写了《论历史地理学对推进我国古代都城与城市研究的意义和作用》⑤《探析环境变迁、文化传承与城市发展之关系，推动古都名城研究的深入发展》⑥ 等理论性文章，强调依据历史地理学之"时空交织、人地关联"的基本理念，着重从研究历史时期环境变迁、文化传承与城市发展之关系入手，才能真正推进对古代都邑的深入研究。并期盼通过采用这一研究理念与路径开展实际研究，升华构建中国古都学与中国历史城市地理学的更为充实完满的学科理论体系⑦。

---

① 相关论文均收入侯仁之先生论文集《历史地理学的理论与实践》，上海人民出版社 1979 年版。

② 载《中国历史地理论丛》1993 年第 4 辑。

③ 载《陕西师范大学学报》（哲学社会科学版）1994 年第 4 期。

④ 中华书局 1998 年版。

⑤ 载《西北大学学报》（自然科学版）2002 年第 5 期。

⑥ 载《三门峡职业技术学院学报》2006 年第 1 期。

⑦ 本段所论内容可详见拙文《中国历史城市地理学理论建设刍议》，《西北大学学报》（自然科学版）2009 年第 2 期。

正是在上述理论思想新的进展的启示下，一些古都学者在对古都进行研究中，除针对研究对象具体情况进行综合分析论述外，还从选定的重点研究内容中力辟蹊径，进行了新的探索，也都取得了可喜的成果。取其大者，计有下述三端。

其一，从古都兴起发展与地理环境变迁关系上进行开拓。

这显然是探讨古都得以被选建及其建成发展的基础性问题。以往的研究往往是先介绍古都所在地区之自然环境，然后就逐一论述古都发展变迁问题，形同两张皮。近年有古都学者不满足于这种简单陈述方式，而是将二者结合起来深入探讨其辩证关系与互动规律。如北京市社会科学院历史研究所孙冬虎研究员所著《北京近千年生态环境变迁研究》①，即就辽太宗（927—947 年在位）时北京成为辽五京之一的南京起，迄于 2007 年，在这一千余年间北京作为辽、金、元、明、清等王朝都城，其城市发展与生态环境的互动过程，从地理形势、气候特征、水文环境、森林植被的历史状况与演变脉络对都城变化的影响，又从北京地区能源供应、土地利用、园林建设、环境保护、战争破坏、经济生活、社会空间、人口变动、城市规划、城市改造等社会人文因素对历史上北京生态环境影响均予以论述。又如陕西师范大学历史地理研究所李令福教授，在他最近出版的著作《古都西安城市布局及其地理基础》②中，也是根据历史地理学"人地关系"理念，结合西安周边地区地理环境及其在历史时期的变迁，对秦都咸阳城市发展与城郊布局、秦汉都市水利与华清池温泉文化、隋唐长安城市发展与布局等问题作了具体论述。这都是从古都兴起发展与地理环境变迁关系上所作的颇具功力之开拓性研究。

其二，就中华传统文化及其嬗变与古都发展变迁相互影响进行深层次探研。

这方面的探索有着将古都研究引向更深层次的文化、制度、思想、精神层面的作用。前已述及史念海先生是这方面探索性研究的先行者。近几年来笔者也作了很多努力，除撰写了《论中国古都与中华文化研究

---

① 北京燕山出版社 2007 年版。

② 人民出版社 2009 年版。

之关系》① 《古都文化与现代城市文明》② 等文，大力倡导对古都文化及其与古都发展关系进行研究外；还做了一些专题性或个案性研究，撰写了《论周秦汉唐文化对我国都城规制之影响》③ 《初论我国古代都城礼制建筑的演变及其与儒学之关系》④ 《古都西安的发展变迁及其与历史文化嬗变之关系》⑤ 等论文，力图推进这方面的探索，提高研究水平。

其三，对古都空间结构特点及其演变，从地理环境与制度文化相结合的视角进行创新性研究。

过去对都城之空间结构，大多或从地理环境特点，或从政治制度层面进行陈述与论述。总的看来显得单薄。近年来有学者将二者结合起来进行研讨，取得了一批全新的成果。如三门峡职业技术学院李久昌博士在他的专著《国家、空间与社会——古代洛阳都城空间演变研究》⑥ 中，以古都洛阳为典型代表，着重抓住古都空间结构中普遍面临的都城选址、政治中枢的确立、社会系统的控制、经济生活中心的建构这四大基本问题和中国古代都城空间模式中必不可缺的宫城（包括皇城）、里坊、市场这三大结构单元，充分利用考古发掘资料与近人已有之研究成果，进行了周密的复原与深入的剖析，并在历史地理学基本理论指导下，结合洛阳地区地理环境特点与历史文化演变，建构起古代都城之空间布局与变化均受制于"国家—空间—社会"这一关系链的理论观点。而这一关系链，显然不仅有制度、文化上的因素，还有环境与社会的因素。较之以往仅从制度上解析都城之空间布局显然更为全面深入。

上述近年来国内古都学术界在古都学研究领域所作的新探索，因为起步不久，虽已取得一批有分量有见地的成果，但今后还有待更多学者投入，进行更深入的开拓。总的看来，上述探索性研究，切合中国古都学基本理论，从现已取得的成果看，内容更丰厚，理论上有创新；对当

---

① 载台湾中国楚汉文化研究会主编《中华文化学术论文研讨会专辑》第二集，2003 年 1 月。

② 载《江汉论坛》2004 年第 8 期，2004 年 8 月。

③ 载《陕西师范大学学报》（哲学社会科学版）1995 年第 3 期。

④ 载《唐都学刊》1998 年第 1 期。

⑤ 载日本国际文化研究中心编《东亚的都市形态与历史文化国际学术研讨会论文集》，2004 年 1 月；后又载《陕西师范大学学报》（哲学社会科学版）2005 年第 1 期。

⑥ 三秦出版社 2007 年版。

前古都所在城市在城市规划建设中如何更好地保护生态环境，保护自身文脉风韵，推进城市文化建设，提升市民精神文化品格都有着更为积极的作用，所以值得肯定。当然也希望今后在上述几个新的探索方面取得更多的建树，从整体上推进中国古都学在新的世纪里取得新的更大的发展。

（原文刊载于南开大学历史学院、北京大学历史系、中国社会科学院历史所编《中国古代社会高层论坛文集：纪念郑天挺先生诞辰一百一十周年》，中华书局 2011 年版）

试论中国古都学当前研究的新态势与
有待着力研究的几个重大领域

一　当前中国古都学研究的新态势

作为现代学科意义上的一门新兴学科——中国古都学，学界普遍认为其肇兴于 20 世纪 50 年代初，正式形成于 80 年代中①。之后经历了一段时间的蓬勃发展，引起学界、政府以及民间更广泛的关注。进入 21 世纪后，出现了一些新的发展态势，也涌现出不少新的研究成果。

例如，与中国古都学会、杭州出版社于 2011 年组织编辑出版"中国古都系列丛书"（已出版《古都北京》《古都西安》《古都洛阳》《古都南京》《古都杭州》《古都开封》《古都安阳》《古都郑州》《古都银川》《古都苏州》《古都大同》11 本）同步，由华润雪花啤酒（中国）有限公司与清华大学建筑学院联合策划，由清华大学出版社在 2012 年也出版了"中国古代建筑知识普及与传承系列丛书"之"中国古都五书"（《古都北京》《古都洛阳》《古都西安》《古都南京》《古都开封与杭州》）。很显然，前者"旨在逐个逐本著述中国古都城市的历史"②；后者则是重在从选定的中国六座重要古都，通过对其城垣、宫阙、殿阁、寺庙、苑囿、市肆、园宅的复原论述，"开创中国传统建筑研究与普及的新局面！"③ 在上述两套古都丛书推出之前，还有罗光乾著，由京华出版社于 2009 年出

---

① 参见拙文《中国古都学研究的现状与展望》，《中国历史地理论丛》1990 年第 1 期。
② 叶万松："中国古都系列丛书""序二"，杭州出版社 2011 年版。
③ 朱文一："中国古代建筑知识普及与传承系列丛书""总序二"，清华大学出版社 2012 年版。

版的《走进古都》，其主旨是"领略七大古都的风采神韵，品读历史深处的中国文化"（印在该书封面，其"七大古都"为长安、洛阳、北京、南京、杭州、开封、安阳）；之后则有河南大学出版社于 2015年 1 月出版的《程遂营讲六大古都》，还有 2015 年 12 月由三秦出版社印行的丝绸之路中国段文化遗产研究编委会策划组织撰著的《西汉长安——丝绸之路起点》（肖爱玲著）、《汉魏洛阳城——汉魏时代丝绸之路起点》（赵振华、孙红飞著）、《隋唐长安——隋唐时代丝绸之路起点》（杜文玉、王丽梅著）、《隋唐洛阳——隋唐时代丝绸之路起点》（毛阳光著）等关于西汉与汉魏、隋唐时期古都长安及古都洛阳的专著。很明显，《程遂营讲六大古都》是从普及古都知识层面，带领听众与读者去体验西安、洛阳、开封、杭州、南京、北京等"六大古都"的博大、隽永、沧桑、厚重、风流、雅致、大气、包容，解读"六大古都"的鲜明个性。而作为丝绸之路中国段文化遗产研究丛书十卷本中论述丝绸之路起点的西汉长安、汉魏洛阳、隋唐长安、隋唐洛阳的四本专著，则是紧密结合当前"一带一路"之国家战略，阐明"汉唐长安和洛阳是当时世界上规模最大的都市，是世界各国文化交流的中心之一"①。

又如，近年来在中华文明探源工程以及在研究早期中国历史问题中，也有不少研究者注重研究文明出现源头时期之都邑，并以之作为判定我国历史由原始氏族社会晚期，即考古学上龙山文化时期，进入文明时期初期之古国、方国、王国时期，即以黄帝为首的"五帝"时代，继而再进入夏王朝，即奴隶社会之重要标志。近期，除杨肇清、薛瑞泽、索全星与张国辉等对嵩山及郑州洛阳地区之登封王城岗、新密古城寨和新砦以及偃师二里头等具文明早期都邑性质的古城址所作论述外②；在 8 月16—18 日于陕西省神木县召开的"早期石城和文明化进程——中国陕西神木石峁遗址国际学术研讨会"上，有学者就从文明探源角度认为石峁

---

① 杜文玉：《丝绸之路中国段文化遗产研究·总序》，三秦出版社 2015 年版。

② 参见杨肇清《略论嵩山文明与我国文明的起源》、薛瑞泽《嵩山地区龙山城址与中华早期文明》、索全星与张国辉《论中华文明的起源与初步发展——以郑洛地区古都古城为例》，均载中国古都学会等编《嵩山文明与中国早期王都——2014 年中国古都学会（郑州）年会论文集》，科学出版社 2016 年版。

遗址可能是夏的第一个都城。①

再如，近年来，除对拥有"中国八大古都"（西安、洛阳、安阳、郑州、开封、北京、南京、杭州），涵盖黄河中下游之关中盆地、华北平原与长江下游三角洲（含钱塘江口以北区域）这一我国历史上政治重心区域之诸多古都，特别是其中上述"八大古都"继续开展研究外，对上述我国历史上之政治重心区域外围地区之古都也日渐加强了研究。其中即有《中国国家地理》2016 年 9 月号中推出对盛唐时代存在于东北大地上白山黑水之间的渤海国（713—926 年）所建立之上京龙泉府（在今黑龙江省宁安市）、东京龙原府（在今吉林省珲春市）、中京显德府（在今吉林省和龙市）、西京鸭绿府（在今吉林省临江市）、南京南海府（在今朝鲜清津市）作了具体论介，还延及对我国历史上诞生于战国，成熟于唐代，盛行于辽金的"五京制"加以论及。此外，2016 年 9 月 13 日《中国文物报》第 4 版刊发的张瑞超撰写的《安龙古城话沧桑》一文，则简要论述了这座僻处黔西南崇山峻岭中的曾为南明永历皇帝朱由榔都城的史事与遗迹。前文所述尚是仅对一个中原王朝边境地区的地方政权及其都城的论述，后者则是对一个中原王朝覆灭后其残余势力在边远地方所建临时政权及其都城的简要勾勒。这当然只是这方面探索与研究的一个侧面。另外也当看到，近年来已有一些学者对历史上中原王朝周边曾存在的众多小国及其都邑的集中论述。如在由古明月所著的《神秘消失的古国》之壹、贰两册中（由中原农民出版社先后于 2008 年 1 月与 4 月出版），就对古蜀国、月氏、乌孙、楼兰、精绝、龟兹、大宛、于阗、高昌、夜郎与庸国、巴国、滇国、焉耆、疏勒、车师、康居、吐谷浑、古格等数以十计的历史上曾存在的小国，部分也涉及它们的都城之史实与遗迹——作了简要的梳理陈述。虽然还很不完备，但无须赘言，这一尝试还是有其学术价值与历史意义的。

此外，近年来关于中国古都知识之宣传普及工作也有重大进展。如《中国社会科学报》自 2016 年 9 月起开设了"中国古都系列报道"之"独家报道"专栏，9 月 23 日即以 4—6 版的三个版面作了《辽五京》的

---

① 张鹏程、邵晶：《"早期石城和文明化进程——中国陕西神木石峁遗址国际学术研讨会"纪要》，《中国文物报》2016 年 9 月 13 日第 6 版。

报道。可以预期，随着《中国社会科学报》新设置的"中国古都系列报道"这一专栏今后持续开办下去，势必会更有效地增大中国古都学在学术界与民间的影响。又如2016年9月9日北京市之首都博物馆为纪念元大都建城740年，举办"大元三都"展，也十分形象生动地宣传了元上都、元大都和元中都昔日之"冠盖满阶、商贾云集、富庶繁华"。该展以都城选址和建设开篇，以都城内皇室贵族、平民百姓的生活为主题，向观众展示出一副全景式的、生机盎然的元代都城内社会生活长卷，普及了有关古都的基本知识。①

前述中国古都学在学术研究及其知识宣传普及方面出现的新的态势与成果，充分彰显了中国古都学是一门具有深厚的学术价值与重大应用价值的学科，特别是它在研究历史进程及文明探源工程中所具有之核心地位，它在挖掘城市文化之根脉与精髓上所具有之独特价值以及它在体现城市形象与品牌上所具有的巨大作用，引起政府部门、相关学科学者及广大群众的重视与兴趣，因而都不同程度地参与了对它的研究、接纳与应用，使它的发展前景更为广阔与明朗。

二　当前中国古都学应着力研究的几个重大领域

根据前一部分论及的当前中国古都学之学术研究与宣传普及出现的新态势，结合本人的思考，深以为今后一段时间中国古都学当着力推进下述三个重大领域之研究。现陈述如下，供大家考虑。

1. 历史早期古都之深入探索研究

2016年5月，曾对中原古都早期城址，其中包括一些带都邑性城址进行过深入调查发掘与研究的考古学家许宏，由三联书店出版了作为他"解读早期中国"系列著作第二本之《大都无城——中国古都的动态解读》一书。在该书中他根据自己长期对考古发现中的不动产——城址所作的考古学观察与体验，指出"作为大型遗迹的都城遗址，相对于考古出土的遗物来说，不那么直观和易于展示，但它却正是文明诞生、发展

---

① 见《中国文物报》2016年9月13日头版报道。

的重要载体。"① 而早期的都城之空间构造，与其后经过一段漫长时间演变之都城空间构造，虽都具有都城之特点但又彼此不完全相同。由此可见，探索并判明历史早期之都邑，对准确解读早期中国史，以及探明中国文明之源头已被考古学家看作是十分关键的无可回避也无从替代的任务。迄今，虽然"夏商周断代工程"等中华文明探源工程已取得不少进展，对夏初，甚至更早的"五帝时代"之都邑也作了一些探索，但仍有大量的工作需要持续不断地开展。而且要完满地完成这一任务，还需要考古学家与古都学家联合攻关，协作推进。

2. 中原王朝政治重心区域外围地区古都之深入探寻研究

前已述及近年来中国古都学会外的一些相关学科学者以及文化人士在这方面所做的工作。实际上中国古都学会也在这方面做了一定的工作。如先后在荆州、银川、大同、赤峰、成都、广州、大理等古都所在城市举行过学术研讨会，也起到了积极的作用。但总的看来，工作做得仍然不够。应该看到，即使在史念海先生所开具的我国除天津市与海南省之外 29 个省、直辖市、自治区现已确定的 220 余处古都中②，上述政治重心区域外围的都城大体占到总数的 2/3；加上一些历史上，特别是历史早期已经"消失"了的古都，数量与所占比例当会更大。还应看到这些古都中有一些，因所处地区较为偏远，文献记载又很稀缺，所以对它们进行探寻研究难度更大。然而正如《神秘消失的古国》一书作者月明日在该书第壹册之"前言"中指出的："实际上，中国不仅仅包括中原国家，还包括那些先后出现的周边古国。我们今天的疆域，正是由古代中原王朝及其周边国家连接而成的"；"中国是一个多民族国家，在古代也曾经是个多政权国家。每一个曾在中国境内出现的古国，都是中华文明的重要组成部分。我们有责任去发现它们、解读它们、记录它们。"这位作者在该书之"后记"中还写道："当我们在那些曾经存在又转瞬即逝的古国遗址中徜徉时，就会发现，这些古国曾经的辉煌完全值得我们赞叹、景仰"。此外，这位作者在该书第贰册之"前言"中又慨叹道："历史是门

---

① 参见曹明明《考古学家眼中的早期中国史》，《中国文物报》2016 年 7 月 12 日第 6 版。

② 详见史念海《中国古都和文化》一书之二《中国古都概说》，中华书局 1998 年版，第 33—179 页；该文原为六篇，连续刊发于《陕西师范大学学报》1990 年第 1 期至 1991 年第 2 期。

奇怪的学问。这门学问似乎并不关系到我们的生活，但是，几乎每个人都有了解历史的愿望。这就是人类的天性——越是消逝了的，人们越想弄清真相。"接着他还写道："熟悉历史的人都知道，越是不为人知的历史，越可能有巨大的价值。"事实很清楚，要探寻并研究历史上消逝了的古国辉煌的文明及其兴衰消逝的历史，离开它们的政治中心，即其都邑，都是无从说起的。所以行文至此，我想借用中国古都学会副会长之一的何一民教授在他新近撰写的论文《从历史文献到考古新发现：重新认识先秦时期成都的都城历史》一文中所表述的一个观点，即"中国古都学不仅要研究旧史所确立的中原正统王朝的都城，而且还要研究中国范围内各个地区在不同历史时期所建立的政权和都城，特别是要高度重视在中华文明形成过程中具有重要影响的区域性政权和都城"。我认为，当前，只有一方面继续推进对中原正统王朝都城的深入研究；另一方面不断推动对中国范围内各个地区在不同历史时期所建立的政权和都城的探寻研究，再具体而言，大力加强对中原王朝政治重心区域外围地区古都之深入探寻与研究，才能大为充实丰富并深化中国历史研究，尤其是整体全面推动中国古都学获得新的更大的发展。

3. 古都文化与古都学理论的深入探讨研究

近年来笔者曾对深入探讨研究古都文化与古都学理论多次撰文，力加倡导①。这当然主要是因为古都文化是历史上一个王朝或一个时代文化之浓缩与精髓，也是历史上以致当今特定区域历史文化的核心；同时，古都文化内涵丰富，规格甚高，且空间辐射力与时间穿透力强劲。而中国古都学理论之创立构建更是关系到这门新兴学科之成熟与今后进一步发展的基础性、关键性工作。当然，对这一重大问题，学界同仁也都广泛关注，并多有所致力。例如，本次长江文明与中国古都研讨会暨中国古都学会第七届会员代表大会，也将"新时期中国古都学的理论与方法"列为首项学术研讨的主题。然而毋庸讳言，它本身就是一项需要学界同仁长期努力并持之以恒的工作，不可能一蹴而就。有鉴于此，对古都文

① 详见笔者所撰《中国古都学理论建设刍议》（载《中国历史地理论丛》2005 年第 1 辑）、《中国古都学的形成与当前研究的几个重点问题》（载《三门峡职业技术学院学报》2007 年第 1 期）等文。

化与古都学理论的深入探讨研究，既要有长远的安排与思想准备，也当于眼下就积极着手。

三 对当前继续推进古都学发展的几点建议

当前古都学的发展正方兴未艾，政府、学界与民间对之均广泛关注，期望甚殷。为推动这门承载了多重历史与现实使命的学科更顺利发展，特提出以下建议，并愿与广大同仁共同努力。

1. 向国家教育部申报，在高等院校（包括职业技术学院）开设古都学课程

众所周知，古都学研究不仅与历史学、考古学、历史地理学、城市科学关系至为密切，而且与城市规划设计建设、文物遗址保护、历史文化遗产挖掘应用、旅游业发展也都有着密切的关系，是上述学科与实际工作不可缺少的内容。所以建议由中国古都学会联络相关的学术团体与学科之带头人，向国家教育部申报在高等院校，包括职业技术学院相关学科专业开设古都学课程。先期可在历史学、考古学、建筑学、城市科学、旅游专业等学科与专业讲授，以后再逐渐扩大讲授范围。在这一过程中带动教材编写与教学实习活动的开展，逐步形成完善精深的学科教学体系，也相应推动古都学科的深入发展。

2. 在民间，特别是青少年间大力普及古都学知识

古都学，既然是一门有着重大学术价值，同时又与当前现实生活，特别是诸如城市规划建设、文物遗址保护开发、旅游业发展等实际工作关系密切的"有用于世"的学科，理所当然地就应该向有关学科渗透，并在民间广泛宣传。这方面我国考古学界已开了个好头，起到了示范作用。考古学家曹兵武在论及当前中国考古学热点问题之一的"公共考古热"时，就指出包含于"公共考古"中的"公众考古"包括两个方面内容，一是考古学家向公众普及考古知识，二是让公众参与某些考古活动①。而实际上，早在前述曹兵武该文发表前，笔者有幸参加的 2016 年 5

---

① 参见曹兵武《关于当前中国考古学的几个热点问题》，《中国文物报》2016 年 9 月 13 日第 7 版。

月 21—23 日在郑州举行的 "2016 中国首届考古学大会" 上，就在通过的《郑州共识》中强调要："认真坚持考古为人民的理念，大力开展公共考古，努力做好考古成果的宣传和考古知识的普及，传承和弘扬中华优秀传统文化。"而且在会议期间就举行了几场普及性的讲座。为此，我建议中国古都学会也可在这一方面做出努力，可动员各古都所在城市的会员，在相关的论坛、讲座上以及在大专院校甚至中学里开展古都学知识的普及宣传工作，扩大古都学的影响，激发大众认识古都、研究古都、热爱古都、保护古都的热情。当然为更好地做好这方面工作，也可与各地文博部门合作，举办有关古都的专题性展览工作。

3. 中国古都学会应更加有所作为，更好地承担起联络、组织、协调各有关学科专家学者推动古都学深入发展的应有之使命

中国古都学会自 1983 年由我国著名历史地理学家与古都学家史念海先生联合其他一批前辈学者共同发起创建后，作为国内全国性的组织开展古都学研究与交流的学术团体，曾经做了大量卓有成效的工作，取得了令人瞩目的成绩，赢得国内外学术界的赞誉！当前随着国家改革开放进入新的攻坚阶段，经济与文化建设进一步蓬勃发展，古都学研究与民间普及工作，也出现了新的发展态势；所以希望，同时也相信中国古都学会在 2016 年换届选举产生的新的理事会与领导集体的努力下，会更加有所作为。如在坚持每年举办一次全国性学术交流大会的同时，根据需要与条件再举办一些专题性学术研讨会；在发挥古都学之学科特长的基础上，推动与考古学、历史学、历史地理学的学术合作协调攻关；在历史早期古都深入探索研究、中原正统王朝政治重心区域周围地区古都深入探寻研究、古都文化与古都学理论深入探讨研究等重大研究领域取得新的更大进展；为当前国家的城市规划建设、城市文物遗址保护与展示、城市历史文化研究与文化遗产发掘利用、古都旅游业以及 "一带一路" 国际战略推行等实际工作做出新的重大贡献！

2016 年 10 月 15 日

（原文刊载于《淮阴师范学院学报》（哲学社会科学版）2017 年第 2 期）

关于整体推进丝绸之路沿线国家与
区域古都研究的几点初步见解

一　整体推进丝绸之路沿线国家与
区域古都研究见解之缘起

以我国八大古都之首的西安作为东方起点，向西通过甘肃河西走廊与新疆天山南北廊道，又经中亚、西亚，再经北非开罗与南欧雅典、罗马，直达西欧荷兰阿姆斯特丹的古丝绸之路，2014 年 6 月 22 日上午，在位于西亚波斯湾西南岸卡塔尔国首都多哈举行的联合国教科文组织第 38 届世界遗产大会上将其中的一段，即"长安—天山廊道的路网"列入世界遗产名录。① 而尤为值得重视的是，在它被列入世界遗产名录之前不久的 2013 年 9 月、10 月，国家主席习近平在出访中亚与东南亚时提出建设丝绸之路经济带与 21 世纪海上丝绸之路的倡议。这一被概称为"一带一路"的倡议不仅很快被我国政府定为重大发展战略，而且还得到许多相关国家的积极呼应，并成为当前国际上热议的话题之一。就学术层面而言，近一段时间，各相关国家与地区，从政府到民间，包括从事国际关系、军事战略、经济贸易、历史文化、民族宗教以及环境科学等人文社会与科技学界均对建设"一带一路"这一涉及全球的发展战略加以关注，开展研究，提出了不少学术观点与政策建议；其中我国就有学者与相关政府部门提出了"文化先

① 参见《光明日报》2014 年 6 月 23 日头版头条报道《促进东西方文明交流融合，反映中国人民高超智慧，"丝绸之路""大运河"联袂入遗》。

行"的见解①。我对此见解深表赞同，因而在 2015 年 8 月为参加我曾工作过的陕西师范大学西北历史环境与经济社会发展研究院主办的"丝绸之路研究与历史地理信息系统建设国际学术研讨会"撰写的《关于丝绸之路历史文化研究的几点见解》一文中，曾强调并阐释了当前注重研究丝绸之路历史文化的重大意义与作用②。同时还提出了当前开展丝绸之路历史文化研究应确立的几个新观点。主要为：

其一，全球史或世界史观点；

其二，区域性观点，也即非线性观点；

其三，注重文化比较研究观点。③

基于上述认识，为切实有效地推动丝绸之路历史文化研究深入开展，笔者认为应将整体推进丝绸之路沿线国家与区域古都研究作为一项具体可行的重点措施，抓实抓深，使其发挥出龙头引领作用，带动丝绸之路沿线国家与区域历史文化研究全面蓬勃地开展起来。本文即就提出这一建议的基本认识与具体建议作一些初步陈述。

二　整体推进丝绸之路沿线国家与区域古都研究之学术依据与现实意义

论及"古都"，顾名思义，即是指历史时期历朝列国建邦立国所建立的政治统治中心城邑。由于丝绸之路横跨亚非欧三大洲数十个国家，且大多历史悠久，政权屡有更迭，都城也多有迁移，所以古都数量甚多。除本文开篇所提及的我国之西安与埃及开罗、希腊雅典、意大利罗马等四座号称"世界四大古都"者外，丝路沿线国家与区域之古都所在城市尚有数十座之多。现仅据所掌握的有关研究成果择其要罗列于下。

---

① 周龙、方莉、宋喜群：《开放是丝路繁盛的基础——访丝路文化研究专家、兰州大学历史文化学院院长郑炳林》，载《光明日报》2014 年 7 月 22 日第 9 版。

② 主要是：首先，是强固对"丝绸之路"这一重大历史事实认识的根本之举；其次，是激活"丝绸之路"内在生命力，并使之在新的时代里焕发出蓬勃生机的必要之举；最后，是推进当前"一带一路"重大发展战略稳健实施的有效之举。载《长安大学学报》（社会科学版）2015 年第 4 期。

③ 详见上文。

我国境内，除作为丝路起点的西安外，尚有：

陕西省境内之咸阳、凤翔、靖边等；

甘肃省境内之兰州、武威、张掖、酒泉、敦煌、天水、平凉等；

宁夏回族自治区境内之银川、固原等；

青海省境内之西宁、乐都、湟源、共和、民和等；

内蒙古自治区境内之呼和浩特、巴林左旗、和林格尔、包头等；

新疆维吾尔自治区境内之焉耆、库车、疏勒、吐鲁番、伊宁、哈密、婼羌、且末、民丰、于田、塔什库尔干、莎车、阿克苏、乌什、叶城、特克斯等。①

我国国境外丝路沿线国家之古都所在城市则有：

哈萨克斯坦：阿拉木图、江布尔州首府塔拉兹；

塔吉克斯坦：杜尚别；

土库曼斯坦：阿什哈马德、达绍古兹；

吉尔吉斯斯坦：托克马克；

乌兹别克斯坦：撒马尔汗、布哈拉、塔什干；

阿富汗：喀布尔、法札巴德、贾拉拉巴德、马札里沙里夫；

巴基斯坦：白沙瓦、锡亚尔科特；

印度：斯利那加；

伊朗：德黑兰、波斯波利斯；

沙特阿拉伯：利雅得、麦地那；

以色列：耶路撒冷；

伊拉克：巴格达、希拉；

叙利亚：大马士革；

埃及：开罗、亚历山大；

土耳其：伊斯坦布尔、博阿兹卡莱；

希腊：雅典；

意大利：罗马；

---

① 我国境内丝路所经各省、自治区古都所在城市之名录，系据史念海《中国古都概论》之（五）《古都的地理分布》所列入的古都有所增减而定。参见史念海所著《中国古都和文化》，中华书局 1998 年版，第 168—173 页。

比利时：布鲁塞尔；

荷兰：阿姆斯特丹。①

以上所列国境内外丝绸之路沿线国家与区域之古都所在城市，总数已达 70 个。上列古都名录尚不能称十分完备，今后随着研究的深入与考古发掘研究工作更广泛的开展，肯定还会有所增加。但就上列名录论，为数已不少，且分布涉及区域颇广，包容了丝绸之路各个区段。

前述丝路沿线中外古都分布状况基本廓清，显然只是为整体推进丝路沿线国家与区域古都研究提供了必要的前提条件；论及整体推进丝路沿线国家与区域古都研究的意义与作用则主要在下述两方面：

其一是古都文化之丰富内涵及其高规格，恰如笔者之前在所写的《古都文化与现代城市文明》② 一文中所揭示的：

> 回顾历史，我们可以看到：
>
> 历史上历代列国往往都是以自己的都城作为中心区域创造出代表一个时代或一个国家的最高水平的文化。
>
> 这些文化不仅在当时是支撑各该王朝与政权得以存在的内在精神支柱，还是构成国都，乃至全国繁华兴盛气象的重要因素；同时古都文化还对古都所在地区当今的社会生活产生深远的影响。由此可见，广义的古都文化内容十分丰富，在有关古都研究的各个方面都有所涉及，而且抓住古都文化研究可以统领有关古都研究的总体内容，推动有关古都的深层次研究。

在对古都文化的意义与作用作了上述概括与阐释后，还具体作了下述四点引申。即：

——古都文化是历史上一个王朝或一个时代文化之缩影；

——古都文化是历史上以致当今特定区域文化的中心与代表；

---

① 我国境外丝路沿线国家之古都所在城市名录，系据周伟洲、丁景泰主编《丝绸之路大辞典》（陕西人民出版社 2006 年版）第三编政区城镇之《中、西、南亚及欧非地区》部分相关内容与星球地图出版社编制之《世界分国地图集》（2006 年 8 月出版）相关国家图幅选定。

② 拙文原载《江汉论坛》2004 年第 8 期；后收入笔者论文集《中国古都学的研究历程》，中国社会科学出版社 2008 年版。

——古都文化内涵丰富，规格甚高；

——古都文化空间辐射力与时间穿透力强劲。

其二，是因为前述丝路沿线国家与区域之古都都曾单个做了一定程度的研究，这当然主要还是因为它们都曾是古都之故，其中一些现今仍为一国首都或大型中心城市的对其研究就更深入一些；但将它们集合在一起进行整体研究却极少见到。现今仅见由西安市西咸新区管委会发起，由西咸新区研究院具体主持进行的"古都长安与古雅典、古罗马、古开罗比较研究"。① 而实际上，对丝绸之路沿线国家与区域之古都进行整体与比较研究，不仅能更具体地认识到"一个民族曾有的高度"，推动各有关国家之历史研究；而且还能深入推动世界史研究，使相关各国更清晰地了解到自己的国家与民族对推进世界历史发展所作的贡献，以及在世界历史发展进程中的地位。特别是大为有助于揭示出整个丝绸之路之发展历史以及丝绸之路上经贸往来与文化交流对世界历史发展所发挥的积极作用，这就更可激励举世各国之政治、经济、文化界人士进一步关注丝绸之路历史文化研究与今后的进一步发展。其现实的学术、文化意义诚然大哉，而其现实的政治、经济意义就更为显著了！这当然就更值得我们着力加以推进了！

三　整体推进丝绸之路沿线国家与区域古都研究的几点建议

为了持续有力地整体推进丝绸之路沿线国家与区域古都研究深入开展，特提出以下几点建议，以供学界同仁考虑，并供有关政府部门参酌采行。

第一，依托一个合适的学术团体进行具体策划，并发挥引领作用。

这当然是因为我们是要对横亘亚非欧广大区域数以百计的众多古都整体推进学术研究，因此，最好有一个通盘考量，甚至是具体规划。为

---

① 见《陕西日报》2015 年 6 月 10 日第 10 版该报记者王睿所写报道《在"大长安"的核心守望中华文化——西咸新区破题四大古都比较研究》；又见《华商报》2015 年 6 月 9 日第 A10 版所载《一个民族曾有的高度——西咸研究院破题古都比较研究》。

此就需有一个权威性学术团体在政府的支持下具体承担这一任务。在短时间内难以新建这样一个国际性的古都学术研究团体的情况下，可考虑由中国古都学会发起并指导，由其团体会员之一，又在丝绸之路东方起点城市的西安古都学会担起这一责任，率先行动起来，发挥实际引领作用，逐步推行，扩大影响，求取实效。

第二，在丝绸之路东方起点城市，又是中国八大古都之首与世界四大古都之一的西安建立一座国际性的古都博物馆，以之作为丝绸之路沿线国家与区域古都研究成果展示平台；并将之作为西安这座最具代表性的东方文化古都在新的历史时期之标志性建筑，展示其新的城市形象。

关于在古都西安建设一座古都博物馆的建议，我与现任中国古都学会副秘书长之一的肖爱玲博士后前几年在西安举行的一些学术会议上就曾提出过。现据悉，2004 年始跻身"中国八大古都"之一的郑州闻讯后反倒积极行动起来，已开始筹建一座中国古都博物馆。对此事西安方面虽在酝酿中但还没见诸行动；对此也不足为虑，可抓住当前"一带一路"成为国家重大战略这一难得的契机，充分发挥西安是丝绸之路东方起点城市这一优势效应，建立这座以展示丝绸之路沿线国家与区域古都风貌和历史文化内涵以及新的研究成果为主要内容的国际性古都博物馆，使其作为世界大古都的崇高地位更为彰显。

第三，为实质上践行从整体上推进丝绸之路沿线国家与区域古都研究这一新的历史时期赋予的学术使命，必须深入开展丝绸之路沿线国家与区域古都间的比较研究。

在 2015 年 4 月 19 日由西安市西咸新区管委会举办的"'古都长安与古雅典、古罗马、古开罗比较研究'写作提纲研讨会"上，我在发言中曾述及，古都长安与古雅典、古罗马、古开罗这世界四大古都的比较研究，学术价值与现实意义都十分重大。而要真正做好它们之间的比较研究，当然首先要对这四座古都进行深入研究，对它们的古都形成、发展、演变历史与原因以及它们的主要特点有深切的把握。在此基础上探寻它们间共同的地方与不同的地方，深究其中的原因，探明彼此影响的部分，然后再上升到理论的层面，从学术理论上加以阐释。这样，不仅在古都比较研究上取得具体的创新性成果，也对整个古都学理论与实践发展起到重大的推动作用。所以开展古都间的比较研究是最具有创新性，也是最具有实践意义的。①

　　当前"一带一路"作为我国重大国策之一，在众多相关国家的积极呼应下正在稳步地推行之中。我们作为生活与工作在丝绸之路东方起点城市，又是世界四大古都之一与中国八大古都之首的西安的古都学者、历史学者、文化学者，理当为之做出我们应有的贡献。而积极投身于整体推进丝绸之路沿线国家与区域古都研究，应当是一项意义重大而又切实有效的崇高任务，也是一项我们义不容辞的责任。因为这不仅有助于我们的相关学术研究与学科走出国门，走向世界，取得世界性话语权，推动相关学术研究与学科建设创新性发展；而且对国家正推行的"一带一路"重大战略也会发挥具体而又积极的作用。

2015 年 10 月 5 日初稿

11 日定稿

　　（原文刊载于西安文理学院长安历史文化研究中心编《长安历史文化研究》第九辑，陕西新华出版传媒集团陕西人民出版社 2016 年版）

---

　　①　详见《陕西日报》2015 年 6 月 10 日第 10 版所载《为世界大古都定标准》。

回顾与前瞻

——纪念中国古都学会成立三十周年感言

光阴流转，岁月变迁。时至今秋，中国古都学会成立已满 30 周年。30 年来，经历届正、副会长与正、副秘书长和各位常务理事、理事以及众多会员朋友的共同努力，在相关古都城市政府有关部门与诸多同仁的支持帮助下，中国古都学会一路顺利走来；尽管其间也面对过一些困难与曲折，但仍然在组织联络相关学科学者推动中国古都学研究上取得了明显的进展与颇为丰硕的成果。我作为一个自 1983 年 9 月参加中国古都学会成立大会暨第一届学术研讨会后，迄今为止除 2011 年临漳会议因一些特别原因未能到会，其他的由中国古都学会组织召开的全国性与专题性会议都曾参加，并自 1999 年至 2010 年被会员推举连续担任两届 11 年学会会长的过来者，亲历了我们学会的成长过程，有许多深切的感受。所以在这次于开封举行的学术会议上，我有责任，也极为愿意对我们学会成立 30 年来之发展历程及其对当代社会所作的贡献进行简要回顾；同时对我们学会与中国古都学今后的发展，提出几点建议性见解，供学会内外广大同仁考虑。

一 中国古都学会成立三十年来 发展历程简要回顾

（一）中国古都学会的创立

中国古都学会作为挂靠在教育部直属高等院校之一的陕西师范大学，并获国家民政部批准，办理过注册登记手续的全国性学术团体，是 1982 年在太原市举行的一次全国地方志协会的会议上，由北京、南京、西安、洛阳、开封、杭州等古都城市的专家找到与会的著名历史地理学家并时任陕西师范大学历史系主任的史念海教授协商后，共同发起进行筹备，于 1983 年 9 月 19 日在著名古都，也是陕西师范大学所在地之西安市正式成立的。参加中国古都学会成立大会暨第一届学术研讨会的有来自北京、南京、洛阳、开封、杭州、绍兴、扬州、银川、广州、郑州、安阳以及西安等十余座古都城市的相关部门领导干部与专家学者共 70 多人。内中有傅筑夫、朱启銮、蒋赞初、安金槐、蒋若是、黄永年、阮仪三、周宝珠、李之勤、曹尔琴、鲍世行、邓炳权、杜瑜、闫崇年、倪士毅、秦子卿、余扶危、宫大中、郭旃、方杰、汪一鸣、唐晓峰、周景濂、郭文轩、孔宪易、徐伯勇等知名学者，陕西省与西安市有关领导同志张铁民、丛一平、郭琦、陈立人、韩骥等也到会祝贺。笔者在史念海先生敦促下，也参加了会议的筹备与开会期间的会务工作，还在会后协助史念海先生与陈桥驿先生编辑会议论文集，即《中国古都研究》第一辑（浙江人民出版社 1985 年版）。就在这次会议上，史念海先生被选为中国古都学会会长；另两位著名历史地理学家与古都学家，即复旦大学谭其骧先生、北京大学侯仁之先生被推举为中国古都学会名誉会长。

（二）中国古都学会成立三十年来活动概况

1983 年 9 月 19 日中国古都学会正式成立后，迄今 30 年间，连同在西安举行的成立大全暨首届研讨会，已先后在 24 座古都所在城市举行了 29 次全国性古都学术研讨会（内有五座古都城市举行过两次研讨会），即：

1984 年 11 月在南京，

1985 年 10 月在洛阳，

1986 年 11 月在杭州，

1987 年 11 月在开封，

1988 年 10 月在安阳，

1989 年 10 月在江陵（今荆州市荆州区），

1990 年 11 月在北京，

1991 年 9 月在银川，

1992 年 9 月在大同，

1993 年 8 月在西安，

1994 年 10 月在安阳，

1995 年 11 月在偃师，

1997 年 10 月在曲阜，

1998 年 10 月在新郑，

1999 年 10 月在莒县，

2000 年 11 月在徐州，

2001 年 7 月在赤峰，

2002 年 6 月在成都，

2003 年 8 月在太原，

2004 年 11 月在郑州，

2005 年 12 月在杭州，

2007 年 6 月在广州，

2008 年 10 在邯郸，

2009 年 9 月在临淄，

2010 年 9 月在大同，

2011 年 12 月在临漳，

2012 年 8 月在大理，

2013 年 10 月在开封。

此外，2003 年至 2010 年，还先后在鹤壁、新密、新郑、临汾、长子、淮安、南京、郑州、靖边、北京等市县举行或合办了 12 次专题性研讨会与学会之常务理事会。

在上述每届全国性学术研讨会后，按学会要求编辑出版了会议论文集。迄今共出版了《中国古都研究》第一辑至第二十三辑（其中第五、六辑合编为一册，第二十二辑待出版），刊发论文与文章共达 740 篇（内学术论文 675 篇），总字数达 632 万。自 2013 年起，《中国古都研究》改为每年两期的定期出版物，首期已于 2013 年 3 月印行。

在这期间，一批古都所在城市还相继成立了地方性的古都学会，它们又是中国古都学会的团体会员，最多时一度曾达到 30 余个。

就这样，通过中国古都学会 1983 年秋成立以来所开展的上述一系列活动，有力地推动了对我国众多古都多方面多层次的研究，并促成了

"中国古都学"这门新型学科的形成与发展。

二　学会成立 30 年来之主要贡献

（一）创立了中国古都学并不断推进其发展

中国历史悠久，加之地域辽阔，民族众多。在历史上，随着统一王朝的不断更迭与割据政权的时相兴亡，因而作过都城的城邑甚多。笔者在一些学者研究统计的基础上作了一些必要的增补，认为其数当在 220 座以上。[①] 由于这些古都历史上地位重要，作用重大，影响深远，因而对之进行记述、研究的学者代不乏人，著述甚丰；然而迄止 20 世纪中期尚未形成一门"中国古都学"[②]。史念海先生等一批有志于创建中国古都学的学者对此即有深切感受。所以在中国古都学会成立后之翌年，也就是1984 年在南京举行的学会第二届年会上，作为会长的史念海先生即表述了这一见解，并在为该次年会闭幕后结集出版的论文集《中国古都研究》第二辑[③]所写的《前言》中就明确写道："对于古都的研究，近年来在我国已经引起各方面同志的注意和重视，也陆续发表了若干重要的论著，取得了一定的成就，不过对于古都学的建树，却还有待于继续努力"；"从事古都研究的同志，当为建立这门新学科而共同努力"。史念海先生不仅这样倡导，还身体力行。在次年，即 1985 年 10 月于洛阳举行的中国古都学会第三届学术年会上，他就提交了《中国古都学刍议》[④] 这一长篇论文，就建立中国古都学的基础、建立中国古都学的必要性、中国古都学的意义及其范畴、中国古都学的研究方法等几个主要相关问题作了阐述。之后他还撰写了《中国古都形成的因素》《中国古都概说》等文[⑤]，有力地推动了中国古都学的创建进程。

继史念海先生之后，笔者与会内外一些学者也在这方面作出了相应

---

① 详见拙文《古都文化与现代城市文明》，《江汉论坛》2004 年第 8 期。

② 详见拙文：《中国古都学的形成与当前研究的几个重点问题》，《三门峡职业技术学院学报》2007 年第 1 期。

③ 浙江人民出版社 1986 年版。

④ 《中国古都研究》第三辑，浙江人民出版社 1987 年版。

⑤ 详见史念海之论文集《中国古都和文化》，中华书局 1998 年版。

的努力。如笔者在继任中国古都学会会长职务后，就继承前任会长史念海先生的未竟之业，始终将推动中国古都学的建立与发展作为一项重要的使命。为此笔者除在多次古都学术会议与工作会议上进行倡导外，还实际践行，撰写了一系列的论文，如《论中国古都与中华文化研究之关系》《中国古都学的形成与当前研究的几个重点问题》《中国古都学理论建设刍议》《论历史地理学对推进我国古代都城与城市研究的意义和作用》《探析环境变迁、文化传承与城市发展之关系，推动古都名城研究的深入发展》等。上述论文结集出版之论文集命名为《中国古都学的研究历程》①，既展现了笔者在致力中国古都学建立与发展中的工作轨迹，也从一个方面反映了 21 世纪以来作为一门新兴学科的中国古都学发展历程。当然在这一发展历程中，学会内外许多同仁也多有致力与建树。限于本文之篇幅，恕不详述。

（二）在"大古都"问题研究上取得新的进展，并在社会上产生重大反响

对于我国"大古都"之述论，发轫于 20 世纪 20 年代。当时有学者在有关学术论著中将西安、洛阳、北京、南京、开封并列为"五大古都"。后至 30 年代，又将杭州列入，遂有"六大古都"之说，并得到较广泛认同。以致还在中国古都学会成立前，即 80 年代初，时任"地理小丛书"编委会主编的侯仁之先生就请杭州大学地理系（现并入浙江大学，改建为地球科学系）陈桥驿教授任主编，约请了侯仁之与金涛、马正林、史为乐、李润田、王煦柽等学者分头执笔，撰写出版了《中国六大古都》一书，于 1983 年 4 月由中国青年出版社出版发行。然而就在该书出版之前两年，即 1981 年，谭其骧先生就曾在《历史教学问题》第一、二期发表了《中国历史上的七大古都》一文之上、中两篇，提出安阳应与前述的中国六大古都并列，合称为"中国七大古都"。1983 年 9 月中国古都学会成立后，谭先生作为学会的名誉会长，在 1984 年于南京举行的中国古都学会第二届年会上发言时，又就这一问题谈道："今后研究古都，应向广度和深度发展。中原古都，不能只讲六大古都，应把殷邺看成一个整

---

① 该论文集由中国社会科学出版社于 2008 年出版。

体，中原实为七大古都"（刊登于当年之《南京文物》上）。此说得到学会内多数学者的赞同，后通过安阳市有关领导与学者的努力，终于在1988年10月12日于安阳市举行的中国古都学会第六届年会上经过充分研讨，确定并宣告安阳为中国七大古都之一。紧接着又通过北京、陕西、河南、江苏、浙江等五省（市）电视台拍摄了《中国七大古都》电视系列片进行宣传；随后又由陈桥驿先生任主编，约请侯仁之与金涛、史念海与辛德勇、邹逸麟、史为乐、李润田、王煦柽等撰写了《中国七大古都》一书，仍由中国青年出版社于1991年10月出版。然而时隔不久，陕西师范大学马正林教授在《陕西师范大学学报》（哲学社会科学版）1992年第2期上发表了《论确定中国"大"古都的条件》一文，对将安阳列为七大古都之一的新说提出了异议。尽管该文未能动摇安阳作为"大"古都的地位，但却由此在中国古都学会内外引起了一次对确定中国"大"古都标准的热议，加深了对"大"古都问题的认识。

到20世纪90年代前期，一批研究郑州商城的考古学家与殷商史学家，根据历经近半个世纪对这座商代前期都城考古发掘与研究的成果，就倡议将郑州列入我国"大古都"之列，提出了"中国八大古都"说。进入21世纪后，郑州地区许多专家学者再次联络国内相关专业学者，特别是与中国古都学会联合，就郑州列入中国"大古都"之列举行了多次研讨会，在古都学界取得广泛的共识。后终于在2004年11月1日至5日于郑州举行的"郑州商都3600年学术研讨会暨中国古都学会2004年年会"上，经到会的专家学者充分讨论，一致同意将郑州列为"大古都"，与北京、西安、洛阳、安阳、开封、南京、杭州原七大古都合称为"中国八大古都"。这一新见解实际上是历经半个世纪，经由古都学家与先秦考古学家、史学家共同深入研讨所获得的一个重大学术成果。因而这一新的学术成果依据是充分的。这一方面是依据自20世纪50年代以来经考古发掘所发现的面积广达25平方公里，遗迹遗物众多的商代前期都邑——郑亳遗址的实物证据；另一方面还依据除郑亳遗址外，其周围还发现存在多座古代都城或具有都邑性质的古城组成的古都群。这一新的学术成果不仅提升了郑州在我国众多古都中的地位，更重要的是由于郑亳是我国主干王朝之一的商王朝前期的都城，其建都年代早于作为商王朝后期都城的安阳殷墟，从而弥补上了原七大古都在历史序列上的这一缺环，有利于我国古都史研究，也有利于我国当前正开展的又一大型文化工程——中华文明探源工程的研究。因而其学术价值及后续影响也是十分重大的。还要指出的是，在郑州被确立为"中国八大古都"之一的广泛研讨过程中，古都学界对判识"大古都"的标准问题又进一步加深了认识，取得了一些新的见解，这无疑对今后继续研讨"大古都"问题将会产生积极的效应。也因此，"郑州商都 3600 年学术研讨会暨中国古都学会 2004 年年会"之后，在由笔者任主编，邀请了王岗与章永俊、李令福、徐长青与宋柏青及刘河明、叶万松与李德方、郭胜强与陈文道、刘顺安、韩品峥与杨新华、徐日辉等知名古都学家分头执笔撰写的《中国八大古都》一书于 2007 年 2 月由人民出版社推出是有其积极意义的。所以该书出版不久，时任中国古都学会名誉会长的前国家文物局局长张文彬先生就在 2007 年 6 月 24 日《人民日报》第八版发表了评论文章《古都研究的新成果——评（中国八大古都）》，指明它是一本翔实有据、简明扼要与可读性强的优秀作品，不仅集中反映了当时我国古都学研究的新进展，也对我国众多古都所在城市与地区之保护、利用、宣传、承继珍贵的古都遗产工作将会起到积极的作用。上述评论意见自是笔者与参加撰著《中国八大古都》一书各位学者的初衷与期望。

（三）　推动古都学术研究为世所用

学术研究要"为世所用"，这是史念海先生一条重要的治学理念；在推动中国古都学研究方面他更是为贯彻这一理念不遗余力。这不仅反映在 1983 年 9 月由他主持召开的中国古都学会成立大会与之后他参加的多次学术研讨会之发言中，更明确地写进了他为第一届古都学术研讨会后结集出版的《中国古都研究》第一辑所写的《序言》中。在该文中他明确写道："古都研究不仅有裨于精神文明建设和进行爱国主义教育，同时也能促进物质文明的建设。尤其是在当前四化建设时期，为了建设新的城市，古都研究更是当务之急。"① 实际上史先生的上述论点也是整个中国古都学会的学术研讨活动的指导方针。除了专家学者们在所写论文中关注现实工作中的具体问题外；还曾在多次学术研讨会上安排一定时间，

---

① 该辑由浙江人民出版社于 1985 年 4 月出版。

由到会专家学者与举办会议城市之有关部门领导举行专题讨论会，就当地古都保护与建设问题提出批评性或建议性意见。如 1984 年 11 月在南京举行学会之第二届年会时，就在会上对南京明城墙之保护问题提了不少意见，引起南京市政府的注意。1989 年秋在江陵会议上，经过与会学者建言后，江陵县政府很快将设在古荆州城墙旁之监狱迁走，恢复了古城墙之原来风貌。

古都学研究，在学术层面上对历史学，特别是对文化史、城市史以及对考古学研究均有显著的推动作用；而在为现实工作服务方面也具有积极的不可或缺的效应。具体来说，如对古都所在城市之规划、建设、管理工作，对古都所在地区文化建设与旅游工作等。

正是对古都学研究所具有的上述之学术意义与应用功能有着较为深入的认识，所以在笔者出任中国古都学会会长后，就更加自觉地着力推进。如自 1999 年起，对每一届年会研讨的内容都凸显了一个相应的主题：1999 年年会就以莒文化作研讨主题，2000 年年会以徐州历史文化资源开发作研讨主题，2001 年年会以赤峰辽王朝故都历史文化作研讨主题，2002 年年会因在成都举行就以长江上游城市文明起源作研讨主题，2003 年年会就以太原建城 2500 年之历史文化作研讨主题，2004 年年会就以郑州商都作为研讨主题，2005 年年会在杭州举行就以中国古都文化与现代旅游发展作研讨主题，2007 年年会就以广州之南越国历史文化及其保护利用作为研讨主题，2008 年年会就以邯郸古都文化作为研讨主题，2009 年年会就以临淄与先秦古都作为研讨主题，2010 年年会就以大同城市文化建设作为研讨主题。这种以会议举办地之古都文化及相关实际工作作为研讨主题的开会方式，既受到会议举办城市政府与民众的欢迎和重视，也有利于古都学之发展，对从事古都学术研究的学者更发挥了良好的引导作用。笔者就曾围绕上述各次会议之主题撰写了多篇学术论文，如在开展古都旅游方面就撰写了《发掘古都文化遗产，发展古都旅游事业》《论大力推进中国古都旅游的意义、作用与对策》等文。①

---

① 详见笔者论文集《中国古都学的研究历程》，中国社会科学出版社 2008 年版。

三　前瞻与建言

孔圣人曾有句名言："三十而立"。① 中国古都学会经过近 30 年的发展，已形成了一支从事中国古都学研究，包含多个相关学科精英学者的基干队伍，也建立了稳定且富开拓精神的领导核心；对推动中国古都学发展，目标明确，步履踏实。因而展望未来，正如中国古都学会 2013 年（开封）年会于 9 月 15 日发出的会议邀请函所述：

> 在我国改革开放与城市化建设蓬勃发展的大好形势促进下，中国古都学会走过了 30 年的光辉路程。我们坚信，随着 21 世纪全面建成小康社会，中华文化重新崛起的盛世的到来，尤其是在中国"文化大发展大繁荣"与"新型城镇化建设"的大形势下，中国古都学会未来的学术研究会更加辉煌。

为促进上述预期的顺利实现，笔者也就目力所及，提出几点具体建议，供新一届学会领导与会员同仁思考。

其一，在继续对我国历史上有文字记载以来时期中原及其周边地区各类型各层次古都开展更为深入研究的同时，建议对我国历史上早期的都邑与边境地区的古都给予更多的关注，加大研究工作力度。

今年夏季，笔者曾有幸参加了浙江省龙游县古都文化研究会举办的"龙游县《姑蔑史考》论证会"，也去黑龙江考察了阿城区的金上京会宁府遗址与宁安市的渤海国上京龙泉府遗址。触动均很大。深感这些古代邦国（方国）都邑与边境地区由少数民族所建政权的都城，都有十分丰富的历史内涵；但目前相关研究还处在起步阶段，对它们展开深入研究，对丰富中国古都学与中华文明探源工程，无疑都具有实质性的推动作用。特别是上述类型的都城，或因时处上古，或因地处边境，文字记载缺乏或不具体，研究难度较大，这就需要古都学者与考古学者、古文字学者、民族学者大力合作，多学科协同攻关，方能取得突破。所以我希望今后

---

① 见《论语·为政篇第二》其四。

古都学研究能在上述两方面取得新的进展。

其二，在继续对我国多级层次多种类型古都开展深入的学术研究的同时，建议对古都所在城市之古都遗迹保护与古都资源发掘工作加大关注和投入力度。

近几十年来，随着国家经济建设，特别是城镇建设的发展，我国一大批古都所在城镇的古都遗迹遭到了令人痛心疾首的破坏，北京城墙与多座牌楼强遭人为拆除就是最为突出的例子！改革开放以来此类问题仍未禁绝，而且不少地方还滋长出"建设性破坏"。一些古都遗迹虽被保护起来，却龟缩在林立的高楼间，或者被一些专业单位采取的保护措施扭曲了原有的历史风貌，也令有识者扼腕叹息！对上述问题我们古都学者有责任大声疾呼，积极倡言。2011 年 11 月，笔者在参加西安市西咸新区召开的西汉昆明池文化生态景区规划论证会时，就针对深圳市城市规划设计研究院有限公司中标后拟制的《汉昆明池文化生态景区建设规划》中确立的在景区中修建花园洋房、联排别墅、高端住宅提出批评，强调汉昆明池景区及周围的设施，应高度统一为汉代风韵，应以发挥复建的汉昆明池生态功能、历史文化教化功能为主，带动旅游业发展；绝不能搞成高端房地产开发区域。当然，另外如何针对不同层次不同类型古都城市之具体特点，在城镇化建设中，通过我们古都学者与相关学科专家的合作研商，提出保持古都风貌的具体建议，也当作为今后需要大力努力工作的一个方面。

其三，在继续对我国各种类型、层次且数量甚大的古都开展具体的实证性研究的同时，建议对中国古都学之学科理论进一步加大研究力度。

众所周知，一门学科之所以得以形成并获得发展，必须要有其深厚的理论作为根基，如此才能使其茁壮成长，达到枝繁叶茂，硕果累累的境地。当然，一门学科在其形成发展过程中，其理论的构建往往滞后于该学科领域实证性研究，这也是符合学术发展实际状况的较普遍的现象。然而我们在回顾 30 年来中国古都学发展历程时，仍然可以明显地感受到，对中国古都学理论的探讨研究过于薄弱。2005 年年初，笔者曾在题为《中国古都学理论建设刍议》（原载《中国历史地理论丛》2005 年第 1 辑；后又收入《中国古都研究》第二十一辑，三秦出版社 2007 年版）一文中，在对《中国古都研究》第一辑至第十九辑所发 533 篇古都学论文进行分类统计中发现专门论述中国古都学理论的论文仅占百分之六七的状况后，即郑重指出："当一门有着深厚的基础与广阔的前景的学科发展到一定阶段时，在继续推进个案性实证性研究的同时，一定要加大理论建设力度；只有深入开展学科之理论建设，构建起系统严密的理论体系，才能使学术界洞悉其性质特点，深刻把握内容范畴，使其从学科之理论思想中，不断获得发展的动力，更好地达到其追求的境界目标。也只有这样，才能使它获得自立于学科之林的牢固根基；这也是其臻于成熟的根本体现。"现在中国古都学会成立已达 30 年，中国古都学这门新型学科的发展也进入到一个更趋成熟的关键阶段；所以我们学会同仁应联络会外之学界朋友，要高度关注并积极投入，在现已取得的实证性研究成果基础上，深思精研，通过一段时间的共同努力，构建出源于研究实践，又能指导研究实践的中国古都学整体理论体系与基本理论思想。使前贤期盼建立的中国古都学能稳固地屹立于学林之中，并在今后获得更为长足的发展！

最后我要说的是，今天当我们在我国"八大古都"之一的开封，隆重庆贺中国古都学会成立 30 周年之际，我们自当要对 30 年前为创立中国古都学会的先贤以及 30 年来为中国古都学会的发展作出过努力与贡献的学会同仁表达由衷的感激！对已故的中国古都学会创立者之一与首任会长史念海先生及其他一批仙逝的先生表示深切的敬悼！

2013 年 9 月 29 日

（原文刊载于《中国古都研究》2013 年第 2 辑，陕西出版传媒集团、三秦出版社 2013 年版）

论赵都邯郸与赵国都城研究问题

一　关于赵都邯郸研究问题

　　邯郸是我国的一座重要古都。若按建都历时长短论，仅以其作为战国时期七雄之一的赵国后期都城 158 年计，就在我国多达 220 多座古都中排名第 18 位。[①] 加之在它近旁尚有临漳、大名、永年等多座古都所在城市以及由它作为代表的赵文化与以蓟（在今北京市）作为代表的燕文化合组而成的燕赵文化，是中华大地上汉文化圈中几个主要的地域文化之一，因此，邯郸在我国历史文化上是一座十分重要又颇具特色的城市。也正因如此，1994 年即由国务院批准为我国第三批 37 座历史文化名城之一；而且除历史上屡为史籍所记述外，至近现代还多次成为学术界研究古代都邑的重要代表性城市之一。

　　论及现代对邯郸之历史与城市特点进行研究，首先还应从考古发掘与研究说起。尽管 20 世纪 40 年代初日本军国主义侵占邯郸期间，有日本学者曾在赵王城、插箭岭、梳妆楼等处进行过考古调查与发掘工作；但在他们后来发表的发掘报告[②]中，仍沿袭我国古代学者的陈说，只认为赵王城为战国时期赵都城。显然他们关于赵都邯郸城的判断是不全面的。幸而在他们的发掘报告发表不久，自 1957 年始，我国考古工作者相继在邯郸地区开展了颇为全面的调查、钻探与发掘，发表了多篇发掘报告。

---

　　①　参见史念海《中国古都概说》，收入史念海《中国古都和文化》，中华书局 1998 年版，第 33—180 页。

　　②　驹井和爱：《邯郸：战国时代赵都城址的发掘》，日本东亚考古学会"东方考古学丛刊"乙种第七册，1954 年。

如北京大学、河北省文化局考古发掘队之《一九五七年邯郸发掘简报》（《考古》1959 年第 10 期）；邯郸市文物保管所之《河北邯郸市区古遗址调查简报》（《考古》1980 年第 2 期）；河北省文管处、邯郸地区文管所、邯郸市文保所之《河北邯郸赵王陵》（《考古》1982 年第 6 期）；河北省文物管理处、邯郸市文物保管所之《赵都邯郸故城调查报告》（《考古学集刊》第 4 辑，中国社会科学出版社 1984 年版）等。这就为全面、完整地探讨、研究赵都邯郸城提供了翔实的实证资料。

继考古学者之后，对赵都邯郸城进行深入研究者，有先秦史、赵国史、都城史、城池史、古都学与历史地理学等学科的学者；而在这方面做得既早又颇具深度的当首推侯仁之先生。还在"文化大革命"尚未结束的 1974 年夏季，侯仁之先生继对首都北京进行了长时间系统深入的研究之后，选定邯郸作为他开展历史城市地理研究的第二个重点对象，在对之进行了实地考察后，写出了《邯郸城址的演变和城市兴衰的地理背景》①之长篇论文。在该文中，作者不仅从历史地理学角度，结合邯郸地区地理环境特点及其变化以及社会历史的演进，较为具体地论明了邯郸城自春秋以来直至 20 世纪 70 年代初二千七八百年间演变历程；并对战国、两汉、金、明等时期邯郸城进行了初步复原，特别是对战国时期作为七雄之一的赵国都城邯郸城的复原。在该文中，作者首先通过对史籍文献的释读、分析，又结合地面与地下之考古发掘资料，以翔实的论据，推翻了旧日的地理著作与地方志书，包括 40 年代初期日本学者关于赵都邯郸城的陈说，指明了战国时赵国都城邯郸并非现今邯郸市区西南之"赵王城"，还应包括春秋时期就已形成，后被埋藏于现今城区以内地表以下 7—9 米深处，被学界呼为"大北城"部分。其次，作者还进一步分析论明了赵王城之建成是在战国初期，赵敬侯元年（前 386）迁都邯郸时所建的是由西、东、北三座相毗连的小城组成的宫城，是一个政治、军事堡垒；而"大北城"则建成于春秋时期，且当时商贸已很繁荣，冶铁、制鞋等手工业颇发达，赵敬侯迁来建都后，即成为赵都邯郸城之"郭城"。而由此"赵王城"与"大北城"，即"宫城"与"郭城"相组合，

---

① 该文后收入侯仁之先生之论文集《历史地理学的理论与实践》，上海人民出版社 1979 年版，第 308—335 页。

才是赵都邯郸城。

侯仁之先生的上述两个学术观点，后遂成为全面准确地研究与认识赵都邯郸城之基石。以后如徐兆奎所撰《邯郸》①、陈光唐所撰《太行山麓赵王城——邯郸》② 与《试谈赵都邯郸故城形成、布局与兴衰变化》③、石永士撰《燕下都、邯郸和灵寿故城的比较研究》④、马正林编著的《中国城市历史地理》⑤、沈长云等著《赵国史稿》⑥、李孝聪著《历史城市地理》⑦，均沿袭上述观点。

当然也有持不同学术观点的，如丘菊贤、杨东晨在合著的《中华都城要览》一书中，对赵国都城邯郸，仍称"由王城、东廓城、北廓城三部分组成，略为三角形。东廓城南北长 1400 米，东西宽 850 米；北廓城南北长 1550 米，东西宽 1275—1508 米；王城南北长 1475 米，东西宽 1387 米。王城有御道通东、北廓城，俗称赵王城。"⑧ 又张驭寰在其所著《中国城池史》中，则将赵国都城邯郸径称为"赵武灵王城"，且认为只由东、西两城组成，也可以说分为东西两个部分。⑨ 而曲英杰虽根据考古发掘资料，承认赵都邯郸由"王城"和"大北城"两部分构成；其"王城"又由西城、东城、北城三座小城构成，平面呈"品"字形；但对王城与大北城之功能却提出了与侯仁之先生等截然不同的见解。他认为"大北城"西北部有一小城，当是春秋时设县之邯郸县城，"大北城"为赵敬侯迁都邯郸后所营建。因大北城将小城包围在内，小城遂成为赵都邯郸之宫城。而"赵王城"建于"大北城"之后，其西城为赵武灵王（前 325 年—前 299 年在位）所修筑，东城与北城则为赵武灵王子赵惠文王（前 298 年—前 266 年在位）续建。终赵之世，赵王城似只为军事离

---

① 收入陈桥驿主编《中国历史名城》，中国青年出版社 1986 年版，第 23—31 页。
② 收入闫崇年主编《中国历代都城宫苑》，紫禁城出版社 1987 年版，第 171—188 页。
③ 载《赵国历史文化论丛》，河北人民出版社 1989 年版。
④ 载中国考古学会编辑《中国考古学会第五次年会论文集》，文物出版社 1988 年版，第41—42 页。
⑤ 山东教育出版社 1998 年版，第 60—61 页。
⑥ 中华书局 2000 年版，第 255—264 页。
⑦ 山东教育出版社 2007 年版，第 84—85 页。
⑧ 河南大学出版社 1989 年版，第 95—96 页。
⑨ 百花文艺出版社 2003 年版，第 44 页。

宫，而不为宫城所在。①

由上述可知，尽管共和国成立以来，对于赵都邯郸的研究已取得长足的进展，但迄今这一领域的研究仍存在许多分歧意见与尚待进一步开展研究的问题。就愚见所及，主要有以下几点：

其一，赵王城与大北城之功能问题。即赵都邯郸之宫城究竟是赵王城，还是在大北城西北之"小城"内。这一问题还牵涉到赵王城与大北城之始建年代。即赵王城是建于赵敬侯元年（前 386）还是赵武灵王时（前 325—前 299），大北城是建于赵敬侯迁都邯郸时，还是建于春秋时期。

其二，邯郸之始建年代问题。史籍曾载，邯郸在春秋时为卫邑，后属晋，战国始属赵。② 迄止 20 世纪末，学界尚认为"邯郸"一名最初见于史籍记载是在《春秋·谷梁传》中，是卫献公元年，即公元前 546 年事。而当时之邯郸，已是手工业与商业颇为发达的城市。由此可知邯郸城之始建应更早，但究竟早在何年，迄今尚无定论。一般只笼统地说邯郸在春秋时已设县，③ 或说"邯郸是东周时代的重要城市"，④ 均无较确切之年代与论据。迨到 21 世纪之 2003 年，中国古都学会与太原市人民政府、太原师范学院在古都晋阳所在地——太原市举行纪念古都太原建城 2500 年学术研讨会暨中国古都学会 2003 年年会时，邯郸市博物馆郝良真馆长在提交大会的《邯郸古代城市研究的几个问题》一文中，根据唐代张守节在其《史记正义》中所述："《括地志》云，沙丘台在邢州平乡东北二十里。《竹书纪年》自盘庚徙殷至纣之灭二百五十三年，更不徙都。纣时稍大其邑，南距朝歌，北据邯郸及沙丘，皆为离宫别馆"，认为在殷纣王时，即距今 3000 年前已有邯郸，且是一处建有殷王朝离宫别馆的重要的城邑。⑤ 此说将邯郸城始建年代向前推至公元前 11 世纪之殷王朝末

---

① 曲英杰：《先秦都城复原研究》，黑龙江人民出版社 1991 年版，第 439—443 页；又见曲英杰《赵都邯郸城研究》，《河北学刊》1992 年第 4 期。

② （清）顾祖禹《读史方舆纪要》卷十五"邯郸县"条；清《嘉庆一统志》卷三十二《广平府》二"邯郸故城"条。

③ 曲英杰：《先秦都城复原研究》，第 439 页。

④ 李孝聪：《历史城市地理》，第 82 页。

⑤ 该文收入中国古都学会等主编《中国古都研究》第二十辑，山西人民出版社 2005 年版，第 446—448 页。

期。是否可成立，最好能作进一步的论证。而对于一座重要的古都与历史文化名城而言，确定其始建年代应是一个较为重要的学术问题。因而需认真加以研究。

其三，赵都邯郸城在秦之后之城址变迁与城内布局问题。侯仁之先生在前揭他所写的长篇论文中虽作了初步研究，他也一再希望能对西汉时赵王宫城以及金（南宋）与明清邯郸县城之确切所在与城市布局，能通过新的考古发现与史籍发掘进一步加以探明；其间还包括结合沁河、渚河等河流之河道变迁进行更为全面的复原。

其四，赵都邯郸之古都文化问题。我曾在多篇论文中，不厌其烦地强调研究古都文化的重要性，将其列为中国古都学当前研究的四个重要问题之一。而综观赵都邯郸，尽管其古都文化资源十分丰富多样，正如邯郸市人民政府在对外进行宣传时介绍邯郸市的材料中所述，邯郸地区拥有女娲文化、磁山文化、赵文化与梦文化、成语典故文化及之后的曹魏建安文化、南北朝佛教文化、大名府文化、广府太极文化、磁州窑文化、近代革命文化等文化序脉。因而值得深入地从多角度多层次开展研究。

二 关于赵国都城研究问题

赵国作为战国七雄之一，甚至被一些学者指为"战国时期除秦以外二等强国"；[①] 立国时间从赵襄子即位之公元前 475 年至赵公子嘉在代地被秦军俘获之公元前 222 年，长达 223 年；极盛时，其领土包有今河北、山西两省之大部与今内蒙古、河南、山东、陕西等省区部分地区。因而在整个战国时期，赵国是一举足轻重的大国，在当时之政治、经济、军事、学术文化等多个方面都具有重要之作用与影响。而作为赵国政治、经济、军事、学术文化中心之都城，自当有着特别的地位与作用。然而综观自 20 世纪以来有关赵国史研究，明显感到对赵国都城研究尚很薄弱。据沈长云教授等著《赵国史稿》所附"主要参考论文目录"，在所列起自民国初年止于 20 世纪末的 262 篇论文中，有关赵国都城耿、晋阳、

---

① 见沈长云等著《赵国史稿》第 4 页。

中牟、邯郸等的论文不过 20 篇；在有关邯郸的论文中，除去考古发掘报告，研究性与记述性文论不过 10 篇。而在所列 95 部 "主要参考书目"中，涉及赵国都城的仅有孙继民等著《邯郸简史》（中国城市经济社会出版社 1990 年版）、陈光唐等编著《邯郸历史与考古》（文津出版社 1991年版）、赵树文与燕宇著《赵都考古探索》（当代中国出版社 1993 年版）三部。进入 21 世纪后，赵都中牟所在之河南省鹤壁市曾先后于 2000 年11 月 14—15 日、2003 年 8 月 17—18 日与中国古都学会联合举办了 "中国·鹤壁赵都与赵文化学术研讨会" "中国古都学会常务理事会暨淇河历史文化资源开发研讨会"，促进了赵都中牟遗址之探寻与淇河文化研究。另一赵都晋阳所在之太原市，也先后于 2003 年 8 月 21—24 日、2007 年 8月 20 日，举行了 "纪念太原建城 2500 年学术研讨会暨中国古都学会2003 年年会" "建设特色文化名城国际学术研讨会暨山西省古都学会2007 年年会"。2003 年太原会议后出版了论文集，即《中国古都研究》第二十辑（山西人民出版社 2005 年版）。该论文集选录了有关古都太原之论文 31 篇与其他古都之论文 15 篇。太原的这两次研讨会，无疑对促进赵都晋阳与太原市之古都文化建设发挥了积极的作用。此外，2000 年以来，学术界对赵国都城的研究还推出了一些论著。除前述郝良真馆长的论文《邯郸古代城市研究的几个问题》外，在沈长云、魏建震、白国红、张怀通、石延博等几位学者合著的《赵国史稿》中，先邯郸，继晋阳，后中牟，对赵国都城相继作了陈述，对一些问题也作出了判断。此书被著名史学家李学勤先生在为其所写之 "序"中誉为 "是先秦史研究中的一项重要贡献"，是关于赵国的系统著作中的 "第一部"。总的来看，此评不虚。然而不足的是，对赵国上述三座都城的介绍是置于该书第九章"赵国的经济与经济制度"中第四部分 "赵国的交通、城市与人口"之"城市"标题下，在全书之章节目录中竟未列 "都城"。而且对邯郸、晋阳、中牟三座都城之述论，仅限于兴废演变与布局状况，对它们在赵国发展上的作用则很少论及。这些不能不说是赵国史与赵国都城研究上的缺憾！

　　从上述可知，对于赵国都城的研究，进入 21 世纪以来，虽然已取得了较为明显的新的进展，但从当前全国文化建设要求与中国古都学术研究之发展态势论，还需进一步加强努力。除晋阳、中牟、邯郸这三座赵都各自尚有许多问题有待深入探研外；从整个赵国都城研究而言，下列几个问题也当予以注重：

其一，赵国究竟先后有几座都城。通常的见解是有晋阳、中牟、邯郸三座；但也有学者提出有六座甚至七座都城。如侯仁之先生在《邯郸城址的演变和城市兴衰的地理背景》文中就写道："赵敬侯迁邯郸之前，赵国的都城已经有过四次的迁移"；并在脚注中写明："赵国始都赵城（今山西汾河中游的赵城），一迁至耿（今山西汾河下游河津县东南），二迁至原（今河南济原县西北），三迁晋阳（今山西太原县），四迁中牟（今河南汤阴县西）"。① 前引徐兆奎撰《邯郸》② 与李孝聪在新著之《历史城市地理》一书③中，均从此说。而丘菊贤、杨东晨在合著的《中华都城要览》一书中，于"赵国的都城"一节里列有"赵历代都邑简表"，在赵城前又加上了皋狼邑（在今山西汾县西）一处，共列有七座赵都。④对这一问题，需通过对赵国史的深入研究来辩证这一歧义。

其二，赵敬侯是由中牟，还是由晋阳徙都邯郸。按《汉书·地理志下》赵国邯郸县下载："赵敬侯自中牟徙此"。而清顾祖禹在《读史方舆纪要》卷一《历代州域形势一》之"赵，河北之强国也"条下，引《竹书纪年》所载：周安王十六年（也即赵敬侯元年，前386 年）"赵敬侯自晋阳徙都邯郸"。此条史料虽否定了元代胡三省所持至敬侯孙赵肃侯时始徙都邯郸说，⑤ 但又提出赵敬侯是自晋阳徙都邯郸说。此说与前述《汉书·地理志下》所载之赵敬侯自中牟徙都邯郸说，孰是孰非，也是赵国都城史上一大疑难问题，也当通过对赵国史的深入研究予以化解。

其三，则是赵国都城之文化内涵、特征、传承与影响研究。赵国都城不论三都抑或六都、七都，它们除各自具有自身之文化内涵、特色外，彼此间也必然具有一定的文化传承、影响作用。因此，需要联系起来，结合这些都城各自为都时赵国之发展阶段政治、经济状况与各都城所处之地域环境，进行深入而又综合的剖析研究，辨析各都城文化之共性与

---

① 参见侯仁之《历史地理学的理论与实践》，第 314 页。
② 参见陈桥驿主编《中国历史名城》，第 24 页。
③ 见该书第 82—83 页。
④ 见该书第 96 页。
⑤ 元代胡三省所论详见《资治通鉴》卷一，胡三省对"邯郸"所作注。

个性，探明其间传承与传播之脉络、规律。这对我们更深入认识赵国古都文化与这些赵国都城之地域文化是十分需要的，也是大有助益的。

此外，我们还可进一步拓宽研究领域，将赵国都城与它们所处区域其他古都，即如将赵都邯郸与燕下都、中山国都灵寿进行比较研究，甚至将之与河北省境内其他古都进行比较研究；也可将赵国都城与战国七雄中其他几个国家之都城进行比较研究，以彰显赵国都城之特色，推进战国史、先秦史与古都学研究。

2008 年 7 月 29 日

（原文刊载于《邯郸学院学报》2008 年第 4 期）

关于深入推进齐都临淄与齐文化
研究的几点刍荛之见

一　齐都临淄是我国先秦时期在推进
历史发展上发挥过重大作用的古都

临淄作为先秦时期东方大国齐国之都城，按《史记·周本纪》及《史记·齐太公世家》载，在西周武王姬发伐纣克商取得胜利，罢兵西归西周都城丰镐后做的第一件大事——大封诸侯之时，即首封师尚父，也即太公望吕尚于营丘，曰齐。武王克商年，据夏商周断代工程专家组研究后论定为公元前1046年。① 其后五传至胡公吕静时，虽曾徙都至附近的薄姑，但为时不长，即被其异母少弟吕山攻杀；吕山自立，是为献公，并于献公元年"徙薄姑都，治临菑"；② 即又迁回旧都营丘，并改名为临淄。献公在位九年卒后，其子武公吕寿立。武公十年，周王室乱，大臣行政，号曰"共和"，③ 是年为公元前841年。自此之后我国历史开始有了明确纪年。据此推算，齐国武公元年为公元前851年，而献公元年则为公元前860年。由此可知，自太公望吕尚于公元前1046年被封建立齐国，并于营丘建立都城后，下历186年定名为临淄。后又经姜齐22君与田齐8君，至公元前221年田齐王建四十年，也即秦王嬴政二十六年时，继韩、魏、楚、赵、燕国之后，最后亡于秦。④ 这样算来临淄作为齐国都

---

① 夏商周断代工程专家组：《夏商周断代工程1996—2000年阶段成果报告·简本》，世界图书出版公司2000年版，第48—49页。

② 《史记》卷三十二《齐太公世家》。

③ 同上。

④ 《史记》卷十五《六国年表》。

城，长达826年。可谓自西周初年至秦始皇统一宇内时期，即西周、东周与春秋、战国时期作为都城历时最长之城市。如再加上秦末诸田王齐、韩信王齐与西汉诸侯国齐国都城所历83年，[①] 以及东汉诸侯国齐国都于临淄历时172年，[②] 还有临淄作为曹魏与西晋时之齐国都城所历年数，齐都临淄建都时间长逾千年。这在我国众多古都中应属少数几个建都历时超过千年的古都之一。[③]

临淄作为自西周初年下历春秋，迄于战国末年之齐国都城，不仅建都历时长，而且在其建都期间，在当时之政治、经济与文化等诸多方面都有重大建树，发挥了积极作用。

在政治上，齐太公吕尚于武王平商封其于齐营丘后，甫至国，即"修政，因其俗，简其礼，通商工之业，便鱼盐之利，而人民多归齐"，齐遂成为西周时期东方诸侯之大国。及周成王少时，管、蔡诸国作乱，淮夷畔周，成王乃使召康公至齐国，命齐太公曰："东至海，西至河，南至穆陵，北至无棣，五侯九伯，实得征之"。[④] 齐国不仅扩大了地盘，增强了实力，而且可以周天子名义征讨五等诸侯、九州之伯中对周王室不

---

① 据《史记》卷九十四《田儋列传》，秦末二世元年（前209）陈涉初起事，田儋即自立为齐王，率兵略定齐地，并建都临淄。田儋战死，齐人立战国末年齐王田建之弟田假为齐王。不久田儋弟田荣引兵逐走田假，立田儋子田市为齐王，平齐地。项羽灭秦后，徙齐王田市为胶东王，封齐将田都为齐王，治临淄。田荣拒不从项羽令，击杀齐王田市，自立为齐王。项王闻之，大怒伐齐，齐王田荣兵败被杀。田荣弟田横乘楚汉相争之机收齐城邑，立田荣子田广为齐王。历三年，汉将韩信率军攻入临淄，于汉高祖四年（前203）被封为齐王。另据《史记》卷九十二《淮阴侯列传》载，汉高祖五年（前202），徙齐王韩信为楚王。又据《史记》卷五十二《齐悼惠王世家》与《史记》卷十七《汉兴以来诸侯王年表》，汉高祖六年（前201）立其庶长子刘肥为齐王，食七十城。后历哀王、文王、孝王、懿王、厉王五世；至汉武帝元朔二年（前127）厉王无后国除，齐国存在75年。连同秦末诸田王齐与韩信封为齐王（前209年—前202）之8年，共长83年。

② 据《后汉书》卷十四《宗室四王三侯列传》，东汉光武帝刘秀于建武二年（26），立其兄刘缜（被追封为齐武王）长子刘章为太原王，建武十一年（35）改封为齐王，为齐哀王。后历五世，至汉献帝建安十一年（206）国除。从建武十一年（35）至建安十一年（206），历时长达172年。

③ 也有学者计算齐都临淄建都时间仅从齐康公二年，即周威烈王二十三年（前403）起，止于田齐王建四十年，即秦始皇二十六年（前221），历时仅183年（见史念海《中国古都概说》，原载《陕西师范大学学报》1990年第1期至1991年第2期；后收入作者论文集《中国古都和文化》，中华书局1998年版）。笔者认为此说观点可商榷，因而未予采信。

④ 《史记》卷三十二《齐太公世家》。

忠者。① 齐国已成为西周王朝所依仗的东方之屏藩。后历十六传至齐桓公时（前685—前643年在位），多次会盟诸侯，"九合诸侯，一匡天下"，② 成为春秋五霸之首。再后至战国时期之田齐国，齐威王（前356—前321年在位）时，齐国大治，作为万乘之国，曾先后战胜赵、魏等国，一度"齐最强于诸侯，自称为王，以令天下"。③ 宣王时（前320—前302年在位），也曾战败魏国，杀其名将庞涓，虏其太子申。④ 至湣王时（前301—前284年在位），一度称东帝，与称西帝之秦昭王东西对峙；并伐宋，割楚之淮北，欲以并周室，为天子，泗上诸侯邹鲁之君皆称臣，诸侯恐惧，⑤ 国势盛极一时。上述史实表明，齐国在春秋及其以前时期，作为西周与东周王朝东方之强藩，以"尊王攘夷"为旗帜，对维护周王室的统治发挥了重大作用，同时也强化了本身作为大国的地位。到战国时期，甚至可以"并周室，为天子"，即统一全国。只是因为战国末期齐王建缺乏雄心壮志，其母君王后"事秦谨"，⑥ 不敢与秦国争锋，错失良机，遂于公元前221年，继韩、赵、燕、魏、楚五国之后，最后被秦国所灭。然而齐国在整个西周与春秋、战国时期之政治舞台上始终居于重要地位。

在经济上，齐国因带山海，太公望初封于营丘时，虽然地潟卤，人民寡；但经太公劝其女功，极其技巧，通鱼盐之利，于是人物归之，缗至而辐辏，因而变而为膏壤千里，宜植桑麻，人民富裕，多文绣布帛鱼盐，⑦ 齐国也臻于富强。至战国时，齐地方千里，有百二十城；⑧ 齐之国都临淄，已为海岱间一都会。不仅城市规模大，结构特别，具有都城之功能与建筑设施；而且工商业十分繁盛。大城内之东北部、中部和偏西部为手工业区，分布有许多铁器、铜器、骨器作坊，并进行铸钱与丝绸生产；还有多处商品交易市场，且与手工业区相邻，居留有大量的手工业者与商人。战国时之策士苏秦在游说齐宣王行合纵之策时曾说道：临

---

① 《史记》卷三十二《齐太公世家》，《集解》引杜预注。
② 《史记》卷三十二《齐太公世家》。
③ 《史记》卷四十六《田敬仲完世家》。
④ 同上。
⑤ 同上。
⑥ 《史记》卷四十六《田敬仲完世家》。
⑦ 《史记》卷一百二十九《货殖列传》。
⑧ 《战国策》卷八《齐策一》之"邹忌修八尺有余"条。

淄城中有七万户，有男子二十一万，其民无不吹竽鼓瑟，击筑弹琴，斗鸡走犬，六博蹋鞠，城中街道上车轮相碰撞，行人肩膀相摩擦，"连衽成帷，举袂成幕，挥汗成雨，家敦而富，志高而扬。"① 语虽涉夸大，但也形象说明了齐国经济之发达与临淄城市之繁华。

在文化上，齐都临淄不仅有将西周礼乐制度传播到齐地并能根据齐地当时具体状况明智地推行"因俗简礼"与发展经济等政策取得大治的政治家吕尚以及辅助齐桓公"九合诸侯，一匡天下"的政治家管仲，还有名相晏婴、军事家孙膑等杰出人物，他们的思想与学说使齐文化已辉曜于世；更值得称道的是，自齐桓公立稷下学宫，至田齐宣王时，"因喜文学游说之士，自如驺衍、淳于髡、田骈、接予、慎到、环渊之徒七十六人，皆赐列第，为上大夫，不治而议论。是以齐稷下学士复盛，且数百千人"。② 这既大为丰富了齐文化之内容，还大为推进了齐国学术争鸣自由发展的局面，对先秦时期其他各国之学术发展也产生了积极的影响。而稷下学宫即在齐都临淄，可见临淄不仅是齐文化之中心，还是春秋战国时期我国一个重要的学术文化重地。

综上所论可以看到，仅以临淄作为春秋战国时期齐国之都城看，在当时之群雄逐鹿，大国争霸的历史风潮中，在政治斗争、经济发展与文化演进中都发挥了十分重要的作用。

二 对齐都临淄之研究虽有相当的进展，但还需从多方面进一步加以推进

齐都临淄，究因其在我国历史的早期地位重要，作用显著，后来虽因历史上的一些原因，地位有所下降；十六国与南北朝时期为齐郡郡治，隋之后至共和国成立初则为临淄县治，1969 年始改为临淄区，由昌潍专区改属淄博市；但对其之记述、研究仍然受到重视。改革开放以来，已有专深的著作推出。如 1993 年山东人民出版社就出版了王志民教授主编的《齐文化概论》一书。2004 年出版的由教育部省属高校人文社科重点

---

① 《战国策》卷八《齐策一》之"苏秦为赵合从说齐宣王"条。
② 《史记》卷四十六《田敬仲完世家》。

研究基地——山东师范大学齐鲁文化研究中心主任王志民教授任主编的
"齐鲁历史文化丛书"中，即有由中国社会科学院历史研究所曲英杰研究
员撰写的专著《齐国故都临淄》。但总的看来，不论就齐都临淄本身所赋
有的丰富的历史内涵而言，还是与另一些同类型的古都比较，都还显得
薄弱。因此，今后还需借助教育部省属高校人文社科重点研究基地山东
师范大学齐鲁文化研究中心与淄博市临淄区之齐都研究机构，推进这方
面的研究。为此，谨从个人认识角度提出一些见解，以期对古都临淄研
究工作有所裨益。

其一是开阔视野，对古都临淄之发展演变进行全面的复原研究。这
可从两方面着手。在时间上，对临淄之研究当然应以它作为齐国都城时
期为重点；但也应下延至西汉、东汉、三国魏与西晋之齐国都城时期。
甚至对西晋之后作为齐郡郡治、临淄县县治阶段之演变状况也进行研究。
在空间上，虽也应以临淄都城遗址作研究重点，但也应拓宽至今张店区
沣水镇战国时昌国城、周村区王村镇战国时逢陵古城，甚至青州市、桓
台县、寿光市等齐都临淄的近畿地区，进行更完整的研究。通过扩大研
究的空间范围，争取能确定营丘、薄姑（蒲姑）之确切地点，以进一步
深化古都临淄研究。

其二是将历史演进与环境变迁结合起来深入研究古都临淄的兴衰
变化。

临淄从西周初年作为齐国都城，即因齐国为西周王室倚重而在东方
各诸侯国中地位甚隆；加之经济繁盛，文化发达，迄止战国末年，始终
是一座重要的都邑。至西汉，其前期作为齐国都邑，政治地位虽有所下
降，商业依然发达，人口达到十万户，[①] 超过了战国时之七万户。汉武帝
时曾在长安做官的主父偃还指出：齐临淄"市租千金，人众殷富，巨于
长安"。[②] 主父偃为齐国临淄人，[③] 此说应是实情。因而，西汉时临淄与
洛阳、邯郸、宛（今南阳市）、成都并称为"五都"，得与京都长安同立

---

① 《史记》卷五十二《齐悼惠王世家》。
② 同上。
③ 《汉书》卷六十四上《主父偃传》。

五均官。① 但西汉末年以后临淄城地位不断下降，由郡治降为县治；1969年改为临淄区，尚为区革委会所在地；1972 年区革委会迁往辛店镇，临淄区建置虽还保留至今，但临淄城已再降为如今之齐都镇。对临淄城的这一演变历程，我国现代历史地理学与历史城市地理学创建者之一、北京大学的侯仁之院士早在 1976 年 12 月在所撰写的《淄博市主要城镇的起源和发展》② 一文中，曾结合历史时期临淄所在地区之宏观地理区位与微观地理条件之变化，对临淄以及辛店、淄川、博山、周村、张店等城镇之形成与演变作过梗概式的论述，对临淄城之发展提出了他的建议。如今时隔 30 余年，我国之经济、社会发展形势经历改革开放呈现出新的格局，而临淄地区也面临着新的发展契机，因而很需要运用历史城市地理学新的理论观点，即结合历史发展、环境变迁与文化嬗变，③ 对临淄城兴起发展历程进行深入剖析，探寻其关键影响因素，为今后之崛起谋求良策。

其三则是对齐都临淄文化继续进行深入开掘与诠释。

在齐鲁文化领域，山东师范大学齐鲁文化研究中心自被教育部批准为省属高校人文社科重点研究基地以来，在主任王志民教授带领下，短短几年就取得了令人瞩目的研究成果，2004 年年底由该中心组织撰写并出版的"齐鲁历史文化丛书"十辑共 100 部专著就是一个显著例证。其中不少即属齐都临淄文化研究范畴，如王志民教授著《齐鲁文化概说》、于孔宝教授著《稷下学宫与百家争鸣》等。从今后进一步推进齐都临淄文化研究论，尚希望能撰写出集中而又系统地阐述齐都文化的专著，包括齐都临淄之建筑文化、学术文化、制度文化等。在临淄古都文化研究中，我认为还应对姜太公、管仲与晏婴之治国理民思想及其中蕴含的政治哲学的研究给予更大的重视，并提升它们在齐鲁文化中地位。因为齐都临淄文化是齐文化的基础与核心，它们对齐地，甚至齐鲁地域文化之形成与发展有着重大影响，因而也是齐鲁文化的重要组成部分。当前，

---

① 《汉书》卷二十四下《食货志》下。

② 该文后收入侯仁之院士论文集《历史地理学的理论与实践》，上海人民出版社 1979 年版。

③ 参见拙文《中国历史城市地理学理论建设刍议》，《西北大学学报》（自然科学版）2009 年第 2 期。

对齐都临淄文化加强研究，显然对推进齐文化与齐鲁文化研究，对推进齐都临淄所在的临淄区、淄博市之文化建设与文化产业发展，对提升上述区域人民精神风貌与建设和谐社会，都有着难以估量的积极作用。

如果说我们对齐都临淄之城市兴起、发展历史进行全面研究，复原其都城原貌是基础性工作；那么对齐都临淄文化以及齐文化进行集中深入研究则是升华性工作，都是古都学研究必须开展的工作。齐都临淄是我国广阔国土上及历史长河中十分重要，而且又很具代表性的一座古都，对它的研究也有很好的基础，所以很希望今后能有进一步的发展，取得丰硕的成果。

（本文系参加 2009 年 9 月 13—14 日由中国古都学会主办的"中国古都学会 2009 年年会暨齐都临淄与齐文化研讨会"提交的论文）

全面认识大同古都文化价值与意义，深入推进大同古都文化研究与古城保护工作

　　古都大同，地处黄土高原东北部之山西省北部大同盆地中，北邻内蒙古高原，东接燕山、太行山俯瞰华北平原，其自然地带为温带半干旱草原栗钙土地带。这一地区，其自然属性决定了由古至今皆宜农宜牧，是我国北方农、牧业交错地带的重要区域；因而也造就了历史上北方游牧民族与南方农耕民族长期在该地区进退回旋争夺交绥以及多个民族与多类文化在该地区不断相互扩散渗透融合嬗变。因此，在几千年的历史进程中，随着这一地区多个民族政治、经济、军事、文化活动的持续开展，形成了自己独具特色的都城文化、宗教文化、军镇文化、长城文化、民居文化、石窟文化等。真可谓花繁叶茂，绚丽多彩。当前要推进大同地区经济转型，并大力开发文化产业，自当应对大同地区之历史文化资源进行深入的开掘与研究。为此，谨对这一问题陈述一些管窥之见，聊充刍荛。

一　从三个层次上全面认识大同古都文化之地位与价值

（一）在全国层次上，大同古都文化是我国北方地区多民族文化融汇形成的新型文化的典型代表

　　夏商时期大同地区即有鬼方、土方等族活动；西周与春秋时有楼烦、北狄等族进住；战国与秦、西汉时，汉族军民北上来此开拓，匈奴等族南下来此游牧，常有征战；而自东汉以降，除匈奴族外，更有鲜卑、突厥、高车、柔然、契丹、女真、蒙古、满洲等族先后进入。3000 多年来，

上述众多民族在这里共同生息繁衍开发建设；其中鲜卑、契丹、女真族还在这里建过国都与陪都，一度使该民族文化成为这一地区的主导性文化。凡此种种均说明大同地区历史上聚合的民族文化之多与融合程度之深，在我国北方农牧交错带上堪作典型代表。因而大同之文化也就分外多姿多彩。

（二）在山西省境内，大同古都文化是三晋文化之重要组成部分

山西省，其南部是西周初年成王封其弟叔虞建立的诸侯国唐国所在地，叔虞死后其子燮父继位改国号为晋国。自此晋国先后有十七代晋侯与二十代晋公，共三十七世即位，历时约 600 多年（自西周成王时至公元前 377 年为韩、魏、赵三国分占后晋国始灭）。①因晋国是最早在山西省境内建立的国家，历时又很长，因此，"晋"遂成为山西省之代称，且也着实有其渊深之含义。自然，"晋文化"也就成为山西省地域文化的称谓。然而，许多学者以"三晋文化"概称山西省地域文化也很相宜。所以山西省成立三晋文化研究会来推进其研究即为这一见识的体现。因而"三晋文化"在文化学领域现已成为指代山西省境内地域文化之通称，且成为与三秦文化、中原文化、燕赵文化、齐鲁文化、荆楚文化、湖湘文化、吴越文化、巴蜀文化、闽台文化、岭南文化、滇黔文化、陇右文化、河西文化、藏蕃文化、西域文化、北方草原文化、东北关外文化等共同组成中华大地上之传统文化的不可或缺的部分。"三晋"在历史上虽也作为周威烈王二十三年（前403）命自晋国分立出之韩、魏、赵为诸侯，因而形成之三国的统称；②但移作山西省地域文化之称谓当不能拘泥于韩、魏、赵三国之文化。因为战国前期，此三国领土时有消长；战国后期，此三国之政治中心又先后迁出山西省境外。再说以"三晋文化"来概称山西省境内之地域文化，实已与"三秦文化"一样，指的是这两省境内南、中、北三个地区文化合成之地域文化。就山西省而言，当指以临汾、侯马为中心晋南文化区（也可称河东文化区）、以太原为中心的晋中文化区、以大同为中心的晋北文化区。此三个文化区构成的山西省地域文化，

---

① 《史记》卷三九《晋世家》。
② 《史记》卷四《周本纪》。

彼此间既有差别，也有一定的共性，因而将它们合称为"三晋文化"，较之称作"晋文化"更具地域特点，也更为贴切。准此而论，大同古都文化自当是晋北文化区代表性文化，是三晋文化重要组成部分。

（三）在晋北文化区，大同古都文化是其核心与主体

晋北地区，即山西省境内恒山与管涔山以北地区，包括今之大同市、朔州市、忻州市，下辖 31 个县、市、区，面积 50018 平方公里，人口 769 万。① 这一地区由于地理区位与自然环境及资源特点，自古即成为北部多个游牧民族南下与南部农耕民族北上的重要通道，也是相互间进退回旋的前沿地带。自战国时赵国赵武灵王"变俗胡服，司骑射，北破林胡、楼烦。筑长城，自代并阴山下，至高阙为塞，而置云中、雁门、代郡"② 后，晋北地区始被赵国建置为雁门郡。③ 此为赵武灵王二十六年（前 300）事。④ 秦以后，随着大同一带成为两汉边城、北魏帝京、隋唐方镇、辽金陪都、明清军镇及现代煤都，晋北地区也相继兴起了多种文化，即前已述及的都城文化、军镇文化、长城文化、宗教文化、云冈石窟文化等。然而也不难看出，在这一地区多种多样的文化中，在历史时期以及在这一地区内最具影响力的文化，因而处于核心与主体地位的还是平城都城文化，也即大同古都文化。

二 以北魏帝都平城为重点，深入推动 大同古都文化研究与名城保护工作

（一）关于深入推动大同古都文化研究方面

前已述及，不论从全国层次、山西省全省层次以及晋北地区与大同市域的层次上，大同古都文化在各个地域层次之文化研究中均具有重要的地位与价值，特别是在晋北地区与大同市域内，更是其文化之核心与

---

① 据《中华人民共和国 2010 年行政区划手册》（中国地图出版社 2010 年版）数据计算。

② 《史记》卷一百十《匈奴列传》。

③ 参见谭其骧主编《中国历史地图集》第一册战国时期赵、中山图，地图出版社 1982 年版。

④ 《史记》卷四十三《赵世家》。

主体。基于此,在深入推动大同古都文化研究方面,当然要以北魏帝都平城作为研究重点,以之带动大同古都文化之研究。然后再以大同古都文化为核心,使依托于它与附着于它,以及作为它之延续的相关文化,如宗教文化、云冈石窟文化、军镇文化、长城文化等,也得以深入开展研究。

关于北魏帝都平城之研究,应当从下述三个层面着手:

其一,在基础性研究层面上,还应加强北魏王朝兴衰历史与鲜卑族发展演变历史研究。尽管在我国通史以及魏晋南北朝断代史上,对北魏王朝及鲜卑族历史有一定程度的述论,然而由于对这一王朝在我中华五千年文明史上的地位与作用认识不足,因而对之研究与表述远未达到应有之深度。且不说远不如周、秦、汉、唐、元、明、清,甚至也不如同样处于多国并立时代的两宋、辽、金。近期《历史研究》2007 年第 3 期与第 5 期上发表了华南师范大学李凭教授的《北魏龙城诸后考实》、武汉大学毋有江博士的《天兴元年徙民与北魏初年的行政区划》等颇见功力的专题研究论文;最近大同学者高平、赵心瑞、刘美云、张月琴、李晟、李昱、李昌等撰写的论述魏都平城宫廷经济、对外贸易、礼仪空间、外交活动等很有深意的论文,均表明这方面研究已有了新的进展,但也表明这方面之研究还需继续致力。

其二,在主体性研究层面上,要大力开展对北魏帝都平城的复原研究。由于北魏王朝于中期之孝文帝元宏太和十八年(494)将都城由平城迁往洛阳,平城地位顿降。加之 6 世纪初北魏末年时平城附近 6 个军镇相继发生兵变战乱,接着北魏灭亡,平城竟毁于战火,沦为丘墟。之后所置之州、县、道、府,均在平城遗址附近另建治所,未予复建。迨至近现代,由于对平城遗址未进行全面的考古勘探发掘,仅有一些中外学者前往进行访古探查,究因时隔近 1500 年,经历代人为扰动,地面遗物稀少,仅有局部遗址查明原貌,对整个平城城内之布局结构与城郊之设施分布尚未能全面复原,这就影响了对一代帝都平城的深入研究。因而急需依据历史文献并通过现代考古勘探发掘进行准确复原研究。我国考古学界通过近几十年对西安、北京、洛阳、郑州、开封等地古都遗址的勘探发掘,已积累了丰富的工作经验,并形成了"都城考古"这一门分支学科，其在古代都城研究中特有的作用与功能已为古都学界普遍认同。①
因此，很希望大同市政府有关部门尽快与中央、省、市考古研究机构联
系，争取他们的大力支持与积极参与，对北魏帝京平城启动全面的考古
发掘工作。关于相关的历史文献，虽然记载有关平城的史籍不如长安、
洛阳的多，但万幸的是，《魏书》《北史》《北齐书》等正史外，北魏杰
出的地理学家郦道元在他所著《水经注》卷十三《灅水注》中，以他亲
历亲见，对北魏前期帝都平城有较为详细的记载。而且因他生于北魏孝
文帝元宏延兴二年（472），② 卒于北魏孝明帝元诩孝昌三年（527），③ 所
见所记之平城为毁于北魏末年战火前之实况，显得更为珍贵，可以作为
复原平城内外重要设施及其分布的重要蓝本。当然，我们在充分利用郦
道元在《水经注》中有关记载对平城进行复原研究时，还当结合考古发
掘与实地考察所获新的确切资料，对之进行新的考证校注与开拓性
研究。④

　　其三，在提升性研究层面上，注重对古都大同文化内涵与特质的
研究。

　　关于研究古都文化的内涵与特质之重要性，我曾撰文阐述道：

　　　　历史上历代列国往往都是以自己的都城作为中心区域创造出代
表一个时代或一个国家的最高水平的文化。这些文化不仅在当时是
支撑各该王朝与政权得以存在的内在精神支柱，还是构成国都，乃
至全国繁华兴盛气象的重要因素；同时古都文化还对古都所在地区
当今的社会生活产生深远的影响。由此可见，广义的古都文化内容
十分丰富，在有关古都研究的各个方面都有所涉及，并不单指文学
艺术，所以看似抽象，实际很具体；而且抓住古都文化研究，可以

---

① 详见刘庆柱《关于深化中国古代都城考古研究的探索》，《光明日报》2010 年 5 月 11 日
第 12 版。

② 陈桥驿：《爱国主义者郦道元与爱国主义著作〈水经注〉》，《郑州大学学报》（哲学社
会科学版）1984 年第 4 期。

③ 《北史》卷二十九《萧宝夤传》。

④ 参见拙文《树立新的理念，继续推进〈水经注〉研究工作深入开展》，《华北水利水电
学院学报》（社会科学版）2010 年第 1 期。

统领有关古都研究的总体内容，推动有关古都的深层次研究。①

正是基于上述认识，要推动大同古都文化向纵深发展，自当继续在前述基础性层面、主体性层面研究基础上，升华到古都文化内涵与特质这一层面上来。应该说，大同地区的学者也注意到这一层面的研究，如今年初姚斌先生撰写的《古都大同之文化特色》、凌建英教授撰写的《帝都视野下的云冈文化》、刘慧芳教授撰写的《昙曜五窟与帝都文化》等，均很有见地；今后当会有更多这方面研究成果问世，以提升大同古都文化研究之整体水平。

（二）关于大力推动大同古城保护与文化资源开发工作方面

北魏前期帝都平城，于北魏末年毁于兵火，之后北齐、北周、隋、唐等代在平城一带所置州、县，均在其附近另建城邑作为治所。至辽、金升为西京，作为陪都，增建城墙防御设施，又在城内修建官衙府邸寺庙民居。此西京形制还保留至元代。明初，为加强北部边防，洪武五年（1372），大将军徐达在辽、金旧城基础上，建成石址砖包城墙，城墙高厚雄伟，配以多种攻防设施，遂成边关雄镇；又在城内修建代王府与相关府署衙门，并相继建成街巷里坊四合院民居。以致时至今日，虽已历6个多世纪，大同古城仍保留明代之风范。当前大同市政府，在推进经济转型与发展文化产业工作中，对大同古城采取了多项保护与修复措施，且已取得一定效果，这无疑是十分正确的。笔者认为，在这项工作中，应在修复明大同城之城墙、城门、城上角楼以及城内牌楼、寺观，进一步保护好代王府门前之九龙壁等重要古迹之同时，还当尽力保持古城内原有之棋盘式街巷格局与一批具有大同独有特色的四合院民居。在北京旧有胡同与四合院民居在开展城市现代化建设中经大规模拆建已几近消失殆尽的现实状况下，大同古城内尚保留有数以千计的四合院民居，真是弥足珍贵的文化遗产。这既可弥补我国北方传统民居在北京等地渐趋消亡的遗憾，也为中外人士观赏、研究我国北方四合院民居提供了十分

---

① 拙文：《中国古都研究与古都之现代化建设》，载安阳古都学会、安阳市地方史志办公室编《中外学者论安阳》，新华出版社1997年版。

完美的范本。使大同地区在云冈石窟、九龙壁、上下华严寺与善化寺、北岳恒山等名牌旅游资源外，又增添了一项富有吸引力的文化旅游资源。犹如红花又加绿叶围护衬托，彼此相映增辉，更加亮丽。当然，这也使大同古城，在整体上更为充实饱满，其历史文化价值也更加得以彰显。而实际上，当认真做好北魏平城帝都现存遗迹与明代大同古城之保护工作，就是保护住了大同地区最主要的历史文化资源之载体，也就为充分发掘这些珍贵的历史文化资源，发展现代文化产业保住了可资长期永续利用，又是本地独具特色的文化资源。这对推动大同地区经济上的现代化建设，提升居民的文化素养，建设和谐社会，都有着不可或缺，也无从替代的作用。

（本文系参加 2010 年 9 月 21—22 日由中国古都学会主办的 "古都大同城市文化建设学术研讨会暨中国古都学会 2010 年年会" 提交的论文）

关于吴都句吴研究的几点刍荛之见

近年来，随着地方经济的蓬勃发展，无锡市在文化建设，特别是吴文化研究方面也取得长足进展，推出一批新成果。为促使无锡市在吴文化研究领域获得更进一步的发展，本文拟就在吴文化研究领域居于核心地位的吴国都城问题，特别是吴国首座都城句吴研究问题，奉献几点刍荛之见。

一 有关吴国早期都城句吴问题
歧义甚多，需倍加重视

《史记》三十世家第一世家《吴太伯世家第一》首段即明确记载：吴太伯与其弟仲雍为遵其父，即周太王欲立幼弟季历之意，两人联袂犇荆蛮。太伯自号句吴，荆蛮义之，从而归之千余家，立为吴太伯。唐人张守节之《史记正义》注释道："吴，国号也。太伯居梅里，在常州无锡县东南六十里。至十九世孙寿梦居之，号句吴"。又释道，寿梦卒，其子诸樊"南徙吴。至二十一代孙光，使子胥筑阖闾城都之，今苏州也"。从上述史籍记载可知，吴太伯与其弟仲雍离先周都城岐邑（在今陕西岐山县凤雏村与扶风县召陈村）后，即来到今无锡市之梅里，建立吴国及其都邑句吴城。从中可判定句吴城建成年代，早于西周文王徙都于丰之公元前 1059 年①。其后历经十九世，至诸樊（前 560—前 547 年在位）时始徙都于其南之"吴"城，即后之阖闾城。若以诸樊元年，即前 560 年断限，

---

① 详见朱士光主编、吴宏岐副主编《西安的历史变迁与发展》，西安出版社 2003 年版，第114 页。

则句吴作为吴国都邑长达 500 多年。句吴城在吴国前期发展史上之重要性于此可以概见。

当然，由于古代史籍记载不够详尽，后世注家也有不同解释，致使对句吴城之论定产生一些歧义。大而要之有以下数端：

其一，有学者认为吴的发端地及其政治、军事重心与基地不在今无锡、苏州一带之太湖平原地区，而在其北、其西之宁镇丘陵地区，句吴城不在今无锡市，而在今丹徒一带；甚至阖闾城也不在今苏州市，而在今无锡、武进县交界处。[①]

其二，有学者认为，太伯所筑的句吴城，不在今无锡市境，而在今苏州西南约 7 公里的越城遗址处。理由是当地曾发现有马家浜文化、良渚文化和西周春秋时期几何印纹陶文化三叠层；越溪、高景山、横塘等地亦发现有新石器时代至西周春秋时期遗址；在太湖湖床深处还出土有多件青铜剑，时代属西周晚期至战国时期。表明自新石器时代起这一带就已经得到原始先民的开发，吴太伯择此地都不是偶然的。[②] 且此城很可能是太伯弟仲雍十九代孙寿梦所筑吴城之旧址。[③]

其三，有学者认为先秦吴国之邑，除句吴城、阖闾城外，还有一座蕃离城。其依据是据《世本》载："吴孰哉居蕃离"。宋忠曰："孰哉，仲雍字。蕃离，今吴之余暨也。"又据《汉书·地理志上》载会稽郡属县"余暨，萧山，潘水所出，东入海。"应劭曰："吴王阖闾弟夫槩之所邑。"由之断定仲雍以后，吴都蕃离，在今浙江萧山县境。至寿梦徙吴，凡十九世。寿梦之后，吴王阖闾之弟夫槩也曾以之为邑。[④] 由此又推论，太伯所筑之吴城，即今苏州西南约 7 公里之吴城，唯太伯时都之，仅一世而已。[⑤]

正是因为关于吴都句吴问题存在上述诸多歧义之处，使其是否在今无锡市内成为久悬未决的问题，以致我国古都学研究的前辈学者、中国

① 详见萧梦龙《对吴国历史文化的新探索》，载江苏省社联历史学会、江苏省社会科学院历史研究所编《江苏史论考》，江苏古籍出版社 1989 年版，第 19—26 页。

② 见曲英杰《先秦都城复原研究》，黑龙江人民出版社 1991 年版，第 208—210 页。

③ 同上书，第 210—211 页。

④ 同上书，第 225—226 页。

⑤ 同上书，第 209—210 页。

古都学会首任会长史念海教授，在其著名论文《中国古都概说》中开列的中国古都所在市、县名录中，江苏省虽列有南京、徐州、扬州、苏州与高邮、常州、镇江、盱眙 8 处，却未列无锡市。①

学术界对吴国早期都城句吴是否在今无锡市区范围内以及句吴为吴国几世所都存在歧义，本不足奇；另外，上述不同见解反而可以激发学术界对之深入开展研究的兴趣与热情。这在无锡市学术界确也有所反应，如无锡国家高新区发展研究院、吴越文化与现代化研究中心黄胜平、李桂林两位学者，就曾在他们合作撰写的《"古都"何以成了"古镇"——无锡新区梅村"江南第一古镇"匾额质疑》一文中，明确建议有关方面对之加以讨论和研究，"让梅里早日恢复勾吴古都的本来面目，尽快重塑勾吴古都的历史形象，努力再现它的历史地位，重振勾吴古都的雄风。"② 这当然是件十分有意义的工作，甚盼得到吴文化研究者们与有关领导部门的加倍重视，促使对这一问题之研究得以尽快开展，借之推进吴文化的进一步发展。

二　苏州木渎春秋古城考古取得重大收获，对吴都句吴研究必将产生积极的推进作用

《中国文物报》2011 年 3 月 18 日"文物考古周刊"，用两版篇幅集中报道了经国家文物局批准，由中国社会科学院考古研究所与苏州市考古研究所自 2009 年秋季至 2010 年秋季，联合开展对苏州西部山区与木渎盆地之先秦时期遗存进行大规模的综合考古调查、发掘与研究，并取得重要收获；其中最重大的收获就是在苏州市西南部与太湖东北侧，包括苏州市吴中区木渎镇、胥口镇一带，即木渎盆地发现了大量春秋时期的城墙遗存与遗物，初步测定古城面积达 24.79 平方公里。参加调查、发掘

---

① 该文原载《陕西师范大学学报》1990 年第 1 期至 1991 年第 2 期；后收入作者论文集《中国古都和文化》，中华书局 1998 年版。本文所论内容，请见该书第 169、172 页。

② 该文载王立人主编《吴文化与和谐文化》，凤凰出版社 2008 年版，引文见该论文集第 413 页。

与研究的专家们认为古城时代特征明确，其修建与使用年代均在春秋晚期；古城规模宏大，是目前所知我国春秋时期面积较大的城址，且城址内遗存种类丰富；因而论定该古城性质明确，是一座春秋晚期具有都邑性质的城址。这一重大的考古收获，与史籍文献记载相互印证，使吴文化研究中的关键问题，即都城问题取得重大突破；也相应地为解决吴国早期都城问题，即本文第一部分所论之吴太伯所筑句吴城问题，提供了重要线索，因而必将对吴国首座都城句吴城之研究与论定其所在地问题产生积极推进作用。因为这一考古发现与研究成果，以实实在在地具有都邑性质且为春秋晚期古城遗址之实物证据，证实了吴国晚期之都城就在今苏州市区西南；那么早于它的吴国早期都城当在其北不远处，而不会在离之甚远的宁镇丘陵地区之丹徒县（今镇江市丹徒区）境。因而吴国之首座都城——句吴城则当在今无锡市内，这在苏州木渎古城这一实物证据的支持下，其可能性自必大为增加。那么现在的问题则是，应像苏州发现木渎春秋古城那样，抓住时机乘势而上，通过深入细致地考古调查、发掘与研究工作，找到实物证据，证实其所在。

三　切实开展对吴都句吴城的考古调查、发掘与研究，进一步推进无锡地区吴文化的研究

前已述明，尽管有多种史籍文献明载吴太伯与其弟仲雍犇荆蛮后所建吴国之都城句吴在今无锡市域内；但因后世以及当今一些学者在这一问题上尚存在不同见解，因而使其确切地址迄今尚无定论。这不能不是无锡地区，乃至整个吴文化地区历史文化研究中的一大缺憾！然而因苏州市近年来通过考古调查、发掘与研究，发现了春秋晚期具都邑性质的木渎春秋古城，为当今解决吴都句吴城之所在提供了良好的契机，因而笔者深切希望无锡地区的吴文化研究机构与学界朋友以及有关领导部门，也能继苏州市之后，争取与中国社会科学院考古研究所合作，在无锡市内，特别是梅山镇一带开展考古调查与发掘。因为确定句吴城之确切所在以及该城究竟是太伯一代所都，还是延至寿梦十九代所都，这两个关键问题都需考古发掘与研究才能提供最具说服力的论据；而在这方面一

且有所突破，不但所有相关之争辩都可止息，还可促使各有关学科领域之专家学者集中精力开展具有实质意义的研究。而句吴古城作为吴国首都，即首座都城之城址一旦发现，其在吴文化起源与发展上的地位及影响都将是无与伦比的。笔者曾在不止一篇论文中强调，古代都城文化在历史文化上的重要地位与作用，具体指明了古都文化具有下述四大特点。即：

——古都文化是历史上一个王朝或一个时代文化之缩影；

——古都文化是历史上以致当今特定区域的代表性文化；

——古都文化内涵丰富，规格甚高；

——古都文化空间辐射力、时间穿透力强劲。①

基于上述学理上之认识，笔者深切希望，将吴都句吴之考古调查、发掘与综合研究工作，列为无锡市下阶段吴文化研究的重大攻关项目，甚至可与相邻苏州市之相关部门及吴文化研究者们联手，着力推进，取得突破。并以之作为突破口，带动我国东南地区重要的地域文化——吴文化取得多方位整体性的发展。

最后，谨献小诗一首，以作结语。

蒙邀参加第六届中国（无锡）吴文化国际研讨会有感

《史记·世家》吴第一，太伯让权世所稀。

维系周室趋梅里，传播礼乐化蛮夷。

建国立都句吴城，史籍曾记在无锡。

若能发现古城址，深化研究虎添翼。

2001 年 4 月 6 日夜成稿

7 日晨补完

（原文刊载于《三门峡职业技术学院学报》2011 年第 2 期）

---

① 详见拙文《论中国古都与中华文化研究之关系》，原载台湾楚汉文化研究会主编《中华文化学术论文研讨会专辑》第二集，2003 年 1 月；后又载《陕西师范大学学报》（哲学社会科学版）2004 年第 1 期。

以大中华视阈继续深入研究
南诏大理古都文化三大问题

　　前不久，笔者应南诏大理历史文化研究会杨周伟会长所请，在为他的新著《百二山河——南诏大理六朝古都探秘》一书所写的序言中，阐述了该书在对公元 8 世纪上半叶至 13 世纪中期崛起于我国滇西高原，国力鼎盛时统治区域包括我国滇、黔、川、桂诸省区，且及于东南亚缅、泰、越多国，历时长达 5 个多世纪的南诏、大理等六个王朝之统治中心，即位于今大理市洱海滨之阳苴咩城等几座都城的多种物质文化与非物质文化异彩纷呈的外部形态及多元融合的内涵要素所作深入精细论述时体现出的"观照整个历史时期之长时段视角"、"超越中华疆界的国际性广阔视野"、"自然要素与人文要素相交融的复合型研治理念"三个主要特点外，还指出作者通过对南诏、大理国几座都城的兴建、存续过程的研究，对这些古都，特别是大理古都的性质与地位提出了一系列新颖独特的见解。如据大理作为南诏、大长和、大天兴、大义宁、大理、大中国六朝古都，自公元 739 年南诏国王皮逻阁正式迁都太和城（在今大理市太和村）至公元 1254 年忽必烈率蒙军占领大理国都阳苴咩城（在今大理市区），在长达 516 年间连续为都未曾中断的史实，认为论建都历时之长，大理在中国众多古都中仅次于洛阳、西安、北京，排名第四；论建都持续时间未曾间断，则在中国众多古都中排名第一；而且还认为，大理在 8—12 世纪东南亚吴哥、蒲甘、卑谬、河内、曼谷诸古都中，应为第一大古都，在中国众多古都中应为第九大古都。上述从大理古都这一实例自身史实出发提出的有关古都学研究范畴的新观点，令人瞩目，发人深思。同时还指出，作者鉴于大理古都位于中国西南滇西高原与东南亚上游我国云贵高原之特殊地理区位，以及历史上造就的曾对东南亚多国施治控驭、文化交融等传统关系，精心设计出"以传承促发展"的"大理古都战略模式"，其具体内容包括建设"大理古都环洱海文化旅游圈"与"中国（大理）——环印度洋古都文化经济战略圈"，以滇西高原或云南高原作为桥头堡，连接中国与东南亚各国，通过协作互助，在 21 世纪里共同取得跨越式发展。无疑这一构想富有历史文化底蕴，又具高度前瞻性，为学术界及相关各国政府决策层提供了拟制发展战略与规划之理论观念及可行方案。①

然而，当我们全面回顾审视当前有关南诏、大理国兴衰及其都城兴废之历史研究状况时，仍然发现，在这一领域虽已推出了前述之优秀成果，取得了相当的进展，但还有一些重要的问题需继续跟进，再作深入研讨。而且今后之研讨仍当发扬前述之三个研治理念，特别是超越中华疆界之"大中华视阈"的治学理念，方能取得创新性与突破性进展。为此，笔者不揣浅陋，对今后何以仍需发扬"大中华"理念以及还需在哪几个主要问题，即本文后述之三个主要问题，如何继续开展深入研究提出一些刍荛之见。

首先是还需对南诏大理国之兴衰历程从大中华视阈作通史性的研究。

前已述及南诏大理国前后相继的六个王朝屹立于以滇西为核心的云南高原长达 5 个多世纪，国势强盛时，其疆域甚至掩有今东南亚区域，达到暹罗湾、安达曼海与孟加拉湾一带，其商贸与文化交流还远至印度、西亚；在中华疆域内一度与当时中原地区的李唐王朝、雪域高原的吐蕃王朝鼎足而立；而同时在世界范围内也是一个颇具影响力的国家。然而由于传统史学观点使然，其历史地位与作用迄今一直未被充分认识。例如，在中国通史性著作中，除较早出版的范文澜著《中国通史简编》（修订本，人民出版社 1965 年版）第三编"隋至元"部分，为南诏国、大理国单列一章，与隋、唐、五代十国、吐蕃、回纥等王朝或政权并立，列出了南诏国与大长和国国王世系表，较具体论述了南诏、大理等六个王朝兴亡史实以及一些主要政治制度与社会经济、文化发展情况外；后出的几种仅在唐、两宋及元代有关边疆民族的节目中有所涉及，未能与辽、

---

① 　该书由云南人民出版社于 2012 年出版。

金、西夏等政权齐肩并立①。而在由中国学者撰著的世界通史中，则只在中古部分之初期、中期，在论及越南、缅甸等国历史时略有述及。② 这一状况显然不足以反映其历史地位与作用。所以，现在应从大中华之视阈，重新审视南诏、大理国之历史作用与地位。一方面促使史学界，能采取范文澜之史学观点，在撰著中国通史时，对南诏、大理国史设专章进行论述；另一方面还当撰著出版专门的南诏大理国史之学术著作，对南诏、大理国史作更为全面具体的论述。

其次是还需对南诏、大理国都之都城布局及其规划理念，从大中华视阈作更具体的复原研究。

诚如一些研究南诏、大理国都城的论著所述及的，在南诏、大理等 6 个王朝自肇建及之后前后相继统治的 5 个多世纪的时间里，其都城经初期的辗转迁徙到定都阳苴哶城的历程中，通过认真选址与不断扩建，终于被建成为雄踞于滇西高原苍山洱海间的壮丽的国都，并作为 8—12 世纪我国西南地区与东南亚地区最大的都城，在政治、经济、文化诸方面发挥了重要的引领历史前进的作用。据前述杨周伟会长在其所著《百二山河——南诏大理六朝古都探秘》中所论，围绕这座雄伟的都城，既在云南高原上建成"五环绕京"之区域体系，又在苍山洱海间建成"三元九重"的结构系统；而阳苴哶城本身又具有内外城垣，且为广袤十五里的繁华之都。上述三方面彼此相结合，在南诏、大理统治的主体区域内构成了一个广阔而又严密的都城体系。这对都城的安全与国力的发展都是十分重要的，值得肯定。当前对南诏、大理国都还需着力进行研究的，除对上述"五环绕京"、"三元九重"等外围区域性格局与规划理念再作更深入研究外，更主要的还是应对都城之核心部分，即阳苴哶城之空间布局，包括宫殿楼阁、苑囿池沼、官府衙署、坛庙祠宇、街巷里坊、官邸民宅之分布及其规划理念作尽可能精细的复原。除写出相关论著外，最好能像西安地区的汉、唐长安城那样，依据史籍记载与考古发掘、现

---

① 见张岂之主编《中国历史·隋唐辽宋金卷》第五章"隋唐五代的民族关系"第三节"南诏与其他西南部族"（高等教育出版社 2001 年版）；又见朱绍侯、张海鹏、齐涛主编《中国古代史》上册第十一章第三节"唐代的民族关系"、下册第十二章第三节"辽、西夏及其他边疆各族与北宋的关系"（福建人民出版社 2004 年版）。

② 见周一良、吴于廑主编《世界通史·中古部分》，人民出版社 1972 年版。

场调查资料，编绘出平面布局图，将阳苴咩等都城之布局状况与特点形象直观地展示出来，以推进对都城相关问题的深入研究。

最后是还需对南诏、大理国之历史文化，也包括都城之文化从大中华之视阈作深入的开掘研究。

南诏、大理等六个王朝连续相替在滇西高原立国长约五个多世纪，其统治中心也一直位于苍山洱海间的大理坝子里，其主都阳苴咩城前后相继作为南诏、大长和、大天兴、大义宁、大理、大中国六个王朝都城长达516年。其间，除前期与李唐、吐蕃王朝爆发过战争，末期遭受蒙元军队侵伐，国力强盛时曾出兵东南亚开疆拓土外；在较长一段时间里都处于相对较为安定的形势下，社会经济获得较稳定的发展，也创造出富于地域特色颇为辉煌的文化。对于这一历史时期南诏、大理国之文化，特别是汇聚于都城阳苴咩城体现出南诏、大理国最高规格的文化，已有不少专家学者从多个层次与角度进行了研究与撰述；特别是有的学者，如杨周伟会长等，还曾对南诏、大理国与大理古都文化揭示概括出其具有的"多元体系的交流与融合"、"大气包容"① 等特点。这些见解与评价显然都是符合史实与现实状况，对准确认识把握南诏大理历史文化与大理古都文化有着积极意义。当前，为着更好地传承发展南诏、大理国优秀历史文化，搞好大理地区以致滇西高原与云南省文化建设，发展文化产业，发挥大理古都作为连接我国西南与东南亚、南亚之桥梁作用，实施好"大理古都战略"，建设好"大理古都环洱海文化旅游圈"与"中国（大理）——环印度洋古都文化经济战略圈"，还应继续以历史文化研究为先导，推进我国西南地区与东南亚甚至南亚各国间的经济、文化交流和发展。在继续开展南诏、大理国历史文化与大理古都文化研究中，当以大中华之视阈，除要注重南诏大理国文化、大理古都文化与中原唐宋王朝、雪域高原吐蕃王朝文化交流融合内容外，还应特别注重南诏大理国在其发展历程中对东南亚各国社会经济发展给予的积极推进史实的发掘研究以及南诏、大理国文化和大理古都文化与东南亚各国文化相互融合促进，共同发展繁荣的史实及事例之发掘研究。以便用这些研究成果为载体，发展文化产业，促进东南亚各国人民对南诏、大理文化，

---

① 参见杨周伟《百二山河——南诏大理六朝古都探秘》。

以致汉文化的认同，进而推动我国云南省以致更广大区域与东南亚、南亚地区各国之文化交流及经贸往来。

（本文系参加 2012 年 8 月 21—22 日由中国古都学会主办的"2012 中国古都学会暨南诏大理古都文化发展论坛"提交的论文）

关于商丘古都古城研究与保护
利用问题的几点初步见解

商丘，作为我国一座重要古都，且堪称我国中原地区以郑州为中心，与洛阳、安阳、开封、鹤壁、濮阳、许昌、南阳环绕其四周，成放射状分布组成的九大古都之一，使我国中原地区之古都群形成九星辉耀群星闪烁的壮观格局；而其历史文化既与前述八座古都紧密相关，又有着自己独有的特点。

当前为顺利完成国家将河南省确定为建成华夏文明传承创新核心区这一战略性任务，商丘十分需要在原有工作基础上，对本身古都古城之历史文化如何继续深入开展研究，并对本身古都古城历史文化如何传承创新及如何开发利用作出新的努力。为此特不揣浅薄，谨对上述问题加以探索，提出几点初步见解，以尽绵薄之力。

一　关于商丘几座古都城址继续
发掘与研究问题

商丘境内之古都遗址，五帝时代帝喾所都之亳暂不论；商王朝肇建者成汤之都南亳，尽管史有明载在今虞城县谷熟镇西南①，但因其遗址为黄河泛滥之泥沙淤积后迄今未能探明其确切位置，亦可暂不论列。而已基本探明的计有下列几座：

西周、春秋与战国时期宋国都城宋城。宋为西周武王于继位十二年

---

① 参见《史记·殷本纪》之集解；《孟子·滕文公下》。

之公元前 1027 年灭殷①后恢复殷纣王庶兄微子开（启）原封位所立之国。② 武王克殷二年后因病崩殂，太子诵立，是为成王。成王年少，其叔周公旦摄政当国。在平定纣王子武庚及管叔、蔡叔叛乱后，明令微子开代殷后，国于宋。并将都邑更名为睢阳。③ 这说明，宋国是承殷末微国而继立。而宋国建立时间则是在周公平定武庚叛乱后不久，约为公元前 1020 年前后；至公元前 286 年宋君偃四十三年齐湣王联合魏、楚灭宋；④则宋国立国并建都睢阳历时约 735 年。

西汉、东汉梁国都城睢阳。西汉梁孝王武以孝文帝前元二年（前178）立；先为代王，前元四年（前 176）徙为淮阳王，前元十二年（前168）徙梁。后历八王，西汉末公元 9 年王莽代汉国绝。⑤ 在睢阳立国前后历时 177 年。而东汉梁节王畅，为汉明帝子，于永平十五年（72）封为汝南王，汉章帝建初四年（79）徙为梁王，章和二年（88）章帝崩梁王就国。后历五王，东汉末献帝建安二十五年（220），魏文帝曹丕受禅代汉，梁王降为崇德侯，国除。⑥ 东汉梁国历时 142 年。西汉与东汉梁国在睢阳建都历时合计为 319 年。

北宋陪都南京应天府。五代后周显德七年（960），殿前都检点、归德军节度赵匡胤率兵抵御北汉与契丹，至开封北陈桥驿处发动兵变，后周恭帝被迫退位，赵匡胤立为帝。因他任职的归德军节度本唐代之宋州，因此，以"宋"为国号，史称"北宋"，改元"建隆"。⑦ 宋真宗景德三年（1006）也因归德军为赵匡胤潜龙之所，将之升为应天府；大中祥符七年（1014）又建为南京⑧，作为陪都之一；直至北宋末钦宗靖康二年（1127）金兵攻破北宋都城东京开封灭掉北宋止。应天府作为北宋陪都之一为时达 115 年。而就在靖康二年五月康王赵构在南京应天府即皇帝位，

---

① 详见拙文《中国七大古都始都年代考》，《陕西师范大学学报》（哲学社会科学版）1996年第 3 期。

② 《史记》卷三十八《宋微子世家》。

③ 《史记》卷三十八《宋微子世家》及《集解》引《世本》所作注释。

④ 《史记》卷三十八《宋微子世家》及《集解》之注释。

⑤ 《汉书》卷四十七《文三王传》。

⑥ 《后汉书》卷五十《孝明八王列传》。

⑦ 《宋史》卷一《太祖本纪一》。

⑧ 《宋史》卷八十五《地理志一》。

是为南宗高宗，并将该年改为建炎元年；同年十月逃往扬州。① 应天府作为南宋王朝首个都城为时不到一年。

上述西周与春秋战国时期宋国都城宋城（又名睢阳）、两汉梁国都城睢阳、北宋南京应天府等几座古都遗址也都在南宋初建炎二年（1128）冬京城留守杜充于李固渡（今河南滑县西南）决黄河，自泗入淮以阻金兵②，之后至清咸丰五年（1855）黄河在兰阳铜瓦厢（今河南兰考县西北）决口改向东北流这段长达 700 多年时期中，历经多次决溢泛滥被泥沙淤积埋于地下③。迨至 20 世纪 90 年代，经中美联合考古队发掘，初步探明了上述三座古代都城以及它们之后的明初归德州城城墙分布与相互叠压关系。④ 至于这三座古都之城内具体布设状况与各自之特点也均因为它们被压于黄河泥沙下而不甚了了。但这三座古都，虽都不是我国历史上统一王朝之首都，但都有其特殊价值，也都十分重要。如西周与春秋战国时期宋国都城，建都长达 735 年。而其邻近区域之先秦时期都城，如在今开封之魏国都城大梁，自魏惠王九年（前 361）自安邑徙建⑤，至秦始皇二十二年（前 225）为秦所灭⑥，历时仅 137 年。又如在今新郑之郑、韩都城，自郑武公元年（前 770）随东周平王东迁后建都于兹，至战国初期之东周烈王元年（前 375），也即郑康公二十一年为韩国所灭；后作为韩国都城，至韩王安九年（前 230）为秦所灭；郑、韩两国相继所建之都，历时也只有 546 年。⑦ 均远短于宋国都城宋城。而两汉梁国都城睢阳，在同时代各诸侯国都城中，堪称规模宏大。史载，西汉梁孝王武，为文帝之窦皇后所生次子，汉景帝同母弟。梁因而为大国，居天下膏腴地。因窦太后爱之，赏赐不可胜道，广所都睢阳城七十里，大治宫室，

① 《宋史》卷二十四《高宗本纪一》。

② 《宋史》卷二十五《高宗本纪二》。

③ 详见中国科学院《中国自然地理》编辑委员会《中国自然地理·历史自然地理》，科学出版社 1982 年版，第 52—65 页。

④ 详见中国社会科学院考古研究所、美国哈佛大学皮保德博物馆中美联合考古队《河南商丘东周城址勘查简报》，《考古》1998 年第 12 期。

⑤ 详见拙文《中国七大古都始都年代考》。

⑥ 《史记》卷六《秦始皇本纪》。

⑦ 见拙文《论新郑古都文化研究与古都文化资源之开发》，《中国古都研究》第十五辑，三秦出版社 2004 年版。

为复道，自宫连属于平台三十余里。① 由此可见商丘历史上这两座都城，都在各自所属之历史阶段颇具代表性，也十分重要。因此，很有必要在前述中美联合考古队于 20 世纪末所作工作基础上，既运用传统考古发掘方式，也采用一些新的技术手段，对宋城、睢阳城与应天府城三座古都，特别是前两座之城内布设状况力争有所廓清。尽管难度颇大，但如能持续不断地坚持进行下去，进一步借助新的科技手段，相信会有所突破，取得具体进展。这无疑对深入准确地研究宋城与睢阳城这两座具有典型意义的诸侯国都城之规划、功能大有裨益，对推进中国古都学的进一步发展也将深具积极作用。

二　关于商丘古都文化深入开掘与研究问题

关于古都文化，笔者曾在十余年前撰写发表的论文《古都文化与现代城市文明》② 中论述道：

回顾历史，我们可以看到：

历史上历代列国往往都是以自己的都城作为中心区域创造出代表一个时代或一个国家的最高水平的文化。这些文化不仅在当时是支撑各该王朝与政权得以存在的内在精神支柱，还是构成国都，乃至全国繁华兴盛气象的重要因素；同时古都文化还对古都所在地区当今的社会生活产生深远的影响。由此可见，广义的古都文化内容十分丰富，在有关古都研究的各个方面都有所涉及，而且抓住古都文化研究可以统领有关古都研究的总体内容，推动有关古都的深层次研究。

在对古都文化作了上述概括性论述后，笔者还对古都文化作了下列四点引申。即：

——古都文化是历史上一个王朝或一个时代文化之缩影；

---

① 《汉书》卷四十七《文三王传》。
② 载《江汉论坛》2004 年第 8 期。

——古都文化是历史上以致当今特定区域文化的中心；

——古都文化内涵丰富，规格甚高；

——古都文化空间辐射力、时间穿透力强劲。

对上述引申的第三点，即"古都文化内涵丰富，规格甚高"方面，还具体述及"举凡历史上物质文化方面的墙垣、宫殿、宅邸、园林、道路、渠剅等建筑与陶瓷、木石、金属器皿以及服饰、食物、舟车等用品，精神文化方面的典章制度、思想观念、语言文字、文学艺术、民风习俗等，古代都城中均应有尽有。有的还是都城中所独有，如皇家宫殿园林等；有的虽然其他城市也有，但唯都城所具规格最高。"

上所述，均为"古都文化"之总论，至于各古都，又当在前所述古都文化总论所涉范畴基础上各具特点。

就古都商丘而言，当前对其古都文化之深入开掘与研究，愚以为可以从下述两方面着手：

其一，对已被论定为商丘地区具有代表性的古都文化，如火文化与商业文化进一步加深研究。

火文化显然与商丘市睢阳区广泛留传的旧石器时代中期古人阶段中原大地上燧人氏钻木取火的传说以及曾为"火神"阏伯的封地，迄今尚有"阏伯台"遗存等有关。以致当地素有"火都""火墟"之称。2007年睢阳"火神祭祀"出因此入选河南省非物质文化遗产名录。而商业文化则显然因早期商部族长期在以商丘为中心的豫东地区活动，其先祖中的相土与王亥，均曾驾着牛车到附近区域进行贸易，开启了我国历史上商业活动。① 近多年来，学界经过论证与研讨，商人、商业起源于商丘以及商丘是中国商业的发源地，已被基本认可②。

当前，对商丘地区这两大古都文化如何进一步传承创新，是亟待认真对待的问题。笔者认为首先还当对这两大古都文化之历史文化精髓深入加以发掘。如古人在长期蒙昧中学会了从保留自然火种到钻木取火的

---

① 参见张岂之主编《中国历史·先秦卷》（该卷由刘宝才、钱逊、周苏平主编），高等教育出版社 2001 年版，第 44—45 页。

② 详见 2004 年 7 月 1 日《河南日报》所载《中国商业文化源头在哪里？知名专家齐指商丘》之报道。

技能，这就促使古人达致了"人猿揖别"的划对代的境界，从而进入文明时代；而商业活动的出现，又大为推进了人类经济社会的跨越式发展，突破了自给自足经济模式与封闭式社会结构，对人类历史的发展带来了无尽的活力。在不断加深对火文化与商业文化重大历史文化作用认识的前提下，还应当对它们在传承中如何创新发展作出努力，这就需要紧密结合当前我国经济社会发展的需要，首先是遵照2016—2020年建成小康社会的需要来作出应有的努力。

其二，开阔视野，提升理念，挖掘新的既有深厚根基，又具时代价值的古都文化。

商丘地区历史渊源悠久，文化积淀丰厚，值得开掘的新的古都文化尚多。其中一项当为自殷商末西周初宋微子开发端，下延至北宋时之范仲淹，乃至明末清初侯方域等明君贤臣以及有家国情怀的士人心系朝政锐意改革的精神。这主要表现在宋微子开，惩于殷纣王淫乱于政，在周灭殷，周武王复其位仍国于宋后，坚持仁贤施政，故殷之余民，甚戴爱之。① 而范仲淹，秉持其"居庙堂之高，则忧其民；处江湖之远，则忧其君"以及"先天下之忧而忧，后天下之乐而乐"② 的信念，在南京应天府主持应天书院时，即针对北宋王朝的诸多弊政，培养集聚了一批改革派人士，并被宋仁宗（1023—1063年在位）任命为参知政事，主导了仁宗庆历三年至四年（1043—1044）之"庆历新政"。尽管这次变法改革为时很短，仅一年多便夭折，③ 然而以范仲淹为首的北宋应天书院出身的官员、士子变法图强的精神是值得赞佩的！其流风遗韵影响及于后代，明末清初世居归德府城中的侯太常执蒲及其子户部尚书侯恂、祭酒侯恪乃至其孙侯方域均因忧虑朝政，感愤权奸，或上疏朝廷，或纵论时事，大力主张去弊政，正官制，惩贪腐，惠民生。④ 虽未能挽狂澜于既倒，但他们这种心怀天下的情操，也正是范仲淹治国理念的余绪。同样是值得肯

---

① 《史记》卷三十八《宋微子世家》。

② 范仲淹：《岳阳楼记》，载（清）吴楚材、吴调侯编选《古文观止》卷九，山西古籍出版社2003年版。

③ 参见张岂之主编《中国历史·隋唐辽宋金卷》（本卷主编张国刚、杨树森），高等教育出版社2004年版，第208—209页；又见《宋史》卷三百一十四《范仲淹传》。

④ 参见侯方域《壮悔堂文集》。

定的。前述历史上政治领域除弊革新事件因在都城或故都所在城邑中表现最为集中强烈，所以也当作为一种古都文化。而这种古都文化在商丘所在的几座古都中既然有明显表现，我们今天就当加以揭示总结，并力争将之发扬光大，用以推进当前我国之改革开放宏伟事业。

三　关于商丘明清古城保护与利用问题

商丘因系契后裔汤始建商国处，后又历为西周迄止战国时诸侯国宋国以及西汉与东汉之诸侯国梁国都邑，下至北宋曾为陪都，又曾为南宋首建之都，虽然它们均先后为黄河泛滥所挟带的泥沙淤积淹埋，但之后在前述几座古都遗址上所建明、清归德府城之城墙、城河与城堤迄今保存完整，城内棋盘式道路、四合院民居也依然保持着往昔之格局与风貌。所以 1984 年至 1986 年经建设部、文化部多次组织专家审议，在各省、自治区、直辖市推荐的八十个城市中，商丘与平遥、丽江等三十八个城市被确定为全国第二批历史文化名城，并报请国务院批准后于 1986 年 12 月 11 日正式公布。这样，商丘在河南省也成为继洛阳、开封之后，与安阳、南阳同时被列入第二批国家历史文化名城。[①] 近 30 年来，商丘在保护、宣传、开发利用历史文化名城资源方面做了许多颇具实效的工作，特别是坚持保持明清归德府城之城墙、城河的完整性与原真性，在古城之外另建新的城区，可论为在保护古城池、古街巷、古建筑方面达到了完美的境地。为了进一步发挥商丘古都文化与历史文化名城资源在当今推动地方经济社会发展方面的积极作用，尚应在下述几个方面再作努力。

首先，在对古城内棋盘式街道与古城内外多种古建筑、古遗址继续严格加以保护并进行必要的及时的适当的维修前提下，应分类进行综合性研究，加强宣传，推进旅游。

尽管商丘古城内外古遗址、古建筑甚多，但大要可分为下列五类。即：

——古代陵庙祠台，如燧皇陵、帝喾陵、商祖祠、微子祠、微子庙、

---

① 参见中国城市科学研究会历史文化名城委员会秘书处编《国家历史文化名城审批材料汇编》（陕内资图批字 2003 年 136 号），2004 年，第 39—50 页。

性善祠、文雅台、水莲台等；

——古代官府衙署，如归德府衙、商丘县衙、归德府城隍庙、商丘县城隍庙等；

——古代书院学堂，如应天书院、范文正公讲院、归德府文庙、归德府儒学等；

——古代名人宅邸与民居，如明代侯执蒲宅、侯恂宅、侯恪宅、侯方域壮悔堂、叶廷桂宅、宋权宅与清代贾开宗故居、陈氏四合院、穆氏四合院等；

——近代革命旧址，如淮海战役总前委后勤机关旧址、淮海战役总前委旧址、中共中央中原局扩大会议旧址、中共中央中原局扩大会议秘书处旧处等。

其次，则是对与古城联为一体相互辉映的环城湖着力加强保护开发。这主要是因为，不论在我国现有的一百余座历史文化名城，乃至上千座县级以上城市中，如商丘这座由湖泊四围环绕，城在水中央的城湖一体格局实为罕见。据笔者行踪所至，除商丘古城外，仅在河北省广平县见有一例，但其规模气势远不能与商丘相比。这种湖绕城，实为湖中城或称岛城的模式，不仅因其罕见而当为人们所称道；更重要的是其构成的独特优美的景观与宜居怡人的生态环境而当倍加珍惜。而在对其保护中应特别注重的当为固堤护岸，调控水量，保护水质；当然在做好前述工作后，也可适当发展水生生物养殖，开展水上游乐活动，营建小型人文景点，使其更添秀美，永续存在！

2015 年 11 月 10 日初稿

12 月 8 日改定

（原文刊载于《中国古都研究》2015 年第 2 辑，三秦出版社 2015 年版）

郑州增列为中国"大古都"之意义与
作用及其今后应有之担当

地处我国中原地区腹心区位的商代前期都城所在城市郑州，自 2004年 11 月 1—5 日由中国古都学会召开举行的"郑州商都 3600 年学术研讨会暨中国古都学会 2004 年年会"上，经与会的 182 位专家学者充分研讨，被确立为我国第八大古都，并在《郑州商都 3600 年学术研讨会暨中国古都学会 2004 年年会纪要》[①] 中郑重予以昭告以来，迄今已经十年了。十年来相关的实践证明，将郑州列为我国八大古都之一，不仅拥有充分的学术论据，符合相关的学术理念；还对我国之古都学术研究与古都历史文化遗产保护、古都历史文化产业发展均发挥了积极推进作用。由此可见，在 10 年后的现今，对我国古都研究中这一盛事进行回顾，仍有其现实的意义与作用。本文拟就此问题，就管见所及对古都郑州增列为中国大古都之意义、作用及其今后应有之担当陈述一些相关见解。

一 郑州增列为我国大古都启示之申论

郑州，尽管位于我国中原枢要之区，地处我国黄土高原东南端与华北平原接合部上，其市域内曾先后发现数以百计的旧石器时代与新石器时代遗址[②]，表明自古即是我先民生息繁衍的一方热土；而且除其主城区

---

① 该《纪要》后被收入中国古都学会、郑州古都学会编《中国古都研究》第二十一辑，三秦出版社 2007 年版。

② 详见张松林主编《古都郑州》第二章、第三章、第四章第一节与第二节，杭州出版社 2011 年版。

曾为商代前期亳都外，其周围还分布着数量甚多的早自黄帝时代晚至北宋的都城群，本在古都领域拥有崇高的地位。然而由于其主城区之商代前期都城亳，于公元前 1600 年建都，后历九王 175 年，至仲丁迁都于隞（在今郑州市区西北石佛乡小双桥村西南部）之后①即湮废无闻；尽管因其市域范围所处地理区位与自然条件优越，自秦汉之后长期作为古代军事要塞、漕运中心、手工业与商贸重镇、文化荟萃之地载于史册②，究因亳都湮废后在其邻近区域建立的城邑，多为历代二、三级政区治所，以致到民国时期，在芦汉铁路（后改称京汉铁路）与汴洛铁路（即之后的陇海铁路一段）通车，当地成为中原地区乃至我国东部区域新兴的铁路交通枢纽后，在今郑州市城区内设置的仍为郑县；其间虽曾于民国十六年在城区置郑州市，次年成立了郑州市政府，但又于民国二十年被裁撤，仍并入郑县③；直至 1954 年 4 月在进入共和国时期后，河南省省会由开封迁入郑州，郑州始成为地方一级政区治所。正是由于这一历史发展过程，尽管至 20 世纪 50 年代初商代前期都城亳都经考古发掘重又展露在世人眼前后，这虽使让其恢复古都，甚至大古都的名分具有必要性与可能性；但毋庸讳言，做好这一工作也具有很大的难度。因为从前述可知，自商代前期亳都湮废后，郑州城区曾为古都之史实也寂然无闻，史籍缺载。即如《汉书·地理志》，在卷二十八上之《地理志第八上》河南郡中，于"偃师"下记有"尸乡，殷汤所都"；而在述及今郑州市之荥阳、中牟等县时，均未提及殷汤亳都。迨至《清史稿》卷六十二《地理志九》河南省之郑州直隶州中同样对殷汤亳都无载。迨至近现代，就是在 20 世纪 50 年代初，殷汤亳都遗址被发掘面世，郑州成为河南省会之后，郑州市也只是以河南省省会、全国交通枢纽与商贸中心闻名于世。以致中国古都学会创始人之一，学会的首任会长史念海先生在他于 1990 年至 1991 年连续刊登于《陕西师范大学学报》（哲学社会科学版）上的《中国古都概论》一文中，仅对邹衡先生论定郑州市所发现的商城遗址为汤

---

① 详见张松林主编《古都郑州》第五章第二节。
② 详见张松林主编《古都郑州》第八章。
③ 参见傅林祥、郑宝恒《中国行政区划通史·中华民国卷》第十七章"河南省"，复旦大学出版社 2007 年版。

所都的亳这一重要见解一笔带过，而在同文所开列的中国古都名录上，于河南省下虽有洛阳、开封、安阳等 14 处，却无郑州之名①。然而就是在这种情况下，河南省、郑州市的相关学科专家与相关政府部门及领导，知难而上，自 20 世纪 90 年代初以来，通过多方面深入研究与广泛宣传，历经十多年努力，终于解决了这一难题。

对于古都郑州自 20 世纪 90 年代初以来，争取增列为中国大古都所作的多方面努力的过程及其原因与启示，中国古都学会秘书长李令福研究员曾有专文《郑州列入"中国八大古都"的原因、过程及启示》详加论述②。内中关于启示部分，着重强调了"客观的考古发现是基础，大家的学术论证为依据"，此论是颇具见地的，笔者深表赞同。这里还想对该论点再加引申。主要强调以下三点，即：

——首先这是我国都邑考古学、殷商史学、先秦史学与古都学等多个学科共同合作深入研究的成果；

——其次也是前述相关学科众多专家学者在郑州市有关政府部门与领导的支持以及郑州市广大市民的积极参与下长期坚持不懈共同努力的结果；

——最后则是学术上的深入研究与对亳都遗址、遗物的认真保护以及广泛宣传取得实效的结果。

二　古都郑州增列为大古都后的积极意义与作用

2004 年 11 月古都郑州增列为我国大古都以来之十年实践表明，当年古都学术研究上的这一盛举并不仅仅给古都郑州增加了一个荣衔，带上了一个光环；而是在其带动下，实实在在地发挥了一系列的积极效应，具有多方面的意义与作用。举其大者即有下述几点：

其一，补上了我国历史上主干王朝都城链条上的重要缺环，推动了

---

①　该组论文原载《陕西师范大学学报》（哲学社会科学版）1990 年第 1 期至 1991 年第 1 期，共 5 篇；后集合成一篇，收入史先生论文集《中国古都和文化》（中华书局 1997 年版）。

②　该文载中国古都学会编《中国古都研究》2014 年第 1 期，三秦出版社 2014 年版。

殷商史学研究与中华文明探源工程进展。

我国历史上的主干王朝，如暂以太史公司马迁首加记载的夏王朝始，4000 余年来历朝之都邑，自安阳殷墟被论证为是商代后期商王盘庚所迁建都城后，西周以下各主干王朝之都城均有定论，且都与西安、洛阳、开封、北京、南京、杭州以及安阳"七大古都"相关。古都郑州增列为大古都后，不仅使这一在学界探讨多年未有结论的商代前期都城问题尘埃落定，补上了商代前期都城这一缺环；而且还使今郑州市域内多座业已探明的夏代都邑，如登封王城岗、新密新砦、巩义花地嘴与稍柴遗址①等也纳入到"中国八大古都"系列。通过进一步地深入研究，可使"中国八大古都"更完整地建构起中国自夏朝以来主干王朝都城之连续不辍的链条。并由此推进了殷商史学研究与中华文明探源工程的深入开展。

其二，推动了我国大古都研究与保护工作的深入开展。

回溯我国大古都记述与研究的历史，正如我国现代历史地理学创建者之一，已故谭其骧院士生前指出的，是在 20 世纪 20 年代才有论著将西安、洛阳、北京、南京、开封并称为"五大古都"；到 30 年代又将杭州加入，合称为"六大古都"。② 当时人们对我国"大古都"似乎还处于习惯性认识阶段，对"大古都"之标准尚未深究。直到 80 年代经谭先生力倡，又经中国古都学会同仁认真研讨，于 1988 年 8 月在安阳市举行的中国古都学会第六届学术研讨会上达成共识，将安阳增列为大古都，连同原有之六大古都遂有了"中国七大古都"一说；斯时也开始将确立"大古都"标准作为一个学术问题进行研讨，不少学者见仁见智提出许多见解，大多不外乎建都历时要长，都城规模要大，在历史上发挥过重要作用以及现在在它之上或其近旁形成发展有重要城市等。后在进入 21 世纪以来研讨将郑州增列为"大古都"时，笔者于 2003 年 11 月 30 日在北京举行的郑州商都 3600 年学术座谈会上与 2003 年 12 月 28 日在郑州市举行的郑州古都学会成立大会上发言中，又在上述意见基础上概括并增补了

---

① 详见张松林主编《古都郑州》一书第五章第一节之"三、郑州商城的性质"与第四章第三节"夏都遗存探寻"部分。

② 该论见见谭其骧先生为陈桥驿先生主编之《中国七大古都》（中国青年出版社 1991 年版）所写的《序》。

一条，即该古都"应是我国历史上主流（或主体、主干）王朝或政权的都城"①。应该说上述确立中国"大古都"的判识标准均有其学理依据，也逐步获得学界共识。然而我们还应看到，在郑州被增列为"大古都"后，在推进了对"大古都"学术性研究的同时，还推进了"大古都"实践上应有之担当的研讨。其基本要点就是，作为中国"大古都"不应空享荣衔，还应不断有所作为，发挥其"大古都"应有之作用。郑州就堪称是这方面的典范。自 2004 年以来迄今十年中，郑州一方面通过郑州古都学会等学术团体，立项研究课题 150 多个，委托重大研究课题 5 个，产生了一批有影响力的学术成果②；另一方面郑州市各级政府部门又信守了 2004 年 11 月 5 日时任中共郑州市委宣传部长杨丽萍女士在郑州商都 3600 年学术研讨会暨中国古都学会 2004 年年会闭幕式讲话中所宣示的进一步加大宣传力度，进一步加大保护力度，进一步加大执法力度的诺言③。这方面实例甚多，不胜枚举。由此可见郑州在增列为我国"大古都"后，在推进大古都研究与保护工作方面都起到了良好的带头示范作用。

其三，推进了中央确定的河南省建设华夏历史文明传承创新区宏大工程的进展。

河南省地处我国中原大地，是华夏文明根源所在。所以在国务院为河南省中原经济区确定的五大战略任务中，就有一项是建设华夏历史文明传承创新区；这既是它的历史职责，也是现实发展的需要。而郑州增列为我国大古都后，正好为加快这一宏大工程建设增添了强劲动力。促使郑州在完成这一战略性任务中处于核心与龙头地位，并建成华夏历史文明传承创新区之核心示范区④。这当然除了郑州作为河南省省会城市处于全省政治、经济、文化中心地位，拥有人才优势外，还具有"大古都"之历史文化品牌。

---

① 拙文：《在郑州古都学会成立大会上的讲话》（2003 年 12 月 28 日），载笔者之论文集《中国古都学的研究历程》，中国社会科学出版社 2008 年版。

② 见《光明日报》专题调研组：《呵护中华文明的历史见证——大遗址保护的郑州经验》，载《光明日报》2014 年 5 月 13 日第 11 版。

③ 该讲话收入《中国古都研究》第二十一辑，三秦出版社 2007 年版。

④ 见李立新《建设华夏历史文明传承创新区应注重顶层设计》，《中国社会科学报》2012 年 7 月 11 日第 B06 版。

三 古都郑州作为"中国八大古都"
之一今后应有之担当

古都郑州在增列为"中国八大古都"之一后，在历经的十年中，在古都研究与保护以及发展与古都文化相关联的文化产业方面都取得了不少新的进展，发挥了郑州作为大古都所禀赋的责任与作用。基于此，面对未来，还应继续有所担当。对此，我拟从古都学研究角度提出几点建议，供同仁们考虑。

1. 充分发挥郑州居于中原地区古都群中心区位的优势，带动中原古都群研究与保护工作整体向前发展

前已述及郑州市除在主城区繁华地段拥有商代前期的都城亳之外，在其市域内还存在一个为数众多的古都群。如果我们将视阈扩大到整个中原地区，西越洛阳到三门峡，东包开封，北抵安阳，南跨许昌，古都数量则更大；而且还是有的学者划定的我国古都群中古都数量最多，类型也最为多样丰富的古都群①。因郑州作为大古都，在这一古都群中位置居中，又是河南省会所在，具有责任与条件联合洛阳、开封、安阳等另三个大古都共同致力带动中原古都群各古都之研究与保护工作整体上不断向前发展。

2. 依托郑州古都群丰富的我国早期都邑遗址资源，继续深入开展调查、发掘与研究工作，大力推动我国历史早期都城研究取得突破性进展

前已述及，郑州市域内有着多座业已经过考古发掘可以论定是夏、商时期具有都邑性质的古遗址，甚至还有如郑州市北郊西山古城这样的新石器时代仰韶文化晚期的城址与郑州市下辖的新密市古城寨这样的龙山文化晚期的建有大型宫殿基址的城址②。如也像前述那样，将我们的眼光突破郑州市域，扩大到四周之洛阳、开封、安阳、许昌等市域内，可值得关注与研讨的属于我国黄帝以下至夏、商时期且具都邑性质的古城址就更多了。面对这一大批年代早，规格高，且数量大，分布区域相对

---

① 参见张轸《话说古都群——寻找失落的古都文明》，吉林文史出版社 2009 年版。
② 详见张松林主编《古都郑州》之第三章、第四章与第五章。

集中的具有都邑性质的我国历史早期的遗址，自当会引起郑州与邻近地区以致海内外的古都学、古史学者的浓厚兴趣与极大关注。当然我更希望郑州古都学会、郑州中华之源与嵩山文明研究会能勇挑重担，充分利用自己区域内与邻近区域中的这笔丰硕的珍贵的历史文化遗产，继续抓紧开展我国早期都邑，也即自黄帝至夏、商时期都邑之研究，在现已取得的成果基础上，再上一层楼，取得新的突破性进展，对中国古都研究与中华文明探源工程作出新的重大贡献。

3. 着力加强郑州地区古都群之古都文化研究，以便为将中原经济区同时建成为华夏历史文明传承创新区作出切实的贡献

正如前文所述，郑州增列为"大古都"不仅对郑州地区文化建设与文化产业发展增添了活力，也为之后国务院确定的中原经济区还要同时建成华夏历史文明传承创新区这一战略任务加大了助推力。有学者在为之作顶层设计献策时提出的"一核、两翼、三级、四区块、多节点"建议中，其"一核"就是依托郑州"大古都"的历史文化品牌，同时又立足郑州省会城市的政治、文化中心地位，发挥人才、技术、资本、区位优势，以充分发挥其带动效应①。可见郑州作为"大古都"在建设华夏历史文明传承创新区这一宏大工程中所具有的重大作用。而为了出色地发挥出这一作用，郑州自当要全面加强古都方面的学术研究与遗址遗迹的保护工作，而其中尤应将古都文化之研究与古都文化产业的开发列在重要地位。其原因也正如十年前笔者在《加强古都郑州研究推进中国古都学发展》② 一文中所论：

> 因为历史上历代列国往往都是以自己的都城作为中心区域创造出代表一个时代或一个国家的最高水平的文化。这些文化不仅在当时是支撑各该王朝或政权得以存在的内在精神支柱，还是构成国都乃至全国繁华兴盛气象的重要因素。同时古都文化还对古都所在地区当今的社会生活产生深远的影响。由此可见，广义的古都文化内

---

① 见李立新《建设华夏历史文明传承创新区应注重顶层设计》。

② 该文收入郑州市人民政府、中国古都学会、中国殷（商）文化学会编《郑州商都3600年学术论文集》，中州古籍出版社2004年版。

容十分丰富，在有关古都研究的各个方面都有涉及。而且抓住古都文化研究就可以统领有关古都研究的总体内容，推动有关古都的深层次学术研究与有关古都研究成果的应用性研究。一些专家、学者以及一些地方政府的领导人曾深刻地指出，历史文化往往是一个地区、一个城市的根基与灵魂。而在历史文化中，最高层次的当数古都文化。因而，自当作为开展古都研究的重点内容。

有鉴于此，甚盼由郑州古都学会与嵩山文化研究会整合组建的郑州中华之源与嵩山文明研究会能进一步加强对古都文化研究的统筹与支持力度，推动其获得创新性发展。

总括以上所论各点，如能在将古都研究作为重要内容开展的建设中原华夏历史文明传承创新区工作中，能在作为我国八大古都之一的郑州市区内尽快建成一座古都博物馆，将所进行的中原大古都群、我国早期古都以及古都文化研究成果都收纳进去并展示出来，无疑对将郑州建成华夏历史文明传承创新区中之核心示范区将起到画龙点睛的传神作用，甚而还可能通过进一步努力将建在"大古都"郑州之古都博物馆升格为国家级博物馆，则更可发挥出如前引《建设华夏历史文明传承创新区应注重顶层设计》一文中所述及的大古都郑州之文化引领力、文化凝聚力、文化服务力、文化生产力、文化创造力与文化影响力，不仅可推动中原历史文明走向全国，还可推动中华文明走向世界。

2014 年 9 月 6 日

（原文刊载于郑州古都学会、嵩山文明研究院主办《古都郑州》2015年第 1 期）

突出古都与古都文化研究，
打造华夏文明传承创新核心区

中央近期明确要求河南省在建设中原经济区时，除大力发展经济外，还要着力将之打造为华夏文明传承创新核心区。这一决策，既对推进中原经济区之软实力建设有重大作用，也是当前全国正开展的文化建设一项重要举措。作为一个长期关注中原地区历史文化传承与创新发展的古都学者，我得知这一讯息后，心中十分高兴，也极愿建言献策，为其顺利建成助一臂之力。为此将近来思虑所及形成的一些见解略述如下，以供中原经济区各级领导与文化界人士考虑。

一　河南省古都数量之多规格之高居全国之冠，这是传承创新华夏文明的难得的宝贵遗产，当倍加珍惜加强研究

河南自古即处于我国之天下之中，地理区位重要，自然环境优越。自距今4000多年前黄帝轩辕氏时，"神农氏世衰，诸侯相侵伐，暴虐百姓，而神农氏弗能征。于是轩辕乃习用干戈，以征不享，诸侯咸来宾从"①；于是被尊为天子，称号"黄帝"，并在今郑州附近建邦立国，开启了我国漫漫五千年文明历程。自此之后，中原地区也几度成为众多君王逐鹿天下，建都立朝之上选之地。而在这五千年的历史长河中，由于各王朝政权时相更迭以及边疆民族政权与中原王朝的不断分合，致使我国大地上了出现了一大批王朝首都与政权国都。据我国著名古都学家史

---

① 《史记》卷一《五帝本纪》。

念海先生对之一一胪列统计，总数由原定之 187 处增加到 217 处。① 后经笔者又作增补已达 220 多处。② 上述古都分布甚广；在全国省级行政区划中，除上海市、天津市、海南省与香港、澳门特区没有古都遗址外，其余 29 个省、市、自治区均有古都先后被考古发现或研究论定。其中又以中原地区所在的河南省最多，几达 30 座，为各省、市、自治区之冠。特别是，2004 年 11 月 1—5 日，在中国古都学会与郑州市人民政府联合举行的"郑州商都 3600 年学术研讨会暨中国古都学会 2004 年年会"上，古都郑州被到会专家经过充分研商后论定为是一座"大古都"，与此前已被论定的北京、西安、洛阳、安阳、开封、南京、杭州七大古都合称为"中国八大古都"。这样中国八大古都河南省就有 4 座；再加之在商代早期都城郑州附近还发现了多座自黄帝时代以来至我国早期文明时代的西山、新砦、古城寨、大师姑等多座都邑，其价值就更为重大。不仅为探明我国都城起源提供了最为集中也最为重要的实物材料；也对探索我国文明起源，由现在一般认定的起自夏代，即距今 4000 年前上溯至五帝时代，即距今约 5000 年前同样提供了最具说服力的实物证据；当然，也对探寻中原地区华夏文明之源头与根脉提供了不可或缺的实质性论据。其意义之重大实已不言而喻。

二　加强五帝时代文明研究，特别是黄帝与其孙颛顼、其曾孙帝喾之都邑研究

前所述及的属于我国文明社会初始时期之几座具有都邑性质的古代城址是我国考古学工作者为中华文明探源工程所作的重要贡献。此外，在今郑州市区东北濮阳地域内矗立有黄帝孙颛顼所都之帝丘遗址③；而在今郑州市区西之偃师市，则史载有黄帝曾孙帝喾所都之亳④。对上述具都

---

① 史念海：《中国古都概说》，其修订稿收入论文集《中国古都和文化》，中华书局 1998 年版，第 33—179 页。

② 详见拙文《论中国古都与中华文化研究之关系》，《陕西师范大学学报》（哲学社会科学版）2004 年第 1 期。

③ 《史记·五帝本纪》注解中引《集解》皇甫谧曰："都帝丘，今东郡濮阳是也。"

④ 《史记·五帝本纪》注解中引《集解》皇甫谧曰："都亳，今河南偃师是。"

邑性质的古城遗址虽作了一定的考古发掘，有一些初步的成果，但因一些原因之后再未继续工作下去，加之考古技术上也面临一些困难问题未能取得突破（主要如帝丘遗址位于豫北黄河泛滥冲积平原，地下水位高，遗址内易积水，对遗址难以进行充分揭露与从容的清理）也影响到古都学者们对之进行深入的研究与明确的论述。所以今后在开展五帝时代古代文明研究时，首先当应将上述都邑城址之考古发掘与研究置于首位，进行学术攻坚，以求取得突破性进展，带动整个五帝时代文明研究。

三　建议在中原地区之核心区，即郑州市区内建设一座世界古都博览园，以形象直观地展示中外古都文化风貌、建筑特点，激发各方面的专家学者与民间人士研究古都的积极性与保护古都的热情，并开阔人们视野，提升对古都认识的境界

2011 年 11 月 25 日我与中国古都学会副秘书长、陕西师范大学历史地理研究所肖爱玲博士后曾根据中央关于深化文化体制改革推动社会主义文化大发展的精神，向陕西省政府提出，在西安市计划恢复重建的西汉昆明池风景区建设一座中国古都博物馆。现在再郑重建议郑州市，利用其在中原经济区之核心地位及其在古都遗址保有状况的特别优势，可建设一座世界古都博览园。除"中国八大古都"应列入外，对我国之国家级历史文化名城中的古都，如江陵、广州、大同、成都、曲阜、苏州、扬州、绍兴、长沙、承德、大理、拉萨、银川、武都、张掖、亳州、敦煌、重庆、沈阳、福州、寿县、邯郸、临淄、正定、随州、钟祥、咸阳、乐山以及商丘等也当入选。此外，还有一批古都遗址，因被列入全国重点文物保护单位，如河北易县燕下都遗址、安徽凤阳县明中都皇故城、新疆吐鲁番市高昌故城、内蒙古巴林左旗辽上京遗址与宁城县辽中京遗址、黑龙江阿城市金上京会宁府遗址与宁安市渤海国上京龙泉府遗址、吉林集安市高句丽丸都山故城等也当选入。至于河南省境内中原经济区中的各古都遗址，为彰显其华夏文明的丰富多彩，对凡是经考古发掘与学术研讨后论证为是古都的，自当悉数入选。至于国外的古都，因数量

庞大，类型多样，初期可着重选择立国早，影响大，延续时间长的一批古国之都城。如公元前 3000 年时埃及第一王朝都城孟菲斯、公元前 305 年至前 30 年托勒密王朝首都亚历山大、公元 905 年阿拔斯统治埃及时之都城开罗；两河流域于公元前 3000 年至前 2500 年出现城市国家后为苏美尔统一所建都城乌鲁克，及以后之都城阿卡德城与巴比伦城等；中东地区的古都有耶路撒冷、君士坦丁堡、大马士争，印度之古都德里、比达尔、维查耶那加尔，欧洲的古都如罗马、雅典、莫斯科，日本的古都如奈良、京都等。均可作为首批入选的都城。以后随着对国外古都研究的深入，还可陆续增添，使其内容日趋丰富。

（原文刊载于河南省黄帝故里文化研究会主办：《华夏源》总第 28 期，2013 年 2 月）

辽五京研究的几点新见

一　辽五京研究的新动态

作为中世纪我国北方大国的辽王朝，在其主政民族——契丹族经历了漫长时期的发展，于公元 916 年（即中原五代之后梁末帝贞明二年）在今内蒙古自治区赤峰市与通辽市境内之潢河（即今之西拉木伦河）新中国成立后，既承袭本民族传统习俗与统治方式，又仿照中原王朝统治模式，确立了皇权世袭制与一国多制之统辖制度。其中一个重要举措就是在耶律阿保机称帝并建年号册立皇太子之后，于第三年，即神册三年（918），由汉族大臣康默记等主持监工，在潢河北岸营建皇都（在今赤峰市巴林左旗林东镇）作为统治中心；后于天显十三年（938）改名上京，并设临潢府①。之后随着国势的发展，又陆续增建了东京（辽阳府）、南京（幽都府，后改名析津府）、中京（大定府）、西京（大同府），与上京合为辽五京，"于是五京备焉"。②

辽之五京在辽史学界与中国古都学界已达共识，所以在 2001 年 7 月 17—22 日在内蒙古自治区赤峰市举行的"中国古都学会 2001 年年会暨赤峰辽王朝故都历史文化研讨会"上，与会的 150 名学者在对辽王朝都城及其历史地位与作用进行广泛研讨时，对之均表认同。会后国际华文出版社出版了由中国古都学会与赤峰古都学会合编的《中国古都研究》第十八辑上、下册，共收录相关学术论文 77 篇，内中有多篇对上述问题做

---

①　据宋德金《一本书读懂辽金》（中华书局 2011 年版）与蔡美彪、吴天墀《辽、金、西夏史》（中国盲文出版社 2015 年版）。

②　据《辽史·地理志》与蔡美彪、吴天墀《辽、金、西夏史》。

了深入研讨。笔者在提交给大会的论文《有关辽王朝历史、文化、都城问题之管见》中，在阐述了辽王朝是 10 世纪初至 12 世纪初在我国历史上具主导地位之强势政权、辽文化内涵丰富精深足可与宋文化平分秋色等观点后；还强调了辽上京是一代名都，辽之五京制对我国古代都城发展有着重要影响。①

自中国古都学会 2001 年年会暨赤峰辽王朝故都历史文化研讨会举办以来，迄今已 16 年；关于辽故都，特别是辽上京之考古发掘与研讨一直在持续进行，分别取得了一批引人注目的成果。其中尤以《中国社会科学报》于 2016 年 9 月 23 日发表的多达三版的独家报道《中国古都系列报道·辽五京》一组文章引述了几位学者的观点值得重视。如由该报独家报道小组撰写的《寻访辽上京农耕和游牧交汇的奇迹》一文中，在"辽代都城功用仍是未解之谜"标题下，引述了中国社会科学院历史研究所李锡厚研究员所言"辽代的政治中心应在捺钵"；同时还引述了另一位学者杨若薇所说"辽代根本没有历代中原王朝那种形式的国都，其政治中心始终在四时迁徙的斡鲁朵中"。在该组报道另一篇文章《辽五京：理解辽朝地方制度关键——访中国社会科学院历史研究所副研究员康鹏》中，引述的康鹏副研究员所论，也同样认为"辽朝始终没有固定的中央政府所在地，五京之中的任何一个京城都不是真正意义上的国都。辽朝的政治中心在于四时捺钵，中央政府总是跟随皇帝四处游移"。按照上述论点，似可得出这样的结论：

其一是辽王朝自公元 916 年宣告建立，至公元 1125 年亡于金，在长达 210 年中这个庞大的王朝始终没固定的似中原王朝那样的国都，其政治中心始终在四时移徙的捺钵中。

其二是辽王朝先后建立的五京，并非国家的政治中心；在作为行政区的五京道都很可能不存在的情况下，它们很可能只是各该地区的军事中心或财政中心。②

----

① 该文载中国古都学会、赤峰古都学会编《中国古都研究》第十八辑上册，国际华文出版社 2001 年版。

② 对辽五京功能的这一见解也见《辽五京：理解辽朝地方制度关键——访中国社会科学院历史研究所副研究员康鹏》一文。

显然，对事关辽王朝政治制度上的这两个核心问题究竟应如何认识，是很需要深入研讨准确探明的。

二　关于辽五京必须着重申明的几个见解

关于辽五京，已如前述在赤峰市举行的中国古都学会 2001 年年会暨赤峰辽王朝故都历史文化研讨会上，我在向大会提交的《有关辽王朝历史、文化、都城问题之管见》论文中，曾据《辽史·地理志》等史籍简要论及，上京临潢府作为辽太祖耶律阿保机创业之地，于神册三年（918年）建成后，历辽王朝九帝，至辽天祚帝耶律延禧保大二年（1122 年）为金所攻占，作为辽王朝之主要政治、文化中心长达 204 年。若按建都年代长短论，据史念海先生研究，仅少于西安、北京、洛阳、南京、开封、安阳、成都、银川、江陵、杭州，在我国 200 多座古都中，居于第十一位。① 显为一代名都。其余四京也如同上京临潢府，皆建有城垣、宫掖、馆驿及供奉前代帝后之御容殿、祖庙等，且定制为"非亲王不得主之"。也足见具有都城之规制。基于以上史实，针对近期有学者对辽五京所发表的前述的一些异见，通过我的进一步思考，特对"辽五京"问题再行申明以下几个见解：

其一，辽五京是辽王朝先后建立并正式下诏宣告的都城；而四时捺钵虽也确曾在辽代诸帝按其民族传统习俗于每年春、夏、秋、冬四季移徙中，在相应的区域与地点议政决策；但正如前引《一本书读懂辽金》一书中论定的，这些四时捺钵只是辽王朝诸帝的"行宫"。

因为这些四时行在之所，只有一个大致的地区范围，没有固定场所，更无供王朝皇帝后妃王公大臣长期居住的宫殿屋宇等固定建筑设施，有的其实就是穹庐、帐篷。而实际上，在辽五京，特别是上京与中京，也常有册立皇位，奖赏大臣，接见国外使臣，决策军国大计等事关王朝政局等政治活动。所以不能断言辽五京"不是真正意义的国都"；而应该论定在辽王朝这样一个处于我国北方农牧交错地带的王国里，其所正式建立的五京，是其名正言顺的政治中心。

---

① 　史念海：《中国古都和文化》之二《中国古都概说》，中华书局 1998 年版。

其二，辽五京中的上京临潢府是首都，另四京，即中京大定府、东京辽阳府、南京析津府、西京大同府皆为陪都。

对此，中国古都学会创始人史念海先生在其《中国古都概说》中曾作如下述之明确论定①：

> 辽有五京，上京临潢府外，有东京辽阳府，中京大定府，南京析津府，西京大同府。辽帝常驻上京，亦常往其他各京。《辽史》叙辽帝巡幸，于其他各京，一般称"如"，称"幸"。如《辽史》卷八《景宗纪上》："庆历三年九月如南京"；又卷一四《圣宗纪五》："统和二十七年十二月，如中京。"又如卷十《圣宗纪一》："统和元年四月幸东京"；又卷一五《圣宗纪六》："开泰三年十月幸中京。"这显示南京，中京，东京等皆非辽帝常驻之都。至于上京则不然。由他京至上都则皆称"还"。《辽史》卷四《太宗纪下》："会同八年……九月，还上京。"又卷六《穆宗纪上》："天禄四年二月，幸南京，七年四月，还上京。"

正是基于上述史实，所以该文在"与宋并立诸国的都城"部分，对辽王朝之都城只列"临潢"一处；而之后在论述"历代的陪都"部分，于论及"陪都的建立最多达到四处，与都城并立，成为五都"处，即举有辽国建置五京之例。也显然表明，辽五京内，除上京为皇都外，余四京皆为陪都。

其三，辽五京中上京临潢府始终是辽王朝的首都，谭其骧先生主张的"辽后期迁都中京"说不能成立。

谭先生的上述观点在 20 世纪 60 年代末提出，并要求承担编绘由他主编的《中国历史地图集》中辽时期图幅的负责人员将辽王朝之都城符号由上京临潢府移置到中京大定府位置上。当时即遭到那位专家的反对②。但最后仍按照作为图集主编的谭先生意见绘出了《中国历史地图集》第六册《宋·辽·金时期》中的辽时期之《辽·北宋时期全图》、《中京

---

① 史念海：《中国古都和文化》之二《中国古都概说》，中华书局 1998 年版。
② 参见谭其骧《辽后期迁都中京考实》，《中华文史论丛》1980 年第 2 辑。

道》、《上京道》、《临潢府附近》诸图①。对这一问题，在中国古都学会
2001 年年会暨赤峰辽王朝故都历史文化研讨会上又有不少学者提出质疑。
如李逸友、李宁在《辽中京为后期首都说的商榷》② 一文中就对谭先生力
主辽后期迁都中京说所列举的十条证据分为四类一一进行了辩驳。

笔者除对之表示认同外，还要申述的是，诚如有学者所指出，辽后
期辽王朝帝后王公大臣在中京居留与处理政务较多，这显然是因辽王朝
在与其南方的主要敌对政权——北宋王朝不断进行的政治、军事斗争中
之形势发展使然。如辽后期在与北宋政权斗争中进一步占据上风，其君
主议政决策之地进一步移往南京析津府甚至更南的城邑也极有可能。而
在判断谭先生倡言的"辽后期迁都中京"说能否成立的一个关键之处，
也正如谭先生所坦陈的整部《辽史》都绝无由上京迁都中京的记载③。因
此，尽管三百多年前顾祖禹在其所著《读史方舆纪要》之《历代州域形
势》部分写有北宋真宗"景德四年，隆绪城辽西为中京，府曰大定，自
上京徙都焉。"（北宋景德四年即辽圣宗统和二十五年，也即公元 1007
年；隆绪就是辽圣宗耶律隆绪）；但也正如谭先生论述的，后世看到顾祖
禹这句话的诸多学者都认为只有"自上京徙都焉"这六个字，没有引证
任何史料，因而认为不可信，"也就没有去理会它"④。由此可见顾祖禹所
写的这六个字不足采信；同样，谭先生所作辽后期迁都中京之论述也难
以获得认同。所以致少在名分上，辽上京临潢府在整个辽王朝时期都当
是其首都；其余四京，包括中京大定府，均为陪都，只是在必要时发挥
京城的某些功能。

三　关于进一步开展辽五京研究的几点建议

辽王朝在其自建国至灭亡的 210 年中陆续建立的五座京城，是其政治
制度中的重大举措。辽王朝灭亡之后近千年中，《辽史》等史籍及历代学

---

① 该册图集由中国地图出版社于 1982 年 10 月印刷出版。
② 载中国古都学会、赤峰古都学会编《中国古都研究》第十八辑上册。
③ 谭其骧：《辽后期迁都中京考实》，《中华文史论丛》1980 年第 2 辑。
④ 同上。

人对之均有记述与论及。下至现代，随着对它们之考古发掘的开展，其遗迹遗物不断有新的发现。自 2001 年中国古都学会与赤峰古都学会联合召开了辽王朝故都历史文化研讨会以来，对辽五京的研究引起了学界更大瞩目；但对相关问题，或因史料发掘不够，或因学术角度视域不同，产生了不同的观点认识。今年适逢中国古都学会与内蒙古民族大学联合主办的中国古都学会 2017 年年会暨北方民族古都文化（国际）学术研讨会在通宁市举行，借此机会特对今后进一步开展辽五京研究工作提出如下几点建议，供学界同仁思考论析。

1. 进一步开展对辽五京之考古发掘与研究

据前引《中国社会科学报》2016 年 9 月 23 日刊发的独家报道《中国古都系列报道·辽五京》之《编者按》曾披露：自 2011 年开始，由中国社会科学院考古研究所内蒙古二队和内蒙古文物考古研究所联合组成的辽上京考古队开始对辽上京进行有计划的考古发掘，相关研究不断取得丰硕成果。对这一信息，除深感分外欣喜外；也甚切希望在前一段工作基础上，对辽五京，特别是辽上京与辽中京进一步开展考古发掘与研究，并将所得新成果及时公之于世，供相关学人，特别是古都学者参考采用，共同推进辽五京之学术研究。

2. 及时对辽五京相关学术问题组织专题性研讨，以取得突破性进展与学界共识

此项工作建议由赤峰古都学会组织，或由赤峰古都学会与中国古都学会甚或其他相关学术团体联合组织，针对辽五京研究中新出现的重大问题或前文述及的"辽朝始终没有固定的中央政府所在地，五京中的任何一个京城都不是真正意义上的国都"等重大歧疑性学术见解，组织专门性学术研讨会，集中进行研讨，以推动辽五京学术研究的深入开展。研讨成果可在《中国社会科学报》等报刊上及时刊发以回馈学界。

3. 中国古都学会与辽金蒙元史学界合作，于适当时间在内蒙古自治区赤峰市宁城县（辽中京遗址所在地）、锡林郭勒盟正蓝旗（元上都遗址所在地）或者其他合适市盟联合举办辽金蒙元时期都城制度研讨会。对辽、金、蒙元这几个起自我国北方草原地带的游牧民族建立的政权之都城制度进行综合性研讨，揭示其发展演变历程与特点，阐释其历史作用及在中国古都群中的地位。以充实中国史学与中国古都学之内容，矫正

史学界在一些历史学教材中对诸多王朝之都城不立专章专节论述，大多寥寥数语，甚至一笔带过，对辽五京中的上京和中京更只认为是"礼仪性的都城"① 之偏颇见解。同时也为当前内蒙古自治区全力建设民族文化强区②作出应有之贡献。

2017 年 8 月 4 日

（原文刊载于《中国古都研究》2017 年第 2 辑，陕西师范大学出版社 2017 年版）

---

① 见张岂之总主编：《中国历史》之《先秦卷》、《秦汉魏晋南北朝卷》、《隋唐辽宋金卷》、《元明清卷》（高等教育出版社 2001 年版）与朱绍侯、张海鹏、齐涛主编《中国古代史》（上、下册，福建人民出版社 2004 年版）。

② 《中国社会科学报》记者段丹洁：《守护精神家园打造文化品牌，全力建设内蒙古民族文化强区》，《中国社会科学报》2017 年 7 月 3 日第 2 版。

初论洛阳古都文化

一

洛阳，作为我国 220 多座古都中"八大古都"之一①，在历史上曾先后作为夏、商、西周、东周、东汉、曹魏、西晋、北魏、隋、唐、后梁、后唐、后晋十三个王朝或政权之都城，建都历时长达 1300 多年②。可以说，洛阳在我国历史上建都朝代之多，历时之长以及古都文化之丰厚上，可与我国"八大古都"中另一大古都西安相提并论。

就古都之文化论，笔者曾在多篇论文中强调指出：③

> 历史上历代列国往往都是以自己的都城作为中心区域创造出代表一个时代或一个国家的最高水平的文化。这些文化不仅在当时是支撑各该王朝与政权得以存在的内在精神支柱，还是构成国都，乃至全国繁华兴盛气象的重要因素；同时古都文化还对古都所在地区当今的社会生活产生深远的影响。由此可见，广义的古都文化内容十分丰富，在有关古都研究的各个方面都有所涉及；而且抓住古都文化研究可以统领有关古都研究的总体内容，推动有关古都的深层次研究。

---

① 见笔者主编《中国八大古都》之"序言"，人民出版社 2007 年版。

② 见朱绍侯主编《中国地域文化通览·河南卷》之下篇第二章《四大古都与历史文化名城》的第一节《洛阳》（中华书局 2014 年版）；吴迪、李德方、叶万松《古都洛阳》（杭州出版社 2011 年版），称洛阳 13 个王朝建都历时 1500 年。本文采前者之说。

③ 拙文：《古都文化与现代城市文明》，《江汉论坛》2004 年第 8 期。

在上述论述的基础上，笔者在同一论文中还对古都文化作了下列引申。即：

    ——古都文化是历史上一个王朝或一个时代文化之缩影。

    ——古都文化是历史上以致当今特定区域文化的中心。

    ——古都文化内涵丰富，规格甚高。

    ——古都文化空间辐射力、时间穿透力强劲。

由此可见对古都文化之探讨与揭示是古都研究必不可少的部分。而对古都洛阳言，其古都文化必然是其所在的河洛地区，甚或是中原地区地域文化的重要内容，也自是洛阳学不可或缺的重要组成部分。

笔者在倡导对古都文化列为古都学研究必具的内容后，也曾对与洛阳比肩的另一大古都西安之古都文化作了初步探讨，对西周都城岐邑与丰镐、秦都城咸阳、西汉都城长安、隋都城大兴与唐都城长安之文化内涵一一作了论列。① 现因感到对洛阳这么重要的一座古都之文化尚未见有较为充分的研讨与论述，也就不揣浅薄，对其作一初步的论述。

二

关于洛阳之古都文化，前已述及由于其在历史上建都朝代与政权较多，时间上跨度大，历时长逾千年，所以文化积累丰富多彩。现仅就笔者的综合思考，认为以下几方面最为突出。特论列于下：

其一，夏都斟鄩（二里头遗址）开启的"建中立极"的择中建都文化。②

洛阳地处黄河干流自北向南流经山陕峡谷过潼关后折向东流之中游河道（又称"南河"）的南岸，恰又在河南省西北部黄河支流伊洛河下游

---

    ① 参见黄留珠、徐晔主编《中国地域文化通览·陕西卷》下篇第一章《陕西帝都》，中华书局 2013 年版。

    ② "建中立极"说采自《中国地域文化通览·河南卷》上编第二章"夏商西周三代河南文化的形成"之第一节"立国河南的夏朝与二里头文化"。本文有所发挥。

盆地（伊洛盆地，又称洛阳盆地）中。四周环山，地势险要，北依邙山，南临龙门，西控函谷关，东据虎牢关。因位居中原大地之腹里，盆地内有伊、洛、瀍、涧四河纵横交织，土地平衍肥沃，早在夏代时，洛阳所在区域即成为建都立国的政治中心。尽管夏王朝奠基者夏禹所都之阳城，经文献考证与考古发掘证实，是距伊洛盆地东南不远之嵩山南麓及颍河上游的今登封告城镇王城岗遗址。[①] 且有学者论及当时大禹建都于兹，也是因为认定当地为“天下之中”而作出的选择。[②] 到夏禹的孙子太康即位后迁都至伊洛盆地，建立新都斟鄩，即现之二里头遗址。之后商人亦在伊洛盆地中建有都城西亳，即现之偃师市尸乡沟偃师商城遗址[③]，再到西周武王灭商后在洛水之阳营建洛邑。回到镐京后更认定伊、洛河之间为夏都所在，是建都的好地方[④]，并自殷都迁九鼎于洛邑。[⑤] 最后在武王死后，由其弟周公辅佐其子成王实现了他的遗愿，“使召公复营洛邑”[⑥]，并由成王亲临洛邑，举行了重加安置九鼎的仪式；即如陕西宝鸡市出土的何尊铭文所载：“迁宅于成周”，“宅兹中国，自兹乂民”。对西周王朝将都城由镐京宗周迁往洛邑成周之举，周公曾明确解释道：“此天下之中，四方入贡道里均”[⑦]。由此可见，夏、商、西周三代君王中，均有于“天下之中”的伊洛盆地建都立国的思想；后为司马迁慧眼所识，在《史记·封禅书》中写下“昔三代之居皆在河洛之间”的名句。

正因为夏、商、西周三代均先后在今洛阳地区建都，后又有东周与东汉继之，“建中立极”观念遂成为后世一些帝王建都选址的指导思想。如北魏孝文帝由故都平城迁都洛阳时，即申陈原因是：“崤函帝宅，河洛

---

① 详见张新斌、王青山主编《登封与大禹文化》中“禹都阳城”部分相关论文，大象出版社 2016 年版。

② 王向辉：《“禹都阳城”的文化学的几点考察》，载张新斌、王青山主编《登封与大禹文化》。

③ 参见笔者主编《中国八大古都》之《洛阳》部分（该部分由叶万松、李德方执笔撰写）。

④ 《史记》卷四《周本纪》。

⑤ 《左传》宣公三年。

⑥ 《史记》卷四《周本纪》。

⑦ 《史记》卷四《周本纪》。

王里，因兹大举，光宅中原"①。又如隋炀帝于即位当年巡幸洛阳，并决定在当地建新都东京。为此在诏书中特地强调："洛邑自古之都，王畿之内，天地之所合，阴阳之所和。控以三河，固以四塞，水陆通，贡赋等"②。再如唐太宗也"以洛阳土中，朝贡道均，意欲便民"为由，主导改建洛阳为洛阳宫，将之作为巡查东方的行宫。③

综上所述，"建中立极"作为洛阳古都文化的首项内容，的确在我国历史上作为众多王朝择地建都立国之理念，作用重大，影响深远。

其二，夏、商、周三代都城汇集的礼乐文化。

《尚书大传》记载，西周初年周公旦在辅佐其兄武王与其侄成王执政期间，除完成了救乱、克殷、践奄、建侯卫等多项重大功业外，还十分重视制礼作乐，即建设有关执政的典章制度，建立了礼乐文化。同时《论语·为政》中又明言"殷因于夏礼，所损益可知也，周因于殷礼，所损益可知也。"可见周公是在充分继承了夏礼、殷礼基础上，发展建立了周礼，使其成为我国奴隶社会时期最为完备的礼乐制度。对此，也可从汇集于洛阳附近的夏代斟鄩、商代西亳与西周之成周三座都城之规制布局上得到印证。例如，夏都斟鄩所在的二里头遗址，经考古发掘探明，不仅面积广达约300万平方米，而且还充分显示出是一座经过缜密规划，中心区分布着宫城和大型宫殿建筑群，带有明显的中轴线，宫城外围有主干道路网，祭祀区、贵族聚居区等多种功能区拱卫在宫城周围，体现了礼制思想对于都城布局的决定性作用。④ 同样，商都西亳所在的偃师商城遗址，也经考古发掘探明，当时不仅出现宫城、内城、外郭城等多重城垣之城市结构，宫城中还出现宫殿区、祭祀区和池苑等功能区，宫殿区又呈现出宫庙分离、中轴对称、布局严整、坐北朝南、单元封闭等特点⑤。应该说也体现出当时之礼制思想。再就西周成周与东周王城两座都

---

① 《魏书》卷十九中《任城王传》。

② 《隋书》卷三《炀帝上》。

③ 《资治通鉴》卷一九三《唐纪》九，太宗贞观四年；卷一九四《唐纪》十，太宗贞观十一年；卷一九五《唐纪》十一，太宗贞观十二年。

④ 参见朱绍侯主编《中国地域文化通览·河南卷》之上编第二章"夏商西周三代河南文化的形成"第一节"立国河南的夏朝与二里头文化"。

⑤ 参见吴迪、李德方、叶万松著《古都洛阳》之第二章"商都西亳"第三节"早商王畿史迹遗存综述"。

城而言，由于成周虽是武王灭商后在洛水与伊水间匆匆"营周居于洛邑而后去"①，但正式建成还是在武王去世后，经周公劝导成王，又亲临涧水与瀍水占卜选址后营建而成，② 其受到周公制作的礼乐文化的影响自不待言；而东周所建之王城，经对其西部城址考古发掘结果之分析，已表明其王城的布局完全符合《周礼·考工记》中"前朝后市"的规划原则。③ 也说明两周洛邑之都城规划与布设均充分彰显了礼乐文化。而之后的在洛阳地区所建之东汉、魏晋以致隋唐诸代都城也都无一例外，融入了礼乐文化之精髓。

其三，兴于东周时之春秋后期，盛于东汉延及隋唐之尊儒重教文化。

东周时期周王室衰微，诸侯林立，大国争霸，因而被史家又分为春秋时期（前770—前476）与战国时期（前475—前221）。由于社会动荡剧烈，学术思想十分活跃，中原大地道、法、墨、儒等诸家学说纷纷兴起，相互争鸣，且竞相授徒。内中春秋后期鲁国人孔丘在周公礼乐文化的基础上创立的儒家学派，由于他周游列国时广泛传播儒学，上至王侯，下及平民，受其教诲者众多。《孔子家语·观周篇》曾记载，孔子为"观先王之遗制，考礼乐之所极"，特地远赴东周王城，"问礼于老聃，访乐于苌弘"。明末洛阳知县杜汝亮为此专门刻有"孔子入周问礼乐至此"碑，立于洛阳东关大街。④ 之后，经西汉武帝"卓然罢黜百家，表章六经"，儒学得以独尊。⑤ 到东汉时，因开国皇帝光武帝青年时期曾至长安学习《尚书》，即皇帝位后，重视儒学，爱好经术。建武五年（29）冬十月，幸鲁时就派大司空祠孔子，并在都城雒阳建太学，还亲临太学，"赐博士第子各有差"。⑥ 及至战事稍平，政局略安，每旦视朝，数引公卿、郎、将讲论经理，且乐此不疲，还教导皇太子加以仿效。⑦ 在诸帝力倡

---

① 《史记》卷四《周本纪》。
② 《尚书》之《召诰》、《洛诰》。
③ 参见笔者主编《中国八大古都》之"洛阳"篇之"四、两周洛邑"。
④ 参见朱绍侯主编《中国地域文化通览·河南卷》上篇第三章"春秋战国时期河南文化的勃兴"第一节"百家争鸣中的思想学术"与笔者主编《中国八大古都》之"洛阳"篇"四、两周洛邑"。
⑤ 《汉书》卷六《武帝纪》。
⑥ 《后汉书》卷一上《光武帝纪》上。
⑦ 《后汉书》卷一下《光武帝纪》下。

下，东汉一代经学大盛，重教兴学也大行其道。太学设博士祭酒一人、博士十四人。博士祭酒即太学校长，博士则为教师，主讲五经。① 太学生来源主要有以下三种：六百石以上官员皆可遣子入学；郡国所举明经者，或有朝廷所试明经下第者；郡国单独推荐与自荐者。因此，太学生员众多，最多曾达 3 万多人。② 上述盛况，下至曹魏、西晋时期依然保持。以致到北魏时，尽管是北方鲜卑族入主中原，但因孝文帝竭力推行汉化政策，也使洛阳一时"经术弥显"，"学业大兴"。③ 再到隋、唐时期，儒学虽不再独尊，而是与道教、佛教成三家鼎立之势，但仍处于正统地位；唐太宗就曾明言："朕今所好者，惟在尧舜之道，周孔之家"。④ 特别是隋、唐两代也都十分重视教育，并推行科学制度，以之培养与选拔官吏。⑤ 洛阳作为隋、唐两代之东都，地位仅略低于隋之大兴与唐之长安，其尊儒重教之文化风气自然也十分浓郁。

其四，肇始于东汉，至隋唐仍兴盛不已的佛道文化。

佛教自西汉与东汉之际从印度传入中国，东汉初即为皇室贵族所接受。光武帝刘秀的儿子楚王刘英，以建武十五年（39）封为楚公，十七年（41）进爵为王。在其晚年也就是汉明帝永平（58—75）中就"学为浮屠斋戒祭祀"，并招聚沙门（和尚）讲经学佛。⑥ 与此同时，汉明帝永平十年（67），被汉明帝派往大月氏国（今阿富汗国）求取佛法经典的蔡愔等人，将得到的佛像经卷用白马驮回；次年汉明帝即敕令在雒阳雍门外修建了我国第一座佛寺——白马寺。⑦ 自此，洛阳在东汉、曹魏、西晋、北魏、隋、唐等王朝诸多皇室王侯的直接推动下成为佛经翻译与佛教传播的中心，佛教文化十分兴盛。如北魏时，由于几代帝后皆礼佛，

---

① 《后汉书》志第二十五《百官志》二。

② 《后汉书》卷六《孝顺帝纪》。又参见吴迪、李德方、叶万松《古都洛阳》第五章"东汉帝王之都"第四节"繁盛的文化创造"。

③ 见笔者主编《中国八大古都》的"洛阳"篇之"七·北魏洛阳"。

④ （唐）吴兢：《贞观政要》卷六《慎所好第二十一》。

⑤ 参见张岂之总主编、张国刚与杨树森主编《中国历史·隋唐辽宋金卷》第二章"隋唐五代的政治法律制度"，高等教育出版社 2001 年版，第 54—55 页。

⑥ 《后汉书》卷四二《光武十王列传第三十二》之《楚王英传》。

⑦ 《魏书》卷一一四《释老志》。

使都城洛阳城内外"昭提栉比","法教如林",有佛寺 1367 所;①　还开凿了多座石窟佛龛,最著名者即为龙门石窟。②　隋、唐两代亦如是。由于隋代文帝、炀帝与唐太宗、武则天对佛教的支持,东都洛阳白马寺、大福先寺、香山寺等寺庙都成为译经、传教与创立宗派的重镇。③

同样,作为中国本土宗教的道教也形成于东汉时期。秦、西汉时期,如秦皇、汉武等皇帝多崇信神仙,冀望长生不老,祭祀诸神。东汉初,黄老之学也如西汉得到皇族崇信。桓帝就曾于延熹八年（165）正月与十一月两次派遣官员到苦县（今河南省鹿邑县）祠老子;次年七月又祠黄老于雒阳濯龙宫。④　自此之后,祠黄老即成为东汉后期之社会风习,并促成道教的正式形成。北魏迁都洛阳后,也在城外设立道坊,行拜祠之礼。隋唐时道教更为兴盛,东都洛阳先后建了多所道观。如隋炀帝迁都洛阳后,即在城内及畿甸造观 24 所,度道士 1100 人。⑤　还为嵩山道士建嵩阳观,为茅山宗领袖王远知在洛阳设玉清玄坛。唐高祖李渊为神化皇权,尊奉老子（李耳）为先祖,尊崇道教。唐玄宗时下诏在洛阳兴建玄元皇帝庙,并置崇玄学,嵩山也成为道教名山。⑥

综上可见洛阳在作为东汉、曹魏、西晋、北魏与隋、唐都城时,其都城内外佛道文化十分兴盛,特别是因系国都,其影响自亦大增。

还需论明的是,佛道文化中之道教,前已述及是产于我国本土,所以道教文化属于我国传统文化自不待言。而佛教系自古代印度传入,史有明载;那么它与我国传统文化有何关系呢? 最近有学者强调指出,佛教传入中国后为适应中国文化进行了改变,已成功地实现了中国化,已

---

①　《洛阳伽蓝记》。

②　《魏书》卷一一四《释老志》。

③　吴迪、李德方、叶万松著《古都洛阳》第六章"隋唐帝都"之第三节"隋唐帝都的文化经济盛象"。

④　《后汉书》卷七《孝桓帝纪》。

⑤　《历代崇道记》,载《正统道藏》第二十二册,台北:艺文印书馆 1962 年影印本,第 3 页。

⑥　朱绍侯主编《中国地域文化通览·河南卷》上篇第六章"隋唐五代时期河南文化的繁荣"的第二节"佛教、道教的兴盛与祆教、摩尼教、景教的传入"。

是中国文化的组成部分。① 笔者对之深以为然。

三

本文前两部分已就作为我国八大古都之一的洛阳其古都文化研究的必要性以及其古都文化的四个重要方面作了初步论述；本部分作为初论洛阳古都文化之余论，犹拟再申陈以下三点。即：

（1）本文对洛阳古都文化之内容只就其"建中立极"的择中建都文化、礼乐文化、尊儒重教文化、佛道文化四个方面作了初步论述，这当然是出于笔者认为这四个方面最为重要；至于洛阳古都文化是否还有其他方面的内容也很重要以及本文所初论的这四个方面的内容是否周全深刻，尚请学界同仁予以深思与补苴。

（2）洛阳古都文化，仅就本文初步论及的这四个方面内容论，也必是作为地域文化之河洛文化，甚至中原文化之重要内容，也当成为洛阳学之重要组成部分。然而本文所论及的四个方面的洛阳古都文化究竟在河洛文化、中原文化以及洛阳学中占有何等地位？具有什么意义与作用？也还待学界同仁深长思之，加以定位阐明。

（3）洛阳古都文化若仅就本文初论的四个方面论，将之揭示论明都不仅具有学术文化研究意义，也有其现实的"为世所用"之价值。如何使这些古都文化发挥出对当今社会之咨政教化作用，更有待学界同仁与社会各界有识之士的共同努力！

2017 年 9 月 6 日 12 时

（本文系应邀参加河南省社会科学院、河南省社会科学界联合会等于 2017 年 9 月 26—27 日在洛阳市举办的"洛阳学国际学术研讨会"提交的论文）

---

① 陆航：《王亚荣：佛教中国化是成功的文化融合》，《中国社会科学报》2017 年 8 月 28 日第 2 版。

论秦都雍城之特点及其历史地位

秦都雍城坐落在自古即号称"帝王州"① 的关中盆地西北部黄土台原上，也即西周早期都城岐邑所在的"堇荼如饴"② 的膴膴周原上。北倚渭北之北山山地，南临渭河，并隔渭河与秦岭相望。其城址据史籍记载，又经 20 世纪 30 年代以来之考古发掘，已确定在今宝鸡市凤翔县之县城南。③

对雍城这座重要的秦都，学术界已刊发了不少考古发掘报告与研究性论著。其中徐卫民教授《秦都城研究》④ 一书设有专章，潘明娟博士《周秦时期关中城市体系研究》⑤ 一书中也用了较大篇幅论述了雍城作为秦都之一的特点、性质及其历史作用。笔者即在他们工作的基础上，再就雍城上述几方面加以引申发挥。主要论点有下述 5 部分。

一 雍城在众多秦都城中建都历时最长

检视秦国发展历史，可以看到，西周宣王为伐西戎，保卫其西陲，封秦仲长子，即庄公为西垂大夫，居其故地西犬丘⑥，自此立国。其年代为周宣王七年，即公元前 821 年⑦。其所居之西犬丘，又名西垂，据徐卫

---

① "秦中自古帝王州"为唐代诗人杜甫在其《秋兴八首》之六中的诗句。见《全唐诗》卷二百三十，中华书局 1960 年版。

② 《诗经·大雅·緜》中的诗句。

③ 韩伟、焦南峰：《秦都雍城考古发掘研究综述》，《考古与文物》1988 年第 5、6 期。

④ 陕西人民教育出版社 2000 年版。

⑤ 人民出版社 2009 年版。

⑥ 《史记》卷五《秦本纪》。

⑦ 据《中国历史年代简表》之西周部分，文物出版社 2001 年版。

民教授考定，在今甘肃礼县永兴乡①。然而仅历一世，至庄公子襄公二年（前776）时即东行越过陇山进入关中，徙都于汧②，其位置在今陕西陇县东南5公里处的磨儿塬。③ 后至庄公孙文公四年（前762）时，又因占卜曰吉，营邑于汧渭之会，其城址在今宝鸡市千河以东与渭河以北的千河镇魏家崖一带。④ 之后为时不长，文公子宁公（据《史记·秦始皇本纪》后附《秦纪》，当作宪公）二年（前714），又徙都平阳⑤。其地址在今宝鸡市陈仓区（原宝鸡县）杨家沟、阳平镇一带⑥。再之后至德公元年（前677），即迁居雍城大郑宫⑦。自德公起，历宣公、成公、穆公（缪公）、康公、共公、桓公、景公、哀公、惠公、悼公、厉共公、躁公、怀公等十二代十四公，⑧ 至怀公孙灵公二年（前423）始自雍迁都泾阳，⑨其城址在今咸阳市泾阳县泾河北岸。⑩ 在泾阳经历简公、惠子、出子祖孙三代后，献公二年（前383），即城栎阳，⑪ 并都之。栎阳遗址在今西安市闫良区武屯乡。⑫ 紧接着，孝公十二年（前350）"作为咸阳，筑冀阙，秦徙都之"。⑬ 其遗址在今咸阳市区与西安市区间。

从上述之史实中可以看到，秦国自庄公于周宣王七年（前821）立国，至秦王政统一六国，建立秦帝国，到二世三年（前207）亡国，在长达615年中，曾先后在西犬丘、汧、汧渭之会、平阳、雍城、泾阳、栎阳、咸阳8处建都。在此8座秦都城中，雍城建都历时长达255年，不仅远长于西犬丘（西垂，46年）、汧（15年）、汧渭之会（48年）、平阳（36年）、泾阳（41年）、栎阳（34年），还被称为"中华第一帝都"的

---

① 参见徐卫民《秦都城研究》，第37—46页。
② 《括地志》引《帝王世纪》。
③ 参见徐卫民《秦都城研究》，第53—59页。
④ 参见徐卫民《秦都城研究》，第59—63页。
⑤ 《史记·秦本纪》。
⑥ 参见徐卫民《秦都城研究》，第63—66页。
⑦ 《史记·秦本纪》。
⑧ 《史记·秦本纪》，宣公、成公、穆公均为德公之子。
⑨ 《史记》卷六《秦始皇本纪》所附之《秦纪》。
⑩ 参见徐卫民《秦都城研究》，第91—95页。
⑪ 《史记·秦本纪》。
⑫ 参见徐卫民《秦都城研究》，第95页。
⑬ 《史记·秦本纪》。

咸阳（144）。① 其建都时段占到秦史之 2/5。建都历时长，其历史文化积淀自当深厚，在历史上发挥的作用也自当更为重大。

二 雍城在众多秦都城中地理区位与自然环境最为优越

前已述及，雍城位于关中盆地西北部周原上。周原作为一处黄土台原，黄土覆盖深厚，原面开阔平坦，分布范围包有今之凤翔、岐山、扶风、武功 4 县大部分以及陈仓区、眉县、乾县、永寿 4 县（区）的小部分，东西长约 70 余公里，南北宽约 20 余公里。秦人在周原西部立都建城时，上距周人先祖古公亶父带领族人翻越岐山来到周原上"陶复陶穴"，"筑室于兹"，"迺疆迺理，迺宣迺亩"，② 挖窑洞，修房屋，划定田界，垦荒生产，尚不过数百年。原面上依然广漠平坦，远未像汉魏之后出现严重切割原面缩小的变化。同时岐山等山上与原面上，依然还生长着灌、栵、柽、椐、柘等树林。③ 发源于凤翔县北老爷岭的沣河，南流到周原上后，顺着原面由西北向东南倾斜的地势，横贯周原，注入漆水河，又注入渭河。沣河在凤翔县境称为雍水，至岐山县境称为后河，在扶风县境始称沣河，到武功县境称为小北河。沣河南面无支流入注，其北面有多条支流如横水河、龙尾沟水、美阳河等由岐山等山地沟谷中流出，注入沣河。④ 正是因为周原上地面平坦，林灌茂密，土埌肥沃，水源丰沛，加上之前周人长期经营，所以农牧渔猎业均甚发达，为秦人建都雍城提供了丰厚的物质基础；且水、陆交通都颇便利，也为货物运输与人员、军队往还提供了方便的条件。

以上所述仅为周原本身之生态环境状况，而当时关中盆地其他部分自然条件都不及周原。如渭河南之黄土台原，均远较周原狭小；渭河北部分，泾河以东区域直至秦王政修建郑国渠以前，还是"泽卤之地"，⑤

---

① 所列 8 座秦都城建都年数均引自徐卫民著《秦都城研究》一书相应部分。

② 《诗经·大雅·緜》。

③ 《诗经·大雅·皇矣》。

④ 详见史念海：《周原的变迁》，载《河山集·二集》，三联书店 1981 年版。

⑤ 《史记》卷二十九《河渠书》。

尚无法耕垦。

再就地理区位而言，雍城位于周原西部，西邻陇阪，邻近秦人起家之今天水一带；同时其北有岐山等渭北山地，南有秦岭、巴山，既与西戎、巴蜀等族相隔，也便于相互交通往来。与中原各国之关系，既较陇西之西犬丘等地更便于东向发展；也因较之后的泾阳、栎阳、咸阳偏向关中之西部，所以也较为安全稳定。如秦桓公二十六年（前578）与景公四年（前573）与晋军作战失败，晋兵追击，或至泾河而还，或渡泾河至棫林而归，[①] 对雍城均未构成威胁。

鉴于上述，尽管秦在关中盆地所建各座都城，虽都各具一定的地理环境上的有利条件，但也正如有学者论及，秦人进入关中后，前期所建之汧、汧渭之会、平阳等都城，都处在河谷之中，地势低洼，地面逼仄，道路狭隘，环境条件显然不如雍城。至于雍城之后建成的泾阳、栎阳，均为有利向东方进击扩展势力的临时都城，[②] 对其建都条件未作全面考量，也都不十分理想。就是咸阳，也带有这一性质。以致秦始皇晚年感到咸阳人多宫廷小，地面不够广阔，欲移都于渭河以南丰镐之间。[③] 由此可见，雍城在众多秦都城中地理区位与自然环境的确最为优越。

三　雍城之规制与布设在众多秦都城中最为完善

雍城由于自德公起，之后相继有十三公都于兹，历时长达255年，所以经长期修建使之成为一座规模宏大，建筑雄伟，规划完善的都城。经长期考古发掘与复原研究，其空间布设状况已初步揭明。即城址平面略呈正方形，郭城东西宽3300米，南北长3200米。城内有三处宫殿区，均有宫墙围护。共有干道八条，东西、南北向各四条，井字形排列交叉，呈棋盘状，将城内划分出25个坊区。城的北部有"市"。城内外有制铜

---

① 《史记·秦本纪》。

② 参见徐卫民《秦都城研究》一书中"秦早期都城何以频繁迁徙"、"何以定都雍城"、"临时性都城的营建"等节。

③ 《史记·秦始皇本纪》。

器、铁器与陶器的手工业作坊。城外还有多处大型秦公陵园与离宫别馆以及苑囿设施。① 而礼制性建筑也很完备。据《史记·十二诸侯年表》，秦德公二年（前676），于迁都雍城大郑宫之次年，即"初作伏，祠社"。除大郑宫有大型宗庙外，尚有马家庄宫殿区一号独立的宗庙建筑、雍四畤、先王庙与多处陵寝等礼制建筑。② 其各类设施布设，基本上符合《周礼·考工记》中之"前朝后市，左祖右社"的都城规划原则。

关于雍城宫室建筑之雄伟壮观，还在秦国移都雍城的前期，即穆公时期，戎王派其大臣由余使秦，以观其国情，穆公仅示以宫室、积聚，由余看后惊叹道："使鬼为之，则劳神矣，使人为人，亦苦民矣。"③ 由此足见穆公时（前659—前620）雍城宫室之盛与粮赋之足。斯时距雍城建都仅半个世纪，若以再过200余年后之晚期状况视之，其气势又将更为盛大了。近日陕西省考古研究院在公布的凤翔雍城遗址考古勘探调查的新成果中，首次确认雍城在建都200年后才开始修建城墙，时间为悼公二年，即公元前490年。所建之城墙墙体厚度8—14米，是在之前以水御敌的基础上建成，形成水系、城墙、壕沟三重防御体系。同时通过调查与发掘还证实雍城内既有国君居住的朝宫与贵族居住的中型建筑，也有平民居住的小型建筑与半地穴居室。当时之雍城除四面环水外，还有多条河流穿城而过，使雍城成为水中之城；许多设施其布局是"顺河而建，沿河而居，仿若威尼斯"。④

据上可知，雍城在秦都城中，其规划之严整与各类设施之完备都无出其右者。如咸阳，尽管其在北阪上写放六国宫室，又在渭河南岸营建多座宫苑，后又在上林苑中营作规模宏大的朝宫，⑤ 然而咸阳未建外郭城，⑥ 处于十分开放，且很松散状态。宫苑寝庙虽极其宏伟，但其严整完备状况又远不如雍城。

---

① 参见徐卫民《秦都城研究》"雍城的布局结构"一节与潘明娟《周秦时期关中城市体系研究》第156—162页。

② 参见潘明娟《周秦时期关中城市体系研究》第183页表4—2"雍及以后都城的礼制建筑及地位"。

③ 《史记·秦本纪》。

④ 详见《西安晚报》2013年1月8日第2版《以水御敌200年后雍城首筑城墙》。

⑤ 《史记·秦始皇本纪》。

⑥ 参见徐卫民《秦都城研究》第七章之第四节"咸阳无外郭城"。

四 雍城之秦文化积淀在众多秦
都城中最为丰厚

前已述及雍城建都历时长达255年，远超秦国各座都城，这当然是雍城秦文化积淀十分丰厚的前提条件。更主要的是在这两个半世纪中，雍城的宫室、墙垣、礼制建筑、陵墓、各等级居室、手工业作坊、市等类设施一应俱全；同时从城内三处宫殿区与城外多处离宫、苑囿①以及14个陵园、49座大墓（内有1座丰字形、18座中字形、5座甲字形大墓）②等之遗址分布和出土文物情况看，更可展示出其秦文化之丰富多彩。此外，从《史记》、《秦本纪》等典籍中还记载了自德公至怀公等十二代十四公中几位杰出君主之文治武功。如穆公求贤若渴，想方设法引进百里奚、由余等国外贤人，授以重任；以百姓为重，不计国与国间之仇怨，发粮赈济晋国饥民，"以船漕车转，自雍相望至绛"。又如厉公二十一年（前456）初县频阳③等，均为秦国发展史上的大事，且其历史作用与资政意义更是秦文化中值得深入研究的课题。由此可见，雍城所蕴含的秦文化之丰厚程度，不仅体现在数量上，还体现在其文化含义上。而这一点也是其他几座秦国都城，包括咸阳在内，难以与之比肩。

五 雍城之历史地位在诸多秦
都城中最为崇高

雍城作为秦国由僻处陇山以西的一个大夫级小邦，后至襄公时因护送周平王东迁有功，被封为诸侯；为达其饮马于河争雄中原的目的，在进入关中盆地，几经徙都后，终于在雍城建都，且历时长达255年。在这段时间里，经几代君主励精图治，至穆公时即成为"广地益国，东服强

① 详见潘明娟《周秦时期关中城市体系研究》，第158—160页。
② 详见徐卫民《秦都城研究》，第181—186页。
③ 《史记·秦本纪》。

晋，西霸戎夷"① 的春秋五霸之一。为之后进入战国时期成为国力最强大的国家，并最后扫平六国，一统天下打下了坚实的基础。正因为如此，所以在战国初期秦国为更便于东向发展将都城由雍迁往其东方的泾阳、栎阳、咸阳之后，雍城仍然保留其国都之一的地位。这主要体现在以下几点：

其一，雍城宗庙、神祠等礼制性建筑数量多，类型全，规格高。自德公初居雍城大郑宫，即以牺三百牢祠鄜畤，作伏祠。② 之后历代都雍之秦公均对礼制性建筑有所建树。除祭祀祖先的宗庙外，雍城还有众多祭祀天地鬼神的祠庙。《史记·封禅书》就记载："自古以雍州积高，神明之隩，故立畤郊上帝，诸神祠皆聚云"。秦人祭上帝之四畤都在雍城：即鄜畤，秦文公立，祠白帝；密畤，秦宣公立，祠青帝；吴阳上畤，秦灵公立，祠黄帝；吴阳下畤，秦灵公立，祠炎帝。③ 除此之外，《史记·封禅书》还记载："雍有日、月、参、辰、南北斗、荧惑、太白、岁星、填星、[辰星]、二十八宿、风伯、雨师、四海、九臣、十四臣、诸布、诸严、诸逑之属，百有余庙"。

其二，雍城秦公陵园规模宏大，入葬秦公数量多。据徐卫民教授通过检索《史记·秦始皇本纪》后附《秦记》之记载，雍城附近之秦公陵园共入葬23位秦公。除都于雍城之14位秦公外，都雍之前之宁公、出子、武公与迁都泾阳后之灵公、简公、惠公、出公等也葬于雍城。此外，还有两位不享国的。④ 这些秦公陵墓有一座陵墓建成一个陵园的，有两位以上秦公之陵墓建成一个陵园的，类型甚多。陵墓规模都很宏大。地面有享堂建筑，地下有车马坑与大量陪葬物品。如已发掘的秦公Ⅰ号大墓，虽经历史上近300次盗掘，仍出土3500余件精美文物。⑤

其三，秦国后期，雍城的宗庙、陵寝仍保持着高规格的奉祀制度。如昭襄王五十四年（前253），史载"王郊见上帝于雍"⑥；秦王政九年

① 《史记·秦本纪》。
② 《史记·封禅书》。
③ 同上。
④ 徐卫民《秦都城研究》，第181—186页。
⑤ 参见徐卫民《秦都城研究》之"雍城陵区"节。
⑥ 《史记·秦本纪》。

（前238） "四月，上宿雍。己酉，王冠，带剑"。十年（前237），又
"迎太后于雍而入咸阳"。① 上述仅为秦后期王公赴雍行奉祀大礼之著例。
而正是基于雍城之历史地位，加以建都历时长、规制完整等特点，所以
潘明娟博士十分推重张光直先生在论析夏、商、周三代都制时论定有
"圣都" 与 "俗都" 之别的论点。并将雍城论定为秦国之 "圣都"，同时
将汧、汧渭之会、平阳与泾阳、栎阳、咸阳均列为 "俗都"。② 这一见解
显然是言之成理，持之有据的，值得重视与进一步深究。

　　本文以上所论只是就主要史籍所载与近代考古发掘所得材料以及学
术界相关研究成果对雍城在众多秦都城中之特点和历史地位所作的初步
引申与发挥。我相信，对雍城这座先秦时期秦国重要都城，今后如能进
一步加强考古发掘与深入研究，肯定还能发现更多新的史料，这对更全
面深入认识秦都雍城的建制特点与历史作用，以及更全面深入认识秦文
化都将有积极的推动作用。这也正是我的殷切希望与热诚期待。

2013 年 2 月 3 日

　　（原文刊载于郑州古都学会、郑州嵩山文明研究院主办《古都郑州》
2014 年第 2 期；后又载于《中国古都研究》2014 年第 2 辑，三秦出版社
2014 年版）

---

① 《史记·秦始皇本纪》。
② 详见潘明娟《周秦时期关中城市体系研究》第 174—187 页有关秦的圣都部分内容；并
参见张光直《夏商周三代都制与三代文化异同》，载《中国青铜时代》，三联书店 1999 年版。

关于汉昆明池生态景区建设
工作的几点思考与建议

一　汉昆明池是我国历史上修凿时间最早，
又具有多种功能的"华夏文明第一池"

　　十六朝古都西安市中心城区西南郊，位于秦岭北麓黄土台塬与渭河南岸河滨平原之间的西汉武帝时利用天然地势人工修凿的昆明池，是我国历史上第一座，且又是面积最大，气势最恢宏的人工建成的皇家湖泊。据东汉末晋魏初成书的《三辅黄图》记载，[①] 该池于汉武帝元狩三年（前120）建成，"周回四十里"。而另一早于《三辅黄图》成书的古籍《三辅旧事》又载："昆明池地三百三十二顷。"[②] 然而据今人于20世纪80年代初之考古踏察，汉昆明池遗址在今长安区斗门镇东的一片洼地处，当时地势比周围低2—4米，总面积约10平方公里。[③] 在21世纪之2005年4—9月，中国社会科学院考古研究所汉长安城工作队在对汉唐昆明池遗址进行了钻探与试掘后，在正式发布的《简报》中宣布：昆明池遗址大体位于今长安区斗门镇、石匣口村、万村和南丰村之间，其范围东西约4.25公里，南北约5.69公里，周长约17.6公里，面积约16.6平方公里。[④] 而北京始建于清乾隆年间，后复修于光绪年间的颐和园中的昆明

---

① 《三辅黄图》成书于东汉末曹魏初，系据陈直先生考定，后又为何清谷先生认同。详见何清谷校注《三辅黄图校注》之"前言"，三秦出版社2006年版。
② 转引自何清谷校注《三辅黄图校注》，第297页。
③ 胡谦盈：《汉昆明池及其有关遗存踏察记》，《考古与文物》1980年创刊号。
④ 该简报刊载于《考古》2006年第10期。

湖，其湖面约 2.49 平方公里①；我国另一著名的杭州西湖风景名胜区，据前引之《中国大百科全书·中国地理》第 520—521 页 "西湖风景名胜区" 条所载，该湖 "南北长 3.3 公里，东西宽 2.8 公里，周长约 15 公里，面积包括湖中洲岛约 6 平方公里，其中水面为 5.66 平方公里。" 按照地理学家竺可桢先生的研究结论，西湖风景区亦是自然与人工相结合而形成的一处胜景。② 据上所述汉昆明池之规模，仅以湖面论皆远胜于在它之后建成的杭州西湖与北京颐和园中的昆明湖，再就其建成年代论，称它为 "华夏文明第一池" 当不为过。

汉昆明池在历史上曾具有多种功能。

第一是在军事上操练海军的功能。《汉书》卷六《武帝纪》曾引名为 "赞" 的大臣注文，写道："《西南夷传》有越嶲、昆明国，有滇池，方三百里。汉使求身毒国而为昆明所闭。今欲伐之，故作昆明池象之，以习水战"。《汉书》卷二十四下《食货志》下，亦载有："是时粤欲与汉用船战逐，乃大修昆明池，列馆环之。治楼船，高十余丈，旗帜加其上，甚壮。"《西京杂记》卷六还记道："昆明池中有戈船、楼船各数艘。楼船上建楼橹，戈船上建戈矛，四角悉垂幡旄，旗葆麾盖，照灼涯涘。余少时犹忆见之。"

第二是供帝王游乐的功能。史载昆明池修凿成后，汉武帝于池中岛上建有豫章台（又名豫章观）与灵波殿，池中有龙首船，常令宫女泛舟池中，张凤盖，建华旗，作櫂歌，杂以鼓吹，帝御豫章观临观。③ 之后，下历西汉后期以及东汉、魏晋北朝、隋、唐等朝代，曾有多位皇帝临幸游乐，也有不少大臣与文人前往观赏吟咏。

第三是宣示神话传说故事 "牛郎织女" 的功能。《三辅黄图》曾引《关辅古语》所载："昆明池中有二石人，立牵牛、织女于池之东西，以象天河。"④ 经现代一些学者研究，《关辅古语》所载牵牛、织女二石人

---

① 此据《中国大百科全书·中国地理》（中国大百科全书出版社 1993 年版）第 572 页之 "颐和园" 条所载 "颐和园总面积约 333 公顷，水面占 3/4" 计算而得。

② 竺可桢：《杭州西湖生成的原因》，原载《科学》1921 年第 4 期；后收入《竺可桢文集》，科学出版社 1979 年版，第 18—20 页。

③ 见《三辅故事》，转引自何清谷校注《三辅黄图校注》，第 299 页。

④ 转引自何清谷校注《三辅黄图校注》，第 300 页。

像立于昆明池东西不确。应为《雍胜录》所载立于"河东、西"。此河乃汉昆明池北流，注于其北部之西周镐池的一条南北向河道，牛郎石像立于河东今北常家庄"石婆庙"中，"织女"石像则立于河西今斗门镇"石爷庙"中。二石像所在位置与史籍所载相符，表明它们现在所在位置就是西汉时所立之位置。至于二石像所在之庙名与石像性别相悖，则可能是因民间讹传。① 当代著名秦汉史学家何清谷先生曾论定汉武帝在建昆明池时仿效秦始皇将其都城从渭河北岸扩大到渭河南岸时，附会牛郎织女鹊桥相会的神话传说，宣扬"引渭水贯都，以象天汉。横桥南渡，以法牵牛"的观念，以之赋予帝王所居的都城一种神秘色彩；同时借牛郎织女的神话传说，在由昆明池北通镐池的河道东、西侧立此两个我国历史上最早的大型石雕人像，也强烈体现了封建统治阶级在规划与修建都城郊外大型池沼工程中的象天思想。② 此说信然，但也为后世民众在其附近区域开展以歌颂牛郎与织女忠贞不渝纯朴真挚爱情为核心内容的丰富多彩的民俗活动留下了历时久远无可置疑的信物。

　　第四是调蓄都城长安地区水资源的功能。汉昆明池由于位于汉长安城之南，加之面积广阔，蓄水量大，③ 所以对通过秦岭北麓自东向西流注昆明池的滈水拦蓄来自秦岭诸峪的水流，控驭山洪，供给长安城中诸宫与民间用水，调节源自渭河但也与昆明池相通的西汉关中漕渠之水量均有明显的作用。④ 宋代地理学家程大昌在其名著《雍录》卷六中就明确揭示道："昆明甚高，故其下流尚可壅激为都城之用，于是并城疏别三派，城内外皆赖之。"所以不少学者均认为昆明池是汉、唐长安西南的一座总蓄水库，是调控汉、唐长安城地区诸河流与湖池水量的枢纽性工程。

　　第五是养殖鱼鳖等水产品的功能。《汉官六种汉旧仪》卷下记载："上林苑中昆明池、镐池、牟首诸池，取鱼鳖给祠祀，用鱼鳖千枚以上，

---

　　① 详见何清谷校注《三辅黄图校注》第302—303页。

　　② 详见何清谷校注《三辅黄图校注》第300—303页之校注（一）、（三）、（五）。

　　③ 有专家研究测算，汉昆明池蓄水量可达3549.7万立方米，相当于一座现代中型水库。见吴庆洲《中国古代城市防洪研究》，中国建筑工业出版社1995年版。

　　④ 参见何清谷校注《三辅黄图校注》第296—297页校注（十一）；贺从容编著：《古都西安》，清华大学出版社2012年版，第138—139页；陈桥驿主编：《中国运河开发史》之第四篇第二章"西汉关中漕渠的开凿"（朱士光执笔），中华书局2008年版。

余给太官"。《西京杂记》卷一也记有："武帝作昆明池，欲伐昆吾夷，教习水战。因而於上游戏养鱼，鱼给诸陵庙祭祀，余付长安市卖之。"由此可见，昆明池中曾大量养殖鱼鳖等多种水产品，其用途首先是供给诸陵庙祭祀，然后则供皇帝宴饮，还有剩余则送长安市集上出卖。

二　关于昆明池文化生态景区建设理念述论

汉昆明池水面广阔，烟波浩渺，景色优美，功能众多，后又历经东汉、曹魏、西晋、北魏、隋、唐等王朝，长达千年；至唐末之后，由于缺乏疏浚管理，始渐趋干涸荒废。虽然其大部分功能丧失，然而其积累的历史文化资源却未曾消减，反而更形丰厚。当今，国家已确立将西安建成国际化大都市；最近习近平主席又提出建设"丝绸之路经济带"的倡议，得到丝路沿线许多国家的积极回应。西安作为丝路的东方起点城市，又将迎来难得的历史发展机遇。因而在今后西安城市建设与经济社会发展历程上，建好昆明池文化生态景区具有重大的意义与作用。西安要做好这件上承历史风韵，下开盛世新局的重大工程，第一要务就是确立正确的建设理念，也即指导思想，或称建设原则。基于我的思考与研究，特别提出下述三条主要的建设理念，供政府有关部门参考。

其一是注意其生态环境安全，发挥其在改善附近区域生态环境质量的作用。具体而言就是在规划其水面面积、蓄水深度与总蓄水量时，要准确测算出能供给的水量，并要按已掌握的历史上最大与最小水量，以及其在西安地区水环境的地位与所承担的作用进行规划设计。使其能达到来水能持续盈池，不暴溢，不枯萎，蓄洪与调水两相宜的境界。

其二是要充分展示汉唐历史风貌，更主要的是西汉一代之风貌。在景点的布设与文化内涵、建筑风貌以及周围环境景观设计上，应有鲜明的西汉特色，切忌在景区内掺入花园洋房、西式别墅、高层住宅等与汉唐风貌格格不入的建筑。

其三是以开展民俗文化活动为主，发挥其在中华传统道德礼仪上的浸润教化作用。在这方面可重点依托昆明池是我国民间广大群众熟知的纯真质朴坚贞不渝的爱情典范——牛郎、织女每年七夕鹊桥相会的感人传说最早也是最主要的起源地的优势，大力打造七夕民俗文化活动。这既可广泛吸引普通大众参与，也可使社会精英阶层获得教益。

三 关于建设好昆明池文化生态景区
弘扬优秀传统文化的几点建议

为建设好昆明池文化生态景区，充实丰富景区内外之历史文化内涵，笔者就管见所及提出以下三点具体建议，请有关行政管理与规划、建设部门能予以考虑、采纳。

1. 在紧邻昆明池之西周丰京遗址上建议兴修古都西安原生基点标志性建筑——灵台

昆明池西，在沣水西岸与之紧邻的即为西周首都丰京遗址。丰京为公元前 1059 年西周文王所建。① 次年文王崩殂，太子姬发接位，是为武王。武王即位不久又在沣河东岸建成镐京。其遗址一部分为昆明池所占。丰、镐二京隔沣水相望，实为一城，并为最早在西安地区建成的都城，距今已 3072 年。同时丰镐又是我国历史上最早的一座城市。② 因此，丰镐是西安城市之根。为宣示西安城市形成与发展的根脉，建议在古都西安原生基点，即西周丰京所在地兴建标志性建筑——灵台。

《诗·大雅》中有《灵台》一诗，记述了周文王于公元前 1059 年建成丰邑，将都城由周原岐邑迁至丰邑，又率领族人建成灵台并进行击鼓鸣钟游乐等活动。灵台是丰邑中唯一留下具体名称之重要建筑设施。

兴建灵台既可表征古都西安悠久的建都与建城历史及其辉煌的历史功绩，树立它作为世界四大古都之一与中国八大古都之首以及中国最早的城市的壮丽形象；又能与世园会中表征西安当前走向世界，建成国际化大都市的长安塔隔西安城之中轴线东西对称，古今辉映。

灵台可为 13 层，以表征西安为我国历史上十三个王朝的都城；高可达 113.3 米，喻为西安作为我国古都历时 1133 年。

---

① 《史记》卷四《周本纪》；又参见朱士光、吴宏岐主编《古都西安·西安的历史变迁与发展》，西安出版社 2003 年版，第 109—114 页。

② 参见拙文《城头山并非中国最早的城市》，《中国社会科学报》2011 年 8 月 25 日第 5 版。

灵台之功用除标示古都西安之原生基点与展示古都西安历史文化外，还可作为举行大型庆典与学术研讨活动以及供做民间节庆游乐活动的场所。灵台内外可陈列周文王、周武王、周公、秦孝公、商鞅、汉高祖刘邦、娄敬、张良、萧何、隋文帝、宇文恺等在西安都城建设与城市发展中起过重大作用的历史人物塑像；还可以收藏陈列记述研究古都西安发展历史与文化内涵的史籍文献及近现代论著。

修建西周灵台，还可将之与秦阿房宫遗址、汉唐昆明池一道构建出展示周、秦、汉、唐古都文化的大型综合性景区。这自必可以大为扩展丰富昆明池之历史文化内容。

2. 为大力弘扬丝绸之路文化，推动丝绸之路经济带建设，建议在昆明池生态文化景区内建设一座具有国际性内涵与世界级水准的丝绸之路博物馆

丝绸之路，是古代中国经中亚通往南亚、西亚、北非、欧洲的国际性陆上贸易通道；也是沟通世界东、西方之经济、政治、文化、科技与思想交流的道路网络。自公元前 4 世纪东、西方先民即开始通商贸易以来，2500 年其通塞状况，对东、西方相关各国历史发展一直有着程度不等的影响；对我国汉、唐文明，乃至中华文化的丰富发展也发挥了显著的作用。自 1887 年德国地理学家李希霍芬将之命名为"丝绸之路"后，东、西方各国学者不断对之进行广泛研究，且已日益成为一门国际显学。中国学者也作了不少工作，推出了许多论著；但比较而言，对当今国境内丝路研究较多，对国境外部分则明显不足。事实上，丝绸之路联结着中国、印度、波斯—阿拉伯、希腊—罗马等古代世界四大文化圈，也联结着中国长安、埃及开罗、希腊雅典、意大利罗马等古代世界四大都城。对其进行研究，实为相关各国历史与世界史研究中的重要内容。因而今后我国学者还当提升境界，从世界史之视阈着力开展研究，以便增强我国学术研究之国际影响力和话语权。从现实意义论，从新的高度研究丝绸之路文化，也可以为当前中华民族复兴与我国之和平崛起，增强民族自信心。同时在此基础上，切实推进当今新的丝绸之路建设，进一步打开我国西大门，促进我国与中亚、西亚、北非、欧洲之陆上贸易以及人才、信息、物资流通，也当可为我国西部大开发增加强劲的活力，使我国西部地区能如汉、唐时期那样，成为我国经济、文化发达之区。同时，

中亚、西亚一些丝绸之路上的国家，如阿塞拜疆、哈萨克斯坦等，也热切希望与我国一道"复兴丝绸之路"。由此可见，对丝绸之路文化开展新的研究，实为我国一项急迫的任务。而西安市作为丝绸之路东方最主要起点城市，应义无反顾地担当起引领丝绸之路文化研究的重任。为此，笔者于今年5月30日在西咸新区管委会召开的"传承历史文明，建设文化西咸"研讨会上就曾建议在西咸新区管理委员会设置专门机构，负责丝绸之路文化研究以及周秦汉唐文化与城市历史文化研究之领导、筹划、组织、协调、策进责任；还建议在西咸新区建设一座具有国际化内涵与世界级水准的丝绸之路博物馆，集中展示丝绸之路所经各国与各民族之历史文化、自然景观、风俗民情、政治经济状况；还可借之举办丝绸之路相关各国间各界别、各学科、各领域之论坛，切实推动丝绸之路相关各国间之文化交流与友好往来。① 当然这座博物馆也可成为西安市内最具国际影响力的文化设施。现在我再具体建议，就在西咸新区之昆明池文化生态景区内建设这座博物馆，以切实增强昆明池文化生态景区之文化辐射力。

3. 为传承优良的民俗文化传统，广泛推进群众性民俗文化与旅游活动，建议在昆明池文化生态景区，着力建设好七夕文化园，将昆明池文化生态景区打造成具有浓郁的东方意趣的爱情乐园与婚庆胜地。进而使西安在拥有世界文化之都的同时，再增加东方爱情之都的美誉

西安作为我国历史上周、秦、汉、唐等重要王朝的都城，不仅具有庄严肃穆雄浑大气的精神风貌，而且其民间生活也充溢着质朴诚信的生活气息；特别在男女婚恋方面，历代传说故事，不断演绎出感天动地令人荡气回肠的悲喜剧，透射出社会上广泛存在的高贵纯洁的婚恋观与敦睦和谐的家庭伦理观。如在西汉武帝时修浚的昆明池滨就有流传甚广深入人心的牛郎、织女七夕鹊桥相会的故事；还有先秦时今蓝田县之蓝桥发生的青年尾生为遵守与相爱女子在桥下相会的约定，当洪水袭来时依然坚持守望以致抱柱而亡的故事；以及西安市东南郊寒窑遗址上长传不衰的唐朝宰相府千金王宝钏爱上贫寒而又英俊有为青年薛平贵，且不顾

① 见《陕西日报》2013年6月7日第11版所刊登的笔者在该研讨会上的发言摘要《以三个文化为抓手建设文化西咸》。

父母威胁阻难，两人毅然结为连理，婚后不久薛平贵从军远征，王宝钏独守寒窑 18 载的故事等。此外，在唐代诗歌以及《太平广记》等古籍中记载的发生在西安地区的这类爱情故事还不少。

上述事实表明，西安地区民间涟漫着十分浓郁的沁人心脾感人至深的爱情氛围，因而完全有条件将之打造为"爱情之都"；以之与国外的如巴黎的"浪漫之都"、墨尔本的"花园之都"以及与国内的如杭州的"休闲之都"、成都的"美食之都"相媲美。进而提高古都西安的美誉度，推动西安地区历史文化旅游与民俗婚庆活动，并对西安建成国际化大都市的宏伟工程发挥辅翼作用；同时还可对矫正当前不健康的低俗虚伪，甚至以骗财骗色为目的之婚恋观发挥教化引领作用。

为将古都西安在打造成世界文化之都的同时还打造成享有盛誉的"爱情之都"，笔者前不久曾针对即将在西咸新区沣东新城辖境内复建的西汉昆明池文化生态景区之规划方案，向承担该规划方案拟制与修订工作的深圳市城市规划设计研究院有关人员提出，为充分展现汉文化风采，应在复建的昆明池周围适当地点修建一批具有西汉风貌的民居式旅舍，也可少量建几座具有西汉建筑特色的离宫别馆式高档宾馆，以满足不同层次游客需要；同时将原规划修建的花园洋房与别墅统统去掉。之后又曾建议在昆明池文化生态景区，与鹊桥长廊、七夕文化园等设施相配合，再辅之以湖光山色与古典建筑组成的胜景以及春桃、夏荷、秋菊、冬梅等林木花卉烘托，为不同年龄段的男女提供邂逅交友、相识相恋、盟誓嫁娶、共度蜜月、重温鸳梦以及举行婚礼与银婚、金婚、钻石婚纪念活动之佳妙场所。如此，则西安地区，以西汉昆明池牛郎织女爱情故事产生地为基点，加上蓝桥、寒窑等众多爱情传说故事之景点，发挥它们深厚的历史文化积淀与名山胜水美丽风光的优越条件，必定能成为中外男女人士追求甜蜜爱情与美满婚姻生活的最为理想，最令人神往的爱情之都！

（原文刊载于陕西省西咸新区沣东新城管委会、西安历史文化名城研究会编《昆明池研究》，陕西科学技术出版社 2014 年版）

后　记

　　本论文集能及时编定应时出版，首先得感谢我曾长期任职工作的陕西师范大学西北历史环境与经济社会发展研究院。是以王社教研究员为首的院领导班子一致支持与院学术委员会讨论通过后，将之列入研究院学术文库，争取到学校一流学科建设基金资助，才得以由中国社会科学出版社付梓印行。这其中，院办公室薛滨瑞主任也给予了多次关心与敦促。这都是我铭感于心，难以忘怀的！当然，我还要特别感谢肖爱玲博士后，正是她在我编辑这本论文集的长达半年多的时间里，始终不渝地对我进行了多方面具体帮助，才使我在年近八旬的晚年，克服诸多困难，选定论文集之各篇论文后，由她连同她的三位硕士研究生焦润峰、温容蜜、李芳颖在年末岁尾按预期计划编出符合出版社要求的"齐清定"之论文集稿本。可以说，如果没有她及三位同学热情诚挚地施以援手，这本论文集的编辑工作将难以及时付印。

　　在本论文集"自序"中我曾述及，在 2017 年 6 月 7 日院学术委员会开会通过了我提交的论文集所选篇目，6 月 19 日开始着手选编相关论文后，我又同时面临多项必须克期完成的撰修任务和不得不参加的一些学术活动。其中一项最主要的任务就是自 2016 年 6 月 27 日开始，延至今年，直到 9 月 15 日才最终完成的，对我所主持的国家清史《生态环境志》前后四轮审改工作。不得不参加的一些学术活动主要则有 6 月 17 日北京师范大学举办的"国家文化中心建设学术研讨会"、7 月 30 日四川大学举办的"中国'一带一路'研究暨西南历史地理学术研讨会"、8 月 9日黄河水利委员会举办的"黄河文明与中华民族伟大复兴专家座谈会"、8 月 14 日由中国古都学会在内蒙古自治区通辽市举办的"2017 年年会暨北方民族古都文化学术研讨会"、9 月 23 日由我院举办的"资源利用的实

例整理和环境思想国际会议"、9 月 26 日由河南省社会科学院等举办的
"洛阳学国际学术研讨会"、10 月 20 日由西安文理学院等主办的"第二
届西安丝绸之路历史文化国际学术研讨会"、11 月 25 日由中国社会科学
院考古研究所等主办的"隋唐长安城遗址考古与保护专家座谈会"、12 月
3 日由我院举办的"《中国历史地理论丛》创刊三十周年座谈会暨古都文
化与发展高峰论坛"等。也正因此，如无前述院方的支持督促与肖爱玲
博士后等大力帮助，以及中国社会科学出版社责任编辑张林编审的悉心
编审，仅靠一己之力是无法完成这本论文集在这么短的时间里的编辑出
版任务的。所以我的前述感激言辞也是发自内心的由衷之言！

　　最后我还要讲到的是，尽管本论文集中所选各篇都是我在历史地理
学领域以虔诚敬畏之心境与执着追求的理念一再斟酌后写出，但也难免
有未尽之意蕴，有的学术观点也可能与学界同仁有见仁见智之歧义。这
次收入后，只作了文字与标点符号之校改勘误，对原意均未增删改动。
对之，我诚恳地欢迎读者诸君批评指出，进行争鸣。至于有的篇章间某
些内容出现重复以及体例不尽一致等现象，这当是选编论文集难以完全
避免的，还请读者诸君予以容纳。

朱士光　谨陈
2017 年 12 月 18 日